D1730336

Löfflad • Mieterhöhungen bei Wohnraummietverträgen

Mieterhöhungen bei Wohnraummietverträgen

Strategien und Muster zur Durchsetzung und Abwehr

von

Rechtsanwalt Stefan Löfflad, Köln

4., vollständig überarbeitete Auflage

ISBN: 978-3-89655-078-1

© ZAP Verlag
LexisNexis Deutschland GmbH, Münster 2008
Ein Unternehmen der Reed Elsevier Gruppe

Druck: Bercker, Kevelaer

Vorwort

Mit der 3. Auflage dieses von RiAG Ulf Börstinghaus begründeten Buches habe ich schon zu Beginn meiner beruflichen Tätigkeit gerne gearbeitet, zumal es die damals prägnanteste Darstellung der Mieterhöhungsmöglichkeiten in den neuen Bundesländern enthielt. So sagte ich gerne zu, als der Verlag mich fragte, ob ich – nachdem mehr als zehn Jahre seit der Veröffentlichung der Vorauflage verstrichen waren – die Bearbeitung der Neuauflage übernehmen möchte.

Trotz dieser langen Zeitspanne ist die Ausgangssituation für den Rechtsanwender die Gleiche. Schon damals hatte der Autor RiAG Ulf Börstinghaus u.a. die immer unübersichtlicher werdenden gesetzlichen Regelungen und eine sich im stetigen Fluss befindliche Rechtsprechung angesprochen.

Die große Mietrechtsreform sollte das Mietrecht transparenter und verständlicher gestalten. Tatsächlich wurden einige alte Streitfragen geklärt, andere völlig neue wurden aufgeworfen. Gerade die Vorschriften zur Miete und ihrer Veränderung, die §§ 557 bis 561 BGB, erfuhren erhebliche inhaltliche und strukturelle Änderungen.

Es ist eine spannende Zeit, die jedoch uns Rechtsberatern besondere Sorgfalt abverlangt und gleichzeitig eine Revision vermeintlich lieb gewonnener Denkmuster erfordert. Denn gerade zurzeit gibt die Rechtsprechung des BGH immer neue Anstöße.

Dabei möchte die vorliegende Auflage helfen. Aufgrund der erheblichen Änderungen im Hinblick auf Rechtslage und Rechtsprechung musste die Vorauflage wesentlich überarbeitet werden. Dennoch habe ich versucht, Text und Struktur soweit es ging zu übernehmen. Das Gleiche gilt für die ursprüngliche Zielsetzung, nämlich dem Rechtsanwender den sichersten Weg bei der Beratung des Rechtssuchenden aufzuzeigen. Mein Bestreben war dabei, dem Praktiker zu einer schnellen und verlässlichen Lösung seiner Fragen zu verhelfen, wozu auch die zahlreichen Checklisten, Entscheidungslexika und umfangreichen Textmuster beitragen sollen. Gleichzeitig war es mir wichtig, den Kontext einiger besonders weitreichender Entscheidungen des BGH darzustellen.

Mein besonderer Dank gilt den Mitarbeitern des Verlages, vor allem meiner Lektorin Frau Wiltrud Hansen, für die konstruktive Zusammenarbeit und natürlich meiner Familie, für deren Rückhalt, Verständnis und Zuspruch.

Die Rechtsprechung und Literatur sind bis Ende 2007, teilweise noch bis Februar 2008 berücksichtigt worden. Der Gesetzgebungsstand ist der 31.12.2007.

Bonn, im März 2008   Stefan Löfflad

Inhaltsverzeichnis

Literaturverzeichnis

Ahlt, Übertragbarkeit der Rechtsprechung des VIII Zivilsenats des Bundesgerichtshofs auf Gewerberaummietverträge – Minderungsausschluss, Betriebskosten, Flächenabweichungen, Schönheitsreparaturen, DWW 2005, 96

Aigner/Oberhofer/Schmid, Regressionsmethode versus Tabellenmethode bei der Erstellung von Mietspiegeln, WuM 1993, 10

dies., Eine neue Methode zur Erstellung eines Mietspiegels am Beispiel der Stadt Regensburg, WuM 1993, 16

Alles, Die Ermittlung der ortsüblichen Vergleichsmiete – Neue Ansätze und Methoden, WuM 1988, 241

Altenmüller, Die Reform des Wohnungsbaurechts des Bundes, BWGZ 2002, 97

Bamberger/Roth, Kommentar zum Bürgerlichen Gesetzbuch, Band 1, 2. Aufl. 2007

Barthelmess, Wohnraumkündigungsschutzgesetz, 5. Aufl. 1995

Beierlein/Kinne/Koch/Stackmann/Zimmermann, Der Mietprozess, 2006

Beuermann, Flächenabweichung kein Mangel?, GE 2002, 964

ders., Miete und Mieterhöhung bei preisfreiem Wohnraum, 3. Aufl. 1999

ders., Abzug der Erträge von laufenden Aufwendungen bei § 5 WiStG?, GE 1998, 711

ders., Der Abzug von Kürzungsbeträgen bei Mieterhöhungsverlangen gem. § 2 MHG, GE 1996, 1514

ders., Mieterhöhungen nach § 2 MHG für ehemals preisgebundenen Neubau, GE 1994, 1074

ders., Modernisierung in den neuen Ländern und offene Vermögensfragen - Bauherr als künftiger Vermieter, GE 1994, 733

Beuermann/Voelskow/Kinne, Der Berliner Mietspiegel, 1998

Blank, Mietrecht und Strafrecht, Partner im Gespräch, PiG 43, 25

ders., Zum Ausschluß von Mieterhöhungen bei Mietverhältnissen auf bestimmte Zeit mit festem Mietzins gemäß MietHöReglG § 1 S. 3, WuM 1994, 421

ders., Die Anpassung älterer Mietspiegel, ZMR 1994, 137

ders., Das Vierte Mietrechtsänderungsgesetz, Teil 1 – Die Änderungen des Miethöhegesetzes, des Wirtschaftsstrafgesetzes und des Wohnungsvermittlungsgesetzes, WuM 1993, 506

ders., Zur Wirksamkeit mietvertraglicher Klauseln, wonach beim Auszug des Mieters ausstehende Schönheitsreparaturen durch Zahlung einer Beteiligung an den veranschlagten Renovierungskosten abgegolten werden sollen, EWiR 1988, 971

Blank/Börstinghaus, Miete, 2. Aufl. 2004

Blinkert/Höfflin, Die Qualität von Mietspiegeln als Modelle des Wohnungsmarktes – Tabelle oder Regression? Ein empirischer Beitrag zur Methodendebatte, WuM 1994, 589

Bohnert, Ordnungswidrige Staffel- und Indexmiete, JZ 1994, 604

ders., Ordnungswidrige Mietpreiserhöhung, 2. Aufl. 1996

Börstinghaus, MietPrax, Mietrecht in der Praxis, Loseblattwerk, Stand 37. Erg.Lfg. November 2007

ders., Mieterhöhung bei unwirksamer Schönheitsreparaturklausel? Oder: Vermieters Pflichten unter dem Rücksichtnahmegebot, NZM 2005, 931

ders., Vermieterwechsel kraft Gesetzes, NZM 2004, 481

ders., Mietspiegel und Beweislast, NZM 2002, 273

ders., Der qualifizierte Mietspiegel, NZM 2000, 1087

ders., Bericht: Aktuelle Entwicklungen bei der Mieterhöhung im preisfreien Wohnungsbau, NZM 1999, 881

ders., Die Mieterhöhung wegen Untervermietung, GE 1996, 88

ders., Der Wegfall der Kappungsgrenze und der Auskunftsanspruch des Vermieters gegenüber dem Mieter bei Wegfall der Fehlbelegungsabgabe nach Beendigung der Sozialbindung, WuM 1994, 417

Börstinghaus/C. Börstinghaus, Qualifizierte Mietspiegel in der Praxis, NZM 2003, 377

Börstinghaus/Clar, Mietspiegel, 1997

Both, Duldung und Mieterhöhung bei großflächiger Sanierung von Wohnungsbeständen, NZM 2001, 78, 83

ders., Probleme bei der Aufstellung der „zweiten ostdeutschen Mietspiegel", WuM 1998, 703

Brüning, Verwaltungsgerichtliche Kontrolle qualifizierter Mietspiegel, NZM 2003, 921

Bub, Gesetzliche Vorgaben für den Mietspiegel, PiG 40, 41

Bub/Treier, Handbuch der Geschäfts- und Wohnraummiete, 4. Aufl. 2008

Busch, Trockentoilette als Innen-WC iS von GrundMV 2, WuM 1997, 271

Clar, Tabellen – versus Regressionsmethode bei der Mietspiegelerstellung – andante?, WuM 1992, 662

Dauner-Lieb/Heidel/Ring, Anwaltkommentar BGB, 2005

Derleder, Die mietvertragsrechtlichen Voraussetzungen und Folgen des Outsourcing hinsichtlich der Wärmelieferung des Wohnraumvermieters, WuM 2000, 3

Dröge, Handbuch der Mietpreisbewertung für Wohn- und Gewerberaum, 3. Aufl. 2005

Drygala, Wohnungsmietverträge als Haustürgeschäft, NJW 1994, 3260

Eisenschmid, Die Auslagerung von Vermieterleistungen, WuM 1998, 449

ders., Zur Reform der Mietpreisüberhöhung nach § 5 WiStG, WuM 1992, 221

Emmerich, Starre Schönheitsreparaturfristen und die Folgen, NZM 2006, 761

ders., Dissonante Begleitmusik zum In-Kraft-Treten des neuen Mietrechts, NZM 2001, 777

ders., Forum – Mietrechtsreform 2000, JuS 2000, 1051

Emmerich/Sonnenschein, Miete, 9. Aufl. 2007

Emmert, Wirtschaftlichkeitsgebot und Betriebskostenspiegel, WuM 2002, 467

Engels, Zur Anwendbarkeit des „Haustürwiderrufsgesetzes" auf Verträge über Miete und Pacht von Immobilien, WuM 1991, 321

Fallak, Schönheitsreparaturen und Formularklauseln – Anmerkung zum Urteil des Landgerichts Wiesbaden – 1 S 326/95 – WM 1996, 700, WuM 1996, 686

Festschrift für Rolf Lamprecht „Lamprecht im Spiegel", S. 240 unter Bezugnahme auf Lamprecht, Der Spiegel 19/1989, S. 59

H. D. Fischer, Sachverständige im Spannungsfeld zwischen Mietspiegel und Mietprozeß, WuM 1996, 604

F. O. Fischer, 495a ZPO – eine Bestandsaufnahme des „Verfahrens nach billigem Ermessen", MDR 1994, 978

Fischer-Dieskau/Pergande/Schwender, Wohnungsbaurecht, Loseblatt, Stand Oktober 2007

Franzki, Der Sachverständige – Diener oder Herr des Richters?, DRiZ 1991, 314

Gaede/Kredler, Regression bei der Erstellung von Mietspiegeln, WuM 1992, 577

Gärtner, Der Wert des Beschwerdegegenstandes im Sinne von § 511a ZPO bei Klagen auf Zustimmung zur Mieterhöhung, WuM, 1997, 160

Gather, Das neue Mietrecht, DWW 2001, 192

ders., Schönheitsreparaturen bei der Wohnraummiete, ZAP, Fach 4, S. 1019

Geißler, In Textform – was ist das?, NZM 2001, 689

Gellwitzki, Zur Abwälzbarkeit der Kosten der Instandhaltung und Instandsetzung im Rahmen von Modernisierungsmaßnahmen, ZMR 1978, 225

Grothe, Überproportional wirkende Indexmieten und § 557 b BGB, NZM 2002, 54

Grundmann, Neuregelungen zu Betriebskosten und Wohnflächenberechnung, NJW 2003, 3745

Haber, BFW zur Mietrechtsreform im Rechtsausschuss, NZM 2001, 305

Hemming, Unwirksame Renovierungsklauseln – ein Pyrrhussieg für die Mieter?, WuM 2005, 165

Henschel, Eigentumsgewährleistung und Mieterschutz, NJW 1989, 937

Herrlein/Kandelhard, Mietrecht, 3. Aufl. 2007

Hinz, Mietrecht und Mietprozess – die häufigsten Fehler, NZM 2004, 681

ders., Mietrechtsreform im Rechtsausschuss, NZM 2001, 260

Hinz/Junker/v. Rechenberg/Sternel, Text- und Diktathandbuch Mietrecht, 3. Aufl. 2004

Isenmann, Zum Begriff des gedeckten Freisitzes im Sinne des § 44 Abs. 2 II. BV, WuM 2006, 303

ders., Einige Anmerkungen zur Frage, ob Sachverständige (nur) Anwender von Mietspiegeln sind, WuM 1997, 154

ders., Die Entscheidungen des BGH und des BVerfG zur Preisgabe von Daten im Miet- oder Pachtzinshöhegutachten aus der Sicht eines Sachverständigen, DWW 1995, 68

ders., Mietspiegel als Mittel zur Mietzinsanpassung bei Miet-Einfamilienhäusern, WuM 1994, 448

ders., Bewertung von Balkonen, Dachgärten, Freisitzen, Loggien, Veranden, Wintergärten etc., DWW 1994, 178

ders., Mietspiegel, ZMR 1993, 446

ders., Anmerkungen zum Lagenbegriff nach § 2 Abs. 1 Nr. 2 MHRG und zur Frage, ob sich die Lage einer Mietwohnung bei der Mietzinshöhe mietpreisbildend auswirkt, WuM 1992, 43

ders., Anmerkungen zum Beitrag von Voelskow in ZMR 1992, 326: „Mietspiegel", ZMR 1992, 482

Jacoby, Die Gesellschaft bürgerlichen Rechts als Mietvertragspartei, ZMR 2001, 409

Jennißen, Zur Rechtsfähigkeit der Wohnungseigentümergemeinschaft, BGHReport 2005, 1094

Kappes, Reaktionsmöglichkeiten des Vermieters bei unwirksamen Schönheitsreparaturklauseln im laufenden Wohnraummietverhältnis, NJW 2006, 3031

Keller, Zivilrechtliche Mietpreiskontrolle: Der Schutz vor überhöhten Mieten bei freifinanziertem Wohnraum, 1996

Kinne, Der Wohnraum-Mietvertrag, 4. Aufl. 2003

ders., Flächenabweichungen und ihre rechtlichen Folgen für das Mietverhältnis, GE 2003, 100

ders., Die neuen Mieterhöhungen ab dem 1.9.2001 im Überblick (Teil I), ZMR 2001, 775, 779 *ders.*, Die neuen Mieterhöhungen ab dem 1.9.2001 im Überblick (Teil II), ZMR 2001, 868

ders., Die Ankündigung nach neuem Recht, GE 2001, 1181

ders., Aktuelle Probleme bei der Modernisierung von Wohnraum, GE 2000, 1070

ders., Mietpreisüberhöhung (§ 5 WiStG) – alte Fragen, neue Antworten?, ZMR 1998, 473

Kinne/Schach/Bieber, Miet- und Mietprozessrecht, 5. Aufl. 2008

Klein/Martin, Tabellenmethode versus Regressionsmethode bei der Erstellung von Mietspiegeln – Ein empirischer Vergleich, WuM 1994, 513

Klingmüller/Wichert, Änderungen bei den Preisindizes des Statistischen Bundesamtes zum Januar 2003 und ihre Bedeutung für Wertsicherungsklauseln im Gewerberaummietrecht, ZMR 2003, 797

Kniep, Mieterhöhung bei Einfamilienhäusern, NZM 2000, 166

Kossmann, Handbuch der Wohnraummiete, 6. Aufl. 2003

ders., Der Anspruch des Vermieters auf Erhöhung des Mietzinses bei baulichen Maßnahmen, ZAP, Fach 4, S. 47

Krämer, Pro und Contra die Erstellung von Mietspiegeln mittels Regressionsanalyse, WuM 1992, 172

Kraemer, Die Gesellschaft bürgerlichen Rechts als Partei gewerblicher Mietverträge, NZM 2002, 465

ders., Mietraumfläche - Auswirkungen auf Mietpreis, Gewährleistung und Nebenkosten, NZM 1999, 156

Kreizberg, „Banken, Börsen, Geldgeschäfte von A-Z", S. 145

A. Kunze, Das amtsgerichtliche Bagatellverfahren gemäß § 495a ZPO und die Subsidiarität des BVerfG, NJW 1997, 2154

ders., § 495a ZPO - mehr Rechtsschutz ohne Zivilprozeßrecht?, NJW 1995, 2750

ders., Chancen und Risiken des Bagatellverfahrens nach § 495a ZPO, ZAP, Fach 13, S. 515

C. Kunze, Modernisierungsmieterhöhung nach der Mietrechtsreform, MDR 2002, 142

C. Kunze/Tietzsch, Miethöhe und Mieterhöhung, 2006

dies., Abzug von Kürzungsbeträgen nach § 2 MHG zeitlich begrenzt?, WuM 1997, 308

Lammel, Anwaltkommentar Wohnraummietrecht, 2007

ders., Heizkostenverordnung, 2. Aufl. 2004

ders., Zur Textform im (Wohnraum-)Mietrecht, ZMR 2002, 333

Langenberg, Das Neue Mietrecht, WuM 2001, 523

Lehmann-Richter, Zum Schönheitsreparatur-Zuschlag bei unwirksamer vertraglicher Schönheitsreparaturübernahme, WuM 2006, 449

ders., Zum Anspruch des Vermieters auf Mieterhöhung wegen Unwirksamkeit einer Klausel über Schönheitsreparaturen, ZMR 2005, 170

Leutner, Wem nützen Mietspiegel, WuM 1992, 658

Lützenkirchen, Anwalts-Handbuch Mietrecht, 3. Aufl. 2007

ders., Die Entwicklung des Mietrechts in der obergerichtlichen Rechtsprechung des Jahres 2001, WuM 2002, 179

ders., Neue Mietrechtspraxis, 2001

ders., Die Entwicklung des Mietrechts in der obergerichtlichen Rechtsprechung des Jahres 1997, WuM 1998, 127

ders., Der Sachverständige als Anwender des Mietspiegels, WuM 1996, 735

ders., Zur Zulässigkeit eines vor Ablauf der Preisbindung gestellten Mieterhöhungs-verlangens, WuM 1995, 574

Lützenkirchen/Jennißen, Betriebskostenpraxis, 2002

Maciejewski, Textform oder Schriftform?, MM 2001, 321

ders., Wohnungen im Zweiten Förderungsweg, MM 1997, 257

Mankowski, Textform und Formerfordernisse im Miet- und Wohnungseigentums-recht, ZMR 2002, 481

Martis, Verbraucherschutz, 1998

Maunz/Schmidt-Bleibtreu/Klein/Bethge, Bundesverfassungsgerichtsgesetz, 27. Aufl. 2007

Mersson, Jahresfrist und Mieterwechsel bei der Staffelmiete, ZMR 2002, 732

J. Meyer, Übermacht des Sachverständigen – aus der Sicht des Richters -, DRiZ 1992, 126

T. Meyer, Streitfragen bei der Auslegung des Mietenüberleitungsgesetzes, ZMR 1995, 565

Miggel, Modernisierungszuschlag zulässig, GE 1994, 1408

Mittag, Die Vertretungsbefugnis der Ehegatten als Mieter im Geltungsbereich des ZGB gemäß § 100 Abs. 3 Satz 1 ZGB-DDR, WuM 1993, 169

Mock, Mietwucher Hamburg, 1994

Müglich/Börstinghaus, Urheberschutz für Mietspiegel und seine mietrechtlichen Auswirkungen, NZM 1998, 353

Müller-Luckmann, Übermacht des Sachverständigen?, DRiZ 1993, 71

Münchener Kommentar zum Bürgerlichen Gesetzbuch, Band 3 Schuldrecht Besonderer Teil, 3. Aufl. 1995

Nies, Schrift- oder Textform im Mietrecht, NZM 2001, 1071

Oberhofer/Schmidt, Mietspiegel auf dem Prüfstand, WuM 1995, 137

dies., Das Mietspiegelproblem – eine unendliche Geschichte?, WuM 1993, 585

Otto, Zu den – engen – Voraussetzungen der Pfändbarkeit des unterhaltsrechtlichen Taschengeldanspruchs eines Ehepartners, Rpfleger 1989, 207

Palandt, Kommentar zum Bürgerlichen Gesetzbuch, 67. Aufl. 2008

Peglau, Säumnis einer Partei und kontradiktorisches Urteil im Verfahren nach § 495a ZPO, NJW 1997, 2222

Pellegrino, Die angemessene Eigenkapitalrendite des Vermieters als Kriterium der Mietüberhöhung nach § 5 WiStrG, NZM 1998, 889

Pfeifer, Austausch fehlerhafter Installationen – eine Modernisierung nach § 3 MHG, DWW 1994, 10

Plönes, Zur Begrenzung der Mieterhöhungsmöglichkeit nach § 5 MHG wegen gestiegener Kapitalkosten, WuM 1993, 320

Quarch, Das Mieterhöhungsschreiben und die Ehegatten, WuM 1993, 224

Reinecke, Der Sachverständige im gerichtlichen Mieterhöhungsverfahren – überflüssiger Halbgott, WuM 1993, 101

Riecke/v. Rechenberg, Mietpreisüberhöhung in Frankfurt am Main?, MDR 1998, 398

de Riese, Zur Anwendbarkeit des HTürGG auf Hausbesuche zur Mieterhöhung, ZMR 1994, 449

Rips, Der qualifizierte Mietspiegel – Ein neues Instrument im Mieterhöhungsrecht, WuM 2002, 415

Roewer/Hüsken, Der räumliche Geltungsbereich von Mietspiegeln gemäß § 2 Abs 2 MHG, ZMR 1979, 163

Rühl/Breitbach, Eigentumsgarantie und soziales Mietrecht in der Rechtsprechung des Bundesverfassungsgerichts, JA 1991, 111

Schach, Die Form der Textform, GE 2003, 1127

ders., Modernisierter Altbau = Neubau?, GE 1994, 1026

Schießl, Mietspiegel auf dem Prüfstand, WuM 1995, 18

Schildt, Die Abwälzung der Schönheitsreparaturen auf den Mieter und das Synallagma im Mietvertragsrecht, WuM 1994, 237

Schilling, Grauzonen im alten und neuen § 5 AiStG (Mietpreisüberhöhungen), insbesondere bei den laufenden Aufwendungen, FWW 1994, 77

Schilling/Meyer, Neues Mietrecht 1993 – Eine Zwischenbilanz, ZMR 1994, 497

Schläger, Wohnraummietrecht und Umweltschutz, ZMR 1994, 189

Schlemminger, Das Schriftformerfordernis bei Abschluß langfristiger Mietverträge, NJW 1992, 2249

M. J. Schmid, Übergang zur Wärmelieferung und Mietrecht, DWW 2000, 147

K. Schmidt, Die BGB-Außengesellschaft – rechts- und parteifähig, NJW 2001, 993

Schmidt-Futterer, Mietrecht, 9. Aufl. 2007

Schneider, Sinn und Unsinn des Bagatellverfahrens nach § 495a ZPO, ZAP, Fach 13, S. 199

ders., Die neuere Rechtsprechung zum Streitwertrecht (1), MDR 1987, 184

Scholl, Nochmals - Zur Unzulässigkeit eines vor Ablauf der Preisbindung gestellten Mieterhöhungsverlangens, WuM 1996, 1

ders., Zur Unzulässigkeit eines vor Ablauf der Preisbindung gestellten Mieterhöhungsverlangens, WuM 1995, 426

ders., Die Anwendbarkeit der strafrechtlichen Bestimmungen der §§ 5 WiStG, 302 StGB auf Mieterhöhungen nach §§ 3 und 5 MHG, WuM 1992, 583

Scholz, Wohnraummodernisierung und Mieterhöhung Teil 2 – Die Mieterhöhungen – Sonderkündigungsrechte des Mieters, WuM 1995, 87

ders., Rechtsprobleme bei Personenmehrheit an Mietern und Vermietern, WuM 1986, 5

Schopp, Mietspiegel im Prozeß, ZMR 1993, 141
mit einer Anmerkung hierzu von Isenmann, ZMR 1992, 482

Schröder, Verfassungsgerichtlicher Zivilprozess – Argumentationshilfen aus der Rechtsprechung des Bundesverfassungsgerichts, ZAP, Fach 13, S. 153

Schultz, Wertsicherung im Gewerberaummietrecht, NZM 2000, 1135

Schumann, Die Wahrung des Grundsatzes des rechtlichen Gehörs – Dauerauftrag für das BVerfG?, NJW 1985, 1134

Söfker, Zum Gesetz über die Reform des Wohnungsbaurechts, WuM 2002, 291

Städing, Anwendung des § 495a ZPO in der Praxis, NJW 1996, 691

ders., § 495a II ZPO und § 313a I ZPO – (fast) gleiche Schwestern für Entscheidungen ohne Tatbestand und Gründe, MDR 1995, 1102

Staudinger, Kommentar zum Bürgerlichen Gesetzbuch, Buch III Recht der Schuldverhältnisse, §§ 535 – 562d; HeizkostenV; BetrKV (Mietrecht 1), 2006, §§ 563 – 580a (Mietrecht 2), 2006

Steike, Aufwandsdeckende Miete und Mietpreisüberhöhung bei Altbauwohnungen, DWW 1995, 136

Sternel, Wohnraummodernisierung nach der Mietrechtsreform, NZM 2001, 1058

ders., Mietrecht aktuell, 3. Aufl. 1996

ders., Der Sachverständige, Heft 4/94, S. 16

ders., Mietrecht, 3. Aufl. 1988

Stollmann, Zur Verfassungsmäßigkeit des neuen § 495a ZPO, NJW 1991, 1720

Stöver, Mietdatenbanken, NZM 2002, 279

Streich, Sachverständige im Spannungsfeld zwischen Mietspiegel und Mietprozeß – eine Erwiderung, WuM 1997, 93

ders., Ortsübliche Vergleichsmiete von Einfamilienhäusern, DWW 1981, 250

Tomma, Abschied vom herkömmlichen Vergleichsmietbegriff?, WuM 2005, 496

Ulmer/Brandner/Hensen, AGB-Recht Kommentar, 10. Aufl. 2006

Ulmer/Steffek, Grundbuchfähigkeit einer rechts- und parteifähigen GbR, NJW 2002, 330

van de Loo, Das geringe Angebot an Wohnraum als Tatbestandsmerkmal i.S.d. § 5 WiStrG am Beispiel Frankfurt a.M., WuM 1996, 131

Voelskow, Der Berliner Mietspiegel, S. 21

ders., Zur Erstellung von Mietspiegeln, WuM 1993, 21

ders., Mietspiegel, Aktuelle Bemerkungen zur Aufstellung und zur Verwertung im Prozess, ZMR 1992, 326

v. Seldeneck, Betriebskosten im Mietrecht, 1999

Walterscheidt, Die Preisgabe von Daten im Miethöhegutachten durch den Sachverständigen, ein zwingendes Erfordernis zur richterlichen Überzeugungsbildung?, WuM 1995, 83

Wanderer/Kümmel, Und die Wohnungseigentümergemeinschaft ist doch rechtsfähig – die Konsequenzen, GE 2005, 900

Weitemeyer, FS Blank 2006, S. 445

ders., Das Mieterhöhungsverfahren nach künftigem Recht, WuM 2001, 171

Wetekamp, Mietsachen, 4. Aufl. 2007

ders., Mietspiegel als gerichtliches Erkenntnis, NZM 2003, 184

Wolf/Eckert/Ball, Handbuch des gewerblichen Miet-, Pacht- und Leasingrechts, 9. Aufl. 2004

Zöller, ZPO, 26. Aufl. 2007

Zuck, Wann verletzt ein Verstoß gegen ZPO-Vorschriften zugleich den Grundsatz rechtlichen Gehörs?, NJW 2005, 3753

Abkürzungsverzeichnis

A

a.A.	anderer Ansicht
a.a.O.	am angegebenen Ort
Abs.	Absatz
abzgl.	abzüglich
AcP	Archiv für die civilistische Praxis (Zs.)
a.F.	alter Fassung
AG	Amtsgericht/Aktiengesellschaft
AGB	Allgemeine Geschäftsbedingungen
AGB-Gesetz	Gesetz zur Regelung des Rechts der Allgemeinen Geschäftsbedingungen
AHB	Anwalts-Handbuch Mietrecht
AIM	AnwaltInfo Mietrecht (Zs.)
ALG	Arbeitslosengeld
Alt.	Alternative
amtl.	amtlich/er
Anm.	Anmerkung
AnwBl	Anwaltsblatt (Zs.)
AnwKomm	Anwaltkommentar Schuldrecht
AO	Abgabenordnung
ArbGG	Arbeitsgerichtsgesetz
ArchBürgR	Archiv für bürgerliches Recht (Zs.)
Art.	Artikel
AT	Allgemeiner Teil
Aufl.	Auflage
AuR	Arbeit und Recht (Zs.)
ausf.	ausführlich
Az.	Aktenzeichen

B

BAG	Bundesarbeitsgericht
BauR	Baurecht (Zs.)
BayObLG	Bayerisches Oberstes Landesgericht
BayObLGZ	Entscheidungen des BayObLG in Zivilsachen
BayVerfGH	Bayerischer Verfassungsgerichtshof
BB	Betriebsberater (Zs.)

BBodSchG	Bundes-Bodenschutzgesetz
Bd.	Band
Begr.	Begründung
BertrVG	Betriebsverfassungsgesetz
Beschl.	Beschluss
BetrKV	Betriebskostenverordnung
BewG	Bewertungsgesetz
BFH	Bundesfinanzhof
BFH/NV	Sammlung nicht veröffenlichter Entscheidungen des BFH
BGB	Bürgerliches Gesetzbuch
BGB-KE	Entwurf der Kommission zur Überarbeitung des Schuldrechts
BGBl.	Bundesgesetzblatt
BGG	Behindertengleichstellungsgesetz
BGH	Bundesgerichtshof
BGHZ	Entscheidungen des BGH in Zivilsachen (amtliche Sammlung)
BImSchG	Bundesimmissionsschutzgesetz
BlGBW	Blätter für Grundstücks-, Bau- und Wohnungsrecht (Zs.)
BMJ	Bundesministerium der Justiz
BRAGO	Bundesrechtsanwaltsgebührenordnung
BRD	Bundesrepublik Deutschland
BR-Drucks.	Bundesratsdrucksache
bspw.	beispielsweise
BStBl.	Bundessteuerblatt
BT	Besonderer Teil
BT-Drucks.	Bundestagsdrucksache
Buchst.	Buchstabe
BV	Berechnungsverordnung
BVerfG	Bundesverfassungsgericht
BVerfGE	Entscheidungen des Bundesverfassungsgerichts (amtliche Sammlung)
BVerwG	Bundesverwaltungsgericht
BWNotZ	Zeitschrift für das Notariat in Baden-Württemberg
bzgl.	bezüglich
bzw.	beziehungsweise

C

ca.	circa
c.i.c.	culpa in contrahendo

D

DB	Der Betrieb (Zs.)
ders.	derselbe
DGVZ	Deutsche Gerichtsvollzieherzeitschrift
d.h.	das heißt
Dig.	Digesten (Sammlung von Auszügen aus den Schriften bedeutender römischer Juristen)
DIN	Deutsche Industrienorm
Diss.	Dissertation
DM	Deutsche Mark
dogm.	dogmatisch
DRiZ	Deutsche Richterzeitung
DtZ	Deutsch-Deutsche Rechtszeitschrift
DWW	Deutsche Wohnungswirtschaft (Zs.)

E

EFG	Entscheidungen der Finanzgerichte (Zs.)
EGBGB	Einführungsgesetz zum Bürgerlichen Gesetzbuch
einschl.	einschließlich
EnEV	Energieeinsparungsverordnung
ErbbauVO	Verordnung über das Erbbaurecht
ErgBd.	Ergänzungsband
EStG	Einkommensteuergesetz
etc.	et cetera
EU	Europäische Union
EuGH	Europäischer Gerichtshof
EuroEG	Euro-Einführungsgesetz
evtl.	eventuell
EWiR	Entscheidungen zum Wirtschaftsrecht (Zs.)
EWS	Europäisches Wirtschafts- und Steuerrecht (Zs.)

F

f.	folgende
FamRZ	Zeitschrift für das gesamte Familienrecht
ff.	fortfolgende
FG	Finanzgericht
Fn.	Fußnote
FS	Festschrift

G

GBO	Grundbuchordnung
GbR	Gesellschaft bürgerlichen Rechts
GE	Das Grundeigentum (Zs.)
gem.	gemäß
GewO	Gewerbeordnung
GewStG	Gewerbesteuergesetz
GG	Grundgesetz
ggf.	gegebenenfalls
GKG	Gerichtskostengesetz
GmbH	Gesellschaft mit beschränkter Haftung
grds.	grundsätzlich
GrStDV	Grundsteuerdurchführungsverordnung
GrStG	Grundsteuergesetz
GuT	Gewerbemiete und Teileigentum (Zs.)

H

Halbs.	Halbsatz
HambGE	Hamburger Grundeigentum (Zs.)
HausratsVO	Hausratsverordnung
HausTWG	Haustürwiderrufsgesetz
HeizkostenVO	Heizkostenverordnung
HessStGH	Staatsgerichtshof des Landes Hessen
HGB	Handelsgesetzbuch
HK	Handkommentar
h.M.	herrschende Meinung
Hrsg.	Herausgeber
HuW	Haus und Wohnung (Zs.)

I

i.d.F.	in der Fassung
i.d.R.	in der Regel
i.E.	im Ergebnis
i.H.d./v.	in Höhe des/von
IHK	Industrie- und Handelskammer
INF	Die Information über Steuer und Wirtschaft (Zs.)
insbes.	insbesondere
InsO	Insolvenzordnung

i.R.d.	im Rahmen des
i.S.d./v./e.	im Sinne des/von/einer/eines
i.Ü.	im Übrigen
i.V.m.	in Verbindung mit

J

JABl	Juristische Arbeitsblätter (Zs.)
JR	Juristische Rundschau (Zs.)
JurBüro	Das juristische Büro (Zs.)
JuS	Juristische Schulung (Zs.)
JW	Juristische Wochenschrift (Zs.)
JZ	Juristenzeitung

K

Kap.	Kapitel
KAG	Kommunalabgabengesetz
Kfz	Kraftfahrzeug
KfW	Kreditanstalt für Wiederaufbau
KG	Kammergericht
KGR	Kammergerichts-Report (Zs.)
KM	Kölner Mietrecht (Zs.)
krit.	kritisch

L

LG	Landgericht
Lit.	Literatur
LM	Nachschlagewerk des BGH in Zivilsachen, hrsg. von Lindenmaier und Möhring
LPartG	Lebenspartnerschaftsgesetz
LS	Leitsatz

M

m.	mit
max.	maximal
MDR	Monatsschrift für Deutsches Recht (Zs.)
MHG	Gesetz zur Regelung der Miethöhe
MietRB	Der Miet-Rechts-Berater (Zs.)
Mio.	Million
MK	Mietrecht kompakt (Zs.)
MM	Mietrechtliche Mitteilungen (im MieterMagazin Berlin, Zs.)

Mot.	Motive
MÜG	Mietüberleitungsgesetz
MünchKomm	Münchener Kommentar zum Bürgerlichen Gesetzbuch
m.w.N.	mit weiteren Nachweisen

N

NachwG	Gesetz über den Nachweis der für ein Arbeitsverhältnis geltenden wesentlichen Bedingungen
NdsVBl.	Niedersächsische Verwaltungsblätter (Zs.)
n.F.	neue Fassung
NJ	Neue Justiz (Zs.)
NJW	Neue Juristische Wochenschrift (Zs.)
NJWE-MietR	NJW-Entscheidungsdienst Miet- und Wohnungsrecht (Zs.)
NJW-RR	NJW-Rechtsprechungsreport Zivilrecht (Zs.)
n.rk.	nicht rechtskräftig
Nr.	Nummer
Nrn.	Nummern
n.v.	nicht veröffentlicht
NZA	Neue Zeitschrift für Arbeits- und Sozialrecht
NZG	Neue Zeitschrift für Gesellschaftsrecht
NZM	Neue Zeitschrift für Mietrecht

O

o.Ä.	oder Ähnliches
o.g.	oben genannt
OHG	Offene Handelsgesellschaft
OLG	Oberlandesgericht
OLGR	OLG-Report (Zs.)
OLGR-BHS	OLG-Report Bremen, Hamburg, Schleswig (Zs.)
OLGR-NBL	OLG-Report Brandenburg, Dresden, Jena, Naumburg, Rostock (Zs.)
OVG	Oberverwaltungsgericht

P

PAKG	Preisangaben- und Preisklauselgesetz
p.F.V.	positive Forderungsverletzung
PiG	Partner im Gespräch (Zs.)
Pkw	Personenkraftwagen
PrKV	Preisklauselverordnung

p.V.V.	positive Vertragsverletzung
Q	
qm	Quadratmeter
R	
rd.	rund
RDM	Ring deutscher Makler
RE	Regierungsentwurf
Recht	Das Recht (Zs.)
RefE	Referentenentwurf
RegE	Regierungsentwurf
RegVBG	Registerverfahrensbeschleunigungsgesetz
RE	Rechtsentscheid
RE Miet	Rechtsentscheide Mietrecht
RG	Reichsgericht
RGBl.	Reichsgesetzblatt
RGZ	Sammlung der Reichsgerichtsrechtsprechung in Zivilsachen
Rn.	Randnummer
Rpfleger	Der deutsche Rechtspfleger (Zs.)
RPflG	Rechtspflegergesetz
Rspr.	Rechtsprechung
S	
S.	Seite
s.	siehe
s.a.	siehe auch
SchwbHG	Schwerbehindertengesetz
SigG	Signaturgesetz
Slg.	Sammlung
s.o.	siehe oben
sog.	so genannte/r
StGB	Strafgesetzbuch
StPO	Strafprozessordnung
str.	streitig
StVG	Straßenverkehrsgesetz
s.u.	siehe unten
T	
Teilbd.	Teilband

u.Ä.	und Ähnliches
U	
u.a.	unter anderem
Urt.	Urteil
USt	Umsatzsteuer
UStG	Umsatzsteuergesetz
usw.	und so weiter
u.U.	unter Umständen
V	
v.	vom
v.a.	vor allem
VerfGH	Verfassungsgerichtshof
VersR	Versicherungsrecht (Zs.)
VGH	Verwaltungsgerichtshof
vgl.	vergleiche
VO	Verordnung
VVG	Gesetz über den Versicherungsvertrag
W	
WährG	Währungsgesetz
WE	Wohnungseigentum (Zs.)
WEG	Wohnungseigentumsgesetz
WFG	Wohnraumförderungsgesetz
WHG	Wasserhaushaltsgesetz
WiB	Wirtschaftsrechtliche Beratung (Zs.)
WiStG	Gesetz zur weiteren Vereinfachung des Wirtschaftsstrafrechts
WKSchG	Wohnungskündigungsschutzgesetz
WoBauErlG	Wohnungsbau-Erleichterungsgesetz
WoBauG	Wohnungsbaugesetz
WoBindG	Wohnungsbindungsgesetz
WoFG	Wohnraumförderungsgesetz
WoFlV	Verordnung zur Berechnung der Wohnfläche
WoVermittlG	Wohnvermittlungsgesetz
WM	Wertpapiermitteilungen (Zs.)
WuM	Wohnungswirtschaft und Mietrecht (Zs.)
Z	
ZAP	Zeitschrift für die Anwaltspraxis

z.B.	zum Beispiel
ZFE	Zeitschrift für Familien- und Erbrecht
ZfGWBay	Zeitschrift für das gemeinnützige Wohnungswesen in Bayern
ZGS	Zeitschrift für das gesamte Schuldrecht (Zs.)
ZIP	Zeitschrift für Wirtschaftsrecht; bis 1982: Zeitschrift für Wirtschaftsrecht und Insolvenzpraxis
ZMR	Zeitschrift für Miet- und Raumrecht
ZPO	Zivilprozessordnung
ZPO-RG	Gesetz zur Reform des Zivilprozesses
z.T.	zum Teil
zust.	zustimmend/er
ZVG	Zwangsversteigerungsgesetz
ZWE	Zeitschrift für Wohnungseigentumsrecht
ZZP	Zeitschrift für Zivilprozess
z.Zt.	zur Zeit
zzgl.	zuzüglich

Teil 1: Rechtsgrundlagen

A. Einführung

I. Begriffserläuterung

Unter dem **Begriff** „Miete" versteht man zunächst die Gebrauchsüberlassung   1
einer Wohnung (oder anderer Gegenstände, z.b. Autos, Maschinen usw.) für
eine bestimmte Zeit. In diesem umfassenden Sinn interessiert der Begriff hier
jedoch nicht.

Unter „Miete" versteht man auch den „Preis", der für die Gebrauchsüberlas-   2
sung einer Wohnung zu zahlen ist. „Wie hoch ist die Miete?", „Welche Miete
muss ich zahlen?", sind die Fragen, die bei Abschluss eines Mietvertrages
gestellt werden. Nachfolgend wird der Begriff Miete also mit dem Preis für
die Gebrauchsüberlassung einer Wohnung gleichgesetzt.

Auch aus anderen Bereichen des täglichen Lebens ist bekannt, dass sich Preise   3
für Waren und Dienstleistungen aus verschiedenen Faktoren (= Einzelpositi-
onen) zusammensetzen können. So kann es bei der „Miete" auch sein. Auch
wenn das Gesetz (§ 535 BGB) nur einen einheitlichen Begriff der Miete kennt,
so haben sich zum einen in der Praxis verschiedene Arten der Berechnung für
den „Gesamtpreis" der Wohnung durchgesetzt und zum anderen unterscheidet
das Gesetz selbst bereits verschiedene Methoden zur Ermittlung der Miete.

II. Unterschiedliches Mietrecht

Ein einheitliches Miethöherecht für den gesamten Bestand an Mietwohnungen   4
gibt es in der Bundesrepublik nicht. Die Unterscheidungen weichen teilweise
stark voneinander ab, teils überlappen sie sich auch. Unterscheidungsmerkmale sind dabei:

- die **Art der Finanzierung**: wurden z.B. vor dem 01.01.2002 öffentliche
  Finanzierungsmittel in Anspruch genommen,[1] gilt i.d.R. die Kostenmiete;
- die **Art der Wohnraumnutzung**: bestimmte Nutzungsarten wurden vom
  Gesetzgeber als nicht schutzwürdig angesehen. Hier kann der Vermieter das

---

1   S. hierzu Rn. 72 ff.

Mietverhältnis grundlos kündigen und damit auch eine Mieterhöhung außerhalb der Schranken der §§ 557 ff. BGB durchsetzen.[2]

III. Die verschiedenen Mietstrukturen

5   Neben diesen grds. Fragen, auf welchen Wohnraum welche Mieterhöhungsmöglichkeiten anzuwenden sind, bleibt noch zu klären, was Mieter an Vermieter bezahlen und auf welche dieser Zahlbeträge die Mieterhöhungen des BGB Anwendung finden. Wie der Zahlbetrag auf die einzelnen Positionen aufzuteilen ist, nennt man **Mietstruktur**. Warmmiete, Kaltmiete, Bruttomiete, Nettomiete oder Inklusiv- oder gar Teilinklusivmiete sind die Namen für solche verschiedenen Berechnungsmethoden oder Mietstrukturen für den Gesamtpreis einer Wohnung. Was ist nun damit gemeint?

6   Die Vermietung bzw. das Bewohnen einer Wohnung verursacht verschiedene Kosten:

- Kosten, die mit der Errichtung oder dem Erwerb des Gebäudes in Verbindung stehen, insbes. Finanzierungskosten und die Verzinsung des Eigenkapitals;

- Kosten, die durch die bloße Existenz des Gebäudes verursacht werden, z.B. Grundsteuer, Haftpflichtversicherung, gebündelte Gebäudeversicherung, Straßenreinigungskosten;

- Kosten, die durch die Nutzung selbst verursacht werden, z.B. Wasserverbrauch, Heizung, Müllabfuhr, Allgemeinstrom.

7   Es ist deshalb in bestimmten Grenzen zulässig, bei der Berechnung des Betrages, den der Mieter insgesamt zu zahlen hat, nach diesen verschiedenen Kostenpositionen zu unterscheiden. Neben dem Preis für die reine Gebrauchsüberlassung der Wohnung sind deshalb häufig noch die **Neben- oder Betriebskosten** zu zahlen. Auf diese sind manchmal Vorauszahlungen, über die der Vermieter abrechnen muss, und manchmal Pauschalen zu zahlen. Hier kommt es jeweils auf die Regelungen im Mietvertrag an. Welche Nebenkosten zusätzlich nach entsprechender mietvertraglicher Vereinbarung abgerechnet

---

2   S. hierzu Rn. 53.

werden dürfen,[3] ergibt sich aus den §§ 1, 2 BetrKV (Betriebskostenverordnung v. 25.11.2003 – BGBl. I, S. 2346, 2347).[4]

Grafisch stellen sich die unterschiedlichen **Mietstrukturen** wie folgt dar: 8

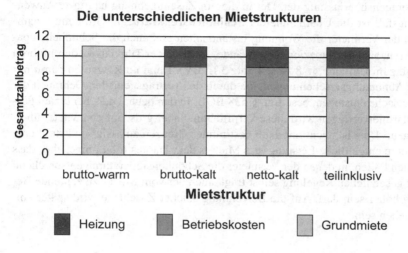

Man sieht daran deutlich, dass trotz gleichen Zahlbetrages die Verteilung auf   9
die verschiedenen Kostenpositionen sehr unterschiedlich sein kann. Diese Unterschiede haben auch große Bedeutung für das **Mieterhöhungsverfahren**.
Wenn in den nachfolgenden Ausführungen von „Miete" die Rede sein wird,
dann ist damit immer die reine Grundmiete gemeint, ohne dass sie sich nach
den vertraglichen Abreden auf bestimmte Betriebskosten bezieht, unabhängig
davon, ob über diese abzurechnen ist oder ob eine Pauschale erhoben wird.
Nachstehend wird auf die Betriebskosten nur insoweit eingegangen, als dies
für Fragen im Zusammenhang mit der Mieterhöhung von Bedeutung ist.

---

3   Zum Umfang der Umlagemöglichkeit: BGH, WuM 2007, 198 = NZM 2007, 282: Wiederkehrende Kosten, die dem Vermieter zur Prüfung der Betriebssicherheit einer technischen Anlage entstehen, sind sonstige Betriebskosten i.S.v. § 2 BetrKV; BGH; ZMR 2004, 430 = WuM 2004, 290; DWW 1993, 74, 75 = WuM 1993, 109; umfassend hierzu MietPrax/Pfeifer, Fach 2.
4   S. Rn. 917.

IV. Sonstige Gegenleistungen

10 Neben der zusätzlichen Zahlung von Betriebskosten stellen alle tatsächlichen vertraglich geschuldeten Leistungen der Mieter eine Gegenleistung für die Gebrauchsüberlassung dar. Der in diesem Zusammenhang häufigste Anwendungsfall ist die Übernahme der **Schönheitsreparaturen**. Grds. muss nämlich der Vermieter die Wohnung instandhalten und auch die Schönheitsreparaturen, also das Tapezieren der Wände, Anstrich der Türen usw., durchführen (vgl. zum Umfang: § 28 Abs. 4 Satz 3 II. BV). Denn i.d.R. werden damit nur die Abnutzungserscheinungen, die durch den vertragsgemäßen Gebrauch der Mietsache entstehen, beseitigt, § 538 BGB. In den heute i.d.R. benutzten Formularmietverträgen wird diese Verpflichtung aber grds. auf den Mieter übertragen.[5] Dies ist auch innerhalb bestimmter Grenzen zulässig[6] und stellt eine weitere entgeltliche Leistung[7] des Mieters dar.[8] Daraus folgt umgekehrt, dass in den Fällen, in denen der Vermieter die Schönheitsreparaturen entsprechend der gesetzlichen Regelung selbst trägt, auch der vom Mieter zu zahlende Betrag höher sein darf. Auf die Berechnung solcher Zuschläge wird später einzugehen sein.[9]

---

5   BGH, WuM 2004, 529: Die Überbürdung der Schönheitsreparaturen auf den Mieter ist mittlerweile Verkehrssitte geworden.
6   AHB Mietrecht/Specht, H Rn. 267 ff.
7   St. Rspr. des BGH, vgl. nur BGH, WuM 2007, 260 = NZM 2007, 355.
8   Ausführlich hierzu: Schildt, WuM 1994, 237; Gather, ZAP, Fach 4, S. 339 ff.
9   S. Rn. 415.

B. Die Miethöhe

I. Neuvermietung

Bei der Neuvermietung von Wohnraum, der **keiner Preisbindung** unterliegt, müssen noch immer keinerlei Vorschriften für die Berechnung der Miete beachtet werden. Es kann grds. jede Miete sowohl hinsichtlich der Mietstruktur (bei der Berechnung von Heiz- und Warmwasserkosten allerdings nur unter Beachtung der Vorgaben der HeizkV)[10] wie auch bzgl. der Höhe der Miete vereinbart werden. Soweit es sich bei dem Mietvertrag jedoch um einen Formularmietvertrag handelt, können sich aus den §§ 305 ff. BGB Einschränkungen, insbes. was die Überbürdung weiterer Pflichten und Kosten auf den Mieter betrifft, ergeben.[11]   **11**

II. Mietpreisüberhöhung

1. Allgemeines

Da aber bekanntlich eine solche vollkommene Freiheit auch zu Missbrauch führen kann, gelten für die Höhe der Miete relative Grenzen. Diese ergeben sich zwar nicht unmittelbar aus dem Mietrecht, sondern aus dem **Straf- bzw. Ordnungswidrigkeitengesetz**, wirken sich aber im Mietrecht aus.[12]   **12**

Gem. § 5 WiStG in der Fassung des **Gesetzes zur Neugliederung, Vereinfachung und Reform des Mietrechts – Mietrechtsreformgesetz v. 19.06.2001 (BGBl. I, S. 1149)** handelt ordnungswidrig,   **13**

„wer vorsätzlich oder leichtfertig für die Vermietung von Räumen zum Wohnen oder damit verbundene Nebenleistungen unangemessen hohe Entgelte fordert, sich versprechen lässt oder annimmt.

Unangemessen hoch sind Entgelte, die infolge der Ausnutzung eines geringen Angebots an vergleichbaren Räumen die üblichen Entgelte um mehr als 20 von

---

10   BGH, WuM 2006, 418 = NZM 2006, 652.

11   Z.B. Kleinreparaturen; Ausweitung des Begriffs der Schönheitsreparaturen oder der Betriebskosten (etwa um Verwaltungskosten); zur Umlage einer Nutzerwechselgebühr, BGH, Urt. v. 14.11.2007 – VIII ZR 19/07.

12   S. hierzu: Eisenschmid, WuM 1992, 221; Keller, Zivilrechtliche Mietpreiskontrolle – der Schutz vor überhöhten Mieten bei freifinanziertem Wohnraum, Bremen 1996; Bohnert, JZ 1994, 604; Schilling, FWW 1994, 77; Mock, Mietwucher, Hamburg 1994; Blank, PiG 43, 25, 32.

Hundert übersteigen, die in der Gemeinde oder in vergleichbaren Gemeinden für die Vermietung von Räumen vergleichbarer Art, Größe, Ausstattung, Beschaffenheit und Lage oder damit verbundene Nebenleistungen in den letzten vier Jahren vereinbart oder, von Erhöhungen der Betriebskosten abgesehen, geändert worden sind. Nicht unangemessen hoch sind Entgelte, die zur Deckung der laufenden Aufwendungen des Vermieters erforderlich sind, sofern sie unter Zugrundelegung der nach Satz 1 maßgeblichen Entgelte nicht in einem auffälligen Missverhältnis zu der Leistung des Vermieters stehen."

14   Die Vorschrift ist Verbotsgesetz i.S.v. § 134 BGB.[13] Die zum 01.09.1993 in Kraft getretene deutliche Verschärfung des § 5 WiStG trug der Mangellage auf dem Mietmarkt seit Mitte der 80er Jahre Rechnung. Beide Faktoren führten zu einer erheblichen Bedeutung der Vorschrift in der anwaltlichen Beratungspraxis.[14] Seit ca. Mitte der 90er Jahre haben sich die Verhältnisse wieder gewandelt. In vielen Städten und Gemeinden haben sich regelrechte Mietermärkte herausgebildet, sodass die Gerichte es teilweise als gerichtsbekannt ansehen, dass keine Mangellage herrscht.[15] Hinzu kommt, dass sich nach Ansicht des BGH die Frage der Mangellage nicht mit Blick auf den einzelnen Stadtteil beantworten lässt, sondern immer die Lage im ganzen Stadtgebiet beurteilt werden muss.[16] Im Ergebnis wird daher z.Zt. kaum noch Raum für die Anwendung des § 5 WiStG bleiben.

2.   Tatbestandsmerkmale

a)   Unangemessen hohe Entgelte

15   Nach der Legaldefinition in § 5 Abs. 2 Satz 1 WiStG sind Entgelte unangemessen hoch, die infolge der Ausnutzung eines geringen Angebots an vergleichbaren Räumen die üblichen Entgelte (vergleichbarer Objekte) um mehr als 20 % übersteigen. Der Begriff der „üblichen Entgelte" ist, auch wenn der Wortlaut etwas abweicht, identisch mit der ortsüblichen Vergleichsmiete gem. § 558 Abs. 2 Satz 1 BGB.[17] Bzgl. der Ermittlung der ortsüblichen Miete kann deshalb auf die nachfolgenden Erörterungen Bezug genommen werden. Der

---

13   Palandt/Heinrichs, § 134 BGB Rn. 26.

14   Hierzu auch Steike, DWW 1995, 136.

15   Z.B. für Altbauten in Berlin: AG Tiergarten, GE 1998, 553; für 3-Zimmer-Wohnung in Frankfurt am Main: LG Frankfurt am Main, ZMR 1997, 353.

16   BGH, MietPrax-AK, § 5 WiStG Nr. 2 = WuM 2005, 471.

17   Lammel, § 5 WiStrG Rn. 20; Schmidt-Futterer/Blank, § 5 WiStG Rn. 17.

Mietspiegel ist deshalb auch bei der Frage, ob eine Mietpreisüberhöhung vorliegt, ein wichtiges Beweismittel.[18]

Auf die Werte des Mietspiegels darf ein Zuschlag für bestimmte „**Teilmärkte**", d.h. z.B. für Wohnungen, die überwiegend von Ausländern, Soldaten oder Wohngemeinschaften bewohnt werden, nicht erhoben werden.[19] Allerdings kommen **Zuschläge** zu den Werten des Mietspiegels in Betracht, wenn der Vermieter Sonderleistungen erbringt (indem er etwa Möbel oder eine Garage zur Verfügung stellt) oder Sondernutzungen erlaubt (etwa in Form der Untervermietung oder der teilgewerblichen Nutzung).[20] So soll in letzterem Fall in analoger Anwendung des Rechtsgedankens des § 26 Abs. 2 NMV ein Gewerbezuschlag von 50 % der auf den gewerblichen Teil entfallenden Miete zulässig sein.[21] 16

Ein Zuschlag ist auch gerechtfertigt, wenn der **Vermieter** die **Schönheitsreparaturen** durchführt. Dies gilt jedenfalls, wenn es so vereinbart ist. Ob das auch für den Fall zutrifft, dass der Vermieter nur deshalb verpflichtet ist, die Wohnung zu renovieren, weil seine Klauseln zur Überbürdung der Schönheitsreparaturlast auf den Mieter unwirksam sind, wird später noch erörtert. Auch auf die Höhe des Zuschlages wird später noch einzugehen sein. 17

Wichtig ist jedenfalls, dass zunächst die ortsübliche Miete für das konkrete Mietobjekt zu ermitteln ist,[22] bevor festgestellt werden kann, ob die vereinbarte Miete um mehr als 20 % darüber liegt. Die Werte des Mietspiegels dürfen also nicht schematisch angewandt werden; es müssen vielmehr alle Besonderheiten des Einzelfalls berücksichtigt werden, z.B. besondere Renovierungsleistungen des Vermieters.[23] 18

Das bedeutet auch, dass die vereinbarte Miete zunächst mit den im Mietspiegel ausgewiesenen Mieten vergleichbar gemacht werden muss. Die meisten 19

---

18 Z.B.: AG Dortmund, MDR 1991, 1062 = NJW-RR 1991, 1228 und LG Dortmund, WuM 1991, 559.

19 OLG Hamm, WuM 1986, 206 und NJW 1983, 1622; OLG Stuttgart, NJW 1982, 1160.

20 Lammel, § 5 WiStG Rn. 20; Hinz/Junker/v. Rechenberg/Sternel/Sternel, S. 364 Rn. 4 jeweils m.w.N.

21 Hinz/Junker/v. Rechenberg/Sternel/Sternel, S. 364 Rn. 4.

22 OLG Hamburg, WuM 1983, 20; LG Berlin, GE 1991, 49, 827; GE 1998, 743; LG Hamburg, WuM 1998, 490.

23 OLG Frankfurt am Main, WuM 1994, 436.

Mietspiegel weisen reine **Nettomieten** ohne Betriebskostenanteile aus. Ist eine (Teil-) Inklusivmiete vereinbart, muss also der Betriebskostenanteil herausgerechnet werden. Nicht zuletzt im Hinblick auf die Entscheidung des BGH vom 26.10.2005[24] ist dabei von den tatsächlichen Betriebskosten auszugehen. Ein Rückgriff auf pauschalierte Kosten oder Durchschnittswerte, wie sie etwa in zahlreichen „Betriebskostenspiegeln"[25] veröffentlicht werden, ist nicht zulässig. Denn § 5 WiStG sanktioniert die Mietpreisüberhöhung gerade für das konkrete Mietobjekt. Streng genommen müssten deshalb auch die konkret entstehenden Betriebskosten mit denen vergleichbarer Objekte verglichen werden. Denn auch die Betriebskosten, die neben der Grundmiete geschuldet sind, gehören zum Entgelt i.S.v. § 5 WiStG, da damit alle geldwerten Leistungen des Mieters gemeint sind.[26] Dies würde jedoch den Rahmen des Zumutbaren übersteigen. U.a. müsste ein Sachverständiger umfangreiche Datenerhebungen zur tatsächlichen Betriebskostenbelastung der Vergleichsobjekte durchführen. In der Praxis wird es deshalb genügen müssen, den Mieter auf den Einwand unwirtschaftlich hoher Betriebskosten im Einzelfall zu verweisen. Denn dass Betriebkosten überhaupt neben der Grundmiete gezahlt werden müssen, ist allgemein üblich.

20 Das Gericht ist nicht verpflichtet, einen Sachverständigen einzuschalten, sondern kann die ortsübliche Miete für die Wohnung schätzen, § 287 ZPO.[27] Dies gilt zumindest, wenn ein qualifizierter Mietspiegel i.S.d. § 558d BGB einschlägig ist.[28]

b) Geringes Angebot

21 Ein Verstoß gegen § 5 WiStG setzt nicht nur die Überschreitung der ortsüblichen Vergleichsmiete **um mehr als 20 %** voraus, das Gesetz verlangt zusätzlich auch noch, dass dies unter Ausnutzung eines **geringen Angebots** an vergleichbaren Räumen erfolgt. Das Vorliegen des geringen Angebots muss der Mieter beweisen.[29] Nach früher h.M. lag ein geringes Angebot an Wohnraum

---

24 MietPrax-AK, § 558a BGB Nr. 8 = WuM 2006, 39.

25 Zur Anwendung von Betriebskostenspiegeln vgl. Emmert, WuM 2002, 467.

26 Schmidt-Futterer/Blank, § 5 WiStG, Rn. 16.

27 KG, WuM 1992, 140; OLG Hamm, WuM 1984, 238; LG Hamburg, WuM 1998, 490; LG Berlin, ZMR 1998, 349; LG Heidelberg, WuM 2001, 346.

28 BGH, MietPrax-AK, § 558 BGB Nr. 11 = NJW 2005, 2074.

29 Herrlein/Kandelhard/Both, § 5 WiStG Rn. 32 ff.

schon dann vor, wenn das vorhandene Angebot an Wohnungen die Nachfrage nicht wenigstens spürbar, d.h. um zumindest 5 %, überstieg.[30] Ein „geringes Angebot" i.S.d. Gesetzes sollte **keine Mangellage** verlangen.[31] Damit ein Marktgeschehen überhaupt stattfindet, sollte nur ein Überhang, der i.d.R. bei ca. 5 % angenommen wird, von Wohnungen vorhanden sein müssen. Insbes. bei durchschnittlichen Wohnungen nahmen v.a. Großstadtgerichte häufig an, dass ein solches geringes Angebot **offenkundig**[32] bzw. indiziert sei, sobald in der Gemeinde ein Zweckentfremdungsverbot bestand.[33]

Diese Rechtsprechung, die den Mietern den Sachvortrag wesentlich er-   22
leichterte, dürfte überholt sein. Denn – so der BGH[34] – nach dem allgemeinen Sprachverständnis bezeichne der Begriff „gering" im vorliegenden Zusammenhang eine relative Knappheit einer Menge oder eines Gutes. Und weiter:

> „Das könnte dafür sprechen, ein geringes Angebot nur dann anzunehmen, wenn es die Nachfrage nicht erreicht, und es bereits dann zu verneinen, wenn Angebot und Nachfrage ausgeglichen sind (so wohl LG Frankfurt am Main, WuM 1998, 167) oder das Angebot die Nachfrage, sei es auch nur geringfügig, übersteigt. "

Auch wenn der BGH die Frage als nicht entscheidungserheblich – noch – un-   23
beantwortet lässt (ebenso in der Entscheidung v. 25.01.2006[35]), scheint der Hinweis die Richtung zu zeigen. Bei der Prüfung eines geringen Angebots ist auf Teilmärkte abzustellen.[36] Dies ergibt sich aus § 5 Abs. 2 WiStG, wenn dort auf vergleichbare Räume abgestellt wird. Solche Teilmärkte beziehen sich jedoch (nur) auf die Bewertungsfaktoren des § 5 Abs. 2 WiStG, also Art, Größe, Ausstattung, Beschaffenheit und Lage, nicht jedoch auf einen örtlichen Teilmarkt. Hier ist auf das Gebiet der ganzen Gemeinde abzustellen.[37] Denn wer sich bei seiner Wohnungssuche nur auf einen bestimmten Stadtteil konzentriert, hat die Folgen dieser Beschränkung selbst zu tragen. Daneben zeigt

---

30   LG Hamburg, WuM 1994, 696; Sternel, Mietrecht aktuell, Rn. 712; Riecke/v. Rechenberg, MDR 1998, 398 m.w.N. = Anm. zu LG Frankfurt am Main, MDR 1998, 397; Kinne, ZMR 1998, 473, 475; a.A.: Lammel, § 5 WiStG Rn. 27 ff.

31   Dazu ausführlich van de Loo, WuM 1996, 131.

32   BayObLG, WuM 1972, 165.

33   So noch z.B. LG Berlin, GE 2000, 125 m.w.N.

34   BGH, WuM 2005, 471 = MietPrax-AK, § 5 WiStG Nr. 2.

35   BGH, WuM 2006, 161 = MietPrax-AK, § 5 WiStG Nr. 3.

36   BGH, WuM 2006, 161 = MietPrax-AK, § 5 WiStG Nr. 3; WuM 2005, 471 = MietPrax-AK, § 5 WiStG Nr. 2.

37   BGH, WuM 2005, 471 = MietPrax-AK, § 5 WiStG Nr. 2.

sich die Tendenz, für Teilmärkte von speziellen Objekten § 5 WiStG gar nicht anzuwenden.[38]

c) Ausnutzen eines geringen Angebots

24   Die überhöhte Miete muss gerade durch das Ausnutzen einer Mangellage zustande gekommen sein, § 5 Abs. 2 Satz 1 WiStG. Bislang ließ es die h.M. ausreichen, wenn feststand, dass die Miete nicht erzielt worden wäre, wenn ein ausreichendes Angebot bestanden hätte. Die subjektive Komponente, also das Zutun des Mieters und dessen Verhältnisse, blieben weitgehend außen vor.[39] Dies hat der BGH nun anders gesehen und sich der bisherigen Mm. angeschlossen: Es kommt darauf an, dass die Mangellage für die Vereinbarung der Miete im Einzelfall ursächlich war. Dabei spielt das Verhalten des Mieters eine maßgebliche Rolle. Er hat darzulegen und ggf. zu beweisen, welche Bemühungen er bei der Wohnungssuche unternommen hat, weshalb diese erfolglos geblieben sind und dass er auf den Abschluss dieses Mietvertrages angewiesen war, weil er keine Alternative hatte.[40]

25   Um diese Anforderungen erfüllen zu können, muss der Mieter eine lückenlose Dokumentation über seine Suche führen. Denn er muss nicht nur darlegen, was er überhaupt unternommen hat, um eine neue Bleibe zu finden und bei welchen Vermietern er sich wie beworben hat, sondern auch, warum diese Bemühungen im Einzelnen gescheitert sind, er also nicht zum Zuge gekommen ist und warum er seine Suche nicht anders gestaltet hat. Dies wird in der Praxis schon daran scheitern, dass kein Mieter in der ohnehin stressigen Situation der Wohnungssuche eine solch aufwendige Dokumentation führt auf den bloßen Verdacht hin, dass er später die Miethöhe im Hinblick auf § 5 WiStG überprüfen möchte.

d) Deckung der laufenden Aufwendungen

26   Die 20 %-Grenze darf jedoch in bestimmten Ausnahmefällen überschritten werden. Die bisherige Fassung des § 5 WiStG sah vor, dass nur derjenige Vermieter durch höhere laufende Aufwendungen entlastet wird, dessen Räume

---

38   Vgl. AHB Mietrecht/Junker, D Rn. 183 m.w.N.

39   Sternel, Mietrecht, III Rn. 63; LG Hamburg, NZM 2000, 180; NZM 2000, 1002; ZMR 2000, 538; WuM 2000, 424; LG Mannheim, NZM 2000, 86.

40   BGH, MietPrax-AK, § 5 WiStG Nr. 1 = WuM 2004, 294, der damit bestätigt: LG Aachen, NZM 2001, 466; LG Berlin, GE 2003, 189 und LG Berlin, GE 2002, 1267.

nach dem 01.01.1991 fertiggestellt wurden oder für die das Entgelt vor dem 01.09.1993 mehr als 20 % über der ortsüblichen Miete liegen durfte. Diese Beschränkung ist weggefallen, sodass sich heute jeder Eigentümer/Vermieter darauf berufen kann, dass er eine die Wesentlichkeitsgrenze übersteigende Miete benötigt, um seine laufenden Aufwendungen zu decken.

Kostenmieten, die i.R.d. Mietpreisbindung bislang zulässig waren, genießen nach Ablauf der Preisbindung weiterhin einen Bestandsschutz im Hinblick auf § 5 WiStG, wie dies auch schon nach alter Rechtslage der Fall war.[41]   27

Eine Überschreitung der **20 %-Grenze** ist zulässig, wenn die Miete „zur Deckung der laufenden Aufwendungen des Vermieters erforderlich" ist. Durch diesen Zusatz soll die Geltung des § 5 Abs. 1 Satz 1 und 2 WiStG für diejenigen Fälle ausgeschlossen werden, in denen die monatliche Miete zwar die **Wesentlichkeitsgrenze** übersteigt, der Vermieter aber unter Berücksichtigung seiner laufenden Aufwendungen keinen Gewinn erzielt.   28

Die Höhe der laufenden Aufwendungen[42] ist nach den Grundsätzen zur Ermittlung der **Kostenmiete** in § 18 Abs. 2 II. BV festzustellen. Anerkannt ist darüber hinaus, dass auch eine fiktiv zu berechnende Verzinsung des Eigenkapitals hinzuzurechnen ist.[43]   29

Umstritten war hierbei, von welchem Betrag dabei unter Anwendung welchen Zinssatzes auszugehen ist: 30

• Nach den Rechtsentscheiden des OLG Stuttgart[44] sollte aus Gründen der **Gleichbehandlung** aller Vermieter immer vom **Verkehrswert** auszugehen sein. Der Senat hat dies damit begründet, dass die Berücksichtigung des Anschaffungswertes dazu führen würde, dass der Erwerber einer Altbauwohnung sonst straffrei eine höhere Miete verlangen dürfte, als der ehemalige Eigentümer. I.Ü. soll die Verzinsung zu den marktüblichen Bedingungen für erstrangige Hypotheken erfolgen.

---

41 So die Gesetzesbegründung, BT-Drucks. 12/3254, S. 16 unter Hinweis auf LG Berlin, GE 1990, 315; 1994, 1053; 1994, 1058.

42 Dazu Steike, DWW 1995, 136; Schilling, FWW 1994, 77; Beuermann, GE 1998, 711.

43 Pellegrino, NZM 1998, 889.

44 OLG Stuttgart, WuM 1988, 395 und WuM 1990, 11.

- Nach Ansicht des BGH[45] sind die Eigenkapitalkosten nicht nach dem Verkehrswert von Grundstück und Gebäude zum Zeitpunkt des Abschlusses des Mietvertrages, sondern im Fall der Herstellung des Wohnraumes durch den Vermieter nach den **Herstellungskosten** und im Fall des entgeltlichen **Erwerbs** des Wohnraumes durch den Vermieter nach den Erwerbskosten zu berechnen.

31   Der BGH hat seine Entscheidung damit begründet, dass sich die Formulierung „zur Deckung der laufenden Aufwendungen" an die Vorschrift des § 8 Abs. 1 WoBindG anlehnt. Nach den Vorschriften des WoBindG und der II. BV ist die Kostenmiete auf der Grundlage einer Wirtschaftlichkeitsberechnung zu ermitteln. Zu den laufenden Aufwendungen gehört dabei neben den Bewirtschaftungskosten und den Fremdkapitalkosten auch die Eigenkapitalverzinsung gem. § 20 Abs. 1 II. BV für die auf die Gesamtkosten (Kosten des Baugrundstücks und Baukosten) erbrachten Eigenleistungen. Maßgebend für die Berechnung der Kostenmiete ist der Zeitpunkt der Beantragung oder Bewilligung der öffentlichen Mittel; spätere Veränderungen sind grds. nicht zu berücksichtigen (**Einfrierungsgrundsatz**). Dies hat dann im preisfreien Wohnungsbau bzgl. der Errichtung des Gebäudes ebenfalls zu gelten. Nur wenn der Vermieter das Gebäude gekauft hat, muss auf die Erwerbskosten abgestellt werden, da es im preisfreien Wohnungsbau zuvor kein Verfahren auf Bewilligung öffentlicher Mittel gegeben hat.

32   Der BGH hat dann untersucht, ob es irgendeinen Grund gibt, von diesen aus dem öffentlich geförderten Wohnungsbau abgeleiteten Grundsätzen abzuweichen. Dabei hat er zunächst festgestellt, dass es u.U. schwierig sein kann, die Herstellungskosten bei Altbauten z.B. aus der Vorkriegszeit noch festzustellen. Hier dürfte sich die Feststellung i.d.R. jedoch erübrigen, weil die ortsübliche Vergleichsmiete höher ist als die unter Heranziehung der für den öffentlichen geförderten Wohnungsbau geltenden Bestimmungen ermittelten laufenden Aufwendungen.

33   Soweit das OLG Stuttgart auf eine Gleichbehandlung der Vermieter abgestellt hatte, die das Gebäude hergestellt oder geerbt haben, mit denen, die das Gebäude erworben haben, hat der BGH einen Verstoß gegen Art. 3 GG deshalb abgelehnt, weil die Lebenssachverhalte nicht vergleichbar seien. Beide Vermietergruppen hätten gerade unterschiedliche Kosten aufgewandt.

---

45   BGH, WuM 1995, 428.

Auch der Zweck des § 5 Abs. 1 Satz 3 WiStG gebietet nach Ansicht des BGH 34
eine Anknüpfung an die **Herstellungs- bzw. Anschaffungskosten**. Die Vorschrift wolle nur den Vermieter schützen, der seine laufenden Aufwendungen
nicht aus den laufenden Mieteinnahmen decken könne. Kalkulatorische Kosten könnten dabei aber keine Rolle spielen.

Schließlich würde eine Anknüpfung an den Verkehrswert auch dazu führen, 35
dass die zulässige Miete ständig steigen würde, da die Verkehrswerte ständig
steigen. Dadurch würde die **Wesentlichkeitsgrenze** gegenstandslos.

Umstritten ist schließlich noch die Frage, ob der Vermieter sich bei der Be- 36
rechnung der laufenden Aufwendungen eine **Steuerersparnis** bis zur Höhe
seiner laufenden Aufwendungen aus Verlusten bei der Einkunftsart „Vermietung und Verpachtung" anrechnen lassen muss.[46] Z.T. wird dies bejaht,[47] z.t.
richtigerweise auch verneint.[48] Das OLG Hamburg hat den Erlass eines Rechtsentscheids zu dieser Frage abgelehnt.[49]

Die Miete darf aber auch in diesen Fällen entsprechend dem ausdrücklichen 37
Gesetzeswortlaut in § 5 Abs. 2 Nr. 1 WiStG nicht in einem auffälligen Missverhältnis zur Leistung des Vermieters stehen. Der **Wuchertatbestand als**
Prinzip der Rechtsordnung ist vorrangig und verlangt gerade keine Ange-
messenheitsprüfung.[50] Der Gesetzgeber wollte i.Ü. einen lückenlosen Rechtsschutz gegen überhöhte (§ 5 WiStrG) und auffällig übersetzte (§ 291 Abs. 1
Satz 1 Nr. 1 StGB) Mieterhöhungen. Dies erfordert aber, die eigenen Aufwendungen des Vermieters außer Acht zu lassen, da anderenfalls es dem Vermieter
möglich wäre, bei der z.Zt. herrschenden starken Wohnungsnachfrage selbst
die Kosten unwirtschaftlicher Mietwohnungen an die Mieter weiterzugeben,
ohne sich strafbar zu machen.[51]

---

46   Offengelassen von Sternel, Mietrecht aktuell, Rn. 708.
47   LG Frankfurt am Main, WuM 1995, 443 = NJW-RR 1996, 721.
48   LG Ravensburg, WuM 1997, 121; Bub/Treier, Handbuch, Rn. II 688 b.
49   OLG Hamburg, WuM 1992, 527 = ZAP, Fach 4R, S. 79 m. Anm. Börstinghaus; Vorlage-
       beschluss des LG Hamburg, WuM 1992, 232.
50   OLG Karlsruhe, WuM 1994, 319 m.w.N.; Scholl, WuM 1992, 583; Plönes, WuM 1993,
       320.
51   BGH, WuM 1982, 164; OLG Hamm, WuM 1983, 18; für eine zulässige Wohnraummiete
       von über 50,00 DM/m² spricht sich Miggel, GE 1994, 1408 unter bestimmten Vorausset-
       zungen aus.

38   Ein solch auffälliges Missverhältnis i.S.v. § 5 Abs. 1 Satz 3 WiStG wird allgemein bei einer Überschreitung der ortsüblichen Vergleichsmiete um **mehr als 50 %** angenommen. Dies entspricht der Wuchergrenze nach § 138 Abs. 2 BGB, § 291 StGB.[52] Soweit also die Miete zur Deckung der laufenden Aufwendungen erforderlich ist, kann die Wesentlichkeitsgrenze von **20 % bis zu einer Höhe von 50 %** überschritten werden.[53]

39   In diesen Fällen bezieht sich die Nichtigkeit aber nur auf den die **50 % Grenze** überschreitenden Teil der Mietvereinbarung.[54] Andernfalls würde ein Vermieter, der die ortsübliche Vergleichsmiete um mehr als 50 % überschreitet, demjenigen Vermieter gegenüber benachteiligt, der z.B. zur Deckung seiner erforderlichen Kosten eine Mietvereinbarung von 49 % über der ortsüblichen Miete trifft. Würde man im ersten Fall die Mietvereinbarung bis auf die Wesentlichkeitsgrenze von 20 % kappen, würde der durch § 5 Abs. 1 Satz 2 WiStG angestrebte Zweck nicht erreicht werden. Der Gesetzgeber wollte insofern nämlich an die Regeln für die Kostenmiete in § 8b WoBindG anknüpfen. Durch diese Verknüpfung mit dem Kostenmietenprinzip sollte das Angebot an Mietwohnungen erhöht werden. Die Bereitschaft zu Investitionen im Wohnungswesen würde jedoch stark beeinträchtigt, wenn bei Überschreiten der Vergleichsmiete um mehr als 50 % aufgrund laufender Aufwendungen nicht gleichzeitig die Mietvereinbarung bis zu einer Höhe von **150 % der ortsüblichen Miete** wirksam bliebe.

3.   Anwendungsbereich

40   Umstritten ist die Frage, ob die Begrenzung des Wirtschaftsstrafgesetzbuches für alle Arten von Mieterhöhungen gilt.[55] Problematisch ist dies v.a. für vereinfachte Umlageverfahren nach §§ 559 ff. BGB. Das OLG Karlsruhe hat im Rechtsentscheid vom 19.08.1983[56] für eine Mieterhöhung nach § 3 MHG

---

52   BGH, NJW 1982, 896 = WuM 1982, 164.

53   OLG Hamburg, WuM 1992, 527; LG Berlin, ZMR 1994, 19.

54   OLG Hamburg, NJW-RR 1992, 1366 = WuM 1992, 527; ZAP, Fach 4R, S. 79 m. Anm. Börstinghaus.

55   Nicht für Kapitalkostenerhöhungen: OLG Hamm, WuM 1983, 18; LG Köln, WuM 1992, 445; für alle Mieterhöhungen: BGH, WuM 1982, 164.

56   OLG Karlsruhe, OLGZ 1983, 488 = NJW 1984, 62 = WuM 1983, 314 = ZMR 1984, 201 = DWW 1983, 276; bestätigt nochmals im RE v. 20.09.1984, WuM 1985, 17 = ZMR 1984, 412 = Justiz 1985, 27; krit. m. dieser Rspr. befasst sich Scholl, WuM 1992, 583; s.a. Plönes, WuM 1993, 320.

entschieden, dass Mieterhöhungen nach § 3 MHG nur im Rahmen von § 5 WiStG zulässig sind. D.h. zunächst nur, dass auch Mieterhöhungen nach Modernisierungen nicht von vornherein unbegrenzt möglich sind. Es kommt jedoch auch hier auf alle Tatbestandsmerkmale des § 5 WiStG an. Es muss also auch bei einer Mieterhöhung nach Modernisierung ein geringes Angebot vorliegen, dass der Vermieter ausnutzt.

4. Rechtsfolgen

Folge des Verstoßes ist, dass an die Stelle der gem. § 5 WiStG überhöhten Miete der zulässige Preis tritt und nur eine **Teilnichtigkeit** eintritt.[57] Was das Gesetz nicht verbietet, ist rechtmäßig und kann daher auch nicht nach § 134 BGB nichtig sein. I.Ü. ist der Mietvertrag wirksam. Diese Auslegung des Gesetzes ist nach einem Beschluss des BVerfG auch verfassungsrechtlich nicht zu beanstanden.[58] Ein Verschulden des Vermieters ist nicht erforderlich.[59] Die teilnichtige Überhöhung kann in die Wirksamkeit hinein wachsen. Denn steigt die ortsübliche Miete, ist dies bei der Berechnung der Rückforderung der Miete durch den Mieter zu berücksichtigen.[60] Fällt später jedoch das Merkmal „geringes Angebot" weg, lässt dies den Rückforderungsanspruch des Mieters unberührt.[61]

41

In Verfahren wegen Mietpreisüberhöhung ist strittig, inwieweit hier auf **Mietspiegel** zurückgegriffen werden darf:

42

- Für das zivilrechtliche Rückforderungsverfahren wird dies überwiegend bejaht,[62]
- teilweise aber auch verneint.[63]
- Für das Bußgeldverfahren wird dies von den OLG überwiegend abgelehnt,[64]

---

57 BGH, NJW 1984, 722.
58 BVerfG, NJW 1994, 943.
59 Schmidt-Futterer/Blank, nach § 535 BGB Rn. 74.
60 KG, ZMR 1995, 309; OLG Frankfurt am Main, NJW-RR 1994, 1233; OLG Frankfurt am Main, ZMR 1985, 200; LG Berlin, NZM 1999, 959.
61 OLG Frankfurt am Main, NZM 2000, 1219; OLG Hamburg, NZM 1999, 363.
62 Von KG, WuM 1995, 384 vorausgesetzt; LG Dortmund, WuM 1997, 332; LG Hamburg, WuM 1997, 209; LG Frankfurt am Main, ZMR 1995, 75.
63 LG Berlin, NJWE-MietR 1996, 98.
64 OLG Frankfurt am Main, WuM 1994, 436; KG, WuM 1992, 140.

• z.T. aber auch dort zugelassen.[65]

43 Daraus folgt, dass der nichtige Teil der Mietvereinbarung für die Zukunft also noch Wirkungen hat, wenn auch nur eingeschränkt. In der Praxis ist aber nach wie vor strittig, wie die Steigerung der ortsüblichen Vergleichsmiete zu ermitteln ist und in welchen Abständen diese vorzunehmen ist. Während das LG Hamburg[66] auch im **Rückforderungsprozess** die ortsübliche Miete nur anhand des jeweils gültigen Mietspiegels feststellen will und während der Gültigkeitsdauer eines solchen Mietspiegels keine Steigerung vornehmen will, will das LG Berlin[67] von einer linearen Entwicklung zwischen den Erhebungsstichtagen der einzelnen Mietspiegel ausgehen. Das bedeutet, dass für einen Rückzahlungsprozess jeweils die **Werte des letzten Mietspiegels** (Mittelwert oder Oberwert je nach Gerichtsbezirk) **vor dem ersten Monat des Rückforderungszeitraums** von den entsprechenden Werten des zeitlich nächsten Mietspiegels abgezogen werden müssen. Dieser **Differenzwert** ist durch die Anzahl der Monate, die zwischen beiden Mietspiegelstichtagen lagen, zu dividieren. Der so errechnete Betrag ist für jeden Monat den Werten des älteren Mietspiegels hinzuzurechnen. Diese Monatswerte sind dann noch gem. § 5 WiStrG um 20 % zu erhöhen.

44 Sollten über den strittigen Zeitraum mehrere Mietspiegel veröffentlicht worden sein, kann nicht über einen Mietspiegel hinweg gerechnet werden, sondern es muss die obige Rechenoperation für jeden Zeitabschnitt erneut durchgeführt werden. Man muss sich nämlich immer vergegenwärtigen, dass diese Rechenmethode allenfalls ein grobes Hilfsmittel ist. Eine lineare Mietenentwicklung ist zwar möglich, aber durchaus nicht zwingend und auch nicht wahrscheinlich. Nachgewiesenermaßen[68] ist der Abstand der Mieterhöhungen bei den verschiedenen Vermietergruppen sehr unterschiedlich.

45 Hat der Mieter die Miete bereits ganz bezahlt, steht ihm ein Rückzahlungsanspruch aus **ungerechtfertigter Bereicherung** zu. In einem solchen Verfahren hat der Mieter die volle Darlegungs- und Beweislast dafür, wie hoch die ortsübliche Vergleichsmiete ist. Es genügt deshalb u.U. nicht, die ortsübliche Vergleichsmiete unter Heranziehung des Mietspiegels anzugeben und hierzu

---

65 OLG Hamm, WuM 1995, 323 = NJWE-MietR 1996, 97.
66 LG Hamburg, WuM 1997, 209.
67 LG Berlin, GE 1996, 925; LG Berlin, GE 1996, 1110.
68 IfS, Auswirkungen mietrechtlicher Regelungen, S. 125.

den Wesentlichkeitszuschlag von 20 % hinzuzunehmen, es müssen auch alle Zuschläge oder ggf. Mietpreisbindungen bzw. Erhöhungen nach §§ 558 bis 560 BGB angegeben werden.[69] Dieser Anspruch unterliegt der **Regelverjährung von drei Jahren** mit dem zusätzlichen Erfordernis der **Kenntnis der anspruchsbegründenden Umstände** durch den Mieter gem. § 199 Abs. 1 Nr. 2 BGB. Die Verjährung kann nur durch ein Anerkenntnis des Vermieters oder durch gerichtliche Geltendmachung neu beginnen. Ist das Gebäude in der Zwischenzeit verkauft worden und der neue Eigentümer bereits im Grundbuch eingetragen, dann richtet sich der Rückerstattungsanspruch grds. gegen den neuen Erwerber, es sei denn, der Anspruch ist bereits dem früheren Vermieter gegenüber entstanden.[70] Wenn der unzulässige Teil der Miete vom Vermieter aufgrund § 8 WiStG an das Land abgeführt worden ist, kann der Mieter gem. § 9 WiStG die Rückerstattung beantragen.

Außerdem kann gegen den Vermieter ein **Ordnungswidrigkeits- oder Strafverfahren** eingeleitet werden.

III. Mietwucher

Neben der 20 %-Grenze des § 5 WiStG gibt es auch noch eine **50 %-Grenze.** Gem. § 291 StGB macht sich nämlich strafbar, wer sich als Vermieter eine Miete versprechen lässt, die in einem auffälligen Missverhältnis zur eigenen Leistung steht. Ein solch auffälliges Missverhältnis wird angenommen, wenn die Vertragsmiete die ortsübliche Vergleichsmiete um mehr als 50 % überschreitet. Die Vorschrift ist eine **Verbotsnorm** i.S.d. § 134 BGB. Die Vorschrift ist neben § 138 BGB anzuwenden.

46

Der **Tatbestand des Mietwuchers** verlangt weiter, dass der Vermieter die Zwangslage, die Unerfahrenheit, den Mangel an Urteilsvermögen oder die erhebliche Willensschwäche des Mieters ausnutzt. Im Einzelnen:

47

* Die **Zwangslage** muss objektiv vorhanden sein. Empfindet der Mieter lediglich den Wunsch, neue Räume anzumieten, weil er mit den bisher angemieteten Räumen unzufrieden ist, genügt dies nicht.

* **Unerfahrenheit** i.S.d. § 291 StGB ist eine auf Mangel an Geschäftskenntnissen und Lebenserfahrung beruhende Eigenschaft des Ausgebeuteten, durch die er sich vom Durchschnittsmenschen unterscheidet; sie darf aber

---

69   LG Berlin, GE 1994, 1058, 1059; LG Berlin, Urt. v. 12.07.1994 – 64 S 286/93.

70   Vgl. BGH, WuM 2006, 435.

nicht allgemein mit Unkenntnis über die Bedeutung und Tragweite des abzuschließenden Einzelgeschäfts gleichgesetzt werden.[71]

- Ein **Mangel an Urteilsvermögen** liegt vor, wenn dem Ausgebeuteten die Fähigkeit fehlt, die Folgen seiner Handlung richtig einzuschätzen.

- Eine **erhebliche Willensschwäche** liegt vor, wenn der Mieter sich in einer den zuvor geschilderten Situationen ähnlichen Lage befindet, die zu einer Verminderung seiner Widerstandskraft geführt hat. Häufig wird dies aufgrund von Alkohol- oder Drogengenusses oder aufgrund einer Krankheit der Fall sein.

- **Ausbeuten** ist die bewusste und besonders anstößige Ausnutzung einer dieser Situationen, in denen sich der Mieter befindet, durch den Vermieter zur Erlangung eines übermäßigen Vermögensvorteils. Eine darüber hinausgehende Ausbeutungsabsicht ist aber nicht erforderlich.[72]

48   So wie bei einer Mietpreisüberhöhung nur der die 120 %-Grenze überschreitende Teil unwirksam ist,[73] gilt auch für den Mietwucher, dass nur der wucherisch überhöhte Teil der Miete nicht verlangt werden darf bzw. zurückgezahlt werden muss.[74] Das gilt aber natürlich nur, wenn nicht auch schon der Tatbestand des § 5 WiStG erfüllt ist. Dann bleibt es bei 120 %.

IV. Bestehende Mietverträge

49   Bei bestehenden Mietverträgen über Wohnraum ist eine Mieterhöhung durch den Vermieter nur unter eingeschränkten Voraussetzungen möglich. Diese richten sich nach den §§ 557 ff. BGB und Art. 229 § 3 Abs. 4 EGBGB. Dabei gibt es grds. folgende fünf Alternativen:

1. Anhebung der Miete auf das ortsübliche Niveau gem. §§ 558 ff. BGB = **Zustimmungsverfahren**;

2. Erhöhung der Miete nach Modernisierungen gem. §§ 559 ff. BGB = **vereinfachtes Umlageverfahren**;

3. Erhöhung von Betriebskostenpauschalen gem. § 560 Abs. 1 BGB = **vereinfachtes Umlageverfahren**;

---

71   BGH, NJW 1983, 2780, 2781.
72   BGH, BB 1990, 1510.
73   St. Rspr. seit BGH, WuM 1984, 68.
74   BGH, NJW-RR 2006, 16 = MDR 2006, 384 unter Nr. 4a; Emmerich/Sonnenschein, vor § 535 Rn. 55.

4. Erhöhung oder Ermäßigung der Betriebskostenvorauszahlungen wegen Änderung der Betriebskosten gem. § 560 Abs. 4 BGB = **vereinfachtes Anzeigeverfahren**;

5. Ansprüche auf Erhöhung der (Teil-) Inklusivmiete bei gestiegenen Betriebskosten gem. Art. 229 § 3 Abs. 4 EGBGB = **vereinfachtes Umlageverfahren**.

Außerdem besteht in eingeschränktem Maße auch die Möglichkeit, bei Abschluss des Mietvertrages zukünftige Mieterhöhungen zu vereinbaren. Dies ist zum einen in Form der **Staffelmietvereinbarung** gem. § 557a BGB möglich.[75] Wenn eine solche Staffelmietvereinbarung wirksam getroffen wurde, dann kann während dieser Zeit die Miete nicht gem. §§ 558 bis 559b BGB erhöht werden.[76] Eine Staffelmietvereinbarung kann unter der Voraussetzung, dass die höchste Staffel die bei Vertragsschluss maßgebliche Kostenmiete nicht übersteigt, auch im öffentlich geförderten Wohnungsbau vereinbart werden.[77] Außerdem besteht die Möglichkeit, **Gleitklauseln** (Mietanpassungsvereinbarungen) wirksam zu vereinbaren.[78]

50

Mit Inkrafttreten des Mietrechtsreformgesetzes ist dabei die zeitliche Beschränkung des § 10a Abs. 1 MHG entfallen, § 557b BGB. Denn mit der Einführung des Euro und dem gleichzeitigen Wegfall der Genehmigungspflicht[79] von Indexmietvereinbarungen war eine solche Beschränkung nicht mehr nötig. Zudem sollte den Vertragsparteien mehr Gestaltungsspielraum eingeräumt werden.[80] Da § 557b BGB zeitlich uneingeschränkt anwendbar ist, kann der Wegfall der Mindestlaufzeit dazu führen, dass nach altem Recht unwirksame Indexklauseln wirksam werden.[81] Immerhin ist das Mietrechtsreformgesetz auf alle am 01.09.2001 bestehende Mietverhältnisse anzuwenden. Auch in den Materialien findet sich kein Hinweis darauf, dass ehemals unwirksame Indexklausel unwirksam bleiben sollen. Dies war etwa bei Einführung des

51

---

75 Ein Vorschlag für die Formulierung einer solchen Staffelmietvereinbarung befindet sich bei Rn. 910.

76 Auch eine unwirksame Staffelmietvereinbarung kann das Erhöhungsrecht beschränken: LG Berlin, WuM 1992, 198.

77 OLG Hamm, ZMR 1993, 162 = WuM 1993, 108; a.A. LG Hamburg, WuM 1997, 331.

78 S.u. Rn. 130 ff.

79 Vgl. Rn. 131.

80 Begr. d. RefE, abgedruckt z.B. in Lützenkirchen, Neue Mietrechtspraxis, Rn. 1101, 1164.

81 Lützenkirchen, PiG 65 (2002), 21, 28; a.A. Schmidt-Futterer/Börstinghaus, § 557b BGB Rn. 6; Emmerich/Sonnenschein/Weitemeyer, § 557b BGB Rn. 3.

4. Mietrechtsänderungsgesetzes, mit dem der § 10a MHG geschaffen wurde, noch anders: Dort sprach die Begründung ausdrücklich davon, dass Altmietverträge nicht berührt werden sollten.[82] Etwas anderes muss dann gelten, wenn die Bundesbank die Genehmigung der alten Indexklausel unanfechtbar abgelehnt hat[83] oder deren Unwirksamkeit rechtskräftig festgestellt wurde. Dann kommt nur eine Bestätigung, § 141 BGB, oder der Abschluss einer neuen Indexvereinbarung infrage.

52   Nachfolgend werden zunächst die Grundlagen einer Mieterhöhung gem. §§ 558 ff. BGB dargestellt. (Im Lexikonteil[84] sind ohne Anspruch auf Vollständigkeit stichwortartig einschlägige Entscheidungen abgedruckt.) Daran schließen sich die Darstellungen der Mieterhöhungen gem. den §§ 559 ff. BGB an.

1.   Anwendbarkeit der §§ 558 ff. BGB

53   Die §§ 558 ff. BGB finden sich im Untertitel 2 des Titels 5 „Mietvertrag/ Pachtvertrag". Sie sind damit grds. nur anwendbar auf **„Mietverhältnisse über Wohnraum "**. Daraus folgt, dass es sich um einen **Mietvertrag** handeln muss, dessen Gegenstand die Überlassung von **Wohnraum** ist.

a)   Mietvertrag über Wohnraum

54   Miete ist die **entgeltliche Gebrauchsüberlassung**. Dabei ist es zwar üblich, aber nicht zwingend, dass eine periodisch wiederkehrende Geldleistung erbracht wird. Möglich ist ebenfalls, dass die Mieterleistung in einer Sachleistung besteht wie z.B. Dienstleistungen[85] (Handwerksleistungen, Pflegedienste etc.). Die Gegenleistung kann auch in der Gebrauchsüberlasssung eines Grundstücks[86] zu sehen sein oder in der Verpflichtung, als Gegenleistung für die Gebrauchsüberlassung verschiedene Gegenstände zu übereignen.[87]

55   Erstes Kriterium zur Abgrenzung ist somit die **Gegenleistung** des Mieters, die Miete. Alle Verträge ohne eine solche Gegenleistung sind keine Mietverträge,

---

82   BT-Drucks. 12/3254, S. 15; Bub, NJW 1993, 2897, 2900.
83   Vgl. Rn. 131.
84   S.u. Rn. 697 ff.
85   BGH, NJW-RR 1989, 589.
86   BGH, MDR 1994, 796.
87   OLG Köln, DWW 1996, 189.

sondern i.d.R. **Leihverträge**,[88] da die bloß vorübergehende Gebrauchsüberlassung einer Sache i.d.R. keine das Vermögen mindernde Zuwendung ist, sodass eine Schenkung ausscheidet. Bei der Aufnahme von **Angehörigen** kann die Gebrauchsüberlasssung i.ü. die **Erfüllung einer Unterhaltspflicht** (s.a. § 1624 BGB) darstellen. Auch dann fehlt es an einer Gegenleistung des Nutzers, sodass kein Mietvertrag vorliegt. Wenn der Nutzer nur ein sehr niedriges Entgelt zahlt, das weit hinter den üblichen Entgelten zurückbleibt, handelt es sich trotzdem um Miete, ggf. um eine **Gefälligkeitsmiete**, aber nicht um Leihe.[89] Wird z.b. ein „kostenloses lebenslanges Wohnrecht" eingeräumt, soll jedoch der Nutzer die Betriebskosten zahlen, handelt es sich um einen Mietvertrag. Denn auch die Betriebskosten gehören zur Miete.[90]

Zweites Kriterium zur Abgrenzung von anderen Rechtsgebieten ist der **Vertragszweck**. Der Vertragszweck der Miete ist die Gebrauchsüberlassung einer Sache. Soweit es darüber hinaus auch noch um die Fruchtziehung geht, handelt es sich um **Pacht**. Die Überlassung von **Wohnraum** ist immer Miete, selbst wenn die Überlassung der Wohnung oder der Wohnungen wie bei der gewerblichen Zwischenvermietung zum Zwecke der Weitervermietung erfolgt. Anerkannt ist aber insofern, dass es sich hierbei nicht um einen Mietvertrag über Wohnraum handelt. Andererseits handelt es sich, auch wenn ein **Garten** mitvermietet ist, um einen Wohnraummietvertrag, obwohl es dem Mieter auch gestattet ist, das Obst im Garten zu ernten[91] und hierdurch Früchte zu ziehen. 56

Auch der entgeltliche **Dauernutzungsvertrag** über eine Wohnung zwischen einer **Wohnungsbaugenossenschaft** und ihrem Mitglied stellt inhaltlich einen Mietvertrag dar.[92] Den wesentlichen Inhalt des Vertrages bildet auch in diesem Fall die entgeltliche Überlassung von Wohnraum. Der gesamte Vertrag ist im Wesentlichen genauso gestaltet wie jeder gewöhnliche Wohnraummietvertrag. Die abweichende Terminologie hinsichtlich seiner Bezeichnung hat keine rechtliche Bedeutung. Ist in einem solchen Vertrag das ordentliche Kündigungsrecht der Genossenschaft in der Weise eingeschränkt worden, dass es nur in besonderen Ausnahmefällen ausgeübt werden darf, wenn wichtige 57

---

88   BGH,   NJW 1982, 820;   OLG Köln,   WuM 1994, 332 =   NJW-RR 1994, 853 = DWW 1994, 251.

89   BGH, WM 1970, 853; LG Hamburg, WuM 1993, 667.

90   Schmidt-Futterer/Eisenschmid, § 535 BGB Rn. 589; Emmerich/Sonnenschein/Emmerich, § 535 BGB Rn. 34 ff.

91   AG Leverkusen, WuM 1994, 199.

92   OLG Karlsruhe, WuM 1985, 77 m.w.N.

berechtigte Interessen der Genossenschaft eine Beendigung des Mietverhältnisses notwendig machen, so geht diese Rechtsstellung auf einen Erwerber der Wohnung gem. § 566 BGB über.

58 Besondere Bedeutung hat das **Wohnraummietrecht**, da, wie das **BVerfG** ständig betont, die Wohnung der Mittelpunkt der Lebensinteressen ist und das Besitzrecht des Mieters an einer gemieteten Wohnung sogar **Eigentum** i.S.d. Art. 14 Abs. 1 Satz 1 GG darstellen soll.[93] Wegen der gesetzlich eingeführten besonderen **Mieterschutzvorschriften**, wozu auch die §§ 557 ff. BGB gehören, und der angesprochenen hohen Dichte an Verfassungsgerichtsurteilen ist die Einordnung eines Mietvertrages als **Wohnraummietvertrag** von entscheidender Bedeutung.

59 **Wohnraummiete** liegt vor, wenn

- Räume (Einzelräume oder Wohnungen)
- gegen Entgelt
- zum Zwecke des privaten Aufenthaltes des Mieters selbst und/oder seiner nächsten Angehörigen
- aufgrund schuldrechtlichen Vertrages
- unbefristet oder auf Zeit

überlassen werden.[94] Unter diese Definition fallen auch Mietverträge über eine Genossenschaftswohnung, auch wenn sie „**Dauernutzungsverträge**" genannt werden,[95] mangels vertraglicher Vereinbarung aber keine **faktischen Nutzungsverhältnisse**.[96] Deshalb muss das Mietverhältnis auch rechtswirksam begründet worden sein.

60 Ob tatsächlich Wohnraummiete vorliegt, hängt entscheidend davon ab, was die Parteien gewollt haben. Dieser **Parteiwillen** muss darauf gerichtet sein, dass die Überlassung zur **bestimmungsgemäßen Nutzung** der Räume zum witterungssicheren Aufenthalt, Schlafen, Kochen und Essen (privater Aufenthalt = Wohnen) stattfindet.[97] Es ist dabei **nicht erforderlich**, dass der Mieter oder

---

93 BVerfG, NJW 1993, 2035; ZAP, Fach 4R, S. 89 m. Anm. Rödel.

94 Bub/Treier/Reinstorf, I Rn. 76.

95 BGH, Urt. v. 10.09.2003 – VIII ZR 22/03, WuM 2003, 691 = ZMR 2003, 904 = MietRB 2004, 3.

96 BGH, NJW 1980, 1577; LG Berlin, DtZ 1993, 29; LG Duisburg, ZMR 1997, 81.

97 BGH, NJW 1997, 1885; OLG Düsseldorf, WuM 1995, 434.

sonstiger Angehöriger in der Wohnung seinen **Lebensmittelpunkt** unterhält, weil auch Zweitwohnungen, Wochenendwohnungen, Ferienwohnungen und Beherbergungsbetriebe dem Wohnraummietrecht zugeordnet werden.[98]

Andererseits wird durch einen Mietvertrag über ein Grundstück mit der **Befugnis, ein Wohnhaus zu errichten,** mangels anderweitiger Vertragsabsprachen kein Wohnraummietvertrag begründet, weil im Vordergrund die Überlassung des Grundstücks steht.[99]
  61

b) Vermietung zur Weitervermietung

Problematisch ist die Abgrenzung jedoch, wenn **Wohnräume** von vornherein **zur Weitervermietung** überlassen werden, ohne dass die Voraussetzungen des § 565 BGB (Gewinnerzielungsabsicht des Hauptmieters) vorliegen. Insoweit kann dem Endmieter gegenüber dem Eigentümer Kündigungsschutz zustehen, obwohl diese beiden kein Mietvertrag verbindet.[100] Dafür kommt es darauf an, in wessen Interesse die Weitervermietung erfolgt (sog. **Lagertheorie**)[101] oder ob der Vermieter von vornherein auch mit dem Endmieter einen Vertrag abgeschlossen hätte.[102] Wenn z.B. ein karitativer Verein ein Gebäude mietet, um darin von ihm ausgewählte Personen einer besonderen Bevölkerungsgruppe unterzubringen, ohne dass der Vermieter ein Mitspracherecht bei der Auswahl der Personen hat, verbindet Verein und Vermieter ein Gewerberaummietverhältnis ohne Kündigungsschutz des Endmieters gegenüber dem Eigentümer.
  62

Mietet ein Arbeitgeber Wohnraum vom Eigentümer, um ihn an seine Mitarbeiter zu vermieten und ist dem Eigentümer ein Mitspracherecht bei der Auswahl der Endmieter eingeräumt, liegt Gewerbemiete vor. Der Endmieter genießt jedoch Kündigungsschutz gegenüber dem Eigentümer, weil der auf die Gestaltung des Endmietverhältnisses wesentlichen Einfluss nehmen kann.
  63

Schließt ein gemeinnütziger Verein, der es satzungsgemäß übernimmt, die Wohnräume für und durch seine Mitglieder instand zu setzen, mit dem Eigen-
  64

---

98   OLG Hamburg, WuM 1992, 634; OLG Frankfurt am Main, FamRZ 1982, 398.

99   BGHZ 92, 74; BGH, NJW 1996, 917.

100   BVerfG, WuM 1993, 123.

101   BGH, WuM 1996, 537; BayObLG, WuM 1995, 639; NJW-RR 1996, 71; NJW-RR 1996, 73; KG, GE 1996, 49; OLG Hamburg, NJW 1993, 2322.

102   BGH, NZM 2003, 759 = MietRB 2004, 37.

tümer einen Mietvertrag, besteht zwischen Verein und Eigentümer ein Gewerbemietvertrag. Der Endmieter genießt jedoch Kündigungsschutz gegenüber dem Eigentümer, weil dieser auch gleich mit dem Endmieter hätte kontrahieren können.

c) Abgrenzung zur Gewerbemiete

65   Wichtig ist nach der Rechtsprechung v.a., dass die Räumlichkeiten vom **Mieter selbst** oder/und seinen Angehörigen genutzt werden. Nur wenn diese **Zweckbestimmung** gegeben ist, handelt es sich um einen Wohnraummietvertrag.[103] Selbst wenn die Räumlichkeiten letztendlich zu Wohnzwecken genutzt werden sollen, liegt kein Wohnraummietvertrag vor, wenn der Mieter sie anderen zu Wohnzwecken zur Verfügung stellt. Auf die Motive hierfür, z.B. Gewinnerzielungsabsicht oder altruistische Motive, kommt es nicht an.

66   Der BGH[104] hat einen Mietvertrag, den die Bundesrepublik als Fiskus mit dem Vermieter von Wohnungseigentum abgeschlossen hatte, um die Räume entsprechend dem NATO-Truppenstatut den US-Streitkräften zur Verfügung zu stellen, nicht als Wohnraummietvertrag eingestuft. Das OLG Frankfurt am Main hatte in einem Rechtsentscheid[105] ein Wohnraummietverhältnis bei einem Mietvertrag mit einem Verein, der die Räume seinen Mitgliedern (Studenten) zu Wohnzwecken zur Verfügung stellte, abgelehnt. Das OLG Braunschweig[106] hatte dies in einem Rechtsentscheid für einen ähnlichen Vertrag so entschieden. Das BVerfG hat die Verfassungsbeschwerde gegen den Beschluss nicht angenommen.[107]

67   Auch das OLG Karlsruhe[108] hat sich dieser Rechtsprechung für eine ähnliche Fallgestaltung, bei der die Räumlichkeiten an psychisch Kranke überlassen worden waren, angeschlossen.[109] Das OLG Stuttgart[110] hat sich diesen beiden

---

103   OLG Düsseldorf, ZMR 1995, 203.
104   BGH, WuM 1985, 612 = ZMR 1985, 228.
105   OLG Frankfurt am Main, WuM 1986, 273 = MDR 1986, 938.
106   OLG Braunschweig, WuM 1984, 237 = DWW 1984, 287 m. Anm. Eickhoff, WuM 1984, 271.
107   BVerfG, WuM 1985, 335.
108   OLG Karlsruhe, NJW 1984, 373 = WuM 1984, 10.
109   So jetzt auch das BayObLG in drei RE, WuM 1995, 638 ff.
110   OLG Stuttgart, WuM 1985, 80.

Rechtsentscheiden angeschlossen. Nach einem Urteil des LG Lübeck[111] handelt es sich deshalb bei einem Mietvertrag mit einem gemeinnützigen Verein, der in den Räumen ein „**Frauenhaus**" betreibt, nicht um ein Wohnraummietverhältnis. Nach einem negativen Rechtsentscheid des OLG Naumburg[112] kann jedoch ein Mietvertrag zwischen dem Grundstückseigentümer und einer Kirchengemeinde über die Anmietung einer Wohnung, die einem kirchlichen Mitarbeiter zu Wohnzwecken überlassen werden soll, als Wohnraummietvertrag zu beurteilen sein, wenn sich aus den Umständen ergibt, dass die Parteien die Geltung des Wohnraummietrechts gewollt haben. Hiervon könne ausgegangen werden, wenn die Parteien ein für die Wohnraummiete gedachtes Vertragsformular verwenden und der Vermieter in der Folgezeit mehrmals die Miete unter Beachtung des BGB erhöht hat.

Maßgeblich für die Abgrenzung, ob ein Fall von Wohnraum- oder Gewerberaummiete gegeben ist, ist also grds. die im Mietvertrag festgelegte Zweckbestimmung, die ggf. durch Auslegung unter Berücksichtigung sämtlicher Umstände des Einzelfalls zu ermitteln ist.[113] Insoweit ist allein der wahre, das Rechtsverhältnis prägende Vertragszweck, also das, was dem tatsächlichen und übereinstimmenden Willen der Parteien entspricht, maßgeblich.[114] Ist etwa die Vertragsurkunde als „Mietvertrag für gewerbliche Räume" bezeichnet und wurde als Vertragszweck der Betrieb „einer Werkstatt-Einrichtung" bestimmt, obwohl die Parteien wussten, dass die Mieträume zu Wohnzwecken umgebaut werden sollten, ergeben diese Indizien den auf Abschluss eines Gewerberaummietvertrages gerichteten Parteiwillen.[115] Denn im Zweifel ist die Vereinbarung, es handele sich insgesamt um Geschäftsräume, wirksam und zu beachten.[116] Die vereinbarte Nutzungsart bleibt ja auch dann verbindlich, wenn der Mieter die Nutzungsart (einseitig) ändert, und zwar auch dann wenn der Vermieter von der Umwandlung weiß.[117] Eine einseitige Nutzungsänderung durch den Mieter soll der Vermieter allenfalls bei längerer unwidersprochener Hinnahme gegen sich gelten lassen müssen.[118]

68

---

111 LG Lübeck, ZMR 1993, 223.
112 OLG Naumburg, WuM 1995, 142.
113 OLG Köln, DWW 1996, 1989.
114 Bub/Treier/Reinstorf, I Rn. 105, 107 m.w.N.
115 OLG Düsseldorf, WuM 2004, 193 = NZM 2004, 743.
116 Bub/Treier/Reinstorf, I Rn. 112.
117 Wolf/Eckert, Rn. 20.
118 OLG Hamburg, NJW-RR 1997, 458.

69   Auf Mischmietverhältnisse sind die §§ 558 ff. BGB nur dann anzuwenden, wenn die Nutzung als Wohnung überwiegt. Lässt sich der **Parteiwille** nicht ermitteln, muss auf die Umstände abgestellt werden, die das Mietverhältnis prägen, wobei die Verhältnisse ausschlaggebend sind, die überwiegen (**sog. Übergewichtstheorie**[119]). Als erste Orientierung für den Parteiwillen dient in der Praxis häufig das gewählte Vertragsmuster. Die Verwendung eines Formularmietvertrages kann insoweit aber nicht ausschlaggebend sein. Denn verwenden die Parteien z.B. ein Wohnraummietvertragsformular für die Überlassung von Räumen zur teilgewerblichen Nutzung, wobei die gewerbliche Nutzung übereinstimmend überwiegen soll, richtet sich der Charakter des Mietvertrages nicht nach Wohnraummietrecht.[120]

70   Die **Indizien** für den Parteiwillen ergeben sich v.a. aus dem Flächenverhältnis, der Miete für die einzelnen Nutzungsarten, soweit sie separat kalkuliert wurde, und der Nutzung selber. **Flächen- und Mietpreisverhältnis** kommt ein Indizwert für den Parteiwillen zu. Maßgebend ist aber immer der wahre Vertragszweck, ein entgegenstehender vorgetäuschter Wille ist unbeachtlich. Was bei Gleichwertigkeit der Zwecke gilt, bleibt offen. Rechtsfolge eines Mischmietverhältnisses ist, dass die Vorschriften gelten, die für die überwiegende Nutzungsart bestehen. Kann der Mietvertrag also **insgesamt als Wohnraummietvertrag** qualifiziert werden, gilt der Kündigungsschutz (§§ 573 ff. BGB) ebenso für das gesamte Mietverhältnis wie die Regelungen über die Mieterhöhung (§§ 558 ff. BGB).

71   Aber selbst wenn es sich um einen Wohnraummietvertrag handelt, kann die Anwendung der §§ 558 ff. BGB noch ausgeschlossen sein.

d)   Preisgebundener Wohnraum

72   Die §§ 557 ff. BGB sind **nicht** anwendbar für preisgebundnen Wohnraum. Vor dem 01.09.2001 stand das ausdrücklich im Gesetz (§ 10 Abs. 3 Nr. 1 MHG). Jetzt sollen die Vorschriften der §§ 557 ff. BGB verdrängt werden, wo speziellere Miethöhe- und Mieterhöhungsvorschriften vorrangig sind. Denn diese Preisbindungsvorschriften sind insoweit lex specialis.[121]

---

119   BGH, NJW 1977, 1394; ZMR 1986, 278; OLG Schleswig, NJW 1983, 49; OLG Hamm, ZMR 1986, 11; OLG München, ZMR 1995, 295.

120   KG, NZM 2000, 338.

121   Begründung des RefE zum Mietrechtsreformgesetz, abgedruckt z.B. bei Lützenkirchen, Neue Mietrechtspraxis, Rn. 1160.

Dazu zählen folgende Gruppen:

- Erster Förderweg: Wohnungen für die nach dem 31.12.1956 nach den §§ 24 bis 72 Abs. 2. WoBauG[122] öffentliche Mittel bewilligt wurden.

- Zweiter Förderweg: Wohnungen, die nach §§ 88 bis 88c Abs. 2 WoBauG[123] durch Aufwendungsdarlehen und Aufwendungszuschüsse gefördert wurden und Wohnungen, die mit Sanierungs- und Entwicklungsfördermitteln nach § 45 Abs. 5 Städtebauförderungsgesetz gefördert wurden.

- Mit Wohnungsfürsorgemitteln gem. §§ 87a, 111 Abs. 2 WoBauG[124] geförderte Neubauwohnungen:[125] Das sind freifinanziert oder steuerbegünstigt hergestellte Wohnungen, für die ein Belegungsrecht zugunsten öffentlich Bediensteter vereinbart wurde.

Für diese Wohnungen gilt keine am Markt nach den Grundsätzen von Angebot und Nachfrage gebildete Miete, sondern die sog. **Kostenmiete**.[126] Dies wird zwar durch die Erhebung der Fehlbelegungsabgabe (eigentlich: „Ausgleichszahlung zum Abbau von Fehlsubventionierungen im Wohnungswesen") relativiert,[127] durch die für bestimmte Einkommensgruppen mittelbar auch die ortsübliche Vergleichsmiete Bedeutung hat, da die Höhe der Ausgleichsabgabe zumindest im Herabsetzungsverfahren die Obergrenze darstellt. Dem Vermieter steht aber kein Anspruch auf die ortsübliche Vergleichsmiete zu. **Anwendbar** sind die §§ 557 ff. BGB dagegen auf solche Wohnungsbestände:

73

- Wohnungen im sog. Dritten Förderweg:[128] Das sind Wohnungen, die i.R.d. „Förderung durch vertragliche Vereinbarung" nach § 88d Abs. 2 WoBauG[129] gefördert wurden. Im Rahmen dieser Vereinbarungen werden Zinszuschüsse oder Aufwendungshilfen gewährt, die nicht aus öffentlichen Haushalten

---

122 Die Vorschriften sind durch das WoFG mit Wirkung zum 01.01.2002 aufgehoben worden, gelten aber für Altverträge weiter.

123 Das II. WoBauG ist grds. für bis zum 31.12.2001 bewilligte Fördermaßnahmen weiter anzuwenden, § 48 WoFG.

124 Auch § 87a Abs. 2 WoBauG gilt nach Maßgabe des § 48 WoFG weiter.

125 §§ 87a, 111 Abs. 2 WoBauG.

126 Dazu MietPrax/Goch, Fach 11.

127 BBU, Leitfaden zum Vergleichsmietensystem, S. 14. Einzelne Bundesländer haben bereits Gesetze zum Abbau oder der Abschaffung der Ausgleichszahlung beschlossen, z.B. Nordrhein-Westfalen durch das am 08.06.2006 in Kraft getretene Fehlbelegungsrechtsänderungsgesetz NRW (FehlÄndG NRW) vom 23.05.2006.

128 In Berlin als „Zweiter Förderweg" bezeichnet, Maciejewski, MM 1997, 257.

129 Die Vorschrift ist durch das WoFG aufgehoben worden und nur für Fördervereinbarungen vor dem 01.01.2002 weiter anzuwenden.

stammen. Die so geförderten Wohnungen gelten deshalb nicht als preisgebunden.[130]

- Vereinbarte Förderung nach dem WoFG: Das Gesetz[131] gilt für alle Fördermaßnahmen ab dem 01.01.2002 und hat das alte Wohnungsbaurecht ersetzt.[132]

- Vereinbarte Kostenmiete.

e) Wohnraum, der nur zu vorübergehendem Gebrauch vermietet ist, § 549 Abs. 2 Nr. 1 BGB

74 Nur wenn der Zweck der Wohnraumüberlassung von **kurzer Dauer** ist, kommt dieser Ausschlusstatbestand in Betracht. Dies hängt nicht nur von der getroffenen mietvertraglichen Vereinbarung, sondern im Wesentlichen davon ab, ob nur ein vorübergehender Wohnbedarf oder ein allgemeiner Wohnbedarf befriedigt werden soll. Maßgebend ist, ob der Mieter in der Mietwohnung seinen Lebensmittelpunkt begründen wollte. Indiz dafür ist insbes. auch die Dauer des Mietverhältnisses.[133] Ein Mietverhältnis zum vorübergehenden Gebrauch liegt nicht schon deshalb vor, weil der Vermieter die Räume wegen Sanierungsplänen lediglich für eine Übergangszeit vermieten will.[134] Auch eine Vermietung für ein Jahr oder länger schließt i.d.R. einen vorübergehenden Gebrauch aus.[135] Schließlich genügt auch die formale Vereinbarung im Mietvertrag, dass die Überlassung zu „vorübergehendem Gebrauch erfolge", nicht, da dies eine unzulässig zum Nachteil des Mieters von § 557 Abs. 4 BGB abweichende Vereinbarung wäre.[136]

---

130 LG Freiburg, WuM 2003, 696; LG Berlin, GE 2002, 468; LG Essen, WuM 1974, 32; AG Tempelhof/Kreuzberg, MM 2005, 371; AG Hamburg, WuM 2001, 558.

131 Vom 13.09.2001, BGBl. I, S. 2376; Kinne/Schach/Bieber, § 557 Rn. 1.

132 Vgl. Rahm, KommunalPraxis BY 2003, 129; Altenmüller, BWGZ 2002, 97; Söfker, WuM 2002, 291.

133 LG Dortmund, WuM 1982, 276; LG Berlin GE 1990, 1083.

134 LG Freiburg, WuM 1991, 172.

135 AG Frankfurt am Main, WuM 1981, 237; AG Köln ZMR 1962, 336.

136 Vgl. zu § 564b Abs. 7 Nr. 1 BGB, § 10 Abs. 1 MHG; OLG Frankfurt am Main, WuM 1991, 17 = ZAP, Fach 4R, S. 19 m. Anm. Börstinghaus.

Einzelfälle:

Beabsichtigte Vermietung für nachstehende Dauer oder folgende Räume:	Vorübergehender Gebrauch (Gericht, Fundstelle)
Ausstellung	ja
Baufertigstellung bis zur Fertigstellung eines Neubaus	ja
Besuch Unterbringung eines Besuchers für übliche Besuchszeit	ja
Examen	ja (AG Gießen, NJW- RR 1990, 653)
Ferienaufenthalt	ja (LG Braunschweig, MDR 1980, 671)
Ferienwohnung bei längerfristiger Vermietung	**nein** (OLG Hamburg, WuM 1992, 634 = MDR 1993, 43 = NJW-RR 1993, 84 = GE 1992, 1211 = ZMR 1992, 538; LG Lübeck, WuM 1989, 632) **ja** (AG Viechtach, NJW-RR 1987, 787; LG Braunschweig, MDR 1981, 1022)
Gastarbeiter	nein bei unbefristetem Arbeitsverhältnis (AG Frankfurt am Main, ZMR 1973, 149)
Geschäftsaufenthalt	i.d.R. ja
Hotelzimmer	ja
Messe	ja
Professor für die Zeit einer Gastprofessur	ja
Saison	ja

Sanierung Vermietung der Räume wegen Sanierungsplänen lediglich für eine Übergangszeit	nein (LG Freiburg, WuM 1991, 172)
Sportveranstaltung	ja
Studenten für je ein Semester	**ja** (LG Freiburg, MDR 1980, 315 = ZMR 1980, 143) **nein** (AG Charlottenburg, MM 1990, 349; LG Freiburg, MDR 1980, 315 = ZMR 1980, 143 wenn Verlängerungsklausel oder wenn Weitervermietung zum neuen Semester regelmäßig üblich)
Tagung	ja
Verkauf Vermietung bis zum Verkauf zu einem noch ungewissen Zeitpunkt	nein (LG Köln, WuM 1991, 190)
Wohngemeinschaft auch wenn sie aus Studenten besteht	nein (LG Köln, WuM 1992, 251)
Wohnungssuche für die Zeit der Wohnungssuche in fremdem Ort	ja

**f)   Wohnraum, der Teil der vom Vermieter bewohnten Wohnung ist,
§ 549 Abs. 2 Nr. 2 BGB**

76   Gem. § 549 Abs. 2 Nr. 2 BGB ist Wohnraum, der folgende Voraussetzungen erfüllt, **vom Mieterschutz ausgenommen**:

- Der Wohnraum muss vom Vermieter ganz oder teilweise mit Möbeln auszustatten sein. Entscheidend ist hierbei weniger der tatsächliche Zustand, als die vertragliche Abrede.

- Der Wohnraum muss Teil der vom Vermieter selbst bewohnten Wohnung sein. Ein Vermieter bewohnt einen Teil einer Wohnung selbst, wenn dieser Teil der Wohnung der Führung seines häuslichen Lebens, insbes. seines

Haushalts dient. Hierfür ist es nicht erforderlich, dass sich der Vermieter ständig in dieser Wohnung aufhält.[137] Die Ausnahmevorschrift des § 549 Abs. 2 Nr. 2 BGB gilt jedoch nicht für ein möbliertes Zimmer, das einen eigenen Eingang zum Treppenhaus hat, dessen Verbindungstür zur Vermieterwohnung abgeschlossen und mit Möbeln zugestellt ist und in dem der Mieter nicht auf die Benutzung von Küche und Bad in der Vermieterwohnung angewiesen ist.[138] Auch ein befristeter Mietvertrag über ein möbliertes Appartement in einem Schwesternwohnheim unterliegt dem Mieterschutz.[139]

Der Wohnraum darf dem Mieter nicht zum dauernden Gebrauch mit seiner 77 Familie oder mit Personen, mit denen er einen auf Dauer angelegten Haushalt führt,[140] überlassen sein. Maßgeblich ist dabei wieder die vertragliche Vereinbarung. Ist der Mieter berechtigt, die Mietsache zusammen mit seiner Familie, seinem (gleichgeschlechtlichen) Lebenspartner oder sonstigen Partner i.S.e. Lebensgemeinschaft zu beziehen, genießt dieses Mietverhältnis Mieterschutz. Ist dieses Recht vertraglich ausgeschlossen, führt der Zuzug von Familienangehörigen oder (Lebens-) Partnern dagegen nicht zum Ausschluss des § 549 Abs. 2 Nr. 2 BGB.[141]

g) Wohnraum zur Deckung dringenden Wohnungsbedarfes, § 549 Abs. 2 Nr. 3 BGB

Ausgenommen vom Anwendungsbereich der §§ 557 ff. BGB sind auch Miet- 78 verhältnisse über Wohnraum, den eine juristische Person des öffentlichen Rechts oder ein anerkannter privater Träger der Wohlfahrtspflege angemietet hat, um ihn Personen mit dringendem Wohnbedarf zu überlassen. Die Regelung erfasst im Gegensatz zu § 564b Abs. 7 Nr. 5 BGB a.F. auch private Wohlfahrtsträger, die vermehrt Belange der öffentlichen Daseinssorge übernehmen und üblicherweise gemeinnützig sind. Das können sein die Caritas, das Diakonische Werk der evangelischen Kirche, die Arbeiterwohlfahrt etc. Zu den Personen mit dringendem Wohnbedarf gehören alle Personengruppen, die besondere Schwierigkeiten bei der Wohnungssuche haben. Dazu zählen z.B. alte Menschen, kinderreiche oder einkommensschwache Familien/Per-

---

137 LG Berlin, WuM 1980, 134 = ZMR 1980, 144 = MDR 1980, 404.
138 LG Detmold, NJW-RR 1991, 77 und AG Köln, WuM 1985, 267.
139 LG Berlin, GE 1993, 1157.
140 Vgl. dazu Schmidt-Futterer/Blank, § 549 BGB Rn. 14.
141 Schmidt-Futterer/Blank, § 549 BGB Rn. 13.

sonen, Studenten, Gastarbeiter, Aussiedler, Obdachlose, Asylbewerber etc.[142] Die Vorschrift betrifft das Verhältnis zwischen Hauptmieter und Endmieter. Das Mietverhältnis zwischen Eigentümer und dem Hauptmieter ist ohnehin gewerblich; der Verein kann nicht selbst wohnen. Der Zwischenmieter muss den Endmieter bei Abschluss des Vertrages über die besondere Zweckbestimmung, über die damit ausgeschlossenen Vorschriften und die Folgen dieses Ausschlusses informieren,[143] wobei der Hinweis auf den Ausschluss des Kündigungsschutzes und der Vorschriften über die Mieterhöhung ausreichen soll.[144]

h) Mietverhältnis über Wohnraum in Studenten- oder Jugendwohnheim, § 549 Abs. 3 BGB

79 Ein Studentenwohnheim ist ein Wohngebäude, das nach seiner baulichen Anlage und Ausstattung ausschließlich oder überwiegend zur entgeltlichen oder unentgeltlichen Unterbringung einer Vielzahl von Studenten der **Universitäten, Technischen Hochschulen** und **höheren Fachschulen** für die **Dauer ihrer Ausbildung** bestimmt ist, wobei die Aufnahme dieses Personenkreises nicht mit der Absicht der Gewinnerzielung, sondern zu fremdnützigen Zwecken erfolgt.[145] Auch setzt ein solches Wohnheim i.d.R. die Zweckwidmung des Gebäudes voraus, verfügt über eine Heimverfassung und bietet Wohnraum zu einem Preis an, der weit unter der ortsüblichen Miete liegt. Letzteres Merkmal ist wesentliches Kriterium für die Erkennung eines Studentenwohnheims i.S.v. § 564b Abs. 7 Nr. 3 BGB.[146] Ein Studentenheim liegt nicht nur dann vor, wenn das fragliche Gebäude hierzu in irgendeiner Form öffentlich-rechtlich gewidmet ist. Vielmehr können auch private Heime Studentenheime sein. Es wird lediglich gefordert, dass das Gebäude zur Aufnahme von Studenten bestimmt und geeignet ist, wobei es nicht erforderlich ist, dass irgendwelche Gemeinschaftseinrichtungen vorhanden sind, welche von den Bewohnern gemeinsam genutzt werden.[147] Der Begriff „Studentenwohnheim" erfordert nicht, dass das Gebäude allein und ausschließlich von Studenten bewohnt wird, sofern nur die Nutzung durch Studenten dem Gebäude die wesentliche

---

142 Schmidt-Futterer/Blank, § 549 BGB Rn. 22; Lammel, § 549 BGB Rn. 35.
143 Lammel, § 549 BGB Rn. 37.
144 Emmerich/Sonnenschein/Weitemeyer, § 549 BGB Rn. 22.
145 Blank/Börstinghaus, § 549 BGB Rn. 33 m.w.N.
146 AG München, WuM 1992, 133.
147 AG München, BlGBW 1985, 41; AG Freiburg, WuM 1987, 128.

Prägung gibt. Die Vermietung einzelner Räume an Nicht-Studenten bedeutet lediglich, dass zulasten dieser Personen die Ausnahmevorschrift des § 549 Abs. 3 BGB nicht eingreift.[148]

2. Vereinbarter Ausschluss der Mieterhöhung

Neben diesem gesetzlichen Ausschluss der Anwendung der §§ 557 ff. BGB auf bestimmten Wohnraum können die Parteien des Mietvertrages selbst im konkreten Einzelfall ausdrücklich oder konkludent die Anwendung der Erhöhungsmöglichkeiten der §§ 558 ff. BGB ausgeschlossen haben. Eine Mieterhöhung ist nämlich auch dann ausgeschlossen, wenn die Parteien eine entsprechende Vereinbarung getroffen haben, was sich auch aus den Umständen ergeben kann, § 557 Abs. 3, 2. Alt. BGB.

80

Bestimmte Mieterhöhungsmöglichkeiten kommen nur zum Tragen, wenn sie vereinbart sind, so etwa eine Mieterhöhung im Rahmen einer **Mietgleitklausel** nach § 557b BGB oder einer Staffelmiete. Teilweise schließen sich die Erhöhungsmöglichkeiten gegenseitig aus. So kann eine Staffelvereinbarung nicht gleichzeitig indexiert werden. Betreffen Staffel- und Indexvereinbarung aber verschiedene Zeiträume, können sie „zusammen", aber auch nacheinander vereinbart werden. Anders als bei § 10 Abs. 1 MHG verlangt § 557 BGB nicht, dass die Vereinbarung ein bestimmten Betrag enthält.[149] Möglich ist damit nun auch die nachträgliche Vereinbarung einer Indexmiete, aber auch einvernehmlicher Mieterhöhungen, die nicht in Geld bestehen, sondern durch tatsächliche Leistungen des Mieters erbracht werden.[150] Eine **Mieterhöhung** liegt deshalb auch vor, wenn der Mieter **Verwaltungsaufgaben** (z.B. das Erstellen von Abrechnungen, das Mietinkasso, Überwachung des Hausfriedens, etc.) oder **Hausmeistertätigkeiten** (z.B. das Herausstellen von Mülltonnen etc.) übernimmt, ohne dass dies mit einer Mietsenkung oder einem Entgelt für den Mieter verbunden wäre. Die Folge ist u.a., dass die Jahressperrfrist des § 558 Abs. 1 Satz 1 BGB ausgelöst wird.[151] Abgesehen von §§ 557a und 557b BGB kann sich der Vermieter jedoch auf die §§ 558 bis 561 BGB nur

81

---

148   Zu § 10 Abs. 3 Nr. 4 MHG: AG Konstanz, WuM 1989, 573; AG München, BlGBW 1985, 41.
149   Lützenkirchen/Löfflad, Neue Mietrechtspraxis, Rn. 172.
150   BT-Drucks. 14/5663, S. 172.
151   Lützenkirchen/Löfflad, Neue Mietrechtspraxis, Rn. 172.

berufen, wenn die dort vorgesehenen Möglichkeiten der Mieterhöhung nicht vertraglich ausgeschlossen sind.

a) Ausschluss durch vertragliche Vereinbarung

82 Ausdrückliche vertragliche Vereinbarungen darüber, dass die Möglichkeit der Mieterhöhung (evtl. auch nur befristet) ausgeschlossen sein soll, sind zumindest bei der Wohnraummiete eher selten. Solche Vereinbarungen können sich auf alle oder nur auf einzelne Erhöhungstatbestände beziehen, eine Mieterhöhung ganz oder teilweise ausschließen (dies ergibt sich aus der Formulierung „soweit"[152]), wobei der teilweise Ausschluss sich sowohl auf die Höhe wie auf einen zeitlich begrenzten[153] Ausschluss beziehen kann.[154] Während **Kostenmietklauseln** in Mietverträgen ehemaliger gemeinnütziger Wohnungsunternehmen nach Wegfall der Wohnungsgemeinnützigkeit nicht fortgelten,[155] führt die Vereinbarung solcher Klauseln bei tatsächlich nicht preisgebundenen Wohnungen dazu, dass eine Mieterhöhung nur in den Fällen der Änderung der Kostenmiete zulässig ist;[156] der Vermieter muss außer den Voraussetzungen der §§ 558 ff. BGB auch die einer gestiegenen Kostenmiete darlegen.

b) Ausschluss durch konkludente Vereinbarung

aa) Befristetes Mietverhältnis

83 Die Ausschlussvereinbarung kann sich auch aus den Umständen ergeben. Um eine solche konkludente Vereinbarung annehmen zu können, müssen allerdings der gesamte Vertragsinhalt und die außerhalb des Vertrages liegenden Umstände ausgelegt werden.[157] Bis zum 31.08.2001 war die Vereinbarung eines **Zeitmietvertrages** ausdrücklich in § 1 Satz 3 MHG als Regelbeispiel für eine konkludente Ausschlussvereinbarung genannt. Streitig war,[158] ob

---

152 BayObLG, WuM 1998, 274; NZM 1999, 215.
153 BGH, NJW 1992, 2281; AG Kamenz, WuM 1994, 670.
154 Vgl. die Beispiele bei Kunze/Tietzsch, Teil II Rn. 104 ff.
155 BGH, NZM 2006, 693.
156 BGH, WuM 2004, 282.
157 Lammel, § 557 BGB Rn. 30; Kunze/Tietzsch, Teil II Rn. 109 mit weiteren Beispielen aus der Rspr. unter Teil II Rn. 108 ff.
158 Staudinger/Emmerich, 13. Aufl. 1997, § 1 MHG Rn. 15 f. m.w.N.

schon die Vereinbarung der festen Laufzeit genügte oder darüber hinaus auch noch eine feste Miete vereinbart sein musste.[159]

Das Merkmal „Vereinbarung eines Mietverhältnisses auf bestimmte Zeit" sollte nicht den Fall betreffen, dass sich ein Zeitmietverhältnis entsprechend einer **Verlängerungsklausel** mangels Kündigung fortsetzte, auch wenn der Verlängerungszeitpunkt auf eine Zeit von mehr als einem Jahr festgesetzt war.[160] Eine Befristung, die gem. § 1 Satz 3 MHG eine Mieterhöhung ausschloss, lag auch dann nicht vor, wenn die Parteien in einem späteren Zusatz zum Mietvertrag vereinbart haben, dass der Mietvertrag „für mindestens zehn Jahre gelten soll und innerhalb dieser Zeit nur von beiden Parteien einverständlich aufgehoben werden kann.[161]

84

Viele befristete „Altverträge" waren auf bestimmte Zeit abgeschlossen worden und enthielten darüber hinaus eine Verlängerungsvereinbarung, also eine Regelung, nach der sich das Mietverhältnis nach Ablauf der Festmietzeit um jeweils einen bestimmten Zeitraum verlängern sollte, wenn nicht eine der Parteien innerhalb einer bestimmten Frist eine Kündigung erklärte. Solche **Kettenmietverträge** bleiben auch nach dem 01.09.2001 wirksam.[162] Die vereinbarte Verlängerung enthält gleichzeitig die Vereinbarung bestimmter Kündigungstermine („Das Mietverhältnis beginnt am 01.10.2000 und endet am 30.09.2001. Es verlängert sich jeweils um ein Jahr, wenn es nicht gekündigt ist."). Diese gegen § 574c Abs. 4 BGB verstoßende Regelung bleibt nach Art. 229 § 3 Abs. 10 EGBGB wirksam, der auch nicht durch Art. 229 § 5 Satz 2 EGBGB verdrängt wird.[163]

85

Mit der Streichung des § 1 Satz 3 letzter Halbsatz MHG sollte eine inhaltliche Änderung nicht verbunden sein.[164] Die Begründung verweist explizit auf den Rechtsentscheid des OLG Stuttgart vom 31.05.1994[165] und nimmt dies zum Anlass, klarzustellen, dass es für die Frage, ob ein Erhöhungsausschluss

86

---

159 Dafür: OLG Stuttgart, WuM 1994, 320; Lammel, § 557 BGB Rn. 30a; dagegen: Blank, WuM 1994, 421.

160 OLG Karlsruhe, NJW-RR 1996, 329 = DWW 1996, 18 = WuM 1996, 18 im Anschluss an den RE des OLG Zweibrücken, OLGZ 82, 213 = DWW 1981, 238 = WuM 1982, 294.

161 AG Dortmund, WuM 1992, 624 = MDR 1992, 870.

162 BGH, WuM 2007, 514 = NZM 2007, 718.

163 BGH, WuM 2005, 342 = MietPrax-AK, § 573c BGB Nr. 13.

164 Begründung des RegE, NZM 2000, 802, 814.

165 OLG Stuttgart, WuM 1994, 320.

vereinbart wurde, entscheidend auf die konkrete Ausgestaltung des Vertrages ankomme, also allein auf die Umstände des Einzelfalls.[166] Da der Gesetzgeber nun ausdrücklich auf den Rechtsentscheid des OLG Stuttgart Bezug nimmt, ist vom Grundsatz auszugehen, dass bei einem Vertrag mit fester Laufzeit die Vereinbarung einer bestimmten Miete nicht ohne Weiteres eine Erhöhungsmöglichkeit ausschließt, auch wenn kein Erhöhungsvorbehalt vereinbart wurde. Damit muss nicht der Vermieter z.B. in einem Mieterhöhungsverfahren nach § 558 BGB darlegen und beweisen, dass trotz fester Laufzeit eine Mieterhöhung möglich ist, sondern der Mieter, dass die Befristung gleichzeitig die Erhöhung ausschließt.

87 Die **Gegenmeinung**[167] hält den Rechtsentscheid des OLG Stuttgart[168] für systematisch falsch. Denn er verkenne die Funktion des alten § 1 Abs. 3 MHG, der nur an die vorher geltende Rechtslage anknüpfen wollte. Damals war eine einseitige Mieterhöhung nur durch eine Änderungskündigung durchsetzbar. Dabei handelte es sich um eine ordentliche Kündigung, die jedoch bei Zeitmietverträgen gerade ausgeschlossen war. Wurde also in einem vor Inkrafttreten des MHG abgeschlossenen Zeitmietvertrag kein Erhöhungsvorbehalt vereinbart, blieb es für die Dauer der Mietzeit bei der Ausgangsmiete, ohne dass die noch ausdrücklich als „fest" bezeichnet werden musste. Die §§ 2 ff. MHG, die einen Ausgleich für das Verbot der Änderungskündigung schaffen sollten, hatten damit nichts zu tun. Bei einem befristeten Mietvertrag gab es nichts auszugleichen, weil hier schon nach altem Recht eine einseitige Mieterhöhung ausgeschlossen war.[169]

88 Befristungen in Mietverträgen, die vor dem 01.09.2001 geschlossen wurden (auf das Datum der Übergabe der Mietsache kommt es hier nicht an[170]) bleiben nach Art. 229 § 3 Abs. 3 EGBGB wirksam. Zu den befristeten Mietverträgen zählen auch **Mietverhältnisse auf Lebenszeit** nach altem Recht.[171]

89 Um sicherzugehen, sollte in Neuverträgen klargestellt werden, dass trotz – qualifizierter – Befristung gem. § 575 BGB Mieterhöhungen z.B. nach §§ 558

---

166 Begründung des RegE, NZM 2000, 802, 814.
167 Vgl. Schmidt-Futterer/Börstinghaus, § 557 BGB Rn. 49 ff. m.w.N.
168 OLG Stuttgart, WuM 1994, 320.
169 Vgl. Schmidt-Futterer/Börstinghaus, § 557 BGB Rn. 49 ff.
170 BGH, WuM 2006, 620.
171 AG Trier, WuM 1993, 196; LG Lübeck, WuM 1972, 58.

bis 560 BGB möglich bleiben. Die gleichen Überlegungen gelten beim Kündigungsausschluss.[172] Denn auch dadurch wird im Ergebnis eine Befristung – wenn auch in Form einer Mindestdauer – herbeigeführt.

Ein solcher **Erhöhungsvorbehalt** kann formularmäßig vereinbart werden[173] oder sich aus den Umständen ergeben. Denn insoweit kann für die Erlaubnis nichts anderes gelten als für das Verbot.

90

bb)   Vereinbarung einer „falschen" Wohnfläche

Probleme tauchen in der Praxis bei **Abweichungen** zwischen der **vereinbarten und der tatsächlichen Wohnungsgröße** auf. Eine einseitige Mieterhöhung ist nämlich auch dadurch ausgeschlossen, dass die Parteien eine Wohnfläche vereinbart haben, die kleiner ist als die tatsächliche Wohnungsgröße.[174] Ob es sich dabei um eine vertragliche Vereinbarung handelt oder die Parteien jahrelang bei Betriebskostenabrechnungen eine geringere Wohnungsgröße zugrunde gelegt haben, ist unerheblich.[175]

91

Dies soll jedenfalls dann gelten, wenn die Abweichung der tatsächlichen von der vertraglich vereinbarten Fläche weniger als 10 % beträgt.[176] Erst wenn diese Grenze überschritten ist, kann dem Vermieter ein Festhalten an der zu kleinen Fläche nicht mehr zugemutet werden.[177]

Beispiel:

Im Mietvertrag festgelegte Wohnungsgröße 80 m², tatsächliche Größe 85 m². Bei einer vereinbarten Miete von 400,00 € beträgt die Quadratmetermiete für das Mieterhöhungsverfahren 5,00 €/m² obwohl tatsächlich nur 4,71 €/m² gezahlt werden.

---

172   BGH, GE 2004, 348: individualvertraglicher einseitiger Kündigungsausschluss für den Mieter; BGH, GE 2004, 1166: formularvertraglicher beidseitiger Kündigungsausschluss; BGH, MietPrax-AK, § 557a BGB Nr. 8 = NJW 2006, 1059: Wirksamkeit eines formularvertraglichen Kündigungsausschlusses bei Staffelmietvereinbarung in einem nach dem 01.09.2001 geschlossenen Mietvertrag; BGH, WuM 2006, 445: Wirksamkeit eines individualvertraglichen Kündigungsausschlusses bei Staffelmietvereinbarung in einem nach dem 01.09.2001 geschlossenen Mietvertrag.

173   Schmidt-Futterer/Börstinghaus, § 557 BGB Rn. 54 m.w.N.

174   OLG Düsseldorf, GE 2002, 1335; LG Berlin, GE 2004, 482; NZM 2002, 947; LG Zweibrücken, NZM 1999, 71; LG Braunschweig, WuM 1999, 205; LG Aachen, WuM 1991, 501; LG Frankfurt am Main, WuM 1990, 157; Kunze/Tietzsch, Teil II Rn. 106.

175   AG Schwelm, WuM 1987, 30; AG Köln, WuM 1987, 273.

176   BGH, WuM 2007, 450.

177   BGH, WuM 2007, 450.

Wenn die ortsübliche Vergleichsmiete z.B. 5,00 € beträgt, kann der Vermieter keinen Erhöhungsanspruch geltend machen, beträgt die ortsübliche Vergleichsmiete 6,00 €, kann der Vermieter die Zustimmung zu einer Miete von 480,00 € (80 m² × 6,00 €) verlangen und nicht 510,00 € (85 m² × 6,00 €).

92 Haben die Parteien demgegenüber im Mietvertrag mehr Quadratmeter fixiert, als tatsächlich vorhanden sind, dann ist die richtige Wohnungsgröße maßgeblich.[178] Dies ergibt sich aus §§ 557 Abs. 4, 558 Abs. 6 BGB, denn es würde sich dabei um eine von den genannten Vorschriften zum Nachteil des Mieters abweichende Regelung handeln. Denn eine nicht vorhandene Fläche ist nicht „vergleichbar" i.S.v. § 558 Abs. 2 BGB. Übersteigt die in einem Mieterhöhungsverlangen angegebene und der Berechnung zugrunde gelegte Wohnfläche die tatsächliche Wohnfläche, so kann der Mieter folgerichtig unter dem Gesichtspunkt der ungerechtfertigten Bereicherung die Rückzahlung der in der Folgezeit aufgrund der fehlerhaften Berechnung überzahlten Miete verlangen, wenn die Abweichung der tatsächlichen von der angegebenen Wohnfläche mehr als 10 % beträgt.[179]

Bestimmte Mieterhöhungen sind schließlich in den gesetzlich speziell angeordneten Fällen unzulässig. Dies gilt insbes. bei Vereinbarung einer **Staffelmiete**[180] oder einer **Mietanpassungsvereinbarung**.[181]

3. Mietabänderungsvereinbarungen

a) Abgrenzung zum Zustimmungsanspruch

93 Das Verfahren nach den §§ 558 ff. BGB gibt dem Vermieter unter den dort genannten Voraussetzungen einen Anspruch gegen den Mieter auf Zustimmung zu einer Mieterhöhung (§§ 558 ff. BGB) bzw. einen unmittelbaren Zahlungsanspruch (§§ 559 ff., 560 BGB). Unabhängig davon steht es den Parteien frei, sich auf eine Mieterhöhung einverständlich zu einigen (sog. Mietabänderungsvereinbarung[182]). Hier liegt ein Vertrag vor, in dem sich die Parteien als gleichberechtigte Vertragspartner auf eine neue Miete einigen. Genau wie bei der oben angesprochenen Neuvermietung gilt hier als Grenze

---

178   BGH, WuM 2007, 450; NJW 2004, 3115; LG Köln, WuM 1986, 121.
179   BGH, WuM 2004, 485; s. dazu auch Rn. 369 ff.
180   S. dazu Rn. 113 ff.
181   S. dazu Rn. 130 ff.
182   Ein Formulierungsvorschlag befindet sich bei Rn. 910 f.

nur die **Mietpreiserhöhung** gem. § 5 WiStrG und der Mietwucher gem. § 291 Abs. 1 Satz 1 Nr. 1 StGB, soweit die Tatbestandsvoraussetzungen dieser Normen ansonsten vorliegen.

b) Anwendbarkeit des § 312 BGB (Haustürgeschäft)

Nachdem früher umstritten war, ob auf eine solche Mietabänderungsvereinbarung ggf. die Vorschriften des „Haustürwiderrufsgesetzes" (jetzt: „Haustürgeschäft") anzuwenden waren,[183] dürfte diese Frage nun einhellig bejaht werden.

94

Verbraucherschützende Normen haben weitgehende Auswirkungen auf den Abschluss, die Änderung und die Abwicklung von Mietverträgen. Dies gilt nicht nur für Allgemeine Geschäftsbedingungen, sondern auch für den Bereich der Haustürgeschäfte. I.R.d. Schuldrechtsreform wurden die verschiedenen verbraucherschützenden Regelungen, wie z.b. das AGB-Gesetz, das Verbraucherkreditgesetz, das Fernabsatzgesetz, das Teilzeit-Wohnrechtsgesetz oder das Haustürwiderrufsgesetz (HausTWG), mit unterschiedlichen Änderungen in das BGB integriert. Die Regelungen des HausTWG finden sich nun in §§ 312 ff. BGB, das Widerrufs- und Rückgaberecht sowie dessen Folgen in den §§ 355 ff. BGB.

95

aa) Grundsätzliche Anwendbarkeit des § 312 BGB

§ 312 BGB gibt einem Verbraucher in bestimmten Situationen das Recht, Verträge mit einem Unternehmer über eine entgeltliche Leistung zu widerrufen. Es stellt sich die Frage, ob dies auch für Mietänderungsvereinbarungen gilt. Die oben unter Rn. 95 genannten Vorschriften dienen der **Umsetzung verschiedener Richtlinien**[184] und gehen teilweise über deren Regelungen hinaus. Während etwa die Richtlinie 85/577/EWG[185] nach ihrem Art. 3 Abs. 2 Buchst. a) nicht für Verträge über die Miete und Immobilien gelten sollte,

96

---

183 Dafür: AG Hofgeismar, WuM 1989, 186; AG Hamburg, WuM 1989, 187; AG Hamburg, WuM 1991, 561; aber auch LG Braunschweig, WuM 1991, 671; LG Karlsruhe, WuM 1992, 363; LG Heidelberg, WuM 1993, 397; LG Berlin, GE 1994, 1449 unter Aufgabe der bisherigen Rspr.; dagegen: LG Frankfurt am Main, WuM 1989, 188 = NJW-RR 1989, 824; LG Hannover, WuM 1989, 189; LG Wiesbaden, WuM 1992, 603; Krit. zu dieser Rspr. Engels, WuM 1991, 321 ff.

184 Aufgeführt in Palandt/Grüneberg, Vor § 312 BGB Rn. 1.

185 Abgedruckt bei Erman/Saenger, 10. Aufl. 2000, nach § 9 HausTWG.

unterlagen diese Verträge dem Anwendungsbereich des § 1 HausTWG, der insoweit unverändert durch § 312 BGB übernommen wurde.[186]

97 So hat schon das OLG Koblenz[187] in einem Fall, in dem sich eine vom Vermieter beauftragte Hausverwaltungs-GmbH in den Räumen der Mieter ohne vorherige Bestellung eine Mietanpassungsvereinbarung und eine Staffelmietvereinbarung von den Mietern unterzeichnen ließ, entschieden, dass bei Bestehen eines Mietverhältnisses über Wohnraum ein Vertrag, der anlässlich eines Hausbesuchs des Vermieters beim Mieter geschlossen wird, und der die Vereinbarung einer Mieterhöhung und Staffelmiete zum Gegenstand hat, in den sachlichen Anwendungsbereich des Gesetzes über den Widerruf von Haustürgeschäften und ähnlichen Geschäften fällt.

98 Der Senat hat dabei zunächst eine Auslegung vom Wortlaut her vorgenommen und ist dabei zu dem Ergebnis gekommen, dass auch Mietabänderungsvereinbarungen vom Wortlaut des HausTWG erfasst werden. Auch europäisches Gemeinschaftsrecht – hier das in Art. 3 Abs. 2 Buchst. a) der Richtlinie 85/577 EWG enthaltene Anwendungsverbot auf Verträge über die Miete von Immobilien – entziehe solche Vereinbarungen nicht dem Anwendungsbereich.[188] Dabei hat der Senat zunächst darauf abgestellt, dass die europäischen Richtlinien keine unmittelbaren Rechtswirkungen gegenüber dem Einzelnen haben. Auch das unabhängig hiervon bestehende Gebot der richtlinienkonformen Auslegung des nationalen Rechts zwinge nicht zur Übernahme des Anwendungsverbots auf das deutsche HausTWG. Da die Europäische Richtlinie nur Mindestanforderungen aufstelle, würden hierdurch weiter gehende Regelungen gerade nicht ausgeschlossen. Art. 8 der Richtlinie lasse gerade günstigere Verbraucherschutzbestimmungen in den einzelnen Mitgliedstaaten zu.

99 Auch eine historische Auslegung des Gesetzes komme nicht zu dem Ergebnis, Wohnraummietverträge vom Anwendungsbereich des HausTWG auszuschließen. Zumindest durch die erfolgten Änderungen des HausTWG habe der Gesetzgeber zu erkennen gegeben, dass er die Einschränkungen des HausTWG nicht in Deutschland umsetzen wolle. Schließlich spräche auch

---

186 Vgl. AnwKomm-BGB/Ring, § 312 BGB Rn. 2.

187 OLG Koblenz, ZMR 1994, 210 = NJW 1994, 1418 = WuM 1994, 257 = MDR 1994, 475; m. abl. Anm. de Riese, ZMR 1994, 449; Drygala, NJW 1994, 3260.

188 So aber LG Frankfurt am Main, WuM 1989, 188 = NJW-RR 1989, 824.

eine Auslegung nach Sinn und Zweck für die Einbeziehung der Mietabänderungsvereinbarungen in den sachlichen Anwendungsbereich des HausTWG. Das Gesetz wolle den Verbraucher vor der Gefahr schützen, in bestimmten, dafür typischen Situationen bei der Anbahnung und dem Abschluss von Geschäften unter Beeinträchtigung seiner rechtsgeschäftlichen Entscheidungsfreiheit überrumpelt oder sonst auf unzulässige Weise zu unüberlegten Geschäftsabschlüssen gedrängt zu werden. Der Gesetzgeber habe auch im MHG die schutzwürdige Position des Mieters anerkannt und ihm dort sogar eine zweimonatige Überlegungsfrist für Mieterhöhungen eingeräumt. Das MHG sei dabei aber nicht als lex specialis anzusehen, beide Gesetze hätten nämlich einen anderen Regelungsgehalt.

Diese Auffassung hat sich durchgesetzt, sodass es heute h.M. entspricht, dass nicht nur der Abschluss eines Mietvertrages ein Haustürgeschäft sein kann,[189] sondern auch Änderungsverträge,[190] wie z.B. eine Mieterhöhung[191] oder eine Staffelvereinbarung.[192]

    100

bb) Persönlicher Anwendungsbereich

(1) Mieter als Verbraucher

Verbraucher i.S.d. § 13 BGB ist der Wohnraummieter immer dann, wenn er als natürliche Person (im Gegensatz zur juristischen Person wie z.B. einer GmbH) eine Wohnung für private Zwecke gemietet hat. Kein Verbraucher ist die Privatperson, die zur Vorbereitung der Erwerbstätigkeit Miet-, Wartungs-, Kauf- oder Leasingverträge abschließt, selbst wenn es sich dabei um die Vorbereitung für die Neuaufnahme einer selbstständigen Tätigkeit handelt.[193]

    101

---

189 H.M., LG Karlsruhe, DWW 2003, 337; LG Berlin, NZM 2002, 940; LG Köln, NZM 2002, 62; LG Konstanz, WuM 1999, 633; vgl. Erman/Saenger, § 312 BGB Rn. 21; Palandt/ Grüneberg, § 312 BGB Rn. 7, jew. m.w.N; a.A. Drygala, NJW 1994, 3260.

190 LG Görlitz, WuM 2000, 542: Vereinbarung einer Mietsenkung mit gleichzeitiger Befristung.

191 LG Münster, WuM 2001, 610.

192 OLG Koblenz, NJW 1994, 1418; LG Zweibrücken, NZM 1999, 306; Erman/Saenger, § 312 BGB Rn. 21 ff. m.w.N.

193 BGH, NJW 1995, 2759; OLG Rostock, OLGR Rostock 2003, 505.

(2) Vermieter als Unternehmer

102   Unternehmer nach § 14 BGB ist der Vermieter dann, wenn er bei Abschluss des Vertrages gewerblich oder selbstständig beruflich tätig wird. Der Begriff ist, als Gegenstück zum Verbraucher, weit auszulegen. Unternehmer bedeutet nicht Kaufmann, gewerblich nicht Gewinnerzielungsabsicht.[194] Es genügt, dass der Vermieter im Wettbewerb mit anderen planmäßig Leistungen gegen ein Entgelt anbietet.[195] Dies wäre an sich schon der Fall, wenn der Eigentümer seine einzige Mietwohnung durch Inserate oder auf sonstige Weise bewirbt – schließlich setzt er sich damit in Konkurrenz zu seinen Mitbewerbern. Allerdings wird für ein geschäftsmäßiges Handeln i.S.v. § 14 BGB eine gewisse Regelmäßigkeit gefordert.[196] Dies soll für einen Vermieter erst zutreffen, wenn ihm mehrere Wohnungen gehörten.[197] Doch ist hier Vorsicht geboten: Die einschlägigen Entscheidungen betreffen Einzelfälle und können nur bedingt verallgemeinert werden.

103   So hat das BayObLG Regelmäßigkeit verneint, wenn dem Vermieter nur zwei Wohnungen gehören, die er langfristig vermietet.[198] Daraus wird geschlossen, dass geschäftsmäßiges Handeln bei mehr als zwei Wohnungen vorliegt.[199] Anders soll es sein, wenn der Eigentümer zwar nur zwei Wohnungen hat, sich bei der Vermietung aber von einer professionellen Hausverwaltung vertreten lässt.[200]

104   Es ist damit vom Grundsatz auszugehen, dass eine private Tätigkeit in Abgrenzung zu einer geschäftsmäßigen Tätigkeit durch den Abschluss von Verträgen oder Vereinbarungen im Zusammenhang mit der Vermietung von Wohnungen nur dann vorliegt, wenn sie nur ganz gelegentlich stattfindet. Der

---

194   Palandt/Heinrichs/Ellenberger, § 14 BGB Rn. 2; Ulmer/Brandner/Hensen/Ulmer, AGB-Recht, § 310 BGB Rn. 18.

195   Palandt/Heinrichs/Ellenberger, § 14 BGB Rn. 2.

196   Vgl. Erman/Saenger, § 14 BGB Rn. 11 m.w.N.

197   Vgl. Schmidt-Futterer/Blank, vor § 535 BGB Rn. 57; OLG Düsseldorf, WuM 2003, 621 (Unternehmer bei zwei Mietshäusern); AG Frankfurt am Main, WuM 1998, 418 (6 Wohnungen sind jedenfalls genug); LG Görlitz, WuM 2000, 542 [543] (11 Wohnungen genügen).

198   BayObLG, WuM 1993, 384 zum HausTWG.

199   LG Köln, WuM 2000, 194.

200   Martis, Verbraucherschutz 1998, S. 184; LG Wiesbaden, WuM 1996, 699; AG Waiblingen, WuM 1996, 137.

Eigentümer, der eine gewerblich tätige Hausverwaltung beauftragt, handelt i.d.R. geschäftsmäßig.

cc) Entgeltlicher Vertrag zwischen Verbraucher und Unternehmer

Es bedarf keiner ausführlichen Erörterung, dass die Abrede über eine Mieterhöhung ein entgeltlicher Vertrag ist. Denn die Leistung der Miete ist per definitionem entgeltlich. Unter den Anwendungsbereich des § 312 BGB fallen damit nicht nur Vereinbarungen einer Mieterhöhung um einen bestimmten Betrag, sei es im Zusammenhang mit der Duldung/Durchführung von (Modernisierungs-) Maßnahmen durch den Vermieter oder zur Umgehung des Zustimmungsverfahrens nach §§ 558 ff. BGB, sei es durch Staffelvereinbarungen oder die Vereinbarung höherer Betriebskostenvorauszahlungen oder -pauschalen, sondern auch die Vereinbarung einer Indexmiete oder auch nur eine Vereinbarung darüber, dass der Mieter künftig tatsächliche Leistungen erbringt. Denn auch diese haben einen „Wert".

105

Ob der Vertrag den Mieter nur begünstigt, ist unerheblich. Geschützt werden soll die Entscheidungsfreiheit des Mieters, auch wenn er sie realistischerweise in derartigen Fällen nicht wird in Anspruch nehmen wollen.

106

dd) Verhandlungen in Privatwohnung

Die Verhandlungen, die der Unterschrift des Mieters vorausgehen, müssen zumindest zeitweise in einer Privatwohnung, nicht unbedingt in der zurückzugebenden,[201] geführt worden sein.[202] Der Bereich der Privatwohnung umfasst auch den Hausflur, den Garten sowie andere dazugehörenden Anlagen wie Garagen oder private Parkplätze,[203] auch das Auto eines Dritten kann dazu gehören.[204]

107

Wo das Übergabeprotokoll unterschrieben wird, ist unerheblich. Ausschlaggebend ist, dass die (auch) in (irgendeiner) Privatwohnung geführten Ver-

108

---

201 Vgl. Schmidt-Futterer/Blank, vor § 535 BGB Rn. 68; Palandt/Grüneberg, § 312 BGB Rn. 15.
202 Vgl. Schmidt-Futterer/Blank, vor § 535 BGB Rn. 68; Palandt/Grüneberg, § 312 BGB Rn. 15.
203 Erman/Saenger, § 312 BGB Rn. 41.
204 LG Köln, WuM 2000, 194.

handlungen für die Unterzeichnung des Protokolls zumindest mitursächlich geworden sind.[205]

ee) Widerrufsrecht

109 Die bisherigen Ausführungen zeigen, dass Mietänderungsvereinbarungen i.d.R. in den Anwendungsbereich des § 312 BGB fallen. Der Mieter als Verbraucher kann damit grds. gem. §§ 312 Abs. 1 Satz 1, 355 Abs. 1 BGB die Vereinbarungen innerhalb von zwei Wochen in Textform[206] widerrufen. Die Frist beginnt erst mit ordentlicher Belehrung des Mieters über sein Widerrufsrecht. Wird der Mieter gar nicht belehrt, kann er zeitlich unbefristet widerrufen, § 355 Abs. 3 Satz 3 BGB. Auf die vollständige Erbringung der Leistung, die teilweise mit Beendigung des Mietvertrages angenommen wurde,[207] kann nach Wegfall des § 2 HausTWG nicht mehr abgestellt werden.

ff) Ausnahme: Bestellung durch Mieter (keine Überrumpelung)

110 Bestellt der Kunde den Unternehmer oder dessen Vertreter zu den Verhandlungen, ist ein Widerruf ausgeschlossen. Es genügt dabei nicht, dass der Kunde eine ungefähre Vorstellung von den Verhandlungen hat, zu denen er bittet. Aus der Bestellung muss sich ein eindeutiges Interesse des Kunden an konkreten Verhandlungsinhalten erkennen lassen.[208]

111 Die §§ 312 ff. BGB wollen den Verbraucher vor Situationen schützen, die dazu angetan sind, ihn zu überrumpeln. So ist der Bereich von Privatwohnungen deshalb geschützt, weil der Kunde an solchen Orten in aller Regel auf ein geschäftsmäßiges Ansprechen nicht eingestellt ist und sich in seiner Entscheidungsfreiheit typischerweise eingeschränkt fühlt und sich zu einem an sich nicht gewünschten Vertragsabschluss veranlasst sieht.[209] Der Mieter hat vor Verabredung eines Termins vielleicht eine vage Vorstellung davon, um welche Themen es gehen wird, etwa weil ihm der Vermieter vorab mitgeteilt hat, man „müsse einmal über die Miete sprechen". Dennoch kann er

---

205 Palandt/Grüneberg, § 312 BGB Rn. 13.

206 Vgl. dazu Lützenkirchen, Neue Mietrechtspraxis, Rn. 46 ff.

207 LG Köln, WuM 2000, 194.

208 Palandt/Grüneberg, § 312 BGB Rn. 27; MünchKomm/Ulmer, 3. Aufl., § 1 HausTWG Rn. 41; Erman/Saenger, § 312 BGB Rn. 69 ff. m.w.N.

209 Palandt/Grünberg, § 312 BGB Rn. 3; Martis, Verbraucherschutz, S. 192; Erman/Saenger, § 312 BGB Rn. 2.

sich nur bedingt auf konkrete Vertragsinhalte vorbereiten.[210] Der Mieter muss also durch zusätzliche Informationen in die Lage versetzt werden, sich ein genaueres Bild vom möglichen Umfang der Verhandlungen machen zu können. Zu Beweiszwecken sollte dies schriftlich erfolgen.

Soll jedes Risiko ausgeschlossen werden, muss der Mieter ordnungsgemäß nach §§ 312 Abs. 2, 355 Abs. 2 BGB über sein Widerrufsrecht belehrt werden.[211]   112

4. Staffelmietvereinbarungen

Die Parteien können bereits bei Abschluss des Mietvertrages, aber auch später gem. § 557a BGB eine Vereinbarung darüber treffen, wie sich die Miete in Zukunft entwickeln soll (Staffelmietvereinbarung).   113

a) Voraussetzungen

• Die Vereinbarung muss zwingend schriftlich erfolgen.   114

• In der Vereinbarung muss

 – entweder die jeweils ab einem bestimmtem Termin zu zahlende Miete betragsmäßig oder

 – der ab einem bestimmten Termin zu zahlende Erhöhungsbetrag

angegeben sein. Es genügt auf keinen Fall die Angabe einer prozentualen Steigerung.[212]

• Die Miete muss jeweils ein Jahr unverändert geblieben sein. Dabei müssen die Zeitabstände nicht gleich sein. Sollte jedoch nur ein Abstand zwischen zwei Erhöhungszeitpunkten kürzer sein, ist die gesamte Vereinbarung nichtig.[213]

Eine Staffelmietvereinbarung liegt schon dann vor, wenn nur eine einzige künftige Mieterhöhung vereinbart wird.   115

---

210   Vgl. zum Kriterium des Vorbereitens MünchKomm/Ulmer, 3. Aufl., Vor § 1 HausTWG Rn. 1 m.w.N.

211   Die Verwendung des Musters der Anlage 2 zu § 14 BGB-InfoV (abgedruckt in Erman, Anh. zu § 355 BGB) genügt den gesetzlichen Anforderungen: Palandt/Grüneberg, § 312 BGB Rn. 24.

212   OLG Braunschweig, WuM 1985, 213.

213   AG Büdingen, WuM 1996, 344.

> **Beispiel:**
>
> *„Die Miete beträgt 600,00 €. Sie erhöht sich nach zwei Jahren, also am 01.01.2009, auf 650,00 €."*[214]

116   Eine Gegenansicht[215] verneint dies, da das Ende der zweiten Staffel nicht vereinbart sei und eine solche zum Ende hin offene Vereinbarung nach § 557 Abs. 2 BGB unzulässig sei. Diese Auffassung verkennt, dass letztlich jede Staffelmietvereinbarung ein offenes Ende enthält. Denn in aller Regel wird in keiner Staffelmietvereinbarung festgelegt, wie lange denn die letzte Staffel wirken soll. Auch hier wird niemand auf die Idee kommen, zu behaupten, dass die Staffelmietvereinbarung ad infinitum Wirkung entfalte. Dabei kommt nicht in Betracht, sich an den Laufzeiten der vorherigen Staffeln zu orientieren. Wenn die Parteien zehn Staffeln festlegten, die alle eine Laufzeit von 1 1/2 Jahren haben, dürfte es nicht zulässig sein, diese Laufzeit auch für die letzte Staffel anzunehmen. Eine entsprechende Vereinbarung fehlt in aller Regel. Übertragen auf einmalige oder sehr lange Staffeln würde dieser Gedanke zu einem möglicherweise völligen Ausschluss der Erhöhungsmöglichkeiten der §§ 558 bis 559b BGB führen. Dies wäre nicht gerechtfertigt, zumal sich der Ausschluss des § 557a Abs. 2 BGB auch auf solche Mieterhöhungen gem. § 559 BGB bezieht, deren zugrunde liegenden Maßnahmen der Vermieter nicht zu vertreten hat. Es ist deshalb auf die im Gesetz vorgesehene Mindestlaufzeit gem. § 557a Abs. 2 Satz 1 BGB zurückzugreifen. Mangels anderweitiger vertraglicher Vereinbarungen ist kein Grund ersichtlich, weshalb von dieser – mieterschützenden – Norm zugunsten des Mieters abgewichen werden sollte, ohne dass sich den vertraglichen Vereinbarungen ein entsprechender Parteiwille entnehmen ließe. Auch bei langen Intervallen zwischen mehreren Staffeln oder der Vereinbarung nur einzelner oder einer einzigen Staffel erscheint es daher gerechtfertigt, davon auszugehen, dass die Laufzeit der Staffelvereinbarung mit Fälligkeit der letzten Staffel endet.[216]

117   Wird dagegen der Mindestzeitraum von einem Jahr auch nur durch eine Staffel für einen Tag unterschritten, ist die gesamte Staffelmietvereinbarung un-

---

214   AG Rheinbach, WuM 1987, 362; LG Braunschweig, ZMR 1995, XI; BGH, GE 2006, 121; Schmidt-Futterer/Börstinghaus, § 557a Rn. 45 f.

215   Mersson, ZMR 2002, 732.

216   Schmidt-Futterer/Börstinghaus, § 557a BGB Rn. 52; Sternel, Mietrecht, III Rn. 438.

wirksam.[217] Eine geltungserhaltende Reduktion dahin, dass etwa wenigstens die bis Eintreten der unwirksamen Staffel gezahlten Staffelerhöhungen beim Vermieter verbleiben sollen, ist nicht möglich. Ob unwirksame Staffelmietvereinbarungen darüber hinaus irgendwelche Folgen zeitigen, wird unten noch angesprochen.[218]

Staffelmietvereinbarungen, die zwischen dem 01.01.1983 und dem 31.08.2001   118
vereinbart worden sind (auf das Datum des Abschlusses des Mietvertrages kam es nicht an) durften höchstens einen Zeitraum von zehn Jahren ab Abschluss der Vereinbarung umfassen. War ein längerer Zeitraum vereinbart, so war streitig, ob die Vereinbarung dann insgesamt hinfällig war[219] oder ob nur die Staffeln wegfielen, die über den Zehn-Jahres-Zeitraum hinausgingen.[220] Dagegen gilt diese zeitliche Begrenzung für Staffelmietvereinbarungen, die seit dem 01.09.2001 vereinbart worden sind, nicht mehr. Diese Vereinbarungen können jetzt auch längere Zeiträume umfassen.

b)   Preisgebundener Wohnraum

Eine Staffelvereinbarung ist auch bei preisgebundenem Wohnraum möglich.   119
Dabei ist jedoch darauf zu achten, dass die höchste Staffel die bei Vertragsschluss maßgebliche Kostenmiete nicht übersteigt,[221] denn die Vorschriften des WoBindG konnten nur die Kostenmiete als Höchstgrenze, nicht zugleich als Mindestbetrag für die Miete festlegen.[222] Im Ergebnis war eine Staffelmietvereinbarung innerhalb dieser Grenzen also die vertragliche Begrenzung der an sich zulässigen Kostenmiete und dürfte schon deshalb in der Praxis nicht sehr häufig vorgekommen sein. Sollte der – eher seltene – Fall eintreten, dass die Kostenmiete im laufenden Mietverhältnis sinkt, wäre der Mieter für den Fall, dass zu diesem Zeitpunkt die vereinbarten Staffeln über der neuen Kostenmiete liegen, ausreichend durch § 8a Abs. 3 Satz 1 i.V.m. §§ 8 Abs. 1, 8a Abs. 1 Satz 1 WoBindG und § 5 NMV geschützt.

---

217   LG Berlin, GE 2006, 453; NZM 2002, 941; LG Hamburg, NZM 1999, 957; LG Nürnberg-Fürth, WuM 1997, 438; LG Berlin, NZM 2001, 986; GE 1999, 1428; GE 1995, 369; AG Bergheim, WuM 1998, 36; AG Essen, ZMR 1997, 425.

218   Rn. 127 ff.

219   LG Gießen, WuM 1994, 693; LG Berlin, GE 2004, 625.

220   Schmidt-Futterer/Börstinghaus, 7. Aufl., § 10 MHG Rn. 111 m.w.N.

221   OLG Hamm, WuM 1993, 108.

222   Vgl. Fischer-Dieskau/Pergande/Schwender, § 8 WoBindG, Anm. 5a.

120   Für Förderungen ab dem 01.01.2002 ordnet das Gesetz (Wohnungsbauförderungsgesetz vom 13.09.2001[223]) nicht mehr eine bestimmte Fördermethode an. Stattdessen legen die Länder i.R.d. Gesetzes die Fördervoraussetzungen fest, sei es durch Förderprogramme oder -richtlinien oder Landesgesetze. Maßgebliche Grundlage für die Förderung im Einzelfall ist die Förderzusage gem. § 13 WoFG, in der alle maßgeblichen Bestimmungen festgelegt werden. In der Förderzusage, die in der Form eines Verwaltungsaktes erlassen oder durch öffentlich-rechtlichen Vertrag vereinbart wird, wird eine höchstzulässige Miete bestimmt, die wieder nur eine Obergrenze darstellt. Die Mieterhöhungen selbst erfolgen nach den Vorschriften des BGB. Innerhalb der Grenzen der höchstzulässigen Miete ist der Abschluss einer Staffelmietvereinbarung wieder zulässig, da lediglich von der Förderzusage abweichende Vereinbarungen gem. § 28 Abs. 6 WoGF unwirksam sind. Möglich ist aber auch, schon in der Förderzusage Mietstaffeln festzulegen.

c)   Umgekehrte Staffelmiete

121   Von einer umgekehrten Staffel ist die Rede, wenn die Parteien einen stufenweise geringer werdenden Mietnachlass vereinbaren.

Beispiel:

Auf die an sich vereinbarte Miete von 600,00 € gewährt der Vermieter im ersten Jahr einen Nachlass von 200,00 €, im zweiten Jahr einen Nachlass von 150,00 € und im dritten Jahr einen Nachlass von 100,00 €; ab dem vierten Jahr soll dann die volle Miete zu zahlen sein.

122   Auf eine solche Vereinbarung ist § 557a BGB anwendbar. Denn im Ergebnis handelt es sich bei den sukzessive wegfallenden Nachlässen um Mieterhöhungen. Dies bedeutet u.a., dass die Abstände zwischen den Mieterhöhungen mindestens ein Jahr betragen müssen und dass das Kündigungsrecht des Mieters nur für vier Jahre ausgeschlossen werden darf. In der Praxis kommen solche Vereinbarungen häufiger bei Modernisierungsvereinbarungen vor, wenn der Vermieter zur Finanzierung der Modernisierungsmaßnahmen Drittmittel i.S.v. § 559a BGB in Anspruch genommen hat. Häufig werden hier wegen einer degressiven Förderung des Vermieters Staffelmieten oder umgekehrte Staffelmieten vereinbart, was nur unter den Voraussetzungen des § 557a BGB

---

223   BGBl. I, S. 2376.

zulässig ist.[224] Dies gilt nur dann nicht, wenn die vorübergehende Mietsenkung auf anderen Umständen beruht, wenn die Parteien z.b. eine nach § 536 Abs. 4 BGB wirksame Vereinbarung über eine „gestaffelte" geminderte Miete für die Dauer von Baumaßnahmen vereinbart haben.[225]

d) Folgen wirksamer Staffelmietvereinbarungen

Liegt eine wirksame Staffelmietvereinbarung vor, tritt die jeweils erhöhte   123
Miete zum angegebenen Zeitpunkt in Kraft. Auch wenn es dazu keiner gesonderten Mitteilung bedarf, empfiehlt es sich für den Vermieter, an den Eintritt der Staffel zu erinnern, da er sich sonst u.U. dem Einwand der Verwirkung aussetzt.[226] Für die Laufzeit der wirksamen Staffelmietvereinbarung ist der Vermieter mit Erhöhungen nach §§ 558 bis 559b BGB ausgeschlossen. Diese Rechtsfolge lässt sich nicht durch vertragliche Vereinbarungen ausschließen.[227] Die Folge ist nicht, dass der Erhöhungsvorbehalt unwirksam ist und die Staffelmietvereinbarung wirksam bleibt. Denn die Vereinbarung einer Staffelmiete ist selbst schon eine Ausnahme vom grundsätzlichen Verbot der Vereinbarung künftiger Änderungen der Miethöhe gem. § 557 Abs. 2 BGB. Ist die Vereinbarung der Staffelmiete gem. § 557a Abs. 4 BGB unwirksam, fällt die Ausnahme weg – es bleibt bei den gesetzlich vorgesehenen Mieterhöhungsmöglichkeiten im laufenden Mietverhältnis.[228] Eine andere Frage ist dann, ob die unwirksame Staffelmietvereinbarung noch als eine die Mieterhöhung ausschließende Vereinbarung i.S.v. § 557 Abs. 3 BGB Wirkung behält.[229] Der Ausschluss der Mieterhöhung gilt nur für die Laufzeit der Staffelmietvereinbarung. Diese endet mit der Fälligkeit der letzten Erhöhungsstufe.[230] Während Mieterhöhungserklärungen nach durchgeführten Modernisierungsarbeiten, also unmittelbar nach Fälligwerden der letzten Staffel, ausgesprochen werden können,[231] kann dem Mieter eine Zustimmungsaufforderung gem. § 558

---

224   BGH, NZM 2004, 136 m. Anm. Börstinghaus; s.a. Rn. 523.

225   Vgl. auch Rn. 540.

226   LG München, WuM 2002, 517 bei Nichtgeltendmachung der Erhöhung für 2 1/2 Jahre.

227   LG Berlin, GE 1997, 555; AG Frankfurt am Main, WuM 1989, 400 für die Vereinbarung eines Wahlrechtes.

228   LG Berlin, GE 1997, 555; AG Frankfurt am Main, WuM 1989, 400.

229   Vgl. LG Görlitz, WuM 1997, 682 und Rn. 127 ff.

230   MünchKomm/Artz, § 557a BGB Rn. 8; Sternel, Mietrecht, III Rn. 436; Kinne/Schach/Bieber, § 557a Rn. 17; a.A. Mersson, ZMR 2002, 732, 733.

231   Vgl. Schmidt-Futterer/Börstinghaus, § 557a BGB Rn. 53 m.w.N.

Abs. 1 BGB erst ein Jahr nach Fälligkeit der letzten Staffel übersandt werden, § 558 Abs. 1 Satz 2 BGB.

124 Zulässig während der Laufzeit einer Staffelmietvereinbarung bleiben Erhöhungen einer vereinbarten Betriebskostenpauschale gem. § 560 Abs. 1 BGB, die Anpassung von Vorauszahlungen gem. § 560 Abs. 4 BGB sowie Mieterhöhungen wegen Betriebskostensteigerungen gem. Art. 229 § 3 Abs. 4 EGBGB entsprechend § 560 BGB bei Verträgen, die vor dem 01.09.2001 abgeschlossen worden sind und Brutto- oder Teilinklusivmieten zugrunde legen.

125 Zulässig bleiben weiterhin einvernehmliche Mieterhöhungsvereinbarungen gem. § 557 Abs. 1 BGB. Denn § 557a Abs. 2 BGB verbietet nur einseitige Mieterhöhungen.[232]

e) Ausschluss des Kündigungsrechts

126 Das Kündigungsrecht des Mieters kann, gerechnet vom Abschluss einer Staffelmietvereinbarung an, für längstens vier Jahre ausgeschlossen werden, § 557a Abs. 3 BGB. Wurde ein längerer Kündigungsverzicht individualvertraglich vereinbart, bleibt er für vier Jahre wirksam; nur der diesen Zeitraum übersteigende Teil wird unwirksam. Dies gilt auch, soweit der Kündigungsverzicht nur einseitig zulasten des Mieters geht.[233] Wichtig ist, dass diese Frist exakt mit dem Tag beginnt, an dem die Staffelmietvereinbarung abgeschlossen wurde und nicht mit dem Beginn der Staffelmietvereinbarung.[234] Ein formularvertraglicher Kündigungsverzicht von mehr als vier Jahren, der nach dem 01.09.2001 vereinbart wurde, ist dagegen insgesamt von Anfang an unwirksam.[235] Wurde der formularvertragliche Kündigungsverzicht dagegen vor dem 01.09.2001 abgeschlossen, bleibt er für die Dauer von vier Jahren wirksam.[236] Die Frist des Kündigungsausschlusses beginnt mit der Vereinbarung der Staffelmiete, also mit oder nach Abschluss des Mietvertrages, nicht jedoch vor Beginn des Mietverhältnisses.[237] Ansonsten kann das Mietverhält-

---

232 LG Berlin, GE 1988, 1113; Beuermann, Miete und Mieterhöhung bei preisfreiem Wohnraum, § 10 Rn. 35a; Schmidt-Futterer/Börstinghaus, § 557a Rn. 56.

233 BGH, WuM 2006, 445.

234 BGH, MietPrax-AK, § 557a BGB Nr. 5 und Nr. 10.

235 BGH, MietPrax-AK, § 557a BGB Nr. 8 und Nr. 10.

236 BGH, MietPrax-AK, § 557a BGB Nr. 3 und Nr. 6.

237 LG Görlitz, GE 2005, 307.

nis unter Einhaltung der gesetzlichen Kündigungsfrist bereits zum Ablauf der 4-Jahresfrist gekündigt werden.[238]

f) Folgen unwirksamer Staffelmietvereinbarungen

Ist die Staffelmietvereinbarung unwirksam, weil eine der geschilderten Voraussetzungen nicht eingehalten ist, ist sie von Anfang an nichtig. Hat der Mieter aufgrund der Vereinbarung Erhöhungen bezahlt, kann er diese kondizieren. Denn der Vermieter hat die Beträge ohne Rechtsgrund erlangt, § 812 Abs. 1 BGB. Bevor der Mieter einen solchen Anspruch geltend macht, sollte er eine Gegenrechnung anstellen. Denn liegt die Staffelmiete (deutlich) unter der ortsüblichen Vergleichsmiete, kann die Staffelmietvereinbarung für ihn günstiger sein. Allerdings kann der Vermieter Zustimmungsansprüche nur für die Zukunft geltend machen und ist an die **Kappungsgrenze** gebunden, die sich bei Nichtigkeit der Staffelvereinbarung nach der Ausgangsmiete berechnen würde. Auch besteht für den Mieter keine Garantie dafür, dass nicht der Vermieter sich auf die Unwirksamkeit der Staffelmietvereinbarung beruft. Dies wird ihm allerdings dann nicht möglich sein, wenn er diese Vereinbarung gestellt hatte.

127

Ohnehin wird vertreten, dass auch eine unwirksame Staffelvereinbarung insofern Wirkung zeigt, als sie Mieterhöhungen nach §§ 558 ff. BGB auf die Höhe der ursprünglich vereinbarten Staffeln begrenzt.[239] Im Regelfall wird aber eine formell unwirksame Staffelmietvereinbarung nicht gleichzeitig eine Beschränkung der Mieterhöhungsmöglichkeiten gem. § 557 Abs. 3 BGB enthalten.[240] Denn eine die Mieterhöhungsmöglichkeit ausschließende Vereinbarung gem. § 557 Abs. 3 BGB wird man nur annehmen können, wenn Anhaltspunkte für einen entsprechenden Parteiwillen vorliegen. Ohne solche Anzeichen wird man nicht davon ausgehen können, dass die Parteien mit Vereinbarung einer Staffel gleichzeitig vereinbaren wollten, dass die Miete auf keinen Fall höher steigen kann. Die beiden Sachverhalte lassen sich auch nicht vergleichen. Dem Vermieter erspart die Staffelmietvereinbarung das umständliche Zustimmungsverfahren nach §§ 558 ff. BGB. Diesen Vorteil mag

128

---

238 BGH, WuM 2005, 519; noch zum alten Recht OLG Hamm, WuM 1989, 485.
239 LG Berlin, WuM 1992, 198; LG Bonn, WuM 1992, 199; LG Frankfurt am Main, ZMR 1997, 473.
240 LG Berlin, WuM 2001, 612; GE 2000, 604; NZM 1998, 859; GE 1996, 471; GE 1993, 95; Staudinger/Weitemeyer, § 557 BGB Rn. 62; Schmidt-Futterer/Börstinghaus, § 557a BGB Rn. 42.

er sich bei Abschluss der Staffelmietvereinbarung durch moderate Staffeln „erkaufen". Ohnehin ist die Festlegung der künftigen Mietentwicklung über einen relativ langen Zeitraum von Unwägbarkeiten bestimmt.

129   Verliert der Vermieter aber den Vorteil der einfachen Erhöhungsmöglichkeit, besteht für ihn kein nachvollziehbarer Grund, i.R.d. Zustimmungsverfahrens nicht so viel herauszuholen, wie es der Mietspiegel (und die Kappungsgrenze) hergeben. Dies würde i.d.R. auch dann seiner Vorstellung bei Abschluss der Staffelmietvereinbarung entsprechen, wenn er mit deren Unwirksamkeit rechnen müsste, auch wenn ansonsten eine solch beschränkende Regelung keine Benachteiligung des Mieters i.S.v. § 557 Abs. 4 BGB darstellen würde.[241] Vor diesem Hintergrund wird man auch nicht davon ausgehen können, dass etwa die Vereinbarung eines Mietverhältnisses auf bestimmte Zeit i.V.m. einer Staffelvereinbarung den Schluss zulässt, dass sich die Miete auch bei unwirksamer Staffelvereinbarung nicht über die Staffeln hinaus entwickeln soll.[242] Gleiches gilt für den Fall, dass ein nur kurzes Mietverhältnis eingegangen oder nur relativ geringfügige Steigerungen der unwirksamen Staffeln vereinbart wurden.[243]

5.   Indexvereinbarungen

a)   Allgemein

130   Durch das Vierte Mietrechtsänderungsgesetz vom 21.07.1993[244] wurde die Möglichkeit geschaffen, eine **Wertsicherungsklausel** bereits im Mietvertrag zu vereinbaren. Gem. § 10a MHG konnte schriftlich vereinbart werden, dass die weitere Entwicklung der Miete durch den Preis von anderen Gütern oder Leistungen bestimmt werden sollte (Mietanpassungsvereinbarung). Eine solche Vereinbarung war nur wirksam, wenn sie gem. § 3 WährungsG von der Deutschen Bundesbank bzw. den zuständigen Landeszentralbanken genehmigt wurde. Der Gesetzgeber hat diese Möglichkeit geschaffen, weil selbst nach seiner eigenen Einschätzung die gesetzlichen Erhöhungsvorschriften für beide Mietvertragsparteien nur schwer zu handhaben waren. Gerade private Vermieter mit kleinem Wohnungsbestand hätten häufig Schwierigkeiten ge-

---

241   LG Bonn, WuM 1992, 199; LG Berlin, WuM 1992, 198.
242   So jedoch LG Berlin, WuM 1992, 198; Staudinger/Weitemeyer, § 557 BGB Rn. 62.
243   So jedoch AG Pinneberg, WuM 1981, 191.
244   BGBl. I, S. 1257.

habt, Mieterhöhungsverlangen entsprechend den gesetzlichen Anforderungen zu begründen. Die Möglichkeiten der starren Mietvereinbarung seien dagegen in der Praxis nur beschränkt angenommen worden.[245] Nach der Neuregelung von 1993 waren nur solche Klauseln zugelassen, die nach § 3 WährungsG oder entsprechenden währungsrechtlichen Regelungen der Genehmigung bedurften und tatsächlich genehmigt worden sind. Damit wollte § 10a MHG sicherstellen, dass Klauseln, die keiner währungsrechtlichen Kontrolle unterlagen, mietrechtlich weiterhin zulässig waren.

Nach den Genehmigungsgrundsätzen der Deutschen Bundesbank und deren bisherigen Genehmigungspraxis zu § 3 WährungsG wurden bei Wohnraummietverträgen Gleitklauseln nur dann genehmigt, wenn die Verträge vom Vermieter vor Ablauf von zehn Jahren nicht ordentlich gekündigt werden durften und wenn die Veränderung der Miethöhe von der Entwicklung der Verbraucherpreise (einem Lebenshaltungskostenindex) abhängig sein sollte. Andere Bezugsgrößen kamen praktisch nicht in Betracht. 131

Die zeitliche Beschränkung (Mindestdauer von zehn Jahren) ist in § 557b BGB nicht übernommen worden. Denn mit dem Wegfall des Genehmigungserfordernisses durch das am 01.06.1999 in Kraft getretene Gesetz zur Einführung des Euro[246] konnte auch die Festlegung einer Mindestlaufzeit entfallen.[247] Als zulässiger Preisindex ist nur noch der vom Statistischen Bundesamt ermittelte Preisindex für die Lebenshaltung aller privaten Haushalte vorgesehen. Die Beschränkung auf den Gesamtlebenshaltungsindex für Neuverträge wurde bereits durch das EuroEG mit Wirkung ab 01.01.1999 festgelegt. Die bis zu diesem Zeitpunkt bestehenden Verträge nach § 10a MHG und nach § 3 WährungsG i.V.m. den Genehmigungsgrundsätzen der Deutschen Bundesbank genehmigten Indizes blieben durch das EuroEG unberührt auch nach dem 01.09.2001 gültig. 132

b) Voraussetzungen

§ 557b BGB gilt nur für **Wohnraummietverträge**, soweit ihre Anwendung nicht ausdrücklich in § 549 Abs. 2 und Abs. 3 BGB für bestimmte Mietverhältnisse ausgenommen ist. Bei diesen ausgenommenen Mietverhältnissen ist 133

---

245 So die Gesetzesbegründung BT-Drucks. 12/3254, S. 8.
246 EuroEG v. 09.06.1998, BGBl. I, S. 1242.
247 Begründung des RefE, NZM 2000, 415, 439.

die Indexklausel bereits gem. § 311 Abs. 1 BGB zulässig; es gelten also nicht die einschränkenden Voraussetzungen des § 557b BGB, sodass auch andere Indizes oder kürzere Veränderungsintervalle vereinbart werden können. Die Vorschrift gilt für alle Indexvereinbarungen, die nach dem 31.08.2001 vereinbart wurden. Für vorher abgeschlossene Vereinbarungen gilt weiter § 10a MHG. Eine vor dem 01.09.2001 abgeschlossene Vereinbarung, die wegen Verstoßes gem. § 10a MHG unwirksam war, wird ab dem 01.09.2001 nicht wirksam. Anders wird die Situation bei einem Gewerbemietverhältnis gesehen. Dort soll eine Wertsicherungsklausel, die vor Inkrafttreten der PreisklauselVO am 01.09.1999 abgeschlossen vorlag, ex tunc wirksam werden, wenn für die Genehmigungsfiktion des § 4 PreisklauselVO gilt.[248] Der Unterschied liegt aber darin, dass nicht genehmigte Wertsicherungsklauseln in Gewerbemietverträgen zunächst nicht unwirksam, sondern lediglich schwebend unwirksam waren.[249] Eine gegen § 10a MHG verstoßende Indexvereinbarung im Wohnraummietvertrag aber war von Anfang an unwirksam. In diesem Fall müssen die Parteien nach dem 01.09.2001 eine neue Indexvereinbarung treffen.

134   Aus § 557b Abs. 2 BGB wird zudem deutlich, dass keine **Spannungsklauseln oder Leistungsvorbehalte** vereinbart werden können.[250] Vielmehr sind nur Gleitklauseln zulässig. Die Miete kann sich **nicht automatisch** ändern, sondern es bedarf zur Geltendmachung einer entsprechenden Erklärung. Dafür setzt § 557b Abs. 2 und 3 BGB voraus, dass bis zur Erhöhung die Miete mindestens ein Jahr unverändert ist. Der Erhöhungszeitpunkt wird nach § 557b Abs. 3 BGB auf den übernächsten Monat nach dem Zugang der Erklärung festgelegt.

135   Die Erhöhungserklärung muss nicht mehr in schriftlicher Form abgegeben werden. Es genügt eine Erklärung in Textform.[251]

136   In der Erhöhungserklärung ist sowohl die seit Abschluss des Vertrages oder der letzten Erhöhungserklärung eingetretene Änderung des Preisindexes (also eine Gegenüberstellung von altem und neuem Indexwert) als auch die jeweilige neue Miete oder der Erhöhungsbetrag anzugeben.

---

248   AG Koblenz, ZMR 2006, 451.
249   OLG Köln, ZMR 1999, 633; BGH, NJW 1967, 830.
250   Vgl. dazu Bub/Treier/Schultz, III Rn. 219.
251   Vgl. Rn. 154.

Nach § 557b Abs. 2 BGB muss die Miete **jeweils ein Jahr unverändert** bleiben, bevor eine neue Anpassung aufgrund gestiegener Preise erfolgen darf. Innerhalb dieser Frist können aber Mieterhöhungen nach § 559 BGB – soweit sie nach § 557b Abs. 2 Satz 2 BGB zugelassen sind – und nach § 560 BGB wegen gestiegener Betriebskosten durchgeführt werden. Die Jahresfrist beginnt mit dem Mietbeginn oder mit dem Zeitpunkt, zu dem die letzte Mieterhöhung eingetreten ist. Die Frist muss im Zeitpunkt der Fälligkeit der Mietänderung (§ 557b Abs. 3 Satz 3 BGB) abgelaufen sein. Die Änderungserklärung kann dem anderen Teil also schon vor Ablauf der Jahresfrist zugehen.[252] Auch freiwillige einvernehmliche Erhöhungen gem. § 557 Abs. 1 BGB (auch Sachleistungen, s.o. Rn. 81) lösen die Jahresfrist aus.[253]

c)   Sonstige Mieterhöhungen

Während der Laufzeit der Indexvereinbarung sind Mieterhöhungen nach §§ 558 ff., 559, 560 BGB ausgeschlossen. **Möglich bleiben nur Mieterhöhungen** nach § 559 Abs. 1, 4. Alt. BGB, also Mieterhöhungen aufgrund von baulichen Maßnahmen, die aufgrund von Umständen durchgeführt worden sind, die der Vermieter nicht zu vertreten hat.[254] Der Ausschluss dieser Mieterhöhungen gilt für die gesamte Laufzeit der Indexmietvereinbarung. Haben die Parteien nichts anderes vereinbart, wird dies gleichzeitig die Laufzeit des Vertrages sein. Möglich ist aber, die Geltungsdauer der Indexvereinbarung zu begrenzen. Eine solche Begrenzung kann aus Sicht des Vermieters sinnvoll sein, um sich die Möglichkeit zu erhalten, die Miete dem ortsüblichen Niveau anzupassen. Möglich sind auch Kombinationen von Staffelmiet- und Indexvereinbarungen.

Außer den in § 557b Abs. 2 BGB genannten Ausnahmen sind weitere Mieterhöhungen neben der Indexmiete unzulässig, § 557b Abs. 4 BGB. Da eine Mieterhöhung auch in einer **geldwerten (tatsächlichen) Leistung des Mieters** liegen kann (§ 557 BGB verlangt im Gegensatz zu § 10 Abs. 1, 2. Halbs.

137

138

139

---

252   Schmidt-Futterer/Börstinghaus, § 557b BGB Rn. 34; Lammel, § 557b BGB Rn. 24; Bub, NJW 1993, 2897, 2900; Staudinger/Weitemeyer, § 557b BGB Rn. 29; MünchKomm/Artz, § 557b BGB Rn. 9; Sternel, Mietrecht aktuell, Rn. A 109.

253   Schmidt-Futterer/Börstinghaus, § 557b BGB Rn. 35.

254   Eine Aufzählung solcher Maßnahmen findet sich in Schmidt-Futterer/Börstinghaus, § 557b BGB Rn. 40 m.w.N.

MHG nicht mehr die Vereinbarung eines bestimmten Betrages),[255] können z.b. auch die (erweiterte) Übernahme von Reinigungs-, Hausmeister- oder Verwaltungsdiensten durch den Mieter nicht wirksam vereinbart werden. Hat der Mieter diese Dienste zunächst übernommen, kann er sie gem. § 812 Abs. 1 BGB kondizieren.

d)   Wirksame Indexklausel

140   Im Hinblick auf das Verbot vom zum Nachteil des Mieters abweichenden Vereinbarungen gem. § 557b Abs. 4 BGB sowie das Transparenzgebot[256] (§ 307 Abs. 1 Satz 2 BGB) darf bei der Formulierung einer Indexklausel nicht der Eindruck erweckt werden, dass sie Rechtsfolgen nur für den Fall von Indexerhöhungen auslösen soll. Schon die Überschrift „Wertsicherungsklausel" ist zu vermeiden. Denn dies könnte dahin ausgelegt werden, dass nur Erhöhungen, nicht aber auch Mietsenkungen möglich sein sollen.[257] Nach § 557b BGB muss der Text der Klausel jedoch auch die Möglichkeit umfassen, dass sich die Miete bei Indexsenkungen nach unten verändert.

141   Als **Bezugsgröße** sollte immer das bei Abschluss der Vereinbarung aktuelle Basisjahr gewählt werden, da die Vereinbarung eines alten Basisjahres als überraschende Klausel gem. § 305c Abs. 1 BGB unwirksam sein kann.[258] Die Mietänderung kann an eine Änderung der Indexpunkte oder an die prozentuale Veränderung des Index geknüpft werden. **Unwirksam sind „Indexpunkte = Veränderungsprozente"-Klauseln**, die die Punkteänderung der Prozentänderung gleichstellen (z.B. Indexveränderung 10 Punkte führt zur Mieterhöhung von 10 %), und sonstige überproportional wirkende Vereinbarungen.[259]

---

255   Lützenkirchen/Löfflad, Neue Mietrechtspraxis, Rn. 172; Schmidt-Futterer/Börstinghaus, § 557 BGB Rn. 5.

256   Vgl. dazu Bub/Treier, II Rn. 416 m.w.N.; BGH, WuM 1991, 381.

257   OLG Celle, ZMR 2001, 527.

258   Schultz, NZM 2000, 1135, 1138; Klingmüller/Wichert, ZMR 2003, 797, 798.

259   Grothe, NZM 2002, 54, 57; Schmidt-Futterer/Börstinghaus, § 557b BGB Rn. 19.

Musterformulierung Veränderungen der Miete:　142

Veränderungen der Miete

(Abs. 1)

Erhöht oder ermäßigt sich seit dem Vertragsbeginn der vom Statistischen Bundesamt ermittelte Preisindex für die Lebenshaltung aller privaten Haushalte in Deutschland (Verbraucherpreisindex; Basisjahr 2007 = 100), so kann sich die Grundmiete nach Maßgabe von Abs. 2 im gleichen prozentualen Verhältnis erhöhen oder ermäßigen. Das Gleiche gilt für jede erneute Änderung des Lebenshaltungskostenindex.

(Abs. 2)

Eine Anpassung der Miete an die Änderung des Lebenshaltungskostenindex gem. Abs. 1 ist frühestens nach Ablauf von 12 Monaten seit Abschluss dieser Vereinbarung oder der letzten Änderung möglich. Die geänderte Miete ist vom Beginn des übernächsten Monats nach dem Zugang der Änderungserklärung zur Zahlung fällig. In der Erklärung, die in Textform abgegeben werden kann, ist die jeweils eingetretene Änderung des Index sowie die jeweilige Miete oder die Erhöhung in einem Geldbetrag anzugeben.

e)　Erhöhungserklärung

Die Erhöhungserklärung nach § 557b BGB **muss enthalten**:　143

- die Angabe des Indexwertes zum Zeitpunkt der Vereinbarung bzw. der letzten Anpassung,
- die Angabe des aktuellen Indexwertes,
- die Umrechnung der Veränderung der Indexpunktwerte in Prozent,
- die neue Miete oder den Erhöhungsbetrag (zweckmäßigerweise auch die Ausgangsmiete).

Indextabellen o.ä. müssen nicht beigefügt werden – sie sind schon durch die amtlichen Veröffentlichungen des Statistischen Bundesamtes frei zugänglich.

144   **Musterformulierung Erhöhungserklärung:**

> Sehr geehrter Herr ..... ,
>
> in § 3 unseres Mietvertrages ist eine Mietanpassungsvereinbarung getroffen. Aufgrund dieser Vereinbarung ist die Miete wie folgt anzupassen:
>
> Als Maßstab wurde der Lebenskostenhaltungsindex „alle privaten Haushalte" (= Verbraucherpreisindex) des Statistischen Bundesamtes (Basis 2002 = 100 Punkte) vereinbart. Seit der letzten Mieterhöhung, die zum 01.01.2002 wirksam wurde, hat sich dieser Index von ..... auf ..... Punkte zum 01.08.2007 erhöht. Dies entspricht einer Steigerung von ..... %. Um diesen Prozentsatz erhöht sich Ihre Miete, also von bisher ..... € auf nunmehr ..... €.
>
> Bitte zahlen Sie diese neue Miete, zzgl. der ansonsten vereinbarten Zahlungen für Heiz- und Betriebskosten/Garagen, etc. ab dem übernächsten Monat seit Zugang dieses Schreibens an Sie.
>
> Mit freundlichen Grüßen

145   Die Berechnung erfolgt nach folgender Formel:

([aktueller Index-Punktwert : Ausgangspunktwert] × 100) − 100 = Prozentsatz der Änderung.

f)   Kombination mit anderen Mieterhöhungsmöglichkeiten

aa)   Unwirksame zeitliche Überschneidung

146   Unwirksam sind Vereinbarungen, die zur zeitlichen Überschneidung einer Indexklausel mit weiteren Mieterhöhungsmöglichkeiten führen können. Werden z.B. eine Index- und eine Staffelmiete für denselben Zeitraum vereinbart, wäre dies bei Wohnraummietverträgen sowohl im Hinblick auf § 557a Abs. 4 BGB als auch § 557b Abs. 4 BGB unwirksam.

147   Lässt sich im Wege der Auslegung nicht ermitteln, was die Parteien vereinbart hätten, wenn sie von der Unwirksamkeit ihrer Regelungen gewusst hätten, gelten die gesetzlichen Erhöhungsmöglichkeiten der §§ 558 ff. BGB. Spätere

Erhöhungen werden möglicherweise **begrenzt** durch die Beträge der Staffeln.[260]

Das Verbot der Gleichzeitigkeit betrifft auch **Sach- oder Realleistungen des Mieters**.[261]   148

bb) Zulässige Kombinationen

Zulässig ist die Kombination von zeitlich aufeinanderfolgenden Erhöhungsmechanismen, so z.b. die Vereinbarung einer Indexmiete für fünf Jahre mit anschließender Staffelvereinbarung für weitere vier Jahre, möglicherweise unterbrochen durch einen Zeitraum, in dem die Miete nach den §§ 558 ff. BGB erhöht werden kann.   149

Gerade in Zeiten eines Überangebotes kann eine anfängliche Indexmiete als **Mietanreiz** dienen. Denn dem Argument, dass sich der Vermieter nur den Inflationsausgleich sichern will, wird sich der Interessent nicht verschließen können, zumal dies für ihn den Vorteil bietet, für die Dauer der Vereinbarung von weiteren Mieterhöhungen weitgehend verschont zu bleiben. Auch unabhängig davon sollte der Vermieter abwägen, ob der Nachteil, der möglicherweise mit der – zeitweiligen – Abkopplung der Miete vom Marktgeschehen verbunden ist, nicht durch die einfache und kostengünstige Umsetzung der Mietänderungen kompensiert wird.   150

---

260   Lützenkirchen/Löfflad, Neue Mietrechtspraxis, Rn. 181 m.w.N.
261   Vgl. Rn. 139.

C. Die Mieterhöhung nach §§ 558 ff. BGB

I. Formalien

151 Das Mieterhöhungsverfahren ist ein stark formalisiertes Verfahren. Dabei besteht immer die Gefahr, dass den Formalien größere Bedeutung beigemessen wird, als der materiellen Rechtsfrage. Dies mag damit zusammenhängen, dass Formalien bzw. ihr Fehlen leichter festgestellt werden können und ein formal unwirksames Mieterhöhungsverlangen unabhängig davon, ob der Anspruch materiell-rechtlich besteht oder nicht, keine Rechtsfolgen auslöst. Es darf aber nicht vergessen werden, dass formale Voraussetzungen nur Mittel zum Zweck sind, um einen materiellen Anspruch in einem geordneten, standardisierten Verfahren durchzusetzen. Gesetzliche Formvorschriften müssen immer nach ihrem Sinn und Zweck ausgelegt werden. Sie dürfen nicht zum Selbstzweck verkommen, wie es das BVerfG in ständiger Rechtsprechung festgestellt hat.[262]

152 Trotzdem waren in der Instanzrechtsprechung immer wieder Tendenzen festzustellen, grundrechtlich geschützte Positionen durch die Überbewertung von Formalismen de facto zunichte zu machen. Dementsprechend hat das BVerfG in zahlreichen Entscheidungen[263] den Fachgerichten aufgegeben, verfahrensrechtliche Vorschriften nicht zu eng oder einseitig auszulegen, sodass die Durchsetzung eines Erhöhungsverlangens dadurch unnötig erschwert bzw. faktisch ein Mietpreisstopp verfügt wird. Denn eine Handhabung der Verfahrensregeln, die praktisch zu einem Mietstopp führe und den gesetzlichen Anspruch auf die übliche Entgelte in der Gemeinde beseitige, verletzt das Grundrecht des Vermieters aus Art. 14 Abs. 1 Satz 1 EG.[264]

153 Andererseits hat das BVerfG auch mehrfach entschieden, dass die **Eigentumsgarantie** dem Vermieter keinen Anspruch auf den größtmöglichen Nutzen oder die Möglichkeit, den am Wohnungsmarkt erzielbaren Mietpreis sofort und in voller Höhe auszuschöpfen, gibt.[265] Zudem gestattet es die Rechtsprechung des BVerfG nicht, auf alle formalen Anforderungen zu verzichten.

---

262 BVerfG, NJW 1974, 1499; NJW 1979, 31; NJW 1980, 1617; WuM 1982, 146; WuM 1987, 313; ZMR 1986, 273; DWW 1989, 390; NJW 1989, 969; NJW-RR 1993, 148; NJW 1994, 717.

263 Z.B. BVerfGE 37, 132; 49, 244; NJW 1980, 1617; 1987, 313; 1994, 717.

264 BVerfG, NJW, 1980, 1617.

265 BVerfGE 71, 230, 253; WuM 1987, 78.

Eine gewisse „**Erziehungsfunktion**" dieser Rechtsprechung hat der damals zuständige und inzwischen aus dem Gericht ausgeschiedene Berichterstatter des BVerfG selbst eingeräumt.[266] Ohnehin wurde das BVerfG aufgrund seiner stärker als in anderen Rechtsgebieten in die Rechtsprechung der Fachgerichte eingreifenden Rechtsprechung auch als „oberstes Bundesmietengericht" bezeichnet.[267]

1. Form des Mieterhöhungsverlangens

Das Erhöhungsverlangen muss (mindestens) in Textform abgegeben werden, § 558a Abs. 1 BGB. Durch das **Formvorschriften-Anpassungsgesetz**[268] ist u.a. § 126b BGB eingeführt worden, der die Textform zulässt. Dabei handelt es sich um die Abgabe einer Erklärung in einer Urkunde oder auf andere zur dauerhaften Wiedergabe in Schriftzeichen geeigneten Weise, bei der die Person des Erklärenden angegeben und der Abschluss der Erklärung durch die Nachbildung einer Namensunterschrift oder anders erkennbar gemacht worden ist. Auch wenn dadurch in erster Linie der elektronische Verkehr (E-Mail) zivilrechtsfähig gemacht werden sollte, kann die Vorschrift auch auf andere Erklärungsformen (z.B. Telefax, Telegramm) angewendet werden. Jedenfalls ist danach grds. eine eigenhändige Unterschrift nicht mehr erforderlich.

154

Dort, wo die Schriftform i.S.v. § 550 BGB eingehalten werden muss, um die Kündbarkeit nach einer Laufzeit von einem Jahr zu vermeiden, muss jedoch auch bei der Abgabe einseitiger Willenserklärungen darauf geachtet werden, dass die gesetzliche Schriftform eingehalten wird.[269] Denn eine Mieterhöhung für die Zukunft stellt eine wesentliche und somit dem Beurkundungserfordernis unterliegende Änderung des Mietvertrages dar, sodass auch die Mieterhöhungserklärung in den Fällen, in denen die Schriftform beachtlich ist, der Schriftform des § 550 BGB bedarf. Das bedeutet, dass sowohl die Zustimmungsaufforderung des Vermieters als auch die Zustimmungserklärung des Mieters in derselben Urkunde erklärt werden müssen, die auch von beiden Vertragsparteien unterschrieben werden muss (wobei von dem Normalfall ausgegangen wird, dass über die Zustimmungsaufforderung/Zustimmung

155

---

266   Henschel, NJW 1989, 937.
267   Die Berechtigung dieses Vorwurfs untersuchten Rühl/Breitbach, JA 1991, 111. Sie halten ihn nicht für abwegig.
268   NZM 2001, 981.
269   Nies, NZM 2001, 1071, 1072.

nicht mehrere gleichlautende Urkunden geschaffen werden; denn dann gilt § 126 Abs. 2 Satz 2 BGB).

156 Schaffen die Parteien für die Änderungen des Mietvertrages einen **Nachtrag**, war schon seit Längerem eine feste Verbindung mit dem Ursprungsvertrag nicht mehr erforderlich.[270] Vielmehr wurde eine **eindeutige Bezugnahme** als ausreichend angesehen, die durch die Bezeichnung des Mietobjektes der Parteien und des Datums des Ursprungsvertrages hergestellt werden konnte.[271] Dabei heilt eine **formwirksame Änderung** einen Formverstoß des Ursprungsvertrages.[272]

2. Der richtige Absender

157 Absender eines Mieterhöhungsverlangens muss der jeweilige **Vermieter** sein, zunächst also derjenige, der im Mietvertrag als Vermieter angegeben ist. Dies kann, muss aber nicht der Eigentümer sein.[273] Das Erhöhungsverlangen muss durch den oder die Vermieter oder zumindest im Namen des Vermieters und nicht im Namen des Grundstückseigentümers abgegeben werden.[274] Ausschlaggebend ist, dass der Absender zum Zeitpunkt der Abgabe des Mieterhöhungsverlangens[275] Vermieter ist. Besonderheiten können auftreten, wenn auf einer Vertragsseite mehrere Personen auftreten sollen. Dies kann aus unterschiedlichen Gründen bei Eheleuten, Erbengemeinschaften, Bauherrengemeinschaften, Wohngemeinschaften, Gesellschaften mit beschränkter Haftung, Aktiengesellschaften oder Genossenschaften der Fall sein. Stehen auf Vermieterseite mehrere Personen, z.B. Grundstücksgemeinschaften, Eheleute etc., müssen auch alle das Mieterhöhungsverlangen abgeben. Dabei ist natürlich Vertretung zulässig.[276]

158 Unabhängig von seiner Beziehung zur Mietsache wird grds. derjenige Vermieter, der im Vertrag als solcher bezeichnet ist und unterschreibt. Schließt z.B. nur ein Miteigentümer in eigenem Namen den Mietvertrag, so werden die übrigen Eigentümer nicht dadurch Vermieter, dass sie den Vertragsschluss

---

270 BGHZ 42, 333.
271 BGH, NJW-RR 1992, 654; WuM 1992, 316 = NJW 1992, 2283.
272 BGH, 20.12.1989 – VIII ZR 203/88, NJW-RR 1990, 270; BGH, NJW-RR 1988, 201.
273 KG, MDR 1998, 529; WuM 1997, 101.
274 KG, MDR 1998, 529; WuM 1997, 101; LG Berlin, ZMR 1997, 358.
275 LG Köln, WuM 1996, 623.
276 Zu den Besonderheiten s.u. Rn. 159 ff.

genehmigen.[277] Wer z.B. den Mietvertrag unter der Bezeichnung „Vermieter" unterschreibt, ist grds. Vertragspartner, auch wenn er im Kopf des Vertrages als solcher nicht angegeben ist.[278] Umgekehrt wird der Grundstückseigentümer nicht allein dadurch Vermieter, dass er die Mietvertragsurkunde ohne besonderen Zusatz unterzeichnet, wenn im Kopf der Vertragsurkunde ein Dritter als Vermieter angegeben ist.[279] In der Praxis liegen nicht selten Mietverträge vor, bei denen die im Rubrum genannten Personen nicht oder nur teilweise identisch sind mit denjenigen, die den Vertrag unterschrieben haben. Ergibt sich aus dem Vertrag selbst nicht, dass die unterschreibende Person in Vertretung der anderen gehandelt hat, muss gem. § 164 Abs. 1 Satz 2 BGB ermittelt werden, ob nach den Umständen von einer Vertretungsmacht ausgegangen werden kann.[280]

a)   Eheleute

Mietvertragspartei sind hier zunächst all die Personen, die im Kopf des Vertrages als Mieter oder Vermieter aufgeführt sind und die den Vertrag auch unterzeichnet haben. Bei Eheleute genügt es, wenn diese im Kopf des Vertrages als „Eheleute" oder „Herr und Frau" bezeichnet sind. Die Angabe des Vornamens ist nicht zwingend erforderlich.   **159**

Unklarheiten können bei der Vermietung von und an Eheleuten auftreten, wenn die Angaben im Vertragsrubrum nicht identisch sind mit den Personen, die den Vertrag auch unterschrieben haben.   **160**

Wenn auf Mieterseite nur ein Ehepartner unterzeichnet hat, ist zunächst zu prüfen, ob überhaupt ein Mietvertrag zustande gekommen ist. Wenn der Vermieter nämlich nur an beide Eheleute vermieten wollte, liegt ggf. **Dissens** vor. Denn der Willenserklärung des Vermieters auf Abschluss eines Mietvertrages mit beiden Ehegatten steht die Annahmeerklärung nur eines Ehepartners gegenüber. Wenn die Parteien dies zunächst nicht gemerkt haben, handelt es sich um einen versteckten Dissens über eine Vertragswesentlichkeit, bei dem kein Vertrag zustande gekommen ist.   **161**

---

277   LG Karlsruhe, WuM 1989, 241.

278   LG Schweinfurt, WuM 1989, 362.

279   AG Hamburg, WuM 1989, 282.

280   Vgl. für den Fall der Vertretung des Vermieters durch den Hausverwalter: OLG Brandenburg, ZMR 1997, 598.

162 Etwas anderes gilt, wenn der unterzeichnende Ehegatte zugleich mit Vollmacht des anderen Ehegatten unterschrieben hat. Dies ist bei schriftlicher Vollmacht unproblematisch. Schwieriger ist es, wenn sich die Vollmacht aus den Umständen ergeben soll. Hat z.b. nur ein Ehepartner die Vertragsverhandlungen bis zur Unterschriftsreife geführt und den Mietvertrag alleine unterschrieben, werden beide Eheleute Vertragspartner, wenn beide im Rubrum genannt sind. Aus Sicht des Vertragspartners liegt eine Vertretung des anderen Ehegatten vor.[281] Denn durch das Führen der Vertragsverhandlungen und die zusätzliche oder anschließende Aufnahme des anderen Ehegatten in das Rubrum des Vertrages wird für den Vertragspartner deutlich, dass der Handelnde in Vertretung des anderen Ehegatten gehandelt hat.

163 Umgekehrt wird der Ehegatte, der zwar unterschreibt, nicht aber im Rubrum als Vertragspartei aufgeführt ist, nicht Vertragspartei, obwohl er Miteigentümer ist. In diesem Fall sprechen die Umstände gem. § 164 Abs. 1 Satz 2 BGB für eine Vertretung der im Rubrum bezeichneten Person.[282] Was in sonstigen Fällen anzunehmen ist, ist umstritten. Es werden dabei verschiedene Auffassungen vertreten:

164 So soll eine tatsächliche Vermutung[283] oder der erste Anschein[284] dafür sprechen, dass die Unterschrift des einen Ehepartners auch im Namen des anderen Ehepartners erfolgen soll. Der BGH hat in einer Entscheidung zum Landpachtvertrag[285] ausdrücklich offengelassen, ob er dieser Auffassung zustimmt. Er hat auf die Unterschiede zum Wohnraummietrecht abgestellt. Das OLG Schleswig[286] hat den Erlass eines Rechtsentscheides abgelehnt, da es sich nicht um ein Problem des Wohnraummietrechts, sondern des allgemeinen Vertretungsrechts handele. Dabei hat das OLG jedoch ausgeführt, dass es ebenfalls in einem Anscheinsbeweis für eine wirksame Vertretung ausgehe, wenn nur ein Ehegatte den Vertrag unterzeichne, obwohl beide im Mietvertragskopf genannt werden und der andere Ehegatte an den Verhandlungen teilgenommen hat. Es soll aber auch möglich sein, dass der den Mietvertrag nicht unterzeichnende mietende Ehegatte später dem Vertrag – auch konkludent –

---

281 OLG Düsseldorf, ZMR 2000, 210.
282 OLG Hamm, ZMR 2006, 205.
283 OLG Düsseldorf, WuM 1989, 362; ZMR 2000, 210; OLG Oldenburg, MDR 1991, 969.
284 Scholz, WuM 1986, 5.
285 BGH, NJW 1994, 1649, 1650 = MDR 1994, 579.
286 OLG Schleswig, WuM 1992, 674.

beigetreten ist. Dies kann dann der Fall sein, wenn sich der nicht im Rubrum genannte Ehegatte als Mieter geriert und Erklärungen, die das Mietverhältnis angehen, in eigenem Namen abgibt und die vermieterseits beauftragte Hausverwaltung dies – stillschweigend – so auffasst, dass der erklärende Ehegatte sich als Mieter betrachtet.[287]

Demgegenüber wird auch die Auffassung vertreten, dass im Zweifel nicht anzunehmen sei, dass ein Ehepartner einen Mietvertrag zugleich in Vertretung und mit Vollmacht für seinen im Rubrum ebenfalls bezeichneten Ehepartner unterzeichnet hat.[288]

165

Die familienrechtlichen Beziehungen der Mieter oder der Vermieter untereinander sind grds. für die vertraglichen Beziehungen der Vertragsparteien zueinander unerheblich. Eheleute als Vermieter, aber auch als Mitmieter einer Wohnung bleiben gemeinsam Vertragspartner. Nur in besonderen Ausnahmefällen lässt die Rechtsprechung eine Lockerung dieses Grundsatzes zu. Denn ansonsten müsste der Vermieter in diesen Fällen die Mieterhöhungserklärung beiden Mietern gegenüber mitteilen, obwohl er u.U. weder weiß, dass ein Ehegatte ausgezogen ist, noch dessen neue Anschrift kennt. Hier kann je nach den Umständen des Einzelfalls die Mieterhöhungserklärung gegenüber dem in der Wohnung verbliebenen Mieter ausreichen. So kann gegen Treu und Glauben verstoßen, wenn sich der in der Wohnung verbliebene Ehegatte auf die Unwirksamkeit des Mieterhöhungsverlangens nur deshalb beruft, weil es nicht auch an den vor Jahren aus der Wohnung ausgezogenen – ursprünglich mitmietenden – Ehegatten gerichtet ist.[289]

166

b) Hausverwalter

Der Abschluss eines Vertrages durch einen Hausverwalter rechtfertigt nicht ohne ausdrückliche Angabe des Namens des Eigentümers die Annahme, der Hausverwalter habe als Vertreter des Eigentümers gehandelt.[290] Denn es ist nicht unüblich, dass auch Hausverwaltungen eigene Wohnungen halten und vermieten. Andererseits kann es zur Bindung des Eigentümers ausreichen,

167

---

287 BGH, NJW 2005, 2620; LG Berlin, GE 2001, 1603.
288 LG Berlin, GE 2004, 1096; LG Osnabrück, NZM 2002, 943; LG Berlin, GE 1995, 1343;
      LG Mannheim, ZMR 1993, 415.
289 BGH, WuM 2004, 280 = NZM 2004, 419.
290 OLG Düsseldorf, ZMR 2003, 351; KG, MDR 1998, 529; MDR 1983, 1023.

wenn die Hausverwaltung mit dem Zusatz „bevollmächtigt" aufgeführt ist.[291] Der Wille, im fremdem Namen zu handeln, kann sich jedoch auch aus den Umständen ergeben (§ 164 Abs. 1 Satz 2 BGB). Insoweit wird vertreten, dass der Hinweis auf die Tätigkeit nach der allgemeinen Verkehrsanschauung deutlich mache, dass der Verwalter nicht in eigenem, sondern in fremdem Namen handeln wollte.[292] Ähnlich nimmt der BGH für die Vergabe von **Bauleistungen** durch den Hausverwalter i.d.R. ein Handeln für dessen Auftraggeber, gewöhnlich den Eigentümer, an, soweit sich aus den Umständen (§ 164 Abs. 1 Satz 2 BGB) nichts anderes ergebe.[293] Dabei sei der Umfang der vergebenen Arbeiten nicht entscheidend für die Frage, ob der Hausverwalter im eigenen oder in fremden Namen gehandelt habe. Voraussetzung sei lediglich, dass dem Auftragnehmer der Werkleistungen die Eigenschaft als Hausverwalter offen gelegt worden sei, wofür i.d.R. ein entsprechend gestalteter Briefkopf bei der Auftragsvergabe genüge. Dies ist auf Mietverträge übertragbar.[294]

168 An der Vermieterstellung bestehen allerdings Zweifel, wenn zwar im Vertrag der Eigentümer genannt ist, der Hausverwalter den Mietvertrag jedoch unterschrieben hat, ohne dass er dazu vom Eigentümer bevollmächtigt wurde. Hier können die Grundsätze der **Anscheinsvollmacht** eingreifen, wenn der Vertretene das Handeln des Scheinvertreters nicht kennt, es aber bei pflichtgemäßer Sorgfalt hätte erkennen und verhindern können und der andere Teil annehmen durfte, der Vertretene billige das Handeln des Vertreters.[295]

Hatte sich z.B. der Eigentümer jahrelang nicht um sein Grundstück auf dem Gebiet der ehemaligen DDR gekümmert und von der Existenz der Hausverwaltung keine Kenntnis, hätte er zumindest nach der Wende damit rechnen müssen, dass das Grundstück anderweitig als durch staatliche Stellen verwaltet wird.[296]

---

291 LG Berlin, MDR 1988, 54.

292 OLG Brandenburg, ZMR 1997, 598 zum Abschluss eines Vertrages über das Aufstellen von Trocknungsgeräten in einem Wohnhaus; vgl. dazu auch Lützenkirchen, WuM 1998, 127, 128.

293 BGH, BGHR 2004, 721 = MietRB 2004, 213.

294 Eupen, MietRB 2004, 298.

295 BGH, NJW 1981, 1728.

296 KG, GE 1998, 428.

c)   GbR als Vertragspartei

Seit der BGH die Rechtsfähigkeit der GbR bestätigt hatte,[297] was auch keinen
verfassungsrechtlichen Bedenken begegnet,[298] wurde lebhaft über die Auswirkungen diskutiert.[299] Dies hat mittlerweile zur Anerkennung der **Teilrechtsfähigkeit** der **Wohnungseigentümergemeinschaft** geführt.[300]

Ob die GbR **grundbuchfähig** ist, ist weiterhin streitig.[301] Insoweit kann ge-
fragt werden, wie sinnvoll es ist, neben der GbR auch deren Gesellschafter als
zusätzliche Haftungssubjekte in den Mietvertrag aufzunehmen. Wären sie lediglich Bürge oder Schuldner eines ähnlichen Sicherungsmittels (z.B. Schuld-
beitritt), wäre ihre Haftung gem. § 551 BGB bei einem Wohnungsmietvertrag
auf die Höhe von drei (Netto-) Mieten beschränkt und würde ohnehin leerlau-
fen, wenn zusätzlich eine Kaution in der bereits gesetzlich zugelassenen Höhe
geleistet wurde.

Ihre Aufnahme als zusätzliche Mieter bewirkt dagegen bei ihrem Ausscheiden
aus der BGB-Gesellschaft, das sich ohne den Willen des Vermieters, ja ohne
sein Wissen vollziehen kann,[302] einen zusätzlichen Verwaltungsaufwand. Weil
der ausscheidende Gesellschafter grds. Mieter bleibt, muss auch er weiterhin Adressat von einseitigen Willenserklärungen bleiben, soweit und solange
keine wirksame **Empfangsvollmacht** vorliegt. Im Hinblick darauf sollte es
ausreichen, dass der ausgeschiedene Gesellschafter gem. § 736 Abs. 2 BGB
fünf Jahre für die bis zu seinem Ausscheiden entstandenen Forderungen des
Vermieters haftet. Die Nachhaftung des ausscheidenden GbR-Gesellschafters
auf Mieterseite bezieht sich gem. § 736 Abs. 2 BGB, § 160 HGB auf alle im
Fünfjahreszeitraum fällig werdenden Forderungen, die ihre Grundlage im
Mietvertrag haben, also z.B. Mietzahlungsansprüche, Betriebskostennachfor-
derungen. Denn diese Forderungen sind mit dem Abschluss des Mietvertrages
entstanden.[303]

169

170

171

---

297   BGH, WuM 2001, 134 = NJW 2001, 1046.
298   BVerfG, WuM 2003, 20.
299   Vgl. Kraemer, NZM 2002, 465 ff.; Lützenkirchen, WuM 2002, 179, 180 m.w.N.
300   BGH, WuM 2005, 530 = ZMR 2005, 547.
301   Offengelassen von BGH, ZMR 2007, 23; Ullmer/Steffek, NJW 2002, 330.
302   Vgl. K. Schmidt, NJW 2001, 993; Jacoby, ZMR 2001, 409.
303   KG, NZM 2006, 19 = ZMR 2005, 952.

172 Diese Grundsätze gelten jedoch nur bei der sog. **Außen-GbR**, die also nach außen hin im Geschäftsverkehr als GbR aufgetreten ist. Dies betrifft den Fall, dass z.b. eine Mehrheit von Mietern oder Vermietern im Rubrum des Vertrages ausdrücklich als „GbR" bezeichnet werden oder ohnehin mit einem Fantasienamen und dem Zusatz „GbR" bezeichnet sind. Lediglich die Angabe mehrerer Namen auf Vermieter- oder Mieterseite ohne weitere Zusätze rechtfertigt für sich nicht die Annahme einer Außen-GbR. Allein die Tatsache, dass die GbR als solche im Grundbuch eingetragen ist, soll noch nicht die Annahme einer Außengesellschaft rechtfertigen, da der Mieter nicht verpflichtet sei, das Grundbuch einzusehen.[304]

d)   Erbengemeinschaften

173 Für die Erbengemeinschaft sind die Grundsätze zur Rechtsfähigkeit der GbR nicht anwendbar.[305] Sie ist deshalb als solche im Vertrag anzugeben. Vermieter werden in diesem Fall alle Mitglieder der Erbengemeinschaft.[306] Die schlagwortartige Bezeichnung („Erbengemeinschaft XY") ist zulässig,[307] aber nicht ratsam, wenn der Vertrag den Formerfordernissen des § 550 BGB unterliegt. Denn ist im Vertrag der Vermieter als „Erbengemeinschaft S" ohne Angabe einer Anschrift o.ä. bezeichnet, ist nicht ersichtlich, ob mit „S" der Erblasser oder die Erben benannt sind.[308]

e)   Andere Vertragsparteien

aa)   Wohnungseigentümer

174 Erfolgt die Vermietung nach der Aufteilung im Wohnungseigentum nach § 8 WEG, gelten keine Besonderheiten. Nachdem der BGH der Wohnungseigentümergemeinschaft **Teilrechtsfähigkeit** zugesprochen hat,[309] kommt grds. auch die Vermietung durch den Verband, also die Eigentümergemeinschaft als eigene Rechtspersönlichkeit in Betracht. Wird diese Wohnung veräußert, tritt der Erwerber unmittelbar gem. § 566 BGB an die Stelle des Verbandes. Denn

---

304   Vgl. Kraemer, NZM 2002, 465.
305   BGH, WuM 2006, 695.
306   BGH, NJW 2002, 3389 = NZM 2002, 950.
307   Kinne, Der Wohnraum-Mietvertrag, Rn. 10.
308   BGH, NJW 2002, 3389 = NZM 2002, 950.
309   BGH, NJW 2005, 2061; Jennißen, BGHR 2005, 1094; Wanderer/Kümmel, GE 2005, 900.

die Vorschrift des § 566 BGB ist auf die Veräußerung von Wohnungseigentum unmittelbar anwendbar.[310]

Erfolgt die Aufteilung nach der Vermietung, kann es dann Probleme geben, wenn die Zuordnung der einzelnen Sondereigentums- oder Sondernutzungsrechte in der Teilungserklärung nicht mit der mietvertraglichen Zuordnung übereinstimmt. So hat es zunächst für das einheitliche Mietverhältnis etwa über eine Wohnung und eine Garage keine Auswirkung, wenn Wohnung und Garage in der Teilungserklärung verschiedenen Sondereigentums- oder Sondernutzungsrechten zugeordnet wurden und an verschiedene Erwerber verkauft werden. In diesem Fall werden beide Erwerber Vermieter.[311] Die Mit-Vermieter bilden dann im Hinblick auf den Mietgegenstand eine **Bruchteilsgemeinschaft**.[312] Dies soll selbst dann gelten, wenn der einheitliche Mietgegenstand nicht verschiedenen Sondereigentumsrechten zugeordnet wird, sondern auch, wenn an Teilen des einheitlichen Mietgegenstandes nur Sondernutzungsrechte begründet werden.

175

Der Entscheidung des BGH v. 28.09.2005[313] lag gerade der Fall zugrunde, dass Wohnung und Garage an verschiedene Erwerber verkauft wurden und an der Garage nur ein Sondernutzungsrecht begründet worden war. Bisher galt die bloße Zuweisung eines Nutzungsrechts nach § 15 WEG nicht als Fall des § 566 BGB, sondern wirkte nur gegenüber den Miteigentümern, nicht aber gegenüber dem Mieter.[314] Der BGH wendet nun § 566 BGB auf diese Fälle analog an. Er erwähnt dabei nicht ausdrücklich, dass es sich zumindest um ein im Grundbuch eingetragenes Sondernutzungsrecht handeln muss.

176

Dies wird man jedoch schon deshalb fordern müssen, weil ansonsten die bloße Zuweisung von Sondernutzungsrechten durch einen nicht angefochtenen Mehrheitsbeschluss nach § 15 Abs. 2 WEG dazu führen könnte, dass der Nutzungsberechtigte, ohne dass sich die dingliche Rechtslage geändert hätte, zum Mitvermieter der Garage würde. Nun würde dieser Gedanke – konsequent weitergedacht – zum Ergebnis führen, dass immer dann, wenn neben

177

---

310 BGH, NJW 1994, 2452; BayObLG, NJW 1994, 1024; KG, WuM 1993, 423; OLG Celle, WuM 1996, 222; OLG Hamburg, WuM 1996, 637.
311 BGH, NJW 2005, 3781; BayObLG, WuM 1991, 78; LG Berlin, GE 2000, 603; LG Hamburg, ZMR 1999, 765.
312 BGH, NJW 2005, 3781.
313 NJW 2005, 3781 = WuM 2005, 790.
314 LG Stuttgart, WuM 1988, 404; Schmidt-Futterer/Gather, § 566 Rn. 36.

der Wohnung auch noch Teile des Gemeinschaftseigentums mitvermietet wurden, alle Wohnungseigentümer bzw. der rechtsfähige Verband der Wohnungseigentümer neben den oder dem im Mietvertrag ausgewiesenen Vermietern Mit-Vermieter würden. Eine solche Vervielfältigung der Vermieterstellung wäre völlig unpraktikabel. Um dieses Ergebnis zu vermeiden, hatte der BGH schon 1999 entschieden,[315] dass bei mitvermietetem Gemeinschaftseigentum § 566 BGB (bzw. § 571 a.F.) einschränkend ausgelegt werden müsse und hier der Erwerber der Wohnung alleiniger Vermieter werde. Erst recht wird die Eigentümergemeinschaft nicht Vermieter, wenn nach den mietvertraglichen Vereinbarungen Gebäudeteile mitgenutzt werden dürfen, die im Gemeinschaftseigentum stehen, wie z.B. das Treppenhaus oder der Waschkeller.[316]

bb) Parteien kraft Amtes

178 Mietverträge können auch von Parteien kraft Amtes abgeschlossen werden bzw. diese können in bestehende Mietverträge eintreten. So wird mit der Anordnung der **Zwangsverwaltung** durch gerichtlichen Beschluss und der dadurch bewirkten Beschlagnahme des Grundstücks (§ 20 Abs. 1 ZVG) dem Schuldner/Vermieter die Verwaltung und Benutzung gem. § 148 Abs. 2 ZVG entzogen. Diese Verwaltungs- und Verfügungsbefugnis wird gem. § 152 ZVG vom Zwangsverwalter ausgeübt, der i.R.d. ihm nach § 152 ZVG obliegenden Aufgaben privatrechtliche Befugnisse ausübt, ohne dabei an Weisungen der Beteiligten gebunden zu sein. Gem. § 152 Abs. 2 ZVG ist er an bestehende Mietverträge gebunden.

179 Er ist jedoch gem. § 6 Abs. 1 ZwVwV[317] befugt, den Vertrag durch Vereinbarung mit dem anderen Vertragspartner zu ändern. Aus seiner Verwaltungs- und Verfügungsbefugnis ergibt sich darüber hinaus natürlich auch die Befugnis, den Miet- oder Pachtvertrag erst abzuschließen, § 6 Abs. 1 ZwVwV. Dabei hat der Zwangsverwalter die Miet- und Pachtverträge schriftlich abzuschließen, § 6 Abs. 1 ZwVwV. Im Rubrum des Vertrages ist er auf Vermieterseite in seiner Funktion als Zwangsverwalter zu nennen. I.Ü. muss er in den Mietvertrag die in § 6 Abs. 2 Ziff. 1 bis 3 ZwVwV aufgeführten Hinweise aufnehmen.[318]

---

315 BGH, NJW 1999, 2177.
316 LG Hamburg, WuM 1997, 47; Lammel, § 566 BGB Rn. 56.
317 Zwangsverwalterverordnung v. 19.03.2003, BGBl. I 2003, S. 2804.
318 AHB Mietrecht/Walke, O Rn. 69.

Wenn das Gebäude unter Zwangsverwaltung steht, kann das Mieterhöhungs- 180
verlangen **nur vom Zwangsverwalter abgegeben** werden.[319] Es ergibt sich
daraus, dass der Gemeinschuldner gem. § 148 Abs. 2 ZVG ab der Beschlagnahme nicht mehr zur Verwaltung und Benutzung des Grundstückes befugt
ist. Wenn ihm aber versagt ist, Mieten einzuziehen und neue Mietverträge
abzuschließen, dann muss dies auch für die Abgabe von Erklärungen gelten,
die zur Vertragsänderung führen.

Da der Abschluss eines Mietvertrages als schuldrechtliches Geschäft von der 181
sachenrechtlichen Eigentümerstellung am Grundstück zu trennen ist, kann
auch jemand, der nicht Eigentümer des Grundstücks ist, einen Mietvertrag als
Vermieter abschließen. Dies ist etwa bei jeder Untervermietung der Fall. Es gilt
aber auch bei der Vermietung einer Wohnung durch einen Hausverwalter oder
eine Vermietungsgesellschaft. Soweit hier nicht auf das Vertretungsverhältnis
hingewiesen wird, wird der Hausverwalter oder die Vermietungsgesellschaft
Vermieter. § 566 BGB gilt hier nicht, sodass auch bei einem Wechsel dieser
Personen der Mietvertrag nicht auf den Erwerber übergeht. Bei Vermietungs-
gesellschaften können ggf. die Voraussetzungen des § 565 BGB vorliegen.[320]
Gerade hier ist jedoch auf alle Umstände des Einzelfalls zu achten. Für einen
objektiven Empfängerhorizont kann sich auch in diesen Fällen ergeben, dass
der Eigentümer Vermieter werden sollte. Kriterien sind hierfür u.a.:

- das Auftreten des „Hausmeisters";
- Zusätze im Vertrag, die zwar für die Offenkundigkeit gem. § 164 BGB nicht
  reichen, aber als Auslegungsmerkmal mit heranzuziehen sind;
- Umstände des Vertragsschlusses;
- Kenntnisse aus dem Vertragsanbahnungsverhältnis.

f)   Wechsel der Vertragsparteien

aa)   Tod des Vermieters

Für den Fall des Todes des Vermieters gilt die allgemeine erbrechtliche Be- 182
stimmung über die Universalrechtsfolge gem. § 1922 BGB. Der oder die Er-

---

319   AG Neuss, WuM 2006, 388; AG Dortmund, WuM 1993, 364; a.A. AG München,
       ZfIR 1998, 53.
320   S. dazu unten Rn. 184.

ben treten als Vermieter in den Mietvertrag ein. Mietrechtliche Sondervorschriften gibt es nicht.

bb) Verkauf der Mietsache

183 Nach § 566 BGB tritt der Erwerber anstelle des bisherigen Vermieters in das bestehende Mietverhältnis und alle sich daraus ergebenden Pflichten ein.[321] Voraussetzung für die Anwendung ist, dass das Grundstück nach Überlassung der Wohnung[322] veräußert wird und Veräußerer und Vermieter identisch sind. Das Gleiche gilt, wenn die vereinbarte Mietdauer erst nach der Umschreibung des Grundbuches beginnt, schon vorher jedoch der Mietvertrag abgeschlossen und das Mietobjekt dem Mieter überlassen worden ist.[323]

184 Wenn der Vermieter nicht Eigentümer oder nicht Alleineigentümer des Grundstücks war, tritt keine Rechtsnachfolge kraft Gesetzes ein. Dies kann z.B. der Fall sein bei Eheleuten oder Geschwistern, wenn beide als Eigentümer im Grundbuch eingetragen sind, aber nur einer von beiden als Vermieter im Mietvertrag aufgetreten ist. Das Gleiche gilt, wenn der nicht vermietende Miteigentümer der Vermietung zugestimmt hat – auch dann gilt § 566 BGB nicht.[324] Dabei hat es der BGH offengelassen, ob bei besonderen Fallgestaltungen eine Analogie zulässig ist,[325] während ansonsten eine Analogie überwiegend abgelehnt wird.[326]

Nicht anwendbar ist § 566 BGB auch auf den **Wechsel des gewerblichen Zwischenvermieters**.[327] Insofern gilt § 565 BGB.

185 Die Wirkung der Rechtsnachfolge tritt ein mit Vollzug der Eigentumsänderung, also i.d.R. mit der Eintragung im Grundbuch, bei der Zwangsversteigerung mit dem Zuschlagsbeschluss. Allein durch ein Rechtsgeschäft zwischen Grundstücksveräußerer und -erwerber, z.B. eine Regelung im notariellen Kaufvertrag über den wirtschaftlichen Besitzübergang und die Lastentragung,

---

321 Ausführlich hierzu Gather, ZAP, Fach 4, S. 401 ff.
322 BGH, NJW-RR 1989, 77.
323 BGH, NJW 1964, 1851.
324 BGH, NZM 2004, 300.
325 BGH, NZM 2004, 300; vgl. auch Börstinghaus, NZM 2004, 481, 482.
326 BGH, NZM 2004, 300; DWW 1989, 257 bzgl. der Zwischenvermietung; Schmidt-Futterer/ Gather, § 566 BGB Rn. 5 m.w.N.
327 BGH, NJW 1989, 2053.

kann eine Rechtsnachfolge nicht begründet werden.[328] Möglich ist aber ein „dreiseitiger Vertrag", also eine Vereinbarung, an der zusätzlich der Mieter beteiligt ist (sog. **Mieteintrittsvereinbarung**). Dazu wird es genügen, dass der Erwerber den Mieter auf den Zeitpunkt des im Kaufvertrag vereinbarten wirtschaftlichen Übergangs hinweist und ihn um Zustimmung bittet, die der Mieter dann erklärt. Allein die Tatsache, dass der Mieter aufgrund der Mitteilung der Veräußerung die Miete an den Erwerber zahlt, bedeutet noch keine Zustimmung.

Vor der Eigentumsumschreibung schuldet der Mieter die Miete weiterhin dem veräußernden Vermieter, es sei denn, der Veräußerer hätte seine Mietansprüche bereits an den Erwerber abgetreten. Eine Regelung über die Lastentragung im Kaufvertrag bedeutet i.d.R. noch keine Abtretung.[329] Es handelt sich vielmehr zunächst nur um eine Bestimmung im Innenverhältnis zwischen Verkäufer und Erwerber, wem die Miete gem. § 446 Satz 2 BGB zusteht.[330]   186

Das bedeutet für das zeitliche Verhältnis zwischen Eigentumsumschreibung und Mieterhöhungsverlangen: 187

- Ist das Grundstück verkauft worden, tritt gem. § 566 BGB der Erwerber in die Mietverträge ein. Dies setzt seine Eintragung im Grundbuch voraus. Vor diesem Zeitpunkt kann er ein wirksames **Mieterhöhungsverlangen** nicht abgeben.[331] Dies gilt auch, wenn Veräußerer und Erwerber des Grundstücks im notariellen Grundstückskaufvertrag einen bestimmten Termin für den Übergang des „wirtschaftlichen Eigentums" vereinbart haben.[332]

- Das Recht, eine Mieterhöhung zu verlangen, ist als Gestaltungsrecht auch nicht selbstständig abtretbar.[333]

- Möglich ist ggf. aber die **Ermächtigung** des Erwerbers, für den Veräußerer das Mieterhöhungsbegehren auszusprechen[334] oder die offene Stellver-

---

328 LG Hamburg, WuM 1993, 48; AG Dortmund, NZM 2004, 96.
329 OLG Düsseldorf, WuM 1993, 343.
330 OLG Düsseldorf, MDR 1994, 1009.
331 LG Berlin, GE 2004, 483; AG Tiergarten, MM 2006, 75; LG Karlsruhe, WuM 1991, 48; OLG Celle, WuM 1984, 193.
332 LG Augsburg, WuM 1990, 226; AG Köln, WuM 1989, 579.
333 AG Schöneberg, MM 1996, 401; LG Berlin, GE 2004, 483.
334 LG Berlin, GE 2004, 483.

tretung des Erwerbers für den noch eingetragenen Eigentümer.[335] Insoweit kann der Erwerber genauso vorgehen, wie jeder andere Vertreter.

• Der veräußernde Eigentümer hat ein Mieterhöhungsverlangen gestellt. Hier tritt der Erwerber gem. § 566 BGB in diese Rechtsposition ein.[336] Auch der Anspruch auf Zustimmung zu einer Mieterhöhung gehört zu den Ansprüchen „aus einem Mietverhältnis". Die formell wirksame Geltendmachung des Erhöhungsverlangens durch den ursprünglichen Vermieter wirkt zugunsten des danach in das Mietverhältnis eintretenden Erwerbers fort.

• Das Mieterhöhungsverlangen wurde vom Erwerber zu einem Zeitpunkt abgegeben, als er noch nicht Eigentümer war, zum Zeitpunkt des Zugangs war er aber Eigentümer. In diesem Fall liegt **kein wirksames Erhöhungsverlangen** vor.[337] Das Erhöhungsverlangen ist eine einseitige empfangsbedürftige Willenserklärung, mit der der Vermieter dem Mieter eine Änderung des Vertrages anträgt. Dieser Änderungsvertrag hat Verfügungscharakter, sodass aufseiten des Vermieters auch die Verfügungsmacht vorhanden sein muss. Diese hat aber nur der Vermieter.[338] Gibt ein Dritter eine das Mietverhältnis betreffende Willenserklärung ab, wird diese nicht dadurch zur Vermietererklärung, dass der Dritte zum Zeitpunkt des Zugangs dieser Erklärung in das Mietverhältnis eingetreten ist. Die Vorschrift des § 130 Abs. 1 BGB hat hier keine Bedeutung, da sie nur regelt, wann eine solche Erklärung dem Empfänger gegenüber wirksam wird. Auch die Vorschrift des § 185 Abs. 2 Satz 1, 2. Alt. BGB, wonach die Verfügung eines Nichtberechtigten wirksam wird, wenn der Verfügende den Gegenstand erwirbt, gilt nicht, da es nicht um das Verhältnis des alten Vermieters zum neuen Vermieter geht, sondern um das Verhältnis zu einem Dritten, nämlich dem Mieter.

188   Die **Kosten** der Abwehr einer solchen vor Eintragung vorgenommen Mieterhöhung muss der Käufer dem Mieter erstatten.[339]

189   § 566 BGB findet auch bei der Übertragung von **Miteigentumsanteilen** Anwendung, so z.B. dann, wenn der Vermieter als Alleineigentümer des Grundstücks einen Miteigentumsanteil (§ 1008 BGB) auf seinen Ehepartner über-

---

335   LG Berlin, GE 2004, 483.
336   LG Kassel, NJW E-MietR 1996, 222.
337   LG Köln, WuM 1996, 623.
338   Weitemeyer, FS Blank, 2006, S. 445, 449.
339   AG Waldbröl, WuM 1993, 121.

trägt.[340] Veräußerung bedeutet **jede rechtsgeschäftliche Änderung eines dinglichen Rechts**, durch die der bisherige Eigentümer die alleinige Verfügungsbefugnis verliert.[341] So liegt ein Veräußerungsgeschäft i.S.d. § 566 BGB zwar bei der Einbringung des Mietobjektes in eine GbR vor,[342] nicht aber bei Eintritt eines neuen Gesellschafters in eine GbR.[343]

g) Folgen einer Mehrheit von Vermietern für das Mieterhöhungsverlangen

Besteht die Vermieterseite aus mehreren Personen, müssen alle das Mieterhöhungsverlangen abgeben. Ein nicht von allen Vermietern gestelltes Erhöhungsverlangen ist unwirksam.[344] Dies betrifft auch ein Erhöhungsverlangen, das einer von mehreren Vermietern im eigenen Namen stellt, ohne dabei klarzustellen, dass er auch in Vertretung der anderen Vermieter handelt. Die Zustimmungsaufforderung ist ein besonders formalisierter Antrag des Vermieters i.S.d. §§ 145 ff. BGB auf Abschluss eines Änderungsvertrages nach § 311 BGB zur Miethöhe.[345] Als solches ist die Erklärung nicht teilbar. Sie muss in einem Akt abgegeben werden. Es ist deshalb nicht möglich, die Erklärung, die (zunächst) nur von einem Vermieter abgegeben wird, nachträglich durch den anderen Vermieter zu genehmigen.[346]

190

Die Erklärung muss von allen Personen abgegeben werden, die zum Zeitpunkt der Abgabe der Willenserklärung[347] Vermieter sind. Im Fall der Rechtsnachfolge ist eine vor Vollzug der Eigentumsänderung abgegebene Erklärung des Rechtsnachfolgers unwirksam.[348]

191

---

340   LG Marburg, NZM 2003, 394; LG Itzehoe, WuM 1999, 219; AG Pinneberg, ZMR 2002, 835; a.A. Lammel, § 566 BGB Rn. 35.

341   Hinz, NZM 2004, 681, 682 m.w.N.

342   LG Berlin, ZMR 1998, 704.

343   KG, NZM 2001, 520; BGH, NZM 1998, 260; NJW 1999, 715; OLG Düsseldorf, NJW-RR 1992, 1291; LG Berlin, GE 1995, 761.

344   Bub/Treier/Schultz, III A. 359; Nies, NZM 1998, 221, 222; Bamberger/Roth/Ehlert, § 558a BGB Rn. 8.

345   Vgl. Bamberger/Roth/Ehlert, § 558 BGB Rn. 6 m.w.N.

346   AG Stuttgart, WuM 1973, 105.

347   Weitemeyer, FS Blank, 2006, S. 445, 449.

348   OLG Celle, WuM 1984, 193; LG Karlsruhe, WuM 1991, 48; LG München I, WuM 1989, 282; Schmidt-Futterer/Börstinghaus, vor § 558 BGB Rn. 40 m.w.N.

h) Stellvertretung

192 Selbstverständlich kann sich der Vermieter, ob es sich nun um eine Einzelperson, eine Personenmehrheit oder eine juristische Person handelt, bei der Abgabe des Mieterhöhungsverlangens vertreten lassen. Wichtig ist wie bei jeder Vertretung, dass derjenige, der die Vermieterseite vertritt, sei er nun selbst einer von mehreren Vermietern oder ein außenstehender Dritter, zu erkennen gibt, dass er – ggf. auch – als Vertreter auftritt, § 164 BGB. Denn die Regeln des „Geschäfts für den, den es angeht" sind nicht anwendbar.[349] Deshalb ist etwa die Mieterhöhungserklärung eines WEG-Verwalters unter eigenem Briefkopf und unter Angabe seines Absenders ohne jeden Hinweis auf eine Vertreterstellung ebenso unwirksam,[350] wie die Mieterhöhungserklärung, die die bevollmächtigte Hausverwaltung in eigenem Namen stellt, ohne auf eine zwar beigefügte Vollmacht hinzuweisen.[351] Der Eigentümer muss jedoch zumindest dann nicht namentlich benannt werden, wenn er dem Mieter bekannt ist; es genügt hier der Hinweis, dass die Erklärung „für den von uns vertretenen Eigentümer" abgegeben wird.[352]

193 Umgekehrt soll die Angabe mehrerer Absender, von denen aber nur einige, jedenfalls nicht alle Vermieter sind, zur Unwirksamkeit des Erhöhungsverlangens führen, da das Angebot hier auch von solchen Personen abgegeben worden ist, die nicht Vermieter sind.[353]

194 Die Erklärung muss in diesen Fällen vom Vertreter abgegeben werden. Handelt es sich dabei um eine juristische Person, z.B. eine GmbH, eine AG oder einen eingetragenen Verein, muss eine vertretungsberechtigte Person unterzeichnen oder – im Fall der Abgabe der Erklärung in Textform gem. § 126b BGB – als Erklärender genannt sein. Gerade bei **Wohnungsverwaltungsgesellschaften** kommt es vor, dass nicht vertretungsberechtigte Angestellte, z.B. Sachbearbeiter, unterschreiben. Dies ist bereits nach handels- oder vereinsrechtlichen Gesichtspunkten (materiell) unwirksam.

---

349 AG Charlottenburg, ZMR 2006, 129.

350 LG München I, NZM 2004, 220.

351 AG Köpenick, GE 2005, 621.

352 KG, MDR 1998, 529; LG Berlin (65. ZK), GE 1999, 777; AG Charlottenburg, ZMR 2006, 129.

353 LG Berlin, GE 2000, 411; ZMR 1999, 1427; Lammel, § 558a BGB Rn. 5; a.A. LG Berlin, GE 2000, 410.

Die Klage auf Zustimmung zur Mieterhöhung, die eine **AG** als Vermieter   195
erhebt, muss deshalb zwingend von einem Vorstandsmitglied der AG unterzeichnet sein.[354] Wenn ein Vertreter das Mieterhöhungsverlangen für den Vermieter abgibt, muss er also zum einen auf das Vertretungsverhältnis hinweisen
und zum anderen Vertretungsmacht haben. Handelt für den Vertreter wiederum ein Vertreter, gilt dies erneut. Die Vertretungsmacht kann sich aus einer
Innen- oder aus einer Außenvollmacht ergeben. Eine **Außenvollmacht** liegt
z.B. vor, wenn bereits im Mietvertrag der Vermieter durch einen Verwalter
vertreten wird und die Vertretungsmacht sich aus dem Vertrag ergibt. Dies ist
noch nicht der Fall, wenn im Kopf eines Mietvertrages die Hausverwaltung
als Vermieter genannt ist. Denn dies zwingt nicht zur Annahme, dass diese
Verwaltung den Mietvertrag als Vertreter des Eigentümers für diese und nicht
im eigenen Namen abgeschlossen hat.[355] Bei einer **Innenvollmacht** hat der
Vertreter die Vertretungsmacht durch Vorlage einer Vollmacht dem Mieter gegenüber offenzulegen. Die Vollmacht muss dem Erhöhungsbegehren im Original beigefügt werden.[356]

Eine vom Vermieter seinem Rechtsanwalt erteilte „Zivilprozessvollmacht"   196
reicht aus, seine Bevollmächtigung zur Stellung eines Mieterhöhungsverlangens dem Mieter gegenüber nachzuweisen.[357] Denn die **Prozessvollmacht**
nach § 81 ZPO reicht aus, um alle materiell-rechtlichen Erklärungen abzugeben (und in Empfang zu nehmen), die sich auf den Gegenstand des Rechtsstreits beziehen, weil sie zur Rechtsverfolgung innerhalb des Prozesszieles
oder zur Rechtsverteidigung dienen; § 174 BGB ist dabei auf die Prozessvollmacht nicht anzuwenden.[358]

Ansonsten ist bei Abgabe der Erklärung ohne Vollmacht eine spätere Heilung   197
des Mangels nicht möglich, da eine nichtige Willenserklärung grds. nicht der
Heilung zugänglich ist. Zu beachten ist dabei jedoch, dass gem. § 174 BGB
der Mieter das Fehlen der Vollmacht unverzüglich rügen muss. D.h., er muss
dem Vermieter unverzüglich nach Eingang des Erhöhungsverlangens mitteil-
len, dass er die Mieterhöhung zurückweise, da eine Vollmacht dem Schreiben
nicht beigefügt war. Dies sollte auch dann geschehen, wenn das Schreiben

---

354   AG Coesfeld, WuM 1993, 468.
355   KG, MDR 1998, 529.
356   OLG Hamm, WuM 1982, 204.
357   A.A. AG Neuss, NJW-RR 1994, 1036.
358   BGH, NZM 2003, 229 = MietPrax-AK, § 558a BGB Nr 1.

des Vertreters von (irgend-) jemandem unterschrieben ist, von dem man nicht weiß, ob er zur Untervertretung berechtigt ist. Eine dem Erklärungsempfänger per Telefax übermittelte Vollmachtsurkunde genügt nicht, sodass auch diese gem. § 174 BGB zurückgewiesen werden kann.[359]

3. Adressat des Mieterhöhungsverlangens

198   Das Mieterhöhungsverlangen ist an sämtliche Mieter zu richten. Das gilt auch dann, wenn die Mieter sich wechselseitig zur Entgegennahme von Erklärungen bevollmächtigt haben. Deshalb sind Mieterhöhungserklärungen auch an den Ehepartner zu **adressieren**. Dabei ist eine formelhafte alternative Adressierung („Herrn/Frau X.") unzureichend.[360] Auch die Anrede „Familie X" soll unwirksam sein, wenn beide Ehegatten Mieter sind,[361] wohingegen die Anrede „Eheleute" mit anschließendem Vornamen nur des Ehemannes ausreichend sein soll.[362] Eine Vertretung ist auch auf der Adressatenseite grds. zulässig, wobei aber auch in diesen Fällen das Erhöhungsverlangen an alle Mieter gerichtet werden muss. Mietvertraglich abweichende Vereinbarungen sind diesbezüglich aber zulässig.[363]

199   Viele Musterverträge sehen **Vollmachtsklauseln** vor, in denen sich mehrere Mieter wechselseitig zur Entgegennahme oder Abgabe von Willenserklärungen (oder beides) bevollmächtigen. Solche Klauseln sind wirksam, soweit es die Inempfangnahme von Erklärungen i.R.d. fortbestehenden Mietverhältnisses betrifft und die Bevollmächtigung widerruflich ist.[364] Offen bleibt, ob dies ebenso für Kündigungserklärungen gilt.[365] Ein Verstoß gegen § 307 BGB kann aber jedenfalls dann vorliegen, wenn die Vollmachtsklausel auch Erklärungen, die den Bestand des Mietverhältnisses betreffen, berührt.[366] So sind Klauseln, durch die sich die Mieter gegenseitig zur Abgabe von Willenserklärungen gegenüber dem Vermieter bevollmächtigen, ohne den Kreis

---

359   OLG Hamm, NJW 1991, 1185.
360   KrG Cottbus-Stadt, WuM 1992, 109; AG Grimmen, WuM 1992, 685; BG Chemnitz, WuM 1993, 34; BVerfG, WuM 1992, 514; grundlegend Quarch, WuM 1993, 224 und Mittag, WuM 1993, 169.
361   AG Greifswald (Abt. 42), WuM 1994, 268.
362   AG Greifswald (Abt. 41), WuM 1994, 268.
363   KG, WuM 1985, 12; LG Duisburg, WuM 1988, 433.
364   BGH, WuM 1997, 599.
365   BGH, WuM 1997, 599.
366   OLG Hamm, WuM 1984, 20.

der in Betracht kommenden Erklärung einzugrenzen, unwirksam, und zwar auch Mietverträge über Geschäftsraum.[367] Unabhängig davon ist die formularmäßige Bevollmächtigung so lange wirksam, wie sie nicht widerrufen wird. Ein solcher Widerruf ist im Zweifel anzunehmen, wenn die Ehe der Ehegattenmieter geschieden wird.[368] Jedenfalls für eine Empfangsvollmacht ist der Hinweis auf die Möglichkeit des Widerrufes nicht erforderlich.[369]

Eine nicht an alle Mieter gerichtete Zustimmungsaufforderung ist unwirksam. In Ausnahmefällen kann es einem in der Wohnung verbliebenen Mieter aus dem Gesichtspunkt unzulässiger Rechtsausübung verwehrt sein, sich auf einen Formmangel der Mieterhöhung zu berufen, die nur an ihn und nicht auch an den schon vor Jahren ausgezogenen (aber nie ausdrücklich aus dem Vertrag entlassenen) Mitmieter gerichtet war.[370]   200

4. Inhalt des Mieterhöhungsverlangens

In dem Mieterhöhungsverlangen muss der Vermieter dem Mieter gegenüber seinen Willen zum Ausdruck bringen, in welcher Höhe er eine Erhöhung der Miete begehrt.[371] Dabei muss der Vermieter den Mieter ausdrücklich zur Abgabe einer Zustimmungserklärung auffordern.[372] Diesen Anforderungen genügt das Mieterhöhungsbegehren nicht, wenn der Vermieter darin den Eindruck erweckt, einseitig zur Anhebung der Miete berechtigt zu sein und den Mieter (ggf. über einen Bevollmächtigten[373]) auffordert, die neue Miete zu zahlen.[374]   201

Aus dem Mieterhöhungsbegehren muss sich zudem erkennen lassen, in welcher Höhe der Vermieter Zustimmung verlangt. Dazu muss die erhöhte Miete betragsmäßig ausgewiesen sein.[375] Denn die Zustimmung des Mieters bezieht sich auf die erhöhte Gesamtmiete (i.R.d. vereinbarten Mietstruktur, dazu un-   202

---

367 KG, GE 2004, 753.
368 OLG Schleswig, WuM 1983, 130.
369 BGH, WuM 1997, 599.
370 BGH 2004, 280 = MietPrax-AK, § 558a BGB Nr 5.
371 BayObLG, NZM 2000, 488.
372 LG Gießen, NJW-RR 1995, 462; LG Karlsruhe, WuM 1991, 48; AG Wesel, WuM 1993, 358.
373 LG Gießen, NJW-RR 1995, 462.
374 Vgl. BGH, NZM 2005, 736; BGH, NZM 2005, 735 = WuM 2005, 581.
375 KG, NZM 1998, 107; Sternel, Mietrecht, III Rn. 639.

ten Rn. 204 und 390 ff.) und nicht auf eine Quadratmetermiete oder nur den Erhöhungsbetrag.[376]

203 Wenn der Vermieter in dem Erhöhungsschreiben weitere Vertragsänderungen verlangt, z.B. die Änderung der Mietstruktur, ist das Mieterhöhungsverlangen insgesamt unwirksam.[377] Dies gilt auch, wenn er das Erhöhungsverlangen auf einzelne Mietbestandteile beschränkt. So ist es zwar unschädlich, wenn er im Erhöhungsverlangen die Miete in verschiedene angewiesene kalkulatorische Ansätze aufschlüsselt, z.B. in einen Anteil für Schönheitsreparaturen[378] oder einen Verwaltungskostenanteil[379] und die Grundmiete. Wichtig ist jedoch, dass sich die Zustimmungsaufforderung dann wieder auf die Gesamtmiete und nicht nur auf einen einzelnen (kalkulatorischen) Mietanteil bezieht.[380]

204 Darüber hinaus muss das Mieterhöhungsverlangen so formuliert sein, dass der Mieter nur sein Einverständnis und nicht weitere Erklärungen abgeben muss, also einfach „ja" sagen kann. Verbindet der Vermieter mit seiner Zustimmungsaufforderung aber die Änderung der **Mietstruktur**, würde die Zustimmung einen weiter gehenden Erklärungswert als die reine Erhöhung der Miete innerhalb der vereinbarten Mietstruktur enthalten. Das Mieterhöhungsverlangen wäre dann insgesamt unwirksam.[381] Etwas anderes gilt demnach dann, wenn für den Mieter klar erkennbar ist, dass der Vermieter zwei getrennte Ansprüche geltend macht, denen er jeweils zustimmen oder entgegentreten kann.[382] Ist die Aufforderung zur Zustimmung zur Mieterhöhung dagegen nicht in dieser Weise trennbar mit dem Angebot zur Änderung der Mietstruktur verbunden, ist das Mieterhöhungsbegehren insgesamt unwirksam.[383] Dies ergibt sich auch daraus, dass der Mieter frei von weiteren Zwängen entscheiden soll, ob er einer Mieterhöhung zustimmt oder nicht. Deshalb

---

376 KG, NZM 1998, 68; LG Berlin, GE 2003, 669; Sternel, Mietrecht, III Rn. 723.
377 LG Köln, WuM 1992, 255; WuM 1994, 27 m.w.N.
378 OLG Frankfurt am Main, NZM 2001, 418.
379 LG Mannheim, NZM 2000, 490.
380 OLG Frankfurt am Main, NZM 2001, 418.
381 OLG Hamburg, NJW 1983, 580; LG Köln, WuM 1992, 255; WuM 1994, 27 m.w.N.; LG Berlin, MDR 1991, 254; BGH, WuM 2006, 39, der zudem feststellt, dass bei einer Erhöhung der Bruttomiete die aktuell enthaltenen Betriebskosten anzusetzen sind.
382 Vgl. Schmidt-Futterer/Börstinghaus, § 558a BGB Rn. 17 m.w.N.
383 LG Berlin, GE 2002, 737; LG Köln, WuM 1994, 27; WuM 1992, 255; LG Berlin, MM 1994, 254; AG Pinneberg, ZMR 2004, 277; AG Hamburg, NZM 1998, 574; Schmidt-Futterer/Börstinghaus, § 558a BGB Rn. 17 m.w.N.

ist auch ein Mieterhöhungsverlangen unwirksam, in dem der Vermieter auf die gleichzeitige **Klage** hinweist; die gleichzeitig erhobene Klage ist ohnehin als unzulässig abzuweisen.[384]

Die Angabe des **Wirksamkeitszeitpunktes**, d.h. des Zeitpunktes, ab wann die   205
erhöhte Miete zu zahlen sein soll, ist keine formelle Wirksamkeitsvoraussetzung des Mieterhöhungsverlangens. Der Vermieter ist zwar daran gehindert,
eine kürzere Frist vorzuschreiben oder mit dem Mieter zu vereinbaren. Denn
dies wäre eine zum Nachteil des Mieters von § 558 Abs. 2 BGB abweichende
Vereinbarung, die gem. § 558b Abs. 4 BGB unwirksam wäre. Setzt der Vermieter dagegen eine längere Frist, ist er daran gebunden.[385] Ist im Mieterhöhungsverlangen keine Frist genannt, gilt die gesetzliche Frist.[386]

5. Begründung des Mieterhöhungsverlangens

a) Überblick

§ 558a Abs. 1 BGB verlangt vom Vermieter, dass er sein Mieterhöhungsver-   206
langen begründet. Dahinter steht der Gesetzeszweck, nachdem der Begründungszwang die außergerichtliche Einigung der Parteien fördern soll. Die
mit einer Begründung versehene Zustimmungsaufforderung des Vermieters
i.S.v. § 558a BGB ist eine einseitige empfangsbedürftige Willenserklärung,
nämlich das Angebot des Vermieters zur Änderung des Mietvertrages (Antrag
i.S.d. § 145 BGB).[387] Die Zustimmungsaufforderung und ihre Begründung
soll den Mieter in die Lage versetzen, nachzuprüfen, ob die verlangte Mieterhöhung gerechtfertigt ist. Dazu muss der Vermieter dem Mieter Tatsachen
mitteilen. Anhand dieser mitgeteilten Daten soll der Mieter dann überlegen
und entscheiden können, ob er dem Erhöhungsverlangen zustimmen will oder
nicht.[388] Dies bedeutet aber auch, dass der Vermieter den Mieter grds. nicht
das mitteilen muss, was dieser schon selbst weiß. Die Begründung muss deshalb umso ausführlicher sein, je weniger Informationen der Mieter selbst hat.

Grds. bezieht sich der Begründungszwang auf alle vier Tatbestandsvorausset-   207
zungen des § 558 Abs. 1 BGB, nämlich die Einhaltung der **15-Monatsfrist**,

384   LG Dortmund, NJW-RR 1988, 12.
385   LG Berlin, GE 1990, 545.
386   OLG Koblenz, NJW 1993, 1861.
387   BayObLG, NJW 1981, 1292.
388   BayObLG, NZM 2000, 488; NJW-RR 1988, 721.

der Beachtung der **Jahressperrfrist**, der Einhaltung der **Kappungsgrenze** und der Nichtüberschreitung der ortsüblichen **Vergleichsmiete** unter Anrechnung der Drittmittel.[389] Da der Mieter aber i.d.R. weiß, wann ihn der Vermieter zuletzt aufgefordert hat, einer Mieterhöhung zuzustimmen und wie hoch seine Miete drei Jahre vor dem Wirksamwerden der aktuellen Zustimmungsaufforderung war, muss der Vermieter darauf nicht gesondert hinweisen. Ob die Einhaltung der Kappungsgrenze im Aufforderungsschreiben begründet werden muss oder nicht, war nach alter Rechtslage streitig.[390] Soweit darüber hinaus eine Begründungspflicht angenommen wurde, hing dies im Wesentlichen damit zusammen, dass vor dem 01.09.2001 zeitweise verschieden hohe Kappungsgrenzen galten.[391] Die dieser Rechtsprechung zugrunde liegenden Gedanken sind jedoch auch auf die aktuelle Rechtslage übertragbar: Sofern der Vermieter die **Kappungsgrenze** von 20 % ohnehin nicht ausschöpft, muss er die Einhaltung der Kappungsgrenze auch nicht begründen. Denn dem Mieter ist ohne Weiteres möglich, selbst nachzurechnen, dass sich die Miete – gerechnet drei Jahre zurück vom angenommenen Wirksamkeitszeitpunkt des aktuellen Erhöhungsverlangens – nicht um mehr als 20 % erhöht hat.

208   Will der Vermieter dagegen die 20 % überschreiten, muss er darlegen, weshalb er dazu berechtigt ist. Dazu gehört z.B. der Hinweis darauf, dass im Dreijahreszeitraum die Miete nach §§ 559 ff. BGB oder § 560 BGB um einen bestimmten Betrag erhöht wurde und dieser bei der Berechnung der Kappungsgrenze nicht zu berücksichtigen ist.[392] Hierzu zählen auch die ehemaligen **Fehlbelegungsfälle**, in denen der Vermieter die Voraussetzungen des § 558 Abs. 4 Satz 1 BGB darlegen muss.[393]

---

389   BGH, NZM 2004, 380; BayObLG, NZM 2000, 488.
390   Für eine Begründungspflicht vgl. etwa AG Schöneberg, WuM 1990, 515.
391   Vgl. etwa LG Berlin, WuM 1996, 151; GE 1996, 1429.
392   Vgl. Rn. 307.
393   Sofern die Fehlbelegungsabgaben (Ausgleichszahlungen für Mieter von Sozialwohnungen, deren Einkommen die zulässige Einkommensgrenze übersteigt und die daher grds. nicht mehr berechtigt sind, in den Sozialwohnungen zu wohnen; jetzt: Ausgleichszahlungen) überhaupt noch verlangt werden. In Nordrhein-Westfalen etwa sind ab dem 01.01.2006 sämtliche problematischen Stadtteile von der Abgabe befreit; ab 2010 soll sie komplett abgeschafft werden – Gesetz zur Änderung des Fehlbelegungsrechts für das Land Nordrhein-Westfalen (FehlÄndG), GV NRW Nr. 13 v. 07.06.2006, S. 219. Inzwischen haben die meisten Bundesländer die Ausgleichszahlung wieder abgeschafft. So etwa Bayern, Berlin, Hamburg, Niedersachsen und Schleswig-Holstein.

Begründet werden muss hingegen immer, woraus sich die ortsübliche Vergleichsmiete ergeben soll, an die die Vertragsmiete angepasst werden soll.

Dieses Verständnis der Begründungspflicht entspricht der ständigen Entscheidungspraxis des BVerfG.[394] Nach der Rechtsprechung des BVerfG[395] dürfen dabei keine unzumutbaren Anforderungen an das Begründungserfordernis gestellt werden. Die Gerichte haben dabei den Einfluss des Grundrechts aus Art. 14 Abs. 1 GG und den damit eng verzahnten Anspruch auf Gewährung effektiven Rechtsschutzes zu beachten. Mietrechtliche Verfahrensvorschriften dürfen nicht in der Weise ausgelegt werden, dass die Verfolgung der Vermieterinteressen unzumutbar erschwert wird.[396] Das BVerfG hat wiederholt die äußerst strenge Auslegung der Instanzgerichte für verfassungswidrig erklärt, und dabei festgestellt, dass durch eine zu rigide Handhabung der Verfahrensregelung praktisch ein Mietenstopp herbeigeführt werde, was das Grundrecht des Vermieters aus Art. 14 Abs. 1 Satz 1 GG verletze.[397]

209

Das Gesetz (§ 558a BGB) gibt dem Vermieter beispielhaft vier Möglichkeiten zur Darlegung der Höhe der ortsüblichen Vergleichsmiete, die aber nicht abschließend sind, nämlich:

210

- Die Bezugnahme auf einen (einfachen oder qualifizierten) Mietspiegel,

- die Auskunft aus einer Mietdatenbank,

- die Einholung eines Sachverständigengutachtens und

- die Benennung von mindestens drei Vergleichswohnungen.

Der Vermieter ist in der Wahl seines Begründungsmittels grds. frei.[398] Auch in den Gemeinden, in denen es einen gültigen (einfachen) Mietspiegel gibt, ist der Vermieter nicht verpflichtet, sich in seinem Mieterhöhungsverlangen darauf zu berufen[399] oder sich mit den Werten des Mietspiegels zu befassen. Da es

211

---

394 S. Rechtsprechungslexikon Rn. 657 – Rn. 696; s.a. Schmidt-Futterer/Börstinghaus, § 558a BGB Rn. 23 m.w.N.

395 Vgl. etwa BVerfGE 37, 132, 147 = WuM 1974, 169; BVerfGE 79, 80, 84 = WuM 1989, 62.

396 So auch BVerfG, NJW 1992, 1379 = WuM 1992, 178.

397 BVerfG, NJW 1980, 1617.

398 Zur Hinweispflicht bei Abweichen von den Werten eines qualifizierten Mietspiegels s. Rn. 235.

399 Barthelmess, Wohnraumkündigungsschutzgesetz, § 2 MHG Rn. 78; a.A. LG Stuttgart, NJW 1974, 1252.

sich jedoch um einen einfachen Weg handelt, machen die Vermieter i.d.R. von der Möglichkeit der Begründung des Erhöhungsverlangens mit einem Mietspiegel Gebrauch.[400] Andererseits bindet die Wahl des Begründungsmittels im Mieterhöhungsverlangen das Gericht im Zustimmungsprozess bei der Wahl des Beweismittels[401] nicht. Denn im Prozess gelten die allgemeinen Beweisregeln der ZPO.

212 Die Aufzählung der Begründungsmittel im Gesetz ist nicht abschließend.[402] Denn ausgehend vom Zweck des Gesetzes, den Mieter in die Lage zu versetzen, zu überprüfen, ob er der Mieterhöhung zustimmen möchte oder nicht, sind alle Begründungsmöglichkeiten zuzulassen, wenn sie nur geeignet sind, dem Mieter diese Informationen liefern zu können.[403]

b) Mietspiegel

aa) Allgemeines

213 § 558a Abs. 2 BGB nennt als erstes Begründungsmittel den **Mietspiegel**. Nach dem 01.09.2001 kann dies ein einfacher oder ein qualifizierter Mietspiegel sein. Was darunter zu verstehen ist, ergibt sich jeweils nach den gesetzlichen Definitionen der §§ 558c und 558d BGB.

214 Nach § 558c Abs. 4 BGB „sollen" die Gemeinden Mietspiegel erstellen, wenn dafür ein Bedürfnis besteht und die Mietspiegelerstellung mit einem vertretbaren Aufwand möglich ist. Eine Verpflichtung der Gemeinden, einen Mietspiegel aufzustellen, gibt es nicht. Es gibt auch keine gesetzlichen Vorschriften über die Art und Weise der Aufstellung von Mietspiegeln. Die Bundesregierung hat lediglich Hinweise zur Aufstellung von Mietspiegeln[404] herausgege-

---

400 Vgl. die Nachweise bei Leutner, WuM 1992, 658, 659, der davon ausging, dass schon damals in Hamburg 6 von 10 Mieterhöhungsverlangen mit dem Mietspiegel begründet worden sind.

401 Zur Frage, ob der Mietspiegel überhaupt als Beweismittel im Prozess zulässig ist: Schopp, ZMR 1993, 141 unter Hinweis auf KG, WuM 1991, 425 = ZMR 1991, 341; Beuermann, Der Berliner Mietspiegel, S. 6 ff.; Voelskow, Der Berliner Mietspiegel, S. 21; BGH, WuM 2005, 394 = MietPrax-AK, § 558 BGB Nr. 11 m. Anm. Börstinghaus, MietPrax-AK, § 558 BGB Nr. 11 und Thomma, WuM 2005, 496.

402 BVerfG, NJW 1980, 1617.

403 Schmidt-Futterer/Börstinghaus, § 558a BGB Rn. 29.

404 Die aktuelle Fassung der Hinweise stammt aus dem Jahr 2002 und ist im Anhang unter Rn. 922 abgedruckt.

ben, die rechtlich jedoch unverbindlich sind. Ferner gibt es vom Innenministerium in Sachsen eine Arbeitshilfe zur Aufstellung von Mietspiegeln und von zahlreichen Verbänden Anleitungsbroschüren.[405] Eine Mietspiegelverordnung gibt es nicht. Denn der Verordnungsgeber hat weder von der Berechtigungsgrundlage in § 2 Abs. 5 MHG a.F. noch von der in § 558c Abs. 5 BGB Gebrauch gemacht. Der 1981 unternommene Versuch, ein Mietspiegelgesetz zu verabschieden,[406] scheiterte.

In der Praxis haben sich schon auf der Grundlage der Vorgänger-Vorschriften des MHG verschiedene Arten von Mietspiegeln herausgebildet, die sich in unterschiedlichen Situationen bewehrt haben. Diese Arten von Mietspiegeln lassen sich insbes. unterscheiden nach: 215

- Dem **Träger** der Mietspiegelaufstellung:
  Mietspiegel können von

  – den Gemeinden oder

  – beiden Interessenverbänden (Mieter und Vermieter) gemeinsam oder

  – einem Interessenverband allein, wenn das Ergebnis ganz oder teilweise vom jeweiligen anderen Verband anerkannt wird oder schließlich

  – von einem Dritten, z.B. einem Forschungsinstitut oder dem Gutachterausschuss,

  erstellt werden, wenn das Ergebnis von beiden Verbänden oder der Gemeinde anerkannt wird.

- Den **Datengrundlagen**:
  Die Datengrundlagen sind für die Aufstellung von Mietspiegeln von hervorgehobener Bedeutung. Dies folgt bereits aus dem Begriff der ortsüblichen Vergleichsmiete, die auf die Vergleichbarkeit der in der jeweiligen Örtlichkeit bestehenden Mieten abstellt.
  Es gibt hier verschiedene Methoden der Datenbeschaffung:

  – Primärdaten, also Daten, die zum Zweck der Mietspiegelerstellung erhoben wurden, i.d.R. weitreichende, repräsentative Datenerhebung,

  – Nutzung vorhandener Daten, sog. Sekundärdaten,

---

405   Z.B. GdW Arbeitshilfe Nr. 19, Mietspiegel in den Neuen Ländern; VNW, Praxisbezogene Hinweise zum Vergleichsmietensystem; BBU, Leitfaden zum Vergleichsmietensystem; Friedrich-Ebert-Stiftung, Einführung des Vergleichsmietensystems in Ostdeutschland.

406   Nachweise dazu bei Schmidt-Futterer/Börstinghaus, §§ 558c, 558d BGB Rn. 5 ff. m.w.N.

– Kombination beider Möglichkeiten zur gegenseitigen Ergänzung und Vertiefung.

Die empirische-repräsentative Erhebung von Daten nach Regeln der Statistik ermöglicht eine verlässliche Abbildung der Vergleichsmieten. Sie setzt aber einen erheblichen Aufwand, auch Kostenaufwand voraus. Dem gegenüber ermöglicht die Nutzung vorhandener Daten eine schnelle und vergleichsweise wesentlich kostengünstigere Darstellung der Vergleichsmiete. Bedeutung hat diese Unterscheidung v.a. auch für die Verwertung des Mietspiegels im Prozess als Beweismittel, das beim qualifizierten Mietspiegel, dem eine gesetzliche Vermutung inne wohnt, besonders zur Geltung kommt.

• Der **Auswertung** der ermittelten und genutzten Daten:
Die Auswertung sowie die Entscheidung über die Aussagen des Mietspiegels hängt wesentlich von der Art der Datengrundlagen ab:

– Auf der Grundlage empirisch-repräsentativ ermittelter Daten können wissenschaftliche Auswertungsmethoden angewandt werden. Das Ergebnis sind die sog. **repräsentativen** Mietspiegel.

– Auf der Grundlage vorhandener Daten können Mietspiegel von den Verfahrensbeteiligten einvernehmlich festgestellt werden (sog. **einvernehmlich festgestellte** Mietspiegel).

– Möglich ist auch eine Kombination, die auf einer empirischen Datenermittlung und wissenschaftlicher Auswertung und auf einer einvernehmlichen Feststellung durch die Verfahrensbeteiligten beruht.

216 Über die statistische Methode zur Erstellung eines Mietspiegels wurde seit Langem kontrovers diskutiert.[407] Auch die Gerichte mussten und müssen sich nach wie vor in den Gemeinden, die einen Mietspiegel nach der Regressions-

---

407 Ohne Anspruch auf Vollständigkeit: Voelskow, WuM 1993, 21; ders., ZMR 1992, 326; Aigner/Oberhofer/Schmid, WuM 1993, 10 und auch WuM 1993, 16; Oberhofer/Schmidt, WuM 1995, 137 und WuM 1993, 585; Krämer, WuM 1992, 175; Gaede/Kredler, WuM 1992, 578; Alles, WuM 1988, 241; Isenmann, ZMR 1993, 446; Blinkert/Höfflin, WuM 1994, 589; Clar, WuM 1992, 662; Klein/Martin, WuM 1994, 513; Schießl, WuM 1995, 18.

methode aufgestellt haben, mit diesem Statistikerstreit befassen.[408] Es ging und geht dabei im Wesentlichen um die Frage, ob Mietspiegel neben der seit Jahrzehnten angewandten Tabellenmethode auch nach der Regressionsmethode erstellt werden können. Während die **Tabellenmethode** die Daten als Mietspannen nach den einzelnen Wohnwertmerkmalen in Rasterfeldern zusammenfasst (wobei zwischen den einzelnen Rasterfeldern keine Beziehungen bestehen, sodass es hier zwischen einzelnen Rasterfeldern zu Sprüngen oder zu Leerfeldern kommen kann[409]), erfolgt bei der **Regressionsmethode**[410] eine Verknüpfung zwischen den Daten aller Rasterfelder, sodass es weder zu Leerfeldern noch zu Mietsprüngen kommt. Deswegen wird den nach dieser Methode erstellten Mietspiegeln vorgeworfen, nicht die Marktrealität abzubilden, sondern eine rein statistisch ermittelte „Pseudowirklichkeit".[411] Sowohl die Tabellen- wie auch Regressionsmethode sind jedoch anerkannte Methoden der Statistik.[412] In der Begründung zum RefE v. 20.03.2000 des MRRefG zu § 558d – Entwurf[413] werden beide Methoden gleichwertig nebeneinander als von der Wissenschaft anerkannte Methoden genannt. Auch die aktuellen Hinweise zur Erstellung von Mietspiegeln[414] erklärten beide Methoden als gleichberechtigt nebeneinander für anwendbar.

Andere Übersichten, wie z.b.   217

• der „VDM-Preisspiegel für Wohn- und Anlageimmobilien",

• der „RDM-Immobilienpreisspiegel",

---

408   Z.B. LG München, WuM 1996, 709 = DWW 1996, 340 = GE 1996, 149 mit abl. Anm. von Blank, WuM 1997, 178; LG Frankfurt am Main, NJW-RR 1993, 277 = WuM 1992, 694; LG München, WuM 1993, 451 = NJW-RR 1993, 1427; LG Kiehl, HmbGE 1994, 235; LG Freiburg, NJWE-MietR 1996, 51 = WuM 1995, 714; LG Freiburg, NZM 1998, 662; LG München I, WuM 2002, 547 = NZM 2002, 904: „Der Mietspiegel für München 1999 ist kein geeignetes Beweis-Erkenntnismittel im Mieterhöhungsprozess nach § 2 Abs. 3 MHG. Seine Eignung als gesetzliches Begründungsmittel eines Mieterhöhungsverlangens nach § 2 Abs. 2 MHG tut dies indes keinen Abbruch; sie steht außer Zweifel."; LG München II, WuM 2003, 97: Mietspiegel der Stadt Germering; LG Hamburg, WuM 2005, 726: Der Mietspiegel für Hamburg 2003 ist qualifiziert; LG Bochum, DWW 2007, 298; OLG Karlsruhe, NJW 1997, 3388.

409   Börstinghaus/Clar, Mietspiegel, Rn. 699 ff.

410   Börstinghaus/Clar, Mietspiegel, Rn. 703 ff.

411   Vgl. z.B. Dröge, S. 183.

412   Bub, PiG 40, 41, 54.

413   Abgedruckt z.B. bei Lützenkirchen, Neue Mietrechtspraxis, Rn. 1101, 1171.

414   Abgedruckt unter Rn. 922.

• Mietpreisübersichten der Finanzämter[415] oder

• die Mietübersicht des Staatsbauamtes[416]

können zur Begründung eines Mieterhöhungsverlangens nicht benutzt werden, da sie andere Zwecke verfolgen und nicht die Daten enthalten, die das Gesetz in §§ 558 Abs. 2, 558c, 558d BGB als Inhalt eines Mietspiegels vorschreibt.

218   Nach § 558 Abs. 1 Satz 1 BGB wird der Anspruch auf Zustimmung zu einer Mieterhöhung nach obenhin begrenzt bis zur „ortsüblichen Vergleichsmiete", die wiederum gebildet wird aus „den üblichen Entgelten, die ... in den letzten vier Jahren vereinbart oder ... geändert worden sind." Die vier o.g. Übersichten enthalten eine solche zeitliche Beschränkung bzgl. der ausgewerteten Mieten nicht.

bb)   Veralteter Mietspiegel/Mietspiegel einer anderen Gemeinde

219   Im Mieterhöhungsverfahren darf sich der Vermieter aber auf einen Mietspiegel einer Nachbargemeinde berufen, wenn die Behauptung, dies sei eine vergleichbare Gemeinde, nicht offensichtlich unbegründet ist.[417] Dies ergibt sich zum einen aus dem Zweck des Gesetzes, der darauf gerichtet ist, dem Mieter hinreichende Informationen für seine Entscheidung zur Verfügung zu stellen, ob er der geforderten Mieterhöhung (teilweise) zustimmen möchte, sowie zum anderen aus dem aus Art. 14 GG abzuleitenden Schutz des Eigentümers vor übertriebenen Anforderungen an den Inhalt eines zulässigen Mieterhöhungsverlangens, die ihn an der Durchsetzung der gesetzlich zulässigen Mieterhöhung hindern würden. Insoweit gestattet § 558a Abs. 4 Satz 2 BGB die Verwendung von Mietspiegeln, die älter als zwei Jahre sind (§ 558d Abs. 2 BGB) oder von Mietspiegeln aus Nachbargemeinden, wenn zum Zeitpunkt der Mieterhöhungserklärung in der eigenen Gemeinde kein aktueller Mietspiegel existiert. Nach dem Wortlaut des Gesetzes könnte man zur Auffassung gelangen, dass der Vermieter sich nur dann auf den Mietspiegel einer Nachbargemeinde berufen kann, wenn für seine Gemeinde gar kein oder nur ein veralteter Mietspiegel existieren würde. Nach richtiger Auffassung kann sich der Vermieter aber auch dann auf den benachbarten Mietspiegel berufen, wenn

---

415   Vgl. LG Aurich, WuM 1990, 222.
416   AG Friedberg, WuM 1986, 322.
417   OLG Stuttgart, NJW 1982, 945 = WuM 1982, 108.

für die eigene Gemeinde zwar ein (auch aktueller) Mietspiegel vorhanden ist, dieser jedoch für die konkrete Wohnung keine Daten enthält. Liegt jedoch ein aktueller Mietspiegel vor, der auch Aussagen zur konkreten Wohnung machen kann, ist dem Vermieter die Bezugnahme auf einen anderen Mietspiegel verwehrt.

Kommt nach diesen Grundsätzen die Bezugnahme auf den Mietspiegel einer benachbarten Gemeinde in Betracht, muss der Vermieter im Normalfall nicht extra begründen, warum er sich auf diesen Mietspiegel bezieht, insbes., warum die Gemeinde vergleichbar sein soll. Es genügt, wenn die Behauptung, die Gemeinde sei vergleichbar, nicht offensichtlich unbegründet ist.[418] Kommen aber mehrere benachbarte Gemeinden infrage, die in ihrer Struktur sehr unterschiedlich sind und alle eigene Mietspiegel haben, muss der Vermieter zumindest stichpunktartig begründen, warum er gerade die von ihm gewählte Gemeinde für vergleichbar hält.[419]

220

Die zur Rechtslage vor der Mietrechtsreform teilweise vertretene Auffassung, dass die Gemeinden örtlich aneinandergrenzen müssen,[420] lässt sich schon mit dem Gesetzestext nicht mehr begründen. Denn § 558a Abs. 4 Satz 2 BGB spricht von „einer *vergleichbaren* Gemeinde". Eine bestimmte örtliche Nähe ist dort nicht vorgeschrieben. Allerdings dürfte die Begründung, dass der Wohnungsmarkt der anderen Gemeinde dem eigenen vergleichbar sein soll, umso schwerer fallen, je weiter die andere Gemeinde entfernt ist. Wohnungsmärkte bilden sich immer regional unterschiedlich. Dies spricht dafür, dass es sich zumindest um eine Gemeinde derselben Region handeln muss. Generell wird man dies jedoch nicht fordern können. Es wird immer eine Frage der Begründung sein. Lässt sich zumindest schlagwortartig begründen, warum etwa eine Gemeinde in Nordbayern mit einer Gemeinde am Niederrhein vergleichbar sein soll, ist kein Grund ersichtlich, weshalb dann nicht die Bezugnahme auf den nordbayerischen Mietspiegel den formalen Anforderungen des Mieterhöhungsverlangens genügt. Eine andere Frage ist natürlich, ob dies wirtschaftlich sinnvoll ist. Denn je exotischer die Behauptung, desto umfangreicher muss im Zweifel darüber Beweis erhoben werden. Bei der heu-

221

---

418 OLG Stuttgart, NJW 1982, 945 = WuM 1982, 108.

419 LG Düsseldorf, WuM 2006, 100 = ZMR 2006, 447: Die Bezugnahme des Mietspiegels für Düsseldorf für eine Wohnung im Meerbusch-Strümp bedarf gesonderter Begründung.

420 Barthelmess, Wohnraumkündigungsschutzgesetz, § 2 MHG Rn. 82 a; aber selbst a.A. unter Aufgabe der Ansicht aus der Vorauflage bei § 2 MHG, Rn. 26.

tigen Dichte von Mietspiegeln (von denen viele schon im Internet kostenlos veröffentlicht werden) wird für solch ausgefallene Varianten kein praktischer Bedarf bestehen.[421]

222 Die Rechtsprechung hat das Merkmal der räumlichen Nähe ohnehin weniger einengend verstanden.[422] Kriterien für die Vergleichbarkeit der Gemeinde sind u.a.[423] Art und Umfang der Wohn- und Siedlungsstruktur, der Wohn- und Siedlungsdichte sowie die wirtschaftliche, kulturelle und soziale Infrastruktur. Allein die Einteilung zweier Gemeinden in die gleiche Mietenstufe durch das AFWoG genügt nicht.[424] In der Rechtsprechung wurden bisher folgende Gemeinden für vergleichbar bzw. nicht vergleichbar gehalten:

223

Auf folgende Gemeinde	wurde der Mietspiegel der Gemeinde	angewandt oder nicht	Gericht/Fundstelle
Ahaus	Bocholt	nein	AG Ahaus, WuM 1988, 66; AG Ahaus, WuM 1990, 519
Bad Krotzingen	Freiburg	ja	AG Freiburg, NZM 2002, 819
Berlin	Hamburg	ja	LG Berlin, MM 1992, 21
Bochum	Essen/Hattingen	ja	AG Bochum, DWW 1989, 171
Boostedt	Neumünster	ja	LG Kiel, NJW-RR 1992, 339
Duisburg	Wesel	ja	LG Duisburg, WuM 1991, 502

---

421 Weitere Kriterien, nach denen eine Vergleichbarkeit hergestellt bzw. begründet werden kann, finden sich bei Schmitt-Futterer/Börstinghaus, § 558a BGB Rn. 43.

422 Etwa AG Darmstadt, WuM 1988, 129; eine Liste der von der Rechtsprechung für vergleichbar bzw. nicht vergleichbar gehaltenen Orte befindet sich bei Börstinghaus/Clar, Rn. 210.

423 S.a. Gute Kunst, BayGWW 1975, 23; Roewer/Hüsken, ZMR 1979, 163.

424 LG Darmstadt, WuM 1996, 559.

Erlangen	Nürnberg	ja	LG Nürnberg-Fürth, WuM 1991, 502
Essen	Gladbeck	ja	LG Essen, WuM 1991, 120
Hilden	Solingen	ja	LG Düsseldorf, WuM 1986, 323
Hilden	Langenfeld	ja	AG Langenfeld, WuM 1992, 378
Inden	Düren	nein	AG Jülich, WuM 1985, 363
Kaarst	Neuss	ja	AG Neuss, WuM 1993, 684
Kall	Mechernich	ja	AG Schleiden und AG Aachen, WuM 1997, 379
Karlsfeld	München	nein	LG München II, WuM 1986, 259
Klein-Kummerfeld	Neumünster	nein	AG Bad Segeberg, WuM 1993, 619
		ja	AG Bad Segeberg, WuM 1994, 485
Leinfelden-Echterdingen	Stuttgart	ja	LG Stuttgart, WuM 1993, 361 = NJW-RR 1993, 279
Lienen	Lengerich	nein	AG Tecklenburg, WuM 1984, 283
Leopoldshöhe	Bielefeld	nein	AG Lemgo, WuM 1985, 363
Lohmar	Siegburg	nein	AG Siegburg, WuM 1985, 362

Meerbusch-Strümp	Düsseldorf	nein	AG Neuss, 25.07.2005 - 70 C 1199/04 bestätigt durch LG Düsseldorf, WuM 2006, 100
Mühlheim am Main	Offenbach am Main	nein	LG Darmstadt, WuM 1996, 559
Niederkassel	Köln	ja	AG Siegburg, WuM 1992, 628
Niederzier-Ellen	Düren	nein	AG Jülich, WuM 1985, 363
Ratingen	Düsseldorf	ja	AG Ratingen, WuM 1993, 455
Schönefeld	Berlin	ja	LG Potsdam, WuM 2004, 671 = GE 2004, 1593
Siegburg	Köln	ja	AG Siegburg, WuM 1992, 628
		nein	AG Siegburg, WuM 1995, 398
Taunusstein	Limburg	nein	LG Limburg, WuM 1987, 29
Telgte	Warendorf	ja	AG Warendorf, WuM 1993, 455
Telgte	Münster	nein	AG Warendorf, WuM 1993, 455; WuM 1988, 66
Tettnang	Ravensburg	ja	LG Ravensburg, ZMR 1990, 19
Troisdorf	Köln	ja	AG Siegburg, WuM 1992, 628

Wegberg	Erkelenz	ja	LG Mönchen-gladbach, WuM 1993, 197

cc) Qualifizierter Mietspiegel

Mit der Mietrechtsreform zum 01.09.2001 wurde erstmalig ein sog. qualifi-   224
zierter Mietspiegel eingeführt. Dieser sollte sich „durch eine erhöhte Gewähr
der Richtigkeit und Aktualität der Angaben zur ortsüblichen Vergleichsmiete"
auszeichnen.[425] Daraus, so der Gesetzgeber weiter, rechtfertige sich, an ihn
weiter gehende Rechtsfolgen zu knüpfen, nämlich die Festlegung als zwingendes Begründungsmittel[426] (§ 558a Abs. 3 BGB) und die prozessuale Vermutungswirkung im gerichtlichen Mieterhöhungsprozess.[427] Gerade wegen
dieser weitreichenden Rechtsfolgen stieß die Einführung qualifizierter Mietspiegel auf große Kritik.[428]

Ein qualifizierter Mietspiegel muss zunächst die Voraussetzungen des § 558c   225
BGB erfüllen. Darüber hinaus muss er nach **anerkannten wissenschaftlichen
Grundsätzen** erstellt (§ 558d Abs. 1 BGB) und von der Gemeinde oder von
Interessenvertretern der Vermieter und Mieter anerkannt worden sein.

Die Einhaltung der anerkannten wissenschaftlichen Grundsätze bedeutet, dass   226
der Mietspiegel den Grundsätzen der **Gültigkeit**, der **Zuverlässigkeit** und der
Repräsentativität genügen muss.[429] Was genau mit dem Begriff der anerkannten wissenschaftlichen Grundsätze gemeint ist, legt das Gesetz nicht fest.
Auch diese Frage ist daher umstritten,[430] wobei schon über die Frage diskutiert
wird, welche Art von Wissenschaft bei der Erstellung des qualifizierten Mietspiegels anzuwenden sei. Überwiegend wird dabei auf die statistische Methode

---

425 Begründung zum RefE, NZM 2000, 415, 441.
426 S. dazu Rn. 235.
427 Vgl. Begründung zum RefE, NZM 2000, 415, 441.
428 Blank, PiG 62, 17; Börstinghaus, NZM 2000, 1087; Brüning, NZM 2003, 921; Emmerich,
     JuS 2000, 1051, 1053 und NZM 2001, 777, 780; Haber, NZM 2001, 305, 311 ff.; Hinz,
     NZM 2001, 264, 269; Langenberg, WuM 2001, 223; Lammel, § 558d BGB; Rn. 1 ff.;
     Weitemeyer, WuM 2001, 171, 176.
429 Börstinghaus, NZM 2000, 1087; ders., NZM 2002, 273; ders., NZM 2003, 377.
430 Vgl. Schmidt-Futterer/Börstinghaus, §§ 558c, 558d BGB Rn. 56 ff. m.w.N.

abgestellt,[431] insbes. in Form der Tabellen- und der Regressionsmethode.[432] Allerdings führt die Anwendung nur der statistischen Methode nicht weiter. Der Begriff der ortsüblichen Vergleichsmiete ist ein unbestimmter Rechtsbegriff, der das Ergebnis zahlreicher wertender – normativer – Entscheidungen ist.[433] Vor der Datenerhebung muss z.B. festgelegt werden, welche Art von Wohnraum überhaupt in die Werte des Mietspiegels einfließen soll, wie bestimmte Merkmale gewichtet werden, etc. Das sind alles juristische Fragestellungen, die eine ebenso große Rolle spielen. Werden hier die Weichen falsch gestellt, kann auch der statistisch „richtige" Mietspiegel juristisch falsch sein.[434]

227 Ein Mietspiegel ist nur qualifiziert, wenn er auf einer Primärdatenerhebung beruht.[435] Da eine Vollerhebung, also die Befragung aller Mieterhaushalte in der Gemeinde, viel zu teuer ist, arbeiten die Mietspiegelersteller mit Stichproben. Dabei ist besonders wichtig, dass die Stichprobe so gewählt wird, dass die Daten ein möglichst realistisches Abbild des Wohnungsmarktes liefern.[436] Neben der Qualität der Zusammensetzung der Stichprobe kommt es entscheidend aber auch auf das Verhältnis der Ergebnisstichprobe zur Bruttostichprobe an.[437] Denn die noch so sorgfältig ausgewählte Bruttostichprobe verliert an Qualität, wenn zu wenig ihrer Daten tatsächlich erhoben werden können, etwa weil Wohnungen leer stehen, Mieter im Urlaub sind oder schlicht bei der Befragung nicht mitmachen wollen.

228 Die Qualifizierung des Mietspiegels muss sich auf jedes Mietspiegelfeld beziehen – anders ausgedrückt: Es kann sein, dass der Mietspiegel überwiegend qualifiziert ist, jedoch für einzelne Mietspiegelfelder nicht, weil dort zu wenig Daten erhoben werden konnten, was sich dann aber aus den Erläuterungen zum Mietspiegel ergeben muss.[438] Die Auswertung der so erhobenen Daten er-

---

431 Vgl. Schmidt-Futterer/Börstinghaus, §§ 558c, 558d BGB Rn. 58 m.w.N.

432 Herrlein/Kandelhard/Both, § 558d BGB Rn. 4.

433 Haber, NZM 2001, 305, 308; Emmerich, PiG 40, 23.

434 Blank, PiG 62, 17, 27.

435 Rips, WuM 2002, 415, 417.

436 Emmerich/Sonnenschein/Emmerich, § 558d BGB Rn. 4.

437 Vgl. dazu Schmidt-Futterer/Börstinghaus, §§ 558c, 558d BGB Rn. 67; Börstinghaus/Clar, Rn. 659: Die Ergebnisstichprobe muss mindestens 60 bis 70 % der Bruttostichprobe erreichen.

438 Schmidt-Futterer/Börstinghaus, §§ 558c, 558d BGB Rn. 68 f.: Die Mindestfeldbesetzung nach den anerkannten wissenschaftlichen Grundsätzen beträgt 30 Wohnungen je Mietspiegelfeld.

folgt dann in erster Linie nach der Tabellen- oder der Regressionsmethode.[439] Die weitere Voraussetzung, die den qualifizierten vom einfachen Mietspiegel unterscheidet, ist die geforderte **Anerkennung**. Er muss von der Gemeinde oder von den Interessenvertretern der Vermieter und der Mieter anerkannt werden. Diese Anerkennung ist wie auch beim einfachen Mietspiegel eine Willenserklärung, die von dem nach den Satzungen der jeweiligen Körperschaft zuständigen Organ abgegeben werden muss.[440] Aus dem Erfordernis des Anerkenntnisses ergibt sich auch, dass der qualifizierte Mietspiegel nicht von der Gemeinde oder den Interessenverbänden erstellt werden muss, sondern dass dies auch durch einen Dritten (der allerdings über entsprechende statistische Kenntnisse verfügen muss) im Auftrag geschehen kann.[441]

Um ihre Eigenschaft als qualifizierter Mietspiegel nicht zu verlieren, müssen diese Mietspiegel regelmäßig aktualisiert werden. Alle zwei Jahre sind sie der Marktentwicklung anzupassen, § 558d Abs. 2 Satz 1, was entweder mit einer erneuten Stichprobenerhebung oder einer indexgestützten Fortschreibung geschehen muss.[442] Nach vier Jahren ist der Mietspiegel komplett neu zu erstellen, § 558d Abs. 2 Satz 3 BGB.

Eine hauptsächliche Folge findet der qualifizierte Mietspiegel in der durch § 558d Abs. 3 BGB angeordneten **Vermutungswirkung**. Durch diese gesetzliche Vermutung wird von einem aktuellen qualifizierten Mietspiegel vermutet, dass die in ihm bezeichneten Entgelte die ortsübliche Vergleichsmiete wiedergeben. Da es sich um eine gesetzliche Vermutung i.S.d. § 292 ZPO handelt,[443] entfaltet sie ihre Vermutungswirkung, sobald die Ausgangstatsachen bewiesen sind. Die Vermutungsgrundlagen muss im Zustimmungsprozess aber zunächst derjenige darlegen und ggf. beweisen, der sich auf die Vermutungswirkung berufen will.[444] Verlangt der Vermieter eine über den Werten des einschlägigen qualifizierten Mietspiegels liegende Miete, muss der **Mieter** die Vermutungsgrundlagen darlegen und notfalls beweisen. Will der Mieter die vom Vermieter verlangte, dem qualifizierten Mietspiegel entnommene Miete nicht zahlen,

229

230

---

439 Emmerich/Sonnenschein/Emmerich, § 558d BGB Rn. 4.

440 AG Dortmund, WuM 2003, 35; Emmerich/Sonnenschein/Emmerich, § 558d BGB Rn. 5.

441 Herrlein/Kandelhard/Both, § 558d BGB Rn. 7.

442 Emmerich/Sonnenschein/Emmerich, § 558d BGB Rn. 6.

443 Blank, PiG 62, 17, 24 ff.; Börstinghaus, NZM 2000, 1087, 1091; 2002, 273.

444 Lützenkirchen/Löfflad, Neue Mietrechtspraxis, Rn. 285 f.

muss der **Vermieter** diesen Beweis führen.[445] Dieser Beweis wird in der Praxis nur äußerst schwer zu führen sein.[446] In der forensischen Praxis lassen die Gerichte deshalb überwiegend die mehr oder weniger pauschale Behauptung, der Mietspiegel sei qualifiziert, genügen. Mit dem Gesetz vereinbar ist dies eigentlich nicht.

231 Gerade diese einschneidende Wirkung des Mietspiegels führte unmittelbar nach seiner Einführung zur Frage, ob ein solcher qualifizierter Mietspiegel **verwaltungsgerichtlich überprüfbar** ist. Ausgangspunkt war eine ältere Entscheidung des Bundesverwaltungsgerichts,[447] nach der eine verwaltungsgerichtliche Klage gegen einen einfachen Mietspiegel unzulässig war. Dieses Ergebnis begründete das Gericht u.a. damit, dass der einfache Mietspiegel kein Beweismittel i.S.d. ZPO sei und ihm nach damaliger Rechtslage auch keine Vermutung i.S.v. § 292 ZPO beigemessen wurde, dass er die ortsübliche Vergleichsmiete tatsächlich wiedergab.

232 Streng genommen wurde diese Prämisse durch Einführung eines qualifizierten Mietspiegels hinfällig – er hat nun eine Vermutungswirkung i.S.d. § 292 ZPO. In seiner Entscheidung v. 03.11.2003 hat das VG Minden[448] die **Feststellungsklage** gegen mehrere Bürgermeister, dass der Mietspiegel des Nordkreises Gütersloh nicht qualifiziert ist, als unstatthaft abgewiesen. Dieses Urteil ist vom OVG Nordrhein-Westfalen[449] bestätigt worden. Die Aufstellung eines örtlichen (auch qualifizierten) Mietspiegels stellt – so das BVerwG in seiner Entscheidung – nur schlicht verwaltende Tätigkeit ohne bindende Außenwirkung dar. Er begründet auch kein konkretes Rechtsverhältnis, das Gegenstand einer verwaltungsgerichtlichen Klage sein könnte.

233 Es bleibt daher dabei, dass qualifizierte Mietspiegel nur durch die Zivilgerichte überprüft werden können.

234 Eine andere für die Praxis sehr wichtige Rolle hat der Mietspiegel jedoch auch im Zusammenhang mit der **Beweiswürdigung im Zustimmungsverfahren**. Der Vermieter legt ein formal ordnungsgemäßes Zustimmungsbegehren vor,

---

445 Lützenkirchen/Löfflad, Neue Mietrechtspraxis, Rn. 285, 286; Schmidt-Futterer/Börstinghaus, §§ 558c, 558d BGB Rn. 96 f.
446 Vgl. Blank, PiG 62, 17, 26.
447 BVerwG, NJW 1996, 2046.
448 VG Minden, NZM 2004, 148.
449 OVG Nordrhein-Westfalen, WuM 2006, 623 = NZM 2006, 906.

wenn sich die verlangte Miete innerhalb der Mietspiegelspanne, also auch an deren obersten Rand, befindet. Es ist nun Aufgabe des Tatrichters, die Wohnung innerhalb der Spanne im Rahmen einer normativen Bewertung einzuordnen. Das ist nichts anderes als eine **Schätzung** gem. § 287 Abs. 2 ZPO.[450] Diese Schätzung hat der Richter zumindest bei einem qualifizierten Mietspiegel, bei dem er sich zusätzlich auch noch auf eine Orientierungshilfe stützen kann (wie etwa beim Mietspiegel für Berlin) selbst vorzunehmen.[451] Die Einholung eines **Sachverständigengutachtens** hat dabei möglichst zu unterbleiben, schon wegen der völlig unwirtschaftlichen Kosten im Verhältnis zur begehrten Mieterhöhung.[452] Zur Begründung der Schätzung kann – so der BGH – der Richter auf die Orientierungshilfe des Mietspiegels zur Spanneneinordnung (wie sie etwa in Berlin vorhanden ist) zurückgreifen. Da solchen Orientierungshilfen aber keine Vermutungswirkung zukommt,[453] kann und muss[454] das Gericht auch ohne solche Orientierungshilfen die ortsübliche Vergleichsmiete selbst, ohne Einholung eines Sachverständigengutachtens, schätzen.[455]

Im Mieterhöhungsbegehren ist die Bezugnahme auf einen einschlägigen qualifizierten Mietspiegel zwingend. Denn auch wenn der Vermieter ein anderes Begründungsmittel des § 558a Abs. 2 BGB wählt, muss er auf die Werte eines einschlägigen qualifizierten Mietspiegels hinweisen, § 558a Abs. 3 BGB. Die Wahl eines anderen Begründungsmittels ist vor diesem Hintergrund dann relativ sinnlos, wenn der qualifizierte Mietspiegel niedrigere Werte als die verlangte Miete ausweist.

235

dd) Bezugnahme auf den Mietspiegel

Der Vermieter ist nicht verpflichtet sein Mieterhöhungsbegehren mit einem vorhandenen Mietspiegel zu begründen. Existiert ein qualifizierter Mietspiegel, muss er allerdings auf dessen Werte hinweisen, wenn er davon abweichen möchte.

236

---

450 BGH, NJW 2005, 2074 = MietPrax-AK, § 558 BGB Nr. 12.
451 BGH, NJW 2005, 2074 = MietPrax-AK, § 558 BGB Nr. 12.
452 BGH, NJW 2005, 2074 = MietPrax-AK, § 558 BGB Nr. 12.
453 Schmidt-Futterer/Börstinghaus, § 558c, 558d BGB Rn. 101.
454 AG Dortmund, NZM 2005, 258.
455 Schmidt-Futterer/Börstinghaus, §§ 558c, 558d BGB Rn. 101.

(1)   Beifügen

237   Begründet der Vermieter seine Zustimmungsaufforderung mit dem Mietspiegel, muss er diesen dem Mieterhöhungsverlangen nicht beifügen, wenn
der Mietspiegel öffentlich kostenlos zugänglich ist.[456] Dabei ist ausreichend,
wenn der Mietspiegel kostenlos von den Interessenverbänden und/oder der
Gemeinde abgegeben wird. Nicht erforderlich ist, dass der Mietspiegel im
Schreibwaren- und Zeitschriftenhandel erhältlich ist.[457]

238   Der Mietspiegel muss aber immer dann beigefügt werden, wenn er nicht allgemein zugänglich ist, z.B. von den Verbänden nur an Mitglieder ausgegeben
wird.[458] Problematisch wird dies auch deshalb, weil immer mehr Gemeinden,
aber auch Verbände dazu übergehen, die Mietspiegelbroschüre zu verkaufen.
Hier genügt es nicht, wenn der Vermieter sich zwar ein Exemplar der Broschüre kauft und sein Erhöhungsverlangen damit begründet, aber ein Exemplar der
Mietspiegelbroschüre dem Mieterhöhungsverlangen nicht beifügt. Es ist dem
Mieter nicht zumutbar, erst Geld ausgeben zu müssen, um festzustellen, ob
das Erhöhungsverlangen des Vermieters berechtigt ist oder nicht.[459] In diesen
Fällen muss der Vermieter dem Mieter ein Exemplar der Broschüre kostenlos
zur Verfügung stellen. Etwas anderes gilt dann, wenn der Vermieter so genau
und ausführlich im Erhöhungsschreiben aus dem Mietspiegel zitiert, dass der
Mieter den Inhalt des Mietspiegels nachvollziehen kann, ohne dass ihm dieser
vorliegt.[460] Unerheblich ist dabei, wie teuer der Mietspiegel ist.[461] Denn den
Vermieter trifft die gesetzliche Begründungspflicht.

239   Der Mietspiegel ist jedenfalls dann allgemein zugänglich, wenn er in einem
Amtsblatt veröffentlicht ist.[462] Ob das Gleiche gilt, wenn der Mietspiegel kostenlos und vollständig im Internet eingestellt ist, ist zweifelhaft. Dagegen wird
eingewandt, dass immer noch viele Mieter über keinen privaten Zugang zum

---

456   LG Wiesbaden, WuM 2007, 512; AG Münster, Urt. v. 28.02.2007 – 38 C 1040/06; LG Ber-
      lin, MM 2001, 151; GE 1991, 521; WuM 1990, 519.

457   So aber LG Nürnberg, WuM 1996, 95.

458   AG Wetter, WuM 1997, 227, bestätigt durch LG Hagen, WuM 1997, 331; Hinz, NZM
      2004, 681, 686

459   AG Köln, NZM 2005, 146.

460   AG Köln, NZM 2005, 146 = NJW-RR, 2005, 310.

461   AG Münster, Urt. v. 28.02.2007 – 38 C 1040/06: Die Broschüre wurde von der Gemeinde
      für 3,00 € abgegeben; anders aber AG Wetter, WuM 1997, 227, wonach nicht zu fordern
      ist, dass die Abgabe völlig kostenfrei zu erfolgen hat.

462   BGH, Urt. v. 12.12.2007 – VIII ZR 11/07.

Internet verfügen.[463] Dafür ließe sich anführen, dass der Mieter ebenso gut in ein Internetcafé wie in das Gemeindearchiv oder das Archiv des örtlichen Zeitungsverlages gehen könnte. Allerdings ist auch die Benutzung des Internetzuganges im Internetcafés nicht umsonst (und sei es, dass man sich einen Kaffee bestellen muss). In der Praxis sollte diese Frage aber kein Problem darstellen. Denn wenn der Mietspiegel kostenlos im Internet steht, sollte es auch für den Vermieter keine Problem darstellen, ihn 2-mal auszudrucken und eine Ausfertigung dem Erhöhungsschreiben beizufügen.

(2)　Anwendbarkeit des Mietspiegels

Die Wahl des Mietspiegels als Begründungsmittel setzt voraus, dass der konkrete Mietspiegel auf die Wohnung auch anwendbar ist. Ob dies der Fall ist oder nicht, hängt davon ab, ob der Mietspiegelaufsteller den Mietspiegel für die konkrete Vertragswohnung für anwendbar erklärt hat oder nicht. Liegt dem Mietspiegel eine repräsentative Datenerhebung zugrunde, dann kann der Mietspiegel nur auf den Bestand angewandt werden, in dem auch die Daten erhoben wurden. Bei **einvernehmlich aufgestellten** Mietspiegeln ergibt sich der Anwendungsbereich des Mietspiegels aus der Übereinkunft der beteiligten Mietspiegelaufsteller. Weder der Vermieter noch das Gericht können diesen Anwendungsbereich des Mietspiegels erweitern. Deshalb kann der Vermieter ein Mieterhöhungsverlangen nicht mit einem Mietspiegel begründen, soweit der Mietspiegel für die Wohnung des Mieters gerade keine Angaben enthält, also entweder ein Leerfeld enthält oder wenn Wohnungen der entsprechenden Größe überhaupt nicht erfasst werden.[464] Eine **Interpolation** aus den Werten anderer Rasterfelder ist unzulässig.[465] Denn die Werte des Mietspiegels beruhen entweder auf empirischen Erhebungen oder auf einer einvernehmlichen Festlegung der an der Mietspiegelaufstellung beteiligen Interessenverbände. Wenn aber die Mietspiegelersteller für bestimmte Wohnungen oder Häuser keine Daten erhoben haben oder sich für bestimmte Wohnungen/Häuser nicht

240

463　Vgl. AG Münster, Urt. v. 28.02.2007 – 38 C 1040/06; Schmidt/Futterer/Börstinghaus, § 558a BGB Rn. 34.

464　So LG Köln in vier Urteilen über Wohnungen mit mehr als 120 m² Wohnfläche (Kölner Mietspiegel), WuM 1994, 334; m. zust. Anm. Walterscheidt, WuM 1994, 335.

465　LG Berlin, WuM 2006, 221; GE 2004, 545; WuM 1990, 158; LG Hamburg, NJW-RR 1993, 82; WuM 1982, 21; AG Bonn, WuM 1999, 465; a.A. Bub/Treier/Schultz, III Rn. 407; Voelskow, ZMR 1992, 327.

auf bestimmte Daten geeinigt haben, kann diese Lücke nicht durch Interpolationen, Extrapolationen[466] oder Analogieschlüssel geschlossen werden.[467]

241 Daraus folgt, dass ein Mietspiegel nur dann als Begründungsmittel benutzt werden darf, wenn folgende Voraussetzungen gegeben sind:

- Der Mietspiegel muss örtlich anwendbar sein, d.h. die Wohnung muss grds. in der Gemeinde liegen, für die der Mietspiegel erstellt wurde. Möglich ist aber unter bestimmten Voraussetzungen auch die Verwendung eines Mietspiegels einer vergleichbaren Gemeinde.

- Der Mietspiegel muss zeitlich anwendbar sein. Der Mietspiegel muss also gültig sein. Dazu ist eine Verabschiedung im Rat der Gemeinde nicht erforderlich. Auch die Veröffentlichung des Mietspiegels z.B. durch Verteilung der Mietspiegelbroschüre ist keine Wirksamkeitsvoraussetzung.[468] Zwar bestimmt § 558c Abs. 4 Satz 2 BGB, dass Mietspiegel und ihre Änderungen veröffentlicht werden „sollen". Schon aus der Ausgestaltung einer Sollvorschrift ergibt sich, dass die Veröffentlichung keine konstitutive Wirkung entfalten soll. Schon mit der früheren Formulierung in § 2 Abs. 5 Satz 5 MHG („sollen öffentlich bekannt gemacht werden") war keine Verkündung als Wirksamkeitsvoraussetzung gemeint.[469] Die Legaldefinition des Mietspiegels findet sich in § 558c Abs. 1 BGB. Danach genügt die Erstellung oder das Anerkenntnis.

- Der Mietspiegel muss sachlich anwendbar sein, d.h. er muss Daten für die konkrete Wohnung enthalten. Deshalb kann ein Mieterhöhungsverlangen in folgenden Fällen nicht mit einem Mietspiegel begründet werden:

  – Mit einem Mietspiegel für Mehrfamilienhäuser kann die Miete in einem Ein- oder Zweifamilienhaus nicht begründet werden.[470]

---

466 Interpolation: (math.) Bestimmung von Zwischenwerten; Exploration: (math.) aus den bisherigen Werten einer Funktion auf weitere schließen.

467 Schmidt/Futterer/Börstinghaus, § 558a BGB Rn. 35 ff. m.w.N.

468 LG Essen, ZMR 1996, 88 = WuM 1996, 558; a.A. noch AG Gelsenkirchen, WuM 1995, 542.

469 Müglich/Börstinghaus, NZM 1998, 353.

470 LG Berlin, NZM 2003, 311; LG Hamburg, WuM 2002, 698; LG Gera, WuM 2002, 497; LG Hagen, WuM 1997, 331; AG Köln Schwelm, WuM 1995, 592; a.A. LG Hamburg, ZMR 2003, 491: Die Werte des (Hamburger) Mietspiegels könne auch bei der Mieterhöhung für Ein- und Zweifamilienhäuser herangezogen werden, sofern der Oberwert des einschlägigen Rasterfeldes nicht überschritten wird; Kniep, NZM 2000, 166.

– Wenn der Mietspiegel in seinen textlichen Erläuterungen angibt, für Wohnungen bis zu einer bestimmten Größe anwendbar zu sein, dann ist seine Anwendung auf Großwohnungen ausgeschlossen.[471] Das Gleiche gilt für Kleinwohnungen oder Appartements, wenn der Mietspiegel sie ausdrücklich vom Anwendungsbereich ausnimmt.[472]

– Bei einer Neubauwohnung, die zeitlich nach der letzten Baualtersklasse fertiggestellt wurde, ist die Anwendung ebenfalls ausgeschlossen, da auch hier ausreichende Daten fehlen.[473] Unzulässig ist es, in diesen Fällen, einen im Mietspiegel nicht vorgesehenen Zuschlag (von z.B. 10 %) zur letzten Baualtersklasse hinzuzurechnen.[474]

(3)   Begründung mit dem Mietspiegel

Der Vermieter muss das Mieterhöhungsverlangen **begründen**. Die Begründung soll dem Mieter die Option einräumen, die Berechtigung des Erhöhungsverlangens zu überprüfen.[475] Bezieht sich der Vermieter auf den Mietspiegel, muss er darlegen, wie er die Wohnung in den Mietspiegel einordnen möchte. Dabei braucht die Mieterhöhungserklärung keine Bestandteile zu beinhalten, die für die Berechtigung zur Mieterhöhung unwichtig sind.[476] Dies erfordert zunächst, dass sich der Vermieter mit der Systematik des jeweiligen Mietspiegels auseinandersetzt. Denn nur dann kann er seine Wohnung richtig einordnen. Enthält der Mietspiegel z.B. Baualtersklassen (z.B. der Mietspiegel für Köln vom September 2006 die Baualtersgruppe 3 von 1976 – 1989), genügt es, wenn der Vermieter darlegt, dass das Gebäude in diesem Zeitraum bezugsfertig geworden ist. Sieht der Mietspiegel Zu- oder Abschläge für bestimmte Ausstattungsmerkmale vor, muss der Vermieter konkret darlegen, **welche Ausstattungsmerkmale (nicht) vorhanden sind** und welche Zu- und Abschläge sich deshalb rechtfertigen.

242

So gehen viele Mietspiegel zunächst von einer Standardausstattung aus und bestimmen dann für bestimmte fehlende oder zusätzliche Ausstattungsmerk-

243

---

471   Vier Urteile des LG Köln, WuM 1994, 333 f.; m. Anm. Walterscheidt, WuM 1994, 334.

472   AG Hamburg-Altona, ZMR 2003, 502; a.A. AG Köln, WuM 1998, 726.

473   AG Frankfurt am Main, DWW 1991, 54.

474   Barthelmess, Wohnraumkündigungsschutzgesetz, § 2 MHG Rn. 82; a.A. AG Bochum, DWW, 1989, 171.

475   LG Berlin, MM 2007, 298.

476   BGH, WuM 2004, 283 = MietPrax-AK, § 558a BGB Nr. 4.

male Ab- oder Zuschläge. Der **Mietspiegel für die Stadt Dormagen** aus dem Jahr 2006 etwa legt zunächst eine Standardausstattung fest, die gemäß IV. der Erläuterungen zur Mietwerttabelle gekennzeichnet ist durch Sammelheizung, Zentral-, Etagen- oder Nachtstromspeicherheizung, Isolierverglasung, normale sanitäre Einrichtungen mit Bad oder Dusche und WC in Mehrfamilienhäusern. Eine davon abweichende Ausstattung soll dann Zu- oder Abschläge rechtfertigen. Beispielhaft werden als Zuschlagsmerkmale Sauna, Solarium, Schwimmbad, mehrere Bäder und als Abschlagsmerkmale Einzelöfen oder einfach verglaste Fenster genannt. Die Besonderheit hier besteht darin, dass die Aufzählung nicht abschließend ist. Bei einer Bezugnahme auf den Mietspiegel für Dormagen würde es nicht ausreichen, wenn der Vermieter darauf hinweist, dass sich „Zuschläge wegen der besonderen Ausstattung (u.a. ein Zweitbad) rechtfertigen". Vielmehr muss er konkret die – fehlenden oder vorhandenen – Ausstattungsmerkmale bezeichnen, die zu Ab- oder Zuschlägen führen sollen.

244 Viel differenzierter geht der aktuelle **Mietspiegel für Bonn** aus dem Jahre 2007 zu Werke: allein zur Ermittlung der Ausstattungskennziffer werden 34 Ausstattungsmerkmale bzw. Ausstattungsqualitäten aufgelistet, die eine Grundausstattung festlegen und davon abweichende Merkmale mit bestimmtem Zu- und Abschlägen bewerten.

245 Nach vielen Mietspiegeln kommt eine Höherstufung um ein oder zwei Baualtersklassen in Betracht, wenn Modernisierungsmaßnahmen in gewissem Umfang durchgeführt worden sind. Wurde die Wohnung kernsaniert, soll sogar die Baualtersklasse gewählt werden können, in der die Maßnahme durchgeführt worden sind. Der **Kölner Mietspiegel** 2006 etwa gestattet die Höherstufung in die Altersgruppe 3 (1976 – 1989), wenn bestimmte Modernisierungsmaßnahmen durchgeführt worden sind. Nach Ziffer 5 der Erläuterungen müssen dafür folgende Tatbestände vorliegen:

- Die Sanitäreinrichtungen müssen erneuert sein (neue Fliesen und Porzellan).
- Die Erweiterung der Elektroinstallation auf neuzeitigen Standard muss vorgenommen worden sein.
- Es muss eine Heizung i.S.d. Erläuterungen nach Nr. 4 a [Anm. d. Verf.: Beheizbarkeit aller Räume von zentraler Stelle aus] vorhanden sein.

Viele – auch professionelle – Vermieter machen immer wieder den Fehler, die 246
Höherstufung der Wohnung in die Baualtersgruppe 3 mit dem Hinweis auf
„umfassende Modernisierungen" begründen zu wollen. Dies genügt nicht. Der
Vermieter muss angeben, welche Arbeiten wann durchgeführt worden sind.

Das Mieterhöhungsverlangen muss erkennen lassen, wie der Vermieter die 247
Wohnung in den Mietspiegel eingruppiert hat.[477] Denn das Gesetz verlangt
vom Vermieter, dass er seinen Anspruch begründet. Dies ist die Darlegung von
Tatsachen, nicht von Wertungen („umfassende Modernisierungen").

Nach § 558a Abs. 4 Satz 1 genügt es bei der Bezugnahme auf einen Mietspie- 248
gel, der Spannen enthält, dass die verlangte Miete innerhalb der einschlägigen
Spanne liegt. Damit ist insoweit die formale Hürde genommen. Ob der vom
Vermieter angenommene Wert dann tatsächlich für die konkrete Wohnung die
ortsübliche Vergleichsmiete darstellt, ist eine Frage der Begründetheit. Die
Feststellung der ortsüblichen Vergleichsmiete für die Wohnung ist ein wertender normativer Vorgang, der im Ergebnis dem Gericht vorbehalten bleibt. Dabei besteht natürlich die Möglichkeit, dass das Gericht eine andere Wertung
vornimmt, als der Vermieter. An dieser Frage soll das formal ordnungsgemäße
Mieterhöhungsbegehren aber nicht scheitern.[478] Formale Voraussetzung bleibt
jedoch, dass die Daten, die überhaupt zur Spanneneinordnung führen (z.B.
„Wohnungen um 80 m² Größe") konkret genannt werden, soweit es darauf ankommt.[479] Der Vermieter muss dabei die Mietspanne des Mietspiegels richtig
nennen.[480] Die Angabe nur des Mittelwertes und des Oberwertes der Spanne
genügt nicht den formalen Anforderungen.[481]

Aus den dargelegten Gründen genügt die bloße Beifügung eines Mietspie- 249
gels oder die Bezugnahme auf ihn nicht den normalen Anforderungen an eine
ordnungsgemäße Begründung des Mieterhöhungsverlangens. Allenfalls die
konkrete Bezugnahme auf einzelne Angaben des (beigefügten) Mietspiegels
dürfte zulässig sein, etwa der Verweis im Mieterhöhungsbegehren auf die in

---

477   LG Berlin, GE 2005, 675; LG Köln, WuM 1994, 691; LG München, WuM 1993, 67;
      AG Trier, WuM 2004, 343; AG Greifswald, ZMR 2002, 347.
478   Schmidt/Futterer/Börstinghaus, § 558a BGB Rn. 38.
479   Lammel, § 558a BGB Rn. 51.
480   BGH, WuM 2004, 93 = MietPrax-AK, § 558 BGB Nr. 3.
481   LG Berlin, GE 2005, 1062.

Kopie beigefügte und entsprechend ausgefüllte Anlage „Berechnung der Ausstattungskennziffer" des Mietspiegels für Bonn 2007.[482]

250 Lange umstritten war, welche Auswirkungen es auf das Mieterhöhungsverlangen hat, wenn der Vermieter in irgendeiner Weise **falsch auf den Mietspiegel
Bezug nimmt** und die Wohnung entsprechend falsch einordnet. Auszugehen
ist hier wieder vom Sinn und Zweck des Begründungserfordernisses, das dem
Mieter konkrete Hinweise auf die sachliche Berechtigung des Erhöhungsverlangens geben soll, damit er während der Überlegungsfrist des § 558b Abs. 2
Satz 1 BGB die Berechtigung der Mieterhöhung überprüfen und sich darüber
schlüssig werden kann, ob er dem Erhöhungsverlangen zustimmt oder nicht.[483]
Dabei dürfen an das Begründungserfordernis im Hinblick auf das Grundrecht
des Vermieters aus Art. 14 GG keine überhöhten Anforderungen gestellt werden.[484] Daraus folgt, dass der Vermieter, der in seinem Erhöhungsverlangen
auf einen Mietspiegel Bezug nimmt, die Wohnung, ausgehend von seinen tatsächlichen Angaben, „richtig" in die Werte des Mietspiegels einzuordnen und
die „richtige" Spanne zu nennen hat.[485]

251 Eine andere Frage ist dann, ob die tatsächlichen Angaben des Vermieters zur
Wohnung und dem gesamten Mietobjekt richtig sind oder nicht. Das ist dann
eine Frage der Begründetheit. Denn insoweit ist die Richtigkeit der Angaben
des Vermieters keine Zulässigkeitsvoraussetzung, sodass z.B. die Eingruppierung der Wohnung in ein falsches Rasterfeld des Mietspiegels grds. nicht zur

---

482 Den Mietspiegel für Bonn kann man sich auf der Homepage der Stadt unter dem Link
www.bonn.de/umwelt_ gesundheit_planen_bauen_wohnen/mietspiegel/index.html herun-
terladen.

483 BGH, WuM 2004, 93 = MietPrax-AK, § 558 BGB Nr. 3; NJW 2003, 963 = NZM 2003,
229; WuM 1982, 324 = DWW 1982, 301; BVerfG, WuM 1980, 123 = NJW 1980, 1617 =
BVerfGE 53, 352.

484 Vgl. BVerfG, BVerfGE 49, 244 = WuM 1979, 6 = NJW 1979, 31.

485 BGH, WuM 2004, 93 m.w.N.

Unwirksamkeit der Mieterhöhung führt.[486] Die entgegenstehende Meinung verwechselt zum einen die formale mit der materiellen Ebene und würde zudem jedem Vermieter, der sich über irgendein vom Mietspiegel vorgegebenes Wertmerkmal nicht im Klaren ist oder dessen Vorliegen auch nur nicht beweisen kann, jegliche formal ordnungsgemäße Mieterhöhung unter Bezugnahme auf den Mietspiegel unmöglich machen. Ob das, was der Vermieter angibt, tatsächlich richtig ist, muss notfalls im Wege der Beweisaufnahme geklärt werden.

Streitig war außerdem lange die Frage, welche Folgen es haben sollte, dass   252
der Vermieter, der sein Mieterhöhungsverlangen mit einem Mietspiegel begründet, den dort in der einschlägigen Spanne angegebenen Oberwert ohne Begründung in seinem Erhöhungsbegehren übersteigt. Einerseits wurde die Meinung vertreten,[487] dass dann das Mieterhöhungsbegehren insgesamt formal unwirksam sein sollte. Überwiegend wurde jedoch die Auffassung vertreten,[488] dass falsche tatsächliche Angaben grds. nicht zur Unwirksamkeit führen.

Der BGH hat sich nun der zuletzt genannten Meinung angeschlossen und be-   253
stätigt, dass das Mieterhöhungsbegehren nur mit dem Teil der Zustimmungsaufforderung unwirksam ist, der die Oberspanne des Mietspiegels ohne Begründung übersteigt.[489]

---

486 LG Berlin (67. ZK), MM 2007, 147; LG Berlin (64. ZK), GE 1997, 1533 = ZMR 1998, 347; LG Berlin (67. ZK), GE 1990, 1257; LG Berlin, ZMR 1990, 20; LG Berlin (29. ZK), MM 1991, 127; BVerfG, WuM 1986, 237 = NJW 1987, 313: „Zur Zulässigkeit der Erhöhungsklage genügen daher Hinweise auf entsprechende Vergleichswohnungen, der Nachweis indessen, ob diese Angaben richtig sind, betrifft den von der Zulässigkeitsfrage zu trennenden materiell-rechtlichen Erhöhungsanspruch."; a.A. LG Berlin (62. ZK), GE 2005, 1063: Hier liegt die Besonderheit indes darin, dass der Berliner Mietspiegel für die konkrete Wohnung im Straßenverzeichnis die mittlere Wohnlage vorsah und der Vermieter fälschlicherweise die einfache Wohnlage angenommen hat; LG Berlin (64. ZK), GE 1997, 1533 = ZMR 1998, 347 für den Fall, dass dem Mieter die für die Einordnung seiner Wohnung in das richtige Mietspiegelfeld notwendige Daten nicht bekannt sind.
487 LG Hamburg, NJW-RR 1993, 82; LG Berlin (62. ZK), GE 1996, 1181.
488 OLG Karlsruhe, WuM 1984, 21; LG Berlin (65. ZK), GE 1997, 241; Bub/Treier-Schultz, III A Rn. 414; Sternel, Mietrecht aktuell, Rn. 613; Emmerich/Sonnenschein/Emmerich, § 558a BGB Rn. 37; Schmidt-Futterer/Börstinghaus, § 558a BGB Rn. 40.
489 BGH, WuM 2004, 93 = NZM 2004, 219.

(4)   Richtige Mietstruktur

254   Zu der korrekten Einordnung in die Werte des Mietspiegels gehört auch, dass der Vermieter die geschuldete Miete mit der im Mietspiegel dargestellten Miete vergleichbar gestaltet. Die meisten Mietspiegel weisen **Nettomieten** aus. Sind in der aktuell geschuldeten Miete Betriebskosten (teilweise) enthalten, müssen diese herausgerechnet werden, um die Beträge vergleichbar zu machen.[490]

255   Die Begründung einer Mieterhöhung mit Vergleichswerten, seien diese nun einem Mietspiegel entnommen, einem Sachverständigengutachten oder den Mieten von Vergleichswohnungen, funktioniert nur, wenn tatsächlich Gleiches mit einander verglichen wird. Dazu gehört neben der Frage der Mietstruktur auch die **Bestimmung sämtlicher Zusatzleistungen**, die Bestandteil der Miete sind. Miete kann nicht nur in Geld, sondern auch in tatsächlichen Leistungen erbracht werden, etwa dadurch, dass der Mieter **Hausmeisterleistungen** oder **Schönheitsreparaturen** durchführt. Fast alle Mietspiegel gehen davon aus, dass die Durchführung der Schönheitsreparaturen (wirksam) auf den Mieter abgewälzt wurden. Ist dies im konkreten Mietverhältnis nicht so, sind die beiden Mietstrukturen nicht miteinander vergleichbar – sie müssen angepasst werden. Dies kann dadurch geschehen, dass der konkreten Miete Zuschläge zugerechnet werden, was sich insbes. deshalb anbietet, weil nach ständiger Rechtsprechung des BGH die Übernahme der Schönheitsreparaturen Entgeltcharakter hat – es handelt sich wirtschaftlich um einen Teil der Gegenleistung des Mieters.[491] Unterschieden wird dabei danach, ob der Vermieter von Anfang an keine Abwälzung der Schönheitsreparaturen beabsichtigt hat oder ob die zunächst gewollte Abwälzung nicht erreicht wurde, weil sich die entsprechenden vertraglichen Vereinbarungen als unwirksam herausgestellt haben.[492]

(5)   Zuschläge

256   Wählt der Vermieter einen Mietspiegel als Begründungsmittel, so darf er zu dessen Werten keine Zuschläge hinzurechnen, etwa weil besondere Aus-

---

490   Vgl. ausführlich dazu Rn. 390 ff.
491   BGH, NJW 1988, 2790; WuM 1985, 46; WuM 1980, 241.
492   Vgl. ausführlich dazu Rn. 404 ff.

stattungsmerkmale vorliegen, für die der Mietspiegel keine Zuschläge vorsieht.[493]

Nicht um unzulässige Zuschläge handelt es sich aber, wenn man zum Zwecke der Herstellung der Vergleichbarkeit der Vertragsmiete mit den Werten des Mietspiegels Betriebskostenanteile aus der Vertragsmiete herausrechnet, um sie später zu den Werten des Mietspiegels wieder hinzuzurechnen.[494] Dies gilt auch für einen Zuschlag wegen der ausnahmsweise vom Vermieter zu übernehmenden Schönheitsreparaturen.[495] Ebenso zulässig ist ein Zuschlag bei Untermieterlaubnis,[496] bei Möblierung[497] oder bei teilgewerblicher Nutzung.[498]

257

ee) Alter des Mietspiegels

Der Vermieter hat einen Anspruch gegen den Mieter auf Zustimmung zur Erhöhung auf die ortsübliche Vergleichsmiete für die Wohnung im Zeitpunkt des Zugangs des Mieterhöhungsverlangens.[499] Zwischen diesem Zeitpunkt und dem der Datenerhebung für den Mietspiegel liegt jedoch auch bei regelmäßiger Fortschreibung des Mietspiegels ein bis zu zwei Jahre langer Zeitraum. Die früher umstrittene Frage, ob und unter welchen Voraussetzungen der Vermieter und/oder die Gerichte einen Zuschlag zu den (älteren) Werten des Mietspiegels machen können, dürfte nunmehr geklärt sein. Das OLG Stuttgart hat es noch mit einem Rechtsentscheid aus dem Jahr 1982[500] für unzulässig erklärt, im Mieterhöhungsverfahren zu den Werten eines Mietspiegels wegen seines Alters einen pauschalen Zuschlag zu machen. Durch zwei weitere Rechtsentscheide[501] haben dagegen das OLG Stuttgart und das OLG Hamm entschieden, dass das Gericht berechtigt ist, im Mieterhöhungsrechtsstreit wegen der Steigerung der ortsüblichen Vergleichsmiete, die in der Zeit zwischen der Datenerhebung zum Mietspiegel und dem Zugang des Mieterhöhungsver-

258

---

493   AG Dortmund, WuM 2004, 718; WuM 2006, 39; NZM 2004, 422; LG Düsseldorf, WuM 1994, 284; AG Hagen, WuM 1989, 579.

494   OLG Stuttgart, NJW 1983, 2329 = WuM 1983, 285; OLG Hamm, DWW 1993, 39.

495   OLG Koblenz, NJW 1985, 333; s.a. Rn. 404.

496   Börstinghaus, GE 1996, 88; zweifelnd Kunze/Tietzsch, Teil II Rn. 29 ff. m.w.N.

497   Vgl. ausführlich Rn. 418 ff.

498   LG Hamburg, WuM 1998, 491; LG Berlin, ZMR 1998, 165; LG Berlin, GE 1995, 497.

499   BayObLG, NJW-RR 1993, 202 mit Anm. Börstinghaus, ZAP, Fach 4 R, S. 73.

500   WuM 1982, 108 = ZMR 1982, 215 = MDR 1982, 583.

501   OLG Stuttgart, NJW-RR 1994, 334 = WuM 1994, 58; m. Anm. Blank, ZMR 1994, 137; OLG Hamm, WuM 1996, 610 = NJW-RR 1997, 142.

langens eingetreten ist (sog. **Stichtagsdifferenz**), einen Zuschlag zu dem für die Wohnung zutreffenden Mietspiegelwert zu addieren. Dabei soll es aber zumindest nach dem Rechtsentscheid des OLG Stuttgart[502] keinen pauschalen Zuschlag machen dürfen, z.B. im Wege der Schätzung aufgrund eines allgemeinen Preisindexes für die Lebenshaltungskosten oder eines undifferenzierten Wohnungsmietenindexes. Vielmehr sei die Steigerung der ortsüblichen Vergleichsmiete zu ermitteln, die bei vergleichbaren Wohnungen in der Gemeinde eingetreten ist.

259   Das ist nicht nur praxisfremd, sondern widerspricht auch – für die Fortschreibung qualifizierter Mietspiegel – der Gesetzeslage, die zumindest für qualifizierte Mietspiegel in § 558d Abs. 2 Satz 2 BGB ausdrücklich die Fortschreibung aufgrund des Verbraucherpreisindexes für zulässig ansieht. Eine vergleichbare Regelung fehlt zwar für die Fortschreibung einfacher Mietspiegel. Ist aber die indexgestützte Fortschreibung (wenn auch nur für max. vier Jahre, § 558d Abs. 2 Satz 3 BGB) sogar für qualifizierte Mietspiegel möglich, denen immerhin eine Vermutungswirkung zukommt, muss dies erst recht beim einfachen Mietspiegel zulässig sein. Entsprechend gehen auch die Hinweise zur Erstellung von Mietspiegeln 2002[503] (s. Rn. ???) davon aus, dass auch der einfache Mietspiegel entsprechend der Entwicklung des Verbraucherpreisindexes fortgeschrieben werden kann. Wenn aber schon der ganze Mietspiegel mittels Index fortgeschrieben werden darf, dann muss es auch einem Gericht gestattet sein, eine Stichtagsdifferenz mittels Indexfortschreibung zu ermitteln.

260   Noch nicht geklärt ist die Frage, ob diese sog. Stichtagsdifferenz ein zwingendes „Muss" im Mieterhöhungsverfahren ist, oder ob es dem AG bzw. LG ggf. freigestellt ist, einen solchen Zuschlag anzunehmen. Nach einem Urteil des LG Hamburg[504] muss es auch nach dem Rechtsentscheid des OLG Stuttgart[505] beim Grundsatz der freien Beweiswürdigung gem. § 286 ZPO bleiben; insbes. könne dem Rechtsentscheid des OLG Stuttgart nicht entnommen werden, dass ein Zeitzuschlag schon kürzeste Zeit nach Inkrafttreten eines Mietspiegels geboten wäre. Ähnlich sehen dies das LG Berlin[506] und das

---

502   OLG Stuttgart, WuM 1994, 58.
503   Abgedruckt ab Rn. 922.
504   LG Hamburg, WuM 1996, 45, 47.
505   OLG Stuttgart, WuM 1994, 58.
506   LG Berlin, GE 2002, 182.

LG Lübeck,[507] die zudem die lineare Fortschreibung zur Feststellung einer Stichtagsdifferenz für zulässig erachten.

Hinsichtlich der **Stichtagsdifferenz** muss aber unterschieden werden:

261

- Im **Mieterhöhungsverlangen** darf der Vermieter sich nur auf die gesetzlichen Begründungsmittel, z.B. den Mietspiegel, berufen. In diesem einseitigen Erhöhungsverlangen darf der Vermieter zu den Werten eines Mietspiegels keine Stichtagsdifferenz berücksichtigen.[508] Rechnet der Vermieter in seinem Erhöhungsverlangen mit einem solchen Zuschlag und übersteigt deshalb den Oberwert der einschlägigen Spanne, ist das Mieterhöhungsbegehren nicht insgesamt unwirksam, sondern wieder nur, soweit es den Oberwert der Spanne überschreitet, vorausgesetzt, das Erhöhungsverlangen lässt ansonsten erkennen, in welche Spanne der Vermieter die Wohnung einordnen möchte.[509]

- Im **Mieterhöhungsprozess** muss das Gericht dagegen die materiell-rechtliche Begründetheit des Erhöhungsverlangens prüfen. Der Vermieter hat Anspruch auf Zustimmung zu einer Mieterhöhung bis zur ortsüblichen Vergleichsmiete. Im Rechtsstreit ist diese ortsübliche Vergleichsmiete für den Zeitpunkt des Zugangs des Mieterhöhungsverlangens zu ermitteln. Diese kann aber einem Mietspiegel dann nicht entnommen werden, wenn sich zwischen dem Zeitpunkt der Datenerhebung zum Mietspiegel und dem Zugang des Mieterhöhungsverlangens das Mietpreisniveau geändert hat. Auch ein Mietspiegel, der erst ein bis zwei Jahre alt ist und für den die 2-jährige Aktualisierungsfrist des § 558c Abs. 3 bzw. § 558d Abs. 2 Satz 1 BGB noch nicht abgelaufen ist, stützt sich auf vier bis fünf Jahre lang unverändert gebliebene Mieten. Diese sind aber für die Höhe der ortsüblichen Vergleichsmiete nicht maßgebend. Das Gericht muss dann ermitteln,[510] welche Steigerung der ortsüblichen Vergleichsmiete seit der Datenerhebung zum Mietspiegel eingetreten ist. Diese Steigerung ist dann als Zuschlag zu dem für die Wohnung zutreffenden Mietspiegelwert zu berücksichtigen. Denn

---

507 LG Lübeck, WuM 2001, 82.

508 OLG Stuttgart, NJW 1982, 945; OLG Hamburg, NJW 1983, 1803; LG München, WuM 1998, 726.

509 Vgl. BGH, WuM 2004, 93.

510 Krit. hierzu Blank, ZMR 1994, 137, der hierin eine unnötige Erschwerung der richterlichen Arbeit sieht, die in der Sache kaum etwas bringt; nach AG Dortmund, Urt. v. 11.07.1991 – 129 C 14595/90 – kommt ein Zeitzuschlag dann nicht in Betracht, wenn das Erhöhungsverlangen 4 Monate nach Erstellung des Mietspiegels erfolgt.

die Verweigerung einer feststellbaren Stichtagsdifferenz würde im Ergebnis dazu führen, dass der Vermieter gehindert wäre, die gesetzlich zulässige Miete gerichtlich durchzusetzen. Darin wäre eine verfassungswidrige Änderung des materiellen Rechts mithilfe verfahrensrechtlicher Vorschriften sowie eine Verletzung des Anspruchs auf einen effektiven Rechtsschutz zu sehen.[511]

262 Nach der Rechtsprechung des BVerfG[512] sprechen gegen die Verwendung des zum Zeitpunkt der Erhöhungserklärung gültigen Mietspiegels durch die Fachgerichte keine verfassungsrechtlichen Bedenken; insbes. kann nicht von Amts wegen ein später erstellter Mietspiegel auf den Erhöhungszeitpunkt zurückgerechnet werden.

c) Auskunft aus einer Mietdatenbank

263 Dieses Begründungsmittel ist mit dem Mietrechtsreformgesetz zum 01.09.2001 eingeführt worden. Die Definition der Mietdatenbank ergibt sich aus § 558e BGB. Danach handelt es sich um eine fortlaufend geführte Sammlung, deren Funktion darin bestehen soll, Angaben zu Mietvereinbarungen und Mietänderungen bereitzustellen, aus denen Erkenntnisse über ortsübliche Vergleichsmieten gewonnen werden können, und eine fortlaufend strukturierte Aufarbeitung und Auswertung zu ermöglichen.[513] Mit der Einführung der Mietdatenbank als Begründungsmittel sollte der Entwicklung der Informationstechnik Rechnung getragen werden, weil es nun möglich sei, große Mengen an Daten zu speichern, zu verarbeiten und aufzuarbeiten. Der große Vorteil soll in der fortlaufenden Erfassung von Daten liegen,[514] und damit einer aktuelleren Übersicht.

264 Eine Mietdatenbank wird zurzeit nur in Hannover vom „Verein zur Ermittlung und Auskunftserteilung über die ortsüblichen Vergleichsmieten e.V. (MEA)" betrieben. Wer an den Verein eine entsprechende Anfrage richtet, erhält drei Mietdaten: Zum einen Daten über eine Wohnung, die exakt in der Mitte der vorhandenen Daten liegt, und jeweils die Daten von Wohnungen, die genau darüber bzw. genau darunter liegen. Die Wohnungen werden dabei identifi-

---

511 OLG Hamm, NJW-RR 1997, 142.
512 BVerfG, WuM 1992, 48 = NJW 1992, 1377.
513 Begründung des RefE, abgedruckt bei Lützenkirchen, Neue Mietrechtspraxis, Rn. 1170.
514 Begründung des RefE, abgedruckt bei Lützenkirchen, Neue Mietrechtspraxis, Rn. 1170.

zierbar angegeben. Im Ergebnis erhält der Fragesteller also drei Vergleichswohnungen genannt, die er Begründungsmittel verwenden kann.[515] Das Gesetz selbst sagt nichts darüber, wie eine Auskunft auszusehen hat und welche
Anforderungen an sie zu stellen sind. Möglich wären also auch andere For-
men der Auskunftserteilung.[516]

Die bloße Angabe eines Mietwertes dürfte dabei nicht ausreichen. Denn § 558e   265
BGB setzt zumindest voraus, dass die Angabe „einen Schluss auf die ortsübliche Vergleichsmiete zulassen" muss. Aus der Angabe einer bloßen Zahl
aber kann man nichts schließen. Diese Zahl kann man hinnehmen oder nicht.
Nötig werden also weitere Angaben, z.B. zu Vergleichswohnungen oder zur
Zusammensetzung des Datenbestandes sein.[517] Die **Kosten** der Auskunft trägt
der Vermieter, der in diesem Fall ebenso wenig einen Erstattungsanspruch hat,
wie bei der Beantragung eines privaten Sachverständigengutachtens.[518]

Zumindest zurzeit hat dieses Begründungsmittel so gut wie keine Bedeu-   266
tung – es wird ohnehin nur in Hannover geführt. Die dortigen Mietdatenbank
leidet darüber hinaus daran, dass nur relativ wenige Unterscheidungsmerkmale gespeichert werden. Gerade hier läge jedoch der Vorteil von derartigen
Datensammlungen. Denn prinzipiell könnten über die im Gesetz genannten
Wertmerkmale hinaus theoretisch unbegrenzt viele zusätzliche Merkmale erfasst und gespeichert werden. Das Gleiche gilt für die Anzahl der gespeicher-
ten Wohnungen, sodass zumindest prinzipiell eine ordentlich geführte Mietdatenbank über die Datenbasis eines normalen Mietspiegels weit hinausgehen
könnte.

d)   Sachverständigengutachten

Der Vermieter kann sein Erhöhungsverlangen auch mit einem von ihm ein-   267
geholten Gutachten eines Sachverständigen begründen. Was die Person des
Sachverständigen angeht, verlangt § 558a Abs. 2 Nr. 3 BGB, dass es sich um
einen öffentlich bestellten und vereidigten Sachverständigen handeln muss,
was der Formulierung von § 36 GewO entspricht. Diese persönlichen Voraus-

---

515   Ausführlich dazu Stöver, NZM 2002, 279.
516   Beschrieben von Stöver, NZM 2002, 279 ff.
517   Vgl. Schmidt-Futterer/Börstinghaus, § 558a BGB Rn. 70.
518   Palandt/Weidenkaff, § 558b BGB Rn. 13.

setzungen sind zwingend. Liegen sie nicht vor, kann das Gutachten nicht als Begründungsmittel verwendet werden.[519]

268   Eine Ausnahme wird auch dann nicht gelten können, wenn bei der IHK des zuständigen Bezirkes kein entsprechender Sachverständiger gelistet ist. Denn welche IHK den Sachverständigen bestellt oder vereidigt hat, ist unerheblich;[520] zudem enthält das Gesetz keine örtliche Beschränkung. Der Sachverständige muss nicht in der jeweiligen politischen Gemeinde ansässig sein oder auch nur den örtlichen Wohnungsmarkt kennen.[521] Insofern sind die Anforderungen weniger streng als bei einem gerichtlichen Sachverständigen.[522] Denn das vorprozessuale Gutachten soll (nur) den gleichen Zweck erfüllen, wie die anderen in § 558a Abs. 2 ZPO genannten Begründungsmittel, der darin liegt, dem Mieter die Informationen zu liefern, die dieser benötigt, um die Berechtigung des Anspruchs des Vermieters zu überprüfen; notfalls kann und muss er weitere Informationen einholen.

269   Für das Sachverständigengutachten gilt deshalb das Gleiche wie für die anderen Begründungsmittel – in formeller Hinsicht dürfen schon von Verfassung wegen nicht zu strenge Anforderungen an die Begründung des Erhöhungsverlangens gestellt werden. Denn der gesetzliche Anspruch des Vermieters auf den Erhalt und die Durchsetzung der Vergleichsmiete darf nicht zu Fall gebracht werden.[523] Allerdings muss der Sachverständige für das angesprochene **Themengebiet** öffentlich bestellt und vereidigt sein. Dies muss nicht unbedingt die Mietpreisbewertung sein.[524] Mit der Feststellung von Verkehrswerten muss der Sachverständige jedoch vertraut sein. Denn dazu ist die Feststellung des Ertragswertes des Gebäudes notwendig, der wiederum von der Höhe der erzielbaren Mieten abhängig ist. Der Sachverständige muss also (zumindest) für Grundstücks- und Gebäudeschätzungen öffentlich bestellt und vereidigt sein.[525]

---

519   LG Berlin, WuM 1982, 246; AG Fürstenfeldbruck, WuM 1998, 379; AG Aachen, WuM 1991, 559: Das Gutachten eines (nicht öffentlich bestellten und vereidigten) Universitätsprofessors reicht nicht aus.

520   OLG Hamburg, NJW 1984, 930.

521   BayObLG, NJW-RR 1987, 1302.

522   BVerfG, NJW 1987, 313; BayObLG, NJW-RR 1987, 1302; OLG Karlsruhe, NJW 1983, 1863.

523   BVerfG, NJW 1987, 313.

524   BGH, NJW 1982, 1701.

525   Schmidt-Futterer/Börstinghaus, § 558a Rn. 79.

Ähnlich, wie der Vermieter, der sein Erhöhungsverlangen auf drei Vergleichs-   270
wohnungen stützen möchte, diese auch aus seinem eigenen Bestand entnehmen kann, ist nicht zwingend, dass der vorgerichtlich beauftragte Sachverständige unabhängig ist, d.h. in keiner persönlichen Beziehung zum Vermieter
steht. Insbes. hat der Mieter keine Möglichkeiten, den vorgerichtlich bestellten Sachverständigen – etwa nach den Vorschriften der ZPO – abzulehnen.[526]
Dabei darf jedoch nicht übersehen werden, dass es durchaus von zumindest
wirtschaftlichem Interesse für den Vermieter sein kann, besonderen Augen-
merk auf die Qualität der Person des Gutachters und seines Gutachtens zu
legen. Denn je weniger Zweifel an der Unabhängigkeit und der Sachkunde
der Person des Sachverständigen bestehen und je umfangreicher und nachvollziehbarer das Gutachten begründet ist, desto eher besteht die Möglichkeit,
dass das mit der Zustimmungsklage befasste Gericht kein weiteres Gutachten
einholt. Im Ergebnis wird dies eine Frage der Darlegungs- und Beweislast
sein. Je „besser" das außergerichtliche Gutachten ist, desto schwerer wird
es dem Mieter fallen, die dortigen Feststellungen in Zweifel zu ziehen. Für
den Vermieter ist dieses Ergebnis besonders deshalb wünschenswert, weil er
gegen den Mieter mangels Anspruchsgrundlage unter keinem Gesichtspunkt
einen Anspruch auf Erstattung der außergerichtlichen Gutachterkosten hat.[527]

Was den Inhalt des Gutachtens angeht, verlangt § 558a Abs. 2 Nr. 3 BGB le-   271
diglich, dass das Gutachten mit Gründen versehen sein muss. Nähere Informationen lassen sich den vom BMJ herausgegebenen Hinweisen „Für die
Erstellung eines Sachverständigengutachtens zur Begründung des Mieterhöhungsverlangens nach § 2 Abs. 2 MHG"[528] entnehmen oder dem „Leitfaden
für die Erstellung von Gutachten zur Ermittlung von Wohnraummieten" des
Instituts für Sachverständigenwesen".[529] Beide Abhandlungen haben keinerlei
rechtliche Qualität oder Verbindlichkeit.

„Begründung" heißt zunächst einmal, dass das Gutachten nachvollziehbar sein   272
muss. Ob die Begründung dann inhaltlich richtig ist, spielt keine Rolle – dies

---

526   Staudinger/Emmerich, § 558a BGB Rn. 36; Schmidt-Futterer/Börstinghaus, § 558a BGB
       Rn. 82; a.A. AG Freiburg, WuM 1987, 265.
527   LG Mainz, NZM 2005, 15: Es handelt sich nicht um notwendige Kosten der Rechtsver-
       folgung i.S.v. § 91 ZPO; LG Köln, WuM 1997, 269; LG Bonn, WuM 1985, 331; LG Bre-
       men, WuM 1984, 114; LG Dortmund, DWW 1984, 21; LG Frankenthal, WuM 1984, 114;
       LG Düsseldorf, WuM 1983, 59.
528   Abgedruckt unter Rn. 923.
529   Erstellt von Isenmann, Roth und Walterscheidt.

ist wieder eine Frage der materiellen Begründetheit. Wie die anderen Begründungsmittel, soll auch das Sachverständigengutachten (nur) dem Mieter Hinweise geben, die es ihm ermöglichen, sich darüber schlüssig zu werden, ob er der Erhöhung zustimmen will oder nicht.[530] Dieser Verpflichtung kommt der Vermieter nach, wenn er in verständlicher Weise dargelegt hat, warum die nun begehrte Miete seiner Auffassung nach die ortsübliche Miete nicht übersteigt; strengere Anforderungen dürfen auch an das vorprozessuale Sachverständigengutachten nicht gestellt werden.[531]

273 Der Sachverständige muss deshalb nicht bis in die letzte Einzelheit erläutern, wie er zu seinem Ergebnis gelangt.[532] Es soll auch nicht erforderlich sein, dass er die Befundtatsachen, also z.B. die ihm bekannten Vergleichswohnungen benennt, auf die er sich in seinem Gutachten bezogen hat.[533] Allerdings muss der Sachverständige vom richtigen Begriff der ortsüblichen Vergleichsmiete[534] und i.d.R. auch von den richtigen Tatsachen ausgehen, d.h. Ausstattung und Beschaffenheit der Wohnung korrekt schildern. Parallel zu den insoweit notwendigen Angaben des Vermieters, der sich auf den Mietspiegel stützt,[535] werden falsche tatsächliche Angaben des Sachverständigen zu Wertmerkmalen der Wohnung jedoch allenfalls dann die formale Wirksamkeit des mit dem Gutachten begründeten Erhöhungsverlangens berühren können, wenn das Gutachten eine Diskrepanz zwischen tatsächlichen Feststellungen und Wertung erkennen lässt. Ist die Begründung aber in sich schlüssig, wird die Frage, ob das Gutachten tatsächlich von den richtigen Befundtatsachen ausgeht, auf der materiell-rechtlichen Ebene zu beantworten sein.

274 Grds. muss sich das Gutachten auf die **konkrete** Wohnung beziehen,[536] wozu grds. eine Ortsbesichtigung dieser Wohnung notwendig ist.[537] Eine Ausnahme kommt für den Bereich der sog. Typengutachten infrage.

---

530 BVerfG, WuM 1982, 146.
531 BVerfG, NJW 1987, 313.
532 Vgl. etwa OLG Karlsruhe, NJW 1983, 1863 und WuM 1983, 133.
533 OLG Frankfurt am Main, NJW 1981, 2820; OLG Oldenburg, WuM 1981, 150; LG Gießen, WuM 1994, 704; AG Rheinbach, ZMR 1998, 638; Schmidt-Futterer/Börstinghaus, § 558a BGB Rn. 85; vgl. auch Rn. 630 ff.
534 Vgl. AG Charlottenburg, NZM 1999, 460.
535 Vgl. Rn. 242 ff.
536 LG Koblenz, DWW 1991, 22.
537 OLG Oldenburg, WuM 1981, 150.

Solche **Typengutachten** kommen insbes. dann in Betracht, wenn der Ver-   275
mieter eine Vielzahl gleichartiger bzw. vergleichbarer Wohnungen zeitgleich
begutachten lassen möchte. Besteht etwa eine größere **Wohnanlage** aus iden-
tischen Wohnungen oder aus Wohnungen, die sich in mehrere gleichartige
Gruppen einteilen lassen können, wäre es unsinnig, für jede dieser Wohnungen
ein eigenes Sachverständigengutachten zu fordern. Hier muss es genügen,
wenn der Sachverständige eine Wohnung aus jeder Gruppe (also desselben
Typs) besichtigt. In diesen Fällen ist das Gutachten jedoch nur dann formal
ordnungsgemäß begründet, wenn darin auch die Kriterien genannt sind, nach
denen die verschiedenen Gruppen/Typen gebildet wurden und erläutert wird,
weshalb die betreffende Wohnung in die gewählte Gruppe bzw. zum gewählten Typ gehören soll. Erforderlich wird auch sein, dass der Gutachter angibt,
welche Wohnungen er besichtigt hat. Denn diese Angaben benötigt der Mieter, um prüfen zu können, ob seine Wohnung der besichtigten Vergleichswohnung entspricht.[538]

Der Vermieter kann sein Zustimmungsverlangen auch mit einem Sachverstän-   276
digengutachten begründen, das in einem anderen gerichtlichen Verfahren eingeholt worden ist. Voraussetzung ist jedoch auch hier, dass die beiden Wohnungen vergleichbar sind.[539] Das Sachverständigengutachten muss allerdings
aktuell sein, wobei umstritten ist, wie alt ein Gutachten sein darf, um das
mit ihm begründete Erhöhungsverlangen nicht formal unwirksam werden zu
lassen. Ausgangspunkt ist wiederum, dass der Vermieter einen Anspruch auf
Zustimmung zu einer Mieterhöhung hat, die der ortsüblichen Vergleichsmiete
zum Zeitpunkt des Zugangs des Mieterhöhungsverlangens in der Gemeinde
entspricht.[540] Je älter das Gutachten also ist, desto geringer ist die Wahrscheinlichkeit, dass es gerade zu diesem Zeitpunkt Aussagen trifft. So wird vertreten, dass das Gutachten nicht älter als ein Jahr sein darf.[541] Die Rechtspre-

---

538   AG Sinzig, DWW 1990, 120.
539   LG Mannheim, WuM 1986, 223.
540   BayObLG, NJW-RR 1993, 202; LG Hamburg, WuM 1991, 335; WuM 1990, 310; LG Köln,
     WuM 1982, 20.
541   Beuermann, GE 1997, 782.

chung ist uneinheitlich.[542] Richtigerweise wird man davon auszugehen haben, dass jedenfalls ein bis zu zwei Jahre altes Gutachten noch verwendet werden kann, um damit eine formal ordnungsgemäße Zustimmungsaufforderung zu begründen. Denn es ist kein Grund ersichtlich, warum die Begründung insoweit strengeren Anforderungen genügen müsste, als die Bezugnahme auf einen Mietspiegel. Denn für diesen sieht das Gesetz (bei einfachen Mietspiegeln zudem nur als Soll-Regelung) die Anpassung an die Marktentwicklung im Abstand von zwei Jahren vor, §§ 558c Abs. 3, 558d Abs. 2 BGB.[543]

277 Der Vermieter muss dem Mieterhöhungsverlangen das Gutachten in vollem Wortlaut beifügen, damit der Mieter die vom Sachverständigen zugrunde gelegten Daten überprüfen und die Bewertung nachvollziehen kann.[544]

278 Insofern muss das Gutachten gewissen **Mindestanforderungen** genügen.[545] Dazu muss der Sachverständige darlegen, dass er in dem maßgeblichen örtlichen Bereich die Mieten vergleichbarer Wohnungen erforscht hat oder aufgrund seiner sachverständigen Tätigkeit bereits kannte. Er muss sich zu der diese Wohnungen betreffenden Preisspanne äußern und klarstellen, dass er nur vergleichbare Wohnungen zur Bewertung herangezogen hat. Außerdem muss sich der Sachverständige im Rahmen seines Gutachtens zur Miethöhe auch mit der Einordnung der Wohnung nach dem Mietspiegel auseinandersetzen. Die Aufgabe des Sachverständigen besteht keinesfalls darin, die Miete nach billigem Ermessen festzulegen, also zu beschreiben, welche Miete er für angemessen hält.[546]

279 Das beigefügte Sachverständigengutachten hat dabei (nur) die Funktion, dem Mieter die Überprüfung der Angaben des Vermieters zu ermöglichen. Das

---

542 AG Bonn, WuM 1993, 66: 21 Monate ist zu alt; AG Rheinbach, ZMR 1998, 638: drei Jahre altes Gutachten bei steigenden Mieten ist noch in Ordnung; LG Hannover, WuM 1987, 125 und AG Schöneberg, GE 2006, 725: 23 Monate sind zu alt; AG München, NZM 2002, 822: 26 Monate sind zu alt; AG Köln, WuM 1976, 103: drei Jahre sind immer zu lang; LG Berlin, MM 1998, 35: drei Jahre sind zumindest bei fallenden Mieten zu lang; LG Berlin, NZM 1998, 508: fünf Jahre sind jedenfalls zu lang; LG Berlin, GE 1998, 357: mehr als zwei Jahre sind jedenfalls zu lang, wobei das Gericht offenließ, ob ein bis zu zwei Jahre altes Gutachten noch in Ordnung wäre.

543 Vgl. AG München, NZM 2002, 822; Schmidt-Futterer/Börstinghaus, § 558a BGB Rn. 91.

544 OLG Braunschweig, WuM 1982, 272; LG Berlin, WuM 1987, 265.

545 OLG Karlsruhe, WuM 1983, 133; s. hierzu auch die Hinweise zur Erstellung eines Sachverständigengutachtens, Rn. 923.

546 BVerfG, WuM 1986, 239; AG Dortmund, WuM 1992, 138.

Gutachten bleibt aber ein Begründungsmittel, es wird nicht zur Begründung selbst. Dies bedeutet, dass der Vermieter im Zustimmungsbegehren selbst alle Angaben machen muss, die eine solche Überprüfung ermöglichen.

Aber auch die Verpflichtung, das Gutachten beizufügen, ist kein Selbstzweck, sondern soll nur dem gesetzlichen Begründungszwang nachkommen. Hat der Mieter das Gutachten schon, muss es der Vermieter nicht noch einmal beifügen. Er trägt dann jedoch die Beweislast für seine Behauptung, dass dem Mieter dass Gutachten zum Zeitpunkt des Zugangs der Zustimmungsaufforderung bereits vorgelegen habe.[547]

280

Ansonsten genügt die Übersendung einer Kopie des Gutachtens.[548]

e) Vergleichswohnungen

Schließlich ist der Vermieter auch berechtigt, sein Mieterhöhungsverlangen mit der Benennung von **drei Vergleichswohnungen** zu begründen. Hierbei handelt es sich um die Begründungsart, die am wenigsten aussagekräftig ist, da sich drei Vergleichswohnungen meist leicht finden lassen, diese aber für die Frage, ob es sich um die ortsübliche Miete handelt, die dort bezahlt wird, noch gar nichts besagen. Es entspricht insofern inzwischen herrschender Rechtsprechung, dem Mietspiegel (zumal dem qualifizierten[549]) im Fall eines Mieterhöhungsprozesses eine besonders große Bedeutung beizumessen und ihn auch als Erkenntnisquelle zur Ermittlung der ortsüblichen Vergleichsmiete im Prozess heranzuziehen.[550] Diese Rechtsprechung ist auch mit dem Grundgesetz vereinbar.[551] Dass die drei Vergleichswohnungen dagegen die ortsübliche Vergleichsmiete wiedergeben, ist äußerst unwahrscheinlich. Eine Miete über den Werten des Mietspiegels ist mit drei Vergleichswohnungen ohnehin nur sehr schwer zu begründen und nur sehr selten vor Gericht durchzusetzen.[552]

281

---

547 AG Schöneberg, NJW-RR 1997, 139: Das Vorliegen beim früheren Prozessbevollmächtigten des Mieters soll nicht ausreichen.

548 LG Berlin, WuM 1985, 317.

549 Vgl. BGH, WuM 2005, 394 = NZM 2005, 498.

550 BGH, WuM 2005, 394; LG Dortmund, WuM 2005, 723 = NZM 2006, 134; LG Duisburg, WuM 2005, 460; LG Potsdam, WuM 2004, 671; LG München II, WuM 2003, 97; LG Freiburg, NZM 2002, 819; AG Dortmund, WuM 2003, 35.

551 BVerfG, WuM 1991, 523 und WuM 1992, 48.

552 Auch aus verfassungsrechtlicher Sicht ist es nicht zu beanstanden, einen geeigneten Mietspiegel zur Feststellung der ortsüblichen Vergleichsmiete ohne zusätzliches Sachverständigengutachten heranzuziehen, BVerfG, WuM 1991, 523.

Existiert ein qualifizierter Mietspiegel für die Gemeinde, muss der Vermieter ohnehin auf dessen niedrigere Werte hinweisen, § 558a Abs. 3 BGB, was eine freiwillige Zustimmung des Mieters zu höheren als dort ausgewiesenen Mieten gänzlich unwahrscheinlich macht.

282 Erforderlich ist, dass der Vermieter mindestens drei Vergleichswohnungen aus dem örtlichen Wohnungsmarkt, die mit der vom Mieter angemieteten Wohnung vergleichbar sein müssen, benennt. Überwiegend wird vertreten, dass die vom Vermieter benannten Vergleichswohnungen grds. dem **örtlichen Wohnungsmarkt** angehören müssen.[553] Unter örtlichem Wohnungsmarkt ist dabei das Gebiet der politischen Gemeinde zu verstehen. Denn auf dieses Gebiet bezieht sich grds. die ortsübliche Vergleichsmiete i.S.d. § 558 Abs. 2 BGB.[554] Wie im Fall des fehlenden Mietspiegels ist es dem Vermieter aber auch gestattet, Vergleichswohnungen aus benachbarten oder sonst vergleichbaren Gemeinden heranzuziehen. Er muss dies dann nur ausreichend begründen.[555]

283 Die mindestens drei Vergleichswohnungen können auch aus dem **Bestand des Vermieters** benannt werden, d.h. es müssen nicht Wohnungen anderer Vermieter sein.[556] Dabei ist der Vermieter nicht auf eine bestimmte Höchstzahl an Vergleichswohnungen, die er benennen darf, beschränkt.[557] Für alle benannten Vergleichswohnungen muss aber eine Miete gezahlt werden. Denn ansonsten kann nicht auf ein „entsprechendes Entgelt" i.S.v. § 558a Abs. 2 Nr. 4 BGB verwiesen werden. Die vom Vermieter selbst bewohnte Wohnung scheidet also aus. Allerdings hat der Vermieter keinen Vorteil davon, wenn er mehr als drei Vergleichswohnungen (deren Mieten sämtlich über der von ihm verlangten Miete sind[558]) benennt. Denn aus der Anzahl der Vergleichswohnungen kann auch das Gericht keine Rückschlüsse auf die tatsächliche

---

553 AG Bayreuth, WuM 1993, 454: Die Wohnungen müssen in derselben politischen Gemeinde liegen; AG Augsburg, WuM 1990, 221; LG München II, WuM 1982, 131; Sternel, Mietrecht, III Rn. 687.

554 Vgl. Börstinghaus/Clar, Rn. 291.

555 AG Bayreuth, WuM 1993, 454; AG Augsburg, WuM 1990, 221; Sternel, Mietrecht, III Rn. 687.

556 Vgl. BVerfG, WuM 1994, 139 = NJW 1993, 2039; NJW 1993, 381; OLG Karlsruhe, NJW 1984, 2167; OLG Frankfurt am Main, WuM 1984, 123: Die Wohnungen können auch im gleichen Haus liegen; LG Bochum, NJW-RR 1991, 1039; LG Berlin, GE 1988, 729; Staudinger/Emmerich, § 558a BGB Rn. 49.

557 BayObLG, WuM 1992, 52 = ZMR 1992, 144.

558 OLG Karlsruhe, WuM 1984, 21.

ortsübliche Vergleichsmiete ziehen.[559] Andererseits birgt eine zu lange Liste immer die Gefahr der Unübersichtlichkeit, was u.U. Auswirkungen auf die formale Wirksamkeit des Mieterhöhungsbegehrens haben kann.[560] So dürfen z.B. (EDV-) Listen nicht so eingesetzt werden, dass der vom Gesetzgeber gewollte Zweck der Regelung, nämlich eine Überprüfbarkeit der Berechtigung des Vermieters, die Zustimmung zu einer Mieterhöhung zu verlangen, durch den Mieter unmöglich wird. Enthält eine Liste z.B. zahlreiche Wohnungen, die nicht mit der Mieterwohnung vergleichbar sind, ist es dem Mieter nicht zumutbar, die Wohnungen herauszusuchen, die vergleichbar sind.[561]

Beim Auffinden vergleichbarer Wohnungen kann vom Vermieter derjenige Aufwand an Zeit und Mühe verlangt werden, der zumutbar ist.[562]   284

Vergleichbar sind die Wohnungen, die nach **Lage, Ausstattung, Alter** usw.   285
in wesentlichen Punkten übereinstimmen. Hinsichtlich der **Größe** der Wohnungen wird dies nicht verlangt, zumindest nicht, so lange die benannten Vergleichswohnungen zwar in der Größe differieren, die Quadratmeter-Miete in der Zustimmungsaufforderung aber genau angegeben ist.[563] Dies kann in dieser Allgemeinheit nicht richtig sein. Zum einen ist es anerkannt, dass die Quadratmeter-Mieten bei kleineren Wohnungen höher sind als bei größeren Wohnungen, was u.a. an den relativ höheren Errichtungskosten liegt. Eine Grenze ist spätestens dort zu ziehen, wo die Wohnungen nicht mehr demselben Wohnungsmarkt zuzurechnen sind. Dies ist nicht erst dann der Fall, wenn Einfamilienhäuser mit Geschosswohnungen verglichen werden sollen, sondern auch schon dann, wenn die Vergleichswohnungen in ihrer Größe erheblich von der Mieterwohnung abweichen.[564] I.Ü. müssen die Wohnungen jedoch nur „vergleichbar" und nicht identisch sein.

---

559 Vgl. Schmidt-Futterer/Börstinghaus, § 558a BGB Rn. 104 m.w.N.

560 BayObLG, NJW-RR 1992, 455.

561 BayObLG, NJW-RR 1992, 455 = WuM 1992, 52.

562 BVerfG, NJW 1994, 717.

563 BVerfG, NJW 1987, 313; NJW 1980, 1617; BayObLG, WuM 1982, 154; OLG Schleswig, WuM 1987, 140; LG Berlin, GE 1998, 1024.

564 Für nicht vergleichbar erklärt wurden: Appartementwohnungen und große Altbauwohnungen: AG Dortmund, 126 C 4957/90; Flächenabweichung von 50 %: LG Berlin, ZMR 1995, 77; Flächenabweichung von 300 %: LG Köln, WuM 1994, 691; 56 m² große Geschosswohnung mit doppelt so großem Wohnhaus: AG Emmendingen, WuM 1994, 546; Abweichung von 20 %: AG Frankfurt am Main, WuM 1993, 197; weitere Nachweise bei Schmidt-Futterer/Börstinghaus, § 558a BGB Rn. 121.

286 Unerheblich ist auch eine unterschiedliche **Mietstruktur** (Brutto-, Inklusiv-, Teilinklusiv- oder Nettomiete) zwischen Vertragswohnung und Vergleichswohnungen. Das Gesetz verlangt nämlich nicht, dass der Vermieter die in § 558 BGB (§ 2 Abs. 1 MHG) generell normierten Merkmale im Einzelnen belegt.[565] Bei den Vergleichswohnungen muss es sich jedoch um **preisfreien Wohnungsbau** handeln, genauer: Die Miete der genannten Vergleichswohnung muss schon einmal in preisfreier Zeit vereinbart worden sein.[566] Dies ist nur folgerichtig. Mit der Benennung der drei Vergleichswohnungen will der Vermieter sein Begehren auf Zustimmung zur ortsüblichen Vergleichsmiete begründen. Auch bei den anderen Begründungsmitteln, etwa den Mietspiegeln, haben dabei Mieten, die in preisgebundener Zeit zustande kamen, außer Acht zu bleiben. Denn wenn § 558 Abs. 2 Satz 2 BGB Wohnraum aus der Datenbasis für die Ermittlung der ortsüblichen Vergleichsmiete ausnimmt, bei dem die Miethöhe durch Gesetz oder im Zusammenhang mit einer Förderzusage festgelegt worden ist, ist damit gemeint, dass die Miete in den letzten vier Jahren (§ 558 Abs. 2 Satz 1 BGB) mindestens einmal nach den Vorschriften des BGB erhöht wurde.[567] Mit dieser Einschränkung ist eine Mieterhöhungserklärung auch dann wirksam, wenn die genannten Vergleichswohnungen nicht in allen vom Gesetz geforderten Punkten mit der Wohnung des Mieters übereinstimmen.[568] Etwas anderes gilt nur dann, wenn ein bestimmtes Merkmal die Höhe der Miete offensichtlich ganz maßgeblich beeinflusst und dieses Merkmal entweder nur bei der Vergleichs- oder der Vertragswohnung vorliegt.[569]

287 Damit der Mieter feststellen kann, ob die vom Vermieter benannten Wohnungen mit der von ihm angemieteten Wohnung vergleichbar sind, müssen die Vergleichswohnungen so genau bezeichnet werden, dass sie vom Mieter identifiziert werden können. Dazu gehören so genaue Angaben, dass der Mieter die Wohnungen ohne weitere Nachforschungen aufsuchen kann.[570] Welche Angaben hierzu erforderlich sind, hängt vom Einzelfall ab. Wenn sich z.B. mehrere Wohnungen auf einer Etage befinden, muss ggf. auch der Name des Mieters angegeben werden; wenn sich nur eine Wohnung auf der Etage be-

---

565 BVerfG, ZMR 1993, 558 = WuM 1994, 137; BVerfG, WuM 1982, 146.

566 Schmidt-Futterer/Börstinghaus, § 558a BGB Rn. 127 m.w.N.

567 Schmidt-Futterer/Börstinghaus, § 558 BGB Rn. 122.

568 BVerfG, BVerfGE 53, 352, 359.

569 BVerfG, NJW 1989, 969.

570 BGH, NJW 2003, 963; WuM 2003, 149.

findet, genügt die genaue Wohnungsangabe. Die exakte postalische Anschrift muss ohnehin angegeben werden.[571]

Soweit die Vergleichswohnungen besondere Abweichungen zur Vertragswoh- 288
nung aufweisen, müssen diese vom Vermieter im Erhöhungsverlangen dargelegt werden.[572]

Die Mieterhöhung kann schließlich nur bis zur Höhe der niedrigsten Ver- 289
gleichsmiete verlangt werden.[573] Wird eine höhere Miete verlangt, ist jedoch
nicht das gesamte Mieterhöhungsverlangen unwirksam, sondern nur, sofern
es die niedrigste Vergleichsmiete übersteigt.[574]

f) Sonstige Begründungsmittel

Die Aufzählung der einzelnen Begründungsmittel in § 558a Abs. 2 BGB ist 290
nicht abschließend, was sich durch das Wort „insbesondere" zeigt. Zulässig
sind alle Begründungsmittel, die den Mieter in die Lage versetzen, das Mieterhöhungsverlangen zu überprüfen. Dazu muss das Begründungsmittel dem
Mieter die für die Überprüfung und die Entscheidung erforderlichen Informationen zur Verfügung stellen können.[575] An die sonstigen Begründungsmittel sind dabei die gleichen Anforderungen zu stellen, wie an die gesetzlich
genannten.[576] Das andere Begründungsmittel muss also zumindest mit dem
„schlechtesten" gesetzlichen Begründungsmittel, den drei Vergleichswohnungen, vergleichbar sein.[577] In der Praxis spielen sonstige Begründungsmittel nur eine untergeordnete Rolle. Nicht geeignet sind etwa Preisübersichten,
die von Verbänden herausgegeben werden, wie etwa der „VDM-Preisspiegel"
oder „ivd-Immobilienspiegel".[578] Für zulässig gehalten werden – außer in den
wohl eher seltenen Fällen der Offenkundigkeit[579] – Mietspiegel vergleichbarer

---

571 BVerfG, BVerfGE 49, 244; 352, 359; AG Wedding, GE 2006, 331.
572 BVerfG, WuM 1989, 62.
573 BayObLG, WuM 1984, 276 = ZMR 1985, 24; OLG Karlsruhe, WuM 1984, 21.
574 OLG Karlsruhe, WuM 1984, 21.
575 BVerfG, NJW 1980, 1817.
576 AG München, WuM 1977, 212; Wetekamp, Kap. 2, Rn. 150; Emmerich/Sonnenschein/
     Emmerich, § 558a BGB Rn. 34.
577 Schmidt-Futterer/Börstinghaus, § 558a BGB Rn. 152.
578 Vgl. Rn. 217.
579 Vgl. LG Aurich, WuM 1990, 222.

Gemeinden,[580] Urteile, in denen die ortsübliche Vergleichsmiete für vergleichbare Wohnungen festgestellt wurde[581] oder entsprechende Sachverständigengutachten zu vergleichbaren Wohnungen,[582] was auch für Typengutachten zu gelten hat, das Gutachten eines örtlich zuständigen Gutachterausschusses,[583] während Gutachten sonstiger Sachverständiger oder sachverständigen Personen, die aber nicht mit der Mietpreisbewertung zu tun haben, ebenso wenig anerkannt werden,[584] wie etwa Mietpreisübersichten der Finanzämter.[585]

II. Materielle Voraussetzungen des Zustimmungsanspruchs

291 Das Gesetz nennt im § 558 Abs. 1 u. 3. BGB **drei Voraussetzungen**, die erfüllt sein müssen, damit dem Vermieter gegenüber dem Mieter ein Anspruch auf Zustimmung zusteht:

* Die Miete muss seit 15 Monaten unverändert geblieben sein,

* die verlangte Miete darf die ortsübliche Vergleichsmiete nicht übersteigen und

* innerhalb von drei Jahren darf sich die Miete nur um 20 % erhöhen.

1. Wartefrist

a) Jahressperrfrist

292 Die Miete muss seit mindestens 15 Monaten unverändert geblieben sein. Im Ergebnis bedeutet dies i.d.R.[586] keine Änderung zur alten Jahressperrfrist des § 2 MHG. Es wurden nur die beiden Monate der Zustimmungsfrist addiert. D.h., dass die Miete zu dem Zeitpunkt, zu dem die Mieterhöhung eintreten soll, zurückgerechnet seit 15 Monaten unverändert geblieben sein muss. Erst

---

580 Wetekamp, Kap. 2, Rn. 151.

581 Wetekamp, Kap. 2, Rn. 151; Schmidt-Futterer/Börstinghaus, § 558a BGB Rn. 153.

582 LG Nürnberg, NJW-RR 1991, 13; Emmerich/Sonnenschein/Emmerich, § 558a BGB Rn. 34.

583 LG München, ZMR 1994, 22; Schmidt-Futterer/Börstinghaus, § 558a BGB Rn. 153.

584 OLG Oldenburg, WuM 1981, 55; LG Mönchengladbach, WuM 1993, 197; AG Aachen, WuM 1991, 559; a.A. vgl. die Nachweise bei Schmidt-Futterer/Börstinghaus, § 558a BGB Rn. 153, Fn. 488.

585 LG Aurich, WuM 1990, 222; LG Limburg, WuM 1987, 29; Schmidt-Futterer/Börstinghaus, § 558a BGB Rn. 153; a.A. AG Büdingen, WuM 1989, 81; Emmerich/Sonnenschein/Emmerich, § 558a BGB Rn. 34.

586 S. Rn. 296.

dann darf der Vermieter ein neues Mieterhöhungsverlangen stellen. Die Frist beginnt mit dem Tag, ab dem die letzte Miete erstmals zu zahlen[587] oder die Leistung tatsächlich zu erbringen war.[588]

Beispiel:

Die letzte Mieterhöhung wurde Anfang Januar 2007 fällig. Die Jahressperrfrist lief am 31.12.2007 ab. Im Januar 2008 konnte der Mieter erneut zur Zustimmung aufgefordert werden. Die Überlegungsfrist liefe dann am 31.03.2008 ab. Die Mieterhöhung würde Anfang April 2008 – mit Beginn des 16. Monats seit der letzten Erhöhung – wirksam.

Dies ist bei der Neuvermietung nicht der Abschluss des Mietvertrages sondern der vereinbarte Vertragsbeginn.[589] Da das Mieterhöhungsverlangen nur einheitlich gegenüber allen Mietern geltend gemacht werden kann,[590] löst auch der Eintritt eines weiteren Mieters in den Mietvertrag die Wartefrist aus.[591] Da es auf die heutigen Parteien des Mietverhältnisses ankommt, gilt das Gleiche auch bei einem **Mieterwechsel**, wie z.B. bei einer Nachmietergestellung anlässlich eines Umzuges; auch hier beginnt die Frist erst mit Eintritt des neuen Mieters in den Mietvertrag.[592]

Etwas anderes gilt beim gesetzlichen **Vertragsübergang**, etwa beim Tode eines Vertragspartners und des Eintritts des Rechtsnachfolgers bzw. einer nach den §§ 563 ff. BGB berechtigten Person; die eintretenden Personen treten auch in laufende Fristen ein.[593] Das Gleiche gilt, wenn die Parteien entsprechende Vereinbarungen getroffen haben. Tritt z.B. bei der echten **Nachmieterstellung** der Nachmieter vereinbarungsgemäß in den bestehenden Mietvertrag statt des ausscheidenden Mieters ein, übernimmt er das Mietverhältnis grds.

293

---

587 BayObLG, NJW-RR 1989, 1172.
588 S. Rn. 81.
589 Lammel, § 558 BGB Rn. 23; AG Erfurt, WuM 1995, 717.
590 Vgl. LG Berlin, GE 1997, 185; s.a. Rn. 198 ff.
591 Lammel, § 558 BGB Rn. 23; Kunze/Tietzsch, Teil II Rn. 281; Herrlein/Kandelhard/Both, § 558 BGB Rn. 24; Schmidt-Futterer/Börstinghaus, § 558 BGB Rn. 27.
592 Schmidt-Futterer/Börstinghaus, § 558 BGB Rn. 27; Herrlein/Kandelhard/Both, § 558 BGB Rn. 28; a.A.: Emmerich/Sonnenschein/Emmerich, § 558 BGB Rn. 6: Die letzte Wartefrist läuft wegen der Identität der beiden Mietverhältnisse grds. weiter; differenzierend: Sternel, Mietrecht, III Rn. 608.
593 BGH, WuM 2003, 569 = MietPrax-AK, § 577a BGB Nr. 1.

so, wie es ist. Er tritt auch in die Jahressperrfrist ein.[594] Bei einer vorangegangenen Mieterhöhung beginnt die Jahresfrist mit dem Fälligkeitstag dieser letzten Mieterhöhung. Die Frist ist vom Zugang des Mieterhöhungsverlangens an, rückwärts zu berechnen.[595] Die Frist selbst berechnet sich nach dem § 188 Abs. 2 und 3, § 187 Abs. 1 und 2, § 193 BGB.

Beispiel 1:

Die Parteien schließen am 15.11.2006 einen Mietvertrag. Mietvertragsbeginn soll der 01.01.2007 sein. Das erste Mieterhöhungsverlangen darf dem Mieter somit erst nach dem 31.12.2007 zugehen.

Beispiel 2:

Der Vermieter hat dem Mieter im schon länger laufenden Mietverhältnis ein Erhöhungsverlangen am 29.11.2006 zugeschickt, was dem Mieter am 01.12.2006 zugegangen ist. Die Miete war somit ab dem 01.03.2007 zu zahlen. Das nächste Mieterhöhungsverlangen darf dem Mieter erst nach Ablauf des 28.02.2008 zugehen, sonst ist es unwirksam.

294 Eine **Teilzustimmung** des Mieters löst die Jahressperrfrist zumindest bei einem formal wirksamen Mieterhöhungsbegehren aus. Grds. gilt bei dem Abschluss von Verträgen, dass die Annahme eines Angebotes unter Einschränkungen als Ablehnung verbunden mit einem neuen Antrag gilt, § 150 Abs. 2 BGB. Diese allgemeine Regel gilt i.R.d. §§ 558 ff. BGB nicht, was sich an dem Wort „soweit" in § 558b Abs. 2 Satz 1 BGB zeigt.[596] Der Vertrag wird i.H.d. Teilzustimmung geändert, ohne dass der Vermieter dies verhindern könnte.[597] Das gilt jedoch nur, wenn die Teilzustimmung innerhalb der gesetzlichen Vorgabe erfolgt. Stimmt der Mieter einer Mieterhöhung erst zu einem späteren Zeitpunkt zu, als dies in § 558b Abs. 1 vorgesehen ist, handelt es sich wieder um ein neues Angebot.[598] Es ist also wie folgt zu differenzieren:

- Stimmt der Mieter einem **formell wirksamen** Mieterhöhungsverlangen nur teilweise zu, kann der Vermieter wegen des noch streitigen Teils Klage er-

---

594 Schmidt-Futterer/Börstinghaus, § 558 BGB Rn. 28; Emmerich/Sonnenschein/Emmerich, § 558 BGB Rn. 6; Herrlein/Kandelhard/Both, § 558 BGB Rn. 26.

595 OLG Oldenburg, WuM 1982, 105.

596 Vgl. statt aller Schmidt-Futterer/Börstinghaus, § 558b BGB Rn. 36.

597 LG Hamburg, WuM 1991, 699, WuM 1990, 31; LG Landshut, WuM 1990, 223.

598 A.A.: LG Duisburg, WuM 1976, 81; Schmidt-Futterer/Börstinghaus, § 558b BGB Rn. 38.

heben. Wird die Klage nicht innerhalb der Klagefrist erhoben, so berechnet sich die Jahressperrfrist ab dem Zeitpunkt der Teilzustimmung.[599]

- Stimmt der Mieter einem **formell unwirksamen** Mieterhöhungsverlangen nur teilweise zu, ist dies gem. § 150 Abs. 2 BGB als Ablehnung, verbunden mit einem neuen Angebot zu bewerten. Die Jahresfrist wird durch diese Teilzustimmung nicht ausgelöst.[600] Der Vermieter kann deshalb sofort ein neues Mieterhöhungsverlangen stellen, worin gleichzeitig die Zurückweisung des Angebotes des Mieters zu sehen wäre. Akzeptiert er das Angebot des Mieters aber, ist aufgrund des Mietänderungsvertrages die erhöhte Miete zu zahlen, sodass hierdurch die Jahressperrfrist ausgelöst wird.[601] Zu beachten ist aber, dass die Zustimmung des Vermieters in diesen Fällen auch **konkludent** erfolgt sein kann. Denn wenn der Mieter auf ein unwirksames Mieterhöhungsverlangen regelmäßig einen Teil der erhöhten Miete zahlt und der Vermieter diese Zahlungen vorbehaltlos annimmt, wird dies aus der Sicht des objektiven Empfängers als Zustimmung zu dem geänderten Angebot zu verstehen sein.[602] Denn genau so, wie der Mieter durch Zahlung einem Mieterhöhungsverlangen zustimmen kann, kann auch der Mieter das Verhalten des Vermieters als Zustimmung verstehen dürfen. Klagt der Vermieter auf ein unwirksames Erhöhungsverlangen hin den Teil ein, dem der Mieter nicht zugestimmt hat, ist in der Klage auch die konkludente Annahme der Teilzustimmung zu sehen.[603]

Ein vor Ablauf der **Jahressperrfrist** gestelltes Mieterhöhungsverlangen ist unwirksam.[604] Soweit zuvor von einigen OLG[605] die Auffassung vertreten worden war, dass der Vermieter bereits vor Ablauf der 1-jährigen Sperrfrist (gem. § 2 Abs. 1 Satz 1 Nr. 1 MHG a.F.) ein neues Erhöhungsverlangen dem Mieter zuschicken konnte, sind diese Entscheidungen durch den o.g. Beschluss des BGH überholt. Die vom BGH vertretene Sichtweise ergibt sich

295

---

599 LG Berlin, GE 1996, 1551; LG Mannheim, ZMR 1994, 516; LG Bonn, WuM 1985, 311; AG Köln, WuM 1993, 409.

600 LG Köln, WuM 2001, 244; LG Berlin, WuM 1997, 51; AG Hamburg, NZM 1998, 574; AG Köln, WuM 1995, 114.

601 LG Mannheim, ZMR 1994, 516; LG Bonn, WuM 1995, 113; LG Wiesbaden, WuM 1993, 196; AG Hamburg, NZM 1998, 574; AG Köln, WuM 1995, 114.

602 LG Osnabrück, WuM 1993, 618.

603 Schmidt-Futterer/Börstinghaus, § 558 BGB Rn. 30 m.w.N.

604 BGH, WuM 1993, 388 = ZAP, Fach 4 R, S. 112 = NJW 1993, 2109.

605 OLG Oldenburg, WuM 1981, 83; WuM 1982, 105; OLG Hamm, WuM 1987, 114; OLG Frankfurt am Main, WuM 1988, 144.

bereits aus dem Wortlaut des § 558 Abs. 1 Satz 2 BGB, wonach ein Mieterhöhungsverlangen erst nach Ablauf der Wartefrist wirksam „erhoben werden kann". Damit knüpft das Gesetz für den Beginn der dem Mieter eingeräumten Überlegungsfrist sowie der Frist zur Erhebung der Klage auf Erteilung der Zustimmung an den Zugang des Erhöhungsverlangens und nicht auf den Zeitpunkt an, zudem die erhöhte Miete wirksam wird.

b)   15-Monatefrist

296   Die 2-monatige Überlegungsfrist des § 558b Abs. 2 BGB beginnt nicht vor Zugang des Mieterhöhungsverlangens. Dies war nach § 2 Abs. 3 MHG nicht anders. Auch unter dessen Geltung betrug also die effektive **Wartefrist** bis zur tatsächlichen Anhebung der Miete im jeden Fall mindestens 15 Monate. Diese Frist ist im Gesetz seit der Mietrechtsreform explizit genannt. Nach der Auffassung des Gesetzgebers sollte diese Änderung nur **Klarstellungsfunktion** haben.[606] Dies ist wie Börstinghaus anschaulich zeigt[607] nicht immer der Fall. Denn zumindest dann, wenn die Miete nicht am Anfang oder Ende eines Monats fällig ist, kann es im Vergleich zur alten Rechtslage zu unterschiedlichen Ergebnissen kommen.[608] In diesen Fällen muss also die 15-Monatsfrist gesondert geprüft werden.

c)   Mietsenkungen

297   Nach dem Wortlaut des § 558 Abs. 1 Satz 1 BGB muss die Miete „seit 15 Monaten unverändert" geblieben sein. Dies würde Mietsenkungen einschließen. Eine Einschränkung macht § 558 Abs. 1 Satz 3 BGB. Danach werden Erhöhungen nach den §§ 559 bis 560 BGB nicht berücksichtigt. Die Rede ist hier ausdrücklich von „Erhöhungen". Dies spricht dafür, dass Mietpreissenkungen die Jahresfrist nicht auslösen. Dafür spricht auch der Sinn und Zweck der Vorschrift, eine gewisse Kontinuität der Mietpreise zu gewährleisten und den Mieter eine bestimmte Zeit vor Mieterhöhungsverlangen zu schützen.[609]

---

606   Begründung des RefE, Lützenkirchen, Neue Mietrechtspraxis, Rn. 1165.

607   Schmidt-Futterer/Börstinghaus, § 558 BGB Rn. 8 ff.

608   Vgl. die Beispiele bei Schmidt-Futterer/Börstinghaus, § 558 BGB Rn. 8 ff.

609   AG Mitte, MM 2004, 126; vgl. Schmidt-Futterer/Börstinghaus, § 558 BGB Rn. 15; Herrlein/Kandelhard/Both, § 558 BGB Rn. 14; Emmerich/Sonnenschein/Emmerich, § 558 BGB Rn. 6; MietPrax/Börstinghaus, Fach 6 Rn. 950.

d)   Nicht zu berücksichtigende Mieterhöhungen

Die Wartefrist wird nicht ausgelöst durch Erhöhungen der Miete, die sich aus   298
den §§ 559 bis 560 BGB ergeben haben. Ist also während des vergangenen
Jahres die Miete nach einer **Modernisierung** ausdrücklich nach § 559b BGB
erhöht worden oder wurde sie wegen einer Erhöhung der **Betriebskosten**
heraufgesetzt, dann kann trotzdem eine Mieterhöhung nach §§ 558 ff. BGB
stattfinden, wenn die o.g. Voraussetzungen erfüllt sind. Unerheblich ist dabei,
ob das Verfahren nach §§ 559 bis 560 BGB eingehalten wurde. Denn nach
der Rspr. Des BGH bezieht sich § 558 Abs. 1 Satz 3 BGB auch auf solche
Mieterhöhungen, die auf den in den §§ 559 bis 560 BGB genannten Gründen beruhen aber nicht einseitig durch den Vermieter, sondern einvernehmlich
zwischen den Parteien vereinbart worden sind.[610] In beiden Entscheidungen
stellte der BGH nicht auf den Wortlaut sondern auf den Sinn und Zweck der
Vorschriften ab, der es nicht rechtfertigt, einvernehmliche und einseitige Erhöhungen, die auf den gleichen Gründen beruhen, nicht gleichzustellen. Zu
beachten ist aber, dass dies nur für vertragliche Vereinbarungen gilt, denen die
gesetzlich vorgegebenen Merkmale einer Modernisierung zugrunde liegen.
Die Entscheidung des BGH v. 18.07.2007[611] betraf explizit nur eine einvernehmliche Mieterhöhung nach durchgeführten Modernisierungsmaßnahmen.
Aus den dortigen Erwägungen kann aber nichts anderes gelten, wenn Erhöhungen einer **Betriebskostenpauschale** oder von **Betriebskostenvorauszahlungen** i.S.v. § 560 BGB einvernehmlich vereinbart werden.

Das Gleiche gilt bei Mieterhöhungen nach dem **Ende der Mietpreisbin-**   299
dung.[612] Auch hier ist zwischen den verschiedenen Erhöhungsmöglichkeiten,
die zur Anhebung der Kostenmiete geführt haben, zu unterscheiden.[613] Beruhte
die Erhöhung der Kostenmiete auf einer baulicher Veränderung oder einer Erhöhung von Betriebskosten, dann ist eine solche Kostenmieterhöhung für die
Berechnung der Wartefristen unerheblich. Dies ergibt sich daraus, dass der
Gesetzgeber selbst im § 558 BGB bestimmt hat, dass Mieterhöhungen nach
den §§ 559 bis 560 BGB bei der Berechnung der Wartefrist außer Acht zu

---

610   BGH, NZM 2007, 727 = NJW 2007, 3122 = ZAP, EN-Nr. 654/2007; BGH, WuM 2004,
        344 = MietPrax-AK, § 558 BGB Nr. 4, der das Gleiche für die Berechnung der Kappungs-
        grenze feststellt.
611   BGH, NZM 2007, 727.
612   Grundl. hierzu Beuermann, GE 1994, 364.
613   OLG Hamm, WuM 1995, 263 = ZMR 1995, 247.

lassen sind. In den übrigen Fällen der Anhebung der **Kostenmiete** ist die Anwendung der Wartefrist wegen ihres gesetzgeberischen Zwecks zu bejahen.[614] So lösen etwa Erhöhungen der Kostenmiete wegen geänderter Pauschalen für Verwaltung, Instandhaltung und Schönheitsreparaturen die 1-jährige Sperrfrist aus.[615] Das Gleiche gilt für eine Erhöhung der Kostenmiete wegen des Abbaus der Aufwendungszuschüsse[616] oder sonstiger Kapitalkostensteigerungen.[617] In diesen Fällen ist also auch ein Mieterhöhungsverlangen, dass vor Ablauf der Jahresfrist gestellt wurde, mit dem aber eine Mieterhöhung erst nach Ablauf der Preisbindung verlangt wird, unwirksam.[618] Das BayObLG[619] hat i.Ü. für Mieterhöhungen nach dem Ende der Mietpreisbindung entschieden, dass die Kappungsgrenze nach den gleichen Grundsätzen anzuwenden sei.

e) Ehemals preisgebundener Wohnraum

300 Die gleichen Erwägungen gelten nach dem **Ende der Mietpreisbindung**. Entfällt für eine Wohnung nach Fristablauf oder vorzeitiger Rückzahlung der Fördermittel die Beschränkung auf die Kostenmiete, so kann von da an die Miete nur nach den Vorschriften des BGB erhöht werden. Der Vermieter kann also die ehemalige Kostenmiete erhöhen, wenn sie unter den üblichen Entgelten liegt. Auch in diesem Fall bedarf es eines Mieterhöhungsverlangens des Vermieters.

301 Dies darf der Vermieter noch während des Bestehens der Preisbindung aussprechen[620] (unter Beachtung der Jahressperrfrist). Die hierzu ergangenen Rechtsentscheide[621] sind durch den Rechtsentscheid des BGH v. 16.06.1993[622] nicht überholt, da dieser zu einem anderen Problemkreis ergangen ist. Durch § 558 Abs. 4 BGB (und ebenso schon durch § 2 Abs. 1a MHG) hat der Ge-

---

614 So auch Beuermann, GE 1994, 364, 369.

615 LG Bonn, WuM 1995, 113.

616 LG Berlin, MM 2002, 51.

617 BGH, WuM 2004, 345 = MietPrax-AK, § 558 BGB Nr. 3.

618 BGH, WuM 1993, 388.

619 BayObLG, WuM 1984, 48 = NJW 1984, 732.

620 OLG Hamm, NJW 1981, 234 = WuM 1980, 262; KG, NJW 1982, 2077 = WuM 1982, 102; Herrlein/Kandelhard/Both, § 558 BGB Rn. 36; Schmidt-Futterer/Börstinghaus, § 558 BGB Rn. 36; Lützenkirchen, WuM 1995, 574; a.A. LG Kiel, WuM 1995, 541; Scholl, WuM 1995, 426 und WuM 1996, 17.

621 OLG Hamm, NJW 1981, 234 = WuM 1980, 262; NJW 1982, 2077 = WuM 1982, 102; KG, NJW 1982, 2077 = WuM 1982, 102.

622 BGH, WuM 1993, 388.

setzgeber hinreichend deutlich zum Ausdruck gebracht, dass ein nahtloser Übergang von der Preisbindung in die Preisfreiheit in der Weise gewährleistet sein soll, dass ein dem Mieter bereits vor Ablauf der Preisbindung zugegangenes Zustimmungsverlangen, gerichtet auf eine Mieterhöhung direkt nach Wegfall der Preisbindung wirksam sein kann.[623]

Die **Jahressperrfrist** wird dabei auch durch Erhöhungen der Kostenmiete ausgelöst. Eine Besonderheit des preisgebundenen Wohnraumes bringt es mit sich, dass der Beginn der Wartefrist nicht unbedingt mit dem Zeitpunkt zusammenfallen muss, in dem die letzte Kostenmieterhöhung erklärt wurde. Denn im preisgebundenen Wohnraum sind **Mietgleitklauseln** zulässig und verbreitet. Ist eine solche Klausel wirksam vereinbart, beginnt die Wartefrist nicht mit Ausspruch der Mieterhöhung, sondern mit deren (rückwirkendem) Wirksamwerden.[624]

302

Formulierungsbeispiel wirksame Klausel:

303

„Alle allgemein oder im konkreten Fall eintretenden Mieterhöhungen und/oder Erhöhungen sowie Neueinführungen von Nebenkosten und Grundstückslasten jeder Art sind vom Zeitpunkt des Eintritts ab vereinbart und vom Mieter zu zahlen. Unbeschadet bleibt das Kündigungsrecht des Mieters; für diesen Fall tritt eine Erhöhung der Miete nicht ein."[625]

2. Kappungsgrenze

a) Allgemeines

Um den Mietanstieg etwas zu verlangsamen gestattete das MHG seit 1982 eine Steigerung der Miete innerhalb von drei Jahren nur um 30 %. Durch das 4. MRÄndG wurde diese Kappungsgrenze zeitlich befristet differenziert und betrug für einen Teil des Wohnungsbestandes nur noch 20 %. Mit Inkrafttreten der Mietrechtsreform gilt nun einheitlich eine 20 %ige Kappungsgrenze.[626] Dabei ist es egal, ob diese Grenze durch eine einzige Mieterhöhung oder durch mehrere jährliche Mieterhöhungen erreicht wird.[627]

304

---

623   LG Berlin, WuM 1996, 417; a.A. LG Kiel, WuM 1995, 541.
624   BGH, WuM 2004, 345 = MietPrax-AK, § 558 BGB Nr. 3.
625   BGH, WuM 2004, 285 = MietPrax-AK, § 10 WoBindG Nr. 2
626   Die Regelung ist verfassungsgemäß, BGH, WuM 2004, 348; WuM 2004, 345.
627   LG Karlsruhe, ZMR 1990, 222.

305   Für die Berechnung der Kappungsgrenze ist die Miete zugrunde zu legen, die drei Jahre vor dem Wirksamwerden des Erhöhungsverlangens geschuldet wurde; auf die drei Jahre vor Zugang des Erhöhungsverlangen geschuldete Miete kommt es nicht an.[628] Anders als bei den beiden anderen Voraussetzungen des Mieterhöhungsanspruchs, nämlich der Einhaltung der **Jahresfrist**[629] und der Feststellung der ortsüblichen **Vergleichsmiete**,[630] bei denen es jeweils auf den Zugang des Erhöhungsverlangen ankommt, ist für die Berechnung der Kappungsfrist auf den Zeitpunkt des Wirksamwerdens des Erhöhungsanspruchs abzustellen. Bei der 3-Jahresfrist zur Berechnung der Kappungsgrenze handelt es sich um eine Frage der Begründetheit des Erhöhungsverlangens, wohingegen die 1-jährige Wartefrist eine Zulässigkeitsvoraussetzung ist, die das AG von Amts wegen zu prüfen hat.[631] Die Kappungsgrenze ist gerade nicht als **Sperrfrist** ausgestaltet. I.Ü. kann der Mieter auch nach Zugang des Mieterhöhungsverlangens problemlos feststellen, ob die verlangte neue Miete tatsächlich nur max. 20 % höher als die drei Jahre vor dem Wirksamkeitszeitpunkt geschuldete Miete ist. Dies hat folgende Konsequenzen:

306   *Beispiel:*

Datum:	*10.06.2004*	*01.09.2004*	*06.06.2007*	*01.09.2007*
m²/Miete in €:	*4,81*	*5,38*	*5,38*	*6,46*
Ereignis:	*1. Erhöhungs-verlangen*	*Wirksamkeits-zeitpunkt*	*2. Erhöhungs-verlangen*	*Wirksamkeits-zeitpunkt*

Konsequenz:

Datum drei Jahre zuvor	*06.06.2007*	*01.09.2007*
Miete damals €/m²	*4,81*	*5,38*
maximale Miete unter Ausnutzung der Kappungsgrenze €/m²	*5,77*	*6,46*

In dem Beispielsfall ist somit unter dem Gesichtspunkt der Kappungsgrenze eine Mieterhöhung bis auf einen Betrag von 6,46 €/m² zulässig.

307   Bei der Berechnung ist die niedrigste Miete der letzten drei Jahre vor dem Termin heranzuziehen, zu dem die jetzige Mieterhöhung fällig wird. Dabei sind

---

628   OLG Celle, WuM 1996, 86 = ZMR 1996, 194.
629   BGH, WuM 1993, 388.
630   BayObLG, WuM 1992, 677.
631   OLG Celle, WuM 1996, 86; BayObLG, WuM 1988, 117; LG Hannover, WuM 1990, 517.

dann alle Mieterhöhungen, mit Ausnahme der ausdrücklich ausgenommenen wegen Modernisierung oder Erhöhung von Betriebskosten gem. §§ 559 ff., 560 BGB zu berücksichtigen. Wie bei der Jahressperrfrist[632] bleiben bei der Berechnung der Kappungsgrenze nicht nur einseitige Mieterhöhungserklärungen des Vermieters außer Betracht sondern auch einvernehmlich zwischen den Parteien vereinbarte Mieterhöhungen, die ihren Grund in einer durchgeführten Modernisierungsmaßnahme oder (bei der Vereinbarung von Betriebskostenpauschalen oder -vorauszahlungen) in den gestiegenen Betriebskosten haben.[633]

Abzustellen ist auf die vereinbarte bzw. geschuldete Miete.[634] War die Miete drei Jahre vor dem Wirksamkeitszeitpunkt der aktuellen Erhöhungserklärung wegen Mängeln gemindert, gilt die ungeminderte Miete als Basis für die Berechnung.[635] Wurde dagegen die Miete innerhalb des 3-Jahreszeitraumes einmal gesenkt, ist darauf abzustellen. Denn dies war dann die niedrigste Miete.[636]   308

Grds. ist die Miete heranzuziehen, die drei Jahre vor dem Wirksamkeitszeitpunkt geschuldet war. Sind darin irgendwelche **Zuschläge** enthalten, etwa für die Untervermietung[637] oder für die teilgewerbliche Nutzung,[638] sind diese nicht herauszurechnen. Denn mit der Vereinbarung werden sie Bestandteil der einheitlichen Miete. Das Gleiche gilt für Modernisierungserhöhungen. Auch hier gibt es keinen „Modernisierungszuschlag" der fortan immer gesondert ausgewiesen wird. Die Mieterhöhung nach § 559b BGB führt vielmehr zu einer neuen einheitlichen Miete.[639] Etwas anderes gilt, wenn Zuschläge innerhalb der 3-Jahresfrist vereinbart werden, die eine Mehr-Leistung des Vermieters vergüten sollen, so etwa der Zuschlag der Untervermietung oder für   309

---

632   S. dazu Rn. 298.

633   Vgl. BGH, WuM 2004, 344 = NZM 2004, 456 = MietRB 2004, 456 (m. Anm. Kunze) = MietPrax-AK, § 558 BGB Nr. 4; abl. Schmidt-Futterer/Börstinghaus, § 558 BGB Rn. 178.

634   LG Berlin, WuM 1998, 231; LG Hannover, WuM 1990, 517.

635   Schmidt-Futterer/Börstinghaus, § 558 BGB Rn. 166.

636   Schmidt-Futterer/Börstinghaus, § 558 BGB Rn. 168; Herrlein/Kandelhard/Both, § 558 BGB Rn. 82; Emmerich/Sonnenschein/Emmerich, § 558 BGB Rn. 29.

637   AG Hamburg, WuM 1992, 457; Bub/Treier-Schultz, III A 353.

638   Bub/Treier-Schultz, III A 353.

639   Vgl. dazu Rn. 562 und 571.

eine teilgewerbliche Nutzung. Diese innerhalb der drei Jahre vereinbarten Zuschläge werden bei Berechnung der Kappungsgrenze nicht mitgerechnet.[640]

310   Wie die Jahressperrfrist bzw. die 15-monatige Wartefrist[641] gilt auch die Kappungsgrenze zugunsten aller Mieter. Kam es im 3-Jahreszeitraum zu einem Mieterwechsel, läuft die Frist mit Eintritt des neuen Mieters neu. Etwas anderes gilt wieder dann, wenn vereinbarungsgemäß ein Mieteraustausch unter Fortführung des alten Mietverhältnisses stattfindet[642] oder bei einer gesetzlichen Rechtsnachfolge nach dem Tode des Mieters entsprechend den §§ 563 bis 564 BGB.[643] Denn die Miete darf sich nur gegenüber allen Mietern um max. 20 % in drei Jahren erhöhen.[644]

311   Die Kappungsgrenze gilt (mit der Ausnahme des § 558 Abs. 4 BGB[645]) auch nach **Ende der Preisbindung**.[646] Tatsächlich dürfte hier einer der Hauptanwendungsfälle der Kappungsgrenze liegen.[647]

312   Auf die Kappungsgrenze werden Mieterhöhungen während der Preisbindung, die den Mieterhöhungen der §§ 559 bis 560 BGB entsprechen, nicht angerechnet. Erhöhungen der **Kostenmiete** wegen gestiegener Betriebskosten oder durchgeführter Modernisierungen bleiben bei Berechnung der Kappungsgrenze außer Acht.[648] Mieterhöhungen, die auf anderen Sachverhalten beruhen, werden dagegen mitgerechnet. Dies gilt bei Mieterhöhungserklärungen im preisfreien Wohnraum nach dem 01.09.2001 auch, wenn die vorher geltende Kostenmiete wegen gestiegener Kapitalkosten erhöht wurde. Denn

---

640   LG München, WuM 1999, 575; Schmidt-Futterer/Börstinghaus, § 558 BGB Rn. 173; Emmerich/Sonnenschein/Emmerich, § 558 BGB Rn. 28.

641   S. Rn. 296 ff.

642   Vgl. für die Jahresfrist Rn. 293.

643   Schmidt-Futterer/Börstinghaus, § 558 BGB Rn. 164; Herrlein/Kandelhard/Both, § 558 BGB Rn. 80; Emmerich/Sonnenschein/Emmerich, § 558 BGB Rn. 28.

644   Herrlein/Kandelhard/Both, § 558 BGB Rn. 80.

645   Dazu Rn. 314 ff.

646   A.M., z.B. BVerfG, WuM 1991, 575; BGH, WuM 2004, 345 = MietPrax-AK, § 558 BGB Nr. 3; OLG Hamm, NJW-RR 1990, 1233; LG Hamburg, WuM 1996, 277; vgl. noch Schmidt-Futterer/Börstinghaus, § 558 BGB Rn. 150 mit zahlreichen Nachweisen in der Fn. 363.

647   Vgl. Institut für Stadtforschung und Strukturpolitik (ifS) Berlin, WuM 1997, 197, 200, auf die die Begründung des RefE [NZM 2000, 415, 439] ausdrücklich Bezug nimmt; Sternel, PiG Bd. 60, S. 54.

648   BGH, WuM 2004, 348 = MietPrax-AK, § 558 BGB Nr. 2; Schmidt-Futterer/Börstinghaus, § 558 BGB Rn. 182.

durch die Mietrechtsreform wurde eine dem früheren § 5 MHG entsprechende Regelung gestrichen.[649]

Ansonsten ist bei der Berechnung der Kappungsgrenze die **vereinbarte Miet-**   313
struktur ohne Belang. Ist eine Nettomiete vereinbart, ist dies die Basis für die Kappungsgrenze. Haben die Parteien eine Teilinklusiv- oder eine Bruttomiete vereinbart, errechnet sich die Kappungsgrenze danach. Denn „Miete" i.S.v. § 558 BGB meint den vom Mieter zu zahlenden Betrag ohne zusätzlich vereinbarter Betriebskostenvorauszahlungen.[650] Schwieriger wird es, wenn sich die Mietstruktur innerhalb der letzten drei Jahre geändert hat. Wurde etwa eine Brutto- oder Teilinklusivmiete in eine Nettomiete umgewandelt, besteht keine einheitliche Basis mehr. Um beide Mietstrukturen vergleichen zu können, muss entweder eine fiktive Nettomiete zum Stichtag vor drei Jahren ermittelt[651] oder die Kappungsgrenze zunächst nach der alten Bruttomiete berechnet und dann ein Betriebskostenanteil abgezogen werden.[652]

b)   **Sonderfall der ehemals preisgebundenen Wohnungen**

aa)   **Wegfall der Kappungsgrenze**

Jedoch gilt gem. § 558 Abs. 4 Satz 1 BGB ausnahmsweise keine Kappungs-   314
grenze,

- wenn eine Verpflichtung des Mieters zur Ausgleichszahlung nach den Vorschriften über den Abbau der Fehlsubventionierung im Wohnungswesen wegen des Wegfalls der öffentlichen Bindung erloschen ist und

- soweit die Erhöhung den Betrag der zuletzt zu entrichtenden Ausgleichszahlung nicht übersteigt.

Durch diese gesetzliche Regelung soll sichergestellt werden, dass die Be-   315
lastung des Mieters mit Wohnkosten nach Ende der Mietpreisbindung nicht sinkt, obwohl seine Miete i.H.d. ortsüblichen Vergleichsmiete eine gleich hohe Belastung bedeuten würde.[653] Der Mieter soll keinen wirtschaftlichen

---

649   BGH, WuM 2004, 348 = MietPrax-AK, § 558 BGB Nr. 2.
650   BGH, WuM 2004, 153 = MietPrax-AK, § 558 BGB Nr. 1.
651   LG Kiel, WuM 1985, 65; Schmidt-Futterer/Börstinghaus, § 558 BGB Rn. 172.
652   LG Berlin, GE 2002, 1433 m. Anm. Blümmel, GE 2002, 1374 mit zahlreichen Rechenbeispielen.
653   Bub/Treier-Schultz, III Rn. 343 a; Börstinghaus, WuM 1994, 417.

Vorteil dadurch erlangen, dass die Wohnungsbindung ausläuft. Erreicht wird dies dadurch, dass der Betrag, den der Mieter bisher an Ausgleichszahlungen leisten musste, nun (immer unter der Voraussetzung, dass die ortsübliche Vergleichsmiete nicht überschritten wird) an den Vermieter zu zahlen ist. Die Kappungsgrenze findet darauf keine Anwendung.

316 Dies bedeutet nicht, dass die Kappungsgrenze zunächst auf die „Grundmiete" ohne Fehlbelegungsabgabe anzuwenden ist und der Betrag der Fehlbelegungsabgabe dann addiert werden kann. Nur wenn der Betrag der Fehlbelegungsabgabe weniger als 20 % der Grundmiete beträgt, kann er überschritten werden. Die Obergrenze bildet jeweils die ortsübliche Vergleichsmiete.

317 Danach wären folgende Fallgestaltungen denkbar:

Nettomiete	Fehlbelegungs-abgabe	ortsübliche Vergleichsmiete	mögliche Miet-erhöhung auf
400,00 €	150,00 €	600,00 €	550,00 €
400,00 €	50,00 €	600,00 €	480,00 €
400,00 €	250,00 €	600,00 €	600,00 €

318 Die Vorschrift des § 558 Abs. 4 Satz 1 BGB ist nicht auf die erste Mieterhöhung nach Ende der Mietpreisbindung beschränkt, sie gilt vielmehr solange, bis die gezahlte Miete die ehemalige Kostenmiete zuzüglich der Ausgleichszahlungen betragsmäßig erreicht hat.[654]

bb) Auskunftsanspruch

319 Da der Vermieter i.d.R. nicht über die erforderlichen Informationen verfügt, die er für die Beurteilung der Rechtsfrage benötigt, ob eine Kappungsgrenze gilt oder nicht, und wenn ja, bis zu welcher Höhe er die Miete erhöhen darf, gibt ihm das Gesetz gegen den Mieter einen Auskunftsanspruch. Diesen Anspruch darf er gem. § 558 Abs. 4 Satz 2 BGB frühestens vier Monate vor dem Wegfall der öffentlichen Bindung geltend machen. Der Mieter muss innerhalb eines Monats die Auskunft erteilen.

---

654 AG Köln, WuM 1996, 480; Herrlein/Kandelhard/Both, § 558 BGB Rn. 85, Börstinghaus, NZM 1999, 881; a.A. LG Berlin, NZM 1998, 509.

Die **Auskunft** ist eine **Wissenserklärung**.[655] Sie ist grds. schriftlich zu ertei-   320
len.[656] Der Mieter muss dem Vermieter sowohl mitteilen, ob er überhaupt zu
einer Ausgleichszahlung verpflichtet war und den Vermieter über die Höhe
dieser Ausgleichszahlung zum Zeitpunkt des Wegfalls der Sozialbindung
informieren. Es kommt dabei auf die Abgabe an, die rechtmäßigerweise zu
zahlen war. Probleme können auftauchen, soweit der Mieter aufgrund eines
angefochtenen Bescheids zunächst eine höhere Ausgleichszahlung erbringen
muss, da sein Widerspruch bzw. die ggf. erforderliche Anfechtungsklage keine aufschiebende Wirkung hat, und später eine niedrigere Zahlungsverpflich-
tung in Rechtsbehelfsverfahren festgestellt wird. Da in diesem Fall nur die
niedrigere Abgabe „zu entrichten" war und der überschießende Teil lediglich
aufgrund eines nicht rechtskräftigen Bescheides gezahlt wurde, ist hier nicht
auf die zum Zeitpunkt der Auskunft vorläufig zu entrichtende höhere Abgabe
abzustellen, sondern auf die Abgabe in richtiger Höhe.

Hier besteht die technische Schwierigkeit, dass zu dem Zeitpunkt des Aus-   321
kunftsverlangens diese Höhe gar nicht feststeht. Man wird hier wohl nur so
argumentieren können, dass der Mieter zunächst die tatsächlich gezahlte höhere Abgabe angeben muss und zwar ggf. mit einem entsprechenden Hinweis.
Der Vermieter ist im Anschluss daran berechtigt, vom Mieter die Zustimmung
zu einer Mieterhöhung zu verlangen, die von der tatsächlich gezahlten Abgabe bei der Berechnung der Kappungsgrenze ausgeht. Wenn die übrigen
Voraussetzungen gegeben sind, muss der Mieter seine Zustimmung erteilen.
Nun kann er dies entweder unter der auflösenden Bedingung tun, dass die
Fehlbelegungsabgabe in der der Mietberechnung zugrunde liegenden Höhe
bestandskräftig geworden ist, oder er erteilt die Zustimmung bedingungslos,
macht aber einen entsprechenden Vorbehalt. Wenn sich dann herausstellt, dass
die Mietberechnung der Zuzahlung der **Fehlbelegungsabgabe** überhöht ist,
da sie nachträglich herabgesetzt wurde, dann hat er einen Anspruch aus ungerechtfertigter Bereicherung. Der Vermieter ist dann nämlich rechtsgrundlos
um die Zustimmung zur Mieterhöhung bzgl. des Anteils, zu dem der Mieter bei richtigem Ansatz der Fehlbelegungsabgabe nicht verpflichtet war, be-
reichert.

---

655   Palandt/Heinrichs, § 261 BGB Rn. 20.
656   Palandt/Heinrichs, § 260 BGB Rn. 20; MünchKomm/Keller, § 260 BGB Rn. 51 m.w.N.;
        a.A. Blank, WuM 1993, 506.

322   Wenn sich während der Mieterhöhungsklage herausstellt, dass der Mieter eine geringere Fehlbelegungsabgabe aufgrund seines Rechtsbehelfs zu zahlen hat, dann muss der Vermieter den Rechtsstreit insofern für erledigt erklären. Zwar hat dann der Anspruch auf die – noch weiter gehendere – Zustimmung zur Mieterhöhung von Anfang an nicht bestanden. Die Situation ist aber der in den §§ 543 Abs. 2 Nr. 3, 569 Abs. 3 BGB vergleichbar, bei denen der ursprüngliche Kündigungsgrund wegen Zahlungsverzuges auch von Anfang an entfällt, wenn der Mieter innerhalb der Schonfrist zahlt. Auch dort geht jedoch die überwiegende Meinung von einem erledigenden Ereignis aus.[657]

cc)   Rechtsfolgen bei fehlender Auskunft

(1)   Auskunftsklage

323   Der Vermieter kann den Mieter erst nach Ablauf der 1-monatigen Auskunftsfrist, also drei Monate vor **Ablauf der Preisbindung** auf Auskunft verklagen. Eine frühere Klage kann allenfalls dann in Betracht kommen, wenn der Mieter bereits vorher seine generelle Auskunft nicht verneint.

324   Der Auskunftsanspruch ist erfüllt und eine Klage unbegründet, wenn der Mieter die Auskunft erteilt hat. Dabei kann der Inhalt einer Auskunft auch darin bestehen, dass der Schuldner einen auskunftspflichtigen Tatbestand verneint,[658] also mitteilt, keine Fehlbelegungsabgabe zu zahlen. Hat der Vermieter lediglich Zweifel an der Richtigkeit der Auskunft, ist eine Auskunftsklage unbegründet. In Betracht kommt in diesen Fällen allenfalls ein Anspruch auf Abgabe der **eidesstattlichen Versicherung** entsprechend der §§ 260 Abs. 2 i.V.m. 261 BGB. Soweit § 259 Abs. 3 BGB in Fällen geringer Bedeutung diesen Anspruch ausschließt, dürfte dies wegen der u.U. weit in die Zukunft reichenden Folgen einer Mieterhöhung nicht einschlägig sein.

325   Fraglich ist, ob dem Vermieter auch ein Anspruch auf Vorlage von Belegen, insbes. eine Kopie des Bescheides über die Fehlbelegungsabgabe, zusteht. Dies ist zu verneinen.[659] Auskunft und Belegvorlage sind gesetzlich zwei verschiedene Dinge. Soweit das Gesetz eine Verpflichtung zur Vorlage von Belegen anordnet, ist dies jeweils speziell zusätzlich zur Auskunftsverpflichtung ange-

---

657   LG Kassel, NJW-RR 1987, 788.

658   Palandt/Heinrichs, § 261 BGB Rn. 20.

659   Ebenso Herrlein/Kandelhard/Both, § 558 Rn. 86; Schmidt-Futterer/Börstinghaus, § 558 BGB Rn. 191.

ordnet worden, z.B. in § 666 BGB oder § 1605 Abs. 1 Satz 2 BGB. Auch beim allgemeinen Auskunftsanspruch, der aus § 242 BGB hergeleitet wird, besteht keine Verpflichtung zur Vorlage von Belegen.[660] Hinzu kommt hier noch, dass sich aus dem Bescheid über die Verpflichtung zur Ausgleichszahlung auch noch andere Angaben wie z.b. die Höhe des anrechenbaren Einkommens sowie die Anzahl der berücksichtigten Haushaltsangehörigen ermitteln lassen. Auf diese Informationen hat der Vermieter aber keinen Anspruch.

Wenn der Vermieter **Auskunftsklage** erheben muss, stellt sich für ihn die Frage, ob er dies ggf. in Form der **Stufenklage** gem. § 254 ZPO verbunden mit der Zustimmungsklage nach § 558 BGB kann. Dafür spricht u.U. ein gewisses Beschleunigungsinteresse, da bei einem Mieter, der schon die Auskunft nicht erteilt, befürchtet werden könnte, dass er auch die Zustimmung zur Mieterhöhung nicht erteilt. Diese Argumentation[661] übersieht aber, dass das Mieterhöhungsverfahren ein formales Verfahren ist. Bevor eine Klage auf Zustimmung zur Mieterhöhung überhaupt zulässig ist, muss der Vermieter durch ein Mieterhöhungsverlangen, da es gewisse Formalitäten einhalten muss, die Überlegungsfrist des Mieters in Gang setzen. Eine vor Ablauf der Frist erhobene Klage ist unzulässig.[662] Dann ist aber auch eine Stufenklage unzulässig.

326

(2) Mieterhöhung unter Anrechnung von Höchstbeträgen

Es stellt sich die Frage, welche Ansprüche dem Vermieter zustehen, wenn der Mieter ihm keine Auskunft erteilt. Teilweise wird vertreten, dass der Vermieter in diesen Fällen den höchst zulässigen Betrag der **Fehlbelegungsabgabe** ansetzen kann, wenn er den Mieter in seinem Auskunftsbegehren darauf hinweist, dass bei Nichterteilung der Auskunft unterstellt werde, der Mieter zahle den Höchstbetrag der Fehlbelegungsabgabe. Würde sich dann im Zustimmungsprozess eine tatsächlich niedrigere Fehlbelegungsabgabe herausstellen, könnte der Vermieter mit negativer Kostenfolge für den Mieter den Rechtsstreit in der Hauptsache für erledigt erklären.[663]

327

---

660   BGH, LM § 810 Nr. 5.
661   Z.B. Beuermann, GE 1994, 1076; Lammel, § 558 BGB Rn. 80.
662   KG, WuM 1981, 54; Hanning, ZfgWBay 1993, 454; Schilling/Meyer, ZMR 1994, 498.
663   LG Köln, ZMR 1998, 783 = WuM 2000, 255; Kunze/Tietzsch, Teil II Rn. 292.

328   Diese Auffassung ist nicht richtig. Denn dies wäre eine unzulässige Umkehrung der **Darlegungslast**.[664] Im Mieterhöhungsverfahren muss der Vermieter die Tatsachen darlegen und ggf. beweisen, die ihn gegen den Mieter einen Anspruch auf Zustimmung zu einer Mieterhöhung geben. Hierzu zählt u.a. die Einhaltung der Kappungsgrenze. Wenn der Vermieter die Auffassung vertritt, dass die Kappungsgrenze wegen des Ausnahmetatbestandes des § 558 Abs. 4 Satz 1 BGB nicht eingehalten werden muss, dann muss er diese Voraussetzungen auch darlegen und beweisen. Auch wenn der Mieter diese Information hat, führt das nicht zu einer Umkehrung der Beweislast. Behauptungen ins Blaue hinein führen zu einem unzulässigen **Ausforschungsbeweis**.

329   Auch aus **Rechtsschutzgesichtspunkten** muss der Vermieter nicht geschützt werden. Der Gesetzgeber hat ihm einen Auskunftsanspruch zugesprochen, bei dessen Ausnutzung ihm keine Rechtsnachteile entstehen. Auch im Unterhaltsrecht etwa kann der Unterhaltsberechtigte nicht von einem irgendwie geschätzten fiktiven Einkommen ausgehen und davon dann seinen Unterhalt berechnen, sodass dann der Unterhaltsverpflichtete im Verfahren sein tatsächliches Einkommen darlegen muss. Auch hier ist anerkannt, dass solche Behauptungen „ins Blaue hinein" nicht den Minimalanforderungen an einen schlüssigen Sachvortrag entsprechen.[665] Auf die Frage, ob in diesen Fällen ein **Bestreiten mit Nichtwissen** zulässig ist, obwohl es sich um Tatsachen handelt, die im eigenen Wahrnehmungsbereich liegen (§ 138 Abs. 4 ZPO), kommt es deshalb gar nicht an, da man relationstechnisch bei fehlender Schlüssigkeit überhaupt nicht zur Erheblichkeitsprüfung kommt.[666]

(3)   Nachträgliche Mieterhöhung

330   Der Vermieter kann deshalb bei fehlender Auskunft zunächst nur drei Monate vor Ablauf der Mietpreisbindung **Auskunftsklage** erheben und zwei Monate vor Ablauf der Mietpreisbindung den Mieter ein Mieterhöhungsverlangen

---

664   MünchKomm/Artz, § 558 BGB Rn. 30; Börstinghaus, WuM 1994, 417; ders., NZM 1999, 881, 887; Kinne, ZMR 2001, 775, 779; Emmerich/Sonnenschein/Emmerich, § 558 BGB Rn. 32.

665   OLG Hamm, NJW-RR 1989, 516 m. Anm. Otto, Rpfleger 1989, 207; a.A.: Schilling/Meyer, ZMR 1994, 497.

666   Wie hier auch Beuermann, GE 1994, 1076.

zukommen lassen.[667] Da i.d.R. zu diesem Zeitpunkt über die Auskunftsklage noch nicht entschieden ist, zumindest aber die Auskunft ggf. nach Zwangsvollstreckungsmaßnahmen gem. § 888 ZPO nicht vorliegen wird, kann der Vermieter die Mieterhöhung nur unter Beachtung der Kappungsgrenze verlangen.

Nach Vorlage der Auskunft kann der Vermieter für die Zukunft die Zustimmung zu einem neuen Mieterhöhungsverlangen unter völligen oder teilweisem Wegfall der Kappungsgrenze verlangen. Dabei ist jedoch insbes. auf die Jahresfrist des § 558 Abs. 1 Satz 2 BGB zu achten. Ein vertraglicher bzw. gesetzlicher Anspruch auf Zustimmung zu einer Mieterhöhung zu dem Zeitpunkt, zu dem eine Mieterhöhung bei rechtzeitiger Auskunft möglich gewesen wäre, besteht gerade nicht und wäre im Hinblick auf § 558 Abs. 6 BGB auch nicht vereinbar.

331

(4)   Schadensersatzansprüche

Wie sich aus Vorstehendem unschwer ergibt, führt dies dazu, dass dem Vermieter insofern ein Schaden entsteht, als er die ihm gesetzlich zustehende Miete nicht verlangen kann und dass der vertrags- und gesetzeswidrig handelnde Mieter besser gestellt wird, als der Mieter, der sich ordnungsgemäß verhält. Der Mieter muss daher dem Vermieter den Schaden ersetzen, der ihm aufgrund der verspäteten, unvollständigen oder falschen Auskunft dadurch entsteht, dass er die gesetzlich mögliche Mieterhöhung nicht durchsetzen konnte, weil ihm die dazu notwendigen Informationen fehlten.[668] Auf die vor Inkrafttreten der Schuldrechtsreform notwendige Differenzierung nach Verzug, Unmöglichkeit oder positiver Forderungsverletzung (pFV) kommt es nicht mehr an[669] – es handelt sich um einen Schadensersatzanspruch gem. §§ 241 Abs. 2, 280 BGB.

332

Der Vermieter hat gegen den Mieter einen Anspruch, so gestellt zu werden, als wenn der Mieter dem Vermieter rechtzeitig mitgeteilt hätte, in welcher Höhe

333

---

667 Die hierdurch mögliche Mieterhöhung unmittelbar im Anschluss an das Auslaufen der Mietpreisbindung entspricht st. Rspr.: OLG Hamm, WuM 1980, 262; KG, WuM 1982, 102; vgl. auch Rn. 315 ff.

668 MünchKomm/Artz, § 558 BGB Rn. 38; Börstinghaus, WuM 1994, 417, 418; ders., NZM 1999, 891, 887; Kinne, ZMR 2001, 775; Emmerich/Sonnenschein/Emmerich, § 558 BGB Rn. 32; Bamberger/Roth/Ehlert, § 558 BGB Rn. 31.

669 Vgl. dazu Vorauflage, Rn. 225 ff.; Börstinghaus, WuM 1994, 417.

er eine Fehlbelegungsabgabe zahlen musste. In diesem Fall hätte der Vermieter, wenn die ortsübliche Vergleichsmiete tatsächlich so hoch war, vom Mieter unmittelbar im Anschluss an das Ende der Sozialbindung die ortsübliche Vergleichmiete ohne eine Beschränkung der Erhöhungsmöglichkeit durch die Kappungsgrenze verlangen können. Nach dem auch hier geltenden Grundsatz der **Naturalrestitution** könnte man zunächst daran denken, dem Vermieter einen Zahlungsanspruch i.H.d. Differenz zwischen der seit Mietpreisbindungsende wegen der Kappungsgrenze gezahlten Miete und der unter Geltung des § 558 Abs. 4 Satz 1 BGB möglichen Miete zuzusprechen. Dies wird jeweils nur für die Vergangenheit möglich sein. Da der Vermieter nach einem Jahr die Miete ggf. erneut erhöhen kann und die Ausnahmevorschrift des § 558 Abs. 4 Satz 1 in diesem Fall auch gilt, besteht die Möglichkeit, dass der Schaden dann ausgeglichen werden kann. Unberücksichtigt geblieben ist hierbei, dass für weitere Mieterhöhungen jetzt ggf. von einer niedrigeren Miete bei der Berechnung der Kappungsgrenze ausgegangen werden muss.

334   Nach hier vertretener Auffassung scheint es einer **Naturalrestitution** am nächsten zu kommen, wenn der Vermieter vom Mieter die Zustimmung zu einer rückwirkenden Abänderung des Mietvertrages, nämlich ab dem Zeitpunkt des Mietpreisendes, verlangt. Hierbei handelt es sich gerade nicht um einen Anspruch auf Zustimmung nach § 558 BGB, sondern um einen Schadensersatzanspruch. Der Antrag muss auf Abgabe einer bestimmten Willenserklärung gerichtet sein. Dem Antrag stehen auch die Verfahrensvorschriften der §§ 558 ff. BGB nicht entgegen, da Mietabänderungsvereinbarungen nach § 557 Abs. 1 BGB rechtlich zulässig sind. Mit Abgabe einer solchen Zustimmung zu einer rückwirkenden Mieterhöhung bzw. mit der rechtskräftigen Verurteilung hierzu ist der Vermieter dann ein für alle mal so gestellt, wie wenn er nach ordentlicher Auskunft des Mieters die Miete zum erst möglichen Zeitpunkt unter Berücksichtigung der Auskunft erhöht hätte. Zwar hat die Auskunft zur Folge, dass der Vermieter zweimal klagen muss, nämlich zunächst auf Zustimmung und dann auf Zahlung. Diese Situation entspricht aber der bei einer „normalen" Zustimmungsklage nach § 558b Abs. 2 BGB. Der Vorteil ist der, dass für alle Zeiten in der Zukunft der Zustand hergestellt wird, der bei pflichtgemäßem Verhalten des Mieters geherrscht hätte. Es gibt also keine Probleme mit der Berechnung von Kappungsgrenzen oder Jahresfristen.

335   Zu beachten ist, dass der Vermieter nur den adäquat kausal verursachten Schaden ersetzt verlangen kann. Wenn der Vermieter etwa Fristen versäumt, also

z.B. das Auskunftsverlangen erst später stellt, sodass auch bei einer Auskunft innerhalb der Monatsfrist erst innerhalb die Miete erst einige Zeit nach Ablauf der Mietpreisbindung hätte erhöht werden können, dann fehlt es bereits an der Kausalität des Schadens.

Wenn der Vermieter auch unter Beachtung der Kappungsgrenze gegen den Mieter einen Anspruch auf Zustimmung zu einer Mieterhöhung hat, diesen jedoch nicht geltend macht, weil die Auskunft fehlt, dürfte ein **Mitverschulden** auf seiner Seite vorliegen, dass zur Entstehung des Schadens beigetragen hätte. Zumindest i.H.d. Teils, um den der Vermieter auch ohne Auskunft des Mieters die Miete hätte erhöhen können, wäre eine Schadensersatzklage, unabhängig davon, ob sie direkt auf Zahlung – für die Vergangenheit – oder besser auf Zustimmung zu einer rückwirkenden Mieterhöhung gerichtet ist, unbegründet.

336

dd) Wohnraumförderungsgesetz (WoFG)

Nach § 558 Abs. 4 Satz 3 gilt Satz 1 entsprechend, wenn die Verpflichtung zur Leistung einer **Ausgleichszahlung** nach den §§ 34 bis 37 WoFG und den dazu ergangenen landesrechtlichen Vorschriften wegen Wegfalls der Mietbindung erloschen ist. Unmittelbar gilt das nur für Wohnungen, die ab dem 01.01.2002 nach dem WoFG gefördert worden sind. Für die nach alten Recht geförderten Wohnungen gilt das AFWoG[670] weiter. Im Ergebnis ist die Unterscheidung ohne Belang.

337

c) Darstellung der Kappungsgrenze im Mieterhöhungsverlangen

Grds. verlangt das Gesetz vom Vermieter die Begründung aller Voraussetzungen des Mieterhöhungsverlangens, also nicht nur der Höhe der ortsüblichen Vergleichsmiete.[671] Danach wäre auch die Einhaltung der Kappungsgrenze im Mieterhöhungsverlangen zu begründen. Allerdings entfällt die Begründungspflicht entsprechend ihrem Sinn und Zweck, dem Mieter die notwendigen Informationen zu geben, um ihn in die Lage zu versetzen, das Erhöhungsverlangen des Vermieters zu überprüfen,[672] wenn der Mieter die entsprechenden Informationen schon hat. Die für die Berechnung der Kap-

338

---

670 Gesetz zum Abbau der Fehlsubventionierung im Wohnungswesen.
671 Schmidt-Futterer/Börstinghaus, § 558 BGB Rn. 199.
672 MietPrax/Börstinghaus, Fach 6 Rn. 146 f.

pungsgrenze erforderlichen Angaben aber kennt der Mieter. Ihm ist bekannt, welche Miete er drei Jahre vor dem Wirksamkeitszeitpunkt geschuldet hat. Angaben zur Kappungsgrenze im Erhöhungsverlangen sind deshalb entbehrlich.[673] Dies gilt zumindest, seit es keine zwei unterschiedlichen Kappungsgrenzen mehr gibt.[674]

3. Förderbeträge (Drittmittel)

339   Gem. § 558 Abs. 5 BGB sind auch bei Mieterhöhungen bis zur ortsüblichen Vergleichsmiete die **Drittmittel** i.S.v. § 559a BGB abzuziehen. Die Anrechnung setzt voraus, dass alle Voraussetzungen des § 559 BGB erfüllt sind. Denn § 558 Abs. 5 BGB ist eine **Rechtsgrundverweisung**.[675] Insoweit kann ergänzend schon hier auf die Ausführungen zur Mieterhöhung nach Modernisierungen[676] verwiesen werden. Der Sinn des Verweises erschließt sich, wenn man sich vor Augen hält, dass der Vermieter nach Abschluss von Modernisierungsmaßnahmen i.S.v. § 559 BGB die Wahl hat, wie er die ihm entstandenen Kosten dieser Arbeiten mieterhöhend geltend macht. Wählt er den Weg über § 559b BGB, also das vereinfachte Umlageverfahren, ist er schon gem. § 559a „direkt" verpflichtet, die dort genannten Drittmittel bei der Mieterhöhung abzuziehen. Der Vermieter kann aber nach Abschluss der Modernisierungsarbeiten auch eine einheitliche Mieterhöhung nach § 558 BGB durchführen.[677] Auch in diesem Fall soll aber sichergestellt sein, dass Leistungen aus öffentlichen Haushalten und des Mieters, die zur Modernisierung der Wohnung erbracht wurden, in jedem Fall dem Mieter zugute kommen.[678]

340   Das bedeutet, dass der Vermieter in den Fällen, in denen er für die Durchführung von Modernisierungsmaßnahmen (öffentliche oder private) Baukostenzuschüsse, zinsverbilligte oder zinslose Darlehen oder für die Deckung seiner laufenden Aufwendungen im Zusammenhang mit den Modernisierungen

---

673   BayObLG, WuM 1988, 117 = MDR 1988, 586 = ZMR 1989, 335; OLG Celle, RE v. 24.08.1995, BBauBl 1997, 363; Schmidt-Futterer/Börstinghaus, § 558 BGB Rn. 199.

674   Vgl. dazu LG Berlin, GE 2002, 331; Angaben zur Kappungsgrenze sind jedenfalls dann nicht erforderlich, wenn nur eine Kappungsgrenze in Betracht kommt.

675   BGH, NJW 1998, 445; LG Berlin, GE 2002, 862.

676   Rn. 520 ff.

677   Vgl. dazu auch Rn. 561 ff.

678   Kunze/Tietzsch, WuM 1997, 308, 309 zur insoweit wortgleichen Vorgängervorschrift § 2 Abs. 1 Satz 2 MHG.

Zuschüsse oder Darlehen erhält, diesen Vorteil an die Mieter weitergeben muss.[679] Angesprochen sind die gleichen Drittmittel, wie bei § 559a BGB:

* zinsverbilligte oder zinslose Darlehen aus öffentlichen Haushalten,
* Aufwendungszuschüsse und Aufwendungsdarlehen und
* Baukostenzuschüsse.

Die Anrechnung des durch die zinsverbilligten/zinslosen Darlehen und die Aufwendungszuschüsse/-darlehen erlangten Vorteile erfolgt wie bei § 559a BGB.[680] Die Anrechnung der Baukostenzuschüsse, die i.R.d. § 559a BGB von vorneherein von den umlagefähigen Kosten ausgeschlossen werden, erfolgt in der Weise, dass 11 % der Baukostenzuschüsse auf den Mieterhöhungsbetrag angerechnet werden.   341

Die Anrechnung der Fördermittel hat auf einen Mieterhöhungsbetrag zu erfolgen, der noch nicht durch eine Kappungsgrenze nach oben begrenzt ist. Denn nach § 558 Abs. 5 BGB sind Drittmittel ausdrücklich vom Jahresbetrag abzuziehen. Das bedeutet, dass zunächst die ortsübliche Vergleichsmiete für die Wohnung festzustellen und danach der Jahresbetrag der möglichen Erhöhung darzustellen ist, von dem dann die Drittmittel abgezogen werden. Erst auf den dann verbleibenden Betrag ist die Kappungsgrenze anzuwenden.[681]   342

Umstritten war und ist teilweise noch die Frage, wie lange welche Fördermittel angerechnet werden müssen. Denn im Ergebnis kann diese Anrechnung i.R.d. § 558 BGB dazu führen, dass ein an sich möglicher Erhöhungsbetrag, den der Mietspiegel hergibt, vollständig aufgezehrt wird. Wenn aber dem Mieter (nur) das zugute kommen soll, was auch der Vermieter eingespart hat, ist nicht recht einzusehen, warum der Mieter auch dann noch profitieren soll, wenn der Vorteil des Vermieters auf Null gesunken ist.   343

Es ist deshalb zunächst – schon durch die Rechtsgrundverweisung auf § 559a BGB – klar, dass nur der Vermieter Drittmittel bei der Mieterhöhungserklärung nach § 558 BGB abziehen muss, die er selbst erhalten hat.[682] Denn Vor-   344

---

679   Ausführlich hierzu: Beuermann, GE 1996, 1514; Kunze/Tietzsch, WuM 1997, 308.

680   Vgl. dazu Rn. 520 ff.

681   Vgl. Herrlein/Kandelhard/Both, § 558 BGB Rn. 91; Emmerich/Sonnenschein/Emmerich, § 558 BGB Rn. 25; Blank, WuM 1993, 503, 506.

682   KG, NZM 1998, 107; Emmerich/Sonnenschein/Emmerich, § 558 BGB Rn. 25; Börsting-haus, PiG 70, 65, 83 ff.; Herrlein/Kandelhard/Both, § 559a BGB Rn. 5.

aussetzung für die Verpflichtung zur Anrechnung ist immer, dass der Vermieter aufgrund der Modernisierungsmaßnahmen zu einer Mieterhöhung nach § 559 BGB berechtigt sein muss. Hat der Vermieter also etwa in preisgebundener Zeit Modernisierungsmaßnahmen mit Zustimmung der Bewilligungsstelle durchgeführt und anschließend die Kostenmiete nach den Vorschriften der II. BV erhöht, sind die für die Modernisierungsmaßnahme gezahlten öffentlichen Mittel bei einer späteren Mieterhöhung, die nach Ende der Preisbindung gem. § 558 BGB erklärt wurde, nicht anzurechnen.[683] Denn während der Preisbindung ist eine Mieterhöhung nach § 559 BGB nicht möglich.

345 Daraus folgt weiterhin, dass im Fall der Veräußerung des Grundstücks der Erwerber, der zwar in den Mietvertrag nach § 566 BGB eintritt, jedoch keine Drittmittel erhalten hat, zu einem Abzug grds. nicht verpflichtet ist.[684] Aus diesem Grundsatz, nach dem nur der Vermieter etwas abziehen muss, der auch in den Genuss der Förderung gekommen ist, folgt weiter, dass bei zinsverbilligten Darlehen der Zinsvorteil nur für die Zeit der Darlehenslaufzeit angerechnet werden muss[685] und dass auch verlorene Zuschüsse nicht endlos angerechnet werden können. Denn der Vermieter hat nichts mehr von der Investition, wenn der Zuschuss aufgebraucht ist.[686] Der BGH hat in zwei Entscheidungen darauf hingewiesen, dass er einen Anrechnungszeitraum von zehn bis zwölf Jahren für angemessen hält.[687]

346 Noch nicht obergerichtlich geklärt ist die Frage, wie bei einem **Mieterwechsel** zu verfahren ist. Hier entspricht es zunächst herrschender Auffassung, dass bei einem Neuabschluss des Mietvertrages die §§ 558 ff., 559 ff. BGB nicht zu beachten sind.[688] Aber auch, wenn der Vermieter im neuen Mietverhältnis zum ersten Mal die Miete nach § 558 BGB erhöhen will, findet eine Anrechnung von Drittmitteln nicht statt.[689]

---

683 AG Schöneberg, MM 2007, 39.

684 BGH, NZM 2003, 973 = WuM 2003, 694 = MietPrax-AK, § 559a BGB Nr. 1.

685 LG Berlin, GE 2004, 297; Emmerich/Sonnenschein/Emmerich, § 558 BGB Rn. 26.

686 BGH, WuM 2004, 283 = MietPrax-AK, § 558 BGB Nr. 4.

687 BGH, WuM 2004, 344 = MietPrax-AK, § 558 BGB Nr. 4; BGH, WuM 2004, 484 = Miet-Prax-AK § 558 BGB Nr. 5.

688 Vgl. Schmidt-Futterer/Börstinghaus, § 558 BGB Rn. 207 m.w.N.; a.A. Kunze/Tietzsch, Teil II Rn. 296.

689 LG Berlin, DE 2001, 210; GE 1997, 239; Schmidt-Futterer/Börstinghaus, § 558 BGB Rn. 208 m.w.N.; Emmerich/Sonnenschein/Emmerich, § 558 BGB Rn. 25 und dortige Fn. 64; a.A. Kunze/Tietzsch, Teil II Rn. 296 m.w.N.

Schweigt das Mieterhöhungsverlangen zu erhaltenen Drittmitteln, ist es **for-** **mal unwirksam**.[690] Nach § 558a Abs. 1 BGB ist das Mieterhöhungsverlangen nach § 558 BGB zu begründen. Dazu zählt auch die Angabe der Drittmittel. Dies folgt aus dem Zweck der Vorschrift. Denn Sinn und Zweck des Begründungszwangs ist es, dem Mieter zu ermöglichen, die Berechtigung des Erhöhungsverlangens zu überprüfen und auf diese Weise überflüssige Prozesse zu vermeiden.[691] Ein Verstoß gegen diesen Begründungszwang führt zur Unwirksamkeit des Erhöhungsverlangens. Der Begründungszwang besteht indes nur so lange, wie die Fördermittel auch tatsächlich wirken. Denn die Begründung muss solche Umstände nicht umfassen, die für die Berechtigung des Verlangens keine Rolle (mehr) spielen.[692] Dabei müssen im Erhöhungsverlangen die Grundlagen der Kürzungsbeträge und deren Höhe angegeben und erläutert werden.[693] Allein der Hinweis darauf, dass sich die verlangte Miete innerhalb der Vorgaben der Förderbestimmung für die konkrete Wohnung halte, genügt nicht.[694]

347

4. Bagatellmieterhöhungen

Das Gesetz verbietet nur Mieterhöhungen über die Kappungsgrenze hinaus. Von der Rechtsprechung werden aber auch Mieterhöhungen für unzulässig erachtet, die eine Bagatellgrenze nicht überschreiten. Der Begriff der ortsüblichen Vergleichsmiete ist kein punktgenauer Wert, sondern ein normativer Begriff. Er beinhaltet eine gewisse Bandbreite an Vergleichswerten. Wenn die Vergleichsmiete aber nur wenige Cent höher ist als die gezahlte Quadratmetermiete, dann dürfte nicht feststellbar sein, dass die ortsübliche Vergleichsmiete tatsächlich höher ist.[695] Solch unzulässige Bagatellmieterhöhungen wurden im Bereich **bis 1 %** angenommen.[696]

348

---

690 BGH, WuM 2004, 283 = MietPrax-AK, § 558 BGB Nr. 4.

691 BGH, WuM 2004, 283 = MietPrax-AK, § 558 BGB Nr. 4.

692 BGH, WuM 2004, 283 = MietPrax-AK, § 558 BGB Nr. 4.

693 BGH, NZM 2004, 380; NZM 2004, 581 = MietPrax-AK, § 558 BGB Nr. 6.

694 BGH, NZM 2004, 581 = MietPrax-AK, § 558 BGB Nr. 6.

695 AG Dortmund, WuM 2003, 627.

696 AG Braunschweig, WuM 1991, 118.

5.   Nichtüberschreiten der ortsüblichen Vergleichsmiete

349   Gem. § 558 Abs. 1 Satz 1 BGB steht dem Vermieter gegenüber dem Mieter ein Anspruch auf Zustimmung zu einer Mieterhöhung zu, wenn die verlangte Miete die üblichen Entgelte nicht übersteigt,

- die in der Gemeinde oder einer vergleichbaren Gemeinde
- für nicht preisgebundenen Wohnraum
- vergleichbarer
  - Art,
  - Größe,
  - Ausstattung,
  - Beschaffenheit und
  - Lage
- in den letzten vier Jahren
  - vereinbart oder
  - von Erhöhungen nach den §§ 559 bis 560 BGB abgesehen, geändert worden sind.

350   Für diese im Gesetz enthaltene Umschreibung der nach den **fünf Wohnwertmerkmalen** zu ermittelnden üblichen Entgelte hatte sich schon vor Inkrafttreten des Mietrechtsreformgesetzes in der Praxis der Begriff der „ortsüblichen Vergleichsmiete" eingebürgert, der nun in den Gesetzestext übernommen wurde.

351   Die Höhe der „ortsüblichen Vergleichsmiete" ist die wichtigste Voraussetzung für ein Mieterhöhungsverlangen. Zu Irrtümern nicht nur bei Laien führt immer wieder die Frage, was denn unter dem Begriff zu verstehen sei. Nicht selten werden Begriffe wie „Marktmiete",[697] „Wohnwertmiete" oder „Unternehmensmiete" mit dem Begriff der ortsüblichen Vergleichsmiete gleichgesetzt. Das entspricht aber nicht der gesetzlichen Definition. Bei dem Begriff der ortsüblichen Vergleichsmiete handelt es sich um einen **unbestimmten Rechtsbegriff**. Es handelt sich eben um die üblichen Entgelte, die in der Gemeinde für nicht preisgebundenen Wohnraum vergleichbarer Art, Größe,

---

697   Marktmiete ist derjenige Preis, der zurzeit bei einer Neuvermietung aufgrund der herrschenden Angebots- und Nachfragesituation erzielt werden kann, die „der Markt hergibt"; vgl. auch BGH, NZM 1998, 196; Sternel, Mietrecht, III Rn. 573; Both, WuM 1998, 703.

Ausstattung, Beschaffenheit und Lage in den letzten vier Jahren vereinbart oder geändert worden sind. Damit ist ein **repräsentativer Querschnitt**[698] der Mieten für vergleichbare Wohnungen gemeint. Also nicht die höchste vereinbarte Miete oder die zuletzt vereinbarte Miete bestimmt die ortsübliche Vergleichsmiete, sondern ein durch Gewichtung zu ermittelnder Mittelwert aus dem in den letzten vier Jahren vereinbarten Mieten. Es handelt sich um einen objektiven Maßstab.[699]

Die ortsübliche Vergleichsmiete ist zwar ein marktorientierte Miete, jedoch nicht die Marktmiete.[700] Dabei sind aber nur die „üblichen" Mieten zu berücksichtigen. Deshalb haben auf der einen Seite reine Gefälligkeitsmieten und auf der anderen Seite Mieten, die unter Ausnutzung einer besonderen Nachfragesituation zustande gekommen sind, unberücksichtigt zu bleiben. Für die Mietpreisbildung und die Ermittlung der Vergleichsmiete sind die im Gesetz aufgeführten fünf Wohnwertmerkmale maßgeblich. Weitere Wohnwertmerkmale sind zur Bestimmung der ortsüblichen Vergleichsmiete nicht heranzuziehen,[701] sie können allenfalls dann, wenn der Mietspiegel selbst entsprechende Zuschläge vorsieht,[702] entsprechend bewertet werden.

a) Art des Mietobjektes

Damit ist die Struktur des Hauses und der Wohnung gemeint. **Unterscheidungsmerkmale** sind hier u.a.:

- abgeschlossene oder nicht abgeschlossene Wohnungen,
- Altbau oder Neubau,
- Einfamilienhaus,
- Reihenhaus oder Mehrfamilienhaus oder
- Appartements, Souterrain-, Penthouse-, Maisonette- oder Mehrzimmerwohnung.

Deshalb ist es notwendig, dass sowohl bei der Begründung als auch später bei der **Ermittlung der richtigen ortsüblichen Miete** nur Mieten herangezogen

352

353

354

---

698   BayObLG, NJW 1981, 1219 = WuM 1981, 100.
699   BVerfG, WuM 1981, 53.
700   Herrlein/Kandelhard/Both, § 558 BGB Rn. 42 m.w.N.
701   Herrlein/Kandelhard/Both, § 558 BGB Rn. 43.
702   Vgl. dazu Rn. 403 ff.

werden, die sich auf Wohnraum der gleichen Art beziehen. Aus diesem Grund kann die Mieterhöhung für ein Einfamilienhaus auch nicht mit einem Mietspiegel für Mehrfamilienhäuser begründet werden.[703] Es darf vielmehr immer nur auf dieselbe **Strukturgruppe** zurückgegriffen werden.[704] Denn Mietwohnungen in Ein- und Zweifamilienhäusern gehören einem anderen Wohnungsmarkt an und können deshalb mit Wohnungen in Mehrfamilienhäusern nicht verglichen werden.[705]

355　Welche Bedeutung das genaue Alter einer Wohnung hat, ist umstritten. Während z.T. vertreten wird, das Alter einer Wohnung sei unter das Wohnwertmerkmal „Art" zu subsumieren,[706] wird nach wohl h.M. davon ausgegangen, dass es sich um eine Frage der „Beschaffenheit" handelt.[707] Letztlich ist der Streit eher akademischer Natur,[708] denn so oder so hat das Alter einer Wohnung mietpreisbildende Bedeutung.[709] Für die Einordnung einer Wohnung in die entsprechende Baualtersklasse kommt es grds. nicht auf die **Bezugsfertigkeit** im engeren Sinn an, so wie sie etwa in § 13 Abs. 4 WoBindG geregelt ist, wonach eine Wohnung dann als bezugsfertig gilt, wenn sie so weit fertiggestellt ist, dass dem Bewohner zugemutet werden kann, sie zu beziehen. Auch die **Genehmigung der Bauaufsichtsbehörde** und die evtl. nach der **Landesbauordnung** bauordnungsrechtliche Aushändigung des **Schlussabnahmescheins** ist nicht maßgeblich. Denn der wesentliche Ansatzpunkt für die Auslegung des Altersbegriffs ist die Funktion des Mietspiegels und die Schaffung mehrerer Altersklassen. Durch die Altersklasse soll das Wohnwertmerkmal „Art" oder „Beschaffenheit" konkretisiert werden. Entscheidend ist

---

703　LG Hagen, WuM 1997, 331; AG Schwelm, WuM 1995, 592; zur Mieterhöhung bei Einfamilienhäusern mit Mietspiegeln Isenmann, WuM 1994, 448.

704　LG Hagen, WuM 1997, 331; Emmerich/Sonnenschein/Emmerich, § 558 BGB Rn. 18; Herrlein/Kandelhard/Both, § 558 BGB Rn. 44.

705　LG Berlin, GE 2002, 1197: Der Berliner Mietspiegel ist entsprechend seiner erfassten und ausgewerteten Daten nur für Mehrfamilienhäuser anwendbar; LG Hagen, WuM 1997, 331; LG Köln, WuM 1976, 129; Sternel, Mietrecht, III Rn. 664; Isenmann, WuM 1994, 448; Streich, DWW 1981, 250; a.A.: LG Hamburg, ZMR 2003, 492: Der Vermieter kann in freiwilliger Selbstbeschränkung sein Mieterhöhungsverlangen auch für Häuser mit weniger als drei Wohneinheiten auf den Hamburger Mietspiegel stützen.

706　Bub/Treier-Schultz, III Rn. 516.

707　Schach, GE 1994, 1026; davon gehen auch die Hinweise zur Aufstellung von Mietspiegeln aus dem Jahr 2002, abgedruckt unter Rn. 922, aus.

708　Dröge, S. 120; Börstinghaus/Clar, Rn. 95.

709　BVerwG, NJW 1997, 880; LG München, WuM 2002, 547 = NZM 2002, 904.

deshalb der **Zeitpunkt der Errichtung**, also der Zeitpunkt, der den Baustandard bestimmt, nachdem das Gebäude errichtet worden ist.[710]

Probleme tauchen dabei häufig bei der Beurteilung von **modernisierten Altbauten** auf. Bei der Eingruppierung in einen meist nach Altersklassen aufgebauten Mietspiegel sind die dort gemachten Vorgaben zunächst entscheidend. Dies beruht darauf, dass die Vorgaben des Mietspiegels zwar nicht Gesetzesqualität und damit bindende Wirkung haben (beim qualifizierten Mietspiegel indes kommt ihnen eine Vermutungswirkung zu[711]), dass aber die Ersteller des Mietspiegels das Datenmaterial nach den Vorgaben sortiert haben und nur bei Einhaltung dieser Vorgaben eine Vergleichbarkeit hergestellt werden kann. Der **Kölner Mietspiegel** von 2006 etwa legt fest, dass bei der Einordnung von Altbauwohnungen Werte der Altersgruppe 3 (1976 – 1984) herangezogen werden können, wenn bestimmte, im Einzelnen genannte Arbeiten in der Wohnung durchgeführt worden sind.

356

Bei „umfassenden Modernisierungen" soll vom Jahr des Abschlusses der Modernisierungsarbeiten ausgegangen werden können. Ähnliche Vorgaben enthalten viele Mietspiegel. Nur wenn der Mietspiegel keine Vorgaben enthält, muss z.B. bei einer umfassenden Renovierung entschieden werden, ob hierdurch u.U. auch ein Wechsel der Altersklasse eintritt. Dabei gilt, dass der Wechsel der Altersklasse nur in Ausnahmefällen möglich sein dürfte. Erforderlich ist nämlich nicht nur, dass durch die Renovierung tatsächlich ein „Quasi-Neubau" entstanden ist, sondern dass auch rechtlich eine Umqualifizierung stattgefunden hat.[712] Dazu konnten bis zu seiner Aufhebung zum 01.01.2002 die Bestimmungen des II. WoBauG und danach die des WoFG herangezogen werden. Dort ist zwar nur der öffentlich geförderte Wohnungsbau geregelt, die Begriffsbestimmungen sind aber auch sonst zugrunde zu legen (wie sich schon aus § 100 II. WoBauG ergab). Nach § 16 Abs. 1 WoFG ist Wohnungsbau das Schaffen von Wohnraum durch

357

- Baumaßnahmen, durch die Wohnraum in einem neuen selbstständigen Gebäude geschaffen wird,

710 BerlVerfGH, GE 2005, 423; KG, NJW-RR 1992, 80; LG Berlin, MM 1996, 124 = GE 1997, 48.

711 Vgl. Rn. 230 ff.

712 Schach, GE 1994, 1026; LG Hamburg, NZM 1998, 499: Eine Höherstufung setzt Arbeiten am Baukörper voraus; LG Berlin, MM 1998, 310.

- die Beseitigung von Schäden an Gebäuden unter wesentlichem Bauaufwand, durch die die Gebäude auf Dauer wieder zu Wohnzwecken nutzbar gemacht werden,
- die Änderung, Nutzungsänderung oder Erweiterung von Gebäuden, durch die unter wesentlichem Bauaufwand Wohnraum geschaffen wird, oder
- die Änderung von Wohnraum unter wesentlichem Bauaufwand zur Anpassung an geänderte Wohnbedürfnisse.

358   Dabei ist gem. § 16 Abs. 2 WoFG Wohnraum nicht auf Dauer nutzbar, wenn ein zu seiner Nutzung erforderlicher Gebäudeteil zerstört ist oder wenn sich der Raum oder der Gebäudeteil in einem Zustand befindet, der aus bauordnungsrechtlichen Gründen eine dauernde, der Zweckbestimmung entsprechende Nutzung nicht gestattet; dabei ist es unerheblich, ob der Raum oder Gebäudeteil tatsächlich genutzt werden. Die Einschränkung gem. § 16 Abs. 4 II. WoBauG, nach der ein Gebäude nicht als zerstört oder beschädigt galt, wenn die Schäden durch Mängel der Bauteile oder infolge Abnutzung, Alterung oder Witterungseinwirkungen entstanden sind, ist mit Aufhebung des II. WoBauG entfallen.[713]

359   Um einen **Ausbau** handelt es sich gem. § 16 Abs. 1 Ziff. 1 WoFG, wenn aus Räumlichkeiten, die bisher nicht zu Wohnzwecken bestimmt waren, nach wesentlichem Bauaufwand Wohnraum wird. Eine **Erweiterung** liegt vor, wenn eine Aufstockung oder ein Anbau vorgenommen wird. Dabei wird als **wesentlicher Aufwand** angesehen, wenn dieser ca. 1/3 des für eine Neubauwohnung erforderlichen Aufwandes erreicht.[714] Allein ein hoher Aufwand für den Umbau oder die Herstellung einer Wohnung ist aber kein die Miethöhe prägendes Kriterium. Selbst wenn der Aufwand noch so hoch betrieben wurde, aber die Altbausubstanz nach wie vor den Eindruck von Gebäude und Wohnung prägt, kommt eine Höherstufung in der Baualtersklasse nicht in Betracht.[715]

360   Nach einem Urteil des LG Mannheim[716] ist eine Wohnung in einem Haus aus der Zeit vor dem Ersten Weltkrieg, die in den Jahren 1980/1981 vollkommen

---

713   Nur die in § 48 WoFG genannten Vorschriften des II. WoBauG gelten weiter – die Begriffsbestimmungen in §§ 6 ff. II WoBauG gehören nicht dazu.

714   BVerwG, ZMR 1972, 87; LG Berlin, GE 2005, 307; LG Berlin, NZM 1999, 1138; LG Berlin, MM 1998, 310.

715   LG Berlin, NZM 1999, 172 = GE 1999, 254.

716   MDR 1996, 1007.

neu hergerichtet und in Ausstattung und Einteilung der Räume neuzeitlichen Anforderungen angepasst worden ist, bei einem Mieterhöhungsverlangen des Vermieters wie eine Wohnung zu bewerten, die in einem im Jahr 1980/1981 errichteten Haus liegt.

b) Größe des Mietobjektes

aa) Art der Flächenberechnung

Damit ist v.a. die Quadratmeterzahl der Wohnung, aber auch die Zimmeranzahl gemeint. Wie die Quadratmeterzahl genau zu ermitteln ist, ist in der Rechtsprechung strittig. Für den sozialen Wohnungsbau gibt es die Vorschriften der §§ 42 bis 44 der II. BV.[717] Bei einer Vermietung ab 01.01.2004 gilt insoweit die Wohnflächenverordnung (WoFlV).[718] Die Vorschriften stimmen im Wesentlichen mit der inzwischen aufgehobenen DIN-Norm 283 Bl. 2 überein. Für den preisfreien Wohnungsbau gelten die II. BV und WoFlV nicht. Allerdings kann auch im preisfreien Wohnraum die maßgebliche Wohnfläche grds. nach den §§ 42 ff. II. BV berechnet werden.[719] Für Vermietungen ab dem 01.01.2004 gilt dies uneingeschränkt auch für die WoFlV. Allerdings setzt das voraus, dass die Parteien keinen davon abweichenden Wohnflächenbegriff bei Abschluss des Mietvertrages zugrunde gelegt haben. Dies ist im Zweifel durch Auslegung (§§ 133, 157 BGB) zu ermitteln. Dies kann eine (stillschweigende) Vereinbarung einer Wohnflächenberechnung nach den §§ 42 bis 44 II. BV bzw. der WoFlV sein,[720] das Ausmaß der Grundfläche oder etwa eine bestimmte Anrechnung einer Terrassenfläche.[721]

Ist die Vereinbarung einer bestimmten Berechnungsmethode nicht feststellbar, ist zu fragen, ob in dem Gebiet, in dem sich die Wohnung befindet, eine bestimmte Methode ortsüblich ist, was vom Gericht, u.U. unter Beiziehung eines Sachverständigen, ermittelt werden muss.[722] Lässt sich auch eine bestimmte Ortssitte nicht feststellen, so ist davon auszugehen, dass sich die Parteien stillschweigend auf eine Berechnung nach den §§ 42 bis 44 der II. BV

361

362

---

717 Abgedruckt unter Rn. 920.
718 Abgedruckt unter Rn. 919.
719 BGH, WuM 2004, 337.
720 Vgl. BGH, WuM 2007, 441 = MietRB 2007, 258.
721 Vgl. BGH, WuM 2006, 245 = MietPrax-AK, § 536 BGB Nr. 13.
722 BGH, WuM 2007, 441 = MietRB 2007, 258.

bzw. nach der WoFlV geeinigt haben. Die DIN 283 ist in solchen Fällen nicht anwendbar.[723] Danach wird eine Anwendung der DIN 283 nur noch bei ausdrücklicher Vereinbarung möglich sein.

363 All diese Überlegungen haben jedoch hauptsächlich Auswirkung im Gewährleistungsrecht und spielen v.a. bei der Frage eine Rolle, ob und ab welcher Abweichung ein Mangel der Mietsache vorliegt,[724] spielen jedoch im Zusammenhang mit einer Mieterhöhung nach §§ 558 ff. BGB keine Rolle. Denn hier ist – egal, welche Berechnungsmethode die Parteien ansonsten vereinbart haben, i.d.R. die Wohnfläche nach der WoFlV als der üblichen Methode zu **ermitteln**. Denn wenn zur Begründung des Mieterhöhungsverlangens auf den Mietspiegel oder Vergleichswohnungen abgestellt wird, muss die Vertragswohnung mit den dortigen Daten vergleichbar sein. Wurden die Wohnflächen der bei der Datenermittlung zum Mietspiegel ausgewerteten Wohnung ganz oder überwiegend nach der II. BV oder der WoFlV ermittelt, ist diese Berechnungsmethode auch bei der Mieterhöhungserklärung zu verwenden. Denn sonst würden Äpfel mit Birnen verglichen.

364 Ansonsten hat die Wahl der Berechnungsmethode hauptsächlich Auswirkungen für Balkone, Dachgärten, Freisitze, Veranden, Wintergärten und Loggien.[725] Nach § 44 Abs. 2 II. BV werden diese Flächen zur Hälfte, nach der DIN 283 zu 1/4 und nach § 4 WoFlV i.d.R. zu 1/4, höchstens jedoch zur Hälfte angerechnet.

365 Ein Balkon ist dabei mit 1/4 bis höchstens mit der Hälfte seiner Fläche anzurechnen, wobei vertreten wurde, dass der Vermieter/Bauherr innerhalb dieser Spanne die freie Wahl hatte.[726] Allerdings wurde dies schon vor dem 01.01.2004 für den Bereich der Mieterhöhungen dahin gehend eingeschränkt, dass eine Anrechnung zu 50 % der Fläche nur dann in Betracht komme, wenn der Balkon- oder Terrassenfläche ein „herausragender" Wohnwert beizumessen ist, was von vornehrein nur in guten oder sehr guten Wohnlagen in Betracht kommt.[727] Diesen Gedanken hat der Verordnungsgeber in § 4 Ziff. 4 der WoFlV übernommen, wonach nun die Grundflächen von Balkonen, Loggien,

---

723 BGH, WuM 2007, 441 = NZM 2007, 595.
724 BGH, WuM 2004, 336; WuM 2004, 337; WuM 2004, 268.
725 S. hierzu ausführlich Isenmann, DWW 1994, 178.
726 Fischer-Dieskau/Pergande/Schwender/Heix, § 44 II. BV, Anm. 6.
727 BayObLG, WuM 1983, 254.

Dachgärten und Terrassen **i.d.R.** zu 1/4 anzurechnen sind. Damit soll das freie Wahlrecht des Bauherren entfallen.[728] Der Gedanke, dass sich die anrechenbare Fläche eines Balkons, etc. nach dessen Wohnwert richtet und dies eine Frage des Einzelfalls ist, sollte damit betont werden.[729]

Entscheidend ist also der Nutzungswert[730] für den Mieter. Ein Balkon an einer Hauptverkehrsstraße ggf. sogar im Erdgeschoss oder im 1. OG hat nun einmal so gut wie keinen Nutzwert. Umso höher er liegt, umso eher kann er ggf. zum Abstellen von Gegenständen benutzt werden. Hier kommt eine Anrechnung von 0 % bis ggf. 10 % in Betracht. Auch ein Balkon an der Nordseite eines Gebäudes, der über einen Abstellraum erreichbar ist und weder die Lichtverhältnisse in der Wohnung verbessert noch eine direkte Verbindung zu dem bereits bestehenden Wohnungsbalkon hat, dürfte keinen messbaren Nutzungswert haben.[731] Hingegen kann ein ausreichend dimensionierter Balkon mit Südlage und Blick in einen Park einen sehr hohen Nutzwert haben, sodass seine Fläche im Ausnahmefall auch gem. § 4 Ziff. 4 WoFlV mit mehr als 1/4 angerechnet werden kann.

366

Das Gleiche gilt für Freisitze i.S.v. § 44 Abs. 2 II. BV bzw. Terrassen i.S.v. § 4 Ziff. 4 WoFlV. Damit wird ein ebenerdiger Platz bezeichnet, der ausschließlich einem angrenzenden Wohnraum zugeordnet, mit einem festen Bodenbelag versehen und zum Aufstellen von Tischen und Stühlen geeignet ist.[732] In § 44 Abs. 2 sind noch „gedeckte" Freisitze erwähnt. Gedeckt stammt aus der Jägersprache und meint „Deckung" also „Einblickschutz", und ist keinesfalls mit überdacht zu verwechseln.[733] In § 4 Ziff. 4 WoFlV ist nur noch die Rede von einer Terrasse. Auch wenn dabei die Eigenschaft „gedeckt" i.S.v. **sichtgeschützt** nicht mehr ausdrücklich in der Verordnung genannt ist, dürfte es doch bei der Ermittlung des Wohnwertes der Terrasse eine Rolle spielen, inwieweit diese von außen einsehbar oder, etwa durch Hecken, Mauern oder sonstige

367

---

728 Grundmann, NJW 2003, 3745, 3748.

729 Grundmann, NJW 2003, 3745, 3748.

730 BayObLG, WuM 1983, 254; LG Dortmund, WuM 2005, 723; LG Hamburg, WuM 1996, 278.

731 So AG Hannover, WuM 1996, 282 für die Frage der Wohnwertverbesserung i.S.d. § 3 MHG.

732 Fischer-Dieskau/Pergande/Schwender/Heix, § 44 II. BV, Anm. 6.

733 Vgl. Isenmann, WuM 2006, 303.

Begrenzungen, sichtgeschützt ist.[734] Ist eine Terrasse an drei Seiten durch unansehnliche Hauswände umgeben und nach Norden gelegen, dann kann eine Anrechnung mit 10 % in Betracht kommen.[735] Auch bei der Frage, welchen Wohnwert eine Loggia hat, ist von wesentlicher Bedeutung, in welche Himmelsrichtung die Loggia gelegen ist und ob diese durch äußere Umstände in ihrer Nutzbarkeit beeinträchtigt ist.[736]

368   Sonstige **Einzelfälle**:

• Nicht anzurechnen sind folgende Flächen:

– Die Fläche einer nicht überdachten Gartenterrasse des vermieteten Einfamilienhauses.[737]

– Die Fläche für ein nicht in alleiniger Nutzung stehendes WC.[738]

– Ein wegen Mängeln an der Bausubstanz unbewohnbares Zimmer.[739]

• Anzurechnen sind demgegenüber folgende Flächen:

– Beheizbare Hobbyräume mit einer lichten Höhe von mindestens 2 m,[740]

– ein von einem Balkon zugänglicher Abstellraum.[741]

Haben die Parteien eine bestimmte Wohnungsgröße vereinbart, so ist zu unterscheiden:[742]

bb)   Flächenabweichungen

369   Haben die Parteien im Vertrag eine bestimmte Größe vereinbart und ist diese geringer als die tatsächliche Wohnungsgröße, ist von der geringeren vereinbarten Wohnfläche auszugehen, wenn die Abweichung mehr als 10 % beträgt.[743] In dieser Entscheidung bestätigte der BGH seine schon im Zusammenhang

---

734   Vgl. zum gedeckten Freisitz: LG Hamburg, WuM 1996, 278 unter Hinweis auf BVerwG, ZMR 1977, 349.

735   LG Hamburg, WuM 1996, 278 zum Freisitz.

736   LG Berlin, WuM 1987, 273.

737   LG Rostock, WuM 2006, 247 m. – zu Recht – abl. Anm. von Isenmann, WuM 2006, 303.

738   AG Köln, WuM 1984, 283.

739   AG Solingen, WuM 1982, 214. Das dürfte aber nur dann richtig sein, wenn ein nicht behebbarer Mangel vorliegt, da andernfalls die Mietminderungsvorschriften vorrangig sind.

740   BGH, WuM 2007, 441 = MietRB 2007, 258.

741   LG Hamburg, WuM 1987, 87.

742   Vgl. Rn. 91 f.

743   BGH, NJW 2004, 3115 = WuM 2004, 485 = MietPrax-AK, § 158 BGB Nr. 9.

mit der Angabe von Wohnflächen im Mietvertrag und dem Vorliegen eines Mangels entwickelte Auffassung,[744] nach der die Angabe einer bestimmten Wohnfläche im Mietvertrag grds. nicht nur eine unverbindliche Objektbeschreibung sondern eine verbindliche Beschaffenheitsangabe darstellt. Abweichungen der vereinbarten Wohnfläche zur tatsächlichen Fläche beurteilt der BGH dabei nach den Grundsätzen des **Wegfalls der Geschäftsgrundlage**, was u.a. bedeutet, dass nur erhebliche Abweichungen, die das Festhalten an der Vereinbarung als nicht zumutbar erscheinen lassen, von Bedeutung sind. Als **Erheblichkeitsgrenze** hat der BGH auch hier 10 % angenommen.[745]

Die Entscheidung des BGH betraf zwar den Rückforderungsanspruch des Mieters, der einer Mieterhöhung zugestimmt hat, in der der Vermieter von der – zu großen – vertraglich vereinbarten Mietfläche ausging. Für den Fall des Mieterhöhungsverlangens selbst kann nichts anderes gelten. Denn wenn es sich bei der Angabe einer bestimmten Wohnfläche im Mietvertrag um eine verbindliche Beschaffenheitsangabe handelt, muss dies auch umgekehrt gelten. Zumindest im Rahmen von Abweichungen bis max. 10 % handelt es sich dann auch nicht um eine zum Nachteil des Mieters abweichende Vereinbarung i.S.v. § 558 Abs. 6 BGB. Ohnehin wird man nicht automatisch davon ausgehen können, dass die Vereinbarung einer größeren Wohnfläche für den Mieter nachteilig ist. Denn mit der tatsächlich kleineren Wohnfläche könnte die Wohnung in die niedrigere Größenklasse rutschen, die in aller Regel höhere Quadratmeter-Mieten ausweist. Konsequenterweise wären dann diese Werte zugrunde zu legen, wenn man von der tatsächlichen Wohnungsgröße ausgehen wollte.[746]

370

Haben die Parteien im Vertrag eine geringere als die tatsächliche Größe vereinbart, entsprach es bisher herrschender Auffassung, dass dann diese geringere Größe zugrunde zu legen sei; dies sollte sich aus § 557 Abs. 3 BGB ergeben.[747] Der BGH hat nun entschieden,[748] dass auch in diesem Fall nur Wohnflächenabweichungen von mehr als 10 % relevant sind. Dies bedeutet,

371

---

744 BGH, WM 2004, 336 = MietPrax-AK, § 536 BGB Nr. 3.

745 BGH, NJW 2004, 3115.

746 Vgl. auch Schmidt-Futterer/Börstinghaus, § 558 BGB Rn. 59.

747 Etwa LG Berlin, GE 2004, 482; GE 2002, 263; LG Zweibrücken, NZM 1998, 71; LG Braunschweig, WuM 1999, 205; LG Aachen, WuM 1991, 501; LG Frankfurt am Main, WuM 1990, 157; Kinne, GE 2003, 100, 104; a.A. LG Hamburg, ZMR 2001, 712; Kraemer, NZM 1999, 156; vgl. auch Lammel, § 558 BGB Rn. 36.

748 BGH, WuM, 2007, 450 = MietRB 2007, 221.

dass die tatsächliche (größere) Wohnfläche bei Mieterhöhungsbegehren anzusetzen ist, solange der Unterschied zur vertraglich vereinbarten max. 10 % beträgt.[749] Dies ist nur konsequent. Denn wenn Flächenabweichungen nach unten nach den Grundsätzen des Wegfalls der Geschäftsgrundlage zu beurteilen sind, gilt dies auch für Abweichungen (der tatsächlichen Fläche) nach oben. Dem Vermieter ist es in diesem Fall nicht zumutbar, an der vertraglich vereinbarten Wohnfläche festzuhalten, wenn die tatsächliche Wohnfläche mehr als 10 % darüber liegt.[750] Diese Überlegungen gelten nach den zitierten Entscheidungen des BGH nur, wenn die Wohnfläche eine **verbindliche Beschaffenheitsangabe** darstellt. Dazu muss die Wohnfläche (vertraglich) vereinbart sein. Dies ist weder dann der Fall, wenn der Vermieter in einer Zeitungsanzeige die Wohnfläche mit „ca. 90 m²" angegeben hat, noch dann, wenn der Vermieter eine bestimmte Wohnfläche den Betriebskostenabrechnungen zugrunde gelegt hat.[751]

c)   Ausstattung des Mietobjektes

372   Hierzu zählt alles, was der Vermieter dem Mieter zur Verfügung gestellt hat. Nach DIN 283 Teil 1 Nr. 3 gehören dazu u.a. die dort aufgezählten **räumlichen Ausstattungsmerkmale** (Nr. 3.11), wie z.B. Waschküche, Kellerräume oder Speicherräume, die zur gemeinsamen Benutzung verfügbaren Räumen (Nr. 3.12), wie z.B. Fahrradkeller, Vorplätze usw. sowie die gesamte sonstige Ausstattung (Nr. 3.3). Hierzu gehören innerhalb der Wohnung z.B. eingebaute Ausstattungsstücke, wie Wandschränke und Garderoben; außerhalb der Wohnung können dies z.B. Gärten, Terrassen, Kinderspielanlagen sein, soweit sie zu einer Wohnung gehören, aber auch Gemeinschaftseinrichtungen. Entscheidend ist hier die konkrete Ausstattungssituation der zu bewertenden Wohnung. Die DIN 283 kann hier nur eine überschlägige Aufzählung ohne Anspruch auf Vollständigkeit beinhalten. Sie gibt aber einen Leitfaden, den es abzufragen gilt, auch wenn die DIN 283 schon 1983 vom Normenausschuss aus dem Verkehr gezogen worden ist.

---

749   BGH, WuM 2007, 450 = NZM 2007, 594.

750   Vgl. dazu auch Rn. 91 f.

751   LG Mannheim, DWW 2007, 21 = WuM 2007, 561; AG Frankfurt am Main, WuM 1997, 315; AG Menden, WuM 2006, 248.

Mietereinbauten, die auch vorliegen, wenn der Mieter die entsprechende 373
Einrichtung vom Vormieter gekauft hat,[752] haben dabei unberücksichtigt zu
bleiben.[753] Dies gilt auch bei einem Vermieterwechsel und auch dann, wenn
die Mietereinbauten schon längere Zeit zurückliegen.[754] Allerdings können
die Parteien etwas anderes vereinbaren.[755] Dies kann etwa dadurch geschehen, dass die Verrechnung der Mietereinbauten mit den monatlichen Mietzahlungen stattfinden soll[756] oder dadurch, dass der Vermieter Mietereinbauten
(z.T.) bezuschusst. Eine solche Vereinbarung ergibt sich auch daraus, dass ein
neuer Mietvertrag nach der Mietermodernisierung mit einem anderen Vermieter abgeschlossen wird.[757] Ohne eine solche Vereinbarung bleiben vom Mieter
finanzierte Einbauten für die Dauer des Mietverhältnisses außer Betracht – sie
werden nicht durch bloßes Abwohnen verbraucht.[758]

Entsprechend den bis 2002 gültigen Hinweisen zur Aufstellung von Mietspie- 374
geln[759] und aufgrund der Differenzierung des Wohnungsbestandes in den Sta-
tistiken der Statistischen Landesämter nach den Gebäudezählungen wird in
Mietspiegeln immer noch häufig unterschieden zwischen:

- Wohnungen mit Bad oder Dusche und Sammelheizung,
- Wohnungen mit Bad/Dusche oder Sammelheizung und
- Wohnungen ohne Bad, Duschraum und Sammelheizung,

obwohl diese Differenzierung längst überholt ist.[760]

Dabei versteht man unter 375

---

752 Zur Wirksamkeit solcher Vereinbarungen s. § 4a Abs. 2 WoVermG.
753 BayObLG, WuM 1981, 2259; LG Berlin, GE 2002, 594; LG Baden-Baden, WuM 1993,
353.
754 AG Charlottenburg, GE 2006, 1235.
755 Vgl. LG München, WuM 1993, 451; Schmidt-Futterer/Börstinghaus, § 558 BGB Rn. 74.
756 AG Köln, WuM 1987, 159; Lammel, § 558 BGB Rn. 40.
757 LG München, WuM 1993, 451, 454.
758 Lammel, § 558 BGB Rn. 41.
759 Abgedruckt unter Rn. 922.
760 Lammel, § 558 BGB Rn. 37.

• **Sammelheizung:**
Eine Heizung, die sämtliche[761] Wohnräume automatisch erwärmt. Hierzu zählen alle Heizungen, die mehrere Wohnungen beheizen, aber auch reine Etagenheizungen. Die Art der Brennstoffe ist unerheblich. Umstritten ist dabei die Einordnung der **Nachtspeicherheizung**.[762] Wurden lediglich die Leitungen bis zur Wohnung vom Vermieter angebracht und hat der Mieter die Nachtspeicheröfen selbst angeschafft, handelt es sich um eine Wohnung ohne Heizung.[763] Eine kohlebeheizte Narag-Heizung oder manuell zu versorgende Ölöfen sind keine Zentralheizung i.S.d. Mietspiegels.[764] Nicht unumstritten ist die Frage wie die Wohnung einzuordnen ist, wenn sie i.R.d. **Wärme-Contracting** beheizt wird, der Vermieter die Heizungsanlage also nicht selbst betreibt.[765] Richtigerweise wird man davon ausgehen müssen, dass auch hier die Wohnung „mit Heizung" ausgestattet ist,[766] denn am Markt wird auch eine solche Wohnung als „beheizt" i.S.d. Mietspiegels angesehen werden. Unproblematisch ist dies nicht, denn im Fall des Wärme-Contracting, auf das der Vermieter bei entsprechender Vereinbarung auch während des laufenden Mietverhältnisses umsteigen darf,[767] hat der Mieter nicht nur die Energiekosten, sondern zusätzlich die im Fern- oder Nahwärmetarif enthaltenen Gewinn-, Abschreibungs- und Instandhaltungsanteile des Wärmeversorgers über die Betriebskosten zu zahlen. Man könnte also argumentieren, dass sich die Wärmeversorgung im Ergebnis wirtschaftlich als eine Leistung des Mieters darstellt. Dabei würde jedoch übersehen, dass auch Betriebskosten Teil der Miete sind.[768]

---

761 Nach LG Berlin, GE 1997, 429 sind Heizkörper in Küche und Kammer entbehrlich; diese Entscheidung ist aber vor dem Hintergrund des bis zum 31.12.1996 gültigen § 21 Abs. 3 Wohngeldsondergesetzes (WoGSoG) zu lesen, nachdem nur Wohn- und Schlafräume an die Zentralheizung angeschlossen sein mussten.

762 Gelten als Einzelöfen: LG Duisburg, WuM 1990, 562; Beuermann, Miete und Mieterhöhung bei preisfreiem Wohnraum, § 4 Rn. 63; gelten als Etagenheizung: LG Berlin, GE 1997, 1471; GE 1989, 723; AG Hamburg-St. Georg, GE 2006, 1239; Sternel, Mietrecht, III Rn. 594; sind keine Zentralheizung: AG Liebenwerda, WuM 1995, 658; DWW 1996, 193; AG Grimmen, WuM 1996, 227; AG Hohenstein-Ernstthal, MM 1996, 167; Meyer, ZMR 1995, 565.

763 AG Köln, WuM 1985, 334.

764 AG Hattingen, WuM 1990, 221.

765 Schmid, DWW 2000, 147; Derleder, WuM 2000, 3.

766 A.A. Eisenschmid, WuM 1998, 449, 452.

767 Nach BGH, WuM 2007, 571 = MietRB 2007, 281 genügt dazu die Inbezugnahme der Anlage 3 zu § 27 II. BV in deren Fassung v. 05.04.1984.

768 Vgl. nur Schmidt-Futterer/Eisenschmid, § 535 BGB Rn. 591.

- **Bad:**

Ist ein separater[769] Raum, der mit Badewanne und/oder Dusche ausgestattet ist.[770] Ein Handwaschbecken dürfte zwischenzeitlich auch erforderlich sein.[771]

- **WC:**

Dabei geht es um die Unterscheidung zwischen Innen- und Außen-WC. Immer muss es jedoch eine Toilette mit Wasserspülung sein. Ein Trocken-Klo ist kein WC in diesem Sinn.[772]

d) Beschaffenheit des Mietobjektes

Damit ist der Zuschnitt der Wohnung, die Funktionalität und Lage (nach Himmelsrichtungen) der Räume einschl. der mitvermieteten Hausteile, das Vorhandensein von Nebenräumen sowie Art und Gestaltung der Umgebung gemeint. Auch der Zustand der Wohnung ist hier ein Merkmal, wobei zu beachten ist, dass behebbare Mängel bei der Mieterhöhung für die Bemessung der Miete keine Bedeutung haben.[773] Der Mieter ist in einem solchen Fall durch die **Mängelgewährleistungsregeln** (§§ 536 ff. BGB) hinreichend geschützt. Es besteht daher kein Anlass, diesen speziellen Bestimmungen den Vorrang zu versagen und Mängel auch noch bei Ermittlung der üblichen Miete mitzubewerten.[774] Dies wäre systemwidrig.[775] Soweit vereinzelt etwas anderes vertreten wurde,[776] wird von einem falschen Begriff der ortsüblichen Vergleichsmiete ausgegangen. Völlig gleiche Wohnungen gibt es nicht. Das Gesetz hat deshalb **fünf Katalogmerkmale** herausgestellt, obwohl es sicher noch mehr Kriterien gibt, die die Höhe der Miete beeinflussen. Diese Auffas-

376

---

769 AG Wiesbaden, WuM 1993, 68: Eine Wohnung, die mit einem „Frankfurter Bad" ausgestattet ist, ist eine Wohnung ohne Bad i.S.d. Wiesbadener Mietspiegels (ein „Frankfurter Bad" ist eine nicht abgetrennte Nische zu einem anderen Zimmer – meist Küche oder Schlafzimmer – in der eine Badewanne oder Dusche installiert ist).

770 AG Tempelhof-Kreuzberg, MM 1999, 79.

771 LG Halle, WuM 2000, 551; Sternel, Mietrecht, III Rn. 593; a.A. noch AG Berlin-Mitte, GE 1996, 985.

772 Busch, WuM 1997, 271; a.A. AG Hohenstein-Ernstthal, WuM 1997, 270.

773 OLG Stuttgart, WuM 1981, 225 = NJW 1981, 2365, ergangen zu § 5 WiStrG; LG Berlin, GE 2007, 784; GE 1997, 1471; OLG Düsseldorf, WuM 1994, 324; LG Hamburg, WuM 1991, 593.

774 Vgl. Sternel, Mietrecht, III Rn. 598.

775 Bub/Treier/Schultz, III Rn. 527.

776 Z.B. LG München II, NJW-RR 1994, 336.

sung hätte zur Folge, dass der Vermieter in einem Mieterhöhungsverlangen, welches er auf **mindestens drei Vergleichswohnungen** stützt, auch Wohnungen mit vergleichbaren Mängeln anführen müsste, um nicht Gefahr zu laufen, von den Gerichten gesagt zu bekommen, das Mieterhöhungsverlangen sei bereits deshalb unwirksam.

377 Hinzu kommt die Überlegung, dass Mieterhöhungsverlangen nach §§ 558 ff. BGB nur in bestimmten zeitlichen Abständen zulässig sind und außerdem die Höhe der Miete über die Kappungsgrenze auch Auswirkungen auf zukünftige Mieterhöhungen hat. Ein zum Zeitpunkt des Zugangs des Mieterhöhungsverlangens vorliegender behebbarer Mangel kann u.U. schon kurze Zeit später beseitigt sein. Die Gewährleistungsrechte würden dann erlöschen, eine neue Mieterhöhung ist aber wegen der **Jahressperrfrist** unzulässig. Soweit diese Mindermeinung sich weiter darauf stützt, die mietrechtlichen Gewährleistungsrechte würden nicht ausreichen, da der Mieter durch widerspruchslosen Gebrauch der Mietsache ggf. sein Minderungsrecht verloren hat,[777] ist zu berücksichtigen, dass das Recht des Mieters auf Mietminderung, das er zuvor möglicherweise wegen Kenntnis des Mangels verloren hatte, wieder auflebt, wenn der Vermieter die Miete erhöht.[778] Aus ähnlichen Erwägungen heraus kann der Mieter bei behebbaren Mängeln dem Zustimmungsanspruch des Vermieters auch kein **Zurückbehaltungsrecht** entgegenhalten.[779] Nicht behebbar sind Mängel, deren Beseitigung dem Vermieter tatsächlich unmöglich ist oder ihm aus wirtschaftlichen, bautechnischen und sonstigen Gründen nicht zugemutet werden kann.[780]

378 Auch das **Baualter** wird, auch wenn es selbst **kein Wohnwertmerkmal** i.S.d. § 558 Abs. 2 BGB ist, als Faktor für die Beurteilung der Beschaffenheit ver-

---

777 BGH, WuM 2003, 440 = MietPrax-AK, § 536b BGB Nr. 3: Die analoge Anwendung des § 539 BGB a.F., nach der ein Mieter das Recht zur Minderung verloren hat, wenn er den Mangel sechs Monate widerspruchslos hingenommen hat, endet am 01.09.2001; danach kommt ein Verlust des Minderungsrechtes nur unter den strengeren Voraussetzungen der Verwirkung oder des stillschweigenden Verzichts in Betracht.

778 OLG Düsseldorf, WuM 1994, 324 Mieterhöhung aufgrund einer Index-Klausel; LG Berlin, MM 1991, 331; LG Köln, WuM 1990, 17; AG Köln, ZMR 1995, 260.

779 OLG Frankfurt am Main, WuM 1999, 629 = NZM 1999, 795; s. dazu auch Rn. 460.

780 LG Saarbrücken, WuM 1989, 578: Lärm- und Geruchsbeeinträchtigungen durch eine Gaststätte im Haus; Herrlein/Kandelhard/Both, § 558 BGB Rn. 59.

standen,[781] denn das Baualter beeinflusst den Mietpreis.[782] Immerhin werden durch die in den meisten Mietspiegeln vorgesehenen Baualtersklassen die Bauweise und der Baustandard abgefragt.[783]

e) Lage des Mietobjektes

Wertbildend ist hier sowohl die Lage der Wohnung im Haus, die bestimmt wird durch den Gebäudeteil (in Berlin häufig: Vorder-/Hinterhaus), die Geschosslage sowie die Ausrichtung nach Himmelsrichtungen[784] wie auch die Lage im Ort. Die **Ortslage** wird bestimmt durch die Baudichte, den baulichen Zustand des Ortsteils, Frei- und Grünflächen, landwirtschaftlichen Charakter, Beeinträchtigungen durch Lärm, Staub, Geruch, Verkehrsanbindung und die vorhandene Infrastruktureinrichtung.[785] Entscheidend ist ein objektiver Maßstab. Subjektive Bewertungen haben außer Acht zu bleiben.[786]

379

Gerade die Beurteilung der Lage der Wohnung ist zwischen den Mietvertragsparteien ein häufiger Streitpunkt.[787] Dies liegt zum einen daran, dass die einzelnen Kriterien aufgrund unterschiedlicher Anforderungen und Bedürfnisse stark unterschiedlich gewichtet werden. Was für eine Familie mit kleinen Kindern eine gute Wohnlage ist, kann für Senioren schlecht sein und umgekehrt. Zum anderen ist gerade die **Qualität der Lage einer Wohnung** sehr stark mietpreisbildend. In den meisten Mietspiegeln ist die Alters- und Ausstattungsklasse verhältnismäßig einfach objektiv überprüfbar und dem gemäß auch feststehend. Aber allein der **Wechsel einer Lageklasse** kann den Rahmen der Vergleichsmiete um bis zu 1,00 € verschieben. Im Teil „Arbeits-

380

---

781 LG München I, WuM 2002, 547, 551 ist das Baualter ein merkmalsübergreifender Einflussfaktor.

782 Keller, Zivilrechtliche Mietpreiskontrolle, S. 137, Fn. 155; davon gehen nun auch die Hinweise zur Erstellung von Mietspiegeln 2002 (unter Ziff. 4) aus, s. Rn. 922.

783 VerfGH Berlin, GE 2005, 423; KG, NJW-RR 1992, 80; LG Berlin, GE 1997, 48.

784 LG Köln, WuM 1994, 691; Schmidt-Futterer/Börstinghaus, § 558 BGB Rn. 90; Dröge, S. 183; zumindest als „mietpreisbildender Faktor" anerkannt: LG Berlin, WuM 2004, 613.

785 Vgl. Herrlein/Kandelhard/Both, § 558 BGB Rn. 7 ff.

786 Lammel, § 558 BGB Rn. 50, der als Beispiel für eine mögliche negative subjektive Bewertung einen hohen Ausländeranteil nennt, dabei jedoch darauf hinweist, dass gerade hier aufgrund der hohen Mieterfluktuation oft unverhältnismäßig höhere Mieten ermittelt werden; dazu auch LG Freiburg, NJWE-MietR 1996, 51.

787 Instruktiv dazu Isenmann, WuM 1992, 43.

hilfen" dieses Buches ist eine Tabelle mit Kriterien zur Ermittlung der Lageklasse abgedruckt (Rn. 890).

381 Die Angabe einer bestimmten Lage im Mieterhöhungsverlangen ist keine Rechtsfrage,[788] sondern eine Tatsachenbehauptung,[789] die das Gericht im Zustimmungsverfahren überprüfen muss. Behaupten die Parteien im Zustimmungsverfahren Lagevor- oder nachteile, müssen sie deshalb dazu substanziiert vortragen.[790]

6. Einzubeziehende Mieten

382 Aus § 558 Abs. 2 BGB ergibt sich, dass bei der Ermittlung der ortsüblichen Vergleichsmiete nicht alle Mieten zu berücksichtigen sind. Insofern schränkt das Gesetz die Datenbasis in örtlicher und zeitlicher Hinsicht ein. Zeitlich sind nur die in den letzten vier Jahren vereinbarten oder, von Erhöhungen nach § 560 abgesehen, geänderten Mieten zu berücksichtigen. Dies sind zum einen **Neuvertragsmieten**, d.h. alle Mieten, die innerhalb der vier Jahre neu vereinbart und seitdem nicht mehr geändert worden sind. Dies sind zum anderen sog. **Bestandsmieten**, also Mieten, die innerhalb der vier Jahre mindestens einmal geändert worden sind. Dabei ist unerheblich, ob es sich um eine einseitige Mieterhöhung nach den §§ 558 ff. BGB, 559 ff. BGB, um eine Staffel- oder Indexvereinbarung oder um eine Mietänderungsvereinbarung gem. § 557 Abs. 1 BGB handelte. Einzig Mieterhöhungen wegen Betriebskostensteigerungen nach § 560 BGB bleiben außer Betracht.[791] Räumlich sind die einzubeziehenden Mieten begrenzt auf das Gebiet der (politischen) Gemeinde.[792]

383 § 558 Abs. 2 Satz 2 BGB schließt zudem Wohnraum aus, bei dem die Miethöhe durch Gesetz oder im Zusammenhang mit einer Förderzusage festgelegt worden ist. Damit sind alle öffentlichen Fördertatbestände gemeint, seien es nun der erste Förderweg nach den §§ 24 ff. II. WoBauG, der zweite Förderweg

---

788 A.A. LG Frankfurt am Main, WuM 1992, 629 mit für diese allgemeine Aussage falscher Begründung.

789 Schmidt-Futterer/Börstinghaus, § 558 BGB Rn. 95; BVerfG, ZMR 1993, 558.

790 AG Neuss, WuM 2006, 388: Allgemeine Darlegungen zu einem „sozialen Brennpunkt" reichen nicht aus.

791 Vgl. Schmidt-Futterer/Börstinghaus, § 558 BGB Rn. 99 ff. m.w.N.; Herrlein/Kandelhard/ Both, § 558 BGB Rn. 67 ff. m.w.N.

792 Schmidt-Futterer/Börstinghaus, § 558 BGB Rn. 109; Lammel, § 558 BGB Rn. 61.

gem. §§ 88 bis 88c II. WoBauG oder der dritte Förderweg gem. § 88e Abs. 2
II. WoBauG.[793] Hierzu zählen auch mit Fürsorgemitteln geförderte Neubauwohnungen gem. §§ 87a, 111 II. WoBauG und mit Aufwendungshilfen geförderte Neubauwohnungen i.S.d. §§ 88 bis 88c II. WoBauG.

Wohnungen, die unter Inanspruchnahme von KfW-Förderprogrammen mo-   384
dernisiert worden sind, sind dagegen zu berücksichtigen. Denn im Zusammenhang mit der Inanspruchnahme der KfW-Fördermittel wird keine Begrenzung der Mieten vereinbart.[794]

7. Spanne und Punktwert

Früher war die Frage umstritten, ob die ortsübliche Vergleichsmiete eine   385
punktgenaue Einzelmiete oder eher eine **Mietspanne** ist.[795] Richtigerweise
muss man jedoch davon ausgehen, dass es sich um eine Spanne handelt. Insofern ist der umgangssprachliche Begriff der ortsüblichen Vergleichsmiete
etwas irreführend. Nach dem Wortlaut des § 558 Abs. 2 Satz 1 BGB wird die
ortsübliche Vergleichsmiete gebildet aus den **üblichen Entgelten**, die in der
Gemeinde oder einer vergleichbaren Gemeinde für Wohnraum vergleichbarer
Art, Größe, Ausstattung, Beschaffenheit und Lage in den letzten vier Jahren
vereinbart oder geändert worden sind. Das Gesetz gebraucht also ausdrücklich die Mehrzahl. Das bedeutet, dass es durchaus mehrere und unterschiedliche Entgelte, die für eine vergleichbare Wohnung gezahlt werden, geben
kann. Da der Gesetzgeber gerade auf einen 4-Jahreszeitraum abgestellt hat,
ist dies auch einleuchtend. Mit den (orts-) üblichen Entgelten hebt das Gesetz also nicht auf einen punktuellen Wert innerhalb des Mietenspektrums ab,
sondern auf eine durch die Streubreite der üblichen Mietentgelte bestimmte
Rahmengröße.[796] Die Mehrzahl der üblichen Entgelte bildet den Rahmen,
der nicht überschritten werden darf, d.h. der obere Eckwert (= höchste Wert)
dieses Rahmens bildet die Obergrenze, die der Vermieter bei seinem Begehren

---

793   Das II. WoBauG ist seit dem 01.01.2002 aufgehoben; gem. § 48 WoFG gelten einige Vor-
     schriften, z.B. die §§ 88 bis 88c und 88e Abs. 2 II. WoBauG weiter.

794   So auch die Hinweise zur Erstellung von Mietspiegeln 2002, abgedruckt unter Rn. 922.

795   So auch Bub/Treier-Schultz, III A Rn. 478; Köhler/Kossmann, Handbuch der Wohnraum-
     miete, § 151 Rn. 3; Sternel, Mietrecht, Rn. III 560.

796   BGH, WuM 2005, 394 = MietPrax-AK, § 558 BGB Nr. 11; LG Dortmund, WuM 2005, 723;
     LG Frankfurt am Main, WuM 1990, 590.

nicht überschreiten darf.[797] Üblich i.S.d. § 558 Abs. 2 BGB sind alle Entgelte innerhalb der so ermittelten Spanne. Denn die ortsübliche Vergleichsmiete ist keine punktgenaue Einzelmiete, sondern ein repräsentativer Querschnitt der vergleichbaren Mieten.[798]

386 Die Streuung der Mieten erklärt sich auch aus erhebungstechnischen Gründen. Denn unabhängig von der Tatsache, dass bei jeder Datenerhebung Messfehler auftauchen können, hängt das Ergebnis maßgeblich von der Qualität der Stichprobe ab (denn schon aus Kostengründen wird keine Vollerhebung durch Befragung sämtlicher Mieterhaushalte einer Gemeinde durchgeführt[799]).

In diesem Zusammenhang muss auch streng unterschieden werden zwischen der formalen und der materiellen Ebene:

387 Bezieht sich der Vermieter bei seinem Mieterhöhungsbegehren auf einen Tabellenmietspiegel, der Spannen ausweist, ist das Mieterhöhungsbegehren formal ordnungsgemäß, soweit die verlangte Miete innerhalb der Spanne liegt, die sich aus den Angaben des Vermieters ergibt. Der Vermieter kann also den Oberwert der Spanne angeben, § 558a Abs. 4 Satz 1 BGB. Liegt der angegebene Wert über dem oberen Spannenwert, ist das Mieterhöhungsbegehren nicht insgesamt unwirksam, sondern nur, soweit es den Oberwert übersteigt.[800] Damit ist jedoch nicht gesagt, dass diese Miete auch die ortsübliche Vergleichsmiete für die konkrete Wohnung ist. Diese Feststellung muss das Gericht im Prozess treffen. Dies erfordert eine konkrete Feststellung der ortsüblichen Vergleichsmiete i.S.e. **Einzelvergleichsmiete**[801] Würde diese Einzelvergleichsmiete jedes Mal mit dem höchsten Wert der Mietspiegelspanne zusammenfallen, wäre die Angabe von Mietspannen überflüssig.[802] Besonders

---

797 BGH, WuM 2004, 93 = MietPrax-AK, § 558 BGB Nr. 3 ; LG München, WuM 1996, 709; dieser Oberwert ist z.B. auch bei der Fehlbelegungsabgabe im Beschränkungsverfahren maßgeblich: VG Stuttgart, WuM 1996, 482.

798 BVerfGE 53, 352; BGH, NZM 2005, 660 = MietPrax-AK, § 558 BGB Nr. 13; NJW 2004, 1379 = MietPrax-AK, § 558 BGB Nr. 3; BayObLG, NJW-RR 1993, 212; Herrlein/Kandelhard/Both, § 558 BGB Rn. 60.

799 Börstinghaus/Clar, Rn. 255.

800 BGH, WuM 2004, 93 = MietPrax-AK, § 558 BGB Nr. 3; OLG Karlsruhe, WuM 1984, 21; LG Berlin, GE 1997, 241; Emmerich/Sonnenschein/Emmerich, § 558a BGB Rn. 37; a.A. noch LG Berlin, GE 1996, 1181; LG Hamburg, NJW-RR 1993, 82.

801 BGH, NJW 2005, 2621 = MietPrax-AK, § 558 BGB Nr. 3; BGH, NZM 2005, 498 = Miet-Prax-AK, § 558 BGB Nr. 11.

802 BGH, NJW 2005, 2074.

deutlich wird dies beim Begründungsmittel der drei Vergleichswohnungen. Auch hier ist den formalen Anforderungen Genüge getan, wenn der Vermieter mindestens drei Vergleichswohnungen nennt, deren Mieten zumindest nicht unter der von ihm verlangten neuen Miete liegen. Deshalb wird man jedoch nicht auf die Idee kommen, anzunehmen, dass diese drei Vergleichsmieten das ortsübliche Mietniveau in der betreffenden Gemeinde wiedergeben.

8. Maßgeblicher Zeitpunkt zur Feststellung der ortsüblichen Vergleichsmiete

Da die Ermittlung der ortsüblichen Vergleichsmiete z.T. recht problematisch sein kann, kommt es gerade in Zeiten teilweise schnell ansteigender Mieten darauf an, zunächst festzustellen, für welchen **Zeitpunkt** die ortsübliche Vergleichsmiete bestimmt werden soll. Nach der herrschenden Auffassung der Rechtsprechung[803] und in der Literatur[804] kommt es für die Feststellung der ortsüblichen Miete auf das Mietniveau zum Zeitpunkt des Zugangs des Mieterhöhungsverlangens an.

388

Dies liegt an der gesetzlich angeordneten praktischen Ausgestaltung des Erhöhungsverfahrens. Das Mieterhöhungsverlangen ist ein Antrag auf Abschluss eines entsprechenden Änderungsvertrages. Dieser Antrag wird gem. § 130 Abs. 1 Satz 1 BGB mit dem Zeitpunkt des Zugangs wirksam. Dieser Zugangszeitpunkt setzt die Zustimmungsfrist und die Klagefrist gem. § 558b Abs. 1, 2 BGB in Lauf. Ein wirksames Mieterhöhungsverlangen begründet die Verpflichtung des Mieters zur Zustimmung. Damit der Mieter überprüfen kann, ob er zur Zustimmung verpflichtet ist oder ob er es ggf. auf einen Prozess ankommen lassen kann, ist der Vermieter verpflichtet, sein Mieterhöhungsverlangen zu begründen. Ob durch diese Begründung der Vermieter dargelegt hat, dass die verlangte Miete die ortsübliche Vergleichsmiete nicht übersteigt, kann der Mieter, dem ein Mieterhöhungsverlangen zugegangen ist, aber nur für den **Zeitpunkt des Zugangs** nachprüfen, für den mehrere Monate später liegenden Zeitpunkt der Fälligkeit der erhöhten Miete kann er dies allenfalls schätzen.

389

---

803 BayObLG, WuM 1992, 677 m. Anm. Börstinghaus, ZAP, Fach 4R, S. 73; LG Hamburg, WuM 1991, 335; WuM 1990, 310; LG Köln, WuM 1982, 20; LG Bochum, WuM 1982, 18; OLG Oldenburg, WuM 1982, 105; AG Lichtenberg, MM 2007, 335; GE 2003, 1497.

804 Sternel, Mietrecht, III Rn. 624, 742; Voelskow, ZMR 1992, 326 m. Anm. Isenmann, ZMR 1992, 482.

III. Besonderheiten

1. Inklusivmieten

390   Die meisten Mietspiegel weisen lediglich eine **Nettomiete**, also die Grundmiete aus. Die Grundmiete meint das Entgelt für die Gebrauchsüberlassung,
ohne dass damit Betriebskosten abgegolten werden.[805] Insbes. in älteren
Mietverträgen werden aber nicht alle umlagefähigen Nebenkosten zusätzlich
als Betriebskosten auf die Mieter umgelegt und abgerechnet. Sieht ein Wohnungsmietvertrag als Mietentgelt nur einen bestimmten Betrag (zzgl. Hei-
zungs-/Warmwasserkosten) vor, ist dieser Betrag im Regelfall als **(Teil-) Inklusivmiete** zu verstehen, mit der auch an sich umlagefähige Betriebskosten
abgegolten sein sollen.[806] Um in diesen Fällen eine Vergleichbarkeit der Werte
des Mietspiegels mit dem Zahlbetrag für die konkrete Wohnung herzustellen,
muss für diese Wohnung erst einmal der Betriebskostenanteil errechnet werden. Hierzu ist ein Blick in den Mietvertrag erforderlich. Aus dem Mietvertrag
ergibt sich, welche Betriebskosten der Mieter gesondert zahlt. Dabei kommt
es nicht darauf an, ob über die Betriebskosten abgerechnet werden muss oder
ob eine Pauschale vereinbart wurde. Denn „Miete" ist hier der vom Mieter
gezahlte Betrag ohne Betriebskostenvorauszahlungen und Betriebskostenpauschalen. Grds. können höchstens folgende Betriebskosten entsprechend der
Regelung in § 2 der BetrKV[807] bzw. bei Altverträgen in Anlage 3 zur § 27
Abs. 1 der II. BV[808] mietvertraglich umgelegt[809] werden:

- Grundsteuer,
- Sach- und Haftpflichtversicherung,
- Kosten der Wasserversorgung einschl. Entwässerung,
- Heizungs- und Warmwasserkosten,
- Aufzug,
- Straßenreinigung,
- Müllabfuhr,

---

805   BGH, WuM 2004, 153 = MietPrax-AK, § 558 BGB Nr. 1.
806   BGH, WuM 2004, 153 = MietPrax-AK, § 558 BGB Nr. 1 BGB; OLG Stuttgart,
        NJW 1983, 2329 = WuM 1983, 285; OLG Hamm, WuM 1993, 29 = ZAP, Fach 4R, 94 m.
        Anm. Börstinghaus.
807   S.u. Rn. 917.
808   S.u. Rn. 921.
809   BGH, WuM 2004, 290 = MietPrax-AK, § 2 Nr. 17 BetrKV Nr. 1.

- Schornsteinreinigung,
- Hausreinigung und Ungezieferbekämpfung,
- Gartenpflege,
- Allgemeinbeleuchtung,
- Hauswart,
- maschinelle Wascheinrichtungen bzw. Einrichtungen für die Wäschepflege,
- Gemeinschaftsantenne und
- Verteileranlage für ein Breitbandkabel,
- sonstige, im einzelnen zu benennende Betriebskosten.

Wenn der Mieter diese Kosten, soweit sie im Haus oder für die Wohnung anfallen, durch eine **Nebenkostenpauschale** oder durch **Nebenkostenvorauszahlungen** gesondert zahlt, handelt es sich bzgl. der mietvertraglich vereinbarten Miete ebenfalls um die Grundmiete oder auch Nettomiete. In diesem Fall ist ein direkter Vergleich der gezahlten Miete mit den Werten des Mietspiegels möglich.   391

Schwieriger wird es, wenn der Mieter nach dem Mietvertrag **keinerlei Betriebskosten** zusätzlich zahlt (Warm-, Inklusiv- oder Bruttomiete) oder wenn er nur für einige dieser Betriebskosten gesonderte Zahlungen (Teilinklusivmiete) erbringt. Hier muss erst die Vergleichbarkeit mit den Netto-Werten des Mietspiegels, der Datenbank oder ggf. der Vergleichswohnungen hergestellt werden. Dies kann entweder dadurch geschehen, dass zunächst die Betriebskosten berechnet und von der Bruttomiete abgezogen werden, der Nettomietanteil sodann mit den Werten des Mietspiegels verglichen wird und anschließend der Betriebskostenanteil wieder hinzuaddiert wird.[810]   392

Es ist aber auch ausreichend, wenn der dem Mietspiegel entnommenen höheren ortsüblichen Vergleichs-Nettomiete der auf die Wohnung entfallende Betriebskostenanteil hinzuaddiert wird.[811] Dabei war schon immer h.M., dass die tatsächlichen – **aktuellen** – Betriebskosten anzusetzen sind.[812] Diese Auf-   393

---

810   OLG Hamm, WuM 1993, 29; OLG Stuttgart, NJW 1983, 2329 = WuM 1983, 285.
811   OLG Stuttgart, WuM 1983, 285 = ZMR 1983, 389.
812   KG, NZM 1998, 68; OLG Hamm, NJW-RR 1993, 398; LG Rottweil, NZM 1998, 432; LG Mannheim, WuM 1991, 594; LG Stade, WuM 1988, 279; LG Karlsruhe, DWW 1988, 146; WuM 1985, 328; AG Dortmund, NZM 2001, 584.

fassung hat nun der BGH bestätigt.[813] V.a. in der letztgenannten Entscheidung erteilt der BGH jener teilweise vertretenen Auffassung eine Absage, nach der nicht die aktuellen Betriebskosten hinzugerechnet werden dürfen, sondern die in den Mietspiegeln teilweise (z.B. in Berlin) veröffentlichten durchschnittlichen Betriebskosten.[814] Ein dennoch auf pauschale Betriebskosten abstellendes Mieterhöhungsbegehren ist dagegen nicht formal unwirksam. Denn die Frage, ob der angegebene Betriebskostenanteil zutreffend ist, betrifft nicht die formelle Ordnungsmäßigkeit, sondern dessen materielle Berechtigung.[815]

394   Dabei ist wie folgt vorzugehen: Zunächst sind die Jahresbeträge der aktuellen Betriebskosten zu ermitteln, die nicht zusätzlich vom Mieter zu zahlen sind. Bei der Vereinbarung einer (Teil-) Inklusivmiete wird in aller Regel kein Verteilungsmaßstab vereinbart, da ja eben nicht abgerechnet werden soll. Der Verteilungsmaßstab hätte dann nur Bedeutung für die Erhöhungserklärung. Mangels solcher Vereinbarungen ist grds. auf den gesetzlichen Umlagemaßstab der Wohnfläche gem. § 556a Abs. 1 BGB abzustellen. Etwas anderes dürfte dann gelten, wenn im selben Haus bzw. derselben Wirtschaftseinheit auch Nettomietverträge bestehen, in denen bestimmte Umlagemaßstäbe vereinbart sind. Dann dürfte der Vermieter gehalten sein, auch bei der Berechnung des Inklusivanteils die dortigen Umlagemaßstäbe zugrunde zu legen. Andernfalls wäre es nämlich theoretisch denkbar, dass der Vermieter unter dem Strich ein Plus an Betriebskosten erwirtschaftet, worauf er keinen Anspruch hat. Entsprechend diesen Vorgaben ist der Jahresbetrag aller inklusiven Kosten auf die Wohnung herunter zu rechnen. Dieser Wert ist der im Zahlbetrag des Mieters enthaltene Betriebskostenanteil.

395   *Beispiel:*

Der Mieter zahlt für seine 80 m² große Wohnung in einem insgesamt 500 m² Wohnfläche großen Mehrfamilienhaus 400,00 € Miete. Zusätzlich hat er nach dem Mietvertrag Nebenkostenvorauszahlungen zu leisten für die Heizung, das Wasser, die Entwässerung, Flurlicht, Schornsteinreinigung, Kabel-TV und die Haftpflichtversicherung. Im Haus bestehen auch Nettomietverträge; dort ist jeweils der Flächenmaßstab vereinbart.

Der Zuschlag zur Mietwerttabelle des Mietspiegels errechnet sich dadurch wie folgt:

---

813   BGH, WuM 2006, 39 = NZM 2006, 101; WuM 2006, 569 = NZM 2006, 864.
814   Z.B. LG Berlin, WuM 1999, 524.
815   BGH, NZM 2006, 864.

Betriebskostenanteil in der Miete:

Folgende Kosten fallen im Haus im Jahr aktuell an:

Grundsteuer	*600,00 €*
Verbundene Wohngebäudeversicherung	*900,00 €*
Straßenreinigung	*300,00 €*
Müllabfuhr	*1.100,00 €*
Summe	*2.900,00 €*

Berechnung:

2.900,00 € : 500 m²	*5,80 €*
5,80 € : 12 Monate	*0,48 €*

Wenn man nun z.B. feststellen sollte, dass die ortsübliche Vergleichsmiete für die Wohnung 5,50 €/m² nach dem Mietspiegel beträgt, dann ist zu diesem Wert von 5,50 €/m² der Betriebskostenanteil von 0,48 €/m² wieder hinzuzurechnen. Es steht dem Vermieter also unter der Bedingung, dass alle anderen Voraussetzungen gegeben sind, ein Anspruch auf Zustimmung zu einer Mieterhöhung auf 5,98 €/m² zu.

Das Gleiche gilt, wenn eine **Teilinklusivmiete** dergestalt vereinbart ist, dass bei bestimmten Betriebskosten nur die Erhöhungsbeträge im Wege der Abrechnung umlegbar und damit die Sockelbeträge in der Grundmiete enthalten sein sollen. Hier dürfen i.d.R. in der Betriebskostenabrechnung nur die Erhöhungsbeträge umgelegt werden, die seit dem Jahr der letzten Mieterhöhung nach §§ 558 ff. BGB entstanden sind.[816] In der Mieterhöhung sind dann die aktuellen – vollen – Beträge dieser Betriebskosten anzusetzen.[817] Etwas anderes wird man nur dann annehmen können, wenn die Parteien vereinbart haben, dass bei jeder Mieterhöhung nach §§ 558 ff. BGB im laufenden Mietverhältnis sich der Sockelbetrag der enthaltenen Betriebskosten nach dem Jahr des Vertragsschlusses, also statisch, berechnen soll. Grundlage der zitierten Rechtsprechung waren die in der Vergangenheit vom Kölner Haus- und Grundbesitzerverein herausgegebenen Musterverträge, nach denen zunächst alle Betriebskosten mit Ausnahme der Grundsteuer und der Versicherung als umlegbar vereinbart wurden, daneben dem Vermieter das Recht eingeräumt

396

397

---

816   AG Köln, ZMR 1994, 336; AG Köln, WuM 2000, 35.
817   BGH, MietPrax-AK, § 558a BGB Nr. 8 = WuM 2006, 39.

wurde, die Kosten für Grundsteuer und Versicherungen umzulegen, „soweit sich diese erhöhen".

398 Diese Berechnungsweise gilt i.Ü. auch dann, wenn die Parteien eine **Warmmiete** vereinbart haben. Nach der HeizkV[818] darf grds. nur eine Kaltmiete vereinbart werden. Diese Verordnung geht rechtsgeschäftlichen Vereinbarungen, nach denen in der Miete die Heizkosten enthalten sind, mit Ausnahme von Häusern mit ein oder zwei Wohnungen nach § 2 HeizkV vor.

399 Bisher wurde überwiegend die Auffassung vertreten, dass die Anwendung der HeizkV voraussetzt, dass eine Partei die verbrauchsabhängige Abrechnung auch verlangt. Dann sollte ab dem nächsten Abrechnungszeitraum entgegen der vertraglichen Vereinbarung eine verbrauchsabhängige Abrechnung vorzunehmen sein.[819] Dem ist der BGH nun entgegengetreten und hat festgestellt, dass die Verpflichtung zur verbrauchsabhängigen Abrechnung **absolut** besteht, ohne dass sich eine der Parteien darauf berufen müsste.[820] Denn, so der BGH, die rechtsgeschäftliche Gestaltungsfreiheit der Parteien (hier: zur Vereinbarung einer Bruttowarmmiete) wird durch § 2 HeizkV kraft Gesetzes eingeschränkt, § 5 Abs. 4 EnEG.[821] In dem der Entscheidung des BGH zugrunde liegenden Fall war das Mieterhöhungsbegehren des Vermieters, mit dem dieser eine Zustimmung zur Erhöhung der Bruttowarmmiete verlangte, unwirksam, soweit sich das Zustimmungsverlangen auch auf die in der Miete enthaltenen Heizkosten bezog. Dieses Ergebnis gilt unabhängig davon, ob der Mieter sich auf die – teilweise – Unwirksamkeit des Mieterhöhungsverlangens berufen hat oder die Abrechnung über Heizkosten verlangt hat. Eine Erhöhung auf die „ortsübliche Bruttowarmmiete" ist deshalb nicht möglich; diese Miete existiert nicht.

400 Verlangt der Vermieter im Erhöhungsverlangen gem. §§ 558 ff. BGB zugleich die Umstellung von einer Bruttokalt- auf eine Nettokaltmiete, so ist das Mieterhöhungsverlangen insgesamt unwirksam.[822] Bei der Berechnung der **Kappungsgrenze**[823] sind solche Differenzierungen entbehrlich. Denn die

---

818 BGBl. I 1989, S. 115.
819 LG Berlin, NZM 1999, 556; MünchKomm/Schmid, § 2 HeizkVO Rn. 2; Lammel, Heizkostenverordnung, § 2 Rn. 11 ff.
820 BGH, WuM 2006, 418 = NZM 2006, 652 = MietPrax-AK, § 558a BGB Nr. 9.
821 BGH, WuM 2006, 418 = MietPrax-AK, § 558a BGB Nr. 9.
822 Vgl. Rn. 254 ff.
823 Dazu Rn. 313.

Kappungsgrenze berechnet sich immer nach der vereinbarten Mietstruktur.[824] Ist eine Teilinklusivmiete vereinbart, berechnet sich die Kappungsgrenze also nach dem Betrag der Teilinklusivmiete.[825] Das Gleiche gilt, sofern eine Brutto-warmmiete vereinbart ist, hier allerdings mit dem Unterschied, dass zunächst der Kostenanteil für Heizung und Warmwasser herauszurechnen ist. Denn insoweit ist die Vereinbarung einer Inklusivmiete unwirksam, § 2 HeizkV[826] Ansonsten steht dem Vermieter gegenüber dem Mieter kein Anspruch auf Änderung der Mietstruktur, d.h. eine Änderung hinsichtlich der Umlagefähigkeit der Nebenkosten, zu.

2. Ende der Mietpreisbindung

Wie oben dargestellt,[827] werden die Mieten im freifinanzierten und öffentlich geförderten Wohnungsbau vom Ansatz her unterschiedlich berechnet. Probleme tauchen deshalb häufig dann auf, wenn eine Wohnung aus einer Kategorie in die andere wechselt, z.B. weil die Bindungsfristen abgelaufen sind oder die Fördermittel vorzeitig zurückgezahlt wurden.   401

Entfällt für eine Wohnung nach Fristablauf oder wegen **vorzeitiger Rückzahlung der Fördermittel** die Beschränkung auf die Kostenmiete, so ist von da an die Miete nach den Vorschriften des BGB zu erhöhen. In diesem Fall ist u.U. für die Berechnung der Wartefrist auf die letzte Erhöhung der Kostenmiete noch während der Preisbindung abzustellen.[828] Lag keine Kostenmieterhöhung im letzten Jahr vor, kann der Vermieter sein Erhöhungsverlangen bereits vor Ablauf der Mietpreisbindung abgeben.[829] I.Ü. gilt unter bestimmten Voraussetzungen die Kappungsgrenze des § 558 Abs. 3 BGB nicht.[830] Streitpunkt hierbei sind häufig auch die Nebenkosten. Früher waren in der Kostenmiete   402

---

824   BGH, WuM 2004, 153 = ZMR 2004, 327.

825   BGH, WuM 2004, 153.

826   BGH, WuM 2006, 418 = NZM 2006, 652.

827   Rn. 72 ff.

828   OLG Hamm, NJW-RR 1995, 1293; LG Köln, ZMR 1994, 569; LG Arnsberg, WuM 1991, 207; LG Hagen, WuM 1986, 139; Herrlein/Kandelhard/Both, § 558 BGB Rn. 36; Emmerich/Sonnenschein/Emmerich, § 558 BGB Rn. 6; Beuermann, GE 1994, 364.

829   KG, NJW 1982, 2077; OLG Hamm, NJW 1981, 234; Herrlein/Kandelhard/Both, § 558 BGB Rn. 36; Lützenkirchen, WuM 1995, 574; a.A. LG Kiel, WuM 1995, 541; Scholl, WuM 1996, 17; ders., WuM 1995, 426; Lammel, § 558 BGB Rn. 27.

830   Vgl. Rn. 314 ff.

die meisten Nebenkosten enthalten. Durch § 27 Abs. 3 II. BV a.F.[831] ist vorgeschrieben worden, dass für den Bereich des **sozialen Wohnungsbaus** über die Betriebskosten abzurechnen ist. Die Verordnung sah für die Vermieter eine Umstellungsfrist vor. Soweit die Vermieter davon Gebrauch gemacht haben, handelt es sich bei der Kostenmiete nur noch um eine Nettomiete, die gem. §§ 558 ff. BGB erhöht werden kann. Außerdem sind die bisherigen Umlagebeträge auch als Betriebskostenvorauszahlungen zu zahlen. Wenn der Vermieter innerhalb der Umstellungsfrist die Kostenmiete nicht auf eine Nettomiete umgestellt hat, dann wird die ehemalige Kostenmiete zur Brutto- oder Teilinklusivmiete, die entsprechend den oben[832] dargestellten Grundsätzen erhöht werden kann. Ein Anspruch auf zusätzliche Zahlung der Nebenkosten oder auf Umstellung der Mietstruktur besteht nicht.[833]

3. Zuschläge zum Mietspiegel

a) Ausstattungsmerkmale

403 Da keine Wohnung einer anderen Wohnung völlig gleicht, stellt sich die Frage, ob es zulässig ist, **Zuschläge** oder **Abschläge** zu den Werten des Mietspiegels, den Feststellungen eines Sachverständigen oder zu der Vergleichsmiete der Vergleichswohnung zu machen. Für die Mieterhöhung, die mit dem örtlichen Mietspiegel begründet wird, ist die Antwort insofern leicht, da dort bestimmte Zu- oder Abschläge schon ausdrücklich vorgesehen sind, bspw. für besonders große oder kleine Wohnungen, Isolierglasfenster, Aufzug, Zweitbad, neue Badezimmer-Keramik, etc. Ob weitere Zuschläge für **im Mietspiegel nicht erfasste Ausstattungsmerkmale** zulässig sind, erscheint fraglich, wenn der Mietspiegel als Ergebnis empirischer Untersuchungen solche Zuschläge nicht ausweist und die Untersuchungen diese wohl auch nicht bestätigt haben. Hier wird man davon ausgehen müssen, dass Zuschläge (für bestimmte Ausstattungsmerkmale, Beschaffenheiten oder Lagen) die der Mietspiegel nicht

---

831 BGBl. I 1984, S. 553.
832 Vgl. Rn. 390 ff.
833 LG Köln, WuM 1994, 27; LG Hamburg, WuM 1994, 484; AG Dortmund, WuM 1989, 333.

vorsieht, unzulässig sind.[834] Auf jeden Fall unzulässig sind Zuschläge für bestimmte Teilmärkte, also Wohnungen, die von bestimmten Bevölkerungsgruppen angemietet werden, wie z.b. Studenten,[835] Ausländern,[836] Stationierungskräften[837] oder Wohngemeinschaften[838] (wegen eines Zuschlages aufgrund des **Alters eines Mietspiegels** s. Rn. 261 ff.).

b) Schönheitsreparaturen

Eine Besonderheit gilt bei den Schönheitsreparaturen. Es entspricht heute   404
gängiger Vertragspraxis, dass die Verpflichtung zur Durchführung von Schönheitsreparaturen (wobei es sich um eine Hauptpflicht des Mietvertrages handelt) entgegen der gesetzlichen Regelung des § 535 Abs. 1 Satz 1 BGB auf den Mieter übertragen wird. Diese Vertragspraxis spiegelt sich natürlich auch in der Datenerhebung wieder, sodass die allermeisten Mietspiegel davon ausgehen, dass die Schönheitsreparaturen von den Mietern ausgeführt werden. Das aber bedeutet, dass die konkrete Miete mit den Werten des Mietspiegels nicht mehr vergleichbar ist, wenn nach den vertraglichen Vereinbarungen ausnahmsweise die gesetzliche Regelung zur Anwendung kommt. Dies hängt damit zusammen, dass nach ständiger Rechtsprechung des BGH die Übernahme der Schönheitsreparaturen **Entgeltcharakter** hat.[839] Rechtlich und wirtschaftlich erbringt der Mieter dadurch einen Teil seiner Gegenleistung für die Gebrauchsüberlassung der Räume.[840] Der Gesamtwert seiner Gegenleistung, also die Miete, wird dadurch aufgespalten in einen Geldbetrag und den wirtschaftlichen Wert seiner Renovierungsleistung.[841] Dies hat für das Mieterhöhungsverfahren Konsequenzen („Äpfel-Birnen-Problem"). Denn sollte

---

834 LG Berlin, GE 2001, 136; LG Düsseldorf, Urt. v. 13.07.1993 – 24 S 614/92 (Ablehnung eines Zuschlages wegen Gartennutzung); AG Dortmund, NZM 1999, 415; AG Hagen, WuM 1989, 579; AG Berlin-Mitte, NZM 2007, 837; LG Dortmund, WuM 2006, 570 = NZM 2007, 245; AG Frankfurt am Main, WuM 2006, 204 (jeweils für Kleinreparaturkostenzuschlag); LG Berlin, GE 2005, 1431.

835 AG Dortmund, MDR 1991, 1062 = NJW-RR 1991, 1128.

836 OLG Stuttgart, NJW 1982, 1160 = WuM 1982, 108.

837 OLG Hamm, MDR 1983, 492 = WuM 1983, 78.

838 OLG Hamm, NJW 1983, 1622 = WuM 1983, 108.

839 BGH, NJW 1988, 2790.

840 BGH, NJW 1988, 2790; BGH, WuM 1980, 241; WuM 1985, 46.

841 BGH, NJW 1988, 2790 m. Anm. Blank, EWiR 1988, 971; Fallak, WuM 1996, 686.

ausnahmsweise einmal eine Überwälzung auf den Mieter nicht stattgefunden haben, ist zu den Werten des Mietspiegels ein **Zuschlag** hinzuzurechnen.[842]

405   Enthält der Mietspiegel keine Aussage darüber, ob die in ihm enthaltene ortsübliche Miete eine Schönheitsreparaturverpflichtung des Vermieters oder des Mieters berücksichtigt, so ist vom wirtschaftlich Üblichem in dem Erhebungsgebiet des Mietspiegels auszugehen.[843] Das Gleiche gilt bei einem qualifizierten Mietspiegel gem. § 558d BGB, wenn feststeht, dass bei den der Erhebung zugrunde liegenden Mietverhältnissen die Schönheitsreparaturen wirksam auf den Mieter abgewälzt wurden.[844] Man muss zunächst danach unterscheiden, ob die Parteien es ursprünglich bei der gesetzlichen Lage bewenden lassen oder die Durchführung der Schönheitsreparaturen auf den Mieter abwälzen wollten und dies nicht rechtswirksam gelang.

406   Enthält der Vertrag keine von § 535 BGB abweichende Vereinbarung, wollte also der Vermieter die Schönheitsreparaturen durchführen, kann er zu den Werten des Mietspiegels einen Zuschlag hinzurechnen.[845] Das Mieterhöhungsbegehren ist dabei auch dann formal wirksam, wenn der Vermieter darin zwischen der Grundmiete und einem Anteil für Schönheitsreparaturen unterscheidet und nur einen der beiden Anteile erhöhen möchte.[846] In der anschließenden Zustimmungsklage muss er dagegen die Verurteilung zur Zustimmung zur Erhöhung der Gesamtmiete, also der Grundmiete einschl. gesondert ausgewiesener Anteile, beantragen und zwar auch dann, wenn er Einzelanteile unverändert lassen will.[847] Bei der Höhe des Zuschlages wird überwiegend zurückgegriffen auf die Werte des § 28 Abs. 4 II. BV.[848] Der dortige Ansatz beträgt 8,50 €/m² Wohnfläche im Jahr; dies entspricht einem monatlichen Zuschlag von 0,71 €/m².

---

842   OLG Koblenz, NJW 1985, 333; OLG Frankfurt am Main, NZM 2001, 418; LG Hamburg, ZMR 2003, 491; LG Frankfurt am Main, NJW-RR 2003, 1522 = NZM 2003, 974; LG München, NZM 2002, 945; LG Berlin, GE 1997, 48; LG Wiesbaden, WuM 1987, 127.

843   LG Wiesbaden, WuM 1987, 127.

844   LG Frankfurt am Main, NJW-RR 2003, 1522.

845   OLG Frankfurt am Main, NZM 2001, 418; OLG Koblenz, NJW 1985, 333; LG Hamburg, ZMR 2003, 491; LG Frankfurt am Main, NJW-RR 2003, 1522; LG München, NZM 2002, 945; LG Berlin, GE 1997, 48; LG Wiesbaden, WuM 1987, 127.

846   OLG Frankfurt am Main, NZM 2001, 418.

847   OLG Frankfurt am Main, NZM 2001, 418.

848   OLG Koblenz, NJW 1985, 333; LG Frankfurt am Main, NJW-RR 2003, 1522; LG München, NZM 2002, 945; LG Berlin, GE 2000, 472.

Nicht so klar ist, wie sich die Lage darstellt, wenn die Parteien zwar ursprünglich vereinbart haben, dass der Mieter die Schönheitsreparaturen durchführen soll, sich im Laufe des Mietverhältnisses dann aber (aus welchen Gründen auch immer) herausstellt, dass **diese Vereinbarungen unwirksam sind.** Ob der Vermieter auch hier die (unerwartete) Last der eigenen Renovierungspflicht durch eine Mieterhöhung nach § 558 BGB kompensieren kann, ist umstritten.

407

Teilweise wird es ohne Weiteres für zulässig erachtet, dass ein Zuschlag auf die vereinbarte Miete bei Unwirksamkeit der Klausel über die Abwälzung der Schönheitsreparaturen auf den Mieter vorgenommen wird.[849] Es könne keinen Unterschied machen, ob die Parteien sich bewusst dafür entschieden hätten, dass der Vermieter die Schönheitsreparaturen tragen solle, oder ob sich dies allein daraus ergebe, dass der Vermieter wegen der Unwirksamkeit der Formularklausel von Gesetzes wegen in Ermangelung einer abweichenden Vereinbarung zur Durchführung der Schönheitsreparaturen verpflichtet sei. Durch die Unwirksamkeit der Vertragsklausel soll nicht der Vermieter bestraft werden, sondern der Mieter vor einer unangemessenen Benachteiligung durch eine Verpflichtung zur Durchführung übermäßiger Schönheitsreparaturen geschützt werden. Da die Verpflichtung zur Durchführung von Schönheitsreparaturen **Entgeltcharakter** habe,[850] habe die Verpflichtung zur Durchführung von Schönheitsreparaturen Auswirkung auf die Höhe der ortsüblichen und angemessenen Vergleichsmiete i.S.v. § 558 BGB.

408

Ergänzend besteht die Auffassung,[851] dass der Vermieter als Verwender einer unwirksamen Schönheitsreparaturklausel im Kompensationswege einen Zuschlag zur ortsüblichen Vergleichsmiete nur dann verlangen dürfe, wenn er zuvor dem Mieter Vertragsverhandlungen angeboten habe mit dem Ziel, eine wirksame Schönheitsreparaturübernahme durch den Mieter zu vereinbaren. Dies wird damit begründet, dass der Vermieter auf der Grundlage des Rücksichtnahmegebotes gem. § 241 Abs. 2 BGB infolge der Unwirksamkeit der Schönheitsreparaturklausel einen Zuschlag zur ortsüblichen Vergleichsmiete

409

---

849 Vgl. AG Bretten, DWW 2005, 293; AG Frankfurt am Main, NJW 2005, 3294 = WuM 2005, 722; AG Langenfeld, NZM 2006, 178; Stürzer, WuM 2004, 512; Warnecke, WuM 2006, 188; Both, WuM 2007, 3.

850 Vgl. BGH, NJW 1988, 2790 = WuM 1988, 294.

851 LG Düsseldorf, WuM 2007, 456; NZM 2006, 657 = WuM 2006, 387; Kappes, NJW 2006, 3031, 3033; Schmidt-Futterer/Börstinghaus, § 558a BGB Rn. 51; Börstinghaus, NZM 2005, 931.

vom Mieter verlangen könne, was aber voraussetze, dass der Vermieter dem Mieter vor einer entsprechenden Zustimmungsklage Verhandlungen über eine Vertragsänderung angeboten hätte. Denn der Vermieter, der eine solche Mieterhöhung durchsetzen wolle, müsse sich selbst auf die Unwirksamkeit seiner eigenen Schönheitsreparaturklausel berufen. Damit enttäusche er das Vertrauen des Mieters, der doch davon ausgehe, keine höhere Miete zahlen zu müssen, sondern stattdessen in längeren Abständen ggf. in Eigenleistung Schönheitsreparaturen durchführen zu müssen, was u.U. günstiger sei, da er ja nur Materialkosten und Zeit aufwenden müsse. Teilweise wird auch ein Wahlrecht des Mieters entweder der Mieterhöhung zuzustimmen oder den Vermieter an der Renovierungsklausel festzuhalten, angenommen.[852]

410 Weiterhin wir die Meinung vertreten,[853] dass jedenfalls dann, wenn der Mieter zu erkennen gebe, dass er trotz unwirksamer Klauseln auch in Zukunft die Schönheitsreparaturen durchführen möchte, es dem Vermieter verwehrt sei, einen Zuschlag auf die Miete durchzusetzen. Begründet wird das damit, dass es als ein gegen § 242 BGB verstoßendes widersprüchliches Verhalten erscheine, wenn sich der Vermieter als Verwender der AGB wegen der Unwirksamkeit einer von ihm gestellten Klausel einen wirtschaftlichen Vorteil verschaffe. Damit würde die hinter den §§ 305 ff. BGB stehende Wertung konterkariert. Das Risiko der Unwirksamkeit einer Formularklausel hätte sonst entgegen der gesetzlichen Wertung der Verbraucher zu tragen.

411 In der Literatur wird teilweise die Auffassung vertreten, dass bei Unwirksamkeit der Klausel über die Abwälzung der Schönheitsreparaturen auf den Mieter der Vermieter keinen Zuschlag auf die Miete verlangen kann. Dies wird z.T. mit dem **Strafcharakter** des § 307 begründet,[854] teilweise wird auf das **Verbot geltungserhaltender Reduktion** unwirksamer Klauseln abgestellt.[855] Emmerich[856] wendet sich bereits gegen das „Entgeltargument", wonach Schönheitsreparaturen eine Gegenleistung des Mieters seien und vertritt die Auffassung, dass die Gegenleistung des Mieters nur in der Miete bestehe,

---

852 Vgl. Blank, Folgen unwirksamer Schönheitsreparaturklauseln, S. 22.

853 LG Nürnberg-Fürth, NZM 2006, 53 = WuM 2006, 53.

854 Vgl. Ahlt, DWW 2005, 96.

855 Lehmann-Richter, WuM 2006, 449; Vortrag auf dem Deutschen Mietgerichtstag 2006 (www.mietgerichtstag.de/downloads/vortraglehmannrichter.pdf); Lehmann-Richter, ZMR 2005, 170, 173; Hemming, WuM 2005, 165; Blank, PiG 75, 17.

856 Emmerich, NZM 2006, 761.

weshalb die Unwirksamkeit der Klausel über die Abwälzung der Schönheitsreparaturen auf den Mieter auch kein Raum für eine Kompensation bestehe.

Das OLG Karlsruhe[857] hat sich der zuerst wiedergegebenen Auffassung angeschlossen. Nach seiner Auffassung überzeugt es, dass die Verpflichtung zur
Durchführung von Schönheitsreparaturen als Hauptleistungspflicht aus dem
Mietvertrag **Entgeltcharakter** hat, da der Vermieter bei der Bemessung der
verlangten Miete einkalkulieren wird, ob er in regelmäßigen Abständen Aufwendungen für Schönheitsreparaturen hat oder nicht. Dann aber müsse die
fehlende Verpflichtung des Mieters, Schönheitsreparaturen durchzuführen,
auch Auswirkungen auf die Miethöhe haben. Dabei sei dann kein sachlicher
Grund für eine Differenzierung ersichtlich, ob die Mietparteien von vorneherein von einer Abwälzung der Schönheitsreparaturen auf den Mieter Abstand
genommen haben oder eine Überwälzung auf den Mieter an sich wollten und
sich nach Vertragsabschluss herausstellt, dass wegen der Unwirksamkeit einer Klausel im Formularmietvertrag der Mieter keine Schönheitsreparaturen
leisten muss.

Nicht überzeugend sei dagegen die Meinung, dass der „**Strafcharakter**" von
§ 307 BGB dem Erhöhungsverlangen schon grds. entgegenstehe. Denn dieser „Strafcharakter" von § 307 BGB erschöpfe sich darin, dass der Vermieter keinen Anspruch auf Durchführung der Schönheitsreparaturen gegen den
Mieter habe und für den Zeitraum vor Wirksamwerden einer Mieterhöhung
nach § 558b BGB keine zusätzliche Miete verlangen könne. Ebenfalls nicht
überzeugend sei der Ansatz, dass bei Zuerkennung eines Zuschlages ein Verstoß gegen das Verbot der **geltungserhaltenden Reduktion** vorliegen würde.
Verstoße der Inhalt einer allgemeinen Geschäftsbedingung teilweise gegen
die §§ 307 ff. BGB, sei die Klausel grds. im Ganzen unwirksam und es finde
keine geltungserhaltende Reduktion auf den noch zulässigen Inhalt statt.[858]
Das wolle der Vermieter aber auch gar nicht. Der Vermieter möchte nicht die
Durchführung laufender Schönheitsreparaturen durchsetzen. Ihm gehe es
vielmehr darum, die ortsübliche Vergleichsmiete zu ermitteln.

Die Auffassung, wonach es einer finanziellen Kompensation nicht bedür-
fe, wenn der Mieter nicht an den Vermieter wegen der Durchführung der
Schönheitsreparaturen herantrete und sich selbst um den Erhalt der Wohnung

412

413

414

---

857   OLG Karlsruhe, WuM 2007, 454.
858   St. Rspr., vgl. BGH, NJW 2000, 1110, 1113; NJW 1983, 1322.

kümmere, soweit es um die Folgen üblicher Abnutzung gehe, betreffe einen Sonderfall und sei schon nicht mehr anzuwenden, wenn der Mieter sich – spätestens im Prozess – auf die Unwirksamkeit der Klausel berufe und damit zum Ausdruck bringe, dass er in Zukunft nicht mehr (ohne Weiteres) bereit sei, für den Erhalt der Wohnung zu sorgen, soweit es um die Folgen gewöhnlicher Abnutzung gehe. Der Vermieter müsse auch nicht dem Mieter zunächst die Vereinbarung einer wirksamen Schönheitsreparaturklausel anbieten, bevor er die Mieterhöhung verlangen könne. Der Mieter habe nämlich keinen Anspruch auf eine Vertragsänderung und die Unwirksamkeit einer Klausel in allgemeinen Geschäftsbedingungen sei schon von Amts wegen zu beachten.

415   Konsequenterweise macht das OLG Karlsruhe[859] auch bei der Höhe des Zuschlages keinen Unterschied zu dem Fall, in dem die Parteien von Anfang an eine Abwälzung der Schönheitsreparaturlast auf den Mieter nicht vereinbaren wollten. Hier wie dort sei ein Zuschlag von 8,50 €/m²/Jahr vorzunehmen. Dagegen wird eingewandt,[860] dass die Werte des § 28 Abs. 4 II. BV schon deshalb nicht einfach übernommen werden können, weil eine dem sozialen Wohnungsbau vergleichbare Konstellation schon deshalb nicht vorliege, weil für die Kalkulation der für die Schönheitsreparaturen erforderlichen Kosten nicht auf die Beträge abgestellt werden könne, die durch die Beauftragung eines Fachhandwerkers verursacht werden. Denn der Vermieter habe grds. keinen Anspruch darauf, dass der Mieter die Schönheitsreparaturen durch einen Fachhandwerker durchführen lässt. Dieser könne das auch in billigerer Eigenleistung tun. Berücksichtige man, dass die Lohnkosten bei der Handwerkerrechnung den größten Teil ausmachten und der Mieter seinen helfenden Freunden nur einen Bruchteil davon zahlen müsse, würde ein Betrag von 0,20 €/m²/Monat die nicht wirksam übernommene Leistung des Mieters am besten widerspiegeln.[861]

416   Ob man jedoch bei der Bemessung des Zuschlages hauptsächlich die dem Mieter möglicherweise entstehenden Kosten im Blick haben sollte,[862] erscheint fraglich. Nach ständiger Rechtsprechung des BGH[863] hat die Über-

---

859   OLG Karlsruhe, WuM 2007, 454 = NZM 2007, 481.

860   LG Düsseldorf, WuM 2007, 456; das Urteil ist nicht rechtskräftig. Die vom LG zugelassene Revision wird beim BGH unter dem Az. VIII ZR 181/07 geführt.

861   Vgl. auch Schmidt-Futterer/Börstinghaus, § 558a BGB Rn. 53.

862   So Schmidt-Futterer/Börstinghaus, § 558a BGB Rn. 53.

863   Vgl. BGH, NJW 1988, 2790 = WuM 1988, 294.

tragung der Verpflichtung zur Durchführung von Schönheitsreparaturen **Entgeltcharakter**. Überträgt der Vermieter diese Verpflichtung auf den Mieter (oder geht er zumindest davon aus, dies wirksam getan zu haben), kalkuliert er seine Miete entsprechend niedriger.[864] Der Vermieter kann aber nur mit den Kosten kalkulieren, die ihm selbst entstehen würden. In aller Regel wird der Vermieter jedoch die Schönheitsreparaturen nicht selbst durchführen, sondern damit eine Fachfirma beauftragen. Ob es dagegen für den Mieter billiger wird, dürfte für die Kalkulation des Vermieters zu Beginn des Mietverhältnisses nur eine untergeordnete Rolle spielen. Man wird also davon ausgehen müssen, dass auch in den Fällen unwirksamer Schönheitsreparaturvereinbarungen ein Zuschlag zur ortsüblichen Vergleichsmiete von 0,71 €/m²/Monat angesetzt werden kann.

Ob der Streit über die Höhe des Zuschlages in der Praxis eine wesentliche Rolle spielen wird, erscheint zumindest zweifelhaft. Denn es darf nicht vergessen werden, dass sich auch dieser Zuschlag innerhalb der Kappungsgrenze bewegen muss, sodass fraglich ist, ob der relativ hohe Zuschlag von 0,71 €/m² überhaupt ausgenutzt werden kann.   417

4. Möblierungszuschlag

Wenn der Vermieter dem Mieter neben den Räumlichkeiten auch noch Möbel zur Verfügung stellt, dann darf hierfür ein zusätzliches Entgelt vereinbart werden. Der Zuschlag ist ein besonderes Entgelt für die besondere Leistung des Vermieters.[865] Allerdings darf hierfür nur das ortsübliche Entgelt in Ansatz gebracht werden.[866] Nach ganz überwiegender Auffassung ist vom **Zeitwert** der überlassenen Möbel auszugehen. Zeitwert ist dabei der Nutzungswert für den Mieter,[867] der dem Wiederbeschaffungswert entspricht.[868] Mit welcher Abschreibung und welcher Verzinsung dann zu rechnen ist, ist streitig. Bisher wurden in der Rechtsprechung folgende Werte angesetzt: 418

---

864   Vgl. BGH, NJW 1988, 2790.
865   LG Berlin, GE 1996, 929.
866   KG, GE 1980, 863.
867   LG Berlin, GE 2003, 954; GE 1987, 577; AG Köln, WuM 1998, 692; Dröge, S. 328 ff.
868   OLG Düsseldorf, NJW-RR 1992, 426.

419

Vertreter dieser Auffassung	Berechnungsmethode	Monatlicher Zuschlag in €[1] bei Zeitwert von €		
		5.000	**2.500**	**1.500**
LG Berlin, WuM 1993, 185	1 % des Verkehrswertes monatlich	50,00	25,00	15,00
LG Mannheim, WuM 1987, 362; LG Berlin, GE 1996, 929	11 % des Zeitwertes analog § 3 MHG	45,83	22,92	13,75
LG Stuttgart, WuM 1991, 600	jährliche Abschreibung von 10 % des Zeitwertes, Verzinsung 7,5 %	72,92	36,46	21,86
KG, GE 1980, 863; LG Berlin, GE 2003, 954	2 % Zeitwertes monatlich	100,00	50,00	30,00
Sternel, Mietrecht, III Rn. 39 Fn. 29	jährliche Abschreibung von 15 % des Zeitwertes, Verzinsung höchstens 12 %	112,5	56,25	33,75
LG Köln, ZMR 1975, 367	jährliche Abschreibung von 30 % des Zeitwertes, Verzinsung 10 %	166,67	83,33	50,00
LG Mannheim, WuM 1977, 147	Abschreibung und Verzinsung des Zeitwertes von je 15 %	125,00	62,50	37,50
AG Köln, WuM 1999, 237	Verzinsung und Abschreibung von zusammen 20 % (bei antiquarischen Möbeln)	83,33	41,67	25,00

1)   Ursprüngliche DM-Beträge wurden mit dem offiziellen Umrechnungskurs 1 € = 1,95583 DM in €-Beträge umgerechnet und auf zwei Dezimalstellen aufgerundet.

Ferner wurde vertreten,[869] einen Zuschlag von 25 % auf die Miete vorzu-nehmen. Z.T. wird auch vertreten, dass der Möblierungszuschlag ähnlich dem tatsächlichen Wert der Einrichtungsgegenstände sinkt. Dazu wird zur Berechnung auf eine degressive Abschreibung auf mathematische Formeln und Tabellen Bezug genommen.[870] Da eine solche jährliche Veränderung des Möblierungszuschlages nicht praktikabel ist, wird auch für eine an der Rest-nutzungsdauer orientierte lineare Abschreibung plädiert.[871]

420

5. Untervermietungszuschlag

Nach § 540 Abs. 1 BGB ist der Mieter grds. ohne ausdrückliche Erlaubnis des Vermieters nicht berechtigt, den Gebrauch der gemieteten Sache einem Dritten zu überlassen. Nach § 553 Abs. 1 BGB hat jedoch der Mieter von Wohnraum gegenüber seinem Vermieter einen Anspruch auf Erteilung der Untermieterlaubnis, wenn folgende Voraussetzungen gegeben sind:

421

- Es muss sich um einen Wohnraummietvertrag handeln,
- es muss ein berechtigtes Interesse des Mieters an der Aufnahme eines Drit-ten entstanden sein,
- dies muss nach Abschluss des Mietvertrages passiert sein und
- es darf hierdurch weder eine Überbelegung der Wohnung eintreten, noch darf die Untervermietung für den Vermieter unzumutbar sein, insbes. dürfen in der Person des Untermieters keine wichtigen Gründe vorliegen, die gegen die Untervermietung sprechen.

Gem. § 553 Abs. 2 BGB kann der Vermieter seine **Zustimmung** zur Unter-vermietung ggf. von einer angemessenen Erhöhung der Miete abhängig ma-chen. Ein solches Erhöhungsverlangen ist aber nur dann berechtigt, wenn dem Vermieter ohne die Erhöhung die Erlaubnis nicht zuzumuten ist. Nur in diesen Fällen kann der Vermieter seine Zustimmung von einer Mietanhebung abhängig machen. Genauso wenig wie der Mieter in diesen Fällen einen An-spruch auf die Untermieterlaubnis hat, genauso wenig hat der Vermieter einen Anspruch auf die Zustimmung zu einer Mieterhöhung.

422

---

869   OLG Frankfurt am Main, ZMR 1978, 286.
870   Barthelmess, Wohnraumkündigungsschutzgesetz, § 2 Rn. 35.
871   Dröge, S. 332 ff.

423   Es handelt sich nicht um einen „Zuschlag", der neben der Miete geschuldet wäre, sondern um eine Mietänderungsvereinbarung i.S.d. § 557 Abs. 1 BGB, die eine Vertragsanpassung wegen eines erweiterten Mietgebrauchs herbeiführen soll.[872] Die besonderen Formvorschriften der §§ 558 ff. BGB gelten deshalb nicht. Der Vermieter kann aber über sein Erhöhungsverlangen auch nicht seine allgemeine Erhöhungsabsicht durchsetzen, sondern nur die Erhöhung verlangen (besser: seine Erlaubnis nur von einer solchen Erhöhung abhängig machen), die durch die Untervermietung gerechtfertigt ist.[873] Daraus ergeben sich bereits **allgemeine Grenzen** eines solchen „Untermietzuschlages". Es handelt sich eben nicht um einen „Zuschlag", sondern um eine allgemeine Änderung der Miete für die Wohnung, sodass die Grenze des § 5 WiStrG gilt. Nach der Zustimmung des Mieters zum verlangten „Untermietzuschlag" darf die sog. ortsübliche Vergleichsmiete um nicht mehr als 20 % überschritten werden. Dabei stellt sich die Frage, ob die übliche Vergleichsmiete für Wohnungen mit Untermieterlaubnis ggf. grds. bereits höher ist als für Wohnungen ohne eine solche Erlaubnis. Dies dürfte in aller Regel jedoch nicht der Fall sein, sodass die sich aus dem örtlichen Mietspiegel ergebende ortsübliche Vergleichsmiete maßgeblich ist. Sollte sich aber tatsächlich schon ein Markt für Wohnungen mit Untermieterlaubnis herausgebildet haben, muss dieser selbstverständlich als Vergleichsmaßstab herangezogen werden.[874]

424   Die weiteren Erhöhungen der Miete richten sich nach den allgemeinen Regeln der §§ 558 ff. BGB. Eine isolierte Erhöhung des „Untermietzuschlages" ist deshalb nicht möglich; es bedarf eines einheitlichen Mieterhöhungsverlangens nach § 558 BGB.[875] Auch die Kappungsgrenze ist aus der abgeänderten Gesamtmiete zu errechnen.[876] Etwas anderes soll nach dem Rechtsentscheid des BayObLG[877] dann gelten, wenn der Vermieter sich im Vertrag an die Festlegung (und Erhöhung) eines Zuschlages ausdrücklich vorbehalten habe, denn dann hätten die Parteien wirksam § 315 BGB vereinbart. Der Rechtsentscheid erging konkret zu einem **Gewerbezuschlag** und ist nicht auf den „Untermiet-

---

872   Börstinghaus, GE 1996, 88, 90; Lützenkirchen, Neue Mietrechtspraxis, Rn. 525; Bamberger/Roth/Ehlert, § 553 BGB Rn. 14; a.A.: LG München, WuM 1999, 575.

873   Bub/Treier/Kraemer, Rn. 3, 1024; Sternel, Mietrecht II Rn. 257.

874   Vgl. Börstinghaus, GE 1996, 88 ff.

875   LG Berlin, MM 1991, 363; s.a. LG Berlin, GE 1995, 1209 für den „Gewerbezuschlag".

876   LG Berlin, MM 1991, 363; AG Hamburg, WuM 1992, 257; Bamberger/Roth/Ehlert, § 553 BGB Rn. 18.

877   BayObLG, NJW-RR 1986, 892 = WuM 1986, 205.

zuschlag" zu übertragen. Denn hier würde eine vertragliche Vereinbarung, die dem Vermieter für (jeden) Fall der Untervermietung die Bestimmung und ggf. Erhöhung eines Zuschlages erlauben würde, gegen § 553 Abs. 2 BGB zum Nachteil des Mieters abweichen und wäre deshalb gem. § 553 Abs. 3 BGB unwirksam. Denn die Frage, ob dem Vermieter die Erteilung der Erlaubnis zur Untervermietung nur gegen Zahlung eines „Zuschlages" zuzumuten ist, ist eine Frage des Einzelfalles; sie kann nicht generell durch eine Vereinbarung geregelt werden.[878]

Die Vereinbarung der Mieterhöhung anlässlich einer Untervermietung löst i.Ü. die **Wartefrist** des § 558 Abs. 1 BGB aus.

425

Hat der Mieter einer Mieterhöhung zugestimmt, dann ist eine uneingeschränkte **Mietabänderungsvereinbarung** zustande gekommen. Es handelt sich deshalb grds. nicht um einen „Zuschlag", der nach Beendigung der Untervermietung wieder wegfällt.[879] Nur wenn die Mietvertragsparteien die Abänderungsvereinbarung unter der auflösenden Beendigung des Bestehens eines Untermietverhältnisses geschlossen haben, oder für diesen Fall eine Mietermäßigung vereinbart haben, dann gilt nach Beendigung des Untermietverhältnisses wieder die ursprüngliche Miete.[880] Eine solche Vereinbarung kann sich natürlich auch aus den Umständen ergeben oder konkludent erklärt werden. Ein Indiz dafür könnte z.B. sein, dass die Parteien die Mieterhöhung im Vertrag ausdrücklich als „Untermietzuschlag" bezeichnen.[881] Es kann aber nicht angenommen werden, dass beide Parteien stets eine solche Bedingung gewollt hätten.[882] Unabhängig davon, ob die Parteien die Mietänderungsvereinbarung unter einer aufschiebenden Bedingung oder sonst zeitlich begrenzt geschlossen haben oder nicht, ist der „Untermietzuschlag" auf jeden Fall Miete i.S.d. § 543 Abs. 2 BGB. Bei der Berechnung des Mietrückstandes für eine **Kündigung wegen Zahlungsverzuges** ist deshalb von der erhöhten Miete auszugehen.[883]

426

---

878 LG Hannover, WuM 1983, 236; LG Mainz, WuM 1982, 191; AG Hamburg-Altona, WuM 1999, 600; AG Langenfeld/Rhld., WuM 1992, 477; Börstinghaus, GE 1996, 88; Lammel, § 553 BGB Rn. 24.

879 AG Kiel, WuM 1985, 262; Sonnenschein, PiG 23, 167, 182; a.A. Sternel, Mietrecht II Rn. 269.

880 Börstinghaus, GE 1996, 88, 90.

881 Schmidt-Futterer/Börstinghaus, § 553 BGB Rn. 16.

882 So aber: Sternel, Mietrecht, II Rn. 260.

883 Blank, PIG 46, 33.

427   Nach dem Wortlaut des § 553 Abs. 2 BGB kann der Vermieter eine „angemessene" Erhöhung der Miete verlangen. Die Vorschrift gilt jedoch nur für den freifinanzierten Wohnungsbau, im **preisgebundenen** Wohnungsbau gilt die **Sondervorschrift** des § 26 Abs. 3 NMV – allerdings nur nach Maßgabe des § 50 WoFG für Altfälle. Die Höhe des Untermietzuschlages im freifinanzierten Wohnungsbau hängt mit seiner Funktion zusammen. Die Mieterhöhung aus Anlass der Untervermietung soll die **Belastungen** ausgleichen, die durch die Aufnahme des Dritten dem Vermieter entstehen. Hierzu können insbes. höhere Betriebskosten wie Kalt- und Warmwasserkosten gehören, ggf. auch die Müllgebühren, wenn diese z.B. nach Müllgewicht oder anderen verbrauchsabhängigen Beitragsschlüsseln berechnet werden. Insofern besteht ein Anspruch des Vermieters, soweit nicht bereits mietvertraglich ein entsprechender verbrauchsabhängiger Abrechnungsschlüssel vereinbart worden ist, dass der Mieter eine Anpassung des Abrechnungsschlüssels zustimmt. Erhöht sich aber durch die Aufnahme des Untermieters nicht die Zahl der in der Wohnung lebenden Personen, weil z.B. der Untermieter als Ersatz für einen bisher in der Wohnung lebenden Mieter in die Wohnung einzieht, dann bedeutet dies gerade keine zusätzliche Belastung des Vermieters und rechtfertigt weder eine Anpassung bei den Betriebskosten noch eine allgemeine Mieterhöhung.

428   Anders verhält es sich mit dem Anspruch auf eine allgemeine Erhöhung der Miete. Hier wird teilweise auf die im öffentlich geförderten Wohnungsbau (für Altfälle § 50 WoFG) geltende Vorschrift des § 26 Abs. 3 NMV verwiesen.[884] Nach dieser Vorschrift dürfte der Vermieter einen „Untermietzuschlag" von 2,50 € monatlich erheben, wenn der untervermietete Wohnungsteil von einer Person, und von 5,00 €, wenn der untervermietete Wohnungsteil von zwei oder mehr Personen benutzt wird. Diese Sätze aber sind für den freifinanzierten Wohnungsbau völlig unrealistisch.

429   Ohnehin ist – abgesehen von der Frage der Höhe der Betriebskosten – eine stärkere Abnutzung der Wohnung durch die Aufnahme eines Dritten realistischerweise nicht anzunehmen oder zumindest nicht zu werten. Stellt man dagegen nicht auf die vermeintliche Stärke der Abnutzung ab, sondern auf Erweiterung der **Vermieterleistung**, muss man richtigerweise darauf abstellen, welche Miete für Wohnungen mit Untermieterlaubnis üblicherweise gezahlt

---

884   Z.B. Beuermann, Miete und Mieterhöhung bei preisfreiem Wohnraum, 2. Aufl., S. 249.

wird.[885] Wird ein Partner – z.B. einer eheähnlichen Gemeinschaft – in die Wohnung aufgenommen, dann dürfte eine Mieterhöhung i.d.R. ausscheiden, da die Miete für Wohnraum, der an Ehegatten vermietet wird oder derjenige für Wohnraum, der an eheähnliche Gemeinschaften vermietet wird, gleich hoch ist.[886] Wenn der Mieter aber durch die Untermiete **Einnahmen** erzielt, dann erscheint es gerechtfertigt, dass der Vermieter hieran beteiligt wird, also einen prozentualen Anteil an der Untermiete erhält. Dabei wird ein Betrag von 20 % der Untermiete angemessen sein.[887]

Hat der Mieter einer Erhöhung der Miete zur Erlangung der Zustimmung der Untervermietung zugestimmt, dann kann er die gezahlten Beträge nicht mehr mit der Begründung zurückverlangen, der Vermieter hätte die Untervermietung auch ohne Vereinbarung des Zuschlages gestatten müssen.[888]   430

4. Garagenmietverträge

Soweit Garagen einzeln vermietet werden, gibt es bzgl. der Anwendbarkeit der §§ 558 ff. BGB keine Probleme. Da es sich dabei **nicht** um **Wohnraum** handelt, gelten weder die besonderen Vorschriften zur Durchsetzung einer Mieterhöhung noch das Verbot der Änderungskündigung. Der Vermieter kann also das Mietverhältnis kündigen und dem Mieter den Abschluss eines neuen Mietvertrages zu geänderten Bedingungen anbieten.   431

Anders sieht es aus, wenn der Vermieter dem Mieter neben der Wohnung auch eine Garage vermietet hat. Dabei muss zunächst festgestellt werden, ob **überhaupt** ein einheitlicher Mietvertrag über Wohnung und Garage vorliegt. Hierfür ist der Wille der Parteien entscheidend. Sollte eine einheitliche Vermietung erfolgen oder sollten getrennte Verträge geschlossen werden?   432

Besteht nur **eine Vertragsurkunde** über zwei oder mehrere getrennte Mietobjekte (z.B. Garage) spricht eine widerlegliche Vermutung für den Willen, ein einheitliches Mietverhältnis zu schaffen. Dies gilt unabhängig davon, ob die Garage gleichzeitig mit der Wohnung oder nachträglich vermietet wird.[889]   433

---

885 Emmerich/Sonnenschein/Emmerich, § 553 BGB Rn. 11; Schmidt-Futterer/Börstinghaus, § 553 BGB Rn. 17.

886 AG Trier, WuM 1992, 239.

887 Schmidt-Futterer/Börstinghaus, § 553 BGB Rn. 18 m.w.N.

888 AG Bremerhaven, WuM 1993, 738.

889 OLG Karlsruhe, NJW 1983, 1499.

Dieser Vermutung kann grds. nur entgegengewirkt werden, indem im Vertrag ausdrücklich festgehalten wird, dass keine Einheit bestehen soll.

434 Andererseits kann ein einheitliches Mietverhältnis bestehen, wenn eine Wohnung und eine Garage vermietet werden, obwohl zwei getrennte Vetragsurkunden geschaffen wurden. Auch insoweit ist für die Annahme einer Einheit allein der **Parteiwille** maßgeblich. Lässt sich dieser nicht ermitteln, spricht eine widerlegliche Vermutung für eine Einheit, wenn ein räumlicher und/ oder zeitlicher Zusammenhang zwischen beiden Verträgen hergestellt werden kann. Wird z.B. dem Wohnungsmieter später eine auf dem Grundstück gelegene Garage vermietet, so liegt i.d.R. nur eine Ergänzung des Wohnraummietvertrages vor, selbst wenn eine ausdrückliche Einbeziehung nicht erfolgt.[890] Ein selbstständiger Garagenmietvertrag kommt – selbst wenn über die nachträgliche Anmietung der Garage eine gesonderte Vertragsurkunde ausgefertigt wird – nur zustande, wenn im Garagenmietvertrag ein entsprechender **Hinweis** aufgenommen wird[891] oder ein entsprechender Parteiwille sonst hinreichend deutlich erkennbar geworden ist,[892] was z.B. durch einen Vorbehalt geschehen kann.[893] Mit Rücksicht darauf muss in diesen Fällen geprüft werden, ob Kriterien für einen **abweichenden Parteiwillen** vorliegen, mit denen die Vermutung erschüttert werden kann. Denn dann hätte wieder die Vertragspartei, die sich auf die Einheit des Vertrages beruft, die volle Beweislast. Kriterien, die die Vermutung einer Einheit zwischen Garagen- und Wohnraummietvertrag erschüttern können, sind z.B.:

- verschiedene Vermieter,
- Verwendung verschiedener Vertragsmuster,
- Regelung unterschiedlicher Kündigungsfristen,
- getrennte Mietzahlungen für Garage und Wohnung,
- unterschiedliche Laufzeiten der Verträge,
- unterschiedliche Mieternummern für Garage und Wohnung,
- getrennte Betriebskostenabrechnungen.

---

890 OLG Karlsruhe, NJW 1983, 1499.
891 LG Duisburg, NJW-RR 1986, 1211.
892 Vgl. OLG Karlsruhe, NJW 1983, 1499.
893 AG Menden, WuM 1999, 573.

Ein einheitlicher Mietvertrag ist von vorneherein zu verneinen, wenn der Mieter einer Wohnung zwar in derselben Wohnanlage, aber nicht vom selben Vermieter eine Garage anmietet. Ein einheitliches Mietverhältnis setzt nämlich die **Identität der Vertragsparteien** voraus.[894] Ein einheitlicher Vertrag kann auch dann nicht angenommen werden, wenn mit einem Abstand von mehreren Jahren über eine Wohnung und eine Garage, die auf verschiedenen Anwesen liegen, unterschiedliche Vertragspartner Mietverträge abschließen und es später auf Vermieterseite zum Eintritt in eines der Mietverhältnisse aufgrund einer Rechtsnachfolge kommt.[895]

435

Lässt sich die Behauptung, bei Abschluss des einen oder anderen Vertrages habe man sich darauf geeinigt, dass jeder Vertrag getrennt von dem anderen behandelt werden soll, beweisen, kann auch aus der Abwicklung der beiden Vertragsverhältnisse auf den bei Vertragsabschluss vorherrschenden Willen gefolgert werden.[896]

436

Besteht nach diesen Kriterien ein einheitlicher Vertrag, wird diese Einheit nicht dadurch aufgelöst, dass sich die dingliche Zuordnung (etwa durch die Veräußerung der Garage) ändert.[897] In diesem Fall können beide Vermieter nur einheitlich agieren, also z.B. einseitige Willenserklärungen abgeben.[898]

437

Wenn also ein einheitlicher Mietvertrag vorliegt, dann ist eine **Änderungskündigung** ausgeschlossen. Die Garagenmiete kann ebenfalls nur unter den Voraussetzungen der §§ 558 ff. BGB (oder ggf. auch nach dem Umlageverfahren nach den §§ 559 ff., 560 BGB) erhöht werden. Der Vermieter kann also die Zustimmung zur Erhöhung auf die ortsübliche Vergleichsmiete für Garagen verlangen. Soweit diese in einem Mietspiegel ausgewiesen ist, ist dies leicht möglich. Ob ein **Zuschlag** zu den Werten des Mietspiegels für Wohnungen mit Garage möglich ist, der im Mietspiegel selbst nicht vorgesehen ist, erscheint zweifelhaft.[899] Richtiger erscheint es, dem Vermieter das Recht einzuräumen, den kalkulatorischen Anteil der Garagenmiete an der Vertragsmiete nach § 315 BGB durch billiges Ermessen zu bestimmen. Dies

438

---

894 LG Hamburg, WuM 1986, 338; BayObLG, WuM 1991, 78.
895 AG Frankfurt am Main, ZMR 2003, 743.
896 Vgl. die Zusammenstellung der Rspr. bei Sternel, Mietrecht aktuell, Rn. 162 ff.; Treier-Reinstorf, I Rn. 103.
897 LG Köln, WuM 2004, 614.
898 Vgl. auch BayObLG, WuM 1991, 78.
899 So aber LG Berlin, GE 1991, 729: Zuschlag 5 %.

wird im Ergebnis darauf hinauslaufen, die Garagenmiete für angemessen zu halten, die für vergleichbare Garagen in unmittelbarer Nähe oder zumindest vergleichbaren Lagen üblicherweise gezahlt werden. Jedenfalls muss die Erhöhung des Garagenanteils gesondert begründet werden.

439   Soweit die Vertragsmiete nicht in einen Anteil für die Wohnung und einen weiteren für die Garage aufgespalten ist, muss ggf. **im Wege der Schätzung eine Herausrechnung** erfolgen. Wichtig ist aber, dass dann nicht isoliert die „Garagenmiete" erhöht werden kann.[900] Zwar kann der Vermieter im Erhöhungsbegehren zwischen dem Mietanteil für die Wohnung und dem für die Garage differenzieren und nur die Erhöhung eines der beiden Anteile begründen. Die Zustimmung muss er dann aber wieder zur Erhöhung der **Gesamtmiete** verlangen und ggf. einklagen.[901] Denn genauso, wie es unzulässig wäre, den Mieter auf Zustimmung zu einer Erhöhung einer Quadratmetermiete zu verklagen,[902] wäre eine Klage unzulässig, mit der keine Zustimmung zur Erhöhung der Gesamtmiete, sondern nur zur Erhöhung eines kalkulatorischen Ansatzes der Gesamtmiete verlangt wird.[903] Vielmehr erfolgt eine Erhöhung der Miete für das einheitliche Wohnungsmietverhältnis mit der Folge, dass hierdurch auch die **Jahressperrfrist** insgesamt, also auch für die Wohnung, ausgelöst wird.

IV.   Verhaltensmöglichkeiten des Mieters

440   Hat der Vermieter ein Mieterhöhungsverlangen gestellt, so muss der Mieter sich entscheiden, ob er diesem Verlangen zustimmen will oder nicht. Im letzteren Fall muss der Vermieter sich entscheiden, ob er eine Klage auf Zustimmung erhebt oder nicht.

441   Der Mieter hat mindestens **drei Möglichkeiten**, wie er auf das Mieterhöhungsverlangen reagieren kann:

---

900   AG Köln, WuM 2005, 254; MietRB 2004, 1; AG Bielefeld, WuM 1993, 357; a.A. für preisgebunden Wohnraum LG Berlin, GE 2004, 625: Ist einem Mieter neben einer preisgebundenen Wohnung in einem einheitlichen Mietverhältnis auch eine Garage überlassen worden, kann die Garagenmiete unabhängig von der Wohnungsmiete bis zur Angemessenheitsgrenze (§§ 27, 28 NMV) erhöht werden. Die Erhöhung ist in einer Erklärung gem. § 10 WoBindG i.V.m. § 8a NMV zu begründen.

901   OLG Frankfurt am Main, WuM 2001, 231 = NZM 2001, 418.

902   AG Dortmund, WuM 2006, 157.

903   OLG Frankfurt am Main, WuM 2001, 231.

- Er kann dem Verlangen mit oder ohne Einschränkungen zustimmen,
- er kann das Mietverhältnis kündigen oder
- er kann das Verlangen zurückweisen oder gar nicht reagieren und es damit auf einen Prozess ankommen lassen.

Was er nicht kann, ist, sich wegen Mängeln an der Wohnung im Hinblick auf seine Zustimmung auf ein **Zurückbehaltungsrecht** zu berufen.[904]

1.   Zustimmung

Wenn der Mieter der Auffassung ist, die Mieterhöhung ist formell ordnungsgemäß und materiell berechtigt, dann sollte er seine Zustimmung wie verlangt erklären, da andernfalls die Kosten einer Mieterhöhungsklage wahrscheinlich von ihm getragen werden müssten. Die Kosten eines solchen Verfahrens können den **Jahresbetrag** der verlangten Erhöhung schnell mehrfach übertreffen.[905] Dies gilt erst recht, wenn das Gericht einen Sachverständigen beauftragt. Zurzeit liegen deren Tarife bei ca. 750,00 € bis 1.500,00 €.

442

Eine **Form** für die Zustimmung ist grds. nicht vorgeschrieben. Ausnahmsweise ist die Zustimmung in folgenden Fällen schriftlich zu erteilen:

443

- Bei Mietverträgen, die für längere Zeit als ein Jahr abgeschlossen werden (§ 550 BGB[906]),
- wenn im Mietvertrag wirksam[907] vereinbart ist, dass Vertragsänderungen der Schriftform bedürfen. Diese vertragliche Schriftformklausel ist im Fall des § 558b BGB aber dispositiv, d.h. beide Mietvertragsparteien können für den konkreten Einzelfall auf die Einhaltung des Schriftformerfordernisses verzichten.[908]

Dies gilt auch bei nur unwesentlichen Mieterhöhungen.[909]

---

904   S.u. Rn. 460.
905   S.u. Rn. 608.
906   Hierzu ausführlich Schlemminger, NJW 1992, 2249.
907   Dazu OLG München, WuM 1989, 133.
908   BGH, NJW 1965, 293; NJW 1975, 1657; KG, NZM 2005, 457.
909   OLG Rostock, OLGR 2002, 34, 35; OLG Karlsruhe, OLGR 2003, 201, 207; OLGR 2001, 233; LG Gießen, ZMR 2002, 272; a.A.: KG, NZM 2005, 457 = ZMR 2005, 618: Eine Erhöhung von 5 % ist unwesentlich; Sternel, Mietrecht, I Rn. 208: „Jedenfalls ab 20 %" ist wesentlich; Bub/Treier-Heile, II Rn. 770.

444   Wenn, wie i.d.R., keine besondere Form für die Zustimmung erforderlich ist, dann kann die Zustimmung auch konkludent, d.h. durch eindeutiges Verhalten, erklärt werden. Ein solches als Zustimmung zu deutendes Verhalten ist v.a. die Zahlung. Dabei ist in der Rechtsprechung nach wie vor umstritten, ob eine **einmalige Zahlung** ausreicht, oder ob mehrere vorbehaltlose Zahlungen der erhöhten Miete erforderlich sind. Im Einzelnen:

445

Zahlung als Zustimmung		
Anzahl der Zahlungen	**ist Zustimmung**	**ist keine Zustimmung**
1	AG Bad Dürkheim, ZMR 1990, 150; AG Frankfurt am Main, DWW 1987, 263; ZMR 1989, 180; LG Trier, WuM 1994, 217; LG Kiel, WuM 1993, 198; LG Braunschweig, WuM 1986, 142; LG Berlin, GE 1984, 179; WuM 1987, 266; WuM 1989, 308; WuM 1985, 311; MDR 1992, 235.	

2	AG Leipzig, NZM 2002, 20; AG Spandau, GE 1988, 893; AG Tiergarten, GE 1988, 145; AG Solingen, WuM 1996, 279; AG Bad Dürkheim, ZMR 1990, 150; LG Düsseldorf, DWW 1999, 377; LG Berlin, GE 1992, 207; LG München II, DWW 1987, 8; Herrlein/Kandelhard/Both, § 558b BGB Rn. 8 unter Hinweis auf die Norm § 12 Abs. 6 MHG a.F., der für die neuen Bundesländer, begrenzt bis zum 31.12.1997, vorsah, dass als Zustimmung bereits zwei Zahlungen der erhöhten Miete genügen.	AG Hohenschönhausen, GE 2001, 855 (bei vorherigem Vorbehalt); AG Charlottenburg, MDR 1998, 1159 (bei vorherigem Widerspruch); AG Flensburg, WuM 1991, 356; LG Berlin, ZMR 1990, 180; LG Frankfurt am Main, WuM 1990, 124; LG Köln, WuM 1982, 129.
3	AG Charlottenburg, GE 1988, 1171; LG Berlin, WuM 1987, 266; Lammel, § 558b BGB Rn. 15.	
4	LG Hamburg, ZMR 1980, 86	
5	AG Bad Hersfeld, WuM 1996, 708; LG Berlin, NJW-RR 1986, 236.	LG München I, WuM 1996, 44
6	AG Hohenschönhausen, GE 2004, 301	
7	LG Berlin, WuM 1987, 158	

446   Keine konkludente Zustimmung ist anzunehmen, wenn ein **Dritter** (z.B. das
       Sozialamt) für den Mieter zahlt, da dies eine unwirksame Willenserklärung
       zulasten Dritter wäre.[910] Das Gleiche gilt, wenn die Zahlungen ausdrücklich
       unter Vorbehalt erfolgen, wenn der Mieter daneben erklärt hat, der Mieter-
       höhung zu widersprechen oder seine Zustimmung an Bedingungen knüpft.
       Eine konkludente Zustimmung kommt auch nicht in Betracht, wenn der Ver-
       mieter die Erhöhungsbeträge auf der Grundlage einer ihm vom Mieter erteil-
       ten Einzugsermächtigung per **Lastschrift** (auch mehrfach) einzieht.[911] Allein
       das Dulden der Abbuchung ist keine Zustimmung. Der Fall unterscheidet
       sich von dem, in dem der Mieter selbst die erhöhte Miete zahlt. Hier liegt ein
       zurechenbares Verhalten des Mieters, das der Vermieter aus der Sicht eines
       objektiven Empfängers als Zustimmung bewerten könnte, gerade nicht vor.
       Anknüpfungstatsache ist hier nur ein **Schweigen** des Mieters. Selbst wenn der
       Mieter, weil es sich um das Einzugsermächtigungsverfahren handeln sollte,
       grds. die Möglichkeit hat, der Abbuchung zu widersprechen, liegt nur ein Un-
       terlassen vor, dass einem positiven Tun nicht gleichgestellt werden kann. Hin-
       zu kommt, dass der Vermieter im Verhältnis zum Mieter gar nicht berechtigt
       ist, die erhöhte Miete abzubuchen. Denn zu diesem Zeitpunkt besteht noch
       keine Verpflichtung zur Zahlung der erhöhten Miete, weil der Mieter noch
       nicht zugestimmt hat.

447   Das Gleiche gilt beim (im Rahmen von Wohnraummietverträgen allerdings
       sehr selten vereinbarten) **Abbuchungsverfahren**, bei dem der Mieter seiner
       Bank einen schriftlichen Auftrag erteilt, wonach die vom Vermieter vorzule-
       genden Lastschriften zulasten seines Kontos eingelöst werden sollen.[912] Denn
       auch beim Abbuchungsverfahren handelt es sich letztlich um eine Zahlung,
       die auf Veranlassung des Vermieters erfolgt ist. Schon deshalb kann die Zah-
       lung selbst aus Sicht des objektiven Erklärungsempfängers nicht als Zustim-
       mung gewertet werden.

448   Auch der **unterlassene Widerspruch** gegen die Lastschrift ist keine konklu-
       dente Zustimmung. Dafür spricht auch, dass der Reformgesetzgeber die Re-
       gelung des § 12 Abs. 6 Nr. 2 MHG nicht in das BGB übernommen hat. In den
       neuen Bundesländern galt bis zum 31.12.1997 noch die Sonderregelung des

---

910   LG Hamburg, WE 2003, 178.
911   LG München, WuM 1996, 44; LG Göttingen, WuM 1991, 280; AG Hamburg, WuM 2000,
       359.
912   Hierzu Kreizberg, Banken, Börsen, Geldgeschäfte von A-Z, S. 145 und 240.

§ 12 Abs. 6 MHG. Diese war von der Wohnungswirtschaft für erforderlich gehalten worden, weil das Zustimmungserfordernis für die neuen Bundesländer und deren Mieter neu war. Der Gesetzgeber befürchtete deshalb, dass dort die Mieter massenweise aus Unkenntnis nicht zustimmen würden und dadurch unzählige Prozesse erforderlich werden könnten, die letztlich dann überflüssig gewesen wären, wenn der Mieter mit der Mieterhöhung einverstanden war und nur nicht verstanden hatte, dass er dies ausdrücklich erklären muss. Deshalb wurde in § 12 Abs. 6 Nr. 2 MHG eine gesetzliche Fiktion geschaffen, wonach bei 2-maliger Zahlung der erhöhten Miete unwiderlegbar vermutet wurde, dass der Mieter der Mieterhöhung zugestimmt hat. Diese Fiktion galt selbst dann, wenn der Vermieter die erhöhte Miete zweimal im Lastschriftverfahren eingezogen hatte und der Mieter der Einziehung nicht binnen sechs Wochen widersprochen hatte. Die Regelungen für die neuen Länder in § 12 Abs. 6 MHG waren aber eine nicht analogiefähige Sonderregelung. Hätte der Reformgesetzgeber gewollt, dass es sich um allgemeine Regeln für das Mieterhöhungsverfahren handelt, hätte er diese Bestimmung schon damals in § 2 MHG untergebracht und nicht in der befristet geltenden Sonderregelung des § 12 MHG. Erst recht hat der Mietrechtsreformgesetzgeber diese Regelung trotz der bekannten Rechtsprechung zu diesem Problem nicht aufgegriffen.

Eine konkludente Zustimmung des Mieters zur Mieterhöhung kommt auch nicht in Betracht, wenn der Mieter auf eine bloße Zahlungsaufforderung (nicht: Zustimmungsaufforderung) seines Vermieters hin zahlt[913] oder die Erhöhungsbeträge aufgrund eines formal unwirksamen Mieterhöhungsbegehrens des Vermieters entrichtet.[914] In diesen Fällen stellt sich das Handeln des Mieters aus objektiver Empfängersicht nicht als konkludente Zustimmung dar. Es handelt sich vielmehr um ein neues Angebot, das vom Vermieter jedoch (auch konkludent durch mehrmalige widerspruchslose Hinnahme der Erhöhungsbeträge) angenommen werden kann.   449

Wenn der Mieter abgesehen davon die Zustimmung (oder auch nur eine teilweise Zustimmung) erteilt hat, schuldet er die erhöhte Miete erstmals für den **dritten Kalendermonat**, der dem Zugang des Mieterhöhungsverlangens folgt. Dies gilt auch dann, wenn der Vermieter gar keinen Termin genannt hat,[915] denn diese Rechtsfolge ergibt sich unmittelbar aus § 558b Abs. 1 BGB.   450

---

913   AG Flensburg, WuM 1991, 356.
914   LG Mannheim, ZMR 1994, 516; LG Frankfurt am Main, WuM 1990, 224.
915   BayObLG, WuM 1988, 117; OLG Koblenz, NJW 1983, 1861.

451   Die in § 558b Abs. 1 BGB geregelte Ausnahme zu § 150 BGB gilt jedoch nicht, soweit das **Mieterhöhungsverlangen formal unwirksam** war. Wenn der Mieter darauf (teilweise) zustimmt, ist damit der Mietvertrag noch nicht automatisch geändert. Vielmehr handelt es sich um eine neues Angebot des Mieters, das vom Vermieter angenommen werden muss.[916] Die Annahme kann dann jedoch wieder konkludent dadurch erfolgen, dass der Vermieter die Zahlungen des Mieters mehrfach widerspruchslos annimmt, wobei die 2-malige Zahlung nicht ausreichen soll.[917]

452   Daraus folgt jedoch auch, dass eine (Teil-) Zustimmung zu einem formal unwirksamen Mieterhöhungsbegehren die **Wartefrist nicht in Gang setzt**. Der Vermieter kann die (Teil-) Zustimmung des Mieters zurückweisen und sofort ein neues Mieterhöhungsbegehren aussprechen.[918] Würde man dies anders sehen und annehmen, dass der Mieter auf ein unwirksames Mieterhöhungsbegehren wirksam (teil-) zustimmen könnte und dadurch der Mietvertrag geändert wäre, hätte es der Mieter in der Hand, die Jahressperrfrist auch bei einem unwirksamen Mieterhöhungsbegehren auszulösen mit der Folge, dass der Vermieter seine Zustimmungsklage nicht auf dieses Erhöhungsverlangen stützen könnte. Die Klage wäre als unzulässig abzuweisen, da die Überlegungsfrist durch die unwirksame Mieterhöhung nicht in Lauf gesetzt worden wäre. Zwar könnte der Vermieter einzelne formale Mängel des Mieterhöhungsbegehrens gem. § 558b Abs. 3 Satz 1 BGB auch im Prozess heilen. Dies ist sogar noch im Berufungsverfahren möglich, wenn der Mieter erstinstanzlich auf ein nur teilweise wirksames Erhöhungsverlangen hin zur Zustimmung verurteilt worden ist.[919] Das hätte aber nicht zur Folge, dass das ursprünglich formunwirksame Mieterhöhungsbegehren rückwirkend wirksam würde. Vielmehr würden durch die Nachbesserung die Fristen des § 558b BGB neu in Gang gesetzt, § 558b Abs. 3 Satz 2 BGB. Außerdem hätte der Vermieter die Kosten des Verfahrens zu tragen, wenn der Mieter auf das korrigierte Erhöhungsverlangen hin seine Zustimmung erteilt. Denn dabei würde es sich um ein sofortiges Anerkenntnis handeln.

---

916   LG Berlin, WuM 1997, 51 = GE 1997, 247; LG Mannheim, ZMR 1994, 516; LG Frankfurt am Main, WuM 1990, 224.

917   AG Flensburg, WuM 1991, 356.

918   LG Berlin, WuM 1997, 51 = GE 1997, 247; LG Mannheim, ZMR 1994, 516; AG Hamburg, WuM 1998, 351 = NZM 1998, 574.

919   BayObLG, WuM 1989, 484 = ZMR 1989, 412.

Will der Vermieter verhindern, dass die (Teil-) Zustimmung des Mieters zu einem unwirksamen Erhöhungsverlangen Rechtsfolgen auslöst, muss er diese Zustimmung zurückweisen. Hat der Mieter schon Erhöhungsbeträge gezahlt, sollte der Vermieter diese entweder zurückzahlen oder klarstellen, dass die Zahlungen nur unter Vorbehalt angenommen werden.   453

2. Teilzustimmung

Möglich ist auch die teilweise Zustimmung des Mieters, d.h. eine Zustimmung zu einer geringeren Erhöhung, als sie der Vermieter verlangt hat. Diese Möglichkeit vermindert insbes. auch das **Kostenrisiko** hinsichtlich eines evtl. späteren Prozesses.   454

3. Frist der Zustimmungserklärung

Die (Teil-) Zustimmung muss der Mieter grds. bis zum Ablauf des 2. Kalendermonats, der auf den Zugang des Erhöhungsverlangens des Vermieters folgt, erklären, § 558b Abs. 2 Satz 1 BGB. Umstritten ist nun die Frage, ob der Mieter auch nach Ablauf der Zustimmungsfrist, bis spätestens zum Ablauf der Klagefrist von weiteren drei Monaten, noch (teil-) zustimmen kann. Z.T. wird hier vertreten, dass die nach Ablauf der Überlegungsfrist erklärte Zustimmung gem. § 150 Abs. 1 BGB ein neues **Angebot** des Mieters auf Abänderung des Mietvertrages darstelle, das der Vermieter (auch konkludent durch Entgegennahme der Zahlungen) annehmen oder aber zurückweisen könne.[920] Nach dieser Auffassung könnte der Vermieter die verspätete Zustimmung zurückweisen und sofort ein neues Mieterhöhungsbegehren aussprechen, etwa wenn zu diesem Zeitpunkt ein neuer Mietspiegel mit höheren Werten veröffentlicht ist.   455

Nach anderer, wohl überwiegender Auffassung bleibt das Angebot des Vermieters auf Abänderung des Mietvertrages, das er dem Mieter durch das Erhöhungsverlangen unterbreitet hat, bis zum Ablauf der Klagefrist wirksam und kann vom Mieter angenommen werden, ohne dass der Vermieter die Annahmeerklärung zurückweisen könnte. Denn insoweit würden die §§ 147 ff. BGB durch § 558b BGB bis zum Ablauf der Klagefrist verdrängt.[921] Dieser   456

---

920   Lammel, § 558b BGB Rn. 10; LG Berlin, MM 1996, 292.
921   Schmidt-Futterer/Börstinghaus, § 558b BGB Rn. 15 f.; Herrlein/Kandelhard/Both, § 558b BGB Rn. 17; LG Berlin, GE 1996, 263; LG Hannover, WuM 1990, 222.

Auffassung ist zuzustimmen schon aus der Überlegung heraus, dass jede Zustimmungsklage unzulässig wäre, wenn das Angebot des Vermieters mit Ablauf der Überlegungsfrist unwirksam werden würde. Denn dann gäbe es kein Angebot mehr, zudem die Zustimmung des Mieters durch Urteil ersetzt werden könnte.[922]

457 Allerdings kann der Vermieter nach Ablauf der **Überlegungsfrist** sein Angebot zurücknehmen, sofern der Mieter bis dahin noch nicht zugestimmt hat.[923]

458 Vor dem Hintergrund dieses nicht ganz einheitlichen Meinungsbildes empfiehlt sich für den Vermieter folgendes Vorgehen:

- Möchte er die nach Ablauf der Überlegungsfrist bei ihm eingegangene Zustimmungserklärung des Mieters annehmen, sollte er dies dem Mieter ausdrücklich erklären.

- Möchte der Vermieter sein Mieterhöhungsbegehren nicht weiter verfolgen, sollte er dem Mieter unmittelbar nach Ablauf der Überlegungsfrist mitteilen, dass das Mieterhöhungsbegehren hinfällig sei.

459 Die (Teil-) Zustimmung muss von **allen Mietern** erklärt werden. Denn die Zustimmung zur Änderung des Vertrages kann nur einheitlich erfolgen. Allerdings ist eine Vertretung zulässig. Die Vertretungsmacht kann sich auch nach den Grundsätzen der Duldungs- oder Anscheinsvollmacht ergeben.[924] Vollmachtsklauseln im Mietvertrag – selbst wenn sie wirksam vereinbart sind – genügen indes nicht.[925] Dies gilt auch bei Ehegatten. Die Vorschrift des § 1357 BGB ist hier nicht anwendbar. Soweit vereinzelt[926] angenommen wurde, dass es sich bei der Zustimmung zur Mieterhöhung um ein Geschäft zur angemessenen Deckung des Lebensbedarfs der Familie handelt, nachdem der Mietvertrag zuvor mit beiden Ehegatten abgeschlossen und von beiden Ehegatten unterzeichnet worden ist, kann dem nicht gefolgt werden. Schon im Hinblick auf eine heute statistische **Durchschnittswohndauer** von unter acht Jahren kann nicht von einem Geschäft des täglichen Lebens gesprochen werden.

---

922 Herrlein/Kandelhard/Both, § 558b BGB Rn. 17.
923 Vgl. Schmidt-Futterer/Börstinghaus, § 558b BGB Rn. 15.
924 Vgl. z.B. Schmidt-Futterer/Börstinghaus, § 558b BGB Rn. 35 m.w.N.
925 OLG Frankfurt am Main, NJW-RR 1992, 396, 400.
926 AG Münster, MDR 1996, 900.

4. Zurückbehaltungsrecht

Bis zum Rechtsentscheid des OLG Frankfurt am Main v. 29.07.1999[927] war
umstritten, ob der Mieter ein Zurückbehaltungsrecht hinsichtlich der Zustimmungserklärung hat, wenn die Wohnung mit behebbaren Mängeln behaftet
ist. Diese Mängel haben im Mieterhöhungsverfahren keine Bedeutung. Sie
können den Mieter aber ggf. berechtigen, die Miete zu mindern. Er hat außerdem einen Beseitigungsanspruch gegen den Vermieter. Ob der Mieter nun
dem Vermieter mitteilen kann, er stimme der Mieterhöhung erst zu, wenn die
genau bezeichneten Mängel an der Wohnung beseitigt werden, wurde von den
Gerichten sehr unterschiedlich beantwortet.[928] Überwiegend wurde vertreten,
dass die Klage auch Zustimmung gem. § 559b BGB bzw. § 2 MHG a.F. nicht
auch die **Durchsetzung der Zahlungsklage** über die neue Miete beinhalte.

460

Diesen Gedanken griff das OLG Frankfurt am Main in seinem Rechtsentscheid[929] auf und stellte klar, dass das auf § 320 BGB beruhende Leistungs-
verweigerungsrecht ausgeschlossen sei, da das Mieterhöhungsverlangen und
der Anspruch auf vertragsgemäße Nutzung der Mietsache nicht in einem
synallagmatischen Verhältnis stehen. Aber auch ein Zurückbehaltungsrecht
nach § 273 BGB ist ausgeschlossen. Zwar stehen sich der Zustimmungsanspruch des Vermieters einerseits und der Erfüllungsanspruch des Mieters auf
vertragsgemäßen Gebrauch andererseits als gegenseitige und fällige Ansprüche, die auch demselben rechtlichen Verhältnis entstammen, gegenüber. Als
negatives Tatbestandsmerkmal sieht § 273 BGB jedoch vor, dass ein Zurückbehaltungsrecht nur besteht, „sofern nicht aus dem Schuldverhältnis sich ein
anderes ergibt". Dies sei hier bei dem abgestuften Zustimmungsverfahren der
Fall. So wäre auch nicht erklärlich, weshalb behebbare Mängel einerseits mit
dem Zustimmungsanspruch nichts zu tun haben sollen, der Vermieter aber
andererseits über den Umweg des Zurückbehaltungsrechtes verpflichtet sein
sollte, diese Mängel zuerst zu beseitigen, bevor er seinen Anspruch auf Zu-

461

---

927 OLG Frankfurt am Main, WuM 1999, 629 = NZM 1999, 795.
928 Bejahend: LG Itzehoe, WuM 1990, 157; AG Hamburg-Altona, WuM 1991, 279;
AG Wuppertal, ZMR 1976, 51; verneinend: LG Berlin, GE 1999, 378; MM 1991, 330;
WuM 1985, 331; LG Hamburg, WuM 1991, 593; LG Konstanz, WuM 1991, 279; AG Charlottenburg, GE 1994, 1319; AG Kempten, ZMR 1992, 453; AG Kassel, WuM 1992, 137;
AG Hamburg-Altona, WuM 1991, 279.
929 OLG Frankfurt am Main, WuM 1999, 629.

stimmung auch durchsetzen kann.[930] Diese Überlegungen gelten im Grunde für alle Gegenansprüche des Mieters gegenüber dem Vermieter.[931]

5. Änderung der Mietstruktur

462   Ging der Vermieter in seinem Erhöhungsverlangen von einer falschen, weil vertraglich nicht geschuldeten Mietstruktur aus, ist das Mieterhöhungsbegehren formal unwirksam. Ist etwa eine **Teilinklusivmiete** dergestalt geschuldet, dass für bestimmte Kostenarten (z.B. für Grundsteuer und Versicherungen) ein Sockelbetrag in der Miete enthalten und nur die jeweiligen Erhöhungsbeträge im Rahmen von Betriebskostenabrechnungen umlegbar sein sollen, darf der Vermieter in seinem Mieterhöhungsbegehren nicht die Zustimmung zur Erhöhung der **Nettomiete** verlangen. Tut er es dennoch, ist das Mieterhöhungsbegehren formal unwirksam. Stimmt der Mieter diesem Erhöhungsbegehren jedoch ohne Einschränkung zu, wird dadurch nicht nur die Miete erhöht, sondern auch die **Mietstruktur** in eine Nettomiete geändert, wenn der Vermieter dieses geänderte Angebot des Mieters (konkludent) annimmt. Denn im Umfang der Zustimmung kommt eine Abänderungsvereinbarung gem. § 311 Abs. 1 BGB zustande. Dies gilt sowohl bei einer ausdrücklichen Zustimmung[932] als auch bei konkludenter Zustimmung durch Zahlung.[933]

463   War sich der Mieter bei seiner Zustimmung nicht bewusst, dass er neben der Erhöhung der Miete auch einer Änderung der Mietstruktur zustimmt, kann er seine Zustimmung wegen Inhaltsirrtums insoweit anfechten. Die Zustimmung zur Erhöhung der Miete bleibt davon unberührt.[934] In der Praxis kommen solche Fälle häufig vor, v.a. bei „Uralt"-Verträgen, in die auf Vermieterseite zwischenzeitlich u.U. schon mehrere Erwerber eingetreten sind, die dann Schwierigkeiten haben, aufgrund der dürftigen Unterlagen die seit Abschluss des Mietvertrages möglicherweise mehrfach geänderte Mietstruktur nachzuvollziehen. Findet sich in den Unterlagen nun eine Zustimmungsaufforderung zur Mieterhöhung auf eine „Nettomiete" und lässt sich nachweisen, dass der Mieter dieser vorbehaltlich zugestimmt hat und bestehen keine Anhaltspunkte dafür, dass später die Vertragsstruktur wieder geändert worden ist, kann sich

---

930   OLG Frankfurt am Main, WuM 1999, 629 = NZM 1999, 795.
931   LG Berlin, GE 1999, 378.
932   LG Berlin, ZMR 1998, 165.
933   LG Berlin, MM 1996, 243.
934   Schmidt-Futterer/Börstinghaus, § 558b Rn. 44.

der Vermieter auf die Nettomiete berufen. Der Mieter muss in dieser Konstellation beachten, dass er eine Anfechtung gem. § 121 BGB nur unverzüglich, also ohne schuldhaftes Zögern, erklären kann und das Anfechtungsrecht nach zehn Jahren absolut ausgeschlossen ist.

Mieterseits wird in dieser Konstellation immer wieder der Fehler gemacht, einem Mieterhöhungsbegehren des aktuellen Vermieters, in dem dieser von einer Nettomiete ausgeht, den insoweit möglicherweise abweichenden Mietvertrag entgegenzuhalten. Weist der Vermieter dann jedoch auf eine vorangegangene Zustimmung zu einer Erhöhung der „Nettomiete" hin, wird die damalige Zustimmung insoweit nicht angefochten. Grds. wäre dies jedoch innerhalb der 10-Jahresfrist des § 121 Abs. 2 BGB auch dann noch möglich.   464

6. Kündigung

Das Gesetz bietet dem Mieter, der einem Mieterhöhungsverlangen des Vermieters nicht nachkommen will oder kann, die Möglichkeit eines **Sonderkündigungsrechtes** gem. § 561 BGB. Danach kann der Mieter bei einem Mieterhöhungsverlangen nach § 558 BGB das Mietverhältnis bis zum Ablauf des zweiten Monats nach dem Zugang der Erklärung des Vermieters außerordentlich zum Ablauf des übernächsten Monats kündigen. Tut er dies, tritt die Mieterhöhung nicht ein. Der Vermieter kann sich in diesem Fall nicht auf die Unwirksamkeit seines Zustimmungsverlangens zur Mieterhöhung berufen, wenn der Mieter im Vertrauen auf dessen Wirksamkeit das **Sonderkündigungsrecht** ausgeübt hat.[935] Das Kündigungsrecht des Vermieters ist demgegenüber eingeschränkt.   465

In den Fällen, in denen der Mieter durch Urteil zur Zustimmung zu einer Mieterhöhung verurteilt wurde, kann der Vermieter eine **Kündigung wegen eines Zahlungsrückstandes**, der gerade aus der Mieterhöhung resultiert, erst zwei Monate nach Rechtskraft des Urteils aussprechen. Dies ist deshalb gerechtfertigt, weil der Prozess mehrere Monate dauern kann, das Urteil aber die Miete ab dem Zeitpunkt erhöht, der vor Beginn des Prozesses lag. Damit dem Mieter in diesen Fällen Zeit und Gelegenheit eingeräumt wird, sich die Geldmittel zu besorgen, ohne eine fristlose Kündigung befürchten zu müssen, hat das Gesetz ihm hier eine 2-monatige Schonfrist eingeräumt, § 569 Abs. 3 Ziff. 3 BGB. Verzug mit den Erhöhungsbeträgen kann daher nicht rückwirkend eintreten,   466

---

935   AG Andernach, WuM 1994, 547.

sondern erst nach Rechtskraft des Zustimmungsurteils begründet werden.[936] Dies gilt aber dann nicht, wenn die Mietvertragsparteien sich in einem Vergleich auf die Mieterhöhung einigen.[937] Hier muss also unbedingt darauf geachtet werden, im **Vergleich** entsprechende Vereinbarungen zu treffen.[938]

---

936   BGH, WuM 2005, 396 = MietPrax-AK, § 558 BGB Nr. 12.

937   OLG Hamm, WuM 1992, 54.

938   Formulierungsvorschläge bei Börstinghaus, ZAP, Fach 4R, S. 60.

D. Die Mieterhöhung nach §§ 559 ff. BGB

I. Überblick

Die Mieterhöhung gem. §§ 559 ff. BGB stellt neben der Anpassung der Miete   467
auf das ortsübliche Vergleichsmietenniveau die wichtigste Erhöhungsmöglichkeit für den Vermieter dar. Anders als bei der zuvor geschilderten Mieterhöhung kann der Vermieter unter den in §§ 559 ff. BGB genannten Umständen einseitig ihm entstandene Kosten auf den oder die Mieter umlegen. Einer
Zustimmung des Mieters bedarf es hier also nicht.

Daraus ergibt sich bereits, dass dieses **Umlageverfahren** anders funktioniert
als das **Zustimmungsverfahren** der §§ 558 ff. BGB. Nachfolgend werden
die für die anwaltliche Praxis wichtigsten Voraussetzungen dargestellt. Wegen
der zahlreichen Einzelprobleme wird ergänzend auf den Lexikonteil verwiesen.[939]

1. Anwendungsbereich

Die §§ 559 ff. BGB gelten nur für **Wohnraummietverhältnisse**. Die Vor-   468
schriften stehen im Kapitel „Mietverhältnisse über Wohnraum". § 578 BGB
verweist nicht auf sie. Die Vorschriften gelten nicht bei den gem. § 559 Abs. 2
und 3 BGB ausgenommenen Mietverhältnissen. Sie gelten also nicht für
Mietverhältnisse über

- Wohnraum, der nur zum vorübergehenden Gebrauch vermietet ist,
- Wohnraum, der Teil der vom Vermieter selbst bewohnten Wohnung ist und
  von diesem überwiegend mit Einrichtungsgegenständen ausgestattet wurde
  (außer, der Wohnraum wäre dem Mieter und seiner Familie oder Haushaltsangehörigen zum dauernden Gebrauch überlassen),
- Wohnraum, den eine juristische Person des öffentlichen Rechts oder ein
  anerkannter privater Träger der Wohlfahrtspflege angemietet hat, um ihn
  Personen mit dringendem Wohnungsbedarf zu überlassen und
- Wohnraum in einem Studenten- oder Jugendwohnheim.

---

939   S.u. Rn. 657 ff.

In all diesen Fällen hat der Vermieter das Recht der Änderungskündigung, sodass es einer besonderen Ermächtigung zur einseitigen Mieterhöhung nicht bedarf.

469　Die §§ 559 ff. BGB gelten außerdem **nicht bei öffentlich geförderten Wohnungen**, für die eine Kostenmiete nach dem WoBindG zu zahlen ist. Denn hier gehen die Regelungen der NMV und der II. BV vor.

2.　Ausschlusstatbestände

470　Eine einseitige Mieterhöhung nach § 559b BGB scheidet aus, wenn eine **Staffelmiete** vereinbart ist, § 557a Abs. 2 Satz 2 BGB. Das Gleiche gilt nach der Vereinbarung einer **Indexmiete**, es sei denn, der Vermieter hätte danach bauliche Maßnahmen aufgrund von Umständen durchgeführt, die er nicht zu vertreten hat, § 557b Abs. 2 Satz 2 BGB. Davon werden alle Maßnahmen erfasst, die auf gesetzlichen Geboten oder behördlichen Anordnungen beruhen und für den Vermieter nicht vermeidbar waren.[940] Die Mieterhöhungsmöglichkeit ist dabei nur für die Dauer der Indexvereinbarung ausgeschlossen.[941]

471　Die Mieterhöhungsmöglichkeit nach § 559b BGB ist auch ausgeschlossen, wenn die baulichen Maßnahmen[942] während der Preisbindung der Wohnung begonnen wurden und keine Genehmigung gem. § 6 NMV vorlag.[943]

472　Daneben können die Parteien natürlich vereinbaren, dass der Vermieter nicht oder nur eingeschränkt nach Modernisierungsmaßnahmen die Miete erhöhen kann. Dabei würde es sich um eine – zulässige – Vereinbarung gem. § 557 Abs. 3 BGB handeln. Das Mieterhöhungsrecht nach § 559b BGB kann, ebenso wie das nach den §§ 558 ff. BGB[944] auch **konkludent ausgeschlossen werden**. Vereinbaren die Parteien z.B., dass der Vermieter verpflichtet ist, bestimmte Maßnahmen durchzuführen, die ganz oder teilweise Modernisierungen i.S.v. § 554 Abs. 2 BGB darstellen, wird die Auslegung i.d.R. ergeben, dass eine Mieterhöhung wegen dieser Maßnahmen ausgeschlossen ist, es sei denn, die Parteien hätten etwas anderes vereinbart. Denn dann würde sich diese Vereinbarung als eine lediglich einseitige Ausweitung der vertraglichen

---

940　Scholz, WuM 1995, 87; s.a. Rn. 511 f.
941　Schmidt-Futterer/Börstinghaus, § 557b BGB Rn. 38; vgl. Rn. 138 f.
942　Dazu s.u. Rn. 491.
943　AG Stuttgart, WuM 1987, 429.
944　Vgl. dazu oben Rn. 83 ff.

Verpflichtungen zulasten des Vermieters darstellen, ohne auch eine Anpassung der Leistungspflicht des Mieters zu regeln. Diese Überlegungen gelten erst recht, wenn schon im Mietvertrag (oder im Übergabeprotokoll) festgehalten wird, dass der Vermieter noch bestimmte Arbeiten durchzuführen hat.[945]

3. Anspruch auf Modernisierung

Genauso wenig wie § 554 BGB[946] gibt auch § 559 BGB dem Mieter grds. keinen Anspruch auf Verbesserung der Mietsache über die vertraglich vorausgesetzte Gebrauchstauglichkeit hinaus. Dies gilt insbes. für die dauernde Anpassung an veränderte Standards. Soweit es sich um technische Bauvorschriften handelt, die sich auf die Ausstattung und Beschaffenheit des Gebäudes beziehen, ist ohnehin auf die Standards z.Zt. der Errichtung des Gebäudes abzustellen,[947] denn der Mieter kann im Allgemeinen nur denjenigen Standard erwarten, der der jeweiligen Bautypik innerhalb einer bestimmten Baualtersklasse entspricht.[948] Allenfalls dann, wenn bereits bei der Anmietung ein zu diesem Zeitpunkt allgemein üblicher Mindeststandard nicht erreicht wurde,[949] kann der Mieter eine Anpassung an (zum Zeitpunkt der Anmietung) übliche Standards und damit ggf. eine Modernisierung verlangen. Denn unabhängig vom Baualter der Mietsache hat der Mieter einen Anspruch auf einen Zustand, der eine Lebensweise zulässt, die üblich ist und dem **allgemeinen Lebensstandard** entspricht.[950] Dagegen kann sich der Vermieter nur durch eine entsprechende Beschaffenheitsvereinbarung, die grds. im Mietvertrag geregelt sein muss, schützen.

473

Eine weitere Ausnahme gilt, wenn der Vermieter bauliche Veränderungen vornimmt, die **Lärmimmissionen** zur Folge haben. Denn hier kann der Mieter erwarten, dass Lärmschutzmaßnahmen getroffen werden, die den Anforderungen der z.Zt. des Umbaus geltenden DIN-Normen genügen.[951]

474

---

945 Sternel, Mietrecht, III Rn. 766; Schmidt-Futterer/Börstinghaus, § 559 BGB Rn. 29.
946 Vgl. dazu AHB Mietrecht/Löfflad, H Rn. 75 ff.
947 BGH, WuM 2004, 715.
948 OLG Celle, WuM 1985, 9; LG Hamburg, ZMR 1999, 404.
949 BGH, NJW 2004, 3174 = MietPrax-AK, § 535 BGB Nr. 7 für die Anpassung der Elektroinstallation an allgemein übliche Standards.
950 BGH, NZM 2004, 736 = MietPrax-AK, § 535 BGB Nr. 7.
951 BGH, WuM 2004, 715 = MietPrax-AK, § 535 BGB Nr. 13.

4. Verhältnis zu § 554 BGB

475   Umstritten ist,[952] ob und in welchem Umfang der Vermieter zu einer Mieterhöhung berechtigt ist, wenn er Modernisierungsarbeiten nicht oder unzureichend nach § 554 Abs. 2 BGB angekündigt hat. § 554 BGB regelt, unter welchen Voraussetzungen der Vermieter berechtigt ist, einseitig in den Vertragsgegenstand einzugreifen. Danach ist der Mieter nur verpflichtet, eine Änderung des Vertragsgegenstandes zu dulden, wenn es sich um Maßnahmen zur Erhaltung/Reparatur des Vertragsgegenstandes oder um bestimmte Modernisierungsmaßnahmen handelt und der Vermieter ein bestimmtes formelles Verfahren eingehalten hat. Durch dieses – für den Bereich der Modernisierungsmaßnahmen in § 554 Abs. 2 BGB geregelte – Verfahren wird der Duldungsanspruch des Vermieters gegen den Mieter eröffnet.

476   Überwiegend wurde bisher vertreten, dass eine **formell wirksame** Geltendmachung des Duldungsanspruchs grds. Voraussetzung für eine anschließende Mieterhöhung nach § 559 BGB ist. Nur in Ausnahmefällen soll eine Mieterhöhung auch ohne formell wirksame Ankündigung der Modernisierungsarbeiten wirksam sein, v.a. dann, wenn der Mieter die Durchführung der Arbeiten tatsächlich geduldet hat.[953] Voraussetzung dazu soll jedoch sein, dass der Mieter zumindest im Groben über die Modernisierungsarbeiten unterrichtet worden ist und deshalb weiß, dass es sich um ein Modernisierungsvorhaben handeln soll.[954] „Dulden" i.S.d. § 554 BGB ist weniger als „zustimmen" und erschöpft sich grds. in einem rein passiven Verhalten. Arbeiten innerhalb der Wohnung duldet der Mieter, wenn er den Handwerkern die Tür öffnet (und sie bis zum Ende der Arbeiten nicht wieder hinauswirft).[955] Diese eindeutige Unterscheidung ist bei Arbeiten außerhalb der Wohnung nicht möglich. Es wurde deshalb vertreten, dass bei einer Außenmodernisierung eine tatsächliche Duldung ausscheide und diese Arbeiten deshalb nur dann möglich seien, wenn eine Duldungspflicht bestehe, was voraussetzt, dass die Arbeiten ordnungsgemäß angekündigt worden seien.[956]

---

952   Vgl. auch Rn. 543 f.

953   vgl. Schmidt-Futterer/Börstinghaus, § 559 BGB Rn. 16 ff.; ders., § 559b BGB Rn. 49 ff. m.w.N.; Kunze/Tietzsch, Teil II Rn. 445 ff.

954   Vgl. Schmidt-Futterer/Börstinghaus, § 559 BGB Rn. 16 m.w.N.

955   Vgl. OLG Stuttgart, WuM 1991, 332 = NJW-RR 1991, 1108.

956   KG, ZMR 1988, 422 = NJW-RR 1988, 1420.

Andererseits wurde vertreten, dass der Mieter auch bei **Außenmodernisie-**   477
rungen zum Ausdruck bringen könne, ob er mit diesen Arbeiten einverstanden sei oder nicht, indem er z.b. der Durchführung dieser Arbeiten widerspreche.[957] Bei Außenmodernisierungen sei der Mieter auch nicht gehalten,
gerichtlich gegen die Maßnahmen vorzugehen – ein schlichter **Widerspruch**
würde genügen.[958] Lediglich die beiden in § 559b Abs. 2 BGB genannten
Fehler der Modernisierungsankündigung sollten einer späteren Mieterhöhung
nicht im Wege stehen; allerdings ordnet das Gesetz hier einen späteren Wirkungszeitpunkt der Mieterhöhung an. Hatte der Vermieter die beabsichtigte
Modernisierungsmaßnahme dem Mieter entgegen § 554 Abs. 3 Satz 1 BGB
später als drei Monate vor Beginn der Maßnahmen mitgeteilt und hatte der
Mieter der Durchführung der Maßnahmen widersprochen, sollte die Mieterhöhung nach §§ 559 ff. BGB ebenfalls ausgeschlossen sein.[959]

Richtigerweise wird man davon ausgehen müssen, dass eine Mieterhöhung   478
nach den §§ 559 ff. BGB nach durchgeführten Modernisierungsmaßnahmen
immer dann möglich ist, wenn **tatsächlich Modernisierungsmaßnahmen**
i.S.v. § 559 BGB durchgeführt wurden, ohne dass es darauf ankäme, ob der
Mieter wusste, dass es sich um Modernisierungsmaßnahmen handelte. Insofern ist allein ausschlaggebend, ob tatsächlich Modernisierungsmaßnahmen
i.S.v. § 559 BGB ausgeführt wurden. Nur für zwei Fälle schränkt das Gesetz
die Möglichkeiten der Mieterhöhung ein. Denn nach § 559b Abs. 2 Satz 2
BGB verschiebt sich der Wirkungszeitpunkt der Mieterhöhung um sechs Monate, wenn der Vermieter den Mieter entweder die zu erwartende Erhöhung
der Miete gar nicht mitgeteilt hatte oder derart falsch, dass die tatsächliche
Mieterhöhung mehr als 10 % höher als die mitgeteilte ausfällt. Nach dem Gesetzeswortlaut hat somit die ganz unterlassene Mitteilung nach § 554 Abs. 3
Satz 1 BGB nur eine Verzögerung der Mieterhöhung zur Folge. Schon deshalb
kann die zwar erfolgte, aber verspätete Mitteilung keine für den Vermieter
nachteiligeren Folgen haben.[960]

---

957   Vgl. Schmidt-Futterer/Börstinghaus, § 559 BGB Rn. 17; LG Berlin, GE 2005, 1491;
      LG Berlin, MM 1999, 390.
958   LG Berlin, GE 2005, 1491; LG Berlin, MM 1999, 390.
959   KG, ZMR 1988, 422; LG Berlin, NZM 1999, 219 – beide für Außenmodernisierungen;
      Schmidt-Futterer/Börstinghaus, § 559b BGB Rn. 49, 52; Staudinger/Emmerich, § 554
      Rn. 41; a.A.: Bub/Treier-Schultz, IIIa Rn. 555.
960   BGH, WuM 2007, 630 = NJW 2007, 3565.

479 Dies entspricht auch der Ansicht des Gesetzgebers. Danach sollten Mängel der Modernisierungsmitteilung aus anderen als den in § 559b Abs. 2 Satz 2 BGB genannten Gründen für die anschließende Mieterhöhung ohne Bedeutung sein.[961] In der Begründung des Regierungsentwurfes zum Mietrechtsreformgesetz[962] ist in § 559b Entwurf auf S. 58 unten/S. 59 oben Folgendes ausgeführt:

> *„Für das Verhältnis zu § 554 Entwurf (Duldungspflicht bei Modernisierung) bleibt es bei der bisherigen Rechtslage, d.h., die Mitteilung über die Durchführung der Modernisierung ist nicht Voraussetzung für die Mieterhöhung nach § 559 bzw. § 559 a Entwurf. Abs. 2 S. 2 ordnet lediglich an, dass die darin genannten Mängel der Modernisierungsmitteilung zu einer Verzögerung der Mieterhöhung um 6 Monate führen. Entsprach die Modernisierungsmitteilung aus anderen Gründen nicht den Anforderungen des § 554 Abs. 3 Entwurf, so ist dies für die anschließende Mieterhöhung dagegen ohne Bedeutung. "*

480 Für diese Sicht spricht auch der Gesetzeszweck.

Die gem. § 554 Abs. 3 Satz 1 BGB dem Vermieter obliegende Mitteilungspflicht über Art, Umfang, Dauer und Beginn der Modernisierungsarbeiten soll dem Mieter ermöglichen, sich innerhalb eines gewissen Zeitraumes entweder auf die für ihn mit den Arbeiten verbundenen Beeinträchtigungen einzustellen oder sich darüber klarzuwerden, ob er von seinem **Sonderkündigungsrecht** gem. § 554 Abs. 3 Satz 2 BGB Gebrauch machen möchte. Denn die vom Vermieter einzuhaltende Ankündigungsfrist und das Sonderkündigungsrecht des Mieters sind so aufeinander abgestimmt, dass das Mietverhältnis im Fall der Kündigung des Mieters vor Beginn der Baumaßnahmen endet. Insofern soll die Mitteilungspflicht dem **Schutz des Mieters** bei der Durchführung der Modernisierungsmaßnahmen dienen, nicht aber die Befugnis des Vermieters einschränken, die Kosten einer tatsächlich durchgeführten Modernisierung i.R.d. § 559 BGB auf den Mieter umzulegen.[963] § 559 BGB soll dem Vermieter genau wie die Vorgängervorschrift des § 3 MHG gerade im Interesse der allgemeinen Verbesserung der Wohnverhältnisse einen finanziellen Anreiz zur Durchführung von Modernisierungen geben.[964] Damit wäre nicht vereinbar, dem Vermieter die Mieterhöhung für tatsächlich durchgeführte Modernisie-

---

961 Begr. d. RegE zum Mietrechtsreformgesetz, BT-Drucks. 14/4553, S. 58 f.
962 BT-Drucks. 14/4553 = NZM 2000, 415, 442 f.
963 BGH, WuM 2007, 630 = NJW 2007, 3565.
964 BGH, WuM 2007, 630; Staudinger/Emmerich, § 559 Rn. 1; Schmidt-Futterer/Börstinghaus, § 559 BGB Rn. 6.

rungen auf Dauer zu versagen, weil er vor der Durchführung der Arbeiten eine Verfahrensvorschrift verletzt hat.[965] Daraus ergibt sich folgende Abgrenzung:

Die Mieterhöhung nach § 559 BGB ist möglich, tritt jedoch erst mit Beginn des neunten Monats nach Erklärung ein, wenn

- der Vermieter die zu erwartende Mieterhöhung gar nicht mitgeteilt hat oder
- die Ankündigung der Arbeiten vollständig unterblieben ist oder
- die Höhe der tatsächlichen Mieterhöhung mehr als 10 % über der mitgeteilten liegt.

481

Die Mieterhöhung nach § 559 BGB ist mit Wirkung zum dritten Monat nach Erklärung möglich, wenn

- der Vermieter die Arbeiten zu spät, aber ansonsten ordnungsgemäß einschl. der zu erwartenden Mieterhöhung mitgeteilt hat oder
- dem Mieter (fristgerecht oder zu spät) zwar die zu erwartende Mieterhöhung richtig mitgeteilt hat, sonst jedoch die Arbeiten nicht oder nur unvollständig beschrieben hat.

482

Diese Folgen gelten auch dann, wenn der Mieter einer Außenmodernisierung widersprochen hat. Auch eine entsprechende Anwendung des § 559b Abs. 2 Satz 2 auf sonstige Mängel einer Modernisierungsankündigung kommt nicht in Betracht. Liegen solche sonstigen Mängel vor, bleibt es bei § 559b Abs. 2 Satz 1 BGB.[966]

483

II. Allgemeine Voraussetzungen

1. Vermieter als Bauherr

Das Gesetz eröffnet die Möglichkeit der Mieterhöhung wenn „der Vermieter bauliche Maßnahmen durchgeführt" hat, § 559 Abs. 1 Satz 1 BGB. Nach dem Wortlaut des Gesetzes muss der Vermieter selbst **Bauherr** der Maßnahme gewesen sein.[967] Der Vermieter muss die Baumaßnahme also im eigenen

484

---

965   BGH, WuM 2007, 630.

966   BGH, WuM 2007, 630 = NJW 2007, 3565.

967   Vgl. OLG Hamm, NJW 1983, 2331; BayObLG, NJW 1981, 2259; LG Berlin, GE 1990, 371; LG Hildesheim, WuM 1985, 340; AG Oschersleben, WuM 1995, 592; AG Hamburg, WuM 1987, 30; Schmidt-Futterer/Börstinghaus, § 559 BGB Rn. 30; Herrlein/Kandelhard/Both, § 559 BGB Rn. 88.

Namen und auf eigene Rechnung durchführen oder durchführen lassen. Der noch nicht eingetragene Erwerber kann jedoch vom Vermieter bevollmächtigt werden, Modernisierungsarbeiten nach § 554 Abs. 3 BGB anzukündigen.[968] Ebenso kann der Erwerber eine Mieterhöhung geltend machen, obwohl der bisherige Vermieter Bauherr der Modernisierungsmaßnahme war.[969] Unschädlich ist, wenn neben dem Vermieter weitere Personen Bauherren sind.[970]

a) Die vermietete Eigentumswohnung

485   Keine Besonderheiten ergeben sich insoweit bei der **vermieteten Eigentumswohnung**. Hier ist der Erwerber, der gem. § 566 BGB in ein bestehendes Mietverhältnis eingetreten ist, auch dann i.S.v. § 559 BGB als Vermieter zu behandeln, wenn die Modernisierungsarbeiten schon vor Grundbuch-Umschreibung durchgeführt worden sind, solange sie nur vom Veräußerer als Vermieter veranlasst worden sind.[971] Das Gleiche gilt, wenn mit den Arbeiten, die noch vom Veräußerer und damaligen Vermieter veranlasst worden sind, vor Wechsel im Grundbuch begonnen aber erst danach abgeschlossen worden sind.[972] Etwas anderes ergibt sich auch nicht nach dem Beschl. des BGH v. 02.06.2005 zur Teilrechtsfähigkeit der **Wohnungseigentümergemeinschaft**.[973] Zwar tritt nun der Verband nach außen hin als Auftraggeber in Erscheinung. Wirtschaftlich sind jedoch die einzelnen Eigentümer Bauherr. Denn allein diese entscheiden über das „Ob", „Wann" und „Wie" der Maßnahme. Die einzelnen Eigentümer haften nach § 10 Abs. 8 Satz 1 WEG nach außen quotal für alle Verbindlichkeiten aus den (Bau-) Verträgen und sind gem. § 16 Abs. 2 WEG den andere Eigentümern gegenüber verpflichtet, die Lasten des gemeinschaftlichen Eigentums quotal zu tragen.

b) Eintritt des Erwerbers

486   Auch ansonsten kann der Erwerber eine Mieterhöhung nach § 559 BGB aufgrund von Modernisierungsarbeiten vornehmen, die noch von seinem Veräu-

---

968   LG Berlin, MM 2007, 182.

969   KG, WuM 2000, 300.

970   Schmidt-Futterer/Börstinghaus, § 559 BGB Rn. 31; Herrlein/Kandelhard/Both, § 559 BGB Rn. 39.

971   KG Berlin, WuM 2000, 482 = NZM 2000, 860.

972   KG, WuM 2000, 300 = NZM 2000, 652.

973   BGH, WuM 2005, 530 = NZM 2005, 543 = MietRB 2005, 237; Jennißen, BGHR 2005, 1094; Wanderer, GE 2005, 900.

ßerer initiiert worden sind, sofern dieser zu diesem Zeitpunkt auch Vermieter war; dies gilt unabhängig davon, ob die Modernisierungsarbeiten vor[974] oder nach[975] dem Eigentümerwechsel stattfanden. In beiden Fällen kann nur der Erwerber die Erhöhungserklärung nach § 559b BGB abgeben; der Veräußerer kann dies nicht mehr wirksam tun.[976]

Nichts anderes kann gelten, wenn **der Erwerber mit den Modernisierungsarbeiten begonnen** und diese noch vor seiner Eintragung als neuer Eigentümer im Grundbuch abgeschlossen hat.[977] Nach § 566 BGB tritt der Erwerber anstelle des Veräußerers in das gesamte Mietverhältnis mit allen Rechten und Pflichten für die Dauer seines Eigentums ein. Dabei erwirbt er zwar nicht solche Ansprüche, die bereits während der Eigentümerzeit des Vor-Vermieters entstanden und fällig geworden sind. Er erwirbt jedoch solche auf die Mietsache bezogene Ansprüche, deren Fälligkeit hinausgeschoben war.[978] Dies hat das KG in dem erwähnten Rechtsentscheid[979] für den Fall angenommen, dass der Erwerber eine Mieterhöhung nach § 559b BGB für Arbeiten erklärt, die sein Vor-Eigentümer während dessen Eigentümerzeit schon abgeschlossen hatte. Nichts anderes kann dann gelten, wenn der Erwerber selbst vor Umschreibung des Grundbuches die Arbeiten beendet hat. Hier wie dort ist der Anspruch auf eine Mieterhöhung durch die Modernisierungsmaßnahme entstanden, der jedoch erst mit dessen Geltendmachung, also mit der Mieterhöhungserklärung, fällig wird.[980]

487

Wie in dem genannten Rechtsentscheid entschiedenen Fall wird dies auch in der vorliegenden Konstellation durch einen Vergleich mit den §§ 558 ff. BGB bestätigt. Insoweit dürfte es unstreitig sein, dass ein Erwerber bei einer Mieterhöhung nach § 558 BGB wegen solcher Wertverbesserungsmaßnahmen Zuschläge zu den Werten des Mietspiegels (bei entsprechender Gestaltung

488

---

974 KG, NZM 2000, 860; Herrlein/Kandelhard/Both, § 559 BGB Rn. 92; Beuermann, GE 1994, 733; a.A. Lammel, § 559 Rn. 15; Sternel, NZM 2001, 1058, 1065.

975 KG, NZM 2000, 652 = WuM 2000, 300; Herrlein/Kandelhard/Both, § 559 BGB Rn. 92; Schmidt-Futterer/Börstinghaus, § 559 BGB Rn. 36; a.A. Lammel, § 559 BGB Rn. 15; Sternel, NZM 2001, 1058, 1065.

976 AG Hamburg, WuM 1986, 140; Herrlein/Kandelhard/Both, § 559 BGB Rn. 93.

977 A.A. Herrlein/Kandelhard/Both, § 559 BGB Rn. 94; Schmidt-Futterer/Börstinghaus, § 559 BGB Rn. 37; Emmerich/Sonnenschein/Emmerich, § 559 BGB Rn. 5.

978 KG, WuM 2000, 482.

979 KG, WuM 2000, 482.

980 Vgl. KG, WuM 2000, 482.

des Mietspiegels) annehmen darf, die er selbst vor seiner Eintragung im Grundbuch als Eigentümer schon veranlasst hat. Insoweit findet die Abgrenzung danach statt, ob das wertverbessernde Merkmal durch den Mieter oder von Vermieterseite geschaffen wurde. Dass der Erwerber zum Zeitpunkt des Abschlusses der Arbeiten noch nicht formal Vermieter war, kann im Ergebnis daran nichts ändern. Er stand auf der Seite des Vermieters. Nach anderer Sichtweise hinge vom Zufall ab, ob der Erwerber die Kosten seiner Modernisierungsmaßnahme umlegen kann oder nicht. Wenn das Grundbuchamt den Antrag zur Grundbuchumschreibung zu diesem Zeitpunkt schon bearbeitet hätte, könnte er die Kosten umlegen, andernfalls nicht. Auf die Arbeitsweise und -geschwindigkeit des Grundbuchamtes aber hat der Erwerber keinen Einfluss. Notfalls müsste er vor Grundbuchumschreibung die Arbeiten kurzzeitig unterbrechen und nach Umschreibung den letzten Hammerschlag durchführen. Von solchen Zufälligkeiten aber kann die Berechtigung, eine Mieterhöhung nach § 559 BGB zu erklären, nicht abhängen.

489   Das Gleiche muss gelten, wenn der Erwerber mit den Mietern **Modernisierungsvereinbarungen** trifft, die neben der Duldung der Arbeiten auch gleich eine Mieterhöhung nach Abschluss der Arbeiten regeln, und das Objekt vor seiner Eintragung als Eigentümer im Grundbuch **weiterveräußert**. Dem wird man nicht entgegenhalten können, dass in diesem Fall die Gefahr bestünde, dass der Mieter unterschiedlichen Personen Teile seiner Miete schuldet. Denn auch die Modernisierungsvereinbarung schließt der Erwerber nicht unabhängig vom bestehenden Mietverhältnis, sondern gerade in Bezug auf dieses Mietverhältnis und in Erwartung seiner späteren Eigentümerstellung. Der endgültige Erwerber tritt danach auch in diese Modernisierungsvereinbarung ein. Soweit in diesem Zusammenhang vereinzelt gefordert wird, dass der Erwerber eine Modernisierungsvereinbarung nur dann wirksam schließen könne, wenn diese unter der aufschiebenden Bedingung seines späteren Eigentums steht,[981] erscheint auch dies zweifelhaft. Denn aus Sicht des endgültigen Erwerbers ist nicht einzusehen, warum die noch vom Veräußerer getroffene Mieterhöhungsvereinbarung nach § 557 Abs. 1 BGB nur deshalb keine Wirkung entfalten soll, weil der Veräußerer vor seiner Eintragung im Grundbuch weiterveräußert hat. Auch mit Blick auf den Mieter wäre dies nicht einzusehen. Denn es scheint kein Grund ersichtlich zu sein, weshalb dieser Mieter besser stehen soll, als wenn eine Veräußerung nicht erfolgt wäre.

---

981   LG Duisburg, WuM 2004, 331.

c) Öffentliche Erschließungsmaßnahmen

Dagegen ist der Vermieter dann nicht Bauherr, wenn er aufgrund öffentlich-rechtlicher Vorschriften zu Beiträgen zur Deckung des Erschließungsaufwandes (etwa für den nachträglichen Straßenausbau) herangezogen wird. Diese Kosten kann er nicht nach § 559 Abs. 1 BGB auf die Mieter umlegen.[982] Der Vermieter ist nicht Bauherr, denn die Entscheidung über das Ob und Wie der Baumaßnahme trifft nicht er, sondern der Erschließungsträger. Dass er letztlich zumindest einen Teil der Kosten trägt, ändert daran nichts.[983]

490

2. Bauliche Maßnahmen

§ 559 Abs. 1 Satz 1 BGB spricht von baulichen Maßnahmen. Damit ist zwar keine Veränderung der Bausubstanz gefordert,[984] die bloße Änderung der Zweckbestimmung eines Raumes genügt jedoch ebenso wenig[985] wie die Aufteilung in Wohneigentum einschl. der notwendigen Folgearbeiten zur Erlangung der Abgeschlossenheit[986] oder etwa die Möblierung einer Wohnung.[987]

491

Auch wenn eine gesetzliche Definition des Begriffes „Baumaßnahmen" fehlt,[988] wird man doch fordern müssen, dass nur dann eine bauliche Maßnahme i.S.v. § 559 BGB vorliegt, wenn dabei nicht eine ohne Weiteres wieder aufhebbare Veränderung des ursprünglich vertraglich geschuldeten Zustandes erforderlich ist,[989] wobei der Begriff weit auszulegen ist.[990] Auch die Einbringung von **Scheinbestandteilen** gem. § 95 BGB, die also nur zu einem vorübergehenden Zweck eingebracht werden, kann eine bauliche Maßnahme in diesem Sinne sein.[991] So kann der Einbau einer individuell angepassten und fest eingebauten **Einbauküche** eine bauliche Maßnahme sein.[992] Das Einbrin-

492

---

982   OLG Hamm, NJW 1983, 2331; LG Hamburg, WuM 1991, 121; LG Hildesheim, WuM 1985, 340.

983   Vgl. statt aller Schmidt-Futterer/Börstinghaus, § 559 BGB Rn. 38 f.

984   Sternel, Mietrecht III, Rn. 770; Schmidt-Futterer/Börstinghaus, § 559 BGB Rn. 41.

985   Sternel, Mietrecht III, Rn. 770.

986   LG Stuttgart, WuM 1992, 13.

987   Schmidt-Futterer/Börstinghaus, § 559 BGB Rn. 43.

988   Herrlein/Kandelhard/Both, § 559 BGB Rn. 10.

989   Herrlein/Kandelhard/Both, § 559 BGB Nr. 12; Gellwitzki, ZMR 1978, 225.

990   Schmidt-Futterer/Börstinghaus, § 559 BGB Rn. 44.

991   LG Berlin, GE 1995, 429; GE 1996, 131; Schmidt-Futterer/Börstinghaus, § 559 BGB Rn. 44; a.A. Lammel, § 559 BGB Rn. 17.

992   Sternel, Mietrecht, III Rn. 770.

gen eines (nicht nur lose verlegten[993]) **Teppichbodens** ist grds. ebenfalls eine bauliche Maßnahme.[994] Das Gleiche gilt für das Verlegen von **Holzdielen**.[995] Wichtig ist dabei jeweils, dass dem Mieter etwas zur Verfügung gestellt wird, was er vorher nicht hatte.[996] § 559 BGB umfasst nicht nur Baumaßnahmen, die innerhalb der Wohnung durchgeführt werden, sondern bezieht sich auch auf solche Arbeiten im und am Haus und auf dem Mietgrundstück.[997] So können auch die Anlage und der Ausbau von Kinderspielplätzen, **Grünanlagen**[998] das Errichten von **Müllhäuschen**, von **Stellplätzen** oder anderen Verkehrsanlagen bauliche Maßnehmen in diesem Sinne sein.[999]

493   Maßnahmen, die bereits vor Beginn des Mietverhältnisses abgeschlossen waren, können nicht Gegenstand einer Mieterhöhung nach § 559b BGB sein. Denn sie sind schon Bestandteil des vertraglich geschuldeten Zustandes.[1000] Das Gleiche wird zu gelten haben, wenn die Arbeiten zwar vor Anmietung begonnen, aber erst danach abgeschlossen worden sind. Zwar definieren diese Arbeiten noch nicht – zumindest nicht ohne ausdrückliche Vereinbarung – den zum vertragsgemäßen Gebrauch geeigneten Zustand gem. § 535 Abs. 1 BGB. Denn der Zustand wird endgültig erst nach Anmietung geschaffen. Auch ist eine Ankündigung der Arbeiten nicht Voraussetzung der späteren Mieterhöhung.[1001] Allerdings wird dem Mieter die Möglichkeit genommen, sich überhaupt darüber klar zu werden, ob er die Arbeiten dulden oder gegen sie vorgehen möchte. Einen Unterlassungsanspruch kann der Mieter nämlich dann nicht geltend machen, wenn er bei Abschluss des Mietvertrages um die zu diesem Zeitpunkt andauernden Maßnahmen wusste.

---

993   LG Berlin, GE 1977, 844.
994   Schmidt-Futterer/Börstinghaus, § 559 BGB Rn. 44.
995   LG Berlin, GE 1982, 83.
996   Herrlein/Kandelhard/Both, § 559 BGB Rn. 12.
997   Schmidt-Futterer/Börstinghaus, § 559 BGB Rn. 42; Herrlein/Kandelhard/Both, § 559 BGB Rn. 26.
998   Emmerich/Sonnenschein/Emmerich, § 559 BGB Rn. 7.
999   Emmerich/Sonnenschein/Emmerich, § 559 BGB Rn. 7.
1000   AG Bad Segeberg, WuM 1992, 197; Herrlein/Kandelhard/Both, § 559 BGB Rn. 29.
1001   BGH, WuM 2007, 630 = NZM 2007, 882.

III. Modernisierungsmaßnahmen

1. Abgrenzung zu Erhaltungsmaßnahmen gem. § 554 Abs. 1 BGB

Der Maßnahmenbegriff des § 554 Abs. 2 BGB ist weiter als der der Erhaltungsmaßnahmen i.S.v. § 554 Abs. 1 BGB. Denn Abs. 2 umfasst auch Vorhaben des Vermieters, mit denen keine Einschränkungen des vertragsgemäßen Gebrauchs der Mietsache durch den Mieter verbunden sind.[1002] Lässt sich eine Maßnahme unter beide Vorschriften fassen, stellt **§ 554 Abs. 2 BGB die speziellere Vorschrift** dar.[1003] Das typische Beispiel ist der Ersatz alter mangelhafter einglasiger Holzfenster durch **isolierverglaste** Fenster. Die Beseitigung der mangelhaften Fenster bedeutet eine Erhaltungsmaßnahme nach § 554 Abs. 1 BGB. Da der Erfolg aber durch die zusätzliche Isolierung mit einer Wohnwertverbesserung oder sogar einer Energieeinsparung verbunden ist, kommt eine Duldung nur nach § 554 Abs. 2 BGB in Betracht. Grober Anhaltspunkt zur **Unterscheidung** zwischen Modernisierungs- gegenüber den Erhaltungsmaßnahmen ist die Überlegung, dass die **Reparaturen** zu den letztgenannten zählen. Bei Maßnahmen nach Abs. 1 gibt es **keine** Mieterhöhungsmöglichkeit, während die Verbesserungsmaßnahmen nach Abs. 2 eine Mieterhöhung nach § 559 BGB ermöglichen.

494

2. Maßnahmen nach § 554 Abs. 2 BGB

Anhaltspunkte für Verbesserungsmaßnahmen i.S.v. § 554 Abs. 2 BGB lassen sich den §§ 3 f. ModEnG[1004] entnehmen, insbes. dem Katalog des **§ 4 Abs. 1 ModEnG**. Die Vorschrift ist zwar seit dem 01.01.1987 aufgehoben,[1005] wird aber allgemein zur Beurteilung herangezogen, denn der Modernisierungsbegriff der §§ 554, 559 BGB ist dem der §§ 3 f. ModEnG nachgebildet.[1006]

495

a) Erhöhung des Gebrauchswertes der Wohnung

Als bauliche Maßnahmen, die den Gebrauchswert der Wohnung erhöhen, gelten nach § 4 Abs. 1 ModEnG insbes. Maßnahmen zur Verbesserung

496

1002 Schmidt-Futterer/Eisenschmid, § 554 BGB Rn. 14; Emmerich/Sonnenschein/Emmerich, § 554 BGB Rn. 2.
1003 LG Berlin, GE 1994, 927.
1004 Modernisierungs- und Energieeinsparungsgesetz
1005 Rechtsbereinigungsgesetz v. 16.12.1986, BGBl. I, S. 2441.
1006 Schmidt-Futterer/Börstinghaus, § 559 BGB Rn. 59; Sternel, PiG 41, 45, 48.

- des Wohnungszuschnitts,
- der Belichtung und Belüftung,
- des Schallschutzes,
- der Energieversorgung, der Wasserversorgung und der Entwässerung,
- der sanitären Einrichtungen,
- der Beheizung und der Kochmöglichkeiten,
- der Funktionsabläufe in Wohnungen,
- der Sicherheit vor Diebstahl und Gewalt sowie
- der Anbau, insbes. soweit er zur Verbesserung der sanitären Einrichtungen oder zum Einbau eines notwendigen Aufzuges erforderlich ist,
- sowie besondere bauliche Maßnahmen für behinderte und alte Menschen, wenn die Wohnung auf Dauer für sie bestimmt ist.

497   *Beispiele:*[1007]
- *Elektrischer Türöffner,*[1008]
- *Gegensprechanlage,*[1009]
- *Neuverfliesung des Bades,*
- *Verbesserung des Zuganges zur Mietwohnung,*[1010]
- *Verstärkung der elektrischen Steigeleitung,*[1011]
- *Anschluss der Mietwohnung an das Breitbandkabelnetz*[1012] *bzw. an ein rückkanalfähiges Breitbandkabel,*[1013]
- *Installation einer Zentralheizung,*[1014]
- *Einbau eines Balkons,*[1015]
- *Einbau eines Fahrstuhls bei konkreter Gebrauchswerterhöhung.*[1016]

1007   Vgl. auch das Modernisierungslexikon unter Rn. 889.

1008   AG Schöneberg, MM 1992, 31.

1009   LG München I, WuM 1989, 27.

1010   AG Dülmen, WuM 1998, 345.

1011   AG Mitte, GE 1998, 621: Auch wenn der Mieter alle elektrischen Geräte betreiben konnte.

1012   BGH, MDR 1991, 628 = NJW 1991, 1750; MDR 2006, 142 = NJW 2005, 2995; KG, WuM 1985, 248, 250.

1013   BGH, NJW 2006, 3557; BGH, WuM 2005, 576.

1014   LG Fulda, ZMR 1992, 393.

1015   LG München I, WuM 1989, 27.

1016   LG München I, WuM 1989, 27.

b) Maßnahmen zur Verbesserung der allgemeinen Wohnverhältnisse

Maßnahmen zur Verbesserung der allgemeinen Wohnverhältnisse sind nach § 4 Abs. 2 ModEnG insbes.

498

- die Anlage und der Ausbau von nicht öffentlichen Gemeinschaftsanlagen wie Kinderspielplätzen, Grünanlagen, Stellplätzen u.a. Verkehrsanlagen.

Weitere Beispiele:[1017]

- *Elektrischer Türöffner,*
- *Einbau eines (Außen-) Aufzuges,*[1018]
- *Gegensprechanlage,*
- *Anschluss an die Kanalisation,*
- *Austausch der Plastik-Spinnen für die Kalt- und Warmwasserverteilung (die noch funktionieren) gegen solche aus Messing,*[1019]
- *Erneuerung des Spielplatzes und der Erholungsflächen der Wohnanlage,*[1020]
- *neu geschaffene Feuerwehrzufahrt.*[1021]

Nicht unter Verbesserungsmaßnahmen der allgemeinen Wohnverhältnisse fallen reine **Reparaturen** oder Maßnahmen zur Umweltsanierung wie etwa

499

- Asbestsanierungen oder
- Austausch der Bleirohre gegen solche aus Zink.

c) Maßnahmen zur Einsparung von Energie

Schon nach altem Recht wurde der Begriff der energieeinsparenden Maßnahmen weit ausgelegt.[1022] Dies ergibt sich aus dem Zweck des Gesetzes, den hohen Energieverbrauch in Mietwohnungen zu beschränken. Dass die Durchführung von Wohnungsmodernisierungen volkswirtschaftlich sinnvoll ist und im öffentlichen Interesse liegt, wurde vom Reformgesetzgeber des Jahres 2001 ausdrücklich betont.[1023] Die Einsparung von Energie ist eine **ökolo-**

500

1017 Vgl. auch das Modernisierungslexikon unter Rn. 889.

1018 LG Berlin, MM 2004, 374.

1019 Pfeifer, DWW 1994, 10 ff.

1020 AG Hamburg-Altona, WuM 2005, 778.

1021 AG Hamburg-Altona, WuM 2005, 778.

1022 Staudinger/Emmerich, 13. Aufl. 1997, § 3 MHG Rn. 60; Sternel, Mietrecht, III Rn. 778; ders., PiG 41, 45, 52; Langenberg, PiG 40, 59, 74; Sonnenschein, PiG 13, 65, 72.

1023 Begr. z. RefE, abgedruckt in Lützenkirchen, Neue Mietrechtspraxis, Rn. 1116.

gische Zielsetzung und soll nur mittelbar den Mieter kostenmäßig entlasten. Eine besondere Bedeutung kommt deshalb aus ökologischen Gründen der mengenmäßigen Beschränkung des Verbrauchs zu, die finanzielle Einsparung und Entlastung des Mieters kommt erst an zweiter Stelle. Denn das maßgebliche allgemein- und umweltpolitische Interesse lässt eine Bewertung allein nach Kostengesichtspunkten nicht zu.[1024] Genau diese Auffassung entsprach jedoch der bisher h. Rspr., nach der v.a. bei Mieterhöhungen nach Modernisierungsmaßnahmen, die zur Energieeinsparung führten, ein bestimmtes Verhältnis zwischen Energieeinsparung und Mieterhöhung herrschen musste, das im Allgemeinen unter Bezugnahme auf einen Rechtsentscheid des OLG Karlsruhe[1025] mit 200 % der monatlichen Energieeinsparung angenommen wurde.[1026]

501 Dies ist abzulehnen. Denn sowohl bei der Einführung des § 3 MHG als auch i.R.d. Mietrechtsreform ist im Gesetzgebungsverfahren eine Begrenzung der Mieterhöhungsmöglichkeiten für diese Fälle diskutiert, aber nicht umgesetzt worden, weil es als kontraproduktiv für die gewünschte Modernisierung angesehen worden ist. Umso mehr ist eine Begrenzung durch die Rechtsprechung aus dem Gesichtspunkt des Gebots der Wirtschaftlichkeit nicht zulässig.[1027] Die Miethöhe ist allein bei der **Härteprüfung nach § 554 Abs. 2 BGB** zu prüfen. Bei der Abwägung ist zu berücksichtigen, dass es schlechthin unzumutbare Erhöhungen nicht geben kann, weil das Gesetz objektive Schranken der Mieterhöhung nicht vorsieht.[1028] Es ist zu untersuchen, ob dem Mieter die angekündigte Miete noch zugemutet werden kann. Dafür muss sein Nettoeinkommen ermittelt werden. Auch wenn insoweit angenommen wird, der Mieter könne 25 bis 30 % seines Nettoeinkommens für die Miete aufwenden,[1029] verbietet sich auch hier die Anwendung starrer Werte. Denn bei höheren Einkommen kann die Belastungsgrenze anders zu beurteilen sein als bei einem Hartz IV-Empfänger. Allerdings muss sich der Mieter Wohngeld anrechnen lassen.[1030] I.Ü. sind i.R.d. Prüfung nach § 554 Abs. 2 BGB auch die dort ge-

---

1024 BGH, WuM 2004, 285, 288; WuM 2004, 288, 290.

1025 OLG Karlsruhe, ZMR 1984, 411.

1026 Z.B. LG Köln, ZMR 1998, 562; LG Lüneburg, WuM 2001, 83; LG Berlin, MM 1994, 396.

1027 BGH, WuM 2004, 285 = MietPrax-AK, § 10 WoBindG Nr. 2.

1028 BGH, WuM 2004, 285 = NZM 2004, 336; Bub/Treier-Kraemer, III Rn. 1112.

1029 Vgl. LG Berlin, WuM 1993, 186; LG Frankfurt am Main, WuM 1986, 312; LG Berlin, GE 2002, 930.

1030 KG, WuM 1982, 293.

nannten Angehörigen des Mieter-Haushaltes zu berücksichtigen, sofern sie über eigenes Einkommen verfügen.

Für eine Begrenzung der Mieterhöhung nach Art einer „Kappungsgrenze" aber besteht keine gesetzliche Grundlage.

502

Zur Erläuterung einer Mieterhöhungserklärung des Vermieters wegen baulicher Maßnahmen zur **Einsparung von Heizenergie** i.S.v. § 559b Abs. 1 Satz 2 BGB bedarf es auch nicht der Beifügung einer **Wärmebedarfsberechnung**.[1031] Die bis dahin vertretene entgegenstehende Meinung,[1032] nach der eine Mieterhöhungserklärung wegen energieeinsparender Baumaßnahmen die Vorlage einer Wärmebedarfsberechnung erfordere, wurde u.a. damit begründet, der Mieter müsse anhand der Erhöhungserklärung die Möglichkeit haben, festzustellen, wie hoch die zu erwartende Einsparung seiner Heizkosten ist.[1033] Gerade dafür enthält das Gesetz jedoch keinen Anhaltspunkt. § 559 BGB fordert nur die „nachhaltige" Einsparung von Energie. Nachhaltig in diesem Sinn ist die Einsparung jedoch schon dann, wenn überhaupt eine **messbare Einsparung** von (Heiz-) Energie erzielt wird und diese von Dauer ist; die Feststellung einer bestimmten Mindestenergieeinsparung ist dabei nicht erforderlich.[1034]

503

Auch vor diesem Hintergrund ist der Katalog des § 4 Abs. 3 ModEnG nicht abschließend.

aa)   Maßnahmen zur Einsparung von Heizenergie

§ 4 Abs. 3 ModEnG spricht insbes. von Maßnahmen zur

504

* wesentlichen Verbesserung der Wärmedämmung von Fenstern, Außentüren und Außenwänden, Dächern, Kellerdecken und den obersten Geschossdecken,

* wesentlichen Verminderung des Energieverlustes und des Energieverbrauches der zentralen Heizungs- und Warmwasseranlagen,

---

1031   BGH, WuM 2002, 366 = NZM 2002, 519.
1032   KG, WuM 2000, 535 = NJW-RR 2001, 588.
1033   LG Berlin, GE 1999, 575; Barthelmess, Wohnraumkündigungsschutzgesetz, § 3 Rn. 11e.
1034   BGH, WuM 2002, 366; WuM 2004, 155 = NZM 2004, 352; Herrlein/Kandelhard/Both, § 559 BGB Rn. 72.

- Änderung von zentralen Heizungs- und Warmwasseranlagen innerhalb des Gebäudes für den Anschluss an die Fernwärmeversorgung, die überwiegend aus Anlagen der Kraft-Wärme-Kopplung, zur Verbrennung von Müll oder zur Verwertung von Abwärme gespeist wird,
- Rückgewinnung von Wärme,
- Nutzung von Energie durch Wärmepumpen und Solaranlagen.

> *Beispiele:*[1035]
> – *Austausch der einfach verglasten gegen isolierverglaste Fenster,*[1036]
> – *Anschluss an das Fernwärmenetz (vorher: Ölzentralheizung), wenn Fernwärme überwiegend aus Kraft-Wärme-Kopplung gespeist wird,*[1037]
> – *Einbau einer Gasetagenheizung als Ersatz für Gasaußenwandeinzelöfen,*[1038]
> – *Umstellung von Einzelöfen oder Gasaußenwandheizern auf Fernwärme,*[1039]
> – *Wärmedämmung einer Fassade bei nachhaltiger Energieeinsparung,*[1040]
> – *umweltfreundliche Heizenergiequellen.*

505 Bei instandsetzungsbedürftigen **Fassaden** ist darauf abzustellen, ob die Wärmedämmung gegenüber einer hypothetisch instandgesetzten Fassade wesentlich verbessert wird.[1041] Maßnahmen zur Einsparung von Heizenergie oder Wasser dienen in erster Linie einer **ökologischen Zielsetzung**. Sie brauchen deshalb auch nicht zu einer Wohnwertverbesserung führen. Es genügt, wenn gezielte Einsparung wesentlich ist und damit der Allgemeinheit zugute kommt.[1042]

bb) Maßnahmen zur Einsparung von Strom

506 Die bisherige Fassung (§ 541b BGB a.F.) sah als Modernisierungsmaßnahme eine solche in der Folge des Einsparens von **Heizenergie**. § 554 Abs. 2 BGB

1035 Vgl. auch das Modernisierungslexikon unter Rn. 889.
1036 BGH, WuM 2004, 155 = NZM 2004, 252; LG Berlin, MM 2002, 562.
1037 LG Berlin, MM 2000, 278 = NZM 2002, 64.
1038 AG Lichtenberg, MM 1997, 455.
1039 LG Berlin, GE 1998, 616.
1040 LG Berlin, GE 1999, 383.
1041 LG Berlin, ZMR 1998, 166; herausnehmen der hypothetischen Kosten; LG Berlin, GE 1998, 550; GE 1998, 493: Keine Wiederherstellungspflicht des Vermieters für Balkonverglasung.
1042 BGH, WuM 2004, 155.

spricht jetzt erweiternd von „Energie", sodass auch die **Stromeinsparung**, etwa durch den Einbau von Umwälzpumpen, Ventilatoren, Aufzugsmotoren und Energiesparlampen, mit umfasst ist.[1043] Aber auch die Installation von Fotovoltaik-Anlagen oder Sonnenkollektoren können eine Modernisierung sein.[1044]

cc) Maßnahmen zur Einsparung von Wasser

Umfasst sind hier das Installieren von **Wasserzählern** in der Mietwohnung zur Verbrauchserfassung,[1045] ferner der Einbau moderner Wasser- und Spülkästen zur Wasserdosierung.[1046] Fraglich ist die Nutzung von Regenwasser zur Toilettenwasserersparnis und für Waschmaschinen des Mieters.[1047] Im Ergebnis wird es sich aber auch hier um eine Modernisierung handeln, weil die allgemeinen (Trink-) Wasserressourcen geschont werden.

507

d) Maßnahmen zur Wohnraumschaffung

Nach dem Wortlaut des § 554 Abs. 2 BGB ist es nicht erforderlich, dass der Vermieter die Absicht hat, den (neu zu schaffenden) Wohnraum zu vermieten. Allerdings bezieht sich die Vorschrift ausschließlich auf die Schaffung von Wohnraum, nicht Geschäftsraum.

508

Beispiele:[1048]

- *Der Ausbau des Dachgeschosses,*
- *der Ausbau bisheriger Nebenräume,*
- *die Aufstockung, zumindest solange der Mietgegenstand dadurch nicht vollständig verändert wird,*[1049]
- *der Anbau,*[1050]

1043 Begr. z. RefE, abgedruckt in Lützenkirchen, Neue Mietrechtspraxis, Rn. 1157; Gather, DWW 2001, 192, 199; Sternel, NZM 2001, 1058, 1059.
1044 Lützenkirchen/Löfflad, Neue Mietrechtspraxis, Rn. 302.
1045 MietPrax/Both, Fach 4, Rn. 98.
1046 LG Berlin, MM 2006, 39; Schmidt-Futterer/Eisenschmid, § 541 BGB Rn. 95.
1047 Hierzu Kinne, GE 2001, 1181; Schläger, ZMR 1994, 189, 197.
1048 Vgl. auch das Modernisierungslexikon unter Rn. 889.
1049 AG Vechta, WuM 1994, 476: Aufstockung eines Bungalows.
1050 Blank, Verbesserungsmaßnahmen des Vermieters, S. 772.

- *Verbesserung des Zuschnitts der bisherigen Wohnung,*[1051] *wobei die Vergrößerung der Wohnfläche um mehr als 10 % wiederum keine Verbesserungsmaßnahme darstellt.*[1052]

e) Weiter gehende Maßnahmen

509   Für die Annahme einer Modernisierung i.S.v. § 554 Abs. 2 BGB kommt es entscheidend darauf an, dass eine **Verbesserung der Wohnverhältnisse** eintritt. Dies kann nur dadurch erreicht werden, dass die konkrete Maßnahme durch eine Erhöhung des Substanz- oder Gebrauchswertes der Wohnung eine bessere oder komfortablere Benutzung ermöglicht.[1053] Maßnahmen, die weder unter dem Begriff der Instandhaltung bzw. Reparatur einerseits noch den der Modernisierung andererseits fallen, gehen zulasten des Vermieters und sind vom Mieter grds. nur freiwillig zu dulden.

Beispiele:[1054]

- *Ersetzung des Gasherdes durch einen Elektroherd,*[1055]
- *reine Verschönerungsmaßnahmen wie die reine Fassadenrenovierung,*
- *der Austausch einer Holztüre gegen eine Metalltüre,*
- *Instandhaltung von Schwebedecken,*
- *der Austausch einer freistehenden Badewanne gegen eine zum Einfliesen geeignete,*
- *Austausch eines mit Gas betriebenen gegen einen elektrischen Durchlauferhitzer,*[1056]
- *Verlegung von Postleerrohren für den Kabelanschluss,*
- *die Verstärkung der elektrischen Leitungen ohne Erhöhung der Anschlusswerte,*[1057]
- *Umstellung von Drehstrom ohne Null-Leiter (220 V) auf Drehstrom mit Null-Leiter,*

1051 LG Mannheim, WuM 1987, 385: Schaffung separater Küche und eines Badezimmers mit Zugang vom Flur.

1052 LG Köln in Lützenkirchen, KM 32 Nr. 7.

1053 KG, NJW-RR 1988, 1420; WuM 1985, 248.

1054 Vgl. auch das Modernisierungslexikon unter Rn. 889.

1055 AG Mitte, MM 2000, 280.

1056 LG Berlin, MM 2000, 131.

1057 AG Hoyerswerda, WuM 1997, 228; AG Görlitz, WuM 1993, 264.

- *Austausch des 5.000 l fassenden Heizöltanks gegen einen größeren,*[1058]
- *Auswechseln der Holzkastendoppelfenster gegen Kunststofffenster.*[1059]

Ebenso wird der Austausch alter, undichter und schadhafter Fenster durch   510
neue doppelverglaste Fenster allein nicht als Modernisierungsmaßnahme angesehen. Vielmehr soll ein Nachweis erforderlich sein, dass die neuen Fenster im Vergleich zu den alten eine bessere Qualität mit Gebrauchswerterhöhung aufweisen.[1060] Einige Gerichte sehen beim Ersatz einfacher Holzfenster
durch solche mit Isolierverglasung mit Kunststoffrahmen die Modernisierung
als solche allein in der Verglasung selbst.[1061] Das ist falsch. Es kann nicht
ernsthaft zweifelhaft sein, dass Isolierglasfenster eine nachhaltige Einsparung
von Heizenergie ermöglichen, aber nicht auch den Schallschutz verbessern.
Es ist technisch entweder nicht möglich oder unwirtschaftlich, Isolierglas in
alte Holzrahmen, die bisher nur Einfachglas enthielten, einzubauen. Allein
der Wechsel von Holz zu Kunststoff führt zudem nicht zu einer so weitgehen-
den Veränderung des bisherigen Zustandes, die die Duldungspflicht entfallen
lassen könnte. Die Frage, in welchem Zustand die alten einglasigen Fenster
waren, ist bei einem evtl. Abzug für ersparte Instandsetzungsaufwendungen
zu berücksichtigen.[1062]

f)   Vom Vermieter nicht zu vertretene bauliche Maßnahmen

Durch die Bezeichnung als „andere bauliche Maßnahmen" in § 559 Abs. 1   511
BGB wird klar, dass diese vom Vermieter nicht zu vertretenen baulichen Maßnahmen nicht zu einer Erhöhung des Gebrauchswertes der Mietsache, einer
Verbesserung der allgemeinen Wohnverhältnisse oder einer nachhaltigen Einsparung von Energie oder Wasser führen müssen. Damit soll ein Ausgleich
dafür geschaffen werden, dass der Vermieter diese baulichen Maßnahmen, die
auf gesetzlichen Ge- oder Verboten oder behördlichen Anordnungen beruhen,
nicht vorhersehen oder vermeiden konnte.[1063] Nicht vermeidbar in diesem
Sinn sind jedoch nur solche Maßnahmen, die auch ein wirtschaftlich denken-

---

1058 Nach Pfeifer, DWW 1994, 10 m.w.N.

1059 AG Mitte, MM 2000, 280.

1060 AG Wernigerode, WuM 1995, 442.

1061 LG Oldenburg,   WuM 1980, 86;   LG Aachen,   WuM 1980, 203;   AG Neumünster,
 WuM 1992, 258.

1062 Vgl. zum Ersatz alter Holz-Doppelkastenfenster durch Kunststoff-Isolierglasfenster BGH,
 WuM 2004, 155.

1063 Scholz, WuM 1995, 87.

der Vermieter bei Vertragsabschluss weder vorhersehen noch vermeiden und sie deshalb bei seiner Mietkalkulation nicht berücksichtigen konnte.[1064] In diesen Bereich fallen z.b. der erstmalige Anschluss des Hauses an das öffentliche Kanalisationsnetz.[1065] Allerdings können hier nur die Kosten der Maßnahmen auf dem Grundstück des Vermieters berücksichtigt werden, nicht auch die, für die öffentliche Anschlussbeiträge erhoben werden. Denn bei letzteren ist der Vermieter wiederum nicht Bauherr (s. Rn. 490).

512 Hierzu zählen auch der Einbau von Steuerungs- und Regelungstechnik sowie die Wärmezähler und Heizkostenverteiler aufgrund der Heizkostenverordnung und der Einbau von Thermostatventilen.[1066] Auch die Umstellung von Stadtgas auf Erdgas kann dazu zählen.[1067]

IV. Die Mieterhöhungserklärung

1. Zeitpunkt

513 Nach **Abschluss der Arbeiten** kann der Vermieter seinen Anspruch auf Mieterhöhung gem. § 559b BGB einseitig durch Erklärung in Textform (§ 126b BGB) gegenüber dem Mieter geltend machen.[1068] Die Erklärung muss von allen Personen abgegeben werden, die zum Zeitpunkt der Abgabe der Erklärung Vermieter sind. Sie muss allen Mietern gegenüber erklärt werden, die zu diesem Zeitpunkt Mieter sind.[1069] Eine gem. § 125 BGB nichtige Erklärung führt nicht zum Verlust des Anspruchs. Der Vermieter kann den Anspruch erneut und diesmal formgültig geltend machen.

1064 Herrlein/Kandelhard/Both, § 559 BGB Rn. 83.

1065 LG München, WuM 1985, 66; LG Wiesbaden, WuM 1982, 77; a.A. LG Hildesheim, WuM 1985, 340.

1066 Herrlein/Kandelhard/Both, § 559 BGB Rn. 86.

1067 LG Berlin, GE 1996, 131; GE 1995, 429; AG Rostock, WuM 1996, 559; Scholz, WuM 1995, 87.

1068 Zur Textform vgl. Rn. 154 und Schach, GE 2003, 1127; Lammel, ZMR 2002, 333; Mankowski, ZMR 2002, 481; Maciejewski, MM 2001, 321; Nies, NZM 2001, 1071; Geißler, NZM 2001, 689.

1069 Emmerich/Sonnenschein/Emmerich, § 559b BGB Rn. 3.

Die Erklärung kann nicht vor Abschluss der Arbeiten abgegeben werden.[1070] Eine vorher abgegebene Erklärung ist unwirksam, kann jedoch nach Abschluss der Arbeiten wiederholt werden.[1071]

514

Abgeschlossen sind die Arbeiten, wenn sie vertragsgerecht erbracht sind, der Modernisierungserfolg also herbeigeführt und die Mietsache dem Mieter wieder zur Verfügung gestellt ist.[1072] Untergeordnete Nebenarbeiten, die den Wohnwert nicht oder nur unwesentlich beeinträchtigen, hindern die Fertigstellung ebenso wenig, wie restliche Mängelbeseitigungsmaßnahmen.[1073] Insoweit kann auch auf die Definition in § 13 Abs. 4 WoBindG Bezug genommen werden.[1074]

515

Neben der Fertigstellung der Arbeiten ist erforderlich, dass der Vermieter alle Rechnungen vorliegen hat.[1075] Denn der Vermieter muss die tatsächliche Höhe der Kosten kennen, um eine wirksame Mieterhöhung erklären zu können. Denn insoweit sind **vorläufige Mieterhöhungen**, etwa auf der Grundlage geschätzter Kosten, Kostenvoranschläge oder Abschlagszahlungen unzulässig.[1076] Die Gegenauffassung[1077] übersieht, dass es sich bei der Mieterhöhungserklärung um eine **Gestaltungserklärung** handelt, die bedingungsfeindlich ist[1078] und dass aufgrund einer Modernisierungsmaßnahme nur **eine** Mieterhöhung nach § 559b BGB möglich ist.[1079] Aus diesem Grund kann der Vermieter, der Fördermittel in Anspruch genommen hat, die Mieterhöhung auch erst dann erklären, wenn die Höhe der Fördermittel, die abgezogen werden müssen, feststeht; er kann nicht vorher schon eine vorläufige Mieterhöhungserklä-

516

1070 LG Berlin, ZMR 1990, 422; Sternel, NZM 2001, 1058.
1071 OLG Hamburg, WuM 1983, 13; LG Berlin, ZMR 1990, 422; AG Görlitz, WuM 1992, 589.
1072 Herrlein/Kandelhard/Both, § 559b BGB Rn. 29.
1073 Bub/Treier-Schultz, IIIa Rn. 561.
1074 Sternel, PiG 41, 45, 63.
1075 AG Köpenick, MM 2001, 354.
1076 AG Köpenick, MM 2001, 354; MM 1997, 410; AG Albstadt, NJW-RR 1991, 1482; Schmidt-Futterer/Börstinghaus, § 559b BGB Rn. 36; Emmerich/Sonnenschein/Emmerich, § 559b BGB Rn. 1; Lammel, § 559b BGB Rn. 9; Sternel, PiG 41, 45, 63.
1077 LG Potsdam, WuM 2001, 559; LG Berlin, GE 1989, 41; AG Lichtenberg, MM 1997, 239; Bub/Treier-Schulz, III. a Rn. 562; Kinne, ZMR 2001, 868.
1078 Vgl. Emmerich/Sonnenschein/Emmerich, § 559b BGB Rn. 1.
1079 AG Lichtenberg, MM 2000, 87; Schmidt-Futterer/Börstinghaus, § 559b BGB Rn. 36; Lammel, § 559b BGB Rn. 9.

rung abgeben.[1080] Mehrere Mieterhöhungserklärungen sind nur dann möglich, wenn es sich um **abgetrennte Maßnahmen** handelt, die dem Vermieter gegenüber auch gesondert abgerechnet werden.[1081]

Dagegen ist nicht erforderlich, dass der Vermieter die Rechnungen bereits bezahlt hat.[1082]

517 Auch wenn die Erklärung nicht vor Abschluss der Arbeiten abgegeben werden kann, ist der Vermieter aber nicht gehindert, den Anspruch erst später geltend zu machen. Es gilt allenfalls der Einwand der **Verwirkung**,[1083] was sich v.a. daraus ergeben soll, dass es bei einer späteren Geltendmachung dem Mieter immer schwerer fallen wird, auf Umstände oder Beweismittel zurückzugreifen, die er für seine Rechtsverteidigung benötigen würde.[1084]

518 Verwirkung kann jedoch erst dann angenommen werden, wenn zum reinen **Zeitablauf** zusätzlich besondere, auf dem Verhalten des Berechtigenden beruhende Umstände hinzutreten, wenn also ein gesondertes Umstandsmoment zu bejahen ist; allein durch bloßen Zeitablauf kann ein Vertrauenstatbestand nicht geschaffen werden.[1085] Denn der Einwand der Verwirkung ist nur begründet, wenn der Schuldner aufgrund des Zeitablaufs und weiterer auf dem Verhalten des Gläubigers beruhenden Umstände darauf vertraut hat und darauf vertrauen durfte, dass der Gläubiger seine Rechte nun nicht mehr geltend machen werde.[1086] Allerdings besteht zwischen dem Zeit- und dem Umstandsmoment eine **Wechselwirkung** insofern, als der Zeitablauf um so kürzer sein kann, je gravierender die sonstigen Umstände sind, und das umgekehrt an diese Umstände um so geringere Anforderungen gestellt werden müssen, je länger der abgelaufene Zeitraum ist.[1087] Letztlich kommt es auf alle Umstände des Einzelfalls an.[1088]

1080 AG Lichtenberg, MM 2000, 87; Schmidt-Futterer/Börstinghaus, § 559b BGB Rn. 36.

1081 LG Potsdam, WuM 2001, 595; Schmidt-Futterer/Börstinghaus, § 559b BGB Rn. 37; Lammel, § 559b BGB Rn. 10.

1082 Emmerich/Sonnenschein/Emmerich, § 559b BGB Rn. 1.

1083 LG Berlin, MM 2000, 280; MM 1993, 218; GE 1990, 611; LG Stuttgart, ZMR 1997, 29; Lammel, § 559b BGB Rn. 12.

1084 LG Hamburg, WuM 1989, 308.

1085 BGH, NJW 2003, 824 = MDR 2003, 207.

1086 BGH, NJW 2001, 1649 = MDR 2001, 746.

1087 BGH, NZM 2006, 58 = MietPrax-AK, § 536b BGB Nr. 7.

1088 MünchKomm/Roth, § 242 BGB Rn. 469 m.w.N.

Dennoch werden von den Instanzgerichten teilweise recht kurze Zeitmomente für ausreichend erachtet, so z.B. ein Zeitablauf von einem Jahr.[1089] Nach a.A. soll die Mieterhöhung nach vier Jahren,[1090] nach a.A. nicht vor Ablauf von zehn Jahren[1091] ausgeschlossen sein. Anhaltspunkte, die für eine Verwirkung sprechen können, können vorliegen, wenn der Vermieter etwa die Modernisierungsankündigung gänzlich unterlassen hat oder wenn er seit Abschluss der Maßnahmen eine (oder mehrere) Mieterhöhungen nach den §§ 558 ff. BGB erklärt hat, ohne auf die Arbeiten hinzuweisen.

519

2. Anrechnung von Drittmitteln[1092]

Nach § 559a BGB müssen von den umzulegenden Baukosten Fremdmittel abgezogen werden. Diese können aus öffentlichen Mitteln in Form von unmittelbaren Zahlungen oder Zuschüssen oder zinsverbilligten/zinslosen Darlehen geleistet werden oder von privaten (z.B. dem Mieter oder für diesen einer dritten Person) durch unmittelbare Zahlung. Dahinter steckt der Gedanke, dass der Vermieter den Vorteil, den er durch Leistungen (privater oder öffentlicher) Dritter erlangt, nicht für sich behalten, sondern an den Mieter weitergeben soll.[1093] § 559a BGB findet jedoch nur Anwendung, wenn der Vermieter auch **Bauherr** ist. Der **Erwerber**, der die Fördermittel nicht erhalten hat, muss keinen Abzug vornehmen, was auch beim Eigentumsübergang in der Zwangsversteigerung gilt.[1094] Die Verpflichtung zum Abzug von Fördermitteln folgt nicht aus dem Mietverhältnis und kann deshalb nicht gem. § 566 BGB auf den Erwerber übergehen, sondern ist ein Ausfluss aus gesetzlichen Vorschriften, die „von außen" auf das Mietverhältnis einwirken.[1095] Mangels gesonderter Vereinbarungen zwischen Veräußerer und Erwerber ist dieser deshalb zu einem Abzug der Drittmittel nicht verpflichtet.

520

Abzuziehen sind nur solche Mittel, die dem Vermieter gerade zur Finanzierung der Modernisierungsmaßnahmen gewährt werden. Denn nur dann erhält der Vermieter einen wirtschaftlichen Vorteil, den er weitergeben muss.

521

1089 AG Hamburg, WuM 1985, 366; a.A. Bub/Treier-Schultz, III Rn. 564.
1090 LG Hamburg, WuM 1989, 308; Bub/Treier-Schultz, III Rn. 562.
1091 LG Stuttgart, ZMR 1997, 29.
1092 Herrlein/Kandelhard/Both, § 559a BGB Rn. 4.
1093 BGH, WuM 2003, 694 = NZM 2003, 973 = MietPrax-AK, § 559a BGB Nr. 1.
1094 BGH, NJW 1998, 445.
1095 Vgl. Rn. 339 ff.

Zuschüsse/zinsverbilligte Darlehen für Instandsetzungsarbeiten begründen deshalb keine Verpflichtung zum Abzug – schließlich kann der Vermieter hier die Miete gar nicht erhöhen. Auf die Frage, wie der Vermieter die Mittel dann tatsächlich verwendet, ist für die Pflicht zum Abzug ohne Bedeutung.[1096] Während der Darlehensbegriff derselbe ist wie in § 488 BGB,[1097] gibt es keine zivilrechtliche Definition des Begriffes des Zuschusses. Hier kann auf den öffentlich-rechtlichen Zuschussbegriff[1098] zurückgegriffen werden.

522   I.d.R. wird es in diesem Bereich um zinsverbilligte oder zinslose Darlehen aus öffentlichen Haushalten gehen. Dabei richtet sich die Anrechnungspflicht nach § 559a Abs. 2 BGB. Von dem gem. § 559 Abs. 1 BGB berechneten Erhöhungsbetrag ist also der Jahresbetrag der Zinsermäßigung abzuziehen, der sich aus dem Unterschied zwischen dem vereinbarten und dem höheren marktüblichen Zinssatz für erststellige Hypotheken ergibt. Abzustellen ist dabei auf den Zeitpunkt der Beendigung der Maßnahme und den Ursprungsbetrag des Darlehens. Wie sich die Zinsen danach entwickeln, ist aufgrund des **Einfrierungsgrundsatzes** unerheblich.[1099]

523   Anders ist dies bei der **degressiven Förderung**, bei der also schon zum Zeitpunkt der Mittelbewilligung feststeht, dass der Förderbetrag jährlich sinkt. Dies kann dann der Fall sein, wenn der Zinssatz für die Darlehen der öffentlichen Haushalte jährlich steigt. Denn dann verringert sich jeweils der Abstand zum üblichen Zinssatz für erstrangig abgesicherte Darlehen. Da der Vermieter nur die Förderung weitergeben muss, die er tatsächlich erhält, kann er dies bei seiner Mieterhöhung nach Beendigung der Arbeiten berücksichtigen.[1100] Wenn die Drittmittel für die einzelnen Wohnungen in unterschiedlicher Höhe gewährt werden, müssen sie auch pro Wohnung gesondert berechnet und abgezogen werden.[1101] Ansonsten bestimmt § 559a Abs. 4 BGB, dass die Drittmittel im gleichen Maßstab abzuziehen sind, mit dem die berücksichtigungsfähigen Kosten bei der Mieterhöhung auf die einzelnen Wohnungen ermittelt werden.

1096   Schmidt-Futterer/Börstinghaus, § 559a BGB Rn. 8.

1097   Emmerich/Sonnenschein/Emmerich, § 559a BGB Rn. 2.

1098   Herrlein/Kandelhard/Both, § 559a BGB Rn. 8.

1099   Schmidt-Futterer/Börstinghaus, § 559a BGB Rn. 17; Bub/Treier-Schultz, III Rn. 583; Emmerich/Sonnenschein/Emmerich, § 559a BGB Rn. 3.

1100   Vgl. dazu Rn. 122 u. 339 ff.

1101   Emmerich/Sonnenschein/Emmerich, § 559a BGB Rn. 5.

Ist die Förderung ausgelaufen, kommt eine erneute Mieterhöhung nicht in Betracht. Denn der Vermieter kann wegen einer Modernisierungsmaßnahme immer nur einmal eine Mieterhöhung erklären. Dem Vermieter bleibt hier nur die Möglichkeit der Mieterhöhung nach § 558 BGB.   524

3. Berechnung der Mieterhöhung

Nach § 559b Abs. 1 Satz 2 BGB muss der Vermieter die „entstandenen Kosten" berechnen.   525

a) Abzug von Instandhaltungskosten

Da der Vermieter nur die Kosten der reinen Modernisierungsarbeiten umlegen darf, muss er **ersparte Instandhaltungs- und Instandsetzungskosten** abziehen.[1102] Fast jede Modernisierungsmaßnahme spart oder erspart dem Vermieter in irgendeiner Weise künftigen Erhaltungs- bzw. Reparaturaufwand. Denn meist wird durch die Arbeiten ein bereits vorhandenes Bauteil mitbearbeitet oder es werden ältere Bauteile durch neue ersetzt. Der Vermieter muss sich nun aber nicht alle **fiktiven Instandhaltungskosten** anrechnen lassen, sondern nur solchen Kostenaufwand, der tatsächlich im Zuge der Modernisierungsmaßnahmen eingespart worden ist. Dies kommt nur in Betracht, wenn die im Zuge der Modernisierungsmaßnahmen bearbeiteten Bauteile und Gewerke zu diesem Zeitpunkt tatsächlich mangelhaft waren.[1103] Abzuziehen sind dann nur die Kosten, die zur Beseitigung dieses konkreten Mangels erforderlich waren. Nach den gleichen Kriterien sind die „**Sowieso-Kosten**" abzuziehen.   526

Muss etwa zur Durchführung der geplanten Modernisierungsarbeiten ein Gerüst aufgestellt werden, ist das Gerüst aber auch notwendig, um aktuelle Mängel (etwa an der Fassade) zu beseitigen, sind für das Gerüst nur die Mehr-Kosten ansetzbar, die durch eine möglicherweise längere Standzeit i.R.d. Modernisierungsarbeiten entstehen. Unerheblich ist dabei, ob die betreffende Erhaltungsmaßnahme zu einer **dauerhaften Reparatur** geführt hätte oder das betreffende Bauteil nur vorübergehend instandgesetzt hätte. Ausschlaggebend ist alleine, mit welchen Kosten der konkrete Mangel (zu diesem Zeitpunkt) behoben werden konnte. Wohl überwiegend wird in diesem Zusammenhang   527

1102 BGH, NZM 2001, 686; LG Berlin, GE 2003, 122.
1103 KG, WuM 2006, 450 = ZMR 2006, 612; OLG Celle, OLGZ 1981, 318 = WuM 1981, 151; OLG Hamburg, WuM 1983, 13 = ZMR 1983, 309.

vertreten, dass jedenfalls nur **pauschale Abzüge** nicht ausreichend sind.[1104]
Nach a.A. sind pauschale Abzüge ausreichend.[1105] Der BGH hat in seiner
Entscheidung vom 03.03.2004[1106] den pauschalen Abzug ersparter Instand-
haltungs- bzw. Instandsetzungskosten durch den Vermieter nicht beanstandet.
Wörtlich heißt es dort:

> *„Die Klägerin hat keine Tatsachen vorgetragen, die den Schluss zulassen, dass In-
> standhaltungs- bzw. Instandsetzungskosten den seitens der Beklagten i. H. v. 10 %
> der Baukosten pauschal abgezogenen Betrag von DM 254.790,00 überschritten
> hätten. Insbesondere hat sie das Ausmaß der behaupteten Schäden nicht konkreti-
> siert. Ihr pauschaler Vortrag genügt nicht, um einen insoweit höheren Instandset-
> zungsbedarf darzulegen.“*

Man wird deshalb davon ausgehen dürfen, dass jedenfalls ein begründeter
pauschaler Abzug ersparter Instandhaltungs- und Instandsetzungskosten ausreichend ist.

528 Der sicherste Weg besteht allerdings darin, vor Durchführung der Modernisierungsarbeiten feststellen zu lassen, welche aktuellen Mängel vorliegen
und sich zu den erforderlichen Mangelbeseitigungsmaßnahmen **Kostenvoranschläge** einzuholen. Dies kann sinnvollerweise durch die ausführenden
Handwerker selbst erfolgen, die schließlich das zu verändernde Bauteil vor
Durchführung der Arbeiten besichtigen müssen. Können die Handwerker zu
diesem Zeitpunkt keine aktuellen Mängel feststellen, sollte der Vermieter eine
entsprechende schriftliche Bestätigung, andernfalls einen aussagekräftigen
Kostenvoranschlag über notwendige Beseitigungsmaßnahmen erbitten. Denn
anhand solcher Unterlagen können nicht nur im Erhöhungsschreiben selbst
notwendige (oder eben nicht notwendige) Instandhaltungs- und Instandsetzungsarbeiten erläutert und kostenmäßig beziffert, sondern im evtl. nachfolgenden Zahlungsprozess auch substanziiert dargelegt werden. Denn in diesem
Prozess trägt der Vermieter die volle **Darlegungs- und Beweislast** dafür, dass
es sich bei allen der Kostenberechnung zugrunde liegenden Arbeiten (nur) um
Modernisierungen handelte.[1107]

1104 LG Berlin, MM 2001, 401; LG Potsdam, WuM 2000, 533; LG Hamburg, WuM 2000, 195;
LG Lüdenscheid, WuM 1997, 438; AG Wernigerode, WuM 2002, 54; Herrlein/Kandel-
hard/Both, § 559b BGB Rn. 9.
1105 LG Halle, ZMR 2003, 35; LG Dresden, WuM 1998, 216; LG Stralsund, WuM 1996, 229.
1106 WuM 2004, 288 = MietPrax-AK, § 10 WoBindG Nr. 4.
1107 KG, WuM 2006, 450 = ZMR 2006, 612.

Der Vermieter kann dann nach dem Gesetzeswortlaut einer Erhöhung der jähr-   529
lichen Miete um 11 % der für die Wohnung aufgewandten Kosten verlangen
(§ 559 Abs. 1 BGB). Zu ermitteln sind deshalb zum einen die „jährliche Miete" und zum anderen die auf die Wohnung entfallenden Kosten.

b)   Aufgewendete Kosten

Die „aufgewendeten Kosten" richten sich zunächst nach den dem Vermieter   530
tatsächlich entstandenen Baukosten.[1108] Hierzu zählen nicht nur die reinen
Baukosten, also die Grundstückskosten und die an die Handwerker und ggf.
Baustoffhändler gezahlten Beträge, sondern auch die Baunebenkosten wie
z.B. Architekten- und Ingenieurhonorare,[1109] soweit die Beauftragung des
Architekten notwendig war,[1110] oder sonstige Baunebenkosten wie etwa für
Baustelleneinrichtung oder für die Wiederherstellung des vorigen Zustandes
nach Beendigung der Modernisierungsarbeiten.[1111] Ebenfalls ansetzbar sind
die Kosten der Schaffung der notwendigen Baufreiheit (z.B. durch das Fällen von Bäumen, die Einrichtung von Baustrom- und Bauwasseranschlüssen)
oder die Kosten der Bauschuttbeseitigung, etwa für Container.[1112] Ebenfalls zu
den anrechenbaren Kosten gehören die Kosten der Gerüstaufstellung[1113] und
Reinigungskosten.[1114]

Soweit der Vermieter selbst Arbeiten durchgeführt hat oder diese von Dritten   531
aus Gefälligkeit ausgeführt wurden, dürfen fiktive Kosten zu einem Betrag
eingestellt werden, wie er bei der Beauftragung eines Handwerkers angefallen
wäre.[1115] Allerdings kann der Vermieter hierbei nur das Nettoentgelt ansetzen
(das er z.B. einem Kostenvoranschlag entnehmen kann).[1116] Voraussetzung ist

---

1108 OLG Hamburg, NJW 1981, 2820 = WuM 1981, 127.

1109 LG Halle, ZMR 2003, 35; LG Hamburg, WuM 1985, 366; AG Köln, WuM 1990, 226;
      AG Münster, WuM 1985, 366; Herrlein/Kandelhard/Both, § 559 BGB Rn. 97.

1110 Vgl. Herrlein/Kandelhard/Both, § 559 BGB Rn. 97.

1111 Kinne, GE 2000, 1070.

1112 Herrlein/Kandelhard/Both, § 559 BGB Rn. 97.

1113 Schmidt-Futterer/Börstinghaus, § 559 BGB Rn. 159.

1114 Bub/Treier-Schultz, III a Rn. 578; Langenberg, PiG 40, 59, 75; Lammel, § 559 BGB
      Rn. 35.

1115 LG Halle, ZMR 2003, 35; Sternel, Mietrecht, III Rn. 784; Bub/Treier-Schultz, III a
      Rn. 579; Herrlein/Kandelhard/Both, § 559 BGB Rn. 98.

1116 Kossmann, ZAP, Fach 4, S. 51; Kinne, GE 2000, 1070; Lammel, § 559 BGB Rn. 34;
      Schmidt-Futterer/Börstinghaus, § 559 BGB Rn. 155.

jedoch, dass auch die in Eigenleistung erbrachten Arbeiten fachgerecht durchgeführt worden sind.[1117]

532 **Kosten der Beschaffung der Finanzierung** (Maklerprovision, Disagio, Spesen, usw.) sind nicht ansetzbar.[1118] Ebenfalls nicht zu den „aufgewendeten Kosten" zählen der **Mietausfall** während der Bauphase oder evtl. vorgenommene **Mietminderungen** wegen der Beeinträchtigung während der Bauphase. Soweit § 559b Abs. 1 BGB die Berechnung und Erläuterung der Mieterhöhung verlangt, ist damit eine nachvollziehbare Berechnung des Erhöhungsbetrages, eine nachvollziehbare Erläuterung des angegebenen Verteilungsschlüssels sowie nachvollziehbare Angaben zu den angesetzten Kostenanteilen für die Instandsetzung gemeint.[1119] Die Angaben müssen so aussagekräftig sein, dass der auf dem Gebiet der Rechnungsprüfung nicht vorgebildete Mieter den Betrag der Mieterhöhung und die Berechtigung dazu überschlägig überprüfen kann.[1120] Enthält die Erhöhungserklärung nicht die dazu notwendigen Angaben, ist sie unwirksam.[1121]

c) Darstellung der anteiligen Kosten

533 Ausgangspunkt für die Berechnung der Mieterhöhung sind zunächst die Gesamtkosten. Betreffen einzelne Modernisierungsmaßnahmen nur eine Wohnung, müssen die für die anderen Wohnungen aufgewendeten Kosten nicht angegeben werden. Umfassen die Kosten Modernisierungsmaßnahmen für mehrere Wohnungen, ist zunächst der Gesamtbetrag der Modernisierungskosten zu beziffern.[1122] Ähnlich wie bei der Betriebskostenabrechnung im Fall des Vorwegabzuges die Angabe der tatsächlich umgelegten Kosten nicht ausreichend ist,[1123] genügt es auch hier nicht, lediglich die nur auf die Wohnung entfallenden (anteiligen) Kosten anzugeben. Denn so kann der Mieter

---

1117 Schmidt-Futterer/Börstinghaus, § 559 BGB Rn. 155 m.w.N.

1118 OLG Hamburg, NJW 1981, 2820 = WuM 1981, 127.

1119 LG Dresden, WuM 1998, 216; LG Halle, WuM 1997, 628; LG Berlin, MM 1994, 326; GE 2003, 122; Herrlein/Kandelhard/Both, § 559b BGB Rn. 4 m.w.N.

1120 LG Potsdam, WuM 2000, 553; LG Gera, WuM 2000, 256; LG Görlitz, WuM 1999, 44; LG Dresden, WuM 1998, 216; LG Kassel, WuM 1992, 444; LG Köln, WuM 1989, 579; Schmidt-Futterer/Börstinghaus, § 559b BGB Rn. 10; Herrlein/Kandelhard/Both, § 559b BGB Rn. 3.

1121 LG Potsdam, WuM 2000, 553; LG Stralsund, WuM 1997, 271; LG Hamburg, WuM 1991, 121.

1122 LG Köln, WuM 1987, 273; LG Frankfurt am Main, WuM 1983, 115.

1123 BGH, WuM 2007, 196 = NZM 2007, 244.

nicht nachvollziehen, ob auf ihn nur ein angemessener Teil der Gesamtkosten umgelegt werden soll.[1124] Denn dies ist es, was der Vermieter darlegen muss: Gem. § 559 Abs. 2 BGB sind die Kosten „angemessen" zu verteilen. Bei Modernisierungsmaßnahmen, die gleichzeitig mehrere Wohnungen oder alle Wohnungen eines Hauses betreffen, sind die umlagefähigen Kosten vom Vermieter angemessen auf die einzelnen Wohnungen aufzuteilen, wobei der Vermieter nach billigem Ermessen zu entscheiden hat, § 315 BGB.[1125] Im Zweifel hat der Vermieter die Kosten auf die Wohnungen entsprechend der Wohnfläche aufzuteilen.[1126] Allerdings hat der Vermieter bei der Bestimmung des Verteilungsschlüssels gem. §§ 315, 316 BGB einen **Entscheidungsspielraum** (der im Prozess nur eingeschränkt überprüfbar ist), der es grds. ermöglicht, auch auf den unterschiedlichen Nutzen für die jeweilige Wohnung abzustellen.[1127] Denkbar ist dies z.B. beim erstmaligen Einbau eines Aufzuges, den die Bewohner der oberen Geschosse in aller Regel häufiger benutzen, als die Erdgeschossmieter. In solchen Fällen ist eine abgestufte Verteilung der Kosten jedenfalls nicht unbillig.[1128]

Die Möglichkeit für den Mieter, diese Zusammenhänge überschlägig überprüfen zu können, gibt den Rahmen für die **Erläuterungspflicht** vor.

534

Umfassten die Modernisierungen mehrere von einander getrennte Maßnahmen (z.B. Wärmedämmung der Fassade, Wärmedämmung des Daches und Einbau von Isolierglasfenstern), sind zunächst die Gesamtkosten für jede einzelne Maßnahme anzugeben. Umfassen die Maßnahmen ihrerseits mehrere Gewerke (z.B. das Aufstellen des Gerüstes, das Anbringen des Wärmedämmverbundsystems an der Fassade und das anschließende Verputzen), sind die Gesamtkosten der Maßnahmen nach den verschiedenen Gewerken aufzuschlüsseln.[1129] Sodann sind für jedes Gewerk unter Angabe des Verteilungsschlüssels der auf die Wohnung des Mieters entfallende Kostenanteil zu errechnen, wovon dann 11 % zu beziffern sind. Schließlich ist der monatliche Erhöhungsbetrag anzugeben (nach folgender Formel [bei Verteilung

535

1124 LG Frankfurt am Main, WuM 1993, 373; Herrlein/Kandelhard/Both, § 559b BGB Rn. 5 m.w.N.

1125 KG, WuM 2006, 450.

1126 KG, WuM 2006, 450.

1127 KG, WuM 2006, 450; AG Münster, WuM 1997, 498; Bub/Treier-Schultz, III a Rn. 581.

1128 Vgl. KG, WuM 2006, 450.

1129 LG Potsdam, WuM 2000, 553; LG Dresden, ZMR 1998, 292; LG Berlin, GE 1997, 1579; Herrlein/Kandelhard/Both, § 559b BGB Rn. 6.

nach dem Flächenmaßstab] Gesamtkosten/Gesamtfläche × Wohnfläche des Mieters × 11 %/12 Monate). Die Aufschlüsselung der Kosten auf einzelne Gewerke kann (und muss) unterbleiben, wenn der Vermieter einen Pauschalvertrag für sämtliche Arbeiten abgeschlossen hat.[1130] Soweit Fremdmittel (für die Gesamtmaßnahme oder einzelne Gewerke) in Anspruch genommen worden sind, sind sie anzugeben, zu berechnen und entsprechend des für die Umlage der Kosten gewählten Verteilungsschlüssels abzuziehen.[1131]

d) Beifügen von Rechnungen

536 Entsprechend der Anforderung an die Erläuterungspflicht, den Mieter in die Lage zu versetzen, die Angaben überschlägig **ohne Belegeinsicht** überprüfen zu können,[1132] erfordert eine formal ordnungsgemäße Erhöhungserklärung nicht das **Beifügen von Rechnungen** oder die Angabe eines jeden einzelnen Rechnungsbetrages mit Rechnungsdatum und bauausführendem Unternehmen.[1133] Andererseits reicht es nicht aus, dem Mieterhöhungsschreiben die Rechnungen beizufügen und lediglich darauf zu verweisen.[1134] Da sich der Vermieter beim Verfassen der Mieterhöhungserklärung aber ohnehin mit den einzelnen Rechnungen auseinandersetzen muss, kann es sinnvoll sein, sich auch inhaltlich an den Rechnungen zu orientieren und ggf. daraus zu zitieren und die Rechnungen dann (jedoch in geordneter Zusammenstellung) dem Mieterhöhungsbegehren beizufügen. Dabei sollte immer eine möglichst nachvollziehbare und geordnete Art der Darstellung gewählt werden.[1135]

4. Erläuterung der Mieterhöhung

537 Neben der Berechnung der Mieterhöhung setzt eine wirksame Mieterhöhungserklärung nach § 559b Abs. 1 BGB voraus, dass die Erhöhung entsprechend den Voraussetzungen des § 559 Abs. 1 BGB erläutert wird. Der Vermieter

---

1130 LG Berlin, GE 2003, 883; GE 1994, 765; LG Kiel, WuM 2000, 613; Herrlein/Kandelhard/Both, § 559b BGB Rn. 6.

1131 LG Rostock, WuM 2000, 24; MietPrax/Both, Fach 4, Rn. 217.

1132 LG Görlitz, WuM 1999, 44; LG Dresden, WuM 1998, 216.

1133 Schmidt-Futterer/Börstinghaus, § 559b BGB Rn. 12; Herrlein/Kandelhard/Both, § 559b BGB Rn. 18; a.A. jedoch LG Berlin, MM 1993, 217; MM 1992, 68; LG Köln, WuM 1989, 308; WuM 1987, 273; AG Lichtenberg, MM 1997, 239; AG Greifswald, WuM 1994, 379; AG Neukölln, MM 1994, 67; AG Spandau, MM 1992, 23; Sternel, Mietrecht aktuell, Rn. 676.

1134 OLG München, NJW 1995, 465.

1135 Vgl. z.B. das Musterschreiben unter Rn. 905.

muss also darlegen, weshalb und inwiefern seine Maßnahmen den Gebrauchswert der Mietsache nachhaltig erhöhen, die allgemeinen Wohnverhältnisse auf
Dauer verbessern oder nachhaltig Energie oder Wasser einsparen.[1136] Dabei
genügt wiederum, wenn der Mieter die verlangte Mieterhöhung auch dem
Grunde nach als plausibel nachvollziehen kann.[1137] Der Vermieter darf sich
dabei nicht damit begnügen, seine Wertungen mitzuteilen. Er muss vielmehr
dem Mieter die Tatsachen mitteilen, die für eine Modernisierung sprechen.

Für bauliche Maßnahmen zur Einsparung von **Heizenergie** bedeutet dies zwar
nicht, dass der Vermieter eine Wärmebedarfsberechnung beifügen muss, um
die nachhaltige Einsparung von Heizenergie darlegen zu können.[1138] Der Vermieter muss jedoch die bauliche Maßnahme substanziiert („schlagwortartig")
bezeichnen und die Tatsachen darlegen, anhand derer der Mieter wenigstens
überschlägig beurteilen kann, ob eine nachhaltige Einsparung von Heizenergie bewirkt wird. Beim erstmaligen Einbau von **Isolierglasfenstern** genügt
dabei die Angabe des Wärmedurchgangskoeffizienten (k-Wert).[1139] Diese Angaben genügen jedoch dann nicht mehr, wenn bereits Isolierglasfenster vorhanden waren, die nun durch neue Isolierglasfenster ersetzt werden. In diesem
Fall muss der Vermieter auch den Zustand der alten Fenster so genau angeben,
dass der Mieter einen (überschlägigen) Vergleich anstellen kann.[1140] Denn bei
Baumaßnahmen, deren Modernisierungswert sich erst aufgrund ihrer technischen Wirkungen erschließt, ist es nicht ausreichend, wenn der Vermieter
lediglich behauptet, es handele sich um eine Modernisierung. Es ist jedoch
ausreichend, wenn der Vermieter die durchgeführte bauliche Maßnahme so
genau beschreibt, dass der Mieter allein anhand dieser Beschreibung, wenn
auch u.U. unter Zuhilfenahme einer bautechnisch oder juristisch sachkun-
digen Person, beurteilen kann, ob es sich um eine Maßnahme des § 559 Abs. 1
BGB handelt.

538

1136 BGH, NZM 2002, 519 = WuM 2002, 366; DWW 2003, 229.
1137 BGH, WuM 2006, 157 = MietPrax-AK, § 559b BGB Nr. 3; Schmidt-Futterer/Börsting-
      haus, § 559b BGB Rn. 18; Herrlein/Kandelhard/Both, § 559b Rn. 13 f.
1138 BGH, WuM 2004, 154 = MietPrax-AK, § 559b BGB Nr. 1.
1139 BGH, WuM 2004, 154 = MietPrax-AK, § 559b BGB Nr. 1.
1140 BGH, WuM 2006, 157 = MietPrax-AK, § 559b BGB Nr. 3.

539   Wurden die Maßnahmen ausführlich schon in der Ankündigung der Arbeiten beschrieben, kann in der Erhöhungserklärung darauf Bezug genommen werden.[1141]

5.   Erhöhungsbetrag

540   Im Erhöhungsschreiben muss der insgesamt zu zahlende monatliche Erhöhungsbetrag angegeben werden. Die Angabe lediglich eines Quadratmeter-Preises genügt nicht. Dem Vermieter ist es freigestellt, den möglichen Erhöhungsbetrag auf einmal zu verlangen, oder ihn zeitlich gestaffelt geltend zu machen.[1142] Denn wenn er den Betrag schon auf einmal verlangen kann, kann es ihm nicht verwehrt sein, die Belastung zugunsten des Mieters zu strecken.[1143] Es handelt sich dabei **nicht** um eine **Staffelmietvereinbarung.** Zwar wird die Mieterhöhung gestaffelt geltend gemacht, jedoch im Rahmen einer einseitigen Gestaltungserklärung. Nur wenn die Parteien im Rahmen einer Modernisierungsvereinbarung das gestaffelte Wirksamwerden der Mieterhöhung vereinbaren, handelt es sich dabei im Ergebnis um eine Staffelmietvereinbarung mit allen Folgen des § 557a Abs. 1 BGB, insbes. des Ausschlusses der weiteren Mieterhöhungen nach den §§ 558, 559 für die Dauer ihrer Geltung.[1144] Das Gleiche gilt bei der Inanspruchnahme öffentlicher Mittel mit degressiver Förderung.[1145] Auch hier kann der Vermieter die Tatsache der zeitlich gestaffelten geringer werdenden Förderung i.R.d. Mieterhöhungserklärung berücksichtigen.[1146]

V.   Fälligkeit der Mieterhöhung

541   Eine formal ordnungsgemäße Mieterhöhungserklärung bewirkt, dass die Erhöhung mit Beginn des dritten Monats nach Zugang der Erklärung geschuldet ist. Die Vertragsänderung tritt automatisch ein. Einer Zustimmung des Mieters bedarf es nicht. § 559b Abs. 2 Satz 1 BGB spricht zwar davon, dass der Mieter die erhöhte Miete „mit Beginn des 3. Monats" nach dem Zugang der Erklärung schuldet. Damit ist jedoch keine eigenständige Fälligkeitsregelung

---

1141   BGH, WuM 2004, 155 = MietPrax-AK, § 559b BGB Nr. 2.

1142   Schmidt-Futterer/Börstinghaus, § 559b BGB Rn. 32.

1143   Bub/Treier-Schultz, Rn. IIIa 588.

1144   Schmidt-Futterer/Börstinghaus, § 559b BGB Rn. 33; a.A. Bub/Treier-Schultz, Rn. IIIa 588.

1145   Vgl. dazu oben Rn. 122, 523.

1146   Schmidt-Futterer/Börstinghaus, § 559b BGB Rn. 33.

für den Erhöhungsbetrag gemeint. Auch nach einer Mieterhöhung nach Modernisierungsarbeiten ist die Miete einheitlich zu dem vertraglich vereinbarten Termin fällig.[1147] Leidet die Erhöhungserklärung an formalen Fehlern, muss sie insgesamt wiederholt werden. Eine Nachbesserung in Teilen ist nicht möglich,[1148] denn eine dem § 558b Abs. 3 BGB vergleichbare Regelung fehlt in § 559b BGB.

Nach § 559b Abs. 2 Satz 2 BGB wird die Mieterhöhung dagegen erst mit Beginn des neunten Monats nach Zugang der Erklärung wirksam, wenn der Vermieter in seinem Erhöhungsschreiben die voraussichtliche Mieterhöhung gar nicht mitgeteilt hat oder die tatsächliche Mieterhöhung die angekündigte um mehr als 10 % übersteigt. Bei der 2. Variante wird man für den Einzelfall errechnen müssen, was für den Vermieter günstiger ist – die Geltendmachung der vollen Mieterhöhung mit einer verlängerten Wirksamkeitsfrist von sechs Monaten oder die nur teilweise Geltendmachung i.R.d. § 559b BGB (wozu der Vermieter natürlich immer berechtigt ist), um die Sanktion der späteren Mieterhöhung zu umgehen.

542

Die erste Variante – der Vermieter teilte dem Mieter die voraussichtliche Mieterhöhung gar nicht mit – führte zur Streitfrage, was denn sei, wenn der Vermieter auch die Arbeiten selbst gar nicht oder zu spät angekündigt hatte. Nach dem dazu ergangenen Rechtsentscheid des KG vom 01.09.1988[1149] war eine ordnungsmäßige **Modernisierungsankündigung** die Voraussetzung für eine Mieterhöhung schlechthin, egal, ob es sich um Modernisierungsarbeiten innerhalb oder außerhalb der Wohnung handelte. Diese Entscheidung wurde später dahin abgemildert, dass jedenfalls dann, wenn es sich um eine Maßnahme handelte, die innerhalb der Wohnung des Mieters durchgeführt und von ihm geduldet worden war, die Mieterhöhung – wenn auch ggf. mit verlängerter Frist – verlangt werden konnte.[1150] Offen blieb damit noch, wie es sich bei sog. Außenmaßnahmen, also Modernisierungsmaßnahmen, die außerhalb der Wohnung des Mieters durchgeführt worden sind, verhielt und ob sich daran etwas ändern würde, wenn der Mieter den Maßnahmen widerspräche.

543

1147 Herrlein/Kandelhard/Both, § 559b BGB Rn. 47.

1148 Sternel, NZM 2001, 1058, 1065.

1149 KG, ZMR 1988, 422 = NJW-RR 1988, 1410.

1150 OLG Stuttgart, WuM 1991, 332; OLG Frankfurt am Main, WuM 1991, 527.

544 Der BGH stellte nun in seiner Entscheidung vom 19.09.2007[1151] klar, dass sich die Sanktion des § 559b Abs. 2 Satz 2 BGB auch nur auf die dort genannten beiden Fälle beschränkt. Ansonsten ist streng zwischen der Ankündigung der Arbeiten nach § 554 Abs. 2 BGB und der Mieterhöhung nach § 559b BGB zu trennen. Die erstgenannte Erklärung löst nur die Duldungspflicht des Mieters aus und hat grds. keine Folgen für die Berechtigung zur und dem Eintritt der Mieterhöhung. Voraussetzung für die Mieterhöhung ist nur, dass tatsächlich Modernisierungsarbeiten ausgeführt worden sind. Nach Abschluss solcher Modernisierungsmaßnahmen (in dem der Entscheidung des BGH[1152] zugrunde liegenden Fall handelte es sich um Außenmodernisierungen) wirkt eine formal ordnungsgemäße Mieterhöhung zum Ablauf des dritten Monats auch dann, wenn der Vermieter die Arbeit zu spät angekündigt und der Mieter der Durchführung der Arbeiten widersprochen hat.[1153] Nichts anderes kann gelten, wenn die Ankündigung der Arbeiten gänzlich unterblieben ist, deren Durchführung vom Mieter jedoch geduldet worden ist.[1154] Die bisher überwiegend vertretene Auffassung, die u.a. danach differenzierte, ob der Mieter den Arbeiten widersprochen hat oder nicht,[1155] dürfte deshalb nicht mehr haltbar sein.[1156]

VI. Einführung neuer Betriebskosten im Zuge von Modernisierungsmaßnahmen

545 Wenn der Vermieter den Wohnwert verbessern oder eine Maßnahme zur Einsparung von Energie durchführen möchte, muss er den durch § 554 Abs. 2 BGB beschriebenen Weg jedenfalls dann beschreiten, wenn er den Duldungsanspruch des Mieters auslösen bzw. anschließend eine Mieterhöhung nach § 559 BGB ohne Einschränkung durchsetzen will. Für **Betriebskosten**, die infolge der Modernisierung neu entstehen (z.B. Kosten des Aufzuges oder Heizkosten bei erstmaligem Einbau einer Heizung), besteht keine ausdrückliche gesetzliche Regelung. Ob und ggf. in welchem Verfahren der Vermieter mit der Modernisierung verbundene neue Betriebskosten auf den Mieter umlegen darf, wird nicht einheitlich bewertet.

1151 BGH, WuM 2007, 630 = NZM 2007, 882.

1152 BGH, WuM 2007, 630.

1153 BGH, WuM 2007, 630.

1154 Vgl. oben Rn. 475 ff.

1155 Vgl. z.B. Schmidt-Futterer/Börstinghaus, § 559b BGB Rn. 50 ff. m.w.N.

1156 Vgl. auch Rn. 475 ff.

1. Mehrbelastungsklausel

Sofern der Mietvertrag eine (wirksame) sog. **Mehrbelastungsklausel** enthält,   546
ist die Umlage der Betriebskosten, die erstmals durch eine Modernisierung
entstehen, nach allgemeiner Meinung grds. zulässig.[1157] Dies entspricht der
Rechtsprechung des BGH, der die Einführung neuer Betriebskosten bei ver-
traglichem Vorbehalt für zulässig hält.[1158] Eine Formularklausel ist dann wirksam, wenn sie den Vermieter verpflichtet, die Umlage der neuen Betriebskosten „i.R.d. gesetzlichen Vorschriften" durchzuführen.[1159]

Fehlt im Vertrag jedoch eine wirksame Mehrbelastungsklausel, soll nach teil-   547
weise vertretener Auffassung die Umlage der durch die Modernisierung neu
entstehenden Betriebskosten nicht zulässig sein, weil § 559 BGB diese Möglichkeit nicht vorsieht.[1160] Nach dieser Meinung sollen die neuen Betriebskosten Teil der **Grundmiete** werden.

Teilweise wird danach differenziert, ob die neu entstehenden Betriebskosten   548
erheblich sind oder nicht.[1161] Andere wiederum halten die Umlage in diesen
Fällen ohne Weiteres für möglich,[1162] wobei z.T. eine vertragliche Nebenpflicht des Mieters als Anspruchsgrundlage zum Abschluss einer Umlagevereinbarung angenommen wird.[1163]

2. Ergänzende Vertragsauslegung

Der BGH geht von einer ergänzenden Vertragsauslegung aus.[1164] Zunächst   549
nur für den Fall des Wechsels von der Gemeinschaftsantenne zum Anschluss
an ein **Breitbandkabelnetz** hat der BGH in dieser Entscheidung die Umlage
der infolge der Umstellung entstehenden neuen Kosten im Wege einer ergänzenden Vertragsauslegung anerkannt, weil die Voraussetzungen einer Moder-

---

1157 Vgl. z.B. Emmerich/Sonnenschein/Weitemeyer, § 556 BGB Rn. 35 m.w.N.; Seldeneck,
      Rn. 2715.
1158 BGH, WuM 2006, 612 = NZM 2006, 896.
1159 Vgl. jedoch BGH, NJW 1993, 1061.
1160 LG Berlin, GE 2007, 597.
1161 Sternel, Mietrecht, III Rn. 323.
1162 Z.B. Langenberg, E Rn. 3; C. Kunze, MDR 2002, 142.
1163 C. Kunze, MDR 2002, 142.
1164 BGH, WuM 2007, 571 = NZM 2007, 769.

nisierung nach § 554 Abs. 2 BGB vorlagen. Der Entscheidung des BGH[1165] ist zwar nicht zu entnehmen, dass der BGH den oben dargestellten Meinungsstreit entschieden hätte, da der Leitsatz und die Begründung deutlich machen, dass allein die Umstellung auf ein Breitbandkabel geregelt werden sollte. Gleichwohl könnte die Entscheidung richtungsweisend sein.

550   Denn die Meinungen, die eine Einführung neuer Betriebskosten infolge Modernisierungsmaßnahmen ausschließen, haben den Nachteil, dass sie mit § 2 HeizkV kollidieren. Wenn der Vermieter erstmals eine Heizung einbaut, deren laufende Kosten er nach den Regelungen der Heizkostenverordnung umlegen kann, ist er zur verbrauchsabhängigen Abrechnung gezwungen. Ob er dazu auch Vorauszahlungen erheben darf, ist zunächst unerheblich. Maßgeblich ist, dass er die Kosten gem. § 556 Abs. 3 BGB abrechnen muss. § 2 HeizkV geht nämlich nicht nur allen rechtsgeschäftlichen Vereinbarungen vor, sondern ordnet die Abrechnung unabhängig vom Grund ihrer Entstehung an.[1166] Der Rückgriff auf eine vertragliche Nebenpflicht scheint ebenfalls nicht gerechtfertigt, da über § 241 Abs. 2 BGB die **Risikoverteilung** innerhalb des Mietvertrages nicht geändert werden kann. Grds. jedoch trägt der Vermieter das Risiko neuer und höherer Kosten.

551   Schließlich dürfte es auch unpraktikabel sein, die Umlagefähigkeit neuer Betriebskosten von ihrer Höhe abhängig zu machen. Dieser Parameter ist relativ und kann sich v.a. (später) verändern. I.Ü. bietet das Gesetz dafür keinerlei Anhaltspunkte.

552   Deshalb verdient die Auffassung, dass die Umlagefähigkeit von einer **ergänzenden Vertragsauslegung** abhängig ist, den Vorzug, zumal sie sich am konkreten Fall orientiert.

Voraussetzung der ergänzenden Vertragsauslegung ist zunächst, dass ein gültiger Vertrag eine **Regelungslücke** enthält, deren Ergänzung anhand des hypothetischen Parteiwillens zwingend und selbstverständlich geboten ist, um einen offensichtlichen Widerspruch zwischen der tatsächlich entstandenen Lage und dem objektiv Vereinbarten zu beseitigen.[1167]

1165 BGH, WuM 2007, 571 = NZM 2007, 769.
1166 BGH, WuM 2006, 518.
1167 Vgl. Bamberger/Roth/Wendtland, § 157 BGB Rn. 35 m.w.N.

In dem der Entscheidung des BGH vom 27.06.2007[1168] zugrunde liegenden Fall enthielt der Mietvertrag eine unwirksame Mehrbelastungsklausel.[1169] Trotzdem konnte dieser Klausel der übereinstimmende Wille der Parteien entnommen werden, wie mit neuen Betriebskosten verfahren werden soll.

    553

Hier spricht nach der Lebenserfahrung eine Vermutung dafür, dass im Wege der ergänzenden Vertragsauslegung eine Zustimmung des Mieters zur Umlage der durch die Modernisierungsmaßnahmen neu entstandenen Betriebskosten ermittelt werden kann.

Enthält der Vertrag keine (unwirksame) Mehrbelastungsklausel, dürfte es sachgerecht sein, nach der **Mietstruktur** zu differenzieren. Haben die Parteien eine **Nettomiete** vereinbart und ist der Mieter daneben zur Leistung von Vorauszahlungen auf alle Betriebskosten des § 2 BetrKV verpflichtet, zeigt dies, dass und wie die Parteien die Umlage der Betriebskosten geregelt wissen wollten – nämlich i.S.e. umfassenden **Abrechnungspflicht**.[1170] Hätten sie diese Frage vollständig geregelt, hätten sie sich auch damit auseinandergesetzt, was mit neu entstehenden Betriebskosten geschehen soll, die infolge einer Modernisierung entstehen. Ein vernünftiger Mieter hätte sich dann auf ein (einseitiges) Recht des Vermieters eingelassen, die durch die Modernisierung neu entstehenden Betriebskosten umzulegen.

    554

Ob sich der Mieter darauf auch dann eingelassen hätte, wenn die Parteien eine **Brutto-** oder **Teilinklusivmiete** vereinbart hatten, muss gesondert geprüft werden. Denn anders als bei der Nettomiete haben die Parteien zumindest nicht von Anfang an eine Vollumlage vereinbaren wollen. So wird man bei der Bruttomiete grds. davon ausgehen müssen, dass der Vermieter die neuen Betriebskosten (mit Ausnahme neuer Heizkosten, über die er abrechnen muss) nur als Teil der Bruttomiete geltend machen kann. Ihm bleibt dann nur der Weg über § 558 BGB. Anders wird man es sehen müssen, wenn der Vertrag eine (wenn auch unwirksame) Mehrbelastungsklausel enthält.

    555

Die gleichen Erwägungen dürften auch bei einer vereinbarten Teilinklusivmiete gelten. Enthält der Vertrag eine (unwirksame) Mehrbelastungsklausel, ist die Umlage der neuen Betriebskosten zulässig. Ansonsten fallen sie im

    556

1168 BGH, WuM 2007, 571.
1169 Vgl. dazu auch BGH, NJW 1993, 1061.
1170 Vgl. BGH, WuM 2005, 337.

Allgemeinen in die Teilinklusivmiete, es sei denn, aus dem konkreten Vertragsverhältnis würden sich Anhaltspunkte dafür ergeben, wie mit der Umlage neuer Betriebskosten verfahren werden soll.

3. Ankündigung der Betriebskosten

557   Der BGH verbindet die ergänzende Vertragsauslegung mit den Voraussetzungen der Modernisierung nach § 554 Abs. 2 BGB.[1171] Die Modernisierung ist aber gem. § 554 Abs. 3 BGB anzukündigen.

558   Dazu ist u. a. erforderlich, dass der Vermieter Angaben über die voraussichtliche modernisierungsbedingte Mieterhöhung macht.[1172] Auch bei den Betriebskosten handelt es sich um **Miete**. Erhöhen sich also modernisierungsbedingt die Betriebskosten oder entstehen durch die Modernisierungsarbeiten erstmals Betriebskosten neu (etwa durch einen erstmaligen Aufzugseinbau), erfordert eine formal ordnungsgemäße Ankündigung der Arbeiten nach § 554 Abs. 3 BGB Angaben über die Erhöhung oder Neueinführung von Betriebskosten.[1173] Nun wird vertreten, dass solche Angaben nicht erforderlich sind, weil die Höhe der Betriebskosten wesentlich vom Verhalten des Mieters abhängen.[1174] Nach anderer Auffassung müssen die Betriebskosten, die durch Maßnahmen zusätzlich oder in größerem Umfang entstehen, angegeben werden, weil dies zu einer mittelbaren Erhöhung der Miete führt.[1175] Kann der Vermieter im Stadium der Ankündigung die Betriebskosten nicht beziffern, weil sie etwa ganz oder überwiegend vom Verhalten des Mieters abhängen, soll es ihm doch möglich sein, mit **Durchschnittswerten** (etwa dem errechneten Durchschnittsverbrauch) zu arbeiten.[1176] Dass alleine diese Ansicht richtig sein kann, ergibt sich daraus, dass der Vermieter ansonsten durch eine Auslagerung von Betriebskosten das Sonderkündigungsrecht des Mieters nach § 554 Abs. 3 BGB oder die Möglichkeit, einen Härtefall i.S. von § 554 Abs. 2 BGB geltend zu machen, unterlaufen würde.

1171 BGH, WuM 2007, 571 = NZM 2007, 769.

1172 LG Berlin, DE 2005, 1492; ZMR 1992, 546.

1173 Schmidt-Futterer/Eisenschmied, § 554 BGB Rn. 277.

1174 Staudinger/Emmerich, § 554 BGB Rn. 46; Sternel, PiG 62, 89, 107.

1175 Herrlein/Kandelhard/Both, § 554 BGB Rn. 92; LG Berlin, GE 1993, 861; GE 1992, 1099; AG Schöneberg, GE 1993, 163.

1176 Schmidt-Futterer/Eisenschmied, § 554 BGB Rn. 277; LG Berlin, GE 2005, 1492; 1992, 1099.

Hat der Vermieter die Erweiterung oder Neueinführung von Betriebskosten   **559**
nicht nach diesen Maßstäben ordnungsgemäß angekündigt, können diese Betriebskosten auch nicht bei Vereinbarung einer **Mehrbelastungsabrede** oder
im Wege der **ergänzenden Vertragsauslegung** im Abrechnungswege umgelegt werden – sie fallen in die Grundmiete, sodass der Vermieter insoweit eine
Mieterhöhung wieder nur nach den §§ 558 ff. BGB geltend machen kann.

Soweit ansonsten die Umlage der Modernisierungskosten betroffen ist, ist   **560**
auch ein **Widerspruch** des Mieters gegen die Durchführung der Arbeiten
unbeachtlich.[1177] Insofern kommt es nur darauf an, dass eine Modernisierungsmaßnahme i.S.v. § 554 Abs. 2 BGB durchgeführt worden ist. Für die
Betriebskosten, die im Wege der ergänzenden Vertragsauslegung umlagefähig
werden sollen, kann nichts anderes gelten. Daraus folgt jedoch auch, dass
der Vermieter, der eine Umlage im Wege der ergänzenden Vertragsauslegung
erreichen will, dem Mieter nach Durchführung der Modernisierungsarbeiten
die Einführung bzw. zusätzliche Belastung mit Betriebskosten zumindest –
und zwar mindestens in Textform – mitteilen muss. Der Vermieter muss dem
Mieter dabei nicht nur die Art der neuen Betriebskosten, sondern auch deren – zumindest voraussichtliche – Höhe mitteilen. Hat der Vermieter noch
keine eigenen Erfahrungswerte, kann er sich an den Werten eines Betriebs-
kostenspiegels orientieren.

VII. Verhältnis der Mieterhöhungen gem. §§ 558 und 559 BGB

Hat der Vermieter in der Wohnung Modernisierungsmaßnahmen i.S.d. § 559   **561**
BGB durchgeführt, so ist er berechtigt, diese Maßnahmen zur Grundlage ei-
ner Mieterhöhung zu machen. Er hat dabei vom Ansatz her drei verschiedene
Möglichkeiten, dies zu tun:

1.   Mieterhöhung nur nach § 559 BGB

Der Vermieter kann zunächst eine Mietanhebung ausschließlich im **verein-**   **562**
fachten Umlageverfahren nach § 559 BGB geltend machen. Er ist hier weder an eine Kappungsgrenze,[1178] noch an eine Wartefrist gebunden. Da mit der
Fälligkeit der Mieterhöhung nach § 559b BGB der Erhöhungsbetrag Teil der

---

1177 BGH, WuM 2007, 630 = NZM 2007, 882.
1178 OLG Karlsruhe, NJW 1984, 62.

Grundmiete wird und ab da nicht mehr getrennt gerechnet werden darf,[1179] kann die einheitliche (erhöhte) Grundmiete in Zukunft wieder nur unter den Voraussetzungen der §§ 558 bis 560 BGB erhöht werden.

2. Mieterhöhung nur nach § 558 BGB

563 Stattdessen kann der Vermieter auch ausschließlich nach § 558 BGB vorgehen und die Modernisierung der Wohnung dergestalt mit in das Zustimmungsverfahren einbeziehen, dass er die Anhebung der Miete auf die Vergleichsmiete nach dem Standard der durch die Modernisierung verbesserten Wohnung verlangt. Hier ist die Zustimmung des Mieters erforderlich. Es gilt die Kappungsgrenze.[1180] Diese Variante schließt eine weitere Erhöhung nach § 559 BGB aus.[1181]

3. Kombinationen der beiden Mieterhöhungsverfahren

564 Der Vermieter ist daneben grds. auch berechtigt, die beiden Mieterhöhungsverfahren miteinander zu kombinieren, also neben- oder nacheinander geltend zu machen. Dabei steht es dem Vermieter natürlich auch frei, sich den für ihn günstigsten Weg zu errechnen.[1182]

565 Folgende Möglichkeiten kommen in Betracht:

- Liegt die Miete für die betreffende Wohnung noch unterhalb der ortsüblichen Vergleichsmiete für vergleichbare unmodernisierte Wohnungen, kann der Vermieter zunächst den Mieter auffordern, einer Mieterhöhung nach § 558 BGB (vergleich unmodernisierte Wohnung) zuzustimmen und gleichzeitig oder später die Miete nach § 559 BGB erhöhen.[1183]

- Umgekehrt kann der Vermieter die Modernisierungskosten für die Wohnung zunächst gem. § 559 BGB umlegen. Sollte die dann geschuldete Miete immer noch hinter der ortsüblichen Vergleichsmiete vergleichbarer Wohnungen im modernisierten Zustand zurückbleiben, kann er anschließend oder gleichzeitig im Wege des § 558 BGB den Mieter auffordern, ei-

---

1179 AG Lichtenberg, MM 2001, 106.
1180 Zur Berechnung in diesem Fall s. Rn. 566.
1181 AG Lichtenberg, MM 2002, 483; AG Köln, WuM 1990, 520; Herrlein/Kandelhard/Both, vor §§ 558 bis 558e BGB Rn. 23.
1182 Both, NZM 2001, 78, 83.
1183 OLG Hamm, NJW 1983, 289 = WuM 1983, 17; vgl. Muster Rn. 908.

ner Erhöhung zur ortsüblichen Vergleichsmiete (modernisierter Standard) zuzustimmen.[1184]

4. Berechnung der Kappungsgrenze

Kombiniert der Vermieter dergestalt die beiden Erhöhungsmöglichkeiten oder „packt" er die rechtlich zulässige Mieterhöhung nach § 559 BGB in die einheitliche Mieterhöhung nach § 558 BGB, ist der Betrag der Mieterhöhung, der auf die Modernisierung entfällt, bei der Kappungsgrenze jeweils nicht zu berücksichtigen. Insofern gilt nichts anderes, als wenn innerhalb des 3-Jahreszeitraumes die Miete schon einmal wegen Modernisierungsarbeiten nach § 559 BGB erhöht worden war. Nur Modernisierungsmieterhöhungen vor Beginn der 3-Jahresfrist erhöhen die Ausgangsmiete und fließen so in die Berechnung der Kappungsgrenze ein.[1185] Ansonsten gilt, dass die Miete nach beiden Mieterhöhungen max. die Grundmiete vor den Mieterhöhungen + 20 % + Modernisierungszuschlag betragen darf.

Beispiel:

Betrug die alte Grundmiete 300,00 €, liegt die ortsübliche Vergleichsmiete für unmodernisierte Wohnungen bei 400,00 € und beträgt der Modernisierungszuschlag 50,00 €, kann die Miete auf max. 410,00 € erhöht werden (300,00 € + 20 % + 50,00 €).

Das Gleiche gilt, wenn der Vermieter den einheitlichen Weg über § 558 BGB wählt. Auch hier ist der – rechnerische – Modernisierungszuschlag bei Errechnung der Kappungsgrenze nicht zu berücksichtigen.[1186] In dem obigen Beispiel wäre danach eine Mieterhöhung auf max. 400,00 € möglich. Denn bei dieser Variante bildet die ortsübliche Vergleichsmiete (modernisierter Zustand) die Obergrenze.[1187]

Die gleichen Überlegungen gelten, wenn die Miete innerhalb des 3-Jahreszeitraumes nach einer Modernisierung nicht einseitig im Verfahren des § 559b BGB, sondern im Rahmen einer einvernehmlichen Modernisierungsvereinba-

566

567

568

1184 OLG Hamm, WuM 1993, 106 = ZMR 1993, 161; LG Berlin, GE 2003, 1210; LG Berlin, MDR 1999, 477.

1185 AG Dortmund, WuM 1984, 112; Schmidt-Futterer/Börstinghaus, vor § 558 BGB Rn. 10.

1186 OLG Hamm, WuM 1993, 106 = ZMR 1993, 161.

1187 Vgl. zu dieser Variante das Musterschreiben unter Rn. 894.

rung erhöht wurde, sofern dieser Vereinbarung ausschließlich die Modernisierungsmaßnahmen zugrunde lagen.[1188]

569 Da die Kappungsgrenze eine Schutzvorschrift zugunsten der Mieter ist, kann der Vermieter sie nicht durch die **Wahl eines anderen Erhöhungsverfahrens** umgehen. Unzulässig ist deshalb eine Berechnung derart, zunächst den Modernisierungszuschlag gem. § 559 BGB der Ausgangsmiete hinzuzurechnen und auf diesen erhöhten Betrag dann die 20 %ige Kappungsgrenze anzuwenden. Auf der anderen Seite würde der Vermieter ohne nachvollziehbaren Grund schlechter gestellt, wenn bei einer einheitlichen Erhöhung nach § 558 BGB lediglich eine Mieterhöhung von 20 % auf die Ausgangsmiete zugelassen würde. Da dem Vermieter in diesem Fall nämlich untersagt ist, den Modernisierungszuschlag nach einer Mieterhöhung nach § 558 BGB nachzuholen, könnte er diese Schlechterstellung auch nicht mehr aufholen.

570 Aus der gesetzlichen Ausgestaltung der beiden Erhöhungsverfahren lässt sich diese Benachteiligung nicht begründen. Die nur im Zustimmungsverfahren geltende Kappungsgrenze wird durch § 558 Abs. 3 BGB selbst relativiert. Danach sind nämlich bei der Berechnung der Kappungsgrenze Mieterhöhungen nach den §§ 559 bis 560 (das Gleiche gilt für vereinbarte Mieterhöhungen aufgrund von Modernisierungen[1189]) aus den letzten drei Jahren nicht zu berücksichtigen. Wenn aber bei bereits abgeschlossenen Mieterhöhungsverfahren nach den §§ 559 bis 560 BGB eine Anrechnung auf die Kappungsgrenze nicht erfolgt, dann sind überzeugende Gründe, warum dies bei einem einheitlichen Verfahren anders sein soll, nicht ersichtlich. Der Wortlaut des Gesetzes spricht vielmehr dafür, Modernisierungsmaßnahmen und daraus folgende Mieterhöhungen bei der Berechnung der Kappungsgrenze als Sonderfälle der Mieterhöhung völlig auszuklammern.[1190]

571 Der **Modernisierungszuschlag** nach § 559 BGB wird **ab Fälligkeit** Teil der Miete und ist deshalb bei späteren Mieterhöhungen gem. § 558 BGB nicht mehr getrennt von der Miete in Ansatz zu bringen.[1191] Der Wortlaut des § 559 Abs. 1 BGB lautet insoweit: „... , so kann er die jährliche Miete um 11 vom Hundert der für die Wohnung aufgewendeten Kosten erhöhen." In § 559b

---

1188 BGH, NZM 2007, 727.
1189 BGH, NZM 2007, 727.
1190 So im Ergebnis auch BGH, NZM 2007, 727.
1191 LG München, WuM 1996, 43.

Abs. 2 BGB ist bestimmt, dass „die erhöhte Miete mit Beginn des 3. Monats nach dem Zugang der Erklärung" geschuldet ist. Diese Formulierungen sind eindeutig. Es handelt sich bei dem Modernisierungszuschlag nicht um extra auszuwerfende Kosten, die neben der Miete zu zahlen wären, sondern diese Beträge werden Teil der einheitlichen Miete. Als Miete i.S.d. § 558 Abs. 1 BGB ist mithin bei Mieterhöhungen nach § 558 BGB ein Modernisierungszuschlag nicht mehr gesondert auszuweisen, sondern in den Gesamtbetrag der Miete, die erhöht werden soll, einzurechnen. Ein gesondertes Nebeneinander führen von bisheriger Miete und Modernisierungszuschlag ist daher nicht zulässig.

VIII. Prozessuales

Soweit eine Einigung zwischen den Mietvertragsparteien nicht zustande kommt, muss ggf. geklagt werden. Dabei ist zunächst zu unterscheiden, in welchem Verfahrensstadium man sich befindet.   572

Verweigert der Mieter die Durchführung der Maßnahmen, muss zunächst aus § 554 BGB auf Duldung geklagt werden. Hier muss v.a. darauf geachtet werden, dass die formalen Voraussetzungen des § 554 Abs. 2 BGB eingehalten wurden.   573

Hat der Mieter der Maßnahme zugestimmt oder sie zumindest geduldet, kann unmittelbar auf Zahlung des Erhöhungsbetrages und ggf. Feststellung der Verpflichtung zur Zahlung geklagt werden.   574

Wenn der Vermieter eine Mieterhöhung nach § 559 BGB zunächst verlangt hat, aber eine gerichtliche Geltendmachung nicht erfolgt ist, kann der Mieter, um diese Rechtsunsicherheit zu beseitigen, **negative Feststellungsklage** erheben.   575

E.   Die Mieterhöhung nach § 560 BGB

I.   Allgemein

576   Ebenso wie die Umlage der Betriebskosten hat der Mietrechtsreform-Gesetzgeber auch die Veränderungen von Betriebskosten im BGB gesetzlich geregelt. Dabei konnte er sich jedoch an einer bestehenden Vorschrift, nämlich § 4 MHG, orientieren.

577   Der Anwendungsbereich des § 4 MHG wurde außerhalb seines Abs. 1 nicht einheitlich bewertet. Die Abs. 2 bis 4 des § 4 MHG ließen von ihrem Wortlaut her offen, ob sie nur gesondert neben der Miete vereinbarte Betriebskostenpauschalen erfassen oder auch die Grundlage für Erhöhungen der Bruttomiete bei gestiegenen Betriebskosten bilden sollten.[1192] Schon aus der Formulierung in § 560 BGB wird deutlich, dass der Gesetzgeber den Anwendungsbereich auf **Betriebskostenpauschalen** und **-vorauszahlungen** beschränkt. Damit hatte er den vor der Mietrechtsreform bestehenden Streit zugunsten der h. Rspr.[1193] entschieden. Eine **Brutto-** oder **(Teil-) Inklusivmiete** kann nun wegen gestiegener Betriebskosten nur noch im Rahmen einer Mieterhöhung nach § 558 BGB erhöht werden.[1194] Dies gilt jedenfalls für alle nach dem 01.09.2001 abgeschlossenen Verträge. Für Altverträge eröffnet Art. 229 § 3 Abs. 4 EGBGB eine eigene Mieterhöhungsmöglichkeit.[1195] Demnach ist bei der Anwendbarkeit von § 560 BGB nur noch danach zu unterscheiden, ob die Parteien eine Betriebskostenpauschale oder Betriebskostenvorauszahlungen vereinbart haben.

578   Haben die Parteien dagegen keine Vereinbarung über die zusätzliche Zahlung von Betriebskosten, sei es als Pauschale, sei es als abrechenbare Vorauszahlung getroffen, kann der Vermieter die Betriebskosten nicht vom Mieter verlangen. Sieht ein Wohnungsmietvertrag als Miete nur einen bestimmten Betrag (zzgl. Heizungs-/Warmwasserkosten) vor, ist dieser Betrag im Regelfall als (Teil-) Inklusivmiete zu verstehen, mit der auch an sich umlagefähige Betriebskosten abgegolten sein sollen.[1196] Dies ist eine **allgemeine Auslegungs-**

1192   So Bub/Treier-Schultz, III Rn. 319; Sternel, Mietrecht, III Rn. 809.

1193   OLG Hamm, NZM 1998, 70; OLG Hamm, NJW-RR 1993, 398; OLG Stuttgart, NJW 1983, 2329; OLG Zweibrücken, NJW 1981, 1622; OLG Karlsruhe, NJW 1981, 1051.

1194   Begründung des RefE, NZM 2000, 415, 443.

1195   Dazu unten Rn. 596 ff.

1196   OLG Hamm, DWW 1993, 39; OLG Stuttgart, NJW 1983, 2329 = WuM 1983, 285.

regel. Es ist nämlich davon auszugehen, dass der Vermieter die Kosten in die Miete mit einkalkuliert hat, genauso wie andere Kostenfaktoren und einen etwaigen Gewinnanteil. Die entgegengesetzte Vorstellung liefe darauf hinaus, dass der Vermieter dem Mieter etwas schenken wolle, was unüblich und realitätsfern wäre. Eine solche Auslegung widerspricht auch nicht dem Interesse des Mieters. Diesem ist es im Allgemeinen gleichgültig, wie der Vermieter die Miete kalkuliert. Er will und muss nur wissen, was er insgesamt zu zahlen hat. Diesem Bedürfnis genügt auch die Angabe einer nicht aufgeschlüsselten (Teil-) Inklusivmiete.

II. Veränderung von Betriebskostenpauschalen

1. Vereinbarung einer Betriebskostenpauschale

Schon aus § 556 Abs. 2 und 3 BGB ergibt sich, dass eine Betriebskostenpauschale vorliegt, wenn zwar neben der Grundmiete für Betriebskosten ein **gesonderter Betrag** ausgewiesen ist, darüber jedoch nicht abgerechnet werden soll. Dieser Fall kann auch vorliegen, wenn die Parteien eine unklare Umlagevereinbarung geschlossen haben und über §§ 305c, 306 BGB im Zweifel die Pauschale gilt.[1197]

579

Aus § 560 Abs. 1 ergibt sich, dass eine Pauschale grds. nicht wegen gestiegener Betriebskosten angehoben werden kann. Dies soll nur ausnahmsweise zulässig sein, wenn ein **Erhöhungsvorbehalt** im Vertrag geregelt ist. Enthält der Vertrag einen solchen Erhöhungsvorbehalt, muss geprüft werden, welche Betriebskosten mit der Pauschale geleistet werden sollen. Denn auch die Vereinbarung einer Pauschale erfordert die eindeutige Bezeichnung der Betriebskostenarten, die von der Pauschale umfasst sind. Wie bei der Vereinbarung von Vorauszahlungen, kann dies auch hier grds. durch einen bloßen Verweis auf § 2 der BetrKV (bzw. Anlage 3 zu § 27 Abs. 1 II. BV a.F. für Altverträge) erfolgen.[1198] Ein Problem ergibt sich hier wie dort bei den sonstigen Betriebskosten. Hier führt die Bezugnahme auf die Betriebskostenverordnung nicht weiter. Denn die sonstigen Betriebskosten müssen einzeln bezeichnet wer-

580

1197 OLG Düsseldorf, NJW-RR 2002, 1138 = NZM 2002, 526; LG Wiesbaden, WuM 1987, 284; AG Hamburg-Altona, WuM 1987, 274; vgl. jedoch zum Rückforderungsanspruch bei unklarer Umlagevereinbarung OLG Dresden, NZM 2000, 827.

1198 OLG Jena, NZM 2002, 70; OLG Frankfurt am Main, WuM 2000, 411.

den.[1199] Insofern kann eine vertragliche Abrede, nach der der (Gewerberaum-) Mieter neben der Grundmiete „für Nebenkosten einen Betrag von 500,00 DM monatlich" zu zahlen habe, zwar dafür sprechen, dass die Parteien sich darüber einig waren, dass neben der Grundmiete noch ein gesonderter Betrag für anteilige Betriebskosten zu zahlen ist, was einem Rückforderungsanspruch nach § 812 BGB entgegensteht.[1200] § 560 Abs. 1 BGB wäre auf eine solche Vereinbarung jedoch nicht anwendbar, da es sich nicht um eine Pauschale i.S.d. Vorschrift handelt. Über Heiz- und Warmwasserkosten kann wegen der zwingenden Vorschriften der Heizkostenverordnung ohnehin eine Pauschale nicht wirksam vereinbart werden.[1201]

2. Erhöhung der Pauschale

581 Die Erhöhung der Pauschale richtet sich nach der **Steigerung ab Vereinbarung** der Pauschale bzw. deren letzten Erhöhung.[1202] Die Erhöhung setzt weiter voraus, dass der **Gesamtbetrag** der von der Pauschale umfassten Betriebskosten gestiegen ist. Auf die einzelnen Betriebskostenpositionen kommt es hier noch nicht an. Gegenüberzustellen sind also die jährlichen (von der Betriebskostenpauschale umfassten) Betriebskosten bei Mietvertragsabschluss oder bei Abgabe der letzten Erhöhungserklärung und die aktuellen (jährlichen) Betriebskosten.

582 Um wie viel die Gesamtkosten gestiegen sind, spielt keine Rolle. § 560 Abs. 1 BGB nennt keinen Mindestbetrag. Die Pauschale kann deshalb auch dann erhöht werden, wenn nur eine ihrer Kostenpositionen gestiegen ist (immer unter der Voraussetzung, dass dies auch zu einer Steigerung der Gesamtsumme führt). In der Praxis bedeutet dies, dass die **aktuellen Betriebskosten** die des vorangegangenen Kalenderjahres sind, sofern nicht ausnahmsweise die Kosten des laufenden Jahres bereits nachgewiesen werden können. Aperiodische Kosten sind auf mehrere Jahre zu verteilen.[1203]

1199 BGH, WuM 2007, 198 = NZM 2007, 282 zur Umlage der Kosten zur Prüfung der Betriebssicherheit technischer Anlagen; OLG Oldenburg, WuM 1995, 430.

1200 Vgl. OLG Düsseldorf, GE 2002, 858.

1201 BGH, NZM 2006, 652 = WuM 2006, 418.

1202 AG Waiblingen, WuM 1988, 129.

1203 AHB Mietrecht/Lützenkirchen, L Rn. 190.

3. Erhöhungserklärung

In formeller Hinsicht muss die Erklärung, mit der die Pauschale angehoben   583
werden soll, der Textform[1204] entsprechen. Die Erklärung ist nur wirksam,
wenn in ihr der Grund für die Umlage bezeichnet **und erläutert** wird. Insoweit kann auf eine Preis- oder Gebührensteigerung verwiesen werden.[1205]
Diese Anforderung galt bereits aufgrund des § 4 Abs. 1 MHG, der wörtlich
übernommen wurde, sodass sich keine Änderungen ergeben haben.[1206] Im
Ergebnis hat der Vermieter ähnlich wie bei einer Betriebskostenabrechnung
die einzelnen Betriebskosten darzulegen und ihre Umlage auf den Mieter anschaulich zu berechnen.[1207] Dabei sind Steigerungen mit Reduzierungen zu
saldieren, soweit sie bei Betriebskosten aufgetreten sind, die von der Pauschale erfasst werden.[1208] Der **Erhöhungsbetrag** ist je Position und insgesamt
anzugeben.[1209] Auch wenn § 560 Abs. 1 Satz 2 BGB nur die „Bezeichnung"
und nicht auch eine „Berechnung" wie etwa in § 559b Abs. 1 Satz 2 BGB
fordert,[1210] sollte sich der Vermieter angewöhnen, auch die Erklärung über die
Erhöhung einer Betriebskostenpauschale wie eine formal ordnungsgemäße
Betriebskostenabrechnung auszuarbeiten, also mit allen Angaben, die nach
der Rechtsprechung des BGH dazu erforderlich sind.[1211]

Bei der Vereinbarung einer Betriebskostenpauschale wird in aller Regel kein   584
Verteilungsmaßstab vereinbart, da er eben nicht abgerechnet werden soll.
Der Verteilungsmaßstab hätte dann nur Bedeutung für die Erhöhungserklärung. Mangels solcher Vereinbarungen ist grds. auf den gesetzlichen **Umlagemaßstab** der Wohnfläche gem. § 556a Abs. 1 BGB abzustellen. Etwas
anderes dürfte dann gelten, wenn im selben Haus bzw. derselben Wirtschaftseinheit auch Nettomietverträge bestehen, in denen bestimmte Umlagemaß-

---

1204 Vgl. dazu Lützenkirchen, Neue Mietrechtspraxis, Rn. 46 ff.

1205 LG Berlin, MM 1994, 361.

1206 Vgl. zu den Anforderungen AHB Mietrecht/Kunze, E Rn. 172 ff.

1207 Lammel, § 560 BGB Rn. 20; Lützenkirchen/Löfflad, Neue Mietrechtspraxis, Rn. 324.

1208 Lützenkirchen/Jennißen, Betriebskostenpraxis, Rn. 490.

1209 LG Kiel, WuM 1995, 546; Sternel, Mietrecht, III Rn. 819; AHB Mietrecht/Kunze, E
      Rn. 238.

1210 Vgl. dazu Sternel, Mietrecht, III Rn. 818 zu § 3 Abs. 3 Satz 2 MHG.

1211 Vgl. BGH, NZM 2007, 244 = WuM 2007, 196; vgl. auch Fischer-Dieskau/Pergande/
      Schwender/Geldmacher, § 560 BGB Anm. 2.3: Im Grundsatz wie eine Betriebskostenab-
      rechnung; so auch Schmidt-Futterer/Börstinghaus, § 560 BGB Rn. 25; Herrlein/Kandel-
      hard/Both, § 560 BGB Rn. 11.

stäbe vereinbart sind. Dann dürfte der Vermieter gehalten sein, auch bei der Veränderung der Pauschale die dortigen Umlagemaßstäbe zugrunde zu legen. Andernfalls wäre es nämlich theoretisch denkbar, dass der Vermieter unter dem Strich ein Plus an Betriebskosten erwirtschaftet, worauf er keinen Anspruch hat. Bedeutung hat dies v.a. wieder für den Umfang der Erläuterung. Denn jedes Abweichen vom gesetzlichen Umlagemaßstab der Wohnfläche muss erläutert werden. Ob man zusätzlich noch verlangen muss, dass der Vermieter den „wahren" Grund für die Erhöhung angibt (z.B. „Erhöhung der Versicherungssteuer um ... % ab dem ... ") erscheint zweifelhaft.[1212] Denn die Erläuterung erfolgt gerade in Form einer formal ordnungsgemäßen Betriebskostenabrechnung.

4.   Wirkung der Erhöhungserklärung

585   Die Erhöhungserklärung hat rechtsgestaltende Wirkung. Sie muss von allen Vermietern allen Mietern gegenüber abgegeben werden. Insoweit gelten keine Besonderheiten etwa zur Mieterhöhungserklärung nach § 558a BGB.[1213]

586   Die Wirkung einer formell ordnungsgemäßen Erklärung tritt grds. im **übernächsten Monat** ein, der auf den Zugang der Erklärung folgt, § 560 Abs. 2 Satz 1 BGB. Im Gegensatz zu § 4 Abs. 3 Satz 1 MHG a.F. kommt es also nicht mehr darauf an, ob die Erklärung dem Mieter vor oder nach dem 15. des jeweiligen Monats zugegangen ist. Von dem Erhöhungsrecht kann der Vermieter bei jeder Steigerung der durch die Pauschale abgedeckten Betriebskosten Gebrauch machen, also ggf. sogar mehrmals im Jahr.[1214]

587   Auch **rückwirkende Veränderungen** der Betriebskosten kann der Vermieter geltend machen, § 560 Abs. 2 Satz 2 BGB. Sie müssen jedoch besonders erläutert werden.[1215] Allerdings – insoweit wurde die Beschränkung aus § 4 Abs. 3 Satz 2 MHG a.F. übernommen – muss der Vermieter die Erhöhung innerhalb von drei Monaten ab Kenntnis geltend machen und ist der Wirkungszeitpunkt auf den Beginn des vorangegangenen Kalenderjahres begrenzt.

1212   So aber AHB Mietrecht/Kunze, E Rn. 239.

1213   Vgl. dazu Rn. 157 ff.

1214   Lammel, § 560 BGB Rn. 18.

1215   Lammel, § 560 BGB Rn. 24.

5. Ermäßigung der Pauschale

Anders als an die Erhöhung stellt das Gesetz an die Mitteilung der **Ermäßigung einer Betriebskostenpauschale** keine besonderen formalen Voraussetzungen. Gem. § 560 Abs. 3 Satz 2 BGB ist die Ermäßigung dem Mieter lediglich (unverzüglich) mitzuteilen. Im Hinblick auf den Sinn und Zweck der Vorschrift, dem Mieter zu ermöglichen, künftige Änderungen nachzuvollziehen, muss jedoch auch die Senkung der Pauschale berechnet und erläutert werden.[1216] Allerdings ist die Frage, welche Folgen eine in diesem Sinn ungenügende Erklärung haben solle. Denn eine „formal unwirksame" Ermäßigungserklärung würde den Mieter nur benachteiligen.

588

6. Auskunftsanspruch des Mieters

Relevant wird die Güte der Erläuterung der Ermäßigung v.a. im Zusammenhang mit dem Auskunftsanspruch des Mieters werden. Denn schon um überprüfen zu können, ob der Vermieter seiner Verpflichtung aus § 560 Abs. 3 BGB (rechtzeitig) nachkommt, steht dem Mieter ein Auskunftsanspruch gegen den Vermieter zu.[1217] Inhaltlich ist dieser Anspruch auf Darlegung der Kalkulation der Pauschale gerichtet, wobei dem Mieter wie bei einer Betriebskostenabrechnung ein Recht zuzugestehen ist, die zugrunde gelegten Belege einzusehen.[1218] Die Beschränkung der Ausübung des Auskunftsrechts auf besondere Anlässe (z.B. Veröffentlichung über die Senkung von städtischen Gebühren) ist nicht gerechtfertigt, weil dadurch das Zufallsprinzip eingeführt würde. Indessen kann dem Mieter auch kein jederzeitiger Auskunftsanspruch zugebilligt werden, denn die Parteien haben gerade keine (jährliche) Abrechnungspflicht vereinbart.[1219] Kann der Mieter jedoch jederzeit vom Vermieter die Offenlegung der Kalkulation verlangen, kann der Arbeitsaufwand sogar höher sein als bei der Pflicht zur Abrechnung. Den Auskunftsanspruch wird man deshalb nur bei konkreten Anhaltspunkten für eine Ermäßigung der (Gesamt-) Betriebskosten annehmen können.[1220] Ist die Ermäßigungserklärung

589

1216 Lammel, § 560 BGB Rn. 30; Lützenkirchen/Jennißen, Rn. 494.

1217 Emmerich/Sonnenschein/Weitemeyer, § 560 BGB Rn. 31; Herrlein/Kandelhard/Both, § 560 BGB Rn. 18 f., jeweils m.w.N.

1218 Emmerich/Sonnenschein/Weitemeyer, § 560 BGB Rn. 31; Herrlein/Kandelhard/Both, § 560 BGB Rn. 17.

1219 So aber Sternel, Mietrecht, III Rn. 825.

1220 So auch Emmerich/Sonnenschein/Weitemeyer, § 560 BGB Rn. 31; Herrlein/Kandelhard/ Both, § 560 BGB Rn. 19.

jedoch so dürftig ausgefallen, dass die Gründe für die Ermäßigung auch nicht überschlägig nachvollzogen werden können, bestehen jedenfalls Anhaltspunkte für weitere Auskünfte.[1221]

590   Ob die Erhöhung der Betriebskostenpauschale durch § 5 WiStG begrenzt ist,[1222] erscheint zweifelhaft. Es geht nicht um durchschnittliche oder „übliche" Betriebskosten (der Nettomietanteil ist hier ohnehin nicht zu berücksichtigen). Vielmehr sind jeweils die tatsächlichen Betriebskosten zu berücksichtigen.[1223] Der Verweis auf (z.B. in einem Betriebskosten- oder Mietspiegel angegebene) Durchschnittswerte von Betriebskosten ist nicht zulässig.[1224]

III.   Veränderung von Betriebskostenvorauszahlungen

591   § 560 Abs. 4 BGB räumt beiden Vertragsparteien „nach einer Abrechnung" das Recht ein, eine Anpassung der Vorauszahlungen auf eine angemessene Höhe vorzunehmen. Die Erklärung muss in **Textform**[1225] abgegeben werden. Inhaltlich können an die Erklärung nach § 560 Abs. 4 **keine zusätzlichen Anforderungen** gestellt werden. Voraussetzung ist allerdings, dass eine Abrechnung vorliegt, weil das Recht von den Vertragsparteien eben nur „nach einer Abrechnung" ausgeübt werden kann. Damit ist klargestellt, dass nach Vertragsbeginn so lange eine Anpassung der Vorauszahlungen nicht stattfinden kann, wie eine Abrechnung noch nicht erfolgt ist. Davon unberührt bleibt das Recht des Mieters, seinem Abrechnungsanspruch durch Ausübung eines **Zurückbehaltungsrechts** Nachdruck zu verleihen.

1.   Vorliegen einer fälligen Abrechnung

592   Durch das Erfordernis „nach einer Abrechnung" werden auch weitere inhaltliche Anforderungen entbehrlich. Denn entspricht die Abrechnung den geltenden Grundsätzen, unter denen die **Fälligkeit einer Nachforderung** angenommen wird,[1226] sind Kostensteigerungen ebenso erläutert wie der Abrechnungsschlüssel. Entspricht die Abrechnung nicht diesen Anforderungen, führt sie nicht zur Fälligkeit einer Nachforderung; somit ist eine Veränderung

---

1221 Vgl. auch Schmidt-Futterer/Börstinghaus, § 560 BGB Rn. 42.
1222 So Emmerich/Sonnenschein/Weitemeyer, § 560 BGB Rn. 26.
1223 BGH, WuM 2006, 39.
1224 BGH, WuM 2006, 569 = NZM 2006, 864.
1225 Vgl. Rn. 154.
1226 BGH, WuM 2006, 200; NJW 1991, 836 = ZMR 1991, 133.

der Vorauszahlung ebenfalls nicht möglich. Dies gilt für beide Vertragsparteien gleichermaßen. Um so mehr kann der Begriff „nach einer Abrechnung" in § 560 Abs. 4 nur dahin verstanden werden, dass eine ordnungsgemäße Abrechnung, die zumindest den Anforderungen der §§ 556, 556a BGB entspricht, vorliegen muss. Dabei ist es nicht gerechtfertigt, zwischen Vermieter und Mieter zu unterscheiden. Der Anspruch des Mieters auf Senkung der Betriebskosten ist vergleichbar mit dem Anspruch auf Rückforderung zuviel geleisteter Vorauszahlungen. Dafür muss der Mieter jedoch selbst eine ordnungsgemäße Abrechnung erstellen, um die Schlüssigkeit seines Rückforderungsanspruches herbeizuführen.[1227]

2. Frist für die Änderungserklärung

Das Gesetz sieht zwar **keine Frist** vor, innerhalb der die Erklärung von den Parteien abgegeben werden muss. Der äußere Rahmen wird jedoch durch § 556 Abs. 3 gebildet. Danach muss der Vermieter innerhalb eines Jahres nach Ende des Abrechnungszeitraumes die Abrechnung vorlegen und der Mieter Einwendungen gegen die Abrechnungen innerhalb eines Jahres nach deren Zugang mitteilen. Es wäre widersinnig, dem Vermieter auf der Grundlage einer früheren Abrechnung das Recht einzuräumen, die Vorauszahlungen anzuheben, wenn er bereits verpflichtet wäre, die nächste Abrechnung vorzulegen bzw. mit der Nachforderung gem. § 556 Abs. 3 ausgeschlossen wäre. Umgekehrt kann der Mieter nicht seine Einwendungen gegen die Abrechnung verlieren.[1228]

593

3. Wirksamwerden der Änderungserklärung

Im Gegensatz zu § 560 Abs. 2 enthält § 560 Abs. 4 keine Angabe zu einem **Wirkungszeitpunkt**. Schon aus systematischen Gründen verbietet sich eine entsprechende Anwendung von § 560 Abs. 2. Denn sollte der dort geregelte Wirkungszeitpunkt auch für die Anpassung der Vorauszahlungen gelten, hätte die Regelung des § 560 Abs. 2 hinter § 560 Abs. 4 gestellt werden müssen. Bei richtigem Verständnis bedarf es auch keiner Anordnung eines Wirkungszeitpunktes. Die Vorauszahlungen sind Teil der Miete, die der Mieter grds. monatlich zu zahlen hat und für die § 556b BGB eine Vorfälligkeit bestimmt. Aufgrund der vorliegenden Abrechnung kann der jeweils andere Vertragspart-

594

1227 OLG Braunschweig, NZM 1999, 751; OLG Hamm, WuM 1998, 476.
1228 Vgl. dazu jüngst BGH, Urt. v. 10.10.2007 – VIII ZR 279/06.

ner i.d.R. ersehen, ob das Recht zur Anhebung oder Senkung begründet ist. Einer nochmaligen Überprüfung der Abrechnung bedarf es nicht. Denn in diesem Stadium geht es nur darum, ob eine formal ordnungsgemäße Abrechnung vorliegt. Das dem Mieter nach allgemeiner Meinung eingeräumte Prüfungsrecht innerhalb angemessener Frist bezieht sich aber auf die materielle/inhaltliche Richtigkeit. Die erhöhten Vorauszahlungen sind damit mit dem nächsten vereinbarten Fälligkeitstermin zu zahlen.[1229]

4. Folgen der Änderungserklärung

595 Materiell führt eine Erklärung die Anpassung auf eine **angemessene Höhe** herbei. Hierfür gelten die gleichen Anforderungen, wie für die Vereinbarung von Vorauszahlungen zu Beginn des Mietvertrages, die ebenfalls nur in angemessener Höhe vereinbart werden dürfen. Demnach muss sich die Höhe insbes. an den **tatsächlichen Kosten** orientieren. Dafür bietet zunächst die Abrechnung eine ausreichende Grundlage. Demnach ist angemessen ein Betrag, der zur Deckung der voraussichtlichen Kosten unter Berücksichtigung eines Sicherheitszuschlages erforderlich ist. Unabhängig davon, wer die Anpassung geltend macht, ist eine Begründung erforderlich, wenn z.B. bei der Vereinbarung monatlicher Vorauszahlungen die Anpassung von 1/12 des Ergebnisses der in Bezug genommen Abrechnung abweicht. Dies wird aufseiten des Vermieters etwa den Hinweis erfordern, dass eine Kostenerhöhung bei bestimmten Positionen bereits eingetreten ist oder angekündigt wurde. Der Mieter muss in seiner Erklärung erläutern, welche Gründe für ein Abweichen nach unten aus seiner Sicht vorliegen. Die Wirkungen der Erklärung treten **unmittelbar** ein. Die Zustimmung des anderen Vertragspartners ist nicht erforderlich.

1229 Blank/Börstinghaus, § 560 BGB Rn. 22; MünchKomm/Schmid, § 560 BGB Rn. 35; Emmerich/Sonnenschein/Weitemeyer, § 560 BGB Rn. 40; a.A. Schmidt-Futterer/Langenberg, § 560 BGB Rn. 51.

F. Die Mieterhöhung nach Art. 229 § 3 Abs. 4 EGBGB

I. Allgemeines

An relativ versteckter Stelle hat der Reformgesetzgeber eine weitere Mög-   596
lichkeit geschaffen, den Betriebskostenanteil von Teilinklusiv- oder Inklusivmieten zu erhöhen – und zwar nicht im Zustimmungs-, sondern im einfachen
Umlageverfahren.

Betroffen sind Altverträge, die vor dem 01.09.2001 abgeschlossen worden   597
sind und in denen eine (Teil-) Inklusivmiete vereinbart ist. Ist im Vertrag eine
Mehrbelastungsabrede getroffen, also dem Vermieter das Recht eingeräumt,
Erhöhungen der Betriebskosten geltend machen zu können, kann er dies durch
einseitige Erklärung tun.

Die Vorschrift soll das Vertrauen darauf schützen, bei (Teil-) Inklusivmieten   598
mit Änderungsvorbehalt die Steigerungen von Betriebskosten an den Mieter
weitergeben zu können.[1230] Das war und ist aber nicht nötig. Denn nach alter
Rechtslage war nach h. Rspr. eine Erhöhung nach § 4 Abs. 2 MHG ausgeschlossen, wenn eine (Teil-) Inklusivmiete vereinbart war.[1231] Daran hatte sich
auch nach Einführung von § 4 Abs. 5 MHG nichts geändert.[1232] Schon nach
alter Rechtslage konnte der Vermieter Betriebskostensteigerungen bei einer
vereinbarte (Teil-) Inklusivmiete nur nach § 2 MHG geltend machen – egal,
ob der Vertrag ansonsten einen Erhöhungsvorbehalt enthielt.[1233] Das blieb
nach der Mietrechtsreform unverändert. Auch heute kann der Vermieter eine
Erhöhung der (Teil-) Inklusivmiete gem. § 558 BGB damit begründen, dass
(nur) die inklusiven Betriebskosten gestiegen sind – auch wenn die ortsübliche Vergleichs-Nettomiete unverändert geblieben ist. Daneben kann der
Alt-Vermieter seit dem 01.09.2001 (unbegrenzt, Art. 229 § 3 Abs. 4 EGBGB
enthält keine zeitliche Beschränkung) Steigerungen der Betriebskosten auch
„direkt" im vereinfachten Umlageverfahren geltend machen. Im Vergleich zur
alten Rechtslage weitet Art. 229 § 3 Abs. 4 EGBGB die Befugnisse des Vermieters also nicht unerheblich aus. Allerdings muss der Vermieter nun auch

---

1230 Palandt/Sprau, Art. 229 EGBGB § 3 Rn. 4.
1231 OLG Zweibrücken, NJW 1981, 1622; OLG Stuttgart, NJW 1983, 2329; OLG Hamm,
      NJW-RR 1993, 398.
1232 OLG Hamm, NZM 1998, 70.
1233 OLG Zweibrücken, NJW 1981, 1622; OLG Stuttgart, NJW 1983, 2329; OLG Hamm,
      NJW-RR 1993, 398; OLG Hamm, NZM 1998, 70.

Senkungen der inklusiven Betriebskosten an den Mieter weitergeben. Auch dies musste er bei (Teil-) Inklusivmieten vor dem 01.09.2001 nicht.

II.   Voraussetzungen und Verfahren

599   Art. 229 § 3 Abs. 4 EGBGB verweist auf § 560 Abs. 1, 2, 5 und 6 BGB. Im Ergebnis muss der Vermieter so tun, als ob über die inklusiven Betriebskosten eine Pauschale vereinbart wäre, die er nun nach § 560 BGB erhöhen möchte.

Wegen der Einzelheiten kann auf die obigen Ausführungen[1234] verwiesen werden.

1234   Rn. 581 ff.

G. Der Mieterhöhungsprozess

I. Zustimmungsklage nach § 558b BGB[1235]

1. Klagefrist

Wenn der Mieter dem Mieterhöhungsverlangen innerhalb der **Überlegungs-** **600**
frist nicht oder nicht vollständig zugestimmt hat, kann der Vermieter **Klage**
erheben. Eine vor Ablauf der Frist erhobene Klage ist unzulässig, es sei denn,
der Mieter hätte bereits vorher verbindlich erklärt, er werde der Mieterhöhung
auf keinen Fall zustimmen.[1236] Die Klage muss bis spätestens drei Monate
nach Ablauf der Überlegungsfrist erhoben werden. Dies bedeutet grds. **Zu-**
stellung der Klage an den Mieter.

Eine nach Ablauf der Frist zugestellte Klage ist nur unter den Voraussetzungen **601**
des § 167 ZPO rechtzeitig, d.h., der Vermieter muss die Klage vor Ablauf der
Frist bei Gericht eingereicht haben und die Zustellung muss „demnächst" erfolgt sein. Dazu muss die Klage bis 24.00 Uhr des letzten Tages der Klagefrist
beim zuständigen Gericht eingegangen sein. Erfolgt die Einlegung durch Telefax, muss die letzte Seite vor 24:00 Uhr eingegangen sein.[1237] Die Zustellung
erfolgt dann „demnächst" i.S.v. § 167 ZPO, wenn der Kläger alles ihm zu-
mutbare für die Zustellung getan hat. Feste Grenzen, innerhalb welcher Frist
die Klage dann nach Ablauf der Klagefrist zugestellt sein muss, gibt es nicht.
Die Zustellung kann noch bis zu einem Monat nach Klageeinreichung ausreichen.[1238] Entscheidend ist vielmehr, welche Zeitspanne dem Kläger anzulasten
ist, denn Verzögerungen im Geschäftsbetrieb des Gerichts können ihm nicht
angelastet werden. Die Zustellung kann deshalb auch nach längerer Dauer
noch „demnächst" erfolgt sein.[1239] Der Vermieter muss jedoch alles Zumutba-
re für die **alsbaldige Zustellung** getan haben.[1240] Dabei darf er warten, bis er
vom Gericht aufgefordert wird, den Gerichtskostenvorschuss einzuzahlen.[1241]
Bleibt die Aufforderung jedoch aus, muss er innerhalb von zwei oder drei

---

1235 Vgl. das Muster unter Rn. 902 ff.
1236 KG, WuM 1981, 54.
1237 AG Schöneberg, GE 1999, 649.
1238 BGHZ 150, 221; Schmidt-Futterer/Börstinghaus, § 558b BGB Rn. 86; Beuermann,
      GE 2002, 964.
1239 BGH, MDR 2003, 568; NJW 2002, 2794.
1240 BGH, NJW 1999, 3125.
1241 BGH, NJW 1993, 2811.

Wochen nachfragen.[1242] Nach der Aufforderung muss er i.d.R. innerhalb von zwei Wochen einzahlen.[1243] Auch auf Vorschusszahlungen durch den Rechtsschutzversicherer darf der Kläger nicht untätig warten.[1244]

602 Gem. § 558 Abs. 2 BGB knüpft das Gesetz für den Beginn der dem Mieter eingeräumten Überlegungsfrist sowie der Frist zur Erhebung einer Klage auf Erteilung einer Zustimmung zur Mieterhöhung an den **Zugang des Erhöhungsverlangens** an.[1245] Die Klagefrist unterliegt dabei nicht der Disposition der Parteien. Also selbst wenn der Vermieter ggf. dem Mieter eine längere Überlegungsfrist eingeräumt hat, ist die Klagefrist nach dem gesetzlichen Normallauf der Überlegungsfrist zu bestimmen.[1246]

603 Für die **Fristberechnung** gelten die §§ 187, 188 und 193, sodass sich die Frist bis zum nächsten Werktag verlängert, wenn sie an einem Samstag oder an einem Sonntag bzw. an einem am Erklärungsort anerkannten gesetzlichen Feiertag endet.[1247] I.Ü. handelt es sich um eine **Ausschlussfrist** gegen deren Versäumnis keine Wiedereinsetzung in den vorigen Stand möglich ist.[1248]

604 Ob eine **Verlängerung der Überlegungsfrist** möglich ist, ist streitig. Einerseits wird vertreten, dass eine vertragliche Verlängerung der Überlegungsfrist keine zum Nachteil des Mieters von § 558b BGB abweichende Vereinbarung darstellt (§ 558b Abs. 4 BGB). Schließlich könne der Mieter länger darüber nachdenken, ob er zustimmen möchte oder nicht.[1249] Andererseits wird formal argumentiert. Mit den Regelungen der §§ 558 ff. BGB stellt das Gesetz ein in seinen Voraussetzungen und seinem Ablauf normiertes Verfahren zur Durchsetzung des Anspruchs des Vermieters auf Mieterhöhung zur Verfügung, das gerade gewährleisten soll, dass innerhalb verhältnismäßig kurzer Zeit zwischen den Vertragsparteien Klarheit über die Miethöhe erzielt werden kann.

1242 Kinne, Mietprozess, Kap. 4 Rn. 33.

1243 BGH, NJW 2005, 291.

1244 BGH, VersR 1968, 1062.

1245 BGH, NJW 1993, 2109 = WuM 1993, 388 zu § 2 MHG.

1246 LG München, WuM 1994, 384; LG Kiel, WuM 194, 547; AG Hamburg, WuM 1993, 619; AG Aachen, WuM 1992, 629.

1247 Kinne, Mietprozess, Kap. 4 Rn. 28.

1248 Schmidt-Futterer/Börstinghaus, § 558b BGB Rn. 88 m.w.N.; Staudinger/Emmerich, § 558a Rn. 17; Kinne, Mietprozess, Kap. 4 Rn. 34.

1249 Vgl. Emmerich/Sonnenschein/Emmerich, § 558b BGB Rn. 8; Lammel, § 558b BGB Rn. 66.

Dies erstrebt die gesetzliche Regelung zu verwirklichen, indem sie auch die vorprozessuale Phase des Verfahrens einer gesetzlichen Befristung unterwirft und sie nahtlos in ein sich anschließendes Klageverfahren mit einbindet.

Diesen am Ziel der **Rechtssicherheit** orientierten Zweck kann die Regelung ungefährdet nur erreichen, wenn man von der Unveränderbarkeit der in § 558 Abs. 2 BGB festgelegten Fristen, also auch der Überlegungsfrist, ausgeht. I.Ü. stehe die Frist auch in einem unlösbaren Regelungszusammenhang mit dem Sonderkündigungsrecht des Mieters nach § 561 BGB.[1250] Selbst wenn man eine Verlängerung der Überlegungsfrist zulassen wollte, hätte dies allenfalls die Bedeutung einer Zusage des Vermieters, die Klage nicht vor Ablauf der länger eingeräumten Überlegungsfrist einzureichen; am Ablauf der Klagefrist selbst würde sich dadurch nichts ändern, denn die Klagefrist ist nicht disponibel.[1251] Auch in diesen Fällen berechnet sich die Klagefrist nach dem Lauf der gesetzlichen Überlegungsfrist.[1252]

605

2. Parteien des Prozesses

Die Klage muss von allen Vermietern gegen alle Mieter erhoben werden. Dies gilt selbst dann, wenn ein **Mitmieter** vorprozessual seine Zustimmung bereits erteilt hat.[1253] Dies folgt aus der gesamthänderischen Bindung der Mieter, die eine einheitliche Entscheidung fordert. Daraus folgt auch, dass dann, wenn die Klage nur einem Mieter zu spät zugestellt wird – ohne dass die Voraussetzungen des § 167 ZPO vorlägen – die Klage insgesamt abzuweisen ist. Die Klage kann ausnahmsweise allein gegen den in der ursprünglich gemeinsam angemieteten Wohnung verbleibenden Mieter gerichtet werden, wenn der aus der Wohnung ausgezogene Ehegatte mit dem Vermieter seine Entlassung aus dem Mietvertrag vereinbart hat und nur der andere Ehegatte seitdem die Wohnung nutzt und Miete zahlt.[1254] Eine Klage im Wege der **gewillkürten Prozessstandschaft**, also durch eine vom Vermieter ermächtigte Person, ist **nicht**

606

1250 LG München, WuM 1994, 384; AG Charlottenburg, MM 2000, 47; AG Köln, WuM 1997, 51; Schmidt-Futterer/Börstinghaus, § 558b BGB Rn. 7.

1251 LG Kiel, WuM 1994, 547; LG München I, WuM 1994, 383; AG Aachen, WuM 1992, 629.

1252 LG Kiel, WuM 1994, 547; LG München I, WuM 1994, 384; AG Köln, WuM 1997, 51; AG Hamburg, WuM 1993, 619; AG Aachen, WuM 1992, 629.

1253 BGH, NZM 2004, 419 = MietPrax-AK, § 558a BGB Nr. 5.

1254 BGH, NJW 2004, 1797 = MietPrax-AK, § 558a BGB Nr. 5.

zulässig.[1255] Ausschlaggebend ist, wer zum Zeitpunkt der Rechtshängigkeit der Klage Vermieter[1256] und Mieter ist.[1257] Stirbt der oder einer von mehreren Mietern, ist die Klage ggf. wegen der in das Mietverhältnis (nicht) eintretenden berechtigten Personen und/oder der Erben umzustellen.[1258]

3. Zuständiges Gericht

607 Sachlich zuständig für die **Zustimmungsklage** sind die AG gem. § 23 Nr. 2a GVG. Örtlich zuständig ist gem. § 29a ZPO jeweils das AG, in dessen Bezirk sich die gemietete Wohnung befindet. Die Klage ist eine **Leistungsklage**, die auf Zustimmung zur verlangten Mieterhöhung ab einem bestimmten Termin gerichtet sein muss. Eine Zahlungsklage hinsichtlich der Erhöhungsbeträge ist so lange unbegründet, bis über die Zustimmungsklage nicht rechtskräftig entschieden ist. Unter dieser Maßgabe jedoch können Zustimmungs- und Zahlungsklage verbunden werden.[1259] In dieser Entscheidung hat der BGH[1260] offengelassen, ob diese Ansicht auch dann gilt, wenn das Zustimmungsurteil zum Zeitpunkt der Entscheidung des Berufungsgerichtes noch nicht rechtskräftig ist.

4. Kosten des Verfahrens

608 Die Frage, ob ein Mieterhöhungsprozess eingeleitet und ggf. durchgeführt wird, ist v.a. eine wirtschaftliche Frage. Das **Kostenrisiko** eines solchen Prozesses ist u.U. dann sehr hoch, wenn sich das Gericht entschließt, ein **Sachverständigengutachten** einzuholen. Auch wenn die Gerichte immer mehr dazu übergehen, die Werte des Mietspiegels als Beweismittel zu verwerten,[1261] so wird dennoch häufig noch ein Gutachten eingeholt werden müssen. Dies kann auch dann geschehen, wenn keine der Parteien es beantragt hat, § 144

1255 KG, WuM 1997, 101; MDR 1998, 529; GE 1990, 1257; LG Kiel, WuM 1999, 293; Sternel, Mietrecht, III Rn. 552.

1256 Schmidt-Futterer/Börstinghaus, § 558b BGB Rn. 57.

1257 Beierlein/Kinne, Kap. 4 Rn. 11 ff.

1258 Vgl. dazu ausführlich Beierlein/Kinne, Kap. 4 Rn. 11 ff.

1259 BGH, WuM 2005, 458 = MietPrax-AK, § 558b BGB Nr. 1: Der Vermieter hatte die Zustimmungsklage mit der Zahlungsklage bzgl. der Erhöhungsbeträge verbunden. Die Zustimmungsklage wurde rechtskräftig in erster Instanz entschieden, gegen die Klageabweisung hinsichtlich des Zahlungsantrages legte der unterlegene Vermieter Berufung ein.

1260 BGH, WuM 2005, 458 = MietPrax-AK, § 558b BGB Nr. 1.

1261 S. dazu unten Rn. 624, 626 f.

ZPO. Erfahrungsgemäß belaufen sich allein die Kosten für ein solches Gutachten auf derzeit ca. 1.000,00 € bis 1.500,00 €. Hinzu kommen die übrigen Kosten des Verfahrens und der Rechtsanwälte.

5. Verfahren und Klageantrag

a) Verfahrensgang

Das Gericht hat verschiedene Möglichkeiten, wie es das Verfahren betreibt. Dies hängt teilweise auch vom Streitwert ab. Der Streitwert einer solchen Klage bemisst sich nach dem **Jahreserhöhungsbetrag**, der verlangt wird, § 41 Abs. 5 GKG. Das betrifft aber nur den Gebührenstreitwert. Der **Beschwerdewert** liegt beim 36-fachen monatlichen Erhöhungsbetrag.[1262] Der Beschwerdewert aber ist ausschlaggebend für die Grenze des § 495a ZPO.[1263] Das Gericht kann damit das Verfahren gem. § 495a ZPO[1264] nur bis zu einer monatlichen **Mieterhöhung von 16,65 €** nach freiem Ermessen bestimmen. In diesen Fällen muss nur dann eine mündliche Verhandlung durchgeführt werden, wenn eine Partei dies ausdrücklich beantragt. In den übrigen Fällen kann das Gericht entweder zunächst ein schriftliches Vorverfahren anordnen oder direkt einen frühen ersten Termin bestimmen.

609

Eine im betreffenden Bundesland evtl. vorgesehene **obligatorische Streitschlichtung**[1265] ist nicht Voraussetzung der Zustimmungsklage, weil mit ihr eine gesetzliche Frist gewahrt werden muss, § 15a Abs. 2 Satz 1 Nr. 1 EGZPO.

b) Klageantrag

Die Klage ist eine Leistungsklage, die auf Abgabe einer Willenserklärung gerichtet ist. Im Antrag muss die begehrte Willenserklärung eindeutig bezeichnet werden. Dabei müssen das konkrete Mietverhältnis, der genaue Betrag der

610

1262 BGH, WuM 2007, 32 = ZMR 2007, 107.

1263 LG Hildesheim, WuM 1996, 716; AG Dortmund, NZM 2002, 949; Schmidt-Futterer/Börstinghaus, § 558B BGB Rn. 95.

1264 Zu Chancen und Risiken des Bagatellverfahrens Kunze, ZAP, Fach 13, S. 515; Krit. Schneider, ZAP, Fach 13, S. 199; Stollmann, NJW 1991, 1720; Fischer, MDR 1994, 978; Städing, NJW 1996, 691; Kunze, NJW 1995, 2750; dies., NJW 1997, 2154; Peglau, NJW 1997, 2222.

1265 Die landesgesetzliche Verpflichtung zur Durchführung einer obligatorischen Streitschlichtung ist verfassungsgemäß: BVerfG, WuM 2007, 500.

begehrten neuen Miete und das Datum des Wirksamwerdens der Mieterhöhung angegeben werden.

611 **Formulierungsbeispiel Klageantrag:**

> „Es wird beantragt, die Beklagten zu verurteilen, einer Erhöhung der von ihnen für die Wohnung im 3. OG links des Hauses X-Straße in XY-Stadt zu zahlenden Nettomiete (alternativ: Teilinklusivmiete) auf 587,98 € ab dem 01.03.2008 zuzustimmen".

612 Ob daneben noch im Antrag immer angegeben werden muss, dass die Betriebskosten unverändert bleiben sollen,[1266] erscheint im Hinblick auf § 308 ZPO zweifelhaft. Es muss genügen, dass sich aus dem Antrag nicht ergibt, dass bei den Betriebskosten etwas geändert werden soll.

Allerdings empfiehlt sich eine solche Klarstellung bei unklarer **Mietstruktur**. Kann nicht sicher festgestellt werden, ob einzelne Betriebskosten in der Miete enthalten sind, könnte der Klageantrag wie folgt formuliert werden:

613 **Formulierungsbeispiel Klageantrag (unklare Mietstruktur):**

> „Es wird beantragt, die Beklagten zu verurteilen, einer Erhöhung der von Ihnen für die Wohnung im 3. OG links des Hauses X-Straße in XY-Stadt zu zahlenden **Grundmiete** auf 587,98 € ab dem 01.03.2008 unter unveränderter Vereinbarungen zur Umlage von Betriebskosten zuzustimmen".

Teilweise wird verlangt, dass eine **Teilzustimmung** schon im Klageantrag erwähnt werden müsse,[1267] da nur darüber hinaus ein Rechtschutzbedürfnis besteht. Sicherheitshalber kann man diesen Zusatz im Antrag aufnehmen, auch wenn es genügen dürfte, wenn sich die Tatsache und der Umfang der Teilzustimmung aus der Klagebegründung ergibt.

Der Antrag würde dann wie folgt lauten:

614 **Formulierungsbeispiel (Teilzustimmung):**

> „Es wird beantragt, die Beklagten zu verurteilen, einer Erhöhung der von Ihnen für die Wohnung im 3. OG links des Hauses X-Straße in XY-Stadt

---

1266 So Beierlein/Kinne, Kap. 4 Rn. 15.
1267 Schmidt-Futterer/Börstinghaus, § 558b BGB Rn. 65.

zu zahlenden Nettomiete (*alternativ: Teilinklusivmiete*) von teilzugestimmten 560,00 € auf 587,98 € ab dem 01.03.2008 zuzustimmen".

6. Nachbesserung des Mieterhöhungsverlangens im Prozess

Ein formal wirksames Mieterhöhungsbegehren ist **Zulässigkeitsvorausset-**
zung der Zustimmungsklage. Leidet das Mieterhöhungsbegehren unter formalen Mängeln, ist die Klage deshalb als unzulässig abzuweisen. Schon nach
bisherigem Recht (§ 2 Abs. 3 Satz 2 MHG) hatte der Vermieter die Möglichkeit, ein formal unwirksames Mieterhöhungsbegehren im Laufe des Prozesses
(insgesamt) nachzuholen. § 558b Abs. 3 Satz 1 BGB erweitert diese Möglichkeit auf das Nachbessern einzelner Mängel des Mieterhöhungsbegehrens.[1268]

615

Das vollständige Nachholen des Mieterhöhungsbegehrens im laufenden Prozess kann durch ein **außergerichtliches Schreiben** an den Mieter oder im
gerichtlichen **Schriftsatz** erfolgen; dann jedoch muss der Schriftsatz klar erkennen lassen, dass der Mieter zur Zustimmung zu einem neuen Mieterhöhungsbegehren aufgefordert wird. Allein der geänderte Klageantrag ist insoweit nicht genügend.[1269] Zu beachten ist dabei, dass im Anwaltsprozess § 174
BGB keine Anwendung findet.[1270] Stammt der Schriftsatz also von einem
Rechtsanwalt, kann die Gegenpartei weder das Fehlen einer Vollmacht rügen,
noch der gegnerische Bevollmächtigte fehlende Empfangsvollmacht einwen-
den. Sowohl die vollständige Wiederholung, als auch das Nachbessern einzelner Mängel setzt jedoch voraus, dass überhaupt ein Mieterhöhungsbegehren
vorausgegangen ist.[1271] Außerdem gestattet § 558b Abs. 3 BGB nur das Heilen **formaler Mängel** i.S.d. § 558a BGB.[1272] Eine Nachbesserung kommt also
(nur) dann in Betracht, wenn der Vermieter die (Text-) **Form** nicht eingehalten
hat, das Erhöhungsverlangen nicht ausreichend **begründet** oder nicht auf einen einschlägigen qualifizierten Mietspiegel hingewiesen hat. Andere Mängel,
etwa die fehlende Aktivlegitimation oder das verfrühte Mieterhöhungsbegehren vor Ablauf der Jahressperrfrist[1273] oder die Versäumung der Klagefrist[1274]

1268 Zur Frage der Reaktionsmöglichkeiten der Parteien bei einem formal unwirksamen Mie-
      terhöhungsbegehren vor Erhebung der Zustimmungsklage vgl. Rn. 294.
1269 AG Pinneberg, ZMR 2002, 602; Schmidt-Futterer/Börstinghaus, § 558b BGB Rn. 165.
1270 BGH, NZM 2003, 229 = MietPrax-AK § 558a BGB Nr. 1.
1271 Schmidt-Futterer/Börstinghaus, § 558b BGB Rn. 159; Hinz, NZM 2002, 633.
1272 Herrlein/Kandelhard/Both, § 558b BGB Rn. 24.
1273 Schmidt-Futterer/Börstinghaus, § 558b BGB Rn. 160.
1274 LG Duisburg, WuM 2005, 457.

oder der falsche Klageantrag (z.B. auf Erhöhung der Quadratmetermiete)[1275] können nicht geheilt werden. Hier bleibt dem Vermieter nur die Möglichkeit, ein ganz neues Mieterhöhungsbegehren auszusprechen.

616 Unter diesen Vorgaben begrenzt das Gesetz nicht die Anzahl zulässiger Nachbesserungsversuche. Das Mieterhöhungsbegehren kann also theoretisch solange nachgebessert werden, bis es formal wirksam ist. Allerdings ordnet § 558b Abs. 3 Satz 2 BGB an, dass jede Nachbesserung die **Überlegungsfrist** neu in Gang setzt. Bis zu deren Ablauf bleibt die Klage also (derzeit) unzulässig. Etwas anderes kann nur dann gelten, wenn der Mieter unmissverständlich klargestellt hat, auch dem nachgebesserten Erhöhungsverlangen nicht zustimmen zu wollen.[1276] Ansonsten ist das Gericht nicht verpflichtet, so spät zu terminieren, dass die neue Überlegungsfrist zum Zeitpunkt der letzten mündlichen Verhandlung abgelaufen ist. Im Gegenteil unterliegt das Gericht auch hier dem grundsätzlichen **Beschleunigungsgebot** der ZPO. Lediglich Terminierungen kurz vor Ablauf der neuen Überlegungsfrist könnten gegen den Grundsatz des „fair trial" verstoßen.[1277] Eine Aussetzung des Verfahrens gem. § 148 ZPO kommt ohnehin nicht in Betracht. Ebenso wenig liegen die Voraussetzungen des § 227 ZPO vor.

Das Gericht ist auch nicht gehalten, auf die Möglichkeit der Nachbesserung hinzuweisen. Die **Hinweispflicht** des § 139 ZPO erstreckt sich jedoch auf Bedenken an der Zulässigkeit der Klage.[1278]

617 Nachholung und Nachbesserung des Mieterhöhungsverlangens sind bis zum rechtskräftigen Abschluss des Mieterhöhungsverfahrens möglich. Geschieht dies erst nach Schluss der mündlichen Verhandlung erster Instanz, ist das Amtsgericht nicht zur Wiedereröffnung des Verfahrens verpflichtet. Das formal wirksame Begehren ist dann erstmals in der **Berufungsinstanz** gestellt,[1279] kann dann jedoch nach prozessualen Vorschriften verspätet sein. In dieser Konstellation bringt das Nachholen bzw. Nachbessern nach Schluss der mündlichen Verhandlung auch dann nichts, wenn der Vermieter die Be-

---

1275 AG Dortmund, WuM 2006, 157.

1276 Vgl. KG, 12.01.1981, WuM 1981, 54; OLG Celle, NJWE-MietR 1996, 73; MünchKomm/ Artz, § 558b BGB Rn. 18.

1277 Vgl. Schmidt-Futterer/Börstinghaus, § 558b BGB Rn. 170.

1278 Herrlein/Kandelhard/Both, § 558b BGB Rn. 24; Hinz, NZM 2002, 533.

1279 Schmidt-Futterer/Börstinghaus, § 558b BGB Rn. 165; Herrlein/Kandelhard/Both, § 558b BGB Rn. 24.

rufung nur auf das nachgeholte Erhöhungsverlangen stützt. Denn weil er das erstinstanzliche Urteil dadurch nicht anficht, wäre die Berufung als unzulässig abzuweisen.[1280]

7. Beweisaufnahme

Soweit die Parteien nicht nur über Formfragen der Mieterhöhung streiten, liegt das Schwergewicht der gerichtlichen Entscheidungsfindung i.d.R. in der Ermittlung der ortsüblichen Vergleichsmiete. Hier gilt es, von **anwaltlicher Seite** vorbereitet zu sein. Grds. ist das Gericht an **Beweisanträge** der Parteien gebunden. Dabei ist jedoch darauf zu achten, dass es sich um **förmliche Beweisanträge** im Prozess handelt. Es muss also Beweis angeboten werden über die ortsübliche Vergleichsmiete für eine konkrete Wohnung. Dies muss auch **ausreichend substanziiert** sein. Nach Ansicht des BVerfG[1281] ist die Behauptung einer bestimmten ortsüblichen Vergleichsmiete auch eine konkrete Tatsache, sodass der anschließende Beweisantritt durch Sachverständigengutachten kein **unzulässiger Ausforschungsbeweis** ist. An die Begründungsmittel des Mieterhöhungsverlangens ist weder das Gericht noch eine der Parteien gebunden.[1282] Das Gericht entscheidet gem. § 286 Abs. 1 ZPO unter Berücksichtigung des gesamten Inhalts der Verhandlung und des Ergebnisses einer etwaigen Beweisaufnahme nach freier Überzeugung, ob es die vom Vermieter behauptete ortsübliche Vergleichsmiete für wahr ansieht oder nicht. Eine gewisse Einschränkung gibt der qualifizierte Mietspiegel wegen der ihm zugeordneten Vermutungswirkung.[1283]

618

Soweit die Parteien über objektive Merkmale, wie Ausstattung, Größe und ggf. auch Lage streiten, kann das Gericht die notwendigen Feststellungen u.U. durch richterliche **Inaugenscheinnahme** treffen. In Betracht kommt auch ein Gutachten über die Wohnungsgröße. Soweit es um Fragen geht, die dem Zeugenbeweis zugänglich sind, also z.B. wann das Gebäude errichtet wurde, oder welche Einbauten der Mieter vorgenommen hat, die deshalb bei der Ausstattung nicht berücksichtigt werden dürfen, kann das Gericht auch angebotene

619

1280 LG Mannheim, ZMR 1989, 381; LG Hamburg, WuM 1985, 323; Schmidt-Futterer/Börstinghaus, § 558b BGB Rn. 165; Hinz, NZM 2002, 633.
1281 BVerfG, ZMR 1993, 558.
1282 BayObLG, WuM 1985, 53; Kunze/Tietzsch, Teil III Rn. 251.
1283 Vgl. oben Rn. 230 ff.

Zeugen vernehmen. Hier gilt aber die **Dispositionsmaxime** uneingeschränkt, d.h. die Parteien müssen den Zeugenbeweis ausdrücklich angeboten haben.

620   Problematischer ist es mit der **Ermittlung der ortsüblichen Vergleichsmiete.** Wie oben festgestellt, handelt es sich dabei um einen unbestimmten Rechtsbegriff, der ausgefüllt werden muss.[1284] Das Gericht kann hierzu ggf. auch auf eigene Sachkunde zurückgreifen. In welchem Rahmen es dabei auf einen Mietspiegel zurück greifen darf oder gar muss, ist zwischen Rechtsprechung[1285] und Mietrechtsliteratur[1286] umstritten. Zu unterscheiden ist dabei zunächst, worüber denn Beweis zu erheben ist.

a)   Vergleichsmiete

621   Zunächst ist das **allgemeine Mietenniveau** festzustellen. Es müssen also die tatsächlich gezahlten Mieten in einer Gemeinde festgestellt werden, die dann entsprechend den Wohnwertmerkmalen des § 558 BGB und den zeitlichen Beschränkungen (4-Jahresfrist) aus- und einsortiert werden müssen. Hier dürfte vom Ansatz her wohl unbestritten sein, dass weder der einfache noch der qualifizierte Mietspiegel förmliche Beweismittel der ZPO sind.[1287] Dabei sind Zeugenbeweis zu einzelnen Mietwerten und Ortsbesichtigung des Mietobjekts keine tauglichen Beweismittel zur Ortsüblichkeit der verlangten Miete.[1288]

622   Auf der anderen Seite ist es – zumindest wenn kein qualifizierter Mietspiegel vorliegt –, allein die Entscheidung des Tatrichters, ob und in welcher Weise er das allgemeinkundige, im Mietspiegel enthaltene Zahlenmaterial bei seiner Überzeugungsbildung i.R.d. ihm durch § 558 Abs. 1 BGB aufgegebenen vergleichenden Bewertung als Hilfsmittel mit heranzieht. Ob dies dann als Par-

---

1284   S.o. Rn. 351 ff.

1285   BGH, WuM 2005, 394; LG Berlin, GE 2004, 483; WuM 2003, 499; GE 2002, 861; GE 2000, 283; AG Dortmund, WuM 2005, 254; AG Frankfurt am Main, NJW-RR 1989, 12; LG Dortmund, WuM 1991, 559; AG Aachen, WuM 1991, 120; LG Frankfurt am Main, WuM 1991, 595; LG Frankfurt am Main, v. 23.08.1994 – 2/11 S 5 113/94; LG Bonn, WuM 1994, 692.

1286   Z.B.: Wetekamp, NZM 2003, 184; Schopp, ZMR 1993, 141; Voelskow, ZMR 1992, 326 m. Anm. hierzu von Isenmann, ZMR 1992, 482; Sternel, Der Sachverständige, Heft 4/94, S. 16.

1287   So ausdrücklich KG, WuM 1991, 425 = DWW 1991, 235; LG Halle, JMBl. ST 2001, 286; Rips, WuM 2002, 415, 419.

1288   LG Bonn, WuM 1994, 692.

teigutachten[1289] oder antizipiertes Sachverständigengutachten[1290] oder i.R.d. § 287 ZPO[1291] erfolgt, ist eher ein wissenschaftlicher als ein praxiserheblicher Streit.[1292] Aus verfassungsrechtlicher Sicht bestehen jedenfalls keine Bedenken gegen die Verwertung eines zum entscheidungserheblichen Zeitpunkt gültigen Mietspiegels durch die Fachgerichte.[1293]

Gerade vor dem Hintergrund der Entscheidung des BGH vom 20.04.2005[1294] zum Rückgriff auf die Orientierungshilfen zum qualifizierten Mietspiegel bei der gerichtlichen Entscheidungsfindung sollte zudem auch bei einfachen Mietspiegeln durchaus öfter einmal die Dokumentation der Mietspiegelersteller herangezogen werden, um festzustellen, wie viele Daten der Mietwertspanne überhaupt zugrunde liegen und wie diese im Feld verteilt sind. Es ist durchaus denkbar, dass die Mehrzahl der „Vergleichsmieten" eines Feldes im oberen oder unteren Bereich der Mietwertspanne liegen, der Mittelwert aber durch einen Ausreißer (mit-) bestimmt wird. Hier ist der konkrete Wert auch eher in dem Bereich anzusiedeln, in dem die zahlenmäßig größere Zahl von „Vergleichsmieten" aufgrund der Datenerhebung liegt.

623

Als nächstes muss die **konkrete ortsübliche Vergleichsmiete** für die zu beurteilende Wohnung festgestellt werden. Hier muss das Gericht den unbestimmten Rechtsbegriff der ortsüblichen Vergleichsmiete anwenden. Dies erfordert eine wertende Betrachtung. Ein Mietspiegel kann hier nicht herangezogen werden. Soweit die Mietspiegel Einordnungs- oder Orientierungshilfen geben, sind diese für die Gerichte zwar nicht bindend,[1295] die Gerichte können sie aber bei der Entscheidungsfindung im Rahmen einer Schätzung nach § 287 ZPO ergänzend heranziehen.[1296] Letztendlich muss das Gericht ggf. entsprechend 287 ZPO die ortsübliche Miete schätzen.

624

1289 AG Dresden, NZM 2000, 460; MünchKomm/Artz, § 558c BGB Rn. 5; Bub/Treier-Schultz, III A. Rn. 392.

1290 OLG Frankfurt am Main, NJW-RR 1994, 1233; KG, GE 1994, 991; Lammel, § 558d Rn. 37.

1291 Börstinghaus, NZM 2002, 273.

1292 Hierzu umfassend Sternel, Der Sachverständige, Heft 4/94, S. 16.

1293 BVerfG, WuM 1992, 48 und BVerfG, WuM 1991, 523.

1294 BGH, WuM 2005, 394 = MietPrax-AK, § 558 BGB Nr. 11.

1295 Sternel, Der Sachverständige, Heft 4/94, S. 17.

1296 BGH, WuM 2005, 394 = MietPrax-AK, § 558 BGB Nr. 11.

b)   Spannenwert

625   Dabei ist umstritten, ob es einen Erfahrungssatz dahin gibt, dass der Mittelwert der Mietwertspanne der Normalfall ist.

Es gibt keinen zwingenden Grundsatz, wonach der Mittelwert der Spanne
immer die ortsübliche Vergleichsmiete widerspiegelt, wenn keine besonderen Anhaltspunkte für Zu- oder Abschläge vorgetragen sind. Die Spanne gibt
gerade die üblichen Entgelte in ihrer ganzen Bandbreite wieder. Deshalb soll
es beim Mieterhöhungsverlangen nach § 558a Abs. 4 BGB auch ausdrücklich
ausreichen, wenn die verlangte Miete innerhalb der Spanne liegt. Die Rechtsprechung hierzu ist aber sehr uneinheitlich:

Innerhalb einer Spanne ohne weitere Anhaltspunkte i.d.R.:	Gericht, Fundstelle:
untere Grenze	AG Köln (218), WuM 1996, 421
Mittelwert	LG Dortmund, NZM 2006, 134; ZMR 2002, 918 LG Berlin (62), NZM 1998, 1000 LG Berlin (63), MM 1995, 67 LG Berlin (67), GE 1994, 1055 LG Berlin (66), GE 1993, 749; GE 1991, 1149 LG Berlin (61), GE 1991, 1151 LG Berlin (64), GE 1991, 49 LG Wiesbaden, WuM 1992, 256 AG Dortmund, WuM 2005, 254; WuM 2004, 718 AG Tempelhof-Kreuzberg, MM 1993, 327
obere Grenze	LG Berlin (65), GE 1990, 495; GE 1989, 1231 LG Berlin (61), GE 1989, 473 LG Lübeck, WuM 1989, 306 für Rückforderungsprozess § 5 WiStrG: LG Berlin (61), NZM 1999, 412 LG Dortmund, WuM 1998, 489 AG Tiergarten, MM 1989, Nr. 7/8 S. 23

c)   Berücksichtigung des Mietspiegels

In Gemeinden, in denen ein **qualifizierter Mietspiegel** existiert, kommt die   626
Einholung eines Sachverständigengutachtens i.d.R. nicht in Betracht.[1297] Denn
für dessen Werte streitet schon die gesetzliche Vermutung.[1298] Hier sind die Gerichte gehalten, die ortsübliche Vergleichsmiete selbst im Wege der Schätzung
festzulegen,[1299] wobei sie ergänzend die Orientierungshilfen zum Mietspiegel heranziehen können, auch wenn diese selbst nicht Teil des Mietspiegels
sind und somit nicht der Vermutungswirkung unterliegen.[1300] Aber auch mit
einem **einfachen Mietspiegel** wird der Anwalt sich stets auseinanderzusetzen
haben. Die Gerichte verlangen schon **konkrete Anhaltspunkte**, um neben
einem Mietspiegel noch ein Sachverständigengutachten einzuholen.[1301] Denn
auch wenn der einfache Mietspiegel kein zivilprozessuales Beweismittel ist,
kann und soll er doch vom Gericht als Grundlage für eine eigene Schätzung
herangezogen werden.[1302]

Dabei hat das Gericht auch die Interessen der Parteien zu berücksichtigen. Es   627
sollen **keine unnötigen Kosten** durch ein Sachverständigengutachten verursacht werden, die in keinem Verhältnis zur monatlichen Mieterhöhung stehen.[1303] Darüber hinaus greift ein auf einer Datenerhebung beruhender (nicht
ein ausgehandelter) Mietspiegel auf eine ungleich größere Datenbasis zurück,
als es ein Sachverständiger könnte,[1304] sofern es sich nicht um außergewöhn-
liche Objekte[1305] handelt.

Aber nur ordnungsgemäß erstellte Mietspiegel können eine derartige Rolle im   628
Prozess spielen. Angriffspunkt kann hierbei für die anwaltliche Argumentation v.a. die Art und Weise des Zustandekommens des Mietspiegels sein.

1297 LG Hamburg, WuM 2005, 726; Schmidt-Futterer/Börstinghaus, § 558b BGB Rn. 108.
1298 Vgl. Rn. 230 ff.
1299 LG Dortmund, WuM 2005, 723 = NZM 2006, 134.
1300 BGH, WuM 2005, 394 = MietPrax-AK, § 558 BGB Nr. 11.
1301 AG Aachen, WuM 1991, 120.
1302 LG Kiel, Urt. v. 11.01.2007 – 1 S 252/05; LG Duisburg, WuM 2005, 460; AG Dortmund,
       WuM 2003, 35 = ZMR 2003, 194.
1303 BVerfG, NJW 1992, 1377; BGH, WuM 2005, 394 = MietPrax-AK, § 558 BGB Nr. 11;
       LG Frankfurt am Main, WuM 1990, 519.
1304 Vgl. LG Lübeck, WuM 2001, 82.
1305 Für Adresslagen: AG Hamburg-Blankenese, ZMR 1998, 568.

Auf die ausführliche Checkliste bei Sternel wird hier verwiesen.[1306] Von besonderer Bedeutung ist ggf. die Ermittlung der Feldbesetzungen, d.h. wie viel Daten/Fragebögen liegen der Mietspanne eines Rasterfeldes des Mietspiegels zugrunde.[1307] Probleme können sich hier auch aus der Auswertungsmethode, v.a. bei der Regressionsmethode, ergeben.[1308]

629 Da die ortsübliche Vergleichsmiete immer für den **Zeitpunkt des Zugangs** des Mieterhöhungsverlangens festzustellen ist,[1309] Mietspiegel aber i.d.R. zu einem einige Monate und häufig sogar Jahre vorher liegenden **Stichtag** erstellt worden sind, stellt sich im gerichtlichen Verfahren die Frage, wie diese Daten festzustellen sind. Neben einem Sachverständigengutachten kommt hierzu die Verwendung einer **Stichtagsdifferenz** zu den Werten des alten Mietspiegels in Betracht.[1310] Die Fortschreibung kann auch mittels Index geschehen.[1311] Eine Besonderheit besteht dann, wenn der Vermieter sich auf einen Mietspiegel berufen hat, der zum Zeitpunkt des Zugangs des Mieterhöhungsverlangens noch gültig war, aber bis zum gerichtlichen Verfahren durch einen neuen Mietspiegel ersetzt wurde, dessen Daten ungefähr zum Zeitpunkt des Zugangs des Mieterhöhungsverlangens erhoben worden sind. Ob das Gericht diesen neuen Mietspiegel zur Ermittlung der ortsüblichen Vergleichsmiete heranziehen

---

1306 Sternel, Mietrecht, III Rn. 745.

1307 Vgl. zum Ganzen ausführlich Schmidt-Futterer/Börstinghaus, § 558b BGB Rn. 114 ff. m.w.N.

1308 Vgl. Schmidt-Futterer/Börstinghaus, § 558b BGB Rn. 114 ff. m.w.N; Wetekamp, NZM 2003, 184; beeindruckend eingehend und wissenschaftlich begründet zum Münchener Mietspiegel für 1999: LG München I, WuM 2002, 547 = NZM 2002, 904; LG München I, NJW-RR 1993, 1427.

1309 BayObLG, WuM 1992, 677 = ZAP, Fach 4R, S. 73 m. Anm. Börstinghaus.

1310 OLG Hamm, NJW-RR 1997, 142; OLG Stuttgart, NJW-RR 1994, 334; LG Lübeck, WuM 2001, 82; LG Hamburg, ZMR 2000, 538; LG Berlin, GE 1996, 1547; LG München I, WuM 1992, 25; a.A. LG Berlin (62 ZK), GE 2002, 192; LG Frankfurt am Main, WuM 1992, 629; LG Frankenthal, WuM 1991, 597; S.a. oben Rn. 258 ff.

1311 Schmidt-Futterer/Börstinghaus, § 558b BGB Rn. 124; Börstinghaus/Clar, Rn. 377; a.A. OLG Stuttgart, WuM 1994, 58 = ZMR 1994, 109.

darf, ist umstritten; z.T. wird dies wegen der zeitgerechteren Daten bejaht,[1312] z.T. aber auch verneint.[1313]

d) Sachverständigengutachten

Soweit in der entsprechenden Gemeinde kein Mietspiegel aufgestellt wurde oder das Gericht dessen Werte nicht ohne Weiteres übernehmen kann, bleibt als Beweismittel nur das **Sachverständigengutachten**. Dabei ist darauf zu achten, dass der Sachverständige nur **Hilfsperson des Gerichts** ist und nicht den Rechtsstreit entscheiden darf. Vor der „Übermacht der Sachverständigen" wird berechtigterweise immer häufiger gewarnt.[1314]

630

Der Sachverständige ist weder „Halbgott" noch ist er generell überflüssig.[1315] Die Aufgabe des Sachverständigen im gerichtlichen Verfahren ist i.Ü. zu unterscheiden von der eines Sachverständigen, der vom Vermieter vorprozessual mit der Erstellung eines Gutachtens zur Begründung eines Mieterhöhungsverlangens beauftragt wurde. Im gerichtlichen Verfahren muss der Vermieter den vollen Beweis erbringen, dass die von ihm verlangte Miete die ortsübliche Vergleichsmiete nicht übersteigt. Hieran mangelt es häufig gerichtlichen Gutachten. Die Gutachten äußern sich häufig zur Frage, ob die Miete angemessen sei, oder ob irgendwo im Stadtgebiet eine ähnliche Miete gezahlt werde. Das ist alles unerheblich.[1316] Der Sachverständige muss aufgrund seiner **Sachkunde** Feststellungen darüber treffen, wie sich für vergleichbare Wohnungen die Miete bei Neuabschlüssen und Mieterhöhungen in den letzten vier Jahren entwickelt hat. Nur wenn sich darüber im Gutachten nachvollziehbare Ausführungen befinden, ist es brauchbar. Existiert für die Gemeinde ein Miet-

631

1312 LG Freiburg, WuM 1995, 714; AG Dortmund, DWW 1995, 118 = NJW-RR 1995, 971; LG Berlin, GE 1994, 1055; LG Hamburg, WuM 1991, 355; LG Bochum, WuM 1982, 18; LG Wuppertal, WuM 1982, 19; AG Frankfurt am Main, DWW 1993, 44; dafür auch Barthelmess, Wohnraumkündigungsschutzgesetz, Rn. 85.

1313 AG Aachen, WuM 1995, 656; AG Berlin-Schöneberg, GE 1990, 663; LG Hamburg, WuM 1990, 310 = LG Köln, WuM 1992, 20; AG Recklinghausen, WuM 1982, 19; Sternel, Mietrecht aktuell, Rn. 625 unter Hinweis auf BVerfG, NJW 1992, 1377 = WuM 1992, 48.

1314 S. hierzu schon die Ausführungen von Sendler, NJW 1986, 2907 und ders., in: Festschrift für Rolf Lamprecht „Lamprecht im Spiegel", S. 240 unter Bezugnahme auf Lamprecht, Der Spiegel 19/1989, S. 59; ferner auch Reinecke, WuM 1993, 101; Müller-Luckmann, DRiZ 1993, 71; Meyer, DRiZ 1992, 126; Franzki, DRiZ 1991, 314.

1315 So aber wohl Reinecke, WuM 1993, 101.

1316 BVerfG, WuM 1986, 239.

spiegel, hat sich der Sachverständige damit auseinanderzusetzen.[1317] Auch für ein Sachverständigengutachten wird zu fordern sein, dass es auf repräsentativen Daten beruht.[1318] Hieran fehlt es häufig. Nicht die Quantität der Daten ist überzeugend sondern ihre Qualität. Blank[1319] hat hierzu den plastischen Vergleich mit den verschiedenen Methoden der Zeitmessung gebracht. Ein Sachverständigengutachten über die ortsübliche Vergleichsmiete erreiche nur in den seltensten Fällen die Genauigkeit einer Sonnenuhr, meistens sogar nur einer Sonnenuhr bei wolkenverhangenem Himmel.

632 Und genau deshalb ist die Angabe von Vergleichswohnungen in einem solchen Gutachten immer wieder problematisch. Dabei gibt es keine generelle Verpflichtung für Sachverständige, die Befundtatsachen komplett offen zu legen; es ist dies immer eine Frage des Einzelfalls[1320] und hängt auch von der Substanz des Parteivortrages im Prozess ab.[1321] Die Sachverständigen berufen sich insofern häufig auf **datenschutzrechtliche Gesichtspunkte**, wenn sie die Anschriften der Vergleichswohnungen nicht mitteilen. Ob dies tatsächlich möglich ist, ist umstritten.[1322]

633 Insofern hat das BVerfG[1323] im Anschluss an den BGH[1324] zunächst entschieden, dass es gegen Art. 2 Abs. 1 GG i.V.m. dem Rechtsstaatsprinzip verstoßen kann, wenn ein Gutachten über die ortsübliche Vergleichsmiete zur Grundlage eines Urteils gemacht wird, obwohl weder das Gericht noch die Prozessparteien die Möglichkeit hatten, die vom Sachverständigen zugrunde gelegten Befundtatsachen zu überprüfen. Der Senat hat ausgeführt, dass das Rechtsstaatsprinzip in bürgerlichen Rechtsstreitigkeiten elementare Verfahrensregeln gewährleiste, die für einen fairen Prozess und einen wirkungsvollen

---

1317 LG Potsdam, WuM 2004, 671; LG Düsseldorf, WuM 1996, 421; LG Berlin, GE 1993, 749; LG Köln, WuM 1992, 256; LG Wiesbaden, WuM 1992, 256; Schmidt-Futterer/Börstinghaus, § 558b BGB Rn. 104.

1318 Zu dieser Frage Fischer, WuM 1996, 604; Lützenkirchen, WuM 1996, 735; Streich, WuM 1997, 93; Isenmann, WuM 1997, 154.

1319 WuM 1997, 178, 180.

1320 BVerfG, Urt. v. 07.10.2000 – 1 BvR 2646/95, WuM 1998, 13 (soweit die Offenlegung praktisch unverzichtbar ist).

1321 BVerfG, Urt. v. 07.10.2000 – 1 BvR 2646/95.

1322 Bejahend LG Bonn, WuM 1993, 133; verneinend LG Göttingen, WuM 1989, 520; AG Lübeck, WuM 1989, 259.

1323 BVerfG, WuM 1994, 661 = ZMR 1995, 7.

1324 BGH, NJW 1992, 1817, 1819; GE 1994, 754 = NJW 1994, 2899 unter Hinweis auf BayObLGZ 1956, 114 und NJW 1983, 2251.

Rechtsschutz unerlässlich sind. Dazu gehört, dass das Gericht die Richtigkeit bestrittener Tatsachen nicht ohne hinreichende Prüfung bejaht. Das gilt grds. auch für **konkrete Befundtatsachen**, auf deren Feststellung ein Sachverständiger sein Gutachten gestützt hat. Den Parteien muss dabei die Möglichkeit gegeben werden, an dieser Prüfung mitzuwirken. Dazu müssen auch ihnen die konkreten Befundtatsachen, die das Gericht durch Übernahme des Sachverständigengutachtens verwerten will, zugänglich sein. Zur Nachprüfung eines Sachverständigengutachtens kann die Kenntnis der einzelnen tatsächlichen Umstände, die der Sachverständige selbst erhoben und seinem Gutachten zugrunde gelegt hat, unentbehrlich sein. In einem solchen Fall ist die Offenlegung dieser Tatsachen aus rechtsstaatlichen Gründen regelmäßig geboten. Ist der Sachverständige dazu nicht bereit, darf sein Gutachten nicht verwertet werden. Allein der Umstand, dass Dritte eine Bekanntgabe von Tatsachen aus ihrer Privatsphäre nicht wünschen und der Sachverständige sich daran gebunden fühlt, ist kein ausreichender Grund dafür, das Urteil auf ein solches Gutachten zu stützen.

Nachdem zunächst die Sachverständigen[1325] aufgrund des Beschlusses des BVerfG Probleme bei der Datenbeschaffung sahen, streiten nun die Gerichte[1326] darum, wie weit diese **Offenlegung** gehen muss: 634

- Nach einem Urteil des LG Saarbrücken[1327] ist ein Gutachten nicht verwertbar, wenn der Gutachter nicht die von ihm herangezogenen Vergleichswohnungen nachvollziehbar benennt. Dabei müsse der Sachverständige die Wohnungen nach den gesetzlichen Wohnwertmerkmalen genau beschreiben, wobei auf eine Offenlegung von Mietpreis und Adresse von Vergleichswohnungen i.d.R. nicht verzichtet werden könne.

- Das LG München[1328] hat sich demgegenüber mit der anonymisierten Offenlegung der vom Sachverständigen herangezogenen Vergleichsobjekte zufrieden gegeben. Es genüge die Angabe des Stadtteils und die weitere Ortsangabe „nähe ... Straße". Ähnlich hat auch das AG Dortmund[1329] entschieden. Danach ist die Angabe des konkreten Mieters der Vergleichswoh-

---

1325 Isenmann, ZMR 1993, 446; Isenmann, DWW 1995, 68.
1326 Walterscheidt, WuM 1995, 83 hielt die Entscheidung grds. für richtig, meint aber, dass von den Sachverständigen teilweise etwas Unmögliches verlangt werde.
1327 LG Saarbrücken, WuM 1996, 279.
1328 LG München, WuM 1996, 280.
1329 LG Dortmund, DWW 1995, 118 = NJW-RR 1995, 971.

nung nicht erforderlich, wenn die Vergleichsangaben alle Wohnungen des Hauses betreffen.

- Vermittelnd hat das LG Mönchengladbach[1330] entschieden. Danach kann sich der Umfang, in dem bestrittene Befundtatsachen in einem Vergleichs-mietengutachten zu offenbaren seien, nicht generell ergeben, entscheidend seien die Umstände des Einzelfalles. Dabei komme es u.a. auf das substan-ziierte Bestreiten der Befundtatsachen,[1331] die Bedeutung der Offenlegung für den Ausgang des Verfahrens sowie das Interesse des Sachverständigen an der Geheimhaltung der Befundtatsachen an.

635 In diesen Streit hat jetzt wieder das BVerfG[1332] i.S.d. dritten Auffassung einge-griffen. Es hat zunächst einmal festgestellt, dass es sich missverstanden fühlt, wenn man seinen Beschluss aus 1994 so verstanden hat, dass der Sachver-ständige stets die Vergleichswohnungen offenlegen muss, damit sein Gutach-ten verwertbar ist. Ob und inwieweit das Gericht und die Verfahrensbeteilig-ten die Kenntnisse von Tatsachen, die ein Sachverständiger seinem Gutachten zugrunde gelegt hat, für eine kritische Würdigung des Gutachtens tatsächlich benötigen, lasse sich gerade nicht generell entscheiden. Dabei sei es zulässig, den **Umfang der Offenbarungspflicht** auch davon abhängig zu machen, wie substanziiert ein Beteiligter seine Zweifel an dem Gutachten vorgetragen hat. So kann auch verlangt werden, dass derjenige, der das Gutachten angreift, Wohnungen benennt, in denen eine höhere oder niedrigere als vom Sachver-ständigen festgestellte Miete gezahlt wird. Nur wenn der Beweiswert des Gut-achtens erschüttert ist und auch durch Befragung keine Klarheit gewonnen werden kann, kann es erforderlich sein, vom Sachverständigen die Offenle-gung der Vergleichswohnungen zu verlangen.

636 Gem. § 404a Abs. 1 ZPO hat das Gericht die Tätigkeit des Sachverständi-gen zu leiten. Es ist gegenüber dem Sachverständigen **weisungsbefugt**. Ganz wichtig ist, dass das Gericht bei einem streitigen Sachverhalt bestimmt, wel-che Grundlagen der Sachverständige dem Gutachten zugrunde legen soll. Es ist also nicht Aufgabe des Sachverständigen – ggf. im **Ortstermin** – mit den Parteien den Streitstoff zu erörtern und dann von einem „bewiesenen" oder

---

1330 LG Mönchengladbach, NJWE-MietR 1996, 52.

1331 Auch nach AG Dietz, WuM 1996, 44 sind die Befundtatsachen, wenn sie unstritig sind, nicht zu offenbaren.

1332 BVerfG, Urt. v. 07.10.2000 – 1 BvR 2646/95, WuM 1998, 13; NJW 1997, 311 = GE 1996, 1427.

„wahrscheinlicheren" Sachverhalt auszugehen. In einem solchen Fall sollte auch über einen **Befangenheitsantrag** gegenüber dem Sachverständigen nachgedacht werden. In der Praxis völlig unüblich, aber deswegen nicht weniger sinnvoll, sind Termine, in denen der Sachverständige in seine Aufgabe eingewiesen wird und ihm sein Auftrag erläutert wird, § 404a Abs. 2 und 5 ZPO. Die Parteivertreter sollten auf einen solchen Termin ruhig öfter hinwirken, damit die Beweisaufnahme von vornherein richtig angegangen wird und nicht später gegen ein vom Ansatz her verfehltes Gutachten argumentiert werden muss.

Für die **anwaltliche Praxis** ist ferner die Vorschrift des § 411 Abs. 4 ZPO wichtig. Danach haben die Parteien dem Gericht innerhalb eines angemessenen Zeitraumes ihre Einwendungen gegen das Gutachten, die Begutachtung betreffende Anträge und Ergänzungsfragen mitzuteilen. Dem Gericht ist auch gestattet, eine mit dem Sanktionsmittel der Präklusion versehene Frist zu setzen. Dabei müssen die Parteien wohl nicht alle denkbaren Einwendungen vorbringen oder ankündigen. Nach dem Zweck der Vorschrift genügt es, wenn erkennbar erläuterungsbedürftige Punkte des Gutachtens so bezeichnet werden, dass sich alle Prozessbeteiligten rechtzeitig darauf einstellen können. Zusatzfragen, die sich erst aufgrund der Erläuterung des Sachverständigen in der mündlichen Verhandlung ergeben, sind weiter zulässig.

637

8. Vergleich

Auch im Mieterhöhungsverfahren kann es sinnvoll sein, den Rechtsstreit vergleichsweise zu beenden. Dabei können sowohl die Kosten einer Beweisaufnahme durch Einholung eines Sachverständigengutachtens bei nicht rechtschutzversicherten Parteien ein Grund sein, als auch die Tatsache, dass beide Parteien den „Streit" nicht bis zur bitteren Neige ausfechten wollen, um ggf. den späteren Umgang miteinander nicht zu belasten. Im Vergleich sollte geregelt werden, welche Miete ab welchem Termin zu zahlen ist. Sinnvollerweise sollte eine Bestimmung über die mit der Grundmiete gezahlten **Nebenkosten** und ggf. die **Höhe der Nebenkostenvorauszahlungen** getroffen werden. Wegen der Rückstände aus der Mieterhöhung kann ggf. auch eine Bezifferung erfolgen. Die Parteien sollten i.Ü. auch daran denken, dass die Mietrückstände ggf. zu einer **Kündigung** gem. § 543 BGB berechtigen könnten. Die Schon-

638

frist des § 569 Abs. 3 Nr. 3 BGB gilt bei einer Mieterhöhung aufgrund eines gerichtlichen Vergleichs gerade nicht.[1333]

639   **Formulierungsvorschläge für einen Vergleich:**

> Die Parteien sind darüber einig, dass die von den Beklagten für die von ih-nen innegehaltene Wohnung in der A-Straße in 12345 Stadt 3. OG rechts zu zahlende Miete ab 01.06.2007 insgesamt 500,00 € beträgt. Zusätzlich haben die Beklagten eine Betriebskostenvorauszahlung i.H.v. 100,00 € auf die laut Mietvertrag umlagefähigen Betriebskosten zu zahlen.
>
> *ggf. zusätzlich*
>
> Die Parteien sind sich darüber einig, dass eine Kündigung wegen Zah-lungsrückständen, die sich nur aus diesem Vergleich ergeben, erst zwei Monate nach Ablauf der Widerrufsfrist möglich ist.
>
> *ggf. zusätzlich*
>
> Die Parteien behalten sich den Widerruf dieses Vergleichs durch schrift-liche Anzeige zu den Gerichtsakten bis zum (Datum) vor.

9.   Urteil

640   Wenn die Parteien sich nicht einigen, muss das Gericht ein Urteil erlassen. Das Urteil ersetzt dann die Zustimmung des Mieters zur verlangten Mieter-höhung. Es ist gem. § 894 ZPO **vollstreckbar**, d.h. die Zustimmung gilt mit Rechtskraft der Entscheidung als abgegeben. Insofern hat das Urteil bzgl. der Hauptsache keine vorläufige Vollstreckbarkeit auszusprechen. Wie das Urteil abzusetzen ist, richtet sich nach dem Streitwert. Maßgeblich[1334] ist hier der **Rechtsmittelstreitwert**.[1335]

- Bei Streitigkeiten bis zu einem Beschwerdewert von 600,00 € kann das Ge-richt auf den Tatbestand verzichten und die Entscheidungsgründe ggf. ins Protokoll diktieren, § 495a ZPO.[1336]

1333 OLG Hamm, WuM 1992, 54; Börstinghaus, ZAP, Fach 4R, S. 59.

1334 Strit. a.A.: wohl Baumbach/Hartmann, § 495a ZPO Rn. 5.

1335 S.u. Rn. 643.

1336 Vgl. Rn. 609; zu diesem Verfahren Städing, MDR 1995, 1102; Fischer, MDR 1994, 978; Kunze, NJW 1995, 2750; ders., NJW 1997, 2154; Peglar, NJW 1997, 2222; krit. Schnei-der, MietPrax, Fach 13, S. 199.

- Ist gegen das Urteil kein Rechtsmittel gegeben oder haben die Parteien auf Rechtsmittel verzichtet, braucht das Gericht ebenfalls keinen Tatbestand abzusetzen, § 313a ZPO. Auf die Entscheidungsgründe kann verzichtet werden, wenn kein Rechtsmittel gegen die Entscheidung möglich ist und die Parteien zusätzlich spätestens am zweiten Tag nach der mündlichen Verhandlung auf sie verzichtet haben.

- In allen anderen Fällen erfolgt eine „normale" Entscheidung mit Tatbestand und Entscheidungsgründen. Soweit der Mieter zur Zahlung verurteilt wird, gilt die Schonfrist des § 569 Abs. 2 Nr. 3 BGB für eine Kündigung wegen eines Zahlungsverzuges aufgrund der Mieterhöhung.[1337]

II. Rechtsmittel[1338]

1. Berufung

Gegen ein amtsgerichtliches Urteil gibt es das Rechtsmittel der **Berufung,** wenn die Beschwer über 600,00 € liegt (§ 511a Abs. 2 Nr. 1 ZPO) oder das AG die Berufung zugelassen hat (§ 511a Abs. 2 Nr. 2 ZPO).

641

a) Allgemeines

Die Neuregelung des Rechtsmittelrechts i.R.d. zum 01.01.2002 in Kraft getretenen ZPO-Reform hatte allgemeine, aber auch spezifische Folgen für den Mietrechtsprozess, etwa den Wegfall der Divergenzberufung des § 511a Abs. 2 ZPO a.F. oder des Rechtsentscheids gem. § 541 ZPO a.F. Daneben wurde das Rechtsmittelrecht grundlegend neu gestaltet. Die wichtigsten Änderungen sind:

642

- Wegfall der Berufung als vollständige zweite Tatsacheninstanz. Die Berufung soll hauptsächlich nur noch der Fehlerkontrolle und Fehlerbehebung dienen.

- Eingeschränkte Zulässigkeit der Revision, die nur noch zur Klärung von Rechtsfragen grundsätzlicher Bedeutung sowie zur Wahrung zur Rechtseinheit und der Rechtsfortbildung zulässig ist.

1337 Vgl. auch BGH, NZM 2005, 582: Die Kündigungssperre gilt auch dann, wenn der Mieter rechtskräftig verurteilt worden ist, einer rückwirkenden Mieterhöhung zuzustimmen.
1338 Umfassend zu Rechtsmitteln in Wohnraummietsachen: Monschau, MietPrax, Fach 10 Rn. 423 ff.

- Keine Unterscheidung mehr zwischen einfacher und sofortiger Beschwerde und die revisionsähnliche Ausgestaltung der Rechtsbeschwerde.

b)   Beschwer

643   Die Frage, in welcher Höhe sich der Beschwerdewert bei Zustimmungsklagen berechnet, war hochstreitig und wurde quer durch die Republik völlig unterschiedlich beantwortet. Die von den Gerichten vertretenen Auffassungen reichten vom 12-fachen des monatlichen Erhöhungsbetrages, dem 15-fachen, dem 36-fachen, es wurde aber auch das 42-fache oder gar 60-fache gefordert. Eine ausführliche Übersicht mit Rechtsprechungshinweisen bis teilweise 2004 findet sich bei Schmidt-Futterer/Börstinghaus, § 558b BGB Rn. 153. Aus der Vorauflage soll die nachfolgende Tabelle wiedergegeben werden.

644

Berechnung der Beschwer aus folgender Anzahl von Monatserhöhungsbeträgen	Berufung möglich bei Verurteilung oder Klageabweisung von monatlich mehr als	So entschieden und/oder vertreten von
12	63,91 €[1]	**für Mieter und Vermieter:** LG Aachen, WuM 1979, 63; LG Hannover, MDR 1981, 232; LG Köln, WuM 1994, 28; LG Regensburg, WuM 1992, 145; LG Darmstadt, NJWE-MietR 1997, 172; Sternel, Mietrecht, V Rn. 87; **für Mieter:** LG Köln, WuM 1995, 122; LG Köln, WuM 1991, 563 = MDR 1992, 186; **für Vermieter:** LG Hannover, MDR 1994, 1148; LG Köln, WuM 1994, 487; LG Nürnberg-Fürth, WuM 1992, 636; LG Wuppertal, WuM 1988, 280; LG Hamburg, WuM 1989, 442; LG Berlin, WuM 1989, 440 = MDR 1986, 323; LG Saarbrücken, WuM 1989, 441; LG Bad Kreuznach, WuM 1993, 469; LG Köln, WuM 1993, 470

15	51,13 €	LG Köln, WuM 1986, 121; **für Vermieter ausdrücklich:** LG Köln, WuM 1996, 716 m. abl. Anm. Gärtner, WuM, 1997, 160; LG Bremen, WuM 1997, 334; LG Köln, WuM 1997, 279 (ggf. auch nur 12-fach)
36	21,31 €	LG Braunschweig, WuM 1979, 250; LG Berlin, WuM 1995, 541 = GE 1995, 1135; LG Kiel, WuM 1989, 441: zumindest in Zeiten *„stagnierender Mieten"*; LG Mannheim, WuM 1985, 128; LG Hamburg, WuM 1992, 146; LG Lübeck, MDR 1984, 237; LG Lübeck, DWW 1988, 145; LG Berlin, ZMR 1989, 24; LG Bonn, WuM 1989, 27; LG Kiel, WuM 1989, 441; LG Hagen, WuM 1989, 441; LG Hamburg, 1993, 134; LG Lübeck, MDR 1984, 237 = WuM 1985, 128; LG Wuppertal, WuM 1992, 443 = WuM 1992, 625; LG Nürnberg-Fürth, WuM 1996, 158; Schneider, MDR 1987, 184; **für Mieter:** LG Bonn, WuM 1995, 113; LG München, WuM 1994, 383; LG Arnsberg, WuM 1992, 443 = WuM 1994, 383; LG Arnsberg, WuM 1992, 443 = WuM 1992, 625; LG Hildesheim, WuM 1989, 579 = NdsRpfl 1989, 255 = MDR 1990, 58; LG Bonn, WuM 1989, 27; **für Vermieter:** LG Gießen, WuM 1994, 27; LG Wiesbaden, WuM 1993, 470; LG Berlin, GE 1996, 57

| 42 | 18,26 € | LG Kiel, MDR 1994, 834; BverfG, GE 1996, 600 = NJW 1996, 1531 = WuM 1996, 321; LG Hildesheim, WuM 1996, 351; LG Kassel, WuM 1996, 417; LG Berlin, MM 1996, 449 |
| 60 | 12,78 € | LG Haben, WuM 1989, 441 |

1) Ursprüngliche DM-Beträge wurden mit dem offiziellen Umrechnungskurs 1 € = 1,95583 DM umgerechnet und auf zwei Dezimalstellen gerundet.

Der Streit ist zwischenzeitlich durch zwei Entscheidungen des BGH entschieden:

645   Nachdem der BGH schon mit Beschl. v. 21.05.2003[1339] entschieden hat, dass die generelle Bemessung der Beschwer nach dem 3 1/2-fachen Jahresbetrag des streitigen Betrages auch bei Wohnraummietverhältnissen eine angemessene Grundlage für die Rechtsmittelfähigkeit amtsgerichtlicher Entscheidungen darstellte, bestätigte er mit Beschl. v. 28.11.2006[1340] diese Auffassung. Der BGH bekräftigte, dass der Wert des Beschwerdegegenstandes gem. § 2 ZPO nach den §§ 3 bis 9 ZPO zu bestimmen ist. Für Klagen auf künftig wiederkehrende Leistungen, zu denen auch Zustimmungsklagen gehören, gilt § 9 ZPO und danach kommt es – zumindest bei unbefristeten Wohnraummietverhältnissen – auf den 3 1/2-fachen Wert des einjährigen Mieterhöhungsbetrages an. Damit ist bei Zustimmungsklagen die Wertberufung immer zulässig, sobald der **monatliche Erhöhungsbetrag 16,67 € oder mehr** beträgt. Die gleichen Überlegungen haben zu gelten bei einer Zahlungsklage nach § 559b BGB. Denn auch dort wird eine wiederkehrende Leistung i.S.v. § 9 ZPO verlangt.

646   Hat der Mieter vor Ablauf der Berufungsfrist dem Mieterhöhungsverlangen teilweise zugestimmt, bemisst sich die Beschwer nach der insoweit zu berechnenden Mietdifferenz. Dabei kann durch Anpassung des Berufungsantrages hinsichtlich der Teilzustimmung auf Feststellung der teilweisen Erledigung des Rechtsstreits die Beschwer erhalten bleiben.[1341] Haben die Parteien den Rechtsstreit **übereinstimmend** für **erledigt** erklärt, soll sich die Beschwer

---

1339 BGH, NZM 2004, 617 = MietPrax-AK, § 9 ZPO Nr. 2.
1340 BGH, WuM 2007, 32 = ZMR 2007, 107.
1341 Vgl. LG Saarbrücken, WuM 1989, 441.

des Vermieters nach dem noch für einen bestimmten Zeitraum geforderten Erhöhungsbetrag bemessen.[1342]

Zu beachten ist, dass es bei der Berechnung der Beschwer nur auf das Interesse des Rechtsmittelführers ankommt.[1343] Das Interesse des Gegners ist unbeachtlich.[1344] Das Berufungsgericht ist dabei an die Streitwertfestsetzung des AG nicht gebunden; es setzt den Beschwerdewert selbstständig fest.[1345]   647

c)   Zulassungsberufung

Wird die erforderliche Beschwer nicht erreicht, ist die Berufung nur statthaft, wenn sie nach § 511 Abs. 2 Nr. 2 ZPO vom erstinstanzlichen Gericht zugelassen wird. Zuzulassen ist die Berufung dabei nach § 511 Abs. 4 ZPO, wenn   648

• die Rechtssache grundsätzliche Bedeutung hat oder
• die Fortbildung des Rechts oder die Sicherung einer einheitlichen Rechtsprechung eine Entscheidung des Berufungsgerichtes erfordert.

Eine **Divergenzberufung**, wie dies § 511a Abs. 2 ZPO a.F. vorsah, wenn das Gericht von einer höchstrichterlichen Entscheidung abgewichen ist, gibt es nicht mehr. Diese Konstellation wird nun aber unter § 511 Abs. 4 Satz 1 Nr. 1 ZPO fallen, denn bei Abweichen von einer höchstrichterlichen Entscheidung dürfte die Berufung zur Sicherung einer einheitlichen Rechtsprechung gefordert sein. Nach der derzeitigen Konzeption des Rechtsmittelrechts der ZPO ist es besonders wichtig, das AG auf ober- und höchstrichterliche Entscheidungen hinzuweisen, die einer im Verfahren geäußerten Rechtsauffassung des AG widersprechen. Denn eine **Nichtzulassungsbeschwerde** wie bei der Revision in § 544 ZPO ist bei der Berufung nicht vorgesehen. Gegen die Nichtzulassung gibt es kein Rechtsmittel mehr, nur noch das Abhilfeverfahren nach § 321a bei der Verletzung rechtlichen Gehörs.[1346]   649

1342 LG Gießen, WuM 1994, 704.
1343 BGH, WM 78, 335.
1344 BGH, WM 1992, 1369.
1345 BGH, NJW-RR 1988, 837.
1346 Zöller/Gummer/Heßler, § 511 ZPO Rn. 41.

2. Revision

a) Allgemeines

650   Gegen die Urteile der Berufungsgerichte, also auch gegen Berufungsurteile des LG, ist die Revision eröffnet. Im Gegensatz zur alten Rechtslage (§ 546 ZPO a.F.) gibt es nur noch die **Zulassungsrevision**. Die frühere **Wertrevision** wurde abgeschafft. Die Revision ist daher nur noch möglich, wenn das Berufungsgericht sie nach § 543 Abs. 2 Satz 1 ZPO zugelassen hat oder gegen die Nichtzulassung erfolgreich die Beschwerde nach § 544 ZPO geführt worden ist.

651   Die Zulassungsgründe des § 543 Abs. 2 Satz 1 Nr. 2 ZPO entsprechen denen der Zulassungsberufung gem. § 511 Abs. 4 Satz 1 Nr. 1. Danach ist die Berufung zuzulassen, wenn

- die Rechtssache grundsätzliche Bedeutung hat oder
- die Fortbildung des Rechts oder die Sicherung einer einheitlichen Rechtsprechung eine Entscheidung des Revisionsgerichtes erfordert.

652   Die frühere **Divergenz-Revision** (§ 546 Abs. 1 Satz 2 Nr. 2 ZPO a.F.) bei Abweichung von einem höchstrichterlichen Urteil ist im Gesetz nicht mehr ausdrücklich geregelt. Dieser Fall wird nun jedoch unter § 543 Abs. 2 Satz 1 Nr. 2 ZPO fallen. Denn bei Abweichung von einem höchstrichterlichen Urteil ist die Sicherung einer einheitlichen Rechtsprechung gefordert.

b) Nichtzulassungsbeschwerde

653   Hat das Berufungsgericht die Revision nicht zugelassen, ist die Nichtzulassungsbeschwerde gem. § 544 ZPO eröffnet. Bis zum 31.12.2006 war § 544 ZPO gemäß der Überleitungsvorschrift in § 26 Nr. 8 EGZPO nur mit der Maßgabe anzuwenden, dass die Nichtzulassungsbeschwerde nur ab einem Beschwerdewert von mehr als 20.000,00 € zulässig war, was jedoch nicht galt, wenn das Berufungsgericht die Berufung verworfen hatte.

c) Sprungrevision

654   Möglich ist auch eine Sprungrevision gem. § 566 ZPO. Diese ist auch gegen erstinstanzliche Urteile des AG eröffnet.

3. Gehörsrüge (§ 321a ZPO)[1347]

Ist gegen das Urteil des AG keine Berufung möglich, kann nur noch geprüft werden, inwieweit die Gehörsrüge nach § 321a ZPO in Betracht kommt. Grds. ist dieses Rechtsmittel vorgesehen, um das Grundrecht auf rechtliches Gehör zu schützen. Denn ist dieses Grundrecht entscheidungserheblich verletzt worden, soll dies auch dann gerügt werden können, wenn eine Berufung nicht zulässig ist. Ist die Berufung zulässig, erfolgt die Verletzung rechtlichen Gehörs inzidenter im Berufungsverfahren.

655

Die Rüge wird durch Schriftsatz, der beim AG einzureichen ist, geführt. In der Rügeschrift hat der Beschwerdeführer darzulegen, worin die Gehörsverletzung besteht und wie sich diese Verletzung auf die Entscheidung ausgewirkt hat. Gerade der zweite Schritt ist wichtig. Denn wenn in der Rügeschrift nicht dargelegt wird, was der Rügende bei ausreichender Gewährung rechtlichen Gehörs vorgetragen hätte, bleibt die Rüge erfolglos. Denn allein die Verletzung rechtlichen Gehörs führt noch nicht zur Rechtsverletzung. Notwendig ist immer, dass gerade diese Verletzung sich auf die Entscheidung ausgewirkt hat.[1348]

656

1347 Vgl. dazu ausführlich, MietPrax/Monschau, Fach 10, Rn. 364 ff.
1348 Vgl. Herrlein/Kandelhard/Schneider, S. 1180 ff., Rn. 83 ff.

Teil 2: Arbeitshilfen

A. Entscheidungslexikon zu Problemen der Mieterhöhung

I. Rechtsprechung des BVerfG zur Mieterhöhung

Das BVerfG hatte sich für den gesamten Bereich des Mietrechts[1349] phasen-
weise zu einer Art „Bundesmietengericht"[1350] oder Superrevisionsgericht[1351]
entwickelt. Diese „**Omnipotenz**" wurde vielfach, auch in der Vorauflage,
bemängelt, zudem wurde darauf hingewiesen, dass sich das BVerfG bei der
Vielzahl seiner Entscheidungen andauernd selbst widerspreche. Denn in den
Entscheidungen heißt es tatsächlich immer wieder „die einfach gerichtliche
Auslegung der Gesetze obliegt den Fachgerichten". Nur wenn diese die verfassungsrechtlichen Grenzen überschreiten, darf das BVerfG entscheiden.

657

Allerdings zeigt die Entwicklung eine rückläufige Tendenz. Während im Zeitraum 01.01.1988 bis 31.12.1997 noch über 250 Entscheidungen des BVerfG
zu mietrechtlichen Fallgestaltungen im weitesten Sinne veröffentlicht wurden, waren es in der folgenden Dekade weniger als 150. Dies könnte auch
damit zusammenhängen, dass sich die höchstrichterliche Entscheidungsfindung in mietrechtlichen Fallgestaltungen seit Inkrafttreten der ZPO-Reform
deutlich auf den BGH verlagert hat, obgleich beide Prüfungsrichtungen unterschiedlich sind. Denn die Anrufung des BVerfG kommt nur in Betracht, wenn
Grundgesetze verletzt sind. Aus anwaltlicher Sicht kann der Ratschlag an den
Mandanten, gegen ein nicht mehr rechtsmittelfähiges Urteil in Mietsachen
die Verfassungsbeschwerde einzulegen, teuer werden. Denn nach § 34 Abs. 2
BVerfGG kann das BVerfG eine sog. **Missbrauchsgebühr** bis zu 2.600,00 €
auferlegen, die dann in Betracht kommt, wenn die Einlegung der Verfassungsbeschwerde offensichtlich unzulässig oder unbegründet ist.

Dessen ungeachtet wird von der Rechtsprechung die Kenntnis verfassungsgerichtlicher Entscheidungen verlangt. Sie haben teilweise gem. § 31 BVerfGG
Gesetzesrang. Eine Vorlagepflicht gibt es für die Instanzgerichte jedoch **nicht**,

658

1349 Zur Rspr. des BVerfG zum Mietrecht s. umfassend Sonnenschein, NJW 1993, 161; Roelle-
cke, NJW 1992, 1649; Meincke, WuM 1994, 581; Zuck, NJW 2005, 3753.
1350 Rühl/Breitbach, JA 1991, 111.
1351 Emmerich, DWW 1993, 313.

wenn sie von einer Entscheidung des BVerfG abweichen wollen.[1352] Zu beachten ist, dass das BVerfG nur die Verletzung von Verfassungsrecht überprüfen darf. In Betracht kommen dort auf der einen Seite vor allem Verstöße gegen die Eigentumsgarantie gem. Art. 14 GG und den Gleichheitsgrundsatz gem. Art. 3 GG, sowie auf der anderen Seite Verstöße gegen die Verfahrensnormen mit Verfassungsrang[1353] wie die Verweigerung des gesetzlichen Richters[1354] oder des rechtlichen Gehörs.[1355]

659 Wenn gegen eine Entscheidung eines Fachgerichts (in Mietsachen also entweder des AG oder LG) Verfassungsbeschwerde eingelegt werden soll, ist zu beachten, dass diese immer nur **ultima ratio** ist, d.h. es gilt der Subsidiaritätsgrundsatz.

660 Es müssen also zunächst alle Rechtsmittel gegen die Entscheidung ausgenutzt werden.[1356] Dies ist solange unproblematisch, wie die Beschwer problemlos die Grenze des § 511 ZPO erreicht. Liegt die Beschwer der betroffenen Partei unter 600,01 € und ist die Gehörsrüge nach § 321a ZPO erfolglos geblieben, kann die Verfassungsbeschwerde auch wegen der Verletzung des **rechtlichen Gehörs** gerügt werden.[1357] Dabei muss im Rahmen der angemessenen Prozessführung neuer Vortrag zunächst bei den Fachgerichten vorgetragen werden. Denn der **Subsidiaritätsgrundsatz** gebietet für die Zulässigkeit einer Rüge im Verfassungsbeschwerdeverfahren i.d.R. nicht nur, dass der Beschwerdeführer im Ausgangsverfahren i.R.d. Zumutbaren alle prozessualen Möglichkeiten ausgeschöpft hat, um es gar nicht zum Verfassungsverstoß kommen zu lassen.[1358] Dabei muss der Anwalt das Gericht also ggf. auch auf mögliche Verfassungsverstöße hinweisen. Sondern auch die Zurückweisung von Rechtsbehelfen wegen Fristversäumnis oder unzureichender Begründung oder auch widersprüchlicher Vortrag im Ausgangsverfahren im Verhältnis zur

---

1352 BVerfG, WuM 1989, 552; Zur Wirkung von BVerfG Beschlüssen: Lammel, NJW 1994, 3320 (3325) und Schnapp/Henkenkötter, JuS 1994, 121.

1353 Vgl. die umfassende Aufstellung der rügbaren Rechtsverletzungen bei Maunz/Schmidt-Bleibtreu/Klein/Bethge, § 90 BVerfGG Rn. 77.

1354 BVerfG, NJW 1995, 581; NJW 1993, 381 = ZAP Fach 4R, S. 83 m. Anm. Börstinghaus.

1355 Schumann, NJW 1985, 1134; Zuck, NJW 2005, 3753.

1356 BVerfGE 86, 382; m. Anm. Weber, JuS 1995, 114; BVerfG, NJW 2003, 1924.

1357 BVerfG, NJW 2003, 1924; BVerfG, Beschluss vom 25.04.2005 – 1 BvR 644/05.

1358 BVerfG, Beschl. v. 04.03.1993 – 1 BvR 1674/02.

Verfassungsbeschwerde, kann als unzureichende Verfahrensführung gewertet werden.[1359]

Die Beschreitung des Rechtsweges ist auch nicht deswegen unzumutbar, weil die Zulässigkeit des Rechtsmittels unterschiedlich beurteilt werden kann, da in solchen Fällen die Monatsfrist nach § 93 Abs. 1 BVerfGG mit der Zurückweisung des Rechtsmittels neu in Lauf gesetzt wird.[1360] Ist die Statthaftigkeit eines Rechtsmittels gegen ein amtsgerichtliches Urteil umstritten, so muss nach dem Grundsatz der Subsidiarität der Verfassungsbeschwerde i.d.R. zunächst das strittige Rechtsmittel eingelegt werden.[1361] Erscheint etwa die Zulässigkeit des Rechtsmittels nur deshalb fraglich, weil das zuständige Berufungsgericht hinsichtlich des für die Mieterhöhungsklagen maßgeblichen **Rechtsmittelstreitwertes** eine absolute Mindermeinung vertritt, so kann von der Einlegung der Berufung nur dann abgesehen werden, wenn Anhaltspunkte dafür vorliegen, dass das Rechtsmittelgericht trotz Kenntnis der Rechtsprechung des BVerfG (und des BGH) an seiner umstrittenen Entscheidungspraxis festhält.[1362]

661

Nachfolgend eine Zusammenstellung von Entscheidungen des BVerfG zu Fragen der Mieterhöhung bei **freifinanziertem** Wohnraum:

662

• Beweisaufnahme/Sachverständigengutachten

663

Aus Art. 2 Abs. 1 GG i.V.m. dem Rechtsstaatsprinzip ergibt sich, dass in einem Sachverständigengutachten zur ortsüblichen Miete auf eine Offenlegung von Mietpreis und Adressen der Vergleichswohnungen oder sonstigen Angaben über deren Beschaffenheit in aller Regel nicht verzichtet werden kann, soweit deren Kenntnis für eine Überprüfung des Gutachtens praktisch unentbehrlich ist. Das bedeutet jedoch nicht, dass der Sachverständige stets die Vergleichswohnungen offenlegen muss, damit sein Gutachten verwertbar ist. Grenzen können insbes. dann gesetzt werden, wenn ein Beteiligter seine Zweifel nicht hinreichend substanziiert oder wenn bei vernünftiger Würdigung der Gesamtumstände nicht zu erwarten ist, dass durch eine Überprüfung das Gutachten infrage gestellt wird. Ggf. muss das Gericht versuchen,

---

1359 Vgl. Kreuder, NJW 2001, 1243.
1360 BVerfG, NJW 1993, 3130 = WuM 1994, 140.
1361 BVerfGE, 68, 376 = NJW 1985, 2249.
1362 BVerfG, NJW 1993, 3130 = WuM 1994, 140.

sich – etwa durch Befragung des Sachverständigen – Gewissheit darüber zu verschaffen, in welcher Weise dieser seine Daten erhoben hat.
BVerfG, 07.10.2000 – 1 BvR 2646/95

664   Es kann gegen Art. 2 Abs. 1 GG i.V.m. dem Rechtsstaatsprinzip verstoßen, wenn ein Gutachten über die ortsübliche Vergleichsmiete zur Grundlage eines Urteils gemacht wird, obwohl weder das Gericht noch die Prozessparteien die Möglichkeit hatten, die vom Sachverständigen zugrunde gelegten Befundtatsachen zu überprüfen.
BVerfG, 11.10.1994 – 1 BvR 1398/93, WuM 1994, 661 = NJW 1995, 40 = DWW 1994, 381

665   Ob und inwieweit das Gericht und die Verfahrensbeteiligten die Kenntnis von Tatsachen, die ein Sachverständiger seinem Gutachten zugrunde gelegt hat, für eine kritische Würdigung des Gutachtens tatsächlich benötigen, lässt sich nicht generell entscheiden. Die Frage muss vom Richter unter Berücksichtigung der Umstände des Einzelfalls entschieden werden.
BVerfG, 16.10.1996 – 1 BvR 1544/96, NJW 1997, 311 = WuM 1996, 749

666   **• Gemeinnützige Wohnungsbauunternehmen/Kappungsgrenze**

Die Auslegung der hessischen Miethöheverordnung dahingehend, dass die Mieterhöhungsgrenze auf 5 % nach dieser Verordnung nicht nur für Wohnraum gilt, der im Eigentum einer ehemals gemeinnützigen Wohnungsunternehmens steht, sondern auch für solchen, dessen Besitz sich das Unternehmen durch Pacht verschafft hat, berührt angesichts des verfolgten Zwecks (Schutz des Mieters nach Wegfall der Wohnungsgemeinnützigkeit vor einem sprunghaften Anstieg der Miete) nicht den von Art. 14 GG geforderten ausgewogenen Ausgleich der Belange von Mietern und Vermietern. Soweit hier das Wohnungsunternehmen gegenüber anderen Unternehmen vorübergehend in seiner Möglichkeit eingeschränkt ist, für bestimmten Wohnraum Mieterhöhungen durchzusetzen, liegt eine Rechtfertigung dieser Ungleichbehandlung in den Steuervorteilen und deren Nachwirkungen, die es als gemeinnütziges Wohnungsunternehmen bis zum Außerkrafttreten des Wohnungsgemeinnützigkeitsgesetzes früher in Anspruch genommen hat.
BVerfG, 27.07.1993 – 1 BvR 1046/93, GE 1993, 977 = ZMR 1993, 502 = WuM 1994, 139

§ 4 des Wohnungsgemeinnützigkeitsüberführungsgesetzes als Ermächtigungs-   667
grundlage der hessischen MietHöV verstößt nicht gegen Art. 80 Abs. 1 Satz 2
GG, denn sowohl der Inhalt der VO – begrenzte Mieterhöhung –, als auch ihr
Zweck – Begrenzung des Mietpreisanstiegs in Gebieten mit erhöhtem Wohnungsbedarf – und ihr Ausmaß – zulässige Erhöhung des Mietzinses um 5 %
bis zum 31.12.1995 – sind ausreichend bestimmt, wobei verfassungsrechtlich
unbedenklich ist, dass die Ermächtigungsnorm im SteuerreformG 1990 erlassen wurde.

Nach Aufhebung des Gesetzes über die Gemeinnützigkeit von Wohnungs-
wesen beugt § 4 des Wohnungsgemeinnützigkeitsüberführungsgesetzes in
Einzelfällen einer sprunghaften Mieterhöhung. vor. Da die Bindung an die
Kostenmiete, der die gemeinnützigen Wohnungsunternehmen unterlagen,
weiterhin beseitigt bleibt, ist eine einseitige Bevorzugung der Mieter nicht
erkennbar, zumal die Regelung nicht für nach dem 31.12.1989 eingegangene
Mietverhältnisse gilt. Art. 3 Abs. 1 GG fordert nicht, dass die gemeinnützigen
Wohnungsunternehmen mit dem Zeitpunkt des Wegfalls der Steuervergüns-
tigungen auch in ihrer Mietpreisgestaltung den anderen Wohnungsunterneh-
men sofort gleichgestellt werden.
*BVerfG, 10.08.1992 – 1 BvR 605/92, ZMR 1992, 483 = NJW 1992, 3031 =
DWW 1992, 328 = WuM 1992, 670*

• **Kapitalkostenerhöhung/Disagio**   668

Der allgemeine Gleichheitssatz ist verletzt, wenn die Instanzgerichte bei
Mieterhöhungen wegen Kapitalkostenerhöhungen gem. § 5 MHG diejenigen
Mieter durch Nichtberücksichtigung des Disagios schlechter stellen, die ihre
Wohnung von einem Vermieter gemietet haben, der deren Erstellung durch
Aufnahme eines Darlehns finanziert hat, das zwar mit einem niedrigeren Satz
verzinst, aber nicht in voller Höhe ausgezahlt wird. Hat das Disagio zinsver-
tretende Bedeutung, ist es bei den Kapitalkosten zu berücksichtigen.
*BVerfG, 04.01.1995 – 1 BvR 1401/94, DWW 1995, 49 = WuM 1994, 96 =
NJW 1995, 1145*

• **Kapitalkostenerhöhung/Erhöhungsschreiben**   669

Die Regelung in § 5 Abs. 2 MHG, wonach eine an Begründungsmängeln lei-
dende Erhöhungserklärung in Anwendung von § 4 Abs. 2 Satz 2 MHG unwirksam ist und wiederholt werden muss, ist eine die Bestandsgarantie von

Art. 14 Abs. 1 Satz 1 GG nicht berührende zulässige Inhalts- und Schranken-bestimmung. Insbes. ist es verfassungsrechtlich bedenkenfrei, wenn vom Ver-mieter bei der ohne Mitwirkungsmöglichkeit des Mieters zulässigen Umle-gung der gestiegenen Kapitalkosten ein Mindestmaß an Begründung verlangt wird, um den Mieter in den Stand zu versetzen, sich über die Berechtigung der Mehrbelastung zu unterrichten. Das inhaltlich auf die Mitteilung des höheren Zinssatzes beschränkte Mieterhöhungsschreiben ist unzureichend, da für den Mieter die Erhöhung der Kapitalkosten seit Mietbeginn nicht nachvollziehbar ist, solange nicht die Höhe der Darlehensvaluta bekannt gegeben wird.
BVerfG, 13.01.1994 – 1 BvR 2227/93

670 **• Kappungsgrenze/Ausgangsmiete**

Gegen die Auslegung des § 2 Abs. 1 Nr. 3 MHG dahin, dass mit Ausgangs-mietzins der Mietzins drei Jahre vor Zugang des Erhöhungsverlangens gemeint ist, bestehen keine verfassungsrechtlichen Bedenken. Ob diese Auffassung die „allein richtige" oder überzeugende ist, hat das BVerfG nicht nachzuprüfen, da es sich um die Anwendung und Auslegung des einfachen Gesetzesrechts handelt.
BVerfG, 11.07.1995 – 1 BvR 1279, WuM 1995, 576 = NJW-RR 1995, 1162

671 **• Kappungsgrenze/Ende der Preisbindung**

Die Auslegung und Anwendung von § 2 Abs. 1 Satz 1 Nr. 3 MHG, wonach die Kappungsgrenze auch beim Übergang von der Kostenmiete zur Ver-gleichsmiete zu berücksichtigen sei, verkennt die Bedeutung und Tragweite von Art. 14 Abs. 1 GG.
BVerfG, 31.05.1991 – 1 BvR 461/91

672 **• Kappungsgrenze/Verfassungsmäßigkeit**

Es ist mit der Eigentumsgarantie vereinbar, dass Vermieter von Wohnungen höchstens eine Steigerung des Mietzinses um 30 %, nicht aber eine darüber-liegende Vergleichsmiete fordern können (§ 2 Abs. 1 Satz 1 Nr. 3 MHG). Dies gilt auch in Fällen, in denen eine Mietzinserhöhung erstmals nach dem Weg-fall einer Preisbindung verlangt wird.
BVerfG, 04.12.1985 – 1 BvL 1/85; 1 BvL 23/84; 1 BvR 439/84; 1 BvR 652/84, BVerfGE 71, 230

• **Mieterhöhung/Ausmaß** 673

Die verfassungsrechtliche Garantie des Grundeigentums räumt keinen Anspruch auf den größtmöglichen wirtschaftlichen Nutzen oder die Möglichkeit des Vermieters ein, den am Wohnungsmarkt erzielbaren Mietpreis sofort und in voller Höhe auszuschöpfen.
BVerfG, 19.01.1987 – 1 BvR 1343/86, DWW 1987, 68 = WuM 1987, 78= ZMR 1987, 133

• **Mieterhöhungsverfahren** 674

Rechtsstaatliche Grundsätze gebieten, mietpreisrechtliche Vorschriften nach Inhalt und Voraussetzung so zu gestalten, dass Vermieter und Mieter in der Lage sind, in zumutbarer Weise die gesetzlich zulässige Miete zu ermitteln.
BVerfG, 23.04.1974 – 1 BvR 6/74; 1 BvR 2270/73, JZ 1974, 609 = NJW 1974, 1499 = MDR 1974, 907

• **Mieterhöhungsverfahren/Formalien** 675

Im formellen Mieterhöhungsverfahren nach § 2 MHG dürfen von Verfassungs wegen nicht so scharfe Anforderungen an die Begründung des Erhöhungsverlangens durch Sachverständigengutachten gestellt werden, dass hierdurch der gesetzliche Anspruch auf die Vergleichsmiete zu Fall gebracht würde. Zur Zulässigkeit der Erhöhungsklage genügen daher Hinweise auf entsprechende Vergleichswohnungen, der Nachweis indessen, ob diese Angaben richtig sind, betrifft den von der Zulässigkeitsfrage zu trennenden materiell-rechtlichen Erhöhungsanspruch. Ebenso wie bei der Begründung einer Mieterhöhung durch Angabe von Vergleichswohnungen darf folglich auch ein zur Begründung des Erhöhungsverlangens beigezogenes Sachverständigengutachten auf größere oder kleinere Vergleichswohnungen Bezug nahmen, da Vergleichsmaßstab nicht die Grundfläche, sondern der Quadratmeterpreis ist. Etwaige Zweifel an der Richtigkeit des Sachverständigengutachtens berühren daher nicht die Zulässigkeit der Mieterhöhungsklage.
BVerfG, 14.05.1986 – 1 BvR 494/85, DWW 1986, 173 = WuM 1986, 237 = ZMR 1986, 272 = MDR 1986, 821 = GE 1986, 849 = NJW 1987, 313 = NJW-RR 1987, 137

Bei der Anwendung und Auslegung der Vorschriften des MHG müssen die Gerichte beachten, dass mit der zugunsten des Mieters geschaffenen Eigen- 676 tumsbindung ein gesetzlicher Anspruch des Vermieters auf die ortsübliche Vergleichsmiete korrespondiert. Der grundrechtliche Bezug der Regelung verbietet es dabei, durch restriktive Handhabung des Verfahrensrechts die Eigentumsbeschränkung zu verstärken und den aus Art. 14 Abs. 1 GG sich ergebenden Anspruch auf die gerichtliche Durchsetzung der gesetzlich zulässigen Miete zu verkürzen.

BVerfG, 14.07.1981 – 1 BvR 107/80, DWW 1981, 263 = GE 1982, 133 = WuM 1982, 146

677 • **Mieterhöhungsverfahren/Formalien/Rechtsmittelstreitwert**

Bei der Entscheidung über die Berechtigung eines Mieterhöhungsverlangens ist der Richter im Hinblick auf Art. 14 Abs. 1 Satz 1 GG nicht verpflichtet, einen Mietspiegel als Grundlage seiner Überzeugungsbildung unberücksichtigt zu lassen, wenn der Vermieter gem. § 2 Abs. 2 MHG drei Vergleichswohnungen benannt hat. Er kann auch dann auf den Mietspiegel zurückgreifen, wenn das zu einem niedrigeren Mietzins als bei Berücksichtigung der höheren Quadratmeterpreise der benannten Vergleichswohnungen führt, jedenfalls solange der Mietzins nicht unzumutbar niedrig wird. Hat das LG bei der Berechnung der Berufungssumme für die Klage auf Mietzinserhöhung unter analoger Anwendung von § 16 Abs. 5 GKG über § 3 ZPO von dem 1-jährigen Betrag der verlangten Mieterhöhung einen Abzug von 20 % vorgenommen, so dürfte dies schwerlich den Vorstellungen des Gesetzgebers entsprechen, der diese Regelung geschaffen hatte, um den Gebührenwert in Mietstreitigkeiten aus sozialen Gründen niedrig zu halten, nicht aber den Zugang zu einer weiteren Instanz, erschweren wollte. Die Berechnung hält sich aber noch im Rahmen herkömmlicher Rechtsanwendung und ist deshalb verfassungsrechtlich hinzunehmen.

BVerfG, 30.01.1992 – 1 BvR 40/92

678 • **Mieterhöhungsverlangen/Sachverständigengutachten**

Der Begründungspflicht des § 2 MHG ist genüge getan, wenn im Sachverständigengutachten in einer für den Mieter nachvollziehbaren und überprüfbaren Weise dargelegt wird, warum die nunmehr begehrte Miete der ortsüblichen Miete entspricht. Der Sachverständige muss somit eine Aussage über die tatsächliche ortsübliche Vergleichsmiete treffen, d.h., er muss die zu beurteilende Wohnung in das örtliche Preisgefüge einordnen. Seine Aufgabe besteht nicht

etwa darin, den Mietzins nach billigem Ermessen festzusetzen. Das Gutachten muss erkennen lassen, dass in ihm die ortsübliche Vergleichsmiete zugrunde gelegt ist, weil nur diese den Maßstab für die mietpreisrechtliche Bewertung einer Wohnung bildet. Diese Gesetzesauslegung beruht nicht auf einer unzumutbaren, mit der Eigentumsgarantie des Art. 14 Abs. 1 Satz 1 GG nicht mehr in Einklang stehenden, Übersteigerung der Anforderungen an die Begründung eines Mieterhöhungsverlangens i.S.d. Rechtsprechung des BVerfG.
BVerfG, 05.05.1986 – 1 BvR 12/85, WuM 1986, 239

• Mieterhöhungsverlangen/Unterschrift

679

Eine Auslegung von § 11 Abs. 4 Satz 2 MHG, wonach bei einem mit automatischen Einrichtungen gefertigten Erhöhungsverlangen zwar die eigenhändige Unterschrift abdingbar ist, dieses aber stets mit einem Namen – ggf. unter Offenlegung des Vertretungsverhältnisses – unterzeichnet sein muss, geht nicht von einer grds. unrichtigen Anschauung von der Bedeutung des Art. 14 Abs. 1 Satz 1 GG aus, denn insofern wird damit kein unzumutbares Formerfordernis aufgestellt.
BVerfG, 03.04.1992 – 1 BvR 416/92, WuM 1992, 514

• Mieterhöhungsverlangen/Vergleichswohnungen

680

Der Einfluss des Grundrechts aus Art. 14 Abs. 1 Satz 1 GG und des damit eng verzahnten Anspruchs auf Gewährung effektiven Rechtsschutzes verbietet es, durch restriktive Auslegung und Handhabung der verfahrensrechtlichen Voraussetzungen für das Mieterhöhungsverlangen die gesetzlichen Beschränkungen übermäßig zu verstärken und den Anspruch auf gerichtliche Durchsetzung der gesetzlich zulässigen Miete zu verkürzen.

Den Anforderungen an die Begründung eines Erhöhungsverlangens ist genügt, wenn der Mieter Informationen über Namen des Wohnungsinhabers, Adresse, Geschoss und Quadratmeterpreis vergleichbarer Wohnungen erhält, die ihm eine eigene Nachprüfung ermöglichen. Das Fehlen der im Gesetz nicht ausdrücklich vorgeschriebenen Angaben über Betriebskosten kann nicht zur Unwirksamkeit des Mieterhöhungsverlangens führen.

Hält ein Gericht die Angaben über die Vergleichswohnungen für nicht ausreichend, so gebietet es die rechtsstaatliche Verfahrensgestaltung, dem Vermieter Gelegenheit zu geben, seinen Sachvortrag zu ergänzen. Die Ablehnung eines

Beweisangebots auf Einholung eines Sachverständigengutachtens wegen unstatthafter Ausforschung stellt eine unzulässige Verkürzung prozessualer Rechte dar, da es nicht ohne Weiteres einsichtig ist, dass ein Sachverständiger auf der Grundlage des Vortrags nicht in der Lage ist, die ortsübliche Vergleichsmiete zu ermitteln.

BVerfG, 08.09.1993 – 1 BvR 1331/92, ZMR 1993, 558 = NJW-RR 1993, 1485 = WuM 1994, 137

681   Die mietrechtlichen Verfahrensvorschriften dienen dem Ausgleich zwischen Belangen des Vermieters und des Mieters; sie dürfen nicht in einer Weise ausgelegt werden, die die Verfolgung der Vermieterinteressen unzumutbar erschwert. Namentlich bei den Anforderungen an die Begründung eines Mieterhöhungsverlangens ist den Mieterinteressen grds. ausreichend Rechnung getragen, wenn Informationen über Namen des Wohnungsinhabers, Adresse, Geschoss und Quadratmeterpreis angegeben sind.

Allerdings können weitergehende Angaben verlangt werden, wenn die fragliche Wohnung solche evidenten Besonderheiten aufweist, dass der Mieter an der Vergleichbarkeit der benannten Wohnungen berechtigtermaßen zweifeln kann und schriftlichen Aufschluss über das Vorliegen dieser speziellen wertbestimmenden Faktoren erwarten darf. Dementsprechende inhaltliche Anforderungen an das Erhöhungsverlangen sind nicht unverhältnismäßig und halten sich im Rahmen verfassungskonformer Auslegung von § 2 Abs. 2 MHG.
BVerfG, 08.11.1988 – 1 BvR 1527/87, BVerfGE 79, 80 = WuM 1989, 62 = DWW 1989, 20 = NJW 1989, 969 = GE 1989, 561

682   Im Hinblick auf die durch das BVerfG aufgestellten Grundsätze zu den Grenzen richterlicher Rechtsfortbildung ist eine Auslegung von § 2 Abs. 2 Satz 4 MHG, ein Mieterhöhungsverlangen könne auch durch Benennung von im selben Haus gelegenen Vergleichswohnungen aus dem eigenen Bestand des Vermieters begründet werden, von Verfassungs wegen nicht zu beanstanden.
BVerfG, 12.05.1993 – 1 BvR 442/93, ZMR 1993, 362 = NJW 1993, 2039 = WuM 1994, 139

683   Grds. ist eine Mieterhöhungserklärung auch dann wirksam, wenn die genannten Vergleichswohnungen nicht in allen vom Gesetz geforderten Punkten mit der Wohnung des Mieters übereinstimmen; schon aus tatsächlichen oder rechtlichen Unterschieden hinsichtlich eines einzigen wohnwertbildenden

Faktors kann die Unwirksamkeit des Erhöhungsverlangens daher grds. nicht hergeleitet werden. Von diesem Grundsatz kann ohne Verfassungsverstoß insbes. dann abgewichen werden, wenn ein bestimmtes Merkmal die Höhe des Mietzinses offensichtlich ganz maßgeblich beeinflusst und dieses Merkmal nur bei der Vergleichs- bzw. der Bezugswohnung vorliegt, weil der Mieter dann nicht anhand der mitgeteilten Angaben die Ortsüblichkeit der geforderten Miete beurteilen kann.
BVerfG, 17.05.1989 – 1 BvR 452/89

- **Mieterhöhungsverlangen/Vergleichswohnungen aus Nachbargemeinden**   684

Es stellt keine Überspannung der formellen Anforderungen an Mieterhöhungsschreiben dar, wenn – bei entsprechender Deutung der auf die Einholung eines Sachverständigengutachtens verweisenden Urteilsgründe – davon ausgegangen wird, dass derjenige Vermieter, der ohne weitere Begründung Vergleichswohnungen in Nachbargemeinden benennt, nicht genügend substanziiert vorträgt, welche zumutbaren Bemühungen unternommen wurden, in derselben Gemeinde Vergleichsmietwohnungen nachzuweisen.
BVerfG, 14.12.1993 – 1 BvR 361/93, ZMR 1994, 99 = NJW 1994, 717 = WuM 1994, 136 = DWW 1994, 75

- **Mietpreisüberhöhung**   685

§ 5 WiStrG ist verfassungsgemäß. Die Norm wird auch dann nicht verfassungswidrig, wenn ein Bürger, der den Bereich nicht verbotenen Handelns bis an die Grenze ausschöpfen möchte, dadurch genötigt sein sollte, Erkundigungen auch bei Sachverständigen einzuholen.
BVerfG, 19.07.1995 – 2 BvL 3/95, WuM 1995, 636 = NJW-RR 1995, 1291

- **Mietpreisüberhöhung/Vorlagepflicht**   686

Eine Auslegung von § 5 Abs. 1 Satz 2 WiStG, die das Gemeindegebiet als Markt nur für die Frage des üblichen Entgelts, nicht jedoch für die Frage der Ausnutzung eines geringen Angebots heranzieht, ließe sich jedenfalls mit der erforderlichen Bestimmtheit aus § 5 WiStG entnehmen; insoweit kann offenbleiben, ob eine Anwendung von § 5 WiStG i.V.m. § 134 BGB durch die Zivilgerichte überhaupt an Art. 103 Abs. 2 GG zu messen ist.
BVerfG, 03.04.1990 – 1 BvR 272/90

687   • **Mietspiegel/Beweismittel**

Es ist mit der Eigentumsgarantie vereinbar und ist keine unzulässige Rechtsfortbildung, wenn die herrschende Rechtspraxis die Ortsüblichkeit des geforderten Mietzinses bei einem Erhöhungsverlangen nach Möglichkeit unter Verwendung ordnungsgemäß aufgestellter Mietspiegel ermittelt, insbes. beruht ein solcher Mietspiegel i.d.R. auf einer erheblich breiteren Tatsachenbasis als sie ein gerichtlich bestellter Sachverständiger mit einem zum Streitwert des Verfahrens noch angemessenen Kostenaufwand ermitteln könnte. Der Vermieteranspruch auf marktorientierte Miete wird nicht dadurch unverhältnismäßig verkürzt, dass ein Mietspiegel zu einem bestimmten Datum aufgestellt wird, welches i.d.R. nicht mit dem für die Erhöhung für maßgeblich gehaltenen Zeitpunkt des Erhöhungsverlangens übereinstimmt, und eine Anpassung mit einer Verzögerung von bis zu zwei Jahren oder sogar darüber erfolgt. Art. 14 Abs. 1 Satz 1 GG garantiert nicht die Möglichkeit, ohne jede Verzögerung sofort und in voller Höhe die Marktmiete zu erhalten. Dass die Verwendung von Mietspiegeln erst allmählich zum Ziel einer verstärkten Marktorientierung der Mieten führt, hat der Gesetzgeber bei der Inhaltsbestimmung des Eigentums im Interesse der Mieter ausdrücklich in Kauf genommen. Die Anwendung eines älteren Mietspiegels trotz Bestehen eines zeitnäheren Mietspiegels bei Erhöhungsverlangen vor Aufstellung des letzteren ist verfassungsmäßig nicht zu beanstanden, da das Gericht keine Rückrechnung vom zeitnäheren Mietspiegel vornehmen kann bzw. muss.

Die Nichteinholung eines beantragten Sachverständigengutachtens zur Ortsüblichkeit der geforderten Miete verletzt den Grundsatz rechtlichen Gehörs nicht, da der Beweisantrag aus Gründen des materiellen Rechts außer Acht gelassen wurde.
BVerfG, 03.04.1990 – 1 BvR 268, 269, 270/90, NVwZ 1990, 855 = WuM 1992, 48 = NJW 1992, 1377 = GE 1992, 609

688   Art. 14 Abs. 1 Satz 1 GG sichert einem Vermieter einen Mietzins, dessen Höhe die Wirtschaftlichkeit der Vermietung regelmäßig sicherstellt. Die Eigentumsgarantie ist nicht verletzt, wenn ein Gericht dem Mietspiegel ausreichende Beweiskraft für die ortsübliche Vergleichsmiete zumisst und es deshalb die Einholung eines Sachverständigengutachtens nicht für erforderlich hält.
BVerfG, 20.03.1991 – 1 BvR 160/91, GE 1991, 725 = WuM 1991, 523

• **Ortsübliche Vergleichsmiete/Vergleichbarkeit** 689

Die ortsübliche Vergleichsmiete ist ein objektiver Maßstab, der einen repräsentativen Querschnitt der üblichen Entgelte für vergleichbaren Wohnraum darstellen soll. Für die Vergleichbarkeit spielt die Heizungsart bei der Frage der Ausstattung der Wohnung eine bedeutsame Rolle. Wohnungen mit Einzelölöfen oder Kohleöfen sind mit Wohnungen, die mit Sammelheizungen oder Etagenheizungen versehen sind, nicht vergleichbar.
BVerfG, 20.01.1981 – 1 BvR 709/80, WuM 1981, 53

• **Rechtliches Gehör/Beweisaufnahme** 690

Der Anspruch auf rechtliches Gehör ist verletzt, wenn ein Gericht eine Klage auf Zustimmung zur Mieterhöhung teilweise abweist, ohne einen entscheidungserheblichen Beweisantritt der Klagepartei zu berücksichtigen.

Wird die Beweiseignung eines Gutachtens aufgrund von im Rahmen der Anhörung eines Sachverständigen auftretenden Zweifeln an der Richtigkeit der tatsächlichen Grundlagen des Gutachtens infrage gestellt, so hat das Gericht im Hinblick auf Art. 103 Abs. 1 GG die Einholung eines neuen oder ergänzenden Gutachtens zu erwägen.
BVerfG, 10.11.1993 – 1 BvR 485/93

• **Rechtsentscheid/Vorlagepflicht/gesetzlicher Richter** 691

Nicht jedes unsorgfältige Arbeiten der Gerichte rechtfertigt das Verdikt der Willkür i.S.v. Art. 3 Abs. 1 oder Art. 101 Abs. 1 Satz 2 GG. Dies gilt auch im Bereich von § 541 Abs. 1 ZPO.

Ein Verstoß gegen Art. 101 Abs. 1 Satz 2 GG kann nur dann angenommen werden, wenn sich aus dem Urteil oder aus dem Verfahrensverlauf Anhaltspunkte dafür ergeben, dass sich dem Gericht die Notwendigkeit einer Vorlage aufdrängen musste oder festzustellen ist, dass es die Verfahrensgarantie des gesetzlichen Richters nicht hat beachten oder dass es sich gar über die Bindung an das Gesetz hat hinwegsetzen wollen.
BVerfG, 03.11.1992 – 1 BvR 137/92, BVerfGE 87, 282 = DVBl 1993, 167 = ZMR 1993, 54 = NJW 1993, 381 =DWW 1993, 38 = WuM 1993, 238 = ZAP, Fach 4R, 83

692 Grds. ist keine Partei eines Rechtsstreits verpflichtet, sich zu Rechtsfragen zu äußern. Äußert sich eine Partei aber erstinstanzlich zu einer Rechtsfrage unter Angabe der ihre Ansicht stützenden Rechtsprechung des BGH mit Fundstelle, so braucht diese Äußerung im Berufungsrechtszug nicht nochmals abgegeben zu werden, weil diese Partei zutreffend davon ausgehen kann, dass das Berufungsgericht den gesamten Akteninhalt und damit auch den rechtlichen Hinweis zur Kenntnis nimmt.

Musste sich dem Berufungsgericht, das von der BGH-Rechtsprechung abweichen wollte, dergestalt die Notwendigkeit zur Einholung eines Rechtsentscheides aufdrängen, so verletzt die Nichteinholung desselben Art. 101 Abs. 1 Satz 2 GG.
BVerfG, 12.12.1994 – 1 BvR 1287/94, NJW 1995, 581

693 • **Verfassungsbeschwerde/Rechtsmittelstreitwert/Divergenzberufung**

Eine Verfassungsbeschwerde ist unter dem Gesichtspunkt der Subsidiarität unzulässig, wenn die Beseitigung der geltend gemachten Grundrechtsverstöße mit den durch das Gesetz zur Verfügung gestellten Rechtsbehelfen zu erreichen ist. Die Beschreitung des Rechtsweges ist nicht unzumutbar, wenn die Zulässigkeit des Rechtsmittels unterschiedlich beurteilt werden kann, da in solchen Fällen die Monatsfrist nach § 93 Abs. 1 BVerfGG mit der Zurückweisung des Rechtsmittels neu in Lauf gesetzt wird.

Erscheint die Zulässigkeit des Rechtsmittels nur deshalb fraglich, weil das zuständige Berufungsgericht hinsichtlich des für Mieterhöhungsklagen maßgeblichen Rechtsmittelstreitwerts eine absolute Mindermeinung vertritt, so kann von der Einlegung der Berufung nur abgesehen werden, wenn Anhaltspunkte dafür vorliegen, dass das Rechtsmittelgericht trotz Kenntnis der Rspr. des BVerfG an seiner umstrittenen Entscheidungspraxis festhält.
BVerfG, 01.04.1993 – 2 BvR 818/92, NJW 1993, 3130 = WuM 1994, 149

694 • **Verfassungsbeschwerde/Sachvortrag im Prozess**

Der Subsidiaritätsgrundsatz gebietet für die Zulässigkeit einer Rüge im Verfassungsbeschwerdeverfahren, dass der Beschwerdeführer im Ausgangsverfahren i.R.d. Zumutbaren alle prozessualen Möglichkeiten ausgeschöpft hat, um es gar nicht zum Verfassungsverstoß kommen zu lassen.
BVerfG, 04.03.1993 – 1 BvR 1674/92

• **Verfassungsbeschwerde/Subsidiarität** 695

Ist die Statthaftigkeit eines Rechtsmittels gegen amtsgerichtliche Urteile in Mieterhöhungsstreitigkeiten umstritten, so ist es dem Beschwerdeführer nach dem Grundsatz der Subsidiarität der Verfassungsbeschwerde i.d.R. zumutbar, hiervon vor der Anrufung des BVerfG Gebrauch zu machen.
BVerfG, 08.01.1985 – 1 BvR 1141/83, BVerfGE 68, 376 = WuM 1985, 110 = MDR 1985, 552 = NJW 1985, 2249 = JuS 1985, 908

• **Vergleichswohnungen/Größe** 696

Es ist nicht gerechtfertigt, ein Erhöhungsschreiben als unwirksam anzusehen, wenn die benannten Wohnungen in der Größe zwar differieren, der Quadratmeterpreis aber genau angegeben ist.
BVerfG, 12.03.1980 – 1 BvR 759/77, BVerfGE 53, 352 = WuM 1980, 123 = NJW 1980, 1617 = ZMR 1980, 202 = MDR 1980, 732

II. Rechtsprechung des BGH zur Mieterhöhung

Die zum 01.01.2002 in Kraft getretene ZPO-Reform stärkte die Bedeutung des 697 erstinstanzlichen Verfahrens und schränkte die Rechtsmöglichkeiten ein; auch das Rechtsentscheidsverfahren ist weggefallen. Die Kenntnis der höchstrichterlichen Rechtsprechung ist deshalb von immer größerer Bedeutung. Denn gem. § 511 Abs. 2 Nr. 2 ZPO muss die Berufung unabhängig von der Beschwer zugelassen werden, wenn die Rechtssache grundsätzliche Bedeutung hat oder die Fortbildung des Rechts bzw. die Sicherung einer einheitlichen Rechtsprechung eine Entscheidung des BGH erfordert (unter den gleichen Voraussetzungen ist die Revision nach § 543 Abs. 1 ZPO zuzulassen). Nachdem der BGH unter der Geltung des Rechtsentscheidsverfahrens nur gelegentlich die Möglichkeit hatte, die Wohnraummiete zu prägen, werden seit der ZPO-Reform BGH-Entscheidungen des für die Wohnraummiete zuständigen 8. Senats im Wochenrhythmus veröffentlicht. Nachfolgend werden die Entscheidungen des 8. Senats zu Fragen der Mieterhöhung kurz dargestellt.

• **Berufungsbeschwer für eine Mieterhöhungsklage** 698

Die Berufungsbeschwer für Klagen auf Mieterhöhung bemisst sich beim Wohnraummietverhältnis auf unbestimmte Zeit nach dem 3 1/2-fachen Wert

des 1-jährigen Mieterhöhungsbetrags.
BGH, 28.11.2006 – VIII ZB 9/06, ZMR 2007, 107

699   • **Beschwer beim Zustimmungsprozess**

Der Beschwerdewert von Klagen auf Erhöhung oder Herabsetzung von Mieten und Nebenkostenpauschalen richtet sich gem. § 9 ZPO nach dem 3 1/2-fachen Jahresbetrag des streitigen Betrags.
BGH, 21.05.2003 – VIII ZB 10/03, AnwBl 2003, 597 – 598

700   • **Betriebskosten/Umstellung auf Fernwärme im laufenden Mietverhältnis**

Stellt der Vermieter während des laufenden Mietverhältnisses den Betrieb einer im Haus vorhandenen Heizungsanlage ein und bezieht stattdessen Fernwärme, kann er die Wärmelieferungskosten auf den Mieter umlegen, wenn die zum Zeitpunkt des Vertragsschlusses geltende Fassung der II. BV bereits eine Umlegung der Kosten der Fernwärmelieferung vorsah und eine Vereinbarung in dem Wohnraummietvertrag besteht, wonach der Mieter die Betriebskosten der Heizung „erläutert durch Anlage 3 zu § 27 II. BVO" zu tragen hat.
BGH, 27.06.2007 – VIII ZR 202/06, NJW 2007, 3060 = ZMR 2007, 851

701   • **Beweiswürdigung/Schätzung der ortsüblichen Vergleichsmiete**

Zur Zulässigkeit der Schätzung der ortsüblichen Vergleichsmiete gemäß § 287 ZPO im Rahmen eines Mieterhöhungsverfahrens, wenn zur Einordnung der Wohnung in die Mietspiegelspannen eines qualifizierten Mietspiegels eine Orientierungshilfe als Schätzgrundlage zur Verfügung steht. *(Amtl. LS)*
BGH, 20.04.2005 – VIII ZR 110/04, ZMR 2005, 771 = NJW 2005, 2074

702   • **Bruttokaltmiete/Bezugnahme auf Mietspiegel**

Zur schlüssigen Darlegung des Anspruchs des Vermieters auf Zustimmung zur Erhöhung einer Bruttokaltmiete, den der Vermieter mit einem Mietspiegel begründet, der Nettomieten aufweist, bedarf es der Angabe der auf die Wohnung tatsächlich entfallenden Betriebskosten; die Angabe eines statistischen Durchschnittswerts für Betriebskosten genügt nicht. *(Amtl. LS)*
BGH, 12.07.2006 – VIII ZR 215/05, ZGS 2006, 404 = ZMR 2006, 916

• **Bruttomiete/Angabe der aktuellen Betriebskosten im Mieterhöhungs-**   703
begehren

Der Anspruch des Vermieters auf Zustimmung zu einer Erhöhung der Bruttokaltmiete, den er mit einem Mietspiegel begründet, der Nettomieten ausweist,
ist anhand der zuletzt auf die Wohnung entfallenden Betriebskosten zu beurteilen. *(Amtl. LS)*
BGH, 26.10.2005 – VIII ZR 41/05, NJW-RR 2006, 227 = ZMR 2006, 110

• **Bruttowarmmiete/Mieterhöhungsbegehren unter Verstoß gegen § 2**   704
HeizkV

Die in einem Mietvertrag enthaltene Vereinbarung einer Bruttowarmmiete ist
außer bei Gebäuden mit nicht mehr als zwei Wohnungen, von denen eine der
Vermieter selbst bewohnt gemäß § 2 HeizkV nicht anzuwenden, weil sie den
Bestimmungen der Heizkostenverordnung widerspricht.

Verlangt der Vermieter vom Mieter die Zustimmung zur Erhöhung einer
vereinbarten Bruttowarmmiete bis zur ortsüblichen Vergleichsmiete, hat der
Umstand, dass die Warmmietenvereinbarung gemäß § 2 HeizkV nicht anzuwenden ist, nicht die Unwirksamkeit des Mieterhöhungsverlangens und damit
auch nicht die Unzulässigkeit der Zustimmungsklage zur Folge. *(Amtl. LS)*
BGH, 19.07.2006 – VIII ZR 212/05, NZM 2006, 652 = ZMR 2006, 766

• **Drittmittel (KfW-Darlehen)**   705

In dem Zustimmungsverlangen zur Mieterhöhung sind nach Inanspruchnahme öffentlicher Fördermittel (hier: zinsverbilligte Darlehen der Kreditanstalt
für Wiederaufbau) nicht nur die Kürzungsbeträge zu nennen, sondern auch die
zugrunde liegenden Berechnungen darzulegen.
BGH, 12.05.2004 – VIII ZR 235/03, WuM 2004, 406

• **Drittmittel/Angaben im Erhöhungsverlangen**   706

Die formelle Wirksamkeit eines Mieterhöhungsverlangens nach § 2 MHG erfordert es grundsätzlich, dass der Vermieter Kürzungsbeträge aufgrund der
Inanspruchnahme öffentlicher Fördermittel zur Wohnungsmodernisierung in
das Erhöhungsverlangen aufnimmt. *(Amtl. LS)*
BGH, 25.02.2004 – VIII ZR 116/03, ZMR 2004, 421 = NJW-RR 2004, 947

707 • **Drittmittel/Dauer des Abzugs**

Bei einer Mieterhöhung sind wegen einer öffentlichen Förderung abzuziehende Kürzungsbeträge nicht auf unbegrenzte Zeit zu berücksichtigen. Vielmehr bedürfen die Vorschriften der §§ 2, 3 MHG sowie der Nachfolgebestimmungen der §§ 558, 559a BGB einer den Anforderungen des Art. 14 GG gerecht werdenden verfassungskonformen Auslegung dahin gehend, dass die Anrechnung nur für einen bestimmten Zeitraum zu erfolgen hat.

Jedenfalls mehr als 25 Jahre nach mittlerer Bezugsfertigkeit und mehr als 15 Jahre nach der Gewährung des letzten Förderbetrags ist die gewährte Förderung durch die verminderte Mieterhöhung aufgezehrt, sodass dahingestellt bleiben kann, ob der Zeitraum, in dem Kürzungsbeträge von der Mieterhöhung abzusetzen sind, auf zehn oder zwölf Jahre festzulegen ist.
BGH, 23.06.2004 – VIII ZR 283/03, ZAP 2005, 1026 = NZM 2004, 655

708 • **Drittmittel/Hinweis im Mieterhöhungsverlangen**

Ein Mieterhöhungsverlangen ist aus formellen Gründen unwirksam, wenn der Vermieter in der Begründung auf die Inanspruchnahme einer öffentlichen Förderung für die Modernisierung der Wohnung und die dadurch veranlasste Kürzung der Mieterhöhung hinweist, den Kürzungsbetrag jedoch nicht nachvollziehbar erläutert. Dies gilt auch dann, wenn der Hinweis auf einem Versehen beruht, weil eine solche Förderung in Wirklichkeit nicht erfolgt und deshalb eine Kürzung nicht erforderlich ist. *(Amtl. LS)*
BGH, 12.05.2004 – VIII ZR 234/03, ZMR 2004, 655

709 • **Drittmittel/keine Angaben im Mieterhöhungsbegehren nötig**

Sind Kürzungsbeträge nach § 558 Abs. 5 BGB von der begehrten Mieterhöhung (z.B. wegen Zeitablaufs) nicht abzuziehen, müssen die in Anspruch genommenen Fördermittel im Mieterhöhungsbegehren auch nicht erwähnt werden.
BGH, 23.06.2004 – VIII ZR 285/03

710 • **Drittmittel/notwendige Angaben im Erhöhungsschreiben**

Ein Mieterhöhungsverlangen ist aus formellen Gründen unwirksam, wenn der Vermieter in der Begründung auf die Inanspruchnahme einer öffentlichen

Förderung für die Modernisierung der Wohnung und die dadurch veranlasste Kürzung der Mieterhöhung hinweist, den Kürzungsbetrag jedoch nicht nachvollziehbar erläutert. Dies gilt auch dann, wenn der Hinweis auf einem Versehen beruht, weil eine solche Förderung in Wirklichkeit nicht erfolgt und deshalb eine Kürzung nicht erforderlich ist. *(Amtl. LS)*
BGH, 12.05.2004 – VIII ZR 234/03, NJW-RR 2004, 1159

• **Grundmietenverordnung/Nachholen unterbliebener Mieterhöhungen**   711

War der Vermieter aus von ihm nicht zu vertretenden Gründen gehindert, die Miete für Wohnraum in den neuen Bundesländern nach den Bestimmungen der Ersten oder Zweiten Grundmietenverordnung oder nach den §§ 11, 12 MHG zu erhöhen, obwohl deren Voraussetzungen erfüllt waren, so kann er die Heraufsetzung der Miete nach den Grundsätzen über die Anpassung eines Vertrages wegen wesentlicher Änderung der Geschäftsgrundlage verlangen. *(Amtl. LS)*
BGH, 22.12.2004 – VIII ZR 41/04, ZMR 2005, 184

• **Jahresfrist/einvernehmliche Mieterhöhungen**   712

Bei der Berechnung der Jahresfrist nach § 558 Abs. 1 Satz 2 BGB bleiben nach Satz 3 auch solche Mieterhöhungen unberücksichtigt, die auf den in § 559 BGB genannten Gründen beruhen, jedoch einvernehmlich von den Parteien vereinbart worden sind. *(Amtl. LS)*
BGH, 18.07.2007 – VIII ZR 285/06, NJW 2007, 3122

• **Kappungsgrenze/Berechnungsgrundlage**   713

Ist eine Teilinklusivmiete vereinbart, ist diese die Grundlage für die Berechnung der Kappungsgrenze.
BGH, 19.11.2003 – VIII ZR 160/03, ZMR 2004, 327

• **Kappungsgrenze/einvernehmliche Mieterhöhungen**   714

Bei der Berechnung der Kappungsgrenze nach § 2 Abs. 1 Satz 1 Nr. 3 MHG bleiben auch solche Mieterhöhungen unberücksichtigt, die auf den in den §§ 3 bis 5 MHG genannten Gründen beruhen, jedoch nicht in dem dort vorgesehenen einseitigen Verfahren vom Vermieter geltend gemacht, sondern einver-

nehmlich von den Parteien vereinbart worden sind. *(Amtl. LS)*
BGH, 28.04.2004 – VIII ZR 185/03, NJW 2004, 2088

715 • **Kappungsgrenze/Kapitalkostenerhöhung**

Eine im preisgebundenen Wohnraum wegen gestiegener Kapitalkosten erklärte Mieterhöhung ist nach Wegfall der Preisbindung bei einem nach dem
31. August 2001 zugegangenen Mieterhöhungsverlangen in die Berechnung
der Kappungsgrenze des § 558 Abs. 3 BGB einzubeziehen. *(Amtl. LS)*
BGH, 28.04.2004 – VIII ZR 178/03, NJW-RR 2004, 945

716 • **Kostenmiete durch Vereinbarung**

Erfüllt eine Mietwohnung nicht die gesetzlichen Voraussetzungen für preisgebundenen Wohnraum, so ist die vertragliche Vereinbarung der Wohnungs-
preisbindung mit der Berechtigung des Vermieters zur einseitigen Erhöhung
der Kostenmiete nach § 557 Abs. 4, § 558 Abs. 6 BGB unwirksam. Eine Vereinbarung der Kostenmiete ist nur dann wirksam, wenn die Einhaltung der
Kostenmiete danach lediglich eine weitere Voraussetzung für die Zulässigkeit
der Mieterhöhung gemäß § 558 BGB sein soll. *(Amtl. LS)*
BGH, 07.02.2007 – VIII ZR 122/05, ZMR 2007, 355 = NJW-RR 2007, 667

717 • **Kostenmietklausel/ehemals gemeinnützige Wohnungsunternehmen**

Nach Wegfall der Wohnungsgemeinnützigkeit wird eine vertraglich vereinbarte Kostenmietklausel hinfällig.
BGH, 14.06.2006 – VIII ZR 128/05, ZMR 2006, 841 = WuM 2006, 520

718 • **Mieterhöhung/Ausgangsmiete**

Mieterhöhungen nach §§ 558, 559 BGB werden Bestandteil der Grundmiete
und sind deshalb bei späteren Mieterhöhungen nach § 558 BGB in die Ausgangsmiete einzurechnen. Eine gegenteilige Parteivereinbarung gäbe dem
Vermieter die Möglichkeit zur Mieterhöhung über den in § 558 BGB vorgesehenen Rahmen hinaus und ist deshalb gemäß § 558 Abs. 6, § 557 Abs. 4 BGB
wegen Benachteiligung des Mieters unwirksam.

Gibt der Vermieter in einem Mieterhöhungsbegehren nach § 558a BGB eine
unzutreffende Ausgangsmiete an, weil er die gebotene Einrechnung einer

früheren Mieterhöhung in die Ausgangsmiete unterlässt, führt das nicht zur formellen Unwirksamkeit des Mieterhöhungsbegehrens und zur Unzulässigkeit einer vom Vermieter daraufhin erhobenen Zustimmungsklage; das Mieterhöhungsbegehren ist jedoch unbegründet, soweit die begehrte Miete unter Hinzurechnung der früheren Mieterhöhung die ortsübliche Vergleichsmiete übersteigt. *(Amtl. LS)*

BGH, 10.10.2007 – VIII ZR 331/06, WuM 2007, 707 – 709 = ZGS 2007, 407

• **Mieterhöhung/Teilinklusivmiete**   719

Bei Erhöhung einer Teilinklusivmiete nach § 558 BGB braucht der Vermieter im Mieterhöhungsverlangen zur Höhe der in der Miete enthaltenen Betriebskosten keine Angaben zu machen, wenn auch die von ihm beanspruchte erhöhte Teilinklusivmiete die ortsübliche Nettomiete nicht übersteigt. *(Amtl. LS)*

BGH, 10.10.2007 – VIII ZR 331/06, WuM 2007, 707 – 709 = ZGS 2007, 407

• **Mieterhöhungsaufforderung/Zustimmung durch Zahlung**   720

Hat sich der Vermieter im Mietvertrag eine einseitige Neufestsetzung der Miete vorbehalten und hat er in seinen an die Mieter gerichteten Mieterhöhungsschreiben erkennbar auf der Grundlage dieser – nach § 557 Abs. 4 BGB – unwirksamen vertraglichen Regelung sein einseitiges Bestimmungsrecht ausüben wollen, liegt darin, vom Empfängerhorizont der Mieter ausgehend, kein Angebot zum Abschluss einer Mieterhöhungsvereinbarung. Schon deshalb kann in der Zahlung der erhöhten Miete seitens der Mieter eine stillschweigende Zustimmung zu der Mieterhöhung nicht gesehen werden. *(Amtl. LS)*

BGH, 20.07.2005 – VIII ZR 199/04, ZMR 2005, 848; NJW-RR 2005, 1464

• **Mieterhöhungsbegehren/Bezugnahme auf den Mietspiegel**   721

Ein formell wirksames Mieterhöhungsverlangen ist gegeben, wenn der Vermieter unter zutreffender Einordnung der Wohnung des Mieters in die entsprechende Kategorie des Mietspiegels die dort vorgesehene Mietspanne richtig nennt und die erhöhte Miete angibt. *(Amtl. LS)*
BGH, 12.11.2003 – VIII ZR 52/03, NJW 2004, 1379

722   • **Mieterhöhungsbegehren/Bezugnahme auf qualifizierten Mietspiegel/ Beifügen des Mietspiegels**

Liegt ein qualifizierter Mietspiegel vor, der ein Raster aus mit Buchstaben und Ziffern bezeichneten Feldern enthält, in denen für bestimmte Kategorien von Wohnungen jeweils eine bestimmte Mietspanne ausgewiesen ist, so ist nur die genaue Angabe des – nach Auffassung des Vermieters – für die Wohnung einschlägigen Mietspiegelfelds erforderlich, um den Mieter auf die im Mietspiegel für die Wohnung vorgesehene Spanne hinzuweisen und ihm eine Überprüfung zu ermöglichen, ob die geforderte Miete innerhalb der Spanne liegt. Die Spanne muss im Erhöhungsverlangen nicht ausdrücklich genannt werden, wenn der Mieter sie in dem vom Vermieter angegebenen Mietspiegelfeld ohne weiteres ablesen kann. Der Mietspiegel selbst muss dem Erhöhungsverlangen auch nicht beigefügt werden, wenn er – wie im vorliegenden Fall – im Amtsblatt veröffentlicht und damit allgemein zugänglich ist.
BGH, 12.12.2007 – VIII ZR 11/07; Pressemitteilung Nr. 191/2007 des BGH v. 12.12.2007

723   • **Mieterhöhungsbegehren/Überschreiten der Mietspiegelspanne**

Liegt die verlangte Miete oberhalb der im Mietspiegel ausgewiesenen Mietspanne, so ist das Erhöhungsverlangen insoweit unbegründet, als es über den im Mietspiegel ausgewiesenen Höchstbetrag hinausgeht. *(Amtl. LS)*
BGH, 12.11.2003 – VIII ZR 52/03, ZMR 2004, 325

724   • **Mieterhöhungsbegehren/unwirksames Zustimmungsverlangen/Zustimmung durch Zahlung**

Auch dem unwirksamen Mieterhöhungsbegehren des Vermieters kann der Mieter konkludent (durch Zahlung) zustimmen.
BGH, 29.06.2005 – VIII ZR 182/04, NZM 2005, 736 = ZMR 2005, 847

725   • **Mieterhöhungsbeträge/Verzug**

Wird der Mieter verurteilt, einem Mieterhöhungsverlangen des Vermieters zuzustimmen, wird seine Verpflichtung zur Zahlung der erhöhten Miete für die Zeit ab dem Beginn des dritten Kalendermonats nach dem Zugang des Erhöhungsverlangens erst mit Rechtskraft des Zustimmungsurteils fällig. Verzug mit den Erhöhungsbeträgen kann daher nicht rückwirkend eintreten, sondern

erst nach Rechtskraft des Zustimmungsurteils begründet werden. *(Amtl. LS)*
BGH, 04.05.2005 – VIII ZR 94/04, ZGS 2005, 203 = NJW 2005, 2310

• Mieterhöhungsverlangen bis zur ortsüblichen Vergleichsmiete 726

Der Vermieter hat einen Anspruch auf Zustimmung zur ortsüblichen Vergleichsmiete. Dieser Anspruch besteht unabhängig davon, ob sich die ortsübliche Vergleichsmiete seit Vertragsbeginn verändert hat.
BGH, 20.06.2007 – VIII ZR 303/06, WuM 2007, 452 = NJW 2007, 2546

• Mietpreisüberhöhung/Ausnutzen eines geringen Angebotes 727

Das Tatbestandsmerkmal der „Ausnutzung eines geringen Angebots" (§ 5 Abs. 2 WiStG) ist nur erfüllt, wenn die Mangellage auf dem Wohnungsmarkt für die Vereinbarung der Miete im Einzelfall ursächlich war. Dazu hat der Mieter darzulegen und gegebenenfalls zu beweisen, welche Bemühungen bei der Wohnungssuche er bisher unternommen hat, weshalb diese erfolglos geblieben sind und dass er mangels einer Ausweichmöglichkeit nunmehr auf den Abschluss des für ihn ungünstigen Mietvertrages angewiesen war. *(Amtl. LS)*
BGH, 28.01.2004 – VIII ZR 190/03, ZMR 2004, 410 = NJW 2004, 1740

• Mietpreisüberhöhung/örtliche Ausdehnung 728

Bei der Beantwortung der Frage, ob der Vermieter ein geringes Angebot an vergleichbaren Räumen ausgenutzt hat, ist auf das gesamte Gebiet der Gemeinde und nicht lediglich auf den Stadtteil abzustellen, in dem sich die Mietwohnung befindet. Das Tatbestandsmerkmal des „geringen Angebots" ist deshalb nicht erfüllt, wenn der Wohnungsmarkt für vergleichbare Wohnungen nur in dem betreffenden Stadtteil angespannt, im übrigen Stadtgebiet aber entspannt ist. *(Amtl. LS)*
BGH, 13.04.2005 – VIII ZR 44/04, ZMR 2005, 530 = NJW 2005, 2156

• Mietpreisüberhöhung/Teilmärkte 729

Ob ein geringes Angebot an vergleichbaren Räumen besteht, ist jeweils für die in Betracht kommende Wohnungsgruppe („Teilmarkt") festzustellen. Für eine Wohnung mit weit überdurchschnittlicher Qualität stellt deshalb der Umstand, dass sie in einem Ballungsgebiet liegt und für die betreffende Gemeinde ein

Zweckentfremdungsverbot besteht, kein hinreichend aussagekräftiges Anzeichen für das Vorliegen einer Mangelsituation dar. *(Amtl. LS)*
BGH, 25.01.2006 – VIII ZR 56/04, ZMR 2006, 355 = NJW-RR 2006, 591

730 • **Modernisierung/Begründung der Energieeinsparung**

Der Mieterhöhungserklärung des Vermieters wegen baulicher Maßnahmen zur Einsparung von Heizenergie muss eine Wärmebedarfsberechnung nicht beigefügt werden. Es ist vielmehr erforderlich, aber auch ausreichend, dass der Vermieter in der Mieterhöhungserklärung neben einer schlagwortartigen Bezeichnung der Maßnahme und einer Zuordnung zu den Positionen der Berechnung diejenigen Tatsachen darlegt, anhand derer überschlägig beurteilt werden kann, ob die bauliche Änderung eine nachhaltige Einsparung von Heizenergie bewirkt.
BGH, 12.03.2003 – VIII ZR 175/02, BGHR 2003, 784

731 Ersetzt der Vermieter vorhandene Isolierglasfenster durch neue Fenster, kann er die Miete aufgrund dieser Maßnahme nach § 559 Abs. 1 BGB nur dann erhöhen, wenn er in der Erläuterung der Mieterhöhung nach § 559b Abs. 1 Satz 2 BGB nicht nur die Beschaffenheit der neuen Fenster (etwa durch Angabe des Wärmedurchgangskoeffizienten) beschreibt, sondern auch den Zustand der alten Fenster so genau angibt, dass der Mieter einen entsprechenden Vergleich anstellen und den vom Vermieter in der Mieterhöhungserklärung aufgezeigten Energiespareffekt beurteilen kann. Dies gilt jedenfalls dann, wenn der Mieter keine weiteren Erkenntnisse über die Qualität der alten Fenster hat *(Amtl. LS)*
BGH, 25.01.2006 – VIII ZR 47/05, ZMR 2006, 272; NJW 2006, 1126

732 • **Modernisierung/keine Kappungsgrenze bei Energie einsparenden Maßnahmen**

Die Mieterhöhung wegen Energie einsparender Modernisierungsmaßnahmen wird nicht durch das Verhältnis zu der erzielten Heizkostenersparnis begrenzt (entgegen OLG Karlsruhe, 20.09.1984 – 9 REMiet 6/83, OLGZ 1985, 252; LG Köln, 29.01.1998 – 1 S 173/97, ZMR 1998, 562; LG Lüneburg, 15.11.2000 – 6 S 75/00, WuM 2001, 83 und LG Berlin, 15.03.1991 – 64 S 281/89, MM 1994, 396).
BGH, 03.03.2004 – VIII ZR 153/03, NZM 2004, 379; BGH, 03.03.2004 – VIII ZR 149/03, NZM 2004, 336

• **Modernisierungsvereinbarung und späteres Wärmecontracting**   733

Die Vereinbarung einer Mieterhöhung nach Einbau einer Heizungs- und Warmwasseraufbereitung statt der vorhandenen Ofenheizung bleibt bestehen, wenn der Vermieter die Zentralheizung später an einen Contractor verpachtet.

BGH, 01.06.2005 – VIII ZR 84/04, WuM 2005, 456

• **Staffelmietvereinbarung und formularmäßiger Kündigungsausschluss**   734

Ein formularmäßig erklärter, einseitiger Verzicht des Mieters von Wohnraum auf sein ordentliches Kündigungsrecht benachteiligt den Mieter nicht unangemessen, wenn der Kündigungsausschluss zusammen mit einer nach § 557a BGB zulässigen Staffelmiete vereinbart wird und seine Dauer nicht mehr als vier Jahre seit Abschluss der Staffelmietvereinbarung beträgt. *(Amtl. LS)*
BGH, 23.11.2005 – VIII ZR 154/04, ZMR 2006, 262 = NJW 2006, 1056

• **Staffelmietvereinbarung während Preisbindung**   735

Eine Staffelmietvereinbarung kann schon vor dem Ablauf der Bindungsfrist für die Zeit danach getroffen werden. *(Amtl. LS)*
BGH, 03.12.2003 – VIII ZR 157/03, NJW 2004, 511

• **Staffelvereinbarung/Wegfall der Geschäftsgrundlage**   736

Bei Vereinbarung einer Staffelmiete besteht regelmäßig die nicht fernliegende Möglichkeit, dass der vereinbarte Mietzins im Laufe der Zeit erheblich von der Entwicklung des marktüblichen Mietzinses abweicht. Dieses typische Vertragsrisiko trägt grundsätzlich die jeweils benachteiligte Vertragspartei. Der Mieter bleibt daher grundsätzlich auch bei einem gravierenden Absinken des allgemeinen Mietniveaus an die vertraglich vereinbarten Staffelerhöhungen gebunden, es sei denn die Parteien haben eine – hier nicht festgestellte und auch nicht ersichtliche – abweichende Regelung getroffen. *(Amtl. LS)*
BGH, 08.05.2002 – XII ZR 8/00, NJW 2002, 2384

• **Verhältnis § 558 BGB zu § 559 BGB**   737

Einer Mieterhöhung wegen Modernisierung steht nicht entgegen, dass der Vermieter den Beginn der Modernisierungsarbeiten weniger als drei Monate

vorher angekündigt und der Mieter der Maßnahme widersprochen hat. *(Amtl. LS)*
BGH, 19.09.2007 – VIII ZR 6/07, ZGS 2007, 407 = NJW 2007, 3565

738 • **Wohnfläche/Mieterhöhungsbegehren**

Übersteigt die tatsächliche Wohnfläche die im Mietvertrag vereinbarte Wohnfläche, so ist einem Mieterhöhungsverlangen des Vermieters die vertraglich vereinbarte Wohnfläche zugrunde zu legen, wenn die Flächenüberschreitung nicht mehr als 10 % beträgt. *(Amtl. LS)*
BGH, 23.05.2007 – VIII ZR 138/06, ZMR 2007, 681 = NJW 2007, 2626

739 • **Zustimmungsanspruch auf ortsübliche Vergleichsmiete**

Ein Mieterhöhungsverlangen nach § 558 BGB ist nicht deshalb unwirksam, weil sich die Ausgangsmiete innerhalb der Bandbreite der vom gerichtlichen Sachverständigen festgestellten örtlichen Vergleichsmiete befindet, § 558 BGB. *(Amtl. LS)*
BGH, 06.07.2005 – VIII ZR 322/04, ZGS 2005, 324 = NJW 2005, 2621

740 • **Zustimmungsklage/Verbindung mit Zahlungsklage**

Verbindet der Vermieter von Wohnraum die Klage auf Zustimmung zu einer Mieterhöhung mit einer Klage auf Zahlung der erhöhten Miete, so bestehen im Berufungsverfahren gegen die Zulässigkeit der Zahlungsklage jedenfalls dann keine Bedenken (mehr), wenn der Mieter in erster Instanz verurteilt worden ist, der Mieterhöhung zuzustimmen, und diese Verurteilung vor der Berufungsverhandlung über die Zahlungsklage in Teilrechtskraft erwachsen ist. *(Amtl. LS)*
BGH, 04.05.2005 – VIII ZR 5/04, ZMR 2005, 697 = BGHR 2005, 1235

741 • **Zustimmungsprozess/Vollmacht**

§ 174 BGB findet im Anwaltsprozess keine Anwendung.
BGH, 18.12.2002 – VIII ZR 141/02, WuM 2003, 149

III. Rechtsprechung der Oberlandes- und der Instanzgerichte zur Mieterhöhung

Trotz der Dominanz des 8. Zivilsenats des BGH in der mietrechtlichen Entscheidungsfindung bleibt es für den Praktiker von überragender Bedeutung, sich einen Überblick über die Vielzahl der amts- und landgerichtlichen Entscheidungen zu verschaffen. Dies gilt umso mehr, als der große Umfang der veröffentlichten Entscheidungen des BGH dazu führt, dass in den Fachzeitschriften zeitweise kaum noch andere untergerichtliche Entscheidungen veröffentlicht worden sind, die für die Beratungspraxis jedoch weiterhin essenziell wichtig sind. Nachfolgend werden deshalb eine Reihe dieser untergerichtlichen Entscheidungen (natürlich ohne Anspruch auf Vollständigkeit – dies würde ein weiteres Buch füllen) zu Fragen der Mieterhöhung, wie sie auch im Textteil des Buches angesprochen sind, dargestellt.

742

• **Abschluss Modernisierung/Teil-Mieterhöhungen**

743

Nach Abschluss einzelner Gewerke der Modernisierungsmaßnahme, die bereits den Gebrauchswert der Wohnung verbessern, darf der Vermieter auf der Grundlage seiner Abschlagszahlungen eine Mieterhöhung erklären und diese unter den Vorbehalt der weiteren Gewerke und der späteren Schlussrechnungen der Handwerker stellen. *(Amtl. LS)*
LG Potsdam, 20.09.2001 – 11 S 371/00, WuM 2001, 559

• **Baukostenzuschuss/Berücksichtigung beim Zustimmungsverlangen**

744

Bei Mieterhöhungsverlangen sind Drittmittel (hier: einmalige Baukostenzuschüsse) auch dann zu berücksichtigen, wenn es sich um Vermietung einer bereits modernisierten Wohnung handelt. Der fehlende Abzug führt zur Unwirksamkeit des Mieterhöhungsverlangens. *(Amtl. LS)*
LG Berlin, 12.06.2003 – 62 S 163/00, GE 2004, 297

• **Bedingtes Mieterhöhungsverlangen während Räumungsvorprozess**

745

Ein Mieterhöhungsverlangen, das „hilfsweise" für den Fall geltend gemacht wird, das in einem Räumungsvorprozess die Nichtbeendigung des Mietverhältnisses festgestellt wird und weiter hilfsweise für den Fall, dass die Räumungsklage abgewiesen wird, ist unzulässig, da beide Male nicht lediglich eine unschädliche Rechtsbedingung vorliegt (Anschluss BGH, 12.05.2004 –

VIII ZR 234/03, ZMR 2004, 655). Es liegt im alleinigen Vermieterrisiko im laufenden Räumungsprozess kein Mieterhöhungsverfahren durchführen zu können.
LG Hamburg, 27.01.2005 – 307 S 164/04, ZMR 2005, 367

746   • **Bedingung/Mieterhöhungsbegehren**

Eine Mieterhöhungserklärung kann unter der Rechtsbedingung abgegeben werden, dass sie nur für den Fall gelten soll, dass die vorangegangene Erklärung unwirksam ist. *(Amtl. LS)*
LG Berlin, 01.07.2002 – 67 S 474/01, GE 2002, 1266

747   • **Beschwer des zur Duldung von Modernisierungsarbeiten verurteilten Mieters**

Die Beschwer des zur Duldung von Modernisierungsarbeiten verurteilten Mieters ist gem. § 3 ZPO unter Heranziehung der Grundsätze des § 9 ZPO auf den 42-fachen Betrag der aufgrund der Modernisierung voraussichtlich begründeten Mieterhöhung zu schätzen.
LG Berlin, 22.10.2002 – 63 S 12/02, MM 2003, 47

748   • **Beschwer/Zustimmungsklage**

Der Rechtsmittelstreitwert für ein Mieterhöhungsverlangen auf die ortsübliche Vergleichsmiete bemisst sich nach dem 3 1/2-fachen Jahresbetrag des geltend gemachten Erhöhungsbetrages. Legt das AG den Gebührenstreitwert zugrunde und fertigt in einem Urteil keinen Tatbestand, weil ein Rechtsmittel gegen das Urteil unzweifelhaft nicht zulässig sei, ist das Urteil aufzuheben (Anwendung der BGH-Rechtsprechung für Revision gegen ein Berufungsurteil). *(Amtl. LS)*
LG Berlin, 27.02.2007 – 63 S 331/06, GE 2007, 782

749   • **Betriebskostenpauschale/konkludente Vereinbarung**

Haben die Vertragsparteien entgegen der vertraglichen Vereinbarung über einen Zeitraum von 15 Jahren die Betriebskostenvorauszahlungen wie Pauschalen behandelt und eine Abrechnung weder vorgenommen noch verlangt, ist der Mietvertrag übereinstimmend konkludent i.S.d. jahrelangen praktischen Übung geändert worden, sodass der Mieter nur noch Betriebskostenpauscha-

len schuldet. Der Vermieter ist aber berechtigt, die Pauschale gem. § 560 Abs. 1 BGB anzupassen und zu erhöhen.
AG Hamburg, 23.02.2005 – 39A C 78/04, ZMR 2005, 873

• **Beweiswürdigung/Mietspiegel**   750

Die Ortsüblichkeit der verlangten Miete ist möglichst unter Verwendung eines ordnungsgemäß aufgestellten Mietspiegels zu ermitteln; die Beauftragung eines Sachverständigen bedarf es der Regel nicht (vgl. BVerfG, 03.04.1990 – 1 BvR 268/90, NJW 1992, 1377, s. Rn. 687).

Weist ein Mietspiegel Spannen auf, dann wird vermutet, dass die ortsübliche Vergleichsmiete innerhalb dieser Spannen liegt. Ohne weitere Angaben oder sonstige Orientierungshilfen der betreffenden Gemeinde ist vom Mittelwert des Mietspiegels auszugehen (Anschluss LG Berlin, 03.02.2004 – 65 S 126/03, GE 2004, 483 s. Rn. 881 und LG Dortmund, 14.01.2003 – 1 S 219/02, s. Rn. 830).
AG Dortmund, 15.02.2005 – 125 C 12626/04, NZM 2005, 258

Den Werten des Mietspiegels ist auch im Übrigen grundsätzlich der Vorzug   751
gegenüber Sachverständigengutachten zu geben. Das Gericht kann hier anhand des Mietspiegels Hamburg 2003 die Wohnung in Einzelheiten in das maßgebliche Rasterfeld einordnen. *(Amtl. LS)*
LG Hamburg, 10.06.2005 – 311 S 8/05, WuM 2005, 726

• **Beweiswürdigung/Mietspiegel-Orientierungshilfe**   752

Die Orientierungshilfe des Berliner Mietspiegels 2003 unterfällt nicht der Vermutungswirkung des Mietspiegels selbst im Sinne des § 292 ZPO; sie ist jedoch eine im Rahmen der freien Beweiswürdigung anzuwendende Erkenntnisquelle. *(Amtl. LS)*
LG Berlin, 20.06.2003 – 63 S 367/02, MM 2003, 381

• **Beweiswürdigung/qualifizierter Mietspiegel**   753

Bei Spannen im qualifizierten Mietspiegel (hier: Dortmund 2002) ist die konkrete Wohnung von dem Gericht innerhalb der Spanne einzuordnen (normative Ermittlung bzw. normative Bewertung der Eingruppierung); im Regelfall bedarf es dabei keiner Hinzuziehung eines Sachverständigen.

Eine Orientierungshilfe für die Spanneneinordnung (vgl. BGH, 20.04.2005 – VIII ZR 110/04, WuM 2005, 394, s. Rn. 701) kann ein Mietspiegel mit der Angabe eines Medians zur Verfügung stellen. *(Amtl. LS)*
LG Dortmund, 19.08.2005 – 17 S 59/05, NZM 2006, 1

754   Auch wenn die Orientierungshilfe des Berliner Mietspiegels 2003 nicht Bestandteil des qualifizierten Mietspiegels ist, kann sie vom Gericht nach § 287 ZPO zu Spanneneinordnung herangezogen werden. Die zusätzliche Einholung eines Sachverständigengutachtens ist i.d.R. entbehrlich. *(Amtl. LS)*
LG Berlin, 03.06.2003 – 65 S 17/03, WuM 2003, 499

755   • **Bruttomiete/Belegeinsichtsrecht des Mieters**

Da bei einer Erhöhung der Bruttokaltmiete vom Vermieter die auf die Wohnung entfallenden tatsächlichen Betriebskosten zur Angleichung an die vom Mietspiegel ausgewiesenen Nettomieten darzulegen sind, ist dem Mieter im Gegenzug ein Einsichtsrecht in die zugrunde liegenden Unterlagen einzuräumen. Denn nur so ist er in der Lage, die Angaben des Vermieters zu konkret angefallenen Betriebskosten zu überprüfen und substanziiert zu bestreiten.
LG Berlin, 28.02.2006 – 63 S 354/05, GE 2006, 723

756   • **Bruttomiete/Berechnung der Betriebskosten**

Jedenfalls für Mieterhöhungsverlangen, die vor Veröffentlichung der Entscheidung des BGH vom 26.10.2005 (VIII ZR 41/05, GE 2006, 46, s. Rn. 711) erklärt wurden, ist bei Angleichung der im Mietspiegel ausgewiesenen Nettomiete an die vertraglich vereinbarte Bruttokaltmiete die Angabe der durchschnittlichen Betriebskosten unter Bezugnahme auf die im Mietspiegel aufgeführten Werte in formeller Hinsicht nicht zu beanstanden.
LG Berlin, 24.02.2006 – 63 S 188/05, GE 2006, 655

757   • **Bruttomiete/Bezugnahme auf Mietspiegel**

Ein Mieterhöhungsverlangen ist mangels ordnungsgemäßer Begründung unwirksam, wenn es bei einer vereinbarten Bruttokaltmiete auf einen Netto-Mietspiegel Bezug nimmt und keine nachvollziehbare Berechnung des angegebenen Betriebskostenanteils enthält.
AG Charlottenburg, 09.12.2004 – 211 C 260/04, MM 2005, 146

• **Bruttomiete/formell wirksames Mieterhöhungsbegehren**   758

Bei vereinbarter Bruttomiete ist das Mieterhöhungsverlangen nicht deswegen formell unwirksam, weil zu der Nettokaltmiete die Betriebskostenpauschale aus dem Mietspiegel und nicht die konkret angefallenen Betriebskosten hinzugerechnet worden sind.
LG Berlin, 31.01.2006 – 63 S 271/05, GE 2006, 391

• **Bruttomiete/Umrechnung in eine Nettomiete**   759

Bei Umrechnung der Brutto- in eine Nettokaltmiete mit konkreten Betriebskosten müssen die angegebenen Beträge zumindest aus Zeiträumen stammen, für die eine Abrechnung schon fällig ist. Ferner müssen vom Vermieter die jeweils aktuellsten bekannten Kosten bis zum Zeitpunkt des Mieterhöhungsverlangens angegeben werden. Macht der Mieter geltend, dass dem Vermieter aktuellere Kenntnisse zu Betriebskosten vorliegen, muss er von der ausdrücklich angebotenen Belegeinsicht Gebrauch machen. Bloßes Bestreiten der Aktualität der nachvollziehbar gemachten Angaben mit Nichtwissen reicht nicht.
LG Berlin, 28.02.2006 – 63 S 171/05, GE 2006, 579

• **Denkmalschutzauflagen/Modernisierung**   760

Eine Denkmalschutzauflage führt regelmäßig nicht zu Kosten, die von dem Vermieter nicht zu vertreten wären, sodass Instandsetzungsmaßnahmen an Fassade und Fenstern nicht zu einer Mieterhöhung berechtigen. *(Amtl. LS)*
AG Lichtenberg, 25.11.2003 – 8 C 338/03, GE 2004, 302

• **Drittmittel/Abzug durch Erwerber**   761

Für den Erwerber von gefördertem Wohnraum besteht keine Verpflichtung vom Jahresbetrag des zulässigen Mietzinses die Kürzungsbeträge abzuziehen.

Die Aktivlegitimation der Vermieterin ist nicht dadurch erloschen, dass die Wohnung während des Rechtsstreits veräußert wurde. Eine Umstellung des Klageantrags ist nicht erforderlich, da die Zustimmung zu dem Mieterhöhungsverlangen auf den Zeitpunkt zurückwirkt, zu dem die Vermieterin die Wohnung besaß.
LG Berlin, 13.01.2003 – 67 S 241/02

762   Die Pflicht des Vermieters zur Berücksichtigung von Fördermitteln im Rahmen der Mieterhöhung gem. § 3 MHG ergibt sich nicht aus dem Mietverhältnis selbst und geht deshalb nicht nach § 571 BGB (a.F.) auf den Rechtsnachfolger des Vermieters über.

Der Vermieter, der keine öffentlichen Fördermittel erhalten und deshalb auch keine Verpflichtungen aus der öffentlichen Förderung übernommen hat, unterliegt den Beschränkungen des § 2 Abs. 1 Satz 2 MHG nicht. I.Ü. ist nur derjenige Vermieter berechtigt, den Mietzins nach § 3 MHG zu erhöhen, der selbst bauliche Maßnahmen durchgeführt hat.
LG Berlin, 13.05.2002 – 67 S 421/01

763   • **Drittmittel/entbehrliche Angaben**

Kürzungsbeträge (Drittmittel) sind von der ortsüblichen Vergleichsmiete abzuziehen; liegt die im Erhöhungsverlangen geforderte Miete noch darunter, müssen Kürzungsbeträge nicht angegeben werden, denn zu überflüssigen Mitteilungen ist der Vermieter nicht verpflichtet. *(Amtl. LS)*
LG Berlin, 14.03.2002 – 67 S 321/01, GE 2002, 996

764   Ein Mieterhöhungsverlangen ist unwirksam, wenn es keine Angaben zu Kürzungsbeträgen enthält.

Etwas anderes gilt nur dann, wenn Kürzungsbeträge nicht mehr abzuziehen sind. *(Amtl. LS)*
LG Berlin, 21.02.2002 – 62 S 365/01, MM 2002, 139

765   • **Drittmittel/Modernisierung**

Kürzungsbeträge wegen der Gewährung von öffentlichen Mitteln für Modernisierung sind bei einem Mieterhöhungsverlangen nach § 558 BGB regelmäßig dann nicht mehr abzuziehen, wenn die Laufzeit des Modernisierungsvertrages beendet ist; während der vertraglichen Laufzeit sind die Fördermittel in Abzug zu bringen. *(Amtl. LS)*
LG Berlin, 03.03.2003 – 62 S 256/01, GE 2004, 298

766   • **Drittmittel/notwendige Angaben**

Zur formellen Wirksamkeit eines Mieterhöhungsverlangens gehört die Angabe von Drittmitteln (Kürzungsbeträgen) auch dann, wenn diese auf die Be-

rechnung der Mieterhöhung keine Auswirkung haben (gegen LG Berlin, ZK 67, 11.11.2002 – 67 S 118/02, GE 2003, 591 s. Rn. 840). *(Amtl. LS)*
LG Berlin, 21.03.2003 – 63 S 262/02, GE 2003, 1020

• **Erwerber/Mieterhöhungsbegehren**   767

Der noch nicht im Grundbuch eingetragene Wohnungserwerber, kann sich zur Begründung der Wirksamkeit des Mieterhöhungsverlangens nicht auf eine Bevollmächtigung im notariellen Kaufvertrag berufen.
AG Tiergarten, 01.08.2005 – 5 C 639/04, MM 2006, 75

• **Garage/Mieterhöhung im einheitlichen Mietverhältnis**   768

Im einheitlichen Mietvertrag über Wohnraum und Tiefgaragenplatz ist die gesonderte Mieterhöhung für den Stellplatz mit der Zustimmungsklage nicht durchzusetzen. *(Amtl. LS)*
AG Köln, 04.12.2003 – 210 C 397/03, WuM 2005, 254

• **Garage/Mieterhöhungsbegehren im einheitlichen Mietverhältnis**   769

Wird in einem einheitlichen Mietverhältnis über Wohnraum und Stellplatz die Stellplatzmiete erhöht, kann dies lediglich im Rahmen der Erhöhung der Miete für den Wohnraum geschehen. Im Rahmen der Vergleichsmiete wird der Wert der Stellplatzmiete zu dem Wert der Wohnraummiete hinzuaddiert. Entscheidend ist die Höhe der ortsüblichen Vergleichsmiete für das gesamte Mietobjekt, das sich aus Wohnraum und Stellplatz zusammensetzt. *(Amtl. LS)*
AG Karlsruhe, 19.12.2002 – 12 C 142/02, DWW 2003, 155

• **Garagenmiete/Isolierte Erhöhung bei Sozialwohnung**   770

Ist einem Mieter neben einer preisgebundenen Wohnung in einem einheitlichen Mietverhältnis auch eine Garage überlassen worden, kann die Garagenmiete unabhängig von der Wohnungsmiete bis zur Angemessenheitsgrenze (§§ 27, 28 NMV) erhöht werden. Die Erhöhung ist in einer Erklärung gem. § 10 WoBindG i.V.m. § 8a NMV zu begründen. *(Amtl. LS)*
LG Berlin, 12.12.2003 – 63 S 258/03, GE 2004, 625

771 • **Geförderte Wohnung/Berechnung der vereinbarten Miete**

Die Miete für eine Wohnung des sog. dritten Förderungsweges darf zu dem Mietzins vereinbart werden, dessen Höhe sich aus dem Ausgangsmietzins und den zeitlich kompatiblen Erhöhungsbeträgen, die die Förderbestimmungen einräumen, zusammenrechnet. *(Amtl. LS)*
LG Freiburg, 05.11.2003 – 3 S 110/03, WuM 2003, 696

772 • **Genossenschaftswohnung/Gleichbehandlungsgrundsatz**

Die Vermieterin von Genossenschaftswohnungen muss nicht gleichzeitig ein Mieterhöhungsverfahren für alle Wohnungen einleiten, sondern kann vorab Streitfragen in einigen Musterprozessen klären lassen. *(Amtl. LS)*
LG Potsdam, 09.01.2003 – 11 S 139/02, GE 2003, 393

773 • **Haustürgeschäft und Mieterhöhungsvereinbarung**

Hat der Vermieter beim hochbetagten Mieter telefonisch „Nachfrage gehalten, ob er einmal vorbeischauen dürfe", um dann in der Wohnung des Mieters eine Vertragsänderungsvereinbarung (Mieterhöhung) unterzeichnen zu lassen, so ist keine vorhergehende Bestellung, sondern eine Überrumpelung des Mieters gegeben, die zum Widerruf des Haustürgeschäftes berechtigt. *(Amtl. LS)*
LG Münster, 20.02.2001 – 8 S 520/00, WuM 2001, 610

774 • **Indexmiete/weggefallener Index**

Haben die Mietvertragsparteien einen ehemals zulässigen Verbrauchsindex vereinbart, der ab dem 01.01.2003 nicht mehr ermittelt wird, so wird die Klausel nicht unwirksam, es muss vielmehr eine Umrechnung erfolgen. Es ist nicht erforderlich, dass sich die Mietvertragsparteien nach dem 01.01.2003 erneut auf eine Indexklausel im Wege der Vertragsänderung verständigen. *(Amtl. LS)*
OLG Sachsen-Anhalt, 15.11.2005 – 9 U 67/05

775 • **Instandsetzungskosten und Modernisierung**

Führt der Vermieter Maßnahmen durch, die z.T. Modernisierung, z.T. aber Instandsetzung darstellen, so sind die Instandsetzungskosten von den insgesamt angefallenen Kosten der Maßnahme abzuziehen, lediglich der verbleibende

Rest berechtigt zur Mieterhöhung gem. § 3 MHG. Die Instandsetzungskosten sind konkret zu berechnen und in der Mieterhöhungserklärung aufgeschlüsselt und nachvollziehbar darzulegen. Die Angabe einer Quote oder eines nicht näher begründeten Pauschalbetrags ist nicht ausreichend.
LG Berlin, 10.07.2003 – 62 S 101/03, MM 2003, 471

• **Jahressperrfrist nach Mietsenkung**　　　　　　　　　　　　776

Durch eine Mietsenkung wird die Jahressperrfrist des § 558 Abs. 1 Satz 1 BGB nicht ausgelöst.
AG Berlin-Mitte, 10.10.2003 – 14 C 154/03, MM 2004, 126

• **Jahressperrfrist/Teilzustimmung**　　　　　　　　　　　　777

Die Teilzustimmung des Mieters zu einer Mieterhöhung löst die Jahressperrfrist nur aus, wenn der Teilzustimmung ein formell wirksames Mieterhöhungsverlangen zugrunde lag.
AG Köpenick, 25.06.2004 – 4 C 114/04, MM 2004, 339

• **Mieterhöhung/Angabepflicht des Vermieters hinsichtlich öffentlicher**　778
Fördermittel

Die Angabe von Drittmitteln im Mieterhöhungsverlangen wegen gewährter öffentlicher Förderung ist nicht erforderlich, wenn Auswirkungen auf die Höhe der verlangten Nettokaltmiete ausgeschlossen sind. Der Vermieter ist zu überflüssigen Erläuterungen in der Mieterhöhungserklärung nicht verpflichtet, erhebt der Mieter im Prozess aber Einwände, muss der Vermieter die Erläuterung nachholen.
LG Berlin, 06.10.2003 – 67 S 169/03, GE 2004, 300

• **Mieterhöhung/Fortschreibung des Mietspiegels**　　　　　　779

Maßgeblicher Zeitpunkt für die Feststellung der ortsüblichen Vergleichsmiete ist der Zugang des Mieterhöhungsverlangens. Dabei findet die materiell gültige Fortschreibung des maßgeblichen Mietspiegels auch dann Anwendung, wenn diese zum Zeitpunkt des Zugangs des Mieterhöhungsverlangens noch nicht veröffentlicht war; denn unabhängig vom jeweiligen Mietspiegel hat der Vermieter allein Anspruch auf Zustimmung zur Erhöhung bis zur tatsäch-

lichen ortsüblichen Vergleichsmiete.
LG Wiesbaden, 22.11.2002 – 3 S 62/02, WuM 2003, 237

780   • **Mieterhöhung/Kleinreparaturkostenzuschlag**

Die Mieterhöhung im freifinanzierten Wohnraum kann nicht mit einem Kleinreparaturkostenzuschlag begründet werden. *(Amtl. LS)*
AG Dortmund, 06.06.2005 – 130 C 3603/05, WuM 2006, 39

781   • **Mieterhöhung/Mietereinbauten**

Hat der Mieter auf eigene Kosten eine Sammelheizung eingebaut, gilt die
Wohnung auch dann für eine Mieterhöhung als ofenbeheizt, wenn nach der
vertraglichen Vereinbarung die Heizung nach acht Jahren „in das Eigentum
des Hauses" übergehen sollte. *(Amtl. LS)*
LG Berlin, 22.02.2002 – 63 S 257/01, MM 2002, 246

782   • **Mieterhöhung/Zustimmung durch Ehegatten**

Ein Ehegatte kann nicht im Rahmen der Schlüsselgewalt für den anderen dem
Mieterhöhungsverlangen zustimmen. *(Amtl. LS)*
LG Berlin, 16.06.2003 – 67 S 427/02, MM 2004, 10

783   • **Mieterhöhungsbegehren/Angabe des Eigentümers**

Ein Mieterhöhungsverlangen der Hausverwaltung „namens und in Vollmacht
der von uns vertretenen Grundstückseigentümer" ist jedenfalls dann unwirksam, wenn die Eigentümer vielfach gewechselt hatten und in der Vergangenheit dem Mieter die Namen des jeweiligen Vermieters nicht mitgeteilt wurden.
(Amtl. LS)
AG Charlottenburg, 17.11.2005 – 204 C 182/05, ZMR 2006, 129

784   • **Mieterhöhungsbegehren/Beifügen des Mietspiegels**

Das Zustimmungsverlangen des Vermieters zur Mieterhöhung ist unter Bezugnahme auf einen Mietspiegel nur wirksam, wenn ein Exemplar des Mietspiegels von dem Vermieter dem Mieter entweder zum Verbleib zugänglich
gemacht oder übergeben wird, oder wenn der Mieter zumutbar in der Lage ist,
sich einen Mietspiegel kostenfrei zum dauerhaften Verbleib zu verschaffen.

(Amtl. LS)
LG Wiesbaden, 06.07.2007 – 3 S 12/07, WuM 2007, 512

Das Zustimmungsverlangen des Vermieters zur Mieterhöhung ist unter Bezugnahme auf einen Mietspiegel nur wirksam, wenn ein Exemplar des Mietspiegels von dem Vermieter dem Mieter entweder zum Verbleib zugänglich gemacht oder übergeben wird, oder wenn der Mieter zumutbar in der Lage ist, sich einen Mietspiegel kostenfrei zum dauerhaften Verbleib zu verschaffen.
AG Wiesbaden, 25.01.2007 – 92 C 3398/06, WuM 2007, 325

785

• **Mieterhöhungsbegehren/Bezugnahme auf den Mietspiegel**

786

Die Begründung des Zustimmungsverlangens zur Mieterhöhung durch Bezugnahme auf den Mietspiegel erfordert zwingend die Beachtung der Vorgaben und Kriterien des Mietspiegels. *(Amtl. LS)*
AG Trier, 12.05.2004 – 5 C 114/04, WuM 2004, 343

Der Vermieter muss im Zustimmungsverlangen zur Mieterhöhung konkret angeben, warum sich aus dem Mietspiegel ergibt, dass sein Mieterhöhungsverlangen die ortsübliche Vergleichsmiete nicht übertrifft. Bezeichnet der Mietspiegel daher Merkmale für modernisierten Wohnraum, so sind im Zustimmungsverlangen die Merkmale zu benennen, die die Wohnung erfüllt. *(Amtl. LS)*
AG Weimar, 25.08.2003 – 6 C 1244/02, WuM 2003, 567

787

• **Mieterhöhungsbegehren/gewillkürte Schriftform**

788

Ein Mieterhöhungsverlangen in Textform ist auch dann wirksam, wenn im formularmäßigen Mietvertrag die Schriftform für Vertragsänderungen vereinbart ist. Schriftformklauseln in Allgemeinen Geschäftsbedingungen, die für Vertragsänderungen konstitutiv die Einhaltung der Schriftform verlangen, verstoßen gegen § 305b BGB und sind nach § 307 BGB unwirksam.

Nach § 558a Abs. 4 Satz 1 BGB sind Ausführungen zur Spanneneinordnung in Bezug auf das herangezogene Mietspiegelfeld nicht erforderlich.
LG Berlin, 21.10.2005 – 63 S 167/05, GE 2005, 1431

789   • **Mieterhöhungsbegehren/Kleinreparaturzuschlag**

Die Mieterhöhung im freifinanzierten Wohnraum jedenfalls in Frankfurt am
Main kann nicht mit einem Kleinreparaturkostenzuschlag begründet werden.
(Amtl. LS)
AG Frankfurt am Main, 14.02.2006 – 33 C 3732/05, WuM 2006, 204

790   • **Mieterhöhungsbegehren/Mietspiegel-Leerfeld**

Ein Zustimmungsverlangen, das auf einen Mietspiegel Bezug nimmt, ist unwirksam, wenn das einschlägige Mietspiegelfeld ein Leerfeld ist. Die Bezugnahme auf das „nächstgelegene" Mietspiegelfeld ist nicht zulässig.
AG Schöneberg, 19.07.2004 – 6 C 194/04, MM 2004, 339

791   • **Mieterhöhungsbegehren/Überschreiten des Mittelwertes der Spanne**

Macht ein Vermieter eine Mieterhöhung über den im qualifizierten Mietspiegel der Stadt angegebenen Mittelwert der Mietspiegelspanne (§ 558a Abs. 4
BGB) – d.h. im oberen Bereich der Spanne – geltend und gibt es keine weiteren Orientierungshilfe, so muss der Vermieters auch darlegen und ggf. beweisen, dass eben diese Wohnung Merkmale aufweist, die über dem Mittelwert im oberen Bereich der Mietspiegelspanne liegen. *(Amtl. LS)*
AG Brandenburg, 29.03.2007 – 34 C 174/06, ZMR 2007, 702

792   • **Mieterhöhungsbegehren/vereinbarte Förderung**

Die Verpflichtung des Vermieters durch Fördervertrag, Mieterhöhungen nach
dem Durchschnittswert der Mieten für Wohnungen einer Durchschnittsgröße
zu berechnen, entbindet den Vermieter nicht von der Verpflichtung zur Angabe des zutreffenden Mietspiegelfeldes für die konkrete Wohnung. Wird dies
unterlassen, ist das Mieterhöhungsverlangen unwirksam und eine Zustimmungsklage unzulässig. *(Amtl. LS)*
LG Berlin, 27.02.2004 – 64 S 226/03, GE 2004, 545

793   • **Mieterhöhungsbegehren/Vergleichswohnungen**

Auf die Frage der Vergleichbarkeit der in dem Zustimmungsverlangen gem.
§ 2 MHG a.F. bezeichneten Vergleichswohnungen kommt es für die formale

Wirksamkeit der Erklärung grds. nicht an. *(Amtl. LS)*
LG Berlin, 03.09.2002 – 64 S 108/02, ZMR 2003, 263

• **Mieterhöhungsbegehren/Wohnfläche**   794

Hat zwar der Mieter mit Genehmigung des Vermieters mitvermietete Nebenräume auf seine Kosten zu Wohnraum ausgebaut, der Vermieter jedoch dafür die Instandsetzungspflicht übernommen, ist die dadurch hinzugewonnene
Wohnfläche der Mieterhöhung gem. § 2 MHG a.F. zumindest dann zugrunde
zu legen, wenn seit dem Ausbau 25 Jahre vergangen sind. *(Amtl. LS)*
LG Berlin, 03.09.2002 – 64 S 108/02, ZMR 2003, 263

• **Mieterhöhungsbegehren/Wohnfläche/Einfamilienhaus**   795

Die mietvertraglich vereinbarte Wohnfläche ist für die Bemessung der Miete nicht ausschlaggebend. Bei Mieterhöhungsbegehren sind anrechenbare
Wohnflächen zu ermitteln und die Bewertungen zum Umfang der Anrechen-
barkeit vorgreiflich (hier: Flächen unter Dachschrägen und relativer Nutzwert
der Räumlichkeit im Mietobjekt). *(Amtl. LS)*
LG Berlin, 02.08.2004 – 62 S 117/04, WuM 2004, 613

• **Mieterhöhungsbegehren/Wohnflächenangabe**   796

Ist in der Mieterhöhungserklärung eine unzutreffende Wohnfläche angegeben, so führt dies jedenfalls dann nicht zur formellen Unwirksamkeit der Erklärung, wenn die Abweichung gering ist (hier: 85 m² statt 84,05 m²). *(Amtl.
LS)*
LG Mannheim, 08.01.2003 – 4 S 73/02, NZM 2003, 393

• **Mieterhöhungserklärung durch Aktiengesellschaft**   797

Ein Mieterhöhungsverlangen einer Aktiengesellschaft erfordert, dass die Person des Erklärenden genannt wird. Dabei muss es sich um eine natürliche
Person handeln. Die im Briefkopf gem. § 80 AktG gemachten Pflichtangaben
zu den Vertretungsverhältnissen sind nicht ausreichend.
AG Charlottenburg, 15.07.2003 – 228 C 28/03, MM 2003, 431

798 • **Mieterhöhungsvereinbarung**

Erklärt der Vermieter gegenüber dem Mieter, dass er die Miete neu festlege und ändert der Mieter daraufhin den Überweisungsauftrag, so kommt hierdurch keine Mieterhöhungsvereinbarung zustande.

Der Mieter zahlt die erhöhte Miete deshalb ohne rechtlichen Grund. Den überzahlten Betrag kann der Mieter zurückfordern. *(Amtl. LS)*
LG Mannheim, 23.06.2004 – 4 S 182/03, WuM 2004, 481

799 • **Mieterhöhungsvereinbarung mit Erwerber**

Vereinbarungen des Grundstückserwerbers mit dem Wohnungsmieter über eine Mieterhöhung binden den Mieter grds. nicht, wenn der Erwerber bei Vereinbarung der Mietvertragsänderung nicht als Eigentümer im Grundbuch eingetragen ist. *(Amtl. LS)*
AG Köln, 12.02.2007 – 222 C 499/06, WuM 2007, 577

800 • **Mieterhöhungsvereinbarung nach unwirksamer Mieterhöhung**

Die vorbehaltlose Zahlung des Modernisierungszuschlags über einen Zeitraum von 29 Monaten auf eine unwirksame Mieterhöhung des Vermieters hin beinhaltet daher auch keine Annahme eines Änderungsvertrages (entgegen LG Leipzig, 23.07.1999 – 1 S 2989/99, ZMR 1999, 767). *(Amtl. LS)*
LG Berlin, 14.04.2003 – 61 S 341/02, GE 2003, 807

801 • **Mieterhöhungsverlangen des Hausverwalters**

Ein Mieterhöhungsverlangen das der Hausverwalter des Vermieters im eigenen Namen abgibt, ist unwirksam.
AG Köpenick, 12.08.2004 – 12 C 51/04, GE 2005, 621

802 Ein Mieterhöhungsverlangen des WEG-Verwalters mit eigenem Briefkopf ist unwirksam, wenn es keinen Hinweis auf eine Vertreterstellung enthält.
LG München, 03.12.2003 – 14 S 15748/03, NZM 2004, 220

803 Das Mieterhöhungsverlangen durch eine Hausverwaltung ist unwirksam, wenn eine Originalvollmacht nicht beigefügt war und der Mieter deswegen das Verlangen unverzüglich zurückweist. *(Amtl. LS)*
LG Berlin, 09.10.2006 – 67 S 196/06, GE 2007, 152

- **Mieterhöhungsverlangen/Beifügen des Mietspiegels** 804

Der Mietspiegel muss dem Mieterhöhungsverlangen dann nicht beigefügt werden, wenn der Vermieter die Einordnung in den Mietspiegel so konkret erläutert, dass der Mieter den Inhalt des Mietspiegels auch nachvollziehen kann, ohne dass ihm ein Exemplar vorliegt.
AG Köln, 31.08.2004 – 223 C 96/04, NZM 2005, 146 = NJW-RR 2005, 310

- **Mieterhöhungsverlangen/Bezugnahme auf den Mietspiegel** 805

Zur ordnungsgemäßen Begründung eines Mieterhöhungsverlangens reicht es nicht aus, die Wohnung des Mieters in das zutreffende Mietspiegelfeld einzuordnen und lediglich die obere Mietzinsspanne und nicht auch die untere Spanne anzugeben. Der formelle Mangel des Mieterhöhungsverlangens kann durch Übersendung eines entsprechenden Auszuges des Mietspiegels behoben werden.
LG Berlin, 30.06.2005 – 62 S 378/04, GE 2005, 1062

Trifft der Mietspiegel aufgrund der ihm zugrunde liegenden statistischen Daten nur für bestimmte Wohnungen eine Aussage (hier: Wohnungsgröße ab 25 m²), kann der Mietspiegel nicht zur Begründung eines Mieterhöhungsverlangens für eine (auch nur geringfügig) kleinere Wohnung herangezogen werden (hier: 23,74 m²). 806
AG Hamburg-Altona, 30.08.2002 – 315b C 188/02, ZMR 2003, 502

- **Mieterhöhungsverlangen/Erwerber** 807

Der Vermieter kann den Käufer ermächtigen, in eigenem Namen ein Mieterhöhungsverlangen schon vor Vollzug der Veräußerung durch Eintragung im Grundbuch geltend zu machen. *(Amtl. LS)*
AG Charlottenburg, 21.03.2000 – 16b C 633/99, GE 2000, 894

- **Mieterhöhungsverlangen/Falsche Bezugnahme auf den Mietspiegel** 808

Die Angabe eines falschen Rasterfeldes im Mietspiegel macht ein Mieterhöhungsverlangen formell unwirksam.
LG Berlin, 14.07.2005 – 62 S 120/05, GE 2005, 1063

809 • **Mieterhöhungsverlangen/gleichzeitige Anhebung der Betriebskosten-vorauszahlungen**

Das Mieterhöhungsverlangen wird nicht formal unwirksam, wenn seine Berechnung auch die gesondert ausgewiesene Geltendmachung von erhöhten Betriebskostenvorauszahlungsbeträgen beinhaltet.
AG Pinneberg, 05.12.2003 – 66 C 255/03, ZMR 2004, 277

810 • **Mieterhöhungsverlangen/Kleinreparaturzuschlag**

Enthält der Mietvertrag keine Regelung zu einem Kleinreparaturzuschlag und ist der örtliche Mietspiegel in diesem Zusammenhang ohne Bedeutung, ist der Vermieter bereits dem Grunde nach nicht berechtigt, im Zustimmungsverlangen zur Mieterhöhung einen Aufschlag für mietvertraglich nicht vereinbarte Kleinreparaturen zulasten des Mieters in Ansatz zu bringen. *(Amtl. LS)*
LG Dortmund, 30.05.2006 – 1 S 10/05, NZM 2007, 245 = NJW-RR 2007, 518

811 • **Mieterhöhungsverlangen/Nachholung nach Ablauf der Klagefrist**

Bei Versäumung der Klagefrist der Zustimmungsklage zur Mieterhöhung ist ein Nachholen des Erhöhungsverlangens nicht möglich. Die Heilung durch Nachholen sieht das Gesetz in diesem Fall nicht vor. Das ein wirksames Erhöhungsverlangen aufgreifende Schreiben des Vermieters setzt die Klagefrist nicht in Gang und ist kein selbstständiges, unwirksames Erhöhungsverlangen, das nachgeholt werden könnte. *(Amtl. LS)*
LG Duisburg, 21.06.2005 – 13 S 119/05, WuM 2005, 457

812 • **Mieterhöhungsverlangen/vor Ende der Preisbindung**

Ein Mieterhöhungsverlangen nach § 2 MHG kann formal wirksam schon vor dem Ende der Preisbindung gestellt werden.
LG Berlin, 11.03.2003 – 63 S 179/02, GE 2003, 592

813 • **Mietpreisüberhöhung im laufenden Mietverhältnis**

Bei einer einverständlichen Mieterhöhung während der Laufzeit des Vertrages scheidet eine Mietpreisüberhöhung aus, da der Vermieter dadurch kein ge-

ringes Angebot ausnutzt. *(Amtl. LS)*
LG Hamburg, 21.05.2001 – 311 S 42/01, GE 2001, 991

Die Vereinbarung einer überhöhten Miete im laufenden Mietverhältnis kann nur dann den Tatbestand des § 5 WiStG erfüllen, wenn auch feststeht, dass die Mangellage an vergleichbarem Wohnraum zumindest mitursächlich für die Vereinbarung war, weil der Mieter viele Gründe haben kann, einem Erhöhungsverlangen zuzustimmen oder einen erhöhten Mietzins zu vereinbaren (entgegen LG Berlin, 22.02.2001 – 62 S 356/00, Grundeigentum 2001, 554) *LG Berlin, 05.03.2002 – 65 S 104/01, GE 2002, 1062*

814

• **Mietpreisüberhöhung/Ausnutzen eines geringen Angebotes**

815

Die ansteigende Entwicklung des Mietzinses in Berlin, wie sie sich aus den Mietspiegeln für die Jahre 1994 bis 2000 ergibt, stellt ebenso wenig wie das Zweckentfremdungsverbot ein hinreichendes Indiz für das Ausnutzen eines geringen Angebots an vergleichbaren Wohnungen dar. Zwar können bei Berücksichtigung der Mietzinsentwicklung anhand der Berliner Mietspiegel 1994 bis 2000 genauere Erkenntnisse über das konkrete Marktsegment gewonnen werden, dem die betreffende Wohnung zuzuordnen ist; dennoch lässt sich die Frage, aus welchen Gründen ein Mieter in einer bestimmten Situation einen Mietvertrag abgeschlossen hat, auch nicht anhand dieser zusätzlichen Erkenntnisse über des konkrete Marktsegment beantworten.
LG Berlin, 20.12.2004 – 67 S 213/04, MM 2005, 145

• **Mietpreisüberhöhung/Darlegungslast des Mieters**

816

Bei mehr als 6-monatiger Wohnungssuche und objektiv bestehendem geringen Angebot sowie Vorliegen weiterer Indizien kann eine unzulässige Mietpreiserhöhung vorliegen. Die Darlegungserfordernisse dürfen nicht überspannt werden. *(Amtl. LS)*
AG Hamburg, 01.06.2005 – 46 C 605/01, WuM 2005, 761

• **Mietspiegel als Erkenntnismittel im Prozess**

817

Ist ein Mietspiegel vorhanden, der als Grundlage für die Bestimmung der ortsüblichen Vergleichsmiete geeignet ist, besteht im Mieterhöhungsprozess in aller Regel kein Anlass für die Einholung eines Sachverständigengutachtens.
LG Dortmund, 02.05.2002 – 11 S 38/02, ZMR 2002, 918

818 • **Mietspiegel einer Nachbargemeinde**

Begründet ein Vermieter ein Mieterhöhungsverlangen mit dem Mietspiegel einer Nachbargemeinde, in dem sich die von ihm vermietete Wohnung nicht befindet, muss er zumindest dann, wenn dieser Mietspiegel nicht die einzige in Betracht kommende Möglichkeit ist, seine Auswahl begründen.
LG Düsseldorf, 14.03.2007 – 23 S 343/05

819 Hat die Gemeinde keinen Mietspiegel und kommen mehrere Nachbargemeinden in Betracht, deren Mietspiegel zur Begründung des Zustimmungsverlangens zur Mieterhöhung in Bezug genommen werden könnten, bedarf es bei der Bezugnahme auf einen dieser Mietspiegel einer zusätzlichen Begründung. *(Amtl. LS)*
LG Düsseldorf, 10.10.2005 – 23 S 343/05, WuM 2006, 100; LG Düsseldorf, 15.09.2005 – 23 S 343/05, ZMR 2006, 447

820 • **Mietspiegel und Lagebewertung**

Die Lagebewertung einer Wohnung erfolgt nicht abstrakt, sondern richtet sich nach der Darstellung der Lage innerhalb des Geltungsbereiches des Mietspiegels. *(Amtl. LS)*
LG Düsseldorf, 28.09.2005 – 23 S 247/04, WuM 2006, 572

821 • **Mietspiegel und richterliche Beweiswürdigung**

Der einfache Mietspiegel hat seine Bedeutung als Erkenntnismittel im Rahmen der freien richterlichen Beweiswürdigung zur Ermittlung der ortsüblichen Vergleichsmiete auch nach Einführung des qualifizierten Mietspiegels nicht verloren. *(Amtl. LS)*
LG Duisburg, 24.01.2005 – 13 T 9/05, WuM 2005, 460

822 • **Mietspiegel/Berlin 2000/Freibeweis**

Auch ein nicht qualifizierter Mietspiegel kann i.R.d. Freibeweises zur Schätzung der ortsüblichen Vergleichsmiete herangezogen werden. Dem Berliner Mietspiegel 2000 kommt ein hoher Beweiswert zu. *(Amtl. LS)*
LG Berlin, 19.06.2003 – 62 S 15/03, GE 2003, 1020

• Mietspiegel/Berücksichtigung des jeweils neuesten Mietspiegels   823

Wird während eines laufenden Mieterhöhungsverfahrens nach § 2 MHG ein neuer Mietspiegel veröffentlicht, so sind dessen Angaben für die Ermittlung der ortsüblichen Vergleichsmiete heranzuziehen, wenn der Erhebungsstichtag zeitlich vor der Erklärung des Mieterhöhungsverlangens liegt.
LG Berlin, 13.05.2002 – 67 S 421/01

Der Vermieter, der sein Erhöhungsverlangen mit dem zum Zeitpunkt der Abgabe des Verlangens gültigen Mietspiegel begründet hat, muss nicht im Laufe des Zustimmungsprozesses ausdrücklich auf den aktuellen Mietspiegel Bezug nehmen.   824
LG Berlin, 22.03.2004 – 62 S 303/03, GE 2004, 626

• Mietspiegel/Bezugnahme   825

Begründet der Vermieter ein Mieterhöhungsverlangen mit einem Mietspiegelfeld für Neubau, obwohl die Wohnung sich in einem vor 1918 errichteten Gebäude (Altbau) befindet, so muss er die Neubaueigenschaft der Wohnung schon im Mieterhöhungsverlangen erläutern.
LG Berlin, 26.11.2004 – 63 S 263/04, GE 2005, 307

Die bloße Wiederholung des Mietspiegeltextes zur Orientierungshilfe ist unsubstanziiert und damit unbeachtlich (hier: „überwiegend moderne Isolierungsverglasung"). *(Amtl. LS)*   826
LG Berlin, 12.07.2007 – 67 S 481/06, GE 2007, 1255

Ein Mieterhöhungsverlangen nach §§ 558 ff. BGB ist wegen Formmangels unwirksam, wenn der Vermieter zur Begründung auf den Mietspiegel Bezug nimmt, die betreffende Wohnung jedoch darin gar nicht ausgewiesen ist. Die ortsübliche Vergleichsmiete kann in diesem Fall auch nicht durch Interpolation, Extrapolation oder Analogieschluss ermittelt werden.   827
LG Berlin, 28.10.2004 – 67 S 190/04, GE 2005, 675

• Mietspiegel/Überschreiten des Mittelwertes   828

Der Vermieter, der eine Mieterhöhung unter Überschreitung des Mittelwertes des örtlichen Mietspiegels verlangt, ist darlegungs- und beweispflichtig, dass die Wohnung überdurchschnittlich gut und die Abweichung vom Mittelwert deshalb gerechtfertigt ist.

Dass der Amtsrichter zur Beurteilung dieser Frage kein Sachverständigengutachten eingeholt, sondern sich durch richterliche Inaugenscheinnahme selbst vor Ort ein Bild gemacht hat, ist nicht rechtsfehlerhaft. Die Zuziehung eines Sachverständigen steht im pflichtgemäßen Ermessen des Gerichts. Sie ist nur dann geboten, wenn für die Entscheidung Erfahrungssätze oder Spezialkenntnisse auf einem Fachgebiet benötigt werden. Davon ist vorliegend aber nicht auszugehen.
LG Dortmund, 14.01.2003 – 1 S 219/02, WuM 2003, 297

829 • **Mietspiegelspannen/Zustimmungsprozess**

Mietspiegelspannen stellen die natürliche Streubreite der ortsüblichen Mietentgelte dar (Festhaltung LG München I, 16.10.1996 – 14 S 22380/95, WuM 1996, 709). Bei ihrer Anwendung kann ohne Weiteres die max. Spanne nach oben voll ausgenutzt werden.
LG München, 14.08.2002 – 14 S 3488/02, NZM 2003, 974

830 • **Mietverzicht für Dauer der Förderung**

Verzichtet der Vermieter in einer Zusatzvereinbarung zum Mietvertrag vorläufig auf einen Teil der Miete (hier: Modernisierungsanteil nach Förderung durch öffentliche Mittel) mit der Maßgabe, dass nach Wegfall der Verzichtsgrundlagen (hier: Wegfall der mit der Förderung festgesetzten Mietobergrenze) die volle Miete zu zahlen ist, verstößt diese Vereinbarung gegen § 557 Abs. 4 BGB wegen Umgehung der Mieterhöhungsmöglichkeiten nach §§ 558 bis 560 BGB. *(Amtl. LS)*
LG Berlin, 09.01.2003 – 62 S 365/02, GE 2003, 394

831 • **Minderung/Wegfall der Verwirkung nach Mieterhöhung**

Ein verwirktes Minderungsrecht lebt nach einer Mieterhöhung nur i.H.d. Erhöhungsbetrages wieder auf. *(Amtl. LS)*
LG Berlin, 26.08.2005 – 63 S 98/05, MM 2005, 299

• **Möblierungszuschlag** 832

Der Mietspiegel ist als Beweismittel für die Ermittlung der ortsüblichen Vergleichsmiete ungeeignet, wenn ein erheblicher Teil der Miete (hier: für eine Einzimmerwohnung) aus einem „Möblierungszuschlag" besteht.

Für die Bewertung des Möblierungszuschlags ist auf den Zeitwert (Nutzungswert) der Möbel im Zeitpunkt des Erhöhungsverlangens abzustellen; dieser ist mit monatlich 2 % zu berücksichtigen. *(Amtl. LS)*
LG Berlin, 21.03.2003 – 63 S 365/01, MM 2003, 341

• **Modernisierung und Pauschalpreisvereinbarungen** 833

Im Rahmen einer Mieterhöhungserklärung nach durchgeführten Modernisierungsmaßnahmen muss der Vermieter die einzelnen Kosten aufgliedern und erläutern. Wenn der Vermieter/Eigentümer mit dem Werkunternehmer einen Pauschalpreis vereinbart hatte, kann aber die Notwendigkeit dieser Aufgliederung im Einzelnen wegfallen; dies gilt jedoch nur bei einzelnen in sich abgeschlossenen Modernisierungsmaßnahmen und nicht auch nach einer umfangreichen Modernisierung mit einer Vielzahl von Einzelgewerken. *(Amtl. LS)*
LG Berlin, 06.03.2003 – 67 S 306/02, GE 2003, 883

• **Modernisierung/Erläuterung der Energieeinsparung** 834

Eine Mieterhöhungserklärung nach umfangreichen Modernisierungs- und Instandsetzungsarbeiten, die u.a. in der Anbringung eines Wärmedämmverbundsystems an der Hausfassade bestanden, ist formal fehlerfrei, wenn darin die durchgeführten Baumaßnahmen unter Angabe der Arbeitsmaterialien erläutert, die k-Werte vor und nach der Wärmedämmung angegeben und die anteiligen Modernisierungs- und Instandsetzungskosten je Gewerk mitgeteilt werden, sodass der Mieter in die Lage versetzt wird, nach seiner Ansicht zu Unrecht eingeführte Positionen herauszuziehen.
LG Leipzig, 24.01.2002 – 12 S 6262/01, NZM 2002, 941

• **Modernisierung/Erläuterung der Mieterhöhung bei Aufzugeinbau** 835

Eine Mieterhöhung wegen Einbaus eines Fahrstuhls ist gem. § 3 Abs. 3 Satz 2 MHG hinreichend erläutert, wenn der Vermieter mit dem Erhöhungsverlangen sämtliche den Fahrstuhleinbau betreffenden Rechnungen vorliegt und

diese vom Mieter auch inhaltlich verstanden werden können, was hier die detaillierten Arbeitsbeschreibungen in den Rechnungen nahelegen, abgesehen davon, dass der Mieter die Baumaßnahmen auch unmittelbar erlebt hat.
LG Hamburg, 30.05.2002 – 333 S 81/01, ZMR 2002, 918

836 • **Modernisierung/Instandhaltungskosten**

Fiktive Kosten einer fälligen, aber ersparten Instandsetzung sind von den Kosten einer Modernisierungsmaßnahme abzuziehen, wobei einer Vergleichsrechnung zwischen den Kosten der bloßen Instandsetzung und den tatsächlich entstandenen Kosten vorzunehmen ist.
LG Berlin, 02.12.2003 – 64 S 196/03

837 • **Modernisierung/unzumutbare Mieterhöhung**

Eine die Zumutbarkeitsgrenze des § 541b Abs. 1 BGB a.F. überschreitende Gesamtmiete einschließlich des Modernisierungszuschlags und des erhöhten Betriebskostenanteils ist i.d.R. erst dann anzunehmen, wenn diese einen Prozentsatz von 20 % bis 30 % des Nettoeinkommens überschreitet, wobei es sich dabei nicht um eine starre Grenze handelt
LG Berlin, 19.04.2002 – 63 S 239/01, GE 2002, 930

838 • **Modernisierungsvereinbarung/Eintritt des Erwerbers**

In die zwischen dem vorherigen Vermieter und dem Mieter getroffene Modernisierungsvereinbarung tritt der Erwerber gem. § 571 BGB a.F. ein. Dies gilt auch für die Regelungen, die die Möglichkeiten zur Erhöhung des Mietzinses betreffen.
LG Berlin, 11.11.2002 – 67 S 118/02, GE 2003, 591

839 • **Ortsübliche Vergleichsmiete/Mobilfunkmast**

Ein Mobilfunkmast in der Nähe der Wohnung bewirkt keine durch den Mietspiegel belegte Beeinflussung der Vergleichsmiete. Ebenso ist es für die Ermittlung der ortsüblichen Vergleichsmiete unerheblich, ob in dem betreffenden Wohnviertel ein erheblicher und dauerhafter Leerstand vorliegt.
LG Berlin, 21.10.2005 – 63 S 167/05, GE 2005, 1431

• **Qualifizierter Mietspiegel/Anerkennung durch Gemeinde**   840

Ein vor dem 01.09.2001 veröffentlichter Mietspiegel wird nur dann gem. Art. 229 § 3 Abs. 5 EGBGB ein qualifizierter Mietspiegel, wenn die nachträgliche Bezeichnung als qualifizierter Mietspiegel durch den Rat der Stadt erfolgt. Es handelt sich nicht um ein einfaches Geschäft der laufenden Verwaltung. *(Amtl. LS)*
AG Dortmund, 10.12.2002 – 125 C 12016/02, ZMR 2003, 194 = WuM 2003, 35

• **Qualifizierter Mietspiegel/gerichtliche Überprüfung**   841

Die Überprüfung des qualifizierten Berliner Mietspiegels 2003 hat im Verwaltungsrechtsweg zu erfolgen und ist nicht den Zivilgerichten im Einzelfall bei der Feststellung der ortsüblichen Vergleichsmiete vorbehalten.

Selbst wenn zur Überprüfung der Richtigkeit des Mietspiegels der Zivilrechtsweg eröffnet wäre, könnte die gesetzliche Vermutungswirkung nur durch einen substanziellen Angriff gegen die Erstellung des Mietspiegels nach den „anerkannten wissenschaftlichen Grundsätzen" widerlegt werden. Hierzu genügt es nicht, eine angeblich zu niedrige Miete für die fragliche Wohnung vorzutragen oder zu beanstanden, dass in den maßgeblichen Rasterfeldern ein zu hoher Anteil an ehemals preisgebundenen Wohnungen berücksichtigt worden sei.
LG Berlin, 10.09.2004 – 63 S 145/04, GE 2004, 1296

• **Qualifizierter Mietspiegel/Hinweis im Erhöhungsbegehren**   842

Die Mitteilung der Angaben des qualifizierten Mietspiegels für die Wohnung in dem mit Vergleichsobjekten begründeten Zustimmungsverlangen zur Mieterhöhung muss aus sich selbst heraus verständlich sein und darf nicht lückenhaft sein. *(Amtl. LS)*
LG München, 08.05.2002 – 14 S 20654/01, WuM 2002, 496

• **Qualifizierter Mietspiegel/Hinweis im Zustimmungsverlangen**   843

Nach § 558a Abs. 3 BGB (in der Fassung vom 19.06.2001) muss der Vermieter bei Existenz eines „qualifizierten Mietspiegels" i.S.v. § 558d BGB in seinem Mieterhöhungsverlangen Wohnungsangaben nach diesem Mietspiegel auch dann machen, wenn er sein Mieterhöhungsverlangen eigentlich auf ein anderes Begründungsmittel stützt. Ein solcher qualifizierter Mietspiegel existiert durch den Stadtratsbeschluss der Stadt München vom 22.08.2001.

§ 558a Abs. 3 i.V.m. § 558d BGB sind beim Mietspiegel 2001 der Landeshauptstadt München zu beachten, da dieser Mietspiegel durch Stadtratsbeschluss vom 22.08.2001 zum „qualifizierten Mietspiegel" erklärt wurde und dieser angesichts seiner qualifizierten wissenschaftlichen Grundlagen, die in den Zusatzbänden „Statistik, Dokumentationen und Analysen" zum Mietspiegel für München 1999 bzw. 2001 ihren Niederschlag fanden, – unabhängig von der Frage seiner Aussagerichtigkeit und Aussagetauglichkeit in jedem beliebigen Einzelfall seines definierten Anwendungsbereichs – jedenfalls nach „wissenschaftlichen Grundsätzen" erstellt wurde.

Ein nicht ausreichend gem. § 558a Abs. 3 BGB begründetes Mieterhöhungsverlangen ist formell unwirksam. *(Amtl. LS)*
LG München I, 12.06.2002 – 14 S 21762/01, NZM 2002, 781 = WuM 2002, 427

844 • **Qualifizierter Mietspiegel/Veröffentlichungszeitpunkt**

Ist dem Mieter die Mieterhöhungserklärung vor der Veröffentlichung des qualifizierten Mietspiegels zugegangen, so gilt die Vermutungswirkung des § 558d Abs. 3 BGB, dass die darin aufgeführten Entgelte die ortsübliche Vergleichsmiete wiedergeben, gem. Art. 229 § 3 Abs. 5 Satz 3 EGBGB nicht. *(Amtl. LS)*
LG Berlin, 02.12.2003 – 64 S 86/03, ZMR 2004, 516

845 • **Qualifizierter Mietspiegel/Widerlegung der Vermutung**

Die Vermutung, dass die im qualifizierten Berliner Mietspiegel 2003 angegebenen Entgelte die ortsübliche Vergleichsmiete wiedergeben, kann durch das Gutachten eines Sachverständigen entkräftet werden. Weicht der Mietzins eines in dem Gutachten enthaltenen Vergleichsobjekts erheblich von den Mietspiegelwerten ab, so muss das Gutachten nachvollziehbar und überzeugend darlegen, dass diese Wohnung mit der zu bewertenden vergleichbar ist. Gelingt dies nicht, ist der Mietspiegel für die Ermittlung der ortsüblichen Vergleichsmiete maßgebend.
LG Berlin, 20.07.2004 – 65 S 370/03, GE 2004, 1456

• **Sachverständigengutachten und Mietspiegel** 846

Weicht der gerichtliche Sachverständige vom Mietspiegel deutlich ab, muss sich das Gutachten mit dem statistischen überlegenen Mietspiegel auseinandersetzen und die Abweichung sachlich begründen. *(Amtl. LS)*
LG Potsdam, 30.09.2004 – 11 S 27/04, WuM 2004, 671 = NJ 2005, 130

• **Sachverständigengutachten/Aktualität** 847

Mit einem mehr als zwei Jahre alten Sachverständigengutachten, kann ein Mieterhöhungsbegehren nicht formal wirksam begründet werden.
AG München, 04.04.2002 – 452 C 19613/00, NZM 2002, 822

Ein Sachverständigengutachten ist veraltet, wenn es auf einen länger als ein Jahr zurückliegenden Stichtag Bezug nimmt. Ein damit begründetes Mieterhöhungsbegehren ist unwirksam.
AG Schöneberg, 23.03.2006 – 2 C 293/05, GE 2006, 725   848

• **Sachverständigengutachten/Datenschutz** 849

Beruft sich der Sachverständige im Zustimmungsprozess zur Mieterhöhung auf sein Zeugnisverweigerungsrecht aus persönlichen Gründen, sodass eine erforderliche Überprüfung der Befundtatsachen im Gutachten nicht möglich ist, so kann das Sachverständigengutachten zumindest für die Bestimmung der Vergleichsmiete nicht verwertet werden. *(Amtl. LS)*
LG München II, 19.11.2002 – 12 S 1464/02, WuM 2003, 97

• **Sachverständigengutachten/Kostenerstattung** 850

Die Kosten eines zur Begründung der Mietererhöhung eingeholten Sachverständigengutachtens sind nicht als Vorbereitungskosten erstattungsfähig, § 91 Abs 1 ZPO *(Amtl. LS)*
LG Mainz, 20.01.2004 – 3 T 16/04, NZM 2005, 15

• **Sachverständigengutachten/Zustimmungsprozess** 851

Ermittelt ein gerichtlich bestellter Sachverständiger die ortsübliche Vergleichsmiete anhand eines einfachen Mietspiegels i.S.d. § 558c BGB, ohne eigenständig Nachforschungen bzgl. der von den Mietern in dem jeweiligen Wohnviertel gezahlten Mieten anzustellen, so ist dies nicht zu beanstanden, sofern der verwendete Mietspiegel gem. § 558c BGB ordnungsgemäß erstellt worden ist.

Bei der Ermittlung der ortsüblichen Vergleichsmiete hat der gerichtlich bestellte Sachverständige nicht nur den aktuellen Mietspiegel, sondern im Hinblick auf § 558 Abs. 2 BGB die Mietspiegel der letzten vier Jahre vor dem Erhöhungsverlangen zugrunde zu legen. *(Amtl. LS)*
LG Aachen, 02.08.2007 – 6 S 101/07

• **Schönheitsreparaturen/Zuschlag bei unwirksamer Klausel**

852   Ist eine Klausel über die Abwälzung von Schönheitsreparaturen auf den Mieter unwirksam, ist der Vermieter berechtigt, im Rahmen eines Mieterhöhungsverfahrens einen entsprechenden Zuschlag auf die Miete zu verlangen. *(Amtl. LS)*
OLG Karlsruhe, 18.04.2007 – 7 U 186/06, ZMR 2007, 782 = NJW 2007, 3004

853   Die Unwirksamkeit der formularmietvertraglichen Schönheitsreparaturverpflichtung des Mieters begründet keinen Mieterhöhungsanspruch über die Grenzwerte des Mietspiegels hinaus, wenn der Vermieter nicht konkret zu befürchten hat, dass ihm gegenüber nunmehr die laufende Instandhaltung der Wohnung beansprucht wird. *(Amtl. LS)*
LG Nürnberg-Fürth, 18.11.2005 – 7 S 7698/05, ZMR 2006, 211 = NZM 2006, 53

854   Ist die wohnungsmietvertragliche Schönheitsreparaturklausel unwirksam, kann der Vermieter, der dem Mieter erfolglos eine vertragsergänzende, zulässige Schönheitsreparaturvereinbarung angeboten hat, einen Zuschlag zur Miete für die vermieterseitige Schönheitsreparaturverpflichtung verlangen, sofern die örtliche Mietspiegeltabelle diese Leistung nicht einschließt. Der Zuschlag bemisst sich nicht an den Höchstwerten der Instandhaltungskostenpauschale der II. BV. *(Amtl. LS)*
LG Düsseldorf, 16.05.2007 – 21 S 375/05, WuM 2007, 456

855   Bei Unwirksamkeit der formularmietvertraglichen Abwälzung der Schönheitsreparaturpflicht auf den Mieter ist der Vermieter berechtigt, dem Mieter Verhandlungen über eine Vertragsänderung anzubieten, deren Inhalt die wirksame Übernahme der Schönheitsreparaturen durch den Mieter vom Zeitpunkt

der zu treffenden Vereinbarung an ist. Unterbleibt die angebotene Vertragsänderung, kann der Vermieter im Zustimmungsverfahren zur Mieterhöhung auf der Grundlage des Rücksichtnahmegebots einen Zuschlag zur ortsüblichen Vergleichsmiete vom Mieter verlangen.
LG Düsseldorf, 18.05.2006 – 21 S 288/05, NJW 2006, 3071 = NZM 2006, 657

Ist eine Klausel über die Abwälzung von Schönheitsreparaturen auf den Mieter unwirksam, so begründet dies kein Recht des Vermieters, im Rahmen eines Mieterhöhungsverfahrens nach § 558 BGB einen entsprechenden Zuschlag auf die Miete zu verlangen. *(Amtl. LS)*
AG Hamburg, 06.09.2007 – 49 C 214/07

    856

Ist eine Schönheitsreparaturklausel in einem Mietvertrag nach der jüngsten Rechtsprechung des BGH unwirksam, so ist dies bei der Berechnung der ortsüblichen Vergleichsmiete zu berücksichtigen. Dem Vermieter steht in einem solchen Fall ein jährlicher Zuschlag i.H.v. 8,50 € pro m² nach § 28 II. BV zu. *(Amtl. LS)*
AG Bretten, 08.03.2005 – 1 C 526/04, DWW 2005, 293

    857

Die Werte der Frankfurter Mietwerttabelle gehen von einer wirksamen Verpflichtung des Mieters zur Durchführung von Schönheitsreparaturen aus. Denn die Datenerhebung hat ergeben, dass der weit überwiegende Teil der Mieter vertraglich zur Ausführung von Schönheitsreparaturen verpflichtet ist. Bei einer unwirksamen formularvertraglichen Überbürdung der Verpflichtung zur Ausführung von Schönheitsreparaturen auf den Mieter kann der Vermieter im Rahmen eines Mieterhöhungsverlangens daher eine um diese Verpflichtung erhöhte ortsübliche und angemessene Vergleichsmiete verlangen, wobei die angemessenen Kosten zugrunde zu legen sind, die bei Hinzuziehung eines Fachhandwerkers durchschnittlich zu erwarten sind.
AG Frankfurt am Main, 16.09.2005 – 33 C 2479/05, NJW 2005, 3294 = NZM 2005, 862

    858

Bei Unwirksamkeit einer Schönheitsreparaturklausel im Mietvertrag kann der Vermieter den Werten des Mietspiegels einen Zuschlag hinzurechnen.

Der Zuschlag aus § 28 Abs. 4 Satz 2 der II. BV bildet die Höchstgrenze, die nur ausgeschöpft werden kann, wenn der Vermieter überdurchschnittliche Kosten begründen kann; ansonsten ist von einem Mittelwert auszugehen, den

    859

das Gericht schätzen muss (hier: 6,50 €/m² jährlich).
AG Langenfeld, 12.10.2005 – 11 C 123/05, NZM 2006, 178 = DWW 2006, 69

860 • **Staffelmiete bei Bruttomiete**

Während der Laufzeit einer Staffelmietvereinbarung ist bei einer Bruttomiete auch eine Mieterhöhung wegen gestiegener Betriebskosten ausgeschlossen. *(Amtl. LS)*
AG Tiergarten, 01.11.2006 – 8 C 140/06, GE 2007, 59

861 • **Staffelmiete/Preisbindung**

Während der Dauer der Preisbindung ist die Vereinbarung einer Staffelmiete unzulässig. *(Amtl. LS)*
LG Berlin, 14.12.2006 – 67 S 207/06, GE 2007, 719 = WuM 2007, 498

862 • **Staffelmiete/unwirksame Vereinbarung**

Eine Staffelmietvereinbarung ist insgesamt unwirksam, wenn der Wohnraum-mietvertrag im Rahmen der Staffelmietvereinbarung vorsieht, dass sich die Miete einer bestimmten Staffel nach der ortsüblichen Vergleichsmiete richten soll. Der Mieter, der in Unkenntnis der Rechtslage entsprechend den vorange-gangenen Staffeln eine erhöhte Miete gezahlt hat, kann den im Verhältnis zur ursprünglich vereinbarten Miete überzahlten Betrag zurückfordern.
LG Halle, 06.05.2004 – 2 S 249/03, ZMR 2004, 821

863 • **Textform bei Mieterhöhung durch GmbH**

Die in einem Mieterhöhungsverlangen gem. § 558a Abs. 1 BGB einzuhalten-de Textform ist nicht gewahrt, wenn entgegen § 126b BGB nicht die natür-liche Person genannt wird, die die Erklärung für die juristische Person (hier: GmbH) abgegeben hat.
LG Hamburg, 15.01.2004 – 333 S 82/03, NZM 2005, 255 = ZMR 2004, 680

864 • **Textform/Angabe der Person des Erklärenden**

Im Rahmen eines Mieterhöhungsverlangens in Textform muss (u.a.) die Per-son des Erklärenden genannt werden. Bei einer juristischen Person (hier:

Wohnungsbaugesellschaft) ist dafür die Angabe erforderlich, welche natürliche Person die Erklärung abgegeben hat.
LG Berlin, 23.06.2003 – 62 S 52/03, MM 2003, 472

• **Untermietzuschlag** 865

Erhöht sich durch die Untervermietung nicht die Anzahl der die Wohnung nutzenden Personen, kann der Vermieter für deren Gestattung keinen Untermietzuschlag fordern, da sich der Mietgebrauch nicht erweitert.
LG Berlin, 18.12.2003 – 67 S 277/03, MM 2004, 46

• **Unwirksame Mieterhöhung/Rückforderung** 866

Wenn der Mieter auf eine unwirksame Mieterhöhung nach § 559 BGB knapp drei Jahre lang vorbehaltlos die erhöhte Miete zahlt, kann er die Erhöhungsbeträge nicht mehr nach § 812 Abs. 1 BGB zurückverlangen. Die Zahlungen sind mit Rechtsgrund erfolgt, denn Rechtsgrund ist eine (konkludente) Mieterhöhungsvereinbarung, die durch die modernisierungsbedingte Mieterhöhungserklärung und die nachfolgenden Zahlungen zustande gekommen ist.
LG Limburg, 13.09.2002 – 3 S 38/02, Info M 2004, Nr. 3, 13

• **Unwirksame Staffelmietvereinbarung/Mieterhöhungsausschluss** 867

Eine unwirksame Staffelmietvereinbarung schließt nur ausnahmsweise eine Mieterhöhung nach § 2 MHG, § 558 BGB aus. *(Amtl. LS)*
LG Berlin, 08.11.2001 – 62 S 265/01, GE 2002, 468

• **Vergleichswohnungen/Begründetheit der Mieterhöhung** 868

Zur Begründung der Mieterhöhung genügt die Angabe von drei Vergleichswohnungen. Ob diese tatsächlich vergleichbar sind, ist eine Frage der Begründetheit, nicht der formalen Wirksamkeit. *(Amtl. LS)*
LG Berlin, 19.04.2002 – 64 S 444/01, ZMR 2002, 522

• **Vergleichswohnungen/Individualisierung** 869

Befinden sich mehrere Wohnungen auf der Etage, muss der Vermieter in dem Erhöhungsverlangen konkret mitteilen, welche Wohnung gemeint ist. Der Mieter ist nicht gehalten, eigene Nachforschungen dahingehend anzustellen,

um welche von mehreren denkbaren Wohnungen es sich nun handeln könnte.
AG Pinneberg, 09.05.2003 – 66 C 57/03, ZMR 2003, 583

870 • **Vergunstmiete/Mieterhöhungsbeschränkung**

Allein aus der Tatsache, dass der Vermieter dem Mieter eine Werkmietwohnung zu einem unterhalb der ortsüblichen Vergleichsmiete liegenden Mietzins überlassen hat, kann nicht geschlossen werden, dass der Vermieter bei einer Mieterhöhung nach § 2 MHG den ursprünglichen proportionalen Abstand zwischen Ausgangsmiete und der ortsüblichen Vergleichsmiete einzuhalten hat.
BayObLG, Beschl. v. 22.02.2001 – RE-Miet 2/00, ZMR 2001, 440 = MDR 2001, 626

871 • **Vergunstmiete/Werkmietwohnung**

Bei vereinbarter Vergunstmiete im Werkmietverhältnis ist die ursprüngliche Mietvergünstigung bei Mieterhöhungen zu beachten. Haben die Mietvertragsparteien den zu sichernden geldwerten Vorteil konkret fortgeschrieben, kann das Gericht diese Vereinbarung für die Bewertung der Mietvergünstigung einbeziehen.
LG München, 17.07.2001 – 14 S 5769/00, WuM 2001, 495

872 Bei vereinbarter Vergunstmiete im Werkmietverhältnis ist die ursprüngliche Mietvergünstigung bei Mieterhöhungen ohne Weiteres nominal fortzuschreiben. *(Amtl. LS)*
LG München I, 17.07.2001 – 14 S 6188/00, WuM 2001, 495

873 • **Vertretung/Mieterhöhungsbegehren**

Der Mieter kann das Mieterhöhungsverlangen eines Vertreters (Hausverwaltung) nicht zurückweisen, wenn er schon mehrmals vorher mit der Hausverwaltung in anderen Sachen korrespondiert hatte. *(Amtl. LS)*
AG Spandau, 04.08.2006 – 3a C 475/06, GE 2006, 1175

874 • **Verwirkung eines Anspruchs auf Mieterhöhung**

Das Mieterhöhungsrecht aus der Staffelmietvereinbarung ist verwirkt, wenn der Vermieter es über einen Zeitraum von fast fünf Jahren verabsäumt hat, die

jährlichen Erhöhungen geltend zu machen und er auch im Zusammenhang mit den Nebenkostenabrechnungen zu keinem Zeitpunkt die Nachzahlung der erhöhten Miete verlangt hat. Bei objektiver Würdigung aus der Sicht des Mieters stellt das Verhalten des Vermieters einen konkludenten Verzicht auf die Rechte aus der Staffelmietvereinbarung dar, dessen Annahme durch den Mieter im Hinblick auf § 151 BGB entbehrlich war.
LG Osnabrück, 02.04.2004 – 12 S 46/04, DWW 2004, 152

• **Verzicht auf Mieterhöhung**   875

Bietet der Vermieter in seinem (formal unwirksamen) Mieterhöhungsschreiben einen Verzicht auf eine weiter gehende Mieterhöhung an, kann sich der Mieter nicht darauf berufen, wenn er die verlangte Miete nicht zahlt. *(Amtl. LS)*
LG Köln, 04.11.2004 – 6 S 270/03, MietRB 2005, 29

Ein Verzicht des Vermieters auf die vertraglich vorgesehene Mieterhöhung ist   876
nur ausnahmsweise anzunehmen. *(Amtl. LS)*
OLG Düsseldorf, 11.03.2003 – I-24 U 74/02, ZMR 2003, 569 = WuM 2003, 387

• **Wohnfläche/Änderung im Mieterhöhungsbegehren**   877

Der Vermieter darf die vertraglich vereinbarte Wohnfläche, die weder verändert noch neu vermessen wurde, nicht durch Änderung der Berechnungsweise (hier: Anrechnung der Balkonfläche mit einem geringeren Prozentsatz) so senken, dass die Wohnung in die für ihn günstigere Spanne kleiner Wohnungen fällt.
AG Köpenick, 20.09.2001 – 3 C 195/01, MM 2002, 184

• **Wohnfläche/Mieterhöhung**   878

Die ortsübliche Vergleichsmiete errechnet sich nach der tatsächlichen Wohnungsgröße, nicht nach der im Mietvertrag genannten (geringeren) Wohnfläche, es sei denn, die Parteien hätten eine bestimmte Fläche und ausdrücklich eine Quadratmetermiete vereinbart.
LG Berlin, 29.03.2005 – 65 S 358/04, GE 2005, 6

879 • **Zustimmung durch Zahlung**

Die Klage eines Vermieters auf schriftliche Zustimmung zu einer Mieterhöhung ist auch dann begründet, wenn der Mieter zuvor mehrfach die erhöhte Miete vorbehaltlos gezahlt hat.

In der Zahlung der erhöhten Miete ist noch kein vorprozessuales Anerkenntnis der Zahlungspflicht zu sehen.
LG Berlin, 03.01.2007 – 63 T 130/06, ZMR 2007, 196

880 • **Zustimmung zur Mieterhöhung durch Zahlung eines Dritten**

Zahlt ein Dritter (hier: das Sozialamt) vorbehaltlos über fünf Monate hinweg eine erhöhte Miete, kann daraus nicht auf eine konkludente Zustimmung des Mieters zur Mieterhöhung geschlossen werden, weil dies eine Willenserklärung zulasten Dritter wäre.
LG Hamburg, 09.12.2002 – 307 S 138/02, WE 2003, 178

881 • **Zustimmungsklage/Ermächtigung**

Der Eigentümer eines Grundstücks kann den Käufer ermächtigen, ein vom Noch-Eigentümer geltend gemachtes Mieterhöhungsverlangen schon vor Eigentumsumschreibung im eigenen Namen weiterzuverfolgen. *(Amtl. LS)*
LG Berlin, 03.02.2004 – 65 S 126/03, GE 2004, 483

882 • **Zustimmungsklage/Klageantrag**

Eine Zustimmungsklage ist unzulässig, wenn sich weder aus dem Klageantrag noch aus der Klagebegründung oder den Anlagen zur Klageschrift entnehmen lässt, für welche Wohnung die Zustimmung zur Mieterhöhung verlangt wird.
(Amtl. LS)
AG Charlottenburg, 18.10.2006 – 212 C 155/06, GE 2006, 1619

883 Die Zustimmungsklage zur Mieterhöhung ist unzulässig, wenn sie auf Zustimmung zu einer Erhöhung der Quadratmetermiete und nicht auf Zustimmung zu der insgesamt für die Wohnung zu zahlenden Miete gerichtet ist.
(Amtl. LS)
AG Dortmund, 28.02.2006 – 125 C 11544/05, WuM 2006, 157

In einem Klageantrag auf Zustimmung zur Mieterhöhung ist es nur dann er-   **884**
forderlich, die Wohnung des Mieters genau zu bezeichnen, wenn eine Ver-
wechslungsgefahr besteht. Notwendig ist es aber, dass die Höhe der verlangten
Miete durch den verlangten Endbetrag oder durch den Erhöhungsbetrag bezeichnet wird. *(Amtl. LS)*
LG Berlin, 23.02.2007 – 63 S 311/06, GE 2007, 782

In einem Klageantrag auf Zustimmung zur Mieterhöhung ist es nicht erforder-   **885**
lich, die Wohnung des Mieters anzugeben. *(Amtl. LS)*
AG Schöneberg, 26.10.2006 – 106 C 208/06, GE 2006, 1621

• **Zustimmungsklage/Mängel des Mieterhöhungsbegehrens**   **886**

Gem. § 558b Abs. 3 Satz 1, 2. Alt. BGB darf der Vermieter Mängel des Mieterhöhungsverlangens noch im Rechtsstreit beheben. Eine ausdrückliche Wiederholung des Zustimmungsverlangens ist nicht erforderlich. Die Heilung tritt
ex nunc ein. Die zunächst unzulässige Klage wird nach Ablauf der durch den
fehlerbeseitigenden Klageschriftsatz neu in Gang gesetzten Zustimmungsfrist
zulässig.
LG Köln, 08.12.2004 – 10 S 213/04, Info M 2005, 12

• **Zustimmungsklage/Streitgegenstand**   **887**

Betreffend ein im Mietprozess nachgebessertes Mieterhöhungsverlangen ist
der spätere Zeitpunkt des Wirksamwerdens ein „Weniger" zu dem Zeitpunkt
des ursprünglichen Verlangens. Es handelt sich insofern nicht um einen anderen Streitgegenstand.
LG München I, 31.01.2007 – 14 S 14012/06, ZMR 2007, 865

• **Zustimmungsverlangen/Nachholen im Prozess**   **888**

Das Zustimmungsverlangen zur Mieterhöhung wird nicht dadurch wirksam
nachgeholt, dass ein Sachverständigengutachten zur Gerichtsakte gereicht
wird und Gegenstand der mündlichen Verhandlung ist, solange dem Mieter
die schriftliche Fassung des Gutachtens nicht zur Kenntnisnahme gelangt.
(Amtl. LS)
LG Lübeck, 11.04.2000 – 6 S 119/99, WuM 2003, 324

B. Modernisierungslexikon

889 Die Abgrenzung zwischen Erhaltungs- und Modernisierungsmaßnahmen muss getroffen werden, um die Vorgehensweise bei der Ankündigung richtig zu wählen. Während § 554 Abs. 1 BGB keine Anforderungen an die Mitteilung der Maßnahme stellt, ist die Modernisierung drei Monate vorher mindestens in Textform unter weitestgehender Beschreibung des zeitlichen Umfangs gem. § 554 Abs. 2 und 3 BGB anzukündigen. Die Unterscheidung ist oft schwierig. Im Zweifel liegt eine Modernisierungsmaßnahme vor, wenn sie sich verbessernd auf die Wohnverhältnisse auswirkt, was bei Energiesparmaßnahmen immer der Fall ist.

Maßnahmen	Moderni-sierungs-maßnahme	Inhalt der Maßnahme
Allgemein	(-)	Wenn Arbeiten nur dem Vermieter zugute kommen, der nach deren Abschluss die Wohnung selbst beziehen will.[1]
Antenne	(+)	Anbringen von **Gemeinschaftsantenne**, Anschluss an das **Kabel** ist i.d.R. Maßnahme zur **Modernisierung**.[2]
	(+)	Erstmaliger Einbau einer Sammelantenne.[3]
Architektenkosten		Siehe Baunebenkosten.
Aufzug	(+)	Der Einbau eines Außenaufzuges, der jeweils im Zwischengeschoss hält.[4]
	(+)	Einbau eines Aufzuges im 5-geschossigen Haus, der in den Zwischengeschossen hält.[5]
	(+)	Der Einbau eines Innenaufzuges.[6]
Außenfassade	(+)	Aufgrund von **Energieeinsparungen** bei Klinker.[7]
	(+)	Bei Wärmedämmung durch neue **Fassadenverkleidung**.[8]

	(-)	Bei Renovierung der **Außenfassade** eines Altbaus.[9]
	(+)	Bei Wärmedämmung an einem Mehrfamilienhaus.[10]
Badezimmer/Sanitäre Einrichtungen	(+)	Bei erstmaligem Einbau.[11]
	(-)	**Vergrößerung** des Bades durch Entfernen einer Speisekammer[12] (s.a. Grundrissänderungen).
	(-)	Vergrößerung des Bades bei Wegfall der Speisekammer und eines kleinen Zimmers.[13]
	(+)	Bei **Modernisierung** von veralteter sanitärer Einrichtung.[14]
	(-)	Einbau einer bislang nicht vorhandenen **Innentoilette**, eines **Bades**, einer **Duschecke**.[15]
	(-)	Räumliche **Trennung von Bad und WC**.[16]
	(-)	Ersetzen von unmodernen Bad- und WC-Einrichtungen durch nicht nur unwesentlich modernere und praktischere Einrichtungen.[17]
	(-)	Erneuerung des Badezimmers einschl. der Wandfliesen und des Fußbodens, wenn der alte Zustand mängelfrei ist.
	(-)	Erneuerung Jahrzehnte alter Sanitärinstallationen.[18]
	(+)	Bei Ersetzen einer **Sitzbadewanne** in eine **Vollbadewanne**.[19]
	(+)	Bei ergänzender **Verfliesung des Bades** bis zur Decke.[20]
	(+)	Bei erstmaliger Verfliesung des Bodens einschl. begleitender Maßnahmen (z.B. Estrich; Putzarbeiten).[21]

	(+)	Bei Ersetzung einer **Gemeinschaftstoilette** durch **Klosetts mit Wasserspülung**.[22]
	(+)	Der Einbau eines neuen **WC-Elements** mit Unterputz-Spülkasten und einem wandhängenden Tiefspülbecken.[23]
	(+)	Verfliesung der Wände im Bad von 1,45 m bis zur Decke und Vollverfliesung des nur teilweise verfliesten Fußbodens; Einbau einer Einhebelmischbatterie, einer Wannenbatterie.[24]
Balkon	(+)	Bei erstmaligem Bau.[25]
	(-)	Bei Umbau eines Balkons in einen **Wintergarten**.[26]
	(-)	**Betonsägen** zum Anbau neuer Balkone.[27]
	(-)	Wenn erstmaliger Anbau zu einer unverhältnismäßigen Mieterhöhung führt (hier um 1/3).[28]
	(-)	Der Anbau eines **weiteren Balkons**.[29]
Baunebenkosten	(+)	Kosten für Architekten- und Ingenieurleistungen, auch entspr. Eigenleistungen.[30]
Belichtung/Belüftung	(+)	I.d.R. bei Verbesserung von Belichtung und Belüftung (etwa bei innenliegenden Räumen wie Küche und Bad durch Einbau einer Belüftungsanlage;[31] s.a. bei Fenster)
Bleirohre	(+/-)	Für Trinkwasserversorgung, Austausch gegen verzinkte Rohre: str.[32]
	(+)	Austausch durch Rohre anderen Materials mit größerem Querschnitt.[33]
Bodenbelag	(+)	Bei Ersetzung eines vorhandenen durch pflegeleichten.

	(+)	**Parkett** oder **Teppichboden** statt **Linoleum** oder Dielenboden in Wohnzimmern.[34]
	(-)	Austausch alter **Steingutfliesen** im Bad ohne drohende Gefahr von Bodenschäden durch sickerndes Wasser.[35]
	(-)	Austausch von Fliesen/Fußbodenbelägen, wenn der bisherige Zustand mängelfrei ist.[36]
Breitbandkabel	(+)	Installation eines **Breitbandkabelanschlusses** ist eine **Modernisierungsmaßnahme**.[37]
	(+)	Anschluss an **Breitbandkabel** stellt nach derzeitigem **Stand der Informations- und Kommunikationstechnik** eine Maßnahme zur **Verbesserung** dar.[38]
	(+)	Anschluss an ein rückkanalfähiges Breitbandkabel.[39]
	(+)	Anschluss an das Breitbandkabel.[40]
Briefkästen	(-)	Bei Vergrößerung auf DIN-A4-Umschläge.[41]
Dachbodenisolierung	(+)	Bei Energieeinsparung.[42]
Denkmalschutz	(-)	Zusatzkosten wegen Denkmalschutzauflagen im Zuge von Instandsetzungsmaßnahmen.[43]
Drehstromzähler	(+)	Bei Einbau eines Drehstromzählers als Voraussetzung für den Anschluss an eine elektrische Heizung.[44]
Drückergarnitur		S. Wassereinsparung.
Dunstabzugshaube	(+)	S. Kücheninstallation.

Durchlauferhitzer		S. Kücheninstallation.
Einbruchhemmende Tür	**(+)**	**Modernisierungsgesichtspunkte** und größerer Schutz vor Einbrechern, **sichernder** und **vorbeugender Charakter.**[45]
	(+)	Bei ausreichender **Erläuterung**, durch welche Konstruktionsmerkmale der Einbruchschutz erhöht worden ist.[46]
	(+)	Einbau einer neuen Wohnungseingangstür mit Einbruchshemmung.[47]
Elektroherd		S. Kücheninstallation.
Elektroinstallation	**(+)**	**Verstärkung der elektrischen Steigleitung** in einer kleinen Einzimmerwohnung.[48]
	(+)	Erneuerung von bisher **zweipoligen Stromleitungen**, Einbau eines **FI-Schalters.**[49]
	(+)	Verstärkung der Elektrosteigleitungen im Haus.[50]
	(+)	Verstärkung der Steigleitung von 35 A auf 65 A, auch wenn der Mieter schon vorher mehrere Stromgeräte gleichzeitig benutzen konnte.[51]
Energiesparmaßnahme		Siehe auch unter Außenfassade, Dachbodenisolierung, Fenster, Heizung.
	(+)	bei Einsparung von **Strom**,[52] auch durch Installation einer **Photovoltaik-Anlage, Sonnenkollektoren**, Nutzung von **Erdwärme** u.ä. alternativen Energiequellen.
Erschließungskosten	**(-)**	**Keine Kosten i.S.e. anderen baulichen Änderung** aufgrund von Umständen, die der Vermieter nicht zu vertreten hat.[53]

	(-)	**Keine bauliche Maßnahme** des Vermieters[54]
Fahrstuhl	(+)	Erstmaliger Einbau eines Fahrstuhls.[55]
Fassadenverkleidung	(+)	Bei **Energieersparnis**, s. Außenfassade.
Fenster		Entscheidend ist, dass eine **Energieersparnis**, bessere **Lichtausbeute** oder ein **verbesserter Schallschutz** erreicht wird:
	(+)	Einbau von Isolierfenstern in Küche und WC.[56]
	(-)	Einbau von Isolierfenstern in Küche und WC.[57]
	(+)	Isolierverglaste Fenster im Treppenhaus.[58]
	(+)	**Isolierverglasung.** [59]
	(-)	Bei Energieeinsparung von nur 2,5 %, da dann keine wesentliche Verbesserung der Wärmedämmung erreicht wird.[60]
	(-)	Bei Verschlechterung des Raumklimas.[61]
	(-)	Verlust von Stellfläche durch Einbau eines größeren Fensters.[62]
	(-)	Austausch von **Holzkastendoppelfenstern** gegen Kunststoff-Isolierglasfenster.[63]
	(+)	Bei Ersatz von **Verbundfenstern** durch Isolierglasfenster, wenn die Verringerung von Heizwärmebedarf (durch Wärmebedarfsberechnung) dargelegt wird.[64]
Feuerwehrzufahrt	(+)	Neu geschaffene Feuerwehrzufahrt.[65]

Fliesen	(-)	Bei reinem Austausch.[66]
	(+)	Bei erstmaligem Fliesen in **Bad, Küche**.[67]
Gasherd		Siehe Kücheninstallation.
Gegensprechanlage/Schließanlage	(+)	Wertverbesserung durch Einbau einer **Gegensprechanlage**.[68]
	(+)	**Gegensprechanlage** muss bei **Abhörsicherheit** geduldet werden.[69]
	(+)	Einbau einer **Türöffner-** und Gegensprechanlage.[70]
Gemeinschaftsantenne/Satellitenempfangsanlage	(+)	Einbau einer **Gemeinschaftsantenne** ist **wertverbessernde Maßnahme**.[71]
	(+)	Anschluss an **Kabelfernsehen** stellt Maßnahme zur **Verbesserung** dar.[72]
	(-)	Anschluss an Kabelfernsehen stellt bei vorhandener Gemeinschaftsantenne **keine Wertverbesserung** dar.[73] Wenn **Empfangsmöglichkeit** des Kabelanschlusses hinter dem der Antenne zurück bleibt, muss diese neben dem Kabelanschluss beibehalten werden.[74]
Gemeinschaftsraum	(+)	Bei Einrichtung von **Trockenraum, Waschküche, Fahrradraum**.[75]
Grundrissänderungen	(-)	Entfernung einer Speisekammer zur Vergrößerung des Badezimmers, auch wenn das halbe Badfenster verdeckt ist.[76]
	(+)	Bei erstmaligem Einbau eines Badezimmers mit WC zumutbar;[77] S.a. Wohnungszuschnitt
Grünfläche	(+)	Nur wenn **neuer Garten** angelegt wird.[78]
Heizung		S.a. TÜV.

(-)	Wenn alte Heizung **instandsetzungs-bedürftig** geworden ist.[79]
(+)	Bei Umstellung von Öl auf **Gas**, wenn Energieeinsparung.[80]
(+)	Bei Umstellung von einer **Kokszen-tralheizung** auf **Fernwärme**.[81]
(+)	Bei Umstellung von zentraler **Ölhei-zungsanlage** auf **Fernwärme** auch ohne individuelle Gebrauchsvorteile (bei Kraft-Wärme-Kopplung), jedoch dann nicht, wenn dadurch um 62 % höhere Heizkosten entstehen.[82]
(+)	Bei Umstellung von **Nachtstromspei-cherheizung** auf **Gasetagenheizung** mit Warmwasserversorgung.[83]
(-)	Bei Umstellung von **Nachtstromspei-cheröfen** auf **Gaszentralheizung**.[84]
(+)	Bei Einbau einer **Zentralheizung**.[85]
(+)	Einbau einer **Zentralheizung** statt **Kohleöfen**.[86]
(+)	Bei Einbau einer **Gaszentralheizung** statt eines **Ofens**.[87]
(-)	Bei Einbau einer **Nachtspeicher-therme** statt eines **Ölofens**, da keine Verbesserung.[88]
(+)	Bei Einbau einer **Zentralheizung** statt **Kohle**.[89]
(+)	Bei Umstellung einer **Zentralheizung** von **Koks** auf **Öl**.[90]
(+)	Bei Erweiterung einer **Zentralheizung** durch eine **Fußleistenheizung**.[91]
(+)	**Ölbeheizte Zentralheizung**.[92]
(+)	Bei Einbau eines **Ölbrenners** in eine **Kachelofenheizung**.[93]

351

	(+)	Einbau von **Heizkostenzählern.**[94]
	(+)	Einbau einer **Zweirohrheizungsanlage** mit Parallelschaltung der Heizflächen und Verkleinerung der Heizkörper.[95]
	(+)	Einbau einer **Gasetagenheizung** anstelle vorhandener Gasaußenwand- heizer.[96]
	(-)	Einbau einer **Gasetagenheizung** bei Angst des alten Mieters vor dem Brennstoff Gas.[97]
	(-)	Austausch der Gasetagenheizung durch einen **Fernwärmeanschluss.**[98]
	(+)	Ersatz von Gaseinzelöfen durch eine **Zentralheizung** auch ohne Prüfung der Wirtschaftlichkeit der Maßnahme,[99] oder Prüfung einer Energieersparnis.[100]
	(+)	Einbau einer **Gaszentralheizung** bei vom Mieter von dessen Vormieter über- nommenen Nachtstromspeicheröfen.[101]
	(-)	Austausch einer vom Mieter mit Ein- verständnis des Vermieters eingebauten Gasetagenheizung gegen Gaszentral- heizung.[102]
Hofbefestigung	(+)	**Dauernde Verbesserung** der allg. Wohnverhältnisse.[103]
Kabelanschluss		S. Antenne.
Kanalisation	(+)	Bei Anschluss an die gemeindliche Kanalisation (Frischwasser und Abwas- ser).[104]
	(-)	Grds., da Sache des Vermieters.[105]
Kellerdecke	(+)	Dämmung der Kellerdecke.[106]

Kücheninstallation	(+)	Bei **Verbesserung der Kochmöglichkeiten**, wenn Gebrauchswert merkbar erhöht wird: etwa beim **Austausch eines dreiflammigen** gegen einen **vierflammigen Herd**.[107]
	(-)	Austausch eines Gasherdes gegen einen **Elektroherd**.[108]
	(+)	Installation eines wesentlich moderneren **Gas-** oder **Elektroherdes**, anstelle eines alten mitvermieteten Herdes.[109]
	(+)	Ebenso beim Einzug einer **Dunstabzugshaube** oder eines **Ventilators**.[110]
	(-)	Austausch eines gasbetriebenen durch einen elektrisch betriebenen **Durchlauferhitzer**.[111]
Leitungen	(+)	**Bei Verlegung von Leitungen unter Putz**.[112]
Luxusmodernisierung	(-)	**Z.B. Schwimmbad**.[113]
Müllboxen	(+)	Bei **Verlagerung zur Straße** oder bei Neuanlage.[114]
	(+)	Bei Verlagerung vom Keller in Müllboxbehälter vor dem Haus.[115]
Rohrleitungen		S.a. Steigleitungen.
	(-)	**Rohrverkleidungen** ohne Darlegung einer Verbesserung des Schallschutzes.[116]
Rollläden	(+)	Wenn **Schutz vor Einbrechern, Energieeinsparung** und **Schutz vor Sonnenstrahlen**.[117]
Sanitäreinrichtungen		S. Badezimmer.

Schaffung neuen Wohnraums	(+)	Vgl. § 541b BGB.
Schallschutz	(+)	[118] S.a. unter Fenster.
Schließanlage	(+)	S. Gegensprechanlage.
Sicherheitsschlösser	(+)	Austausch eines **Bartschlosses** gegen ein **Zeiss-Ikon-Schloß**.[119]
Spardrücker	(+)	S. Wassereinsparung.
Spielplatz	(+)	Erstmaliger Bau eines Kinderspielplatzes.[120]
	(+)	Erneuerung des Spielplatzes und der Erholungsflächen.[121]
Steigeleitungen für Wasser/Entwässerung/Elektro	(+)	Einbau von Rohren mit **größerem Querschnitt**.[122]
	(-)	Einbau von **Feuerschutzbekleidungen** ohne Erläuterung.[123]
	(+)	Erneuerung der Steigleitungen für **Elektro, Warmwasser, Kaltwasser** und **Abwasser**.[124]
Stellplätze	(+)	Bei Schaffung **zusätzlicher Stellplätze**.[125]
Thermostatventile	(+)	Bei Austausch alter **Heizungsventile** gegen Thermostatventile.[126]
Treppenhaus	(-)	In den meisten Fällen;[127]
	(+)	Bei Erneuerung.[128]
Treppenhausbeleuchtung	(-)	Ist vom Vermieter ohnehin geschuldet.[129]
TÜV	(+)	Prüfung und Abnahme einer erstmals eingebauten **Zentralheizung**.[130]
Ventilator		Siehe Kücheninstallation.
Vordach über der Hauseingangstür	(+)	Der Einbau eines Vordachs über der Hauseingangstür ist eine auf der Hand liegende Modernisierungsmaßnahme.[131]

Wärmedämmung	(+)	Grds. bei **Energieeinsparung**, s. bei Außenfassade, Dachbodenisolierung, Fenster, Kellerdecke.
Wassereinsparung	(+)	Wenn nachhaltige Einsparung von Wasser - etwa durch Einbau von **Wasserzählern**.[132]
	(+)	Der Einbau eines neuen WC-Elements mit Unterputz-Spülkasten und **Zwei-Mengen-Spültechnik**.[133]
Wintergarten	(-)	Bei Umbau eines **Balkons** in einen **Wintergarten**.[134]
Wohnungszuschnitt	(+)	Wenn bauliche Maßnahmen den Zuschnitt der Wohnung **verbessern**;[135] s.a. Grundrissänderungen.

1) AG Fritzlar, 31.03.2000 – 8 C 43/00, WuM 2002, 118.
2) BGH, 15.05.1991 – VIII ZR 38/90, WuM 1991, 381, 385.
3) LG Berlin, 14.11.2000 – 64 S 265/00, ZMR 2001, 277.
4) LG Berlin, 23.08.2004 – 67 S 27/04, MM 2004, 374.
5) LG München I, 24.11.2005 – 31 S 9700/05; AG München, 07.04.2005 – 453 C 35603/04, Info M 2006, 120: das gilt auch für den Mieter im 1. OG.
6) LG Hamburg, 30.05.2002 – 333 S 81/01, ZMR 2002, 918.
7) LG Paderborn, 19.11.1992 – 1 S 135/92, WuM 1993, 360.
8) Scholz, WuM 1995, 13.
9) AG Köln, 05.12.1985 – 214 C 322/85 (b), WuM 1987, 31.
10) AG Celle, 12.07.1991 – 11 C 128/91, WuM 1992, 379.
11) LG Berlin, 24.11.1989 – 63 S 268/89, GE 1990, 255; LG Berlin, 28.10.1991 – 66 S 78/91, GE 1992, 39.
12) AG Mitte, 14.10.1999 – 4 C 263/99, MM 2000, 280.
13) LG Berlin, 07.10.2003 – 65 S 147/03, MM 2004, 44.
14) LG Berlin, 01.12.1988, GE 1989, 99; LG Berlin, 24.11.1989 – 63 S 268/89, GE 1990, 255.
15) LG Berlin, 01.12.1988 – 62 S 175/88, GE 1989, 99; LG Berlin, 28.10.1991 – 66 S 78/91, GE 1992, 39: auch, wenn die Fläche der Küche dadurch halbiert wird; LG Berlin, 24.11.1989 – 63 S 268/89, GE 1990, 255.
16) LG Frankfurt am Main, WuM 1986, 138.
17) AG Köln, 06.06.2002 – 220 C 275/01, Lützenkirchen, KM 32 Nr. 22.
18) AG Gelsenkirchen, 16.04.1999 – 3 b C 600/98, NZM 1999, 801.
19) Vgl. Scholz, WuM 1995, 13 (14).
20) LG Hamburg, 26.04.1984 – 7 S 311/83, WuM 1984, 217.
21) LG Berlin, 14.11.2000 – 64 S 265/00, ZMR 2001, 277.

22) Barthelmess, Wohnraumkündigungsschutzgesetz, § 3 MHG Rn. 10.

23) LG Berlin, 14.07.05 – 62 S 91/05, MM 2006, 39.

24) LG Berlin, 02.12.2003 – 64 S 196/03.

25) LG München I, 29.07.1987 – 14 S 7397/87, WuM 1989, 27.

26) LG Berlin, 23.05.1997 – 64 S 507/96, NJW-RR 1998, 300.

27) LG Potsdam, 25.05.2000 – 11 S 190/99, WuM 2000, 553.

28) AG Wiesbaden, 28.03.2002 – 93 C 4042/01 – 20, WuM 2002, 309.

29) AG Schöneberg, 09.02.05 – 6 C 168/04, MM 2005, 191.

30) LG Halle/Saale, 08.08.2002 – 2 S 42/01, ZMR 2003, 35.

31) AG Köln, 06.06.2002 – 220 C 275/01.

32) Keine Modernisierung: AG Halle-Saalkreis, 15.09.1992 – 22 (4) C 196/92, WuM 1992, 682; Modernisierung: LG Berlin, 04.02.1992 – 64 S 245/92, GE 1992, 1099.

33) LG Berlin, 14.11.2000 – 64 S 265/00, ZMR 2001, 277.

34) Vgl. zu beidem Bub/Treier/Kraemer, III.A, Rn. 1101.

35) AG Mitte, 14.10.1999 – 4 C 263/99, MM 2000, 280.

36) AG Köln, 06.06.2002 – 220 C 275/01, Lützenkirchen, KM 32 Nr. 22.

37) AG Köln, 04.07.1990 – 207 C 171/90, WuM 1991, 159.

38) KG, 27.06.1985 – 8 RE-Miet 874/85, NJW 1985, 2031.

39) BGH, 20.07.2005 – VIII ZR 253/04, WuM 2005, 576.

40) BGH, 27.06.2007 – VIII ZR 202/06, WuM 2007, 571.

41) LG Hannover, 22.12.1981 – 8 S 147/81, WuM 1982, 83.

42) LG Berlin, 15.04.1986 – 64 S 387/85, ZMR 1986, 444.

43) AG Lichtenberg, 05.04.2002 – 9 C 543/01, MM 2002, 227.

44) AG Leonberg, 27.12.1983 – 5 C 1117/83, WuM 1984, 216.

45) LG Köln, 30.04.1992 – 1 S 385/91, WuM 1993, 608.

46) LG Berlin, 16.07.2001 – 67 S 527/00, MM 2001, 401 = HKA 2001, 39.

47) LG Halle/Saale, 08.08.2002 – 2 S 42/01, ZMR 2003, 35.

48) AG Schöneberg, MM 1993, 292.

49) AG Köln, 06.06.2002 – 220 C 275/01, Lützenkirchen, KM 32 Nr. 21.

50) LG Berlin, 22.11.2004 – 67 S 154/03, MM 2005, 145.

51) AG Lichtenberg, 15.12.2005 – 12 C 8/05, MM 2006, 371.

52) Lützenkirchen/Löfflad, Neue Mietrechtspraxis, Rn. 302.

53) OLG Hamm, 30.05.1983 – 4 RE Miet 2/83, NJW 1983, 2331.

54) LG Hildesheim, 23.02.1983 – 7 S 382/82, WuM 1985, 82.

55) AG Düsseldorf, 11.01.1993 – 53 C 10937/92, WuM 1994, 548; AG München,. 13.01.1986 – 25 C 6877/85, WuM 1986, 91.

56) LG Berlin, 24.11.1989 – 63 S 268/89, GE 1990, 255.

57) LG Berlin, 04.02.1992 – 64 S 245/91, GE 1992, 1099.

58) LG Hannover, 22.12.1981 – 8 S 147/81, WuM 1982, 83.

59) AG Neumünster, 25.09.1991 – 9 C 1612/90, WuM 1992, 258

60) VG Berlin, 23.07.1991 – 16 A 258/88, NJW-RR 1992, 657.

61) Bub/Treier/Kraemer, III. Rn. 1101.

62) AG Schöneberg, MM 2005, 191.

63) AG Mitte, 14.10.1999 – 4 C 263/99, MM 2000, 280; AG Mitte, 28.06.2002 – 6 C 23/02, MM 2003, 195; LG Berlin, 30.04.2002 – 63 S 263/01, WuM 2002, 337.

64) LG Berlin, 16.07.2001 – 67 S 527/00, MM 2001, 401.

65) AG Hamburg-Altona, 14.04.2005 – 318 C 120/03, WuM 2005, 778.

66) AG Köln, 06.06.2002 – 220 C 275/01, Lützenkirchen, KM 32 Nr. 21.

67) LG Hamburg, 26.04.1984 – 7 S 311/83, WuM 1984, 217.

68) LG München I, 29.07.1987 – 14 S 7397/87, WuM 1989, 27; AG Köln, 06.06.2002 – 220 C 275/01, Lützenkirchen, KM 32 Nr. 21.

69) AG Schöneberg, 03.01.1986 – 15 C 538/85, NJW 1986, 2059.

70) LG Berlin, 14.11.2000 – 64 S 265/00, ZMR 2001, 277.

71) LG München I, 29.07.1987 – 14 S 7397/87, WuM 1989, 27.

72) BGH, 15.05.1991 – VIII ZR 38/90, NJW 1991, 1750, 1754.

73) LG Berlin, 09.08.1983 – 63 S 96/82, WuM 1984, 82.

74) LG Berlin, 13.09.1985 – 64 S 239/84, NJW-RR 1986, 890.

75) Bub/Treier/Kraemer, III.A, Rn. 1101.

76) AG Mitte, 14.10.1999 – 4 C 263/99, MM 2000, 280.

77) LG Berlin, 01.12.1988 – 62 S 175/88, GE 1989, 99; LG Berlin, 24.11.1989 – 63 S 268/89, GE 1990, 255; LG Berlin, 28.10.1991 – 66 S 78/91, GE 1992, 39.

78) Barthelmess, Wohnraumkündigungsschutzgesetz, § 3 MHG Rn. 11; Scholz, WuM 1995, 13, (14); Börstinghaus, Mieterhöhung, S. 293.

79) Börstinghaus, Mieterhöhungen, S. 293

80) AG Rheine, 03.02.1987 – 14 C 744/85, WuM 1987, 127.

81) LG Berlin, 27.06.1991 – 61 S 355/90, WuM 1991, 482.

82) LG Berlin, 17.03.2000 – 65 S 352/99, MM 2000, 278 = NZM 2002, 64.

83) AG Hamburg, 06.01.1988 – 44 C 1519/88, WuM 1991, 30.

84) LG Hamburg, 06.10.1989 – 11 S 125/89, WuM 1990, 18.

85) LG Fulda, 24.01.1992 – 1 S 173/91, NJW-RR 92, 658; LG Kiel, 23.09.1999, WuM 2000, 613.

86) LG Berlin, 14.11.2000 – 64 S 265/00, ZMR 2001, 277.

87) LG Berlin, 09.08.1983 – 29 S 53/83, WuM 1984, 219.

88) AG Dortmund, 26.07.1983 – 118 C 373/83, WuM 1983, 291.

89) AG Bochum, 19.05.1982 – 42 C 30/82, WuM 1983, 140.

90) LG Düsseldorf, 20.11.1069 – 12 S 333/68, ZMR 1973, 81.

91) AG Köln, 10.12.1985 – 208 C 372/85, WuM 1986, 313.

92) OVG Berlin, 07.02.1989 – OVG 7 B 72/88, ZMR 1990, 75.

93) Barthelmess, Wohnraumkündigungsschutzgesetz, § 3 MHG Rn. 10.

94) LG Berlin, 14.11.2000 – 64 S 265/00, ZMR 2001, 277.

95) LG Halle/Saale, 08.08.2002 – 2 S 42/01, ZMR 2003, 35.

96) AG Tempelhof-Kreuzberg, 14.03.2001 – 2 C 350/00, MM 2002, 187.

97) LG Köln, 08.11.2001 – 1 S 57/01, WuM 2002, 669.

98) LG Hamburg, 08.01.2002 – 316 S 136/01, WuM 2002, 375.

99) LG Frankfurt am Main, 09.08.2000 – 2-11 S 51/00, WuM 2002, 171.

100) LG Berlin, 14.01.2002 – 64 S 49/02, ZMR 2003, 488.

101) LG Berlin, 14.01.2003 – 64 S 49/02, ZMR 2003, 488.

102) LG Berlin, 26.09.2002 – 67 S 84/02, MM 2003, 193.

103) LG Hildesheim, 23.02.1983 – 7 S 382/82, WuM 1985, 340.

104) Barthelmess, Wohnraumkündigungsschutzgesetz, § 3 MHG Rn. 11.

105) LG Hildesheim, 23.02.1983 – 7 S 382/82, WuM 1985, 340.

106) LG Halle/Saale, 08.08.2002 – 2 S 42/01, ZMR 2003, 35.

107) AG Hoyerswerda, 19.11.1996 – 1 C 778/96.

108) LG Berlin, 26.09.2002 – 67 S 84/02, MM 2003, 193; AG Mitte, 14.10.1999 – 4 C 263/99, MM 2000, 280.

109) Scholz, WuM 1995, 13 (14).

110) Scholz, WuM 1995, 13 (14).

111) LG Berlin, 27.01.2000 – 61 T 3/00, MM 2000, 131.

112) Bub/Treier/Kraemer, III.A, Rn. 1101.

113) Bub/Treier/Kraemer, III.A, Rn. 1101.

114) LG Hannover, 22.12.1981 – 8 S 147/81, WuM 1982, 83.

115) AG Hamburg, 05.02.2002 – 48 C 322/01, WuM 2002, 487.

116) LG Berlin, 14.11.2000 – 64 S 265/00, ZMR 2001, 277.

117) AG Steinfurt, WuM 1985, 262.

118) Scholz, WuM 1995, 13; Börstinghaus, Mieterhöhung, S. 293.

119) VG Berlin, 28.04.1988 – VG 14 A 95.87, GE 1988, 687; Scholz, WuM 1995, 13, (14); LG Hannover, 22.12.1981 – 8 S 147/81, WuM 1982, 83.

120) Scholz, WuM 1995, 13 (14).

121) AG Hamburg-Altona, 14.04.2005 – 318 C 120/03, WuM 2005, 778.

122) LG Berlin, 14.11.2000 – 64 S 265/00, ZMR 2001, 277.

123) LG Berlin, 14.11.2000 – 64 S 265/00, ZMR 2001, 277.

124) AG Köln, 06.06.2002 – 220 C 275/01, Lützenkirchen, KM 32 Nr. 20.

125) Scholz, WuM 1995, 13 (14).

126) LG Berlin, 15.04.1986 – 64 S 387/85, ZMR 1986, 444.

127) Börstinghaus, Mieterhöhungen, S. 293.

128) Barthelmess, Wohnraumkündigungsschutzgesetz, § 3 MHG Rn. 10.

129) Schmidt-Futterer/Börstinghaus, § 559 BGB Rn. 142.

130) LG Berlin, 14.11.2000 – 64 S 265/00, ZMR 2001, 277.

131) LG Berlin, 05.11.2002 – 64 S 170/02, GE 2003, 122.

132) Bub, NJW 1993, 2897, 2899; Palandt/Weidenkaff, 62. Aufl., § 559 BGB Rn. 11.

133) LG Berlin, 14.07.2005 – 62 S 91/05, MM 2006, 39.

134) LG Berlin, 23.05.1997 – 64 S 507/69, NJW-RR 1998, 300.

135) LG Mannheim, WuM 1987, 385.

C.   Formulare, Tabellen und Checklisten

I.   Tabelle zur Ermittlung der Lageklasse

890 Nachfolgend eine Aufstellung von Kriterien, die bei der Beurteilung der Lageklasse von Bedeutung sind:

Lagemerkmal	Beurteilung
Lage	
Im Stadtgebiet	
Im Stadtbezirk	
Wohnberuhigung	
Bebauung	
Offene/geschlossene Bauweise	
Bebauungsdichte	
Wohnbeeinträchtigungen	
Straßenlärm	
Bahn- oder Fluglärm	
Industrielärm	
Sonstiger Lärm	
Gerüche- u. Staubimmissionen	
Verkehrsanbindung	
Auto	
Bahn/Bus	
U-Bahn	
Radwege	
Fußwege	
Schulweg	
Einkauf	
Für den täglichen Einkauf	
Andere Dinge	
Freizeiteinrichtungen	
Kinderspielplätze	

Naherholungsgebiete		
Sportplätze, -hallen		
Sonstige Einrichtungen		
Medizinische Versorgung		
Schulen		
Kindergärten		
Öffentl. Einrichtungen		
Sonstige Lagevor- u. nachteile		

Erläuterungen zur Lageklassentabelle 891

Spalte 1: Enthält beispielhaft die wichtigsten Lagekriterien. Selbstverständlich können Sie noch andere Kriterien, die für den Einzelfall zutreffen, hinzufügen und/oder andere Kriterien weglassen.

Spalte 2: Hier sollten Sie Noten eintragen, wobei Sie sinnvollerweise eine Notenskala verwenden sollten, die Ihrem Mietspiegel entspricht (hat der Mietspiegel vier Lageklassen, sollte man die Noten eins bis vier vergeben). Auf diese Weise wird die Eingruppierung in die Lageklasse für beide Vertragsparteien nachvollziehbarer und überprüfbarer. Wenn Sie die Gesamtnotenzahl durch die Anzahl der vergebenen Noten dividieren, erhalten Sie einen Wert, der zunächst eine Aussage über die Eingruppierung in eine Lageklasse erlaubt und zum anderen kann man unter Umständen an dem entsprechenden Dezimalwert auch schon ablesen, ob die Benotung im oberen, mittleren oder unteren Bereich der Notenskala liegt, was dann ggf. ein Anhaltspunkt dafür sein kann, aus welchem Bereich der Mietpreisspanne die konkrete Vergleichsmiete zu entnehmen ist. Maßstab für die Benotung muss aber auf jeden Fall ein objektiver sein. Wie oben bereits festgestellt, kann für den einen Mieter ein fehlender U-Bahnanschluss bedeutungslos und für den anderen von sehr großer Bedeutung sein. Objektiv ist ein solcher Anschluss aber immer vorteilhaft.

Wichtig ist in diesem Zusammenhang aber der Hinweis, dass manche Mietspiegel bestimmte Bedingungen an die Eingruppierung in eine bestimmte Lageklasse knüpfen. In diesem Fall muss zusätzlich überprüft werden, ob diese Bedingungen erfüllt sind.

II. Checkliste für das Mandantengespräch

892 Nachfolgend eine Checkliste für ein Beratungsgespräch über ein Mieterhöhungsverlangen. Zu beachten ist dabei, dass jeder Mietspiegel andere Kriterien verlangt, die abgefragt werden müssen. Die Checkliste sollte deshalb individuell angepasst und an die örtlichen Gegebenheiten angeglichen werden.

Checkliste für das Mandantengespräch

Frage	Antwort		
1. Parteien/Objekt			
• Vermieter laut Mietvertrag?			
- Rechtsnachfolge eingetreten?			
- Erwerber im Grundbuch eingetragen?			
• Mieter laut Mietvertrag?			
• Mietobjekt			
- Anschrift/Beschreibung?			
- Größe in m²?			
- Art?	Mehrfamilienhaus Zweifamilienhaus Einfamilienhaus Reihenhaus Appartement		
2. Miete			
Keine Festmiete, keine Staffelmiete, keine Indexmiete?	Staffelmiete: Indexmiete: Zeitmietvertrag: wenn ja, feste Miete?	ja/nein ja/nein ja/nein ja/nein	
Mietpreisbindung? ggf. bis wann?			
Fehlbelegungsabgabe?	ja/nein	Höhe	... €

Miete vor drei Jahren?	... €
	+ 20 % = ... €
Mieterhöhungen nach §§ 559, 560 BGB?	Ja/Nein
Letzte Mieterhöhung zum?	01. ... .200 ...
Wodurch?	
Letzter Eintritt eines Mieters?	
Miete heute absolut?	... €
Miete heute in m²?	... €/m²
Nebenkosten?	... €
Garage pp.?	... €
(Teil-) Inklusivmiete?	ja/nein
Welche Nebenkosten § 2 BetrKV sind nicht umlegbar?	Kosten ... €
3. Beschreibung	
• Baujahr des Hauses?	
• Bezugsfertigkeit der Wohnung?	
• Modernisierung?	ja/nein wann Umfang:
• Wohnlage?	strittig? ja/nein welche Merkmale
• Ausstattung?	
- Heizung	
- Warmwasser	
- Bad/Dusche	
- Gäste/WC	
- Qualität der Sanitär- und Elektro- installation	
- Teppichboden	
- Einbauschränke	
- Einbauküche	ja/nein Zuschlag ... €
- Teilmöblierung	ja/nein Zuschlag ... €

- Balkon			
- Garten (-nutzung)			
0%			
- Aufzug	ja/nein	Zuschlag	... €
- Kabelanschluss	ja/nein	Zuschlag	... €
- Isolierverglasung	ja/nein	Zuschlag	... €
- hochwertige Bodenbeläge	ja/nein	Zuschlag	... €
- Hohe Decken/Stuck	ja/nein	Zuschlag	... €
- Hochwertige Türen (z.B. Echtholz- Kassettentüren)	ja/nein	Zuschlag	... €
- Repräsentativer Hauseingangsbereich	ja/nein	Zuschlag	... €
- Ökologisch hochwertige Beheizung/Strom-/Wassergewinnung	ja/nein	Zuschlag	... €
4. Besonderheiten			
• Schönheitsreparaturen durch Vermieter?	ja/nein	Zuschlag	... €
• Nicht behebbare Mängel?			
• wird zurzeit gemindert?	ja/nein	ggf. Hinweis, dass Minderungsrecht wiederaufleben kann	

III.   Musterschreiben und Musterklagen

1.   Mieterhöhungsverlangen/Begründung mit Mietspiegel

893

Rechtsanwalt Dr. Recht	Bonner Str. 200
	50123 Köln
Eheleute	
Heinz und Anne Conductor	
Görresstr. 40	
50345 Köln	Köln, den .....
Mieterhöhungsverlangen für die von Ihnen gemietete Wohnung	

Sehr geehrte Frau Conductor,
sehr geehrter Herr Conductor,

hiermit zeige ich an, dass mich Ihr Vermieter, Herr E. Locator, Vermieterstr. 1, 50789 Köln, mit der Wahrnehmung seiner Interessen beauftragt hat. Eine Originalvollmacht finden Sie anbei.

Die Miete für Ihre Wohnung ist seit über einem Jahr unverändert. Um sie auf den ortsüblichen Stand anzupassen, steht meinem Mandanten nach den §§ 558 ff. BGB ein Anspruch auf Zustimmung zu einer Mieterhöhung zu, den ich hiermit geltend mache. Ich habe Sie deshalb aufzufordern, einer Mieterhöhung von bisher 480,00 € auf 566,25 € ab dem ..... (Datum) zuzustimmen. Die übrigen Vereinbarungen des Mietvertrages, insbesondere zur Umlage von Betriebskosten, bleiben unverändert.

Die von Ihnen angemietete Wohnung ist 75 m² groß, sodass der bisherige Quadratmeterpreis 6,40 € beträgt. Dies entspricht nicht mehr der ortsüblichen Vergleichsmiete, die bei 7,55 €/m² liegt. Zum Nachweis dafür beziehe ich mich auf den Kölner Mietspiegel vom 01.09.2006, den Sie in Kopie beigefügt finden.

Dabei ist Ihre Wohnung wie folgt einzugruppieren:

a) Das Haus Görresstr. 40 wurde ursprünglich 1926 erbaut, sodass an sich die Altersgruppe 1 einschlägig wäre. Innerhalb der letzten zehn Jahre wurde jedoch das Bad (einschl. der Fliesen und Sanitärinstallationen) komplett erneuert und die Elektroinstallation erweitert und neuzeitlichem Standard angepasst. Da außerdem eine Gasetagenheizung vorhanden ist, kommt eine Einstufung in die Altersgruppe 3 in Betracht.

b) Die Wohnung ist 75 m² groß und fällt damit in die Größen-Gruppe C.

c) Die Wohnung ist ausgestattet mit Heizung und Bad/WC. Einschlägig ist damit die Ausstattungsziffer 2. Zuschläge rechtfertigen sich aufgrund des Gäste-WCs, des Parkettbodens in den Wohn-/Schlafräumen sowie des großen, nach Süden gerichteten Balkons.

d) Das Objekt liegt grundsätzlich in mittlerer Wohnlage i.S. des Mietspiegels. Nennenswerte Immissionen dringen auf das Objekt nicht ein. Im Gegenteil rechtfertigen sich Lagezuschläge aufgrund der begehrten (universitätsnahen) Innenstadtlage. Sämtliche Geschäfte des täglichen Lebens, aber auch des gehobenen Bedarfs sind fußläufig gut erreichbar. Der Beethovenplatz liegt in unmittelbarer Nähe. Sowohl die Anbindung an den Personennahverkehr als auch den Individualverkehr sind hervorragend.

Die einschlägige Spanne des Mietspiegels weist Werte aus von 6,20 €/m² bis 8,40 €/m². Aufgrund der geschilderten Ausstattungsmerkmale und Lagevorteile rechtfertigt sich die Überschreitung des Mittelwertes, sodass die ortsübliche Vergleichsmiete bei 7,55 €/m² bzw. 566,25 € liegt.

Die 20 %ige Kappungsgrenze ist eingehalten.

Ich darf Sie deshalb bitten, Ihre Zustimmungserklärung bis spätestens ..... (Datum) abzugeben. Der Vollständigkeit halber weise ich darauf hin, dass mein Mandant nach Ablauf dieser Frist gehalten wäre, innerhalb weiterer drei Monate Zustimmungsklage beim AG Köln zu erheben. Ich gehe jedoch davon aus, dass dies nicht erforderlich sein wird.

Mit freundlichen Grüßen

2. Mieterhöhungsverlangen/Begründung mit Vergleichswohnungen

894

| Rechtsanwalt Dr. Recht | Justitiagasse 1 |
| | 44141 Dortmund |

Eheleute

Heinz und Anne Conductor

Habitatioweg 12

44339 Dortmund   Dortmund, den .....

Mieterhöhungsverlangen für die von Ihnen gemietete Wohnung

Sehr geehrte Frau Conductor, sehr geehrter Herr Conductor,

hiermit zeige ich an, dass mich Ihr Vermieter, Herr E. Locator mit der Wahrnehmung seiner Interessen beauftragt hat. Eine entsprechende Vollmacht ist in der Anlage beigefügt.

Die Miete für Ihre Wohnung ist seit über einem Jahr unverändert. Um die Miete auf den ortsüblichen Stand anzupassen, steht meinem Mandanten nach dem Gesetz zur Regelung der Miethöhe ein Anspruch auf Zustimmung zu einer Mieterhöhung zu. Diesen Anspruch mache ich hiermit geltend.

Ich bitte Sie deshalb, einer Mieterhöhung von bisher ..... € auf ..... € ab ..... (Datum) zuzustimmen. Die übrigen Vereinbarungen des Mietvertrages bleiben unverändert, insbesondere ist weiter eine Nebenkostenvorauszahlung auf die Betriebskosten von ..... € zu zahlen.

Die von Ihnen angemietete Wohnung ist 80 m² groß, sodass der bisher gezahlte Quadratmeterpreis ..... € beträgt. Dies entspricht nicht mehr der ortsüblichen Vergleichsmiete, die ..... € pro Quadratmeter ohne Nebenkosten beträgt. Zum Nachweis hierfür beziehe ich mich auf folgende drei Vergleichswohnungen:

1. ABC-Gasse 17, in 44225 Dortmund, 3. Etage links, Mieter: Müller
   Nettomiete bei 75 m² 525,00 € (= 7,- €/ m²)
   Baujahr 1965, umfassend modernisiert (Bad u. Elektoinstallationen erneuert, Isolierfenster).

2. BC-Straße 1, in 44135 Dortmund, 2. Etage rechts, Mieter: Meier
   Nettomiete bei 90 m² 621,00 € (= 6,90 €/ m²)
   Baujahr 1962, umfassend modernisiert (wie Wohnung Nr.1).

3. C-Wall 7, in 44135 Dortmund, 1. Etage links, Mieter: Schulze
   Nettomiete bei 75 m² 521,25 € (= 6,95 €/ m²)
   Baujahr 1963, umfassend modernisiert (wie Wohnung Nr.1).

Unter Berücksichtigung dieser Vergleichsobjekte ist deshalb von einer ortsüblichen Vergleichsmiete von mindestens

$$\textbf{6,90 € pro m}^2 = \textbf{552,25 €}$$

auszugehen.

Ich darf Sie deshalb bitten, Ihre Zustimmungserklärung bis spätestens ... (Datum) abzugeben. Der Vollständigkeit halber möchte ich darauf hinweisen, dass mein Mandant nach Ablauf der Frist innerhalb von zwei Monaten Klage auf Zustimmung zu diesem Mieterhöhungsverlangen vor dem Amtsgericht Dortmund erheben kann. Ich hoffe aber, dass dies nicht erforderlich sein wird.

Hochachtungsvoll

3. **Mieterhöhungsverlangen/Begründung mit Sachverständigengutachten**

895

Rechtsanwalt Dr. Recht   Justitiagasse 1
                                  44141 Dortmund

Eheleute

Heinz und Anne Mietnix

Habitatioweg 13

44339 Dortmund   Dortmund, den .....

Mieterhöhungsverlangen für die von Ihnen gemietete Wohnung

Sehr geehrte Frau Mietnix, sehr geehrter Herr Mietnix,

hiermit zeige ich an, dass mich Ihre Vermieter, Herr E. Locator und Frau M. Locator, mit der Wahrnehmung ihrer Interessen beauftragt haben. Eine entsprechende Vollmacht ist in der Anlage beigefügt.

Die Miete für Ihre Wohnung ist seit über einem Jahr unverändert. Um die Miete auf den ortsüblichen Stand anzupassen, steht meinen Mandaten nach dem Gesetz zur Regelung der Miethöhe ein Anspruch auf Zustimmung zu einer Mieterhöhung zu. Diesen Anspruch machen sie hiermit geltend.

Ich habe Sie deshalb aufzufordern, einer Mieterhöhung von bisher 484,38 € auf 581,25 € ab ..... (Datum) zuzustimmen. Die übrigen Vereinbarungen des Mietvertrages bleiben unverändert, insbesondere ist weiter eine Nebenkostenvorauszahlung auf die Betriebskosten von ..... € zu zahlen.

Die von Ihnen angemietete Wohnung ist 75 m² groß, sodass der bisher gezahlte Quadratmeterpreis ..... € beträgt. Dies entspricht nicht mehr der ortsüblichen Vergleichsmiete, die ..... € pro Quadratmeter ohne Nebenkosten beträgt. Zum Nachweis hierfür beziehen wir uns auf das anliegende Sachverständigengutachten des öffentlich bestellten Sachverständigen für Grundstücks- und Gebäudebewertung Dipl.-Ing. Verschätzmich vom (Datum). Der Sachverständige kommt in seinem Gutachten zu dem Ergebnis, dass die ortsübliche Vergleichsmiete für eine Wohnung der von Ihnen angemieteten Art

7,95 € pro m²

beträgt.

Aufgrund der gesetzlich vorgesehenen Kappungsgrenze können meine Mandanten in diesem Verfahren die Miete aber nur bis auf 7,75 € erhöhen.

Namens und im Auftrage meiner Mandanten verlange ich deshalb die Zustimmung zu einer Mieterhöhung auf 7,75 €/m² = 581,25 €.

Ich darf Sie deshalb bitten, Ihre Zustimmungserklärung bis spätestens ..... (Datum) abzugeben. Der Vollständigkeit halber möchte ich Sie darauf hinweisen, dass meine Mandanten nach Ablauf der Frist innerhalb von zwei Monaten Klage auf Zustimmung zu diesem Mieterhöhungsverlangen vor dem Amtsgericht Dortmund erheben können. Ich hoffe aber, dass dies nicht erforderlich sein wird.

Hochachtungsvoll

4. Mieterhöhungsverlangen/Begründung durch Hausverwaltungsgesellschaft mit Mietspiegel

Rechtsanwalt Dr. Recht	Bonner Str. 200	896
	50123 Köln	

Eheleute

Heinz und Anne Conductor

Görresstr. 40

50345 Köln   Köln, den .....

Mieterhöhungsverlangen für die von Ihnen gemietete Wohnung

Sehr geehrte Frau Conductor,
sehr geehrter Herr Conductor,

unter Hinweis auf die beiliegende Vollmacht zeige ich an, dass mich die Hausverwaltung Ihres Vermieters, die Firma Vicarius, mit ihrer Interessenwahrnehmung beauftragt hat. Die Hausverwaltung ist von Ihrem Vermieter, Herrn E. Locator, Vermieterstr. 1, 50789 Köln, bevollmächtigt, seine Interessen Ihnen gegenüber im Mieterhöhungsverfahren zu vertreten. Eine Originalvollmacht Ihres Vermieters an den Hausverwalter sowie eine Originalvollmacht des Hausverwalters an mich sind in der Anlage beigefügt.

369

Die Miete für Ihre Wohnung ist seit über einem Jahr unverändert. Um sie auf den ortsüblichen Stand anzupassen, steht meinem Mandanten nach den §§ 558 ff. BGB ein Anspruch auf Zustimmung zu einer Mieterhöhung zu, den ich hiermit geltend mache. Ich habe Sie deshalb aufzufordern, einer Mieterhöhung von bisher 523,50 € auf 609,75 € ab dem ..... (Datum) zuzustimmen. Die übrigen Vereinbarungen des Mietvertrages, insbesondere zur Umlage von Betriebskosten, bleiben unverändert.

Die von Ihnen angemietete Wohnung ist **75 m²** groß, sodass der bisherige Quadratmeterpreis 6,98 € beträgt. Dies entspricht nicht mehr der ortsüblichen Vergleichsmiete, die bei 8,38 €/m² liegt. Zum Nachweis dafür beziehe ich mich auf den Kölner Mietspiegel vom 01.09.2006, den Sie in Kopie beigefügt finden

Dabei ist Ihre Wohnung wie folgt einzugruppieren:

a) Das Haus Görresstr. 40 wurde ursprünglich 1926 erbaut, sodass an sich die Altersgruppe 1 einschlägig wäre. Innerhalb der letzten zehn Jahre wurde jedoch das Bad (einschl. der Fliesen und Sanitärinstallationen) komplett erneuert und die Elektroinstallation erweitert und neuzeitlichem Standard angepasst. Da außerdem eine Gasetagenheizung vorhanden ist, kommt eine Einstufung in die Altersgruppe 3 in Betracht.

b) Die Wohnung ist 75 m² groß und fällt damit in die Größen-Gruppe C.

c) Die Wohnung ist ausgestattet mit Heizung und Bad/WC. Einschlägig ist damit die Ausstattungsziffer 2. Zuschläge rechtfertigen sich aufgrund des Gäste-WC`s, des Parkettbodens in den Wohn-/Schlafräumen sowie des großen, nach Süden gerichteten Balkons.

d) Das Objekt liegt grundsätzlich in mittlerer Wohnlage i.S. des Mietspiegels. Nennenswerte Immissionen dringen auf das Objekt nicht ein. Im Gegenteil rechtfertigen sich Lagezuschläge aufgrund der begehrten (universitätsnahen) Innenstadtlage. Sämtliche Geschäfte des täglichen Lebens, aber auch des gehobenen Bedarfs sind fußläufig gut erreichbar. Der Beethovenplatz liegt in unmittelbarer Nähe. Sowohl die Anbindung an den Personennahverkehr als auch den Individualverkehr sind hervorragend.

Die einschlägige Spanne des Mietspiegels weist Werte aus von 6,20 €/m² bis 8,40 €/m². Aufgrund der geschilderten Ausstattungsmerkmale und

Lagevorteile rechtfertigt sich die Überschreitung des Mittelwertes, sodass die ortsübliche Vergleichs-Nettomiete bei 7,55 €/m² bzw. 566,25 € liegt. Der Kölner Mietspiegel weist jedoch nur Nettomieten ohne Betriebskostenanteile aus. Aus Ihrem Mietvertrag ergibt sich aber, dass die nachfolgend dargestellten Betriebskosten in der Miete enthalten sind, die im abgelaufenen Kalenderjahr für das Haus in nachfolgender Höhe entstanden sind:

Grundsteuer	1.000,00 €
verbundene Wohngebäudeversicherung	1.400,00 €
Straßenreinigung	600,00 €
Müllabfuhr	500,00 €
Summe:	**3.500,00 €**

Die Gesamtwohnfläche des Hauses beträgt 500 m². Dies ergibt einen Betriebskostenanteil pro Quadratmeter von 7,00 € bzw. 0,58 € pro Quadratmeter und Monat.

Dieser Anteil ist nun der dem Mietspiegel entnommenen Nettomiete noch hinzuzuaddieren, sodass die ortsübliche Vergleichs-Teilinklusivmiete bei 8,13 €/m² bzw. 609,75 € liegt.

Die 20 %ige Kappungsgrenze ist eingehalten.

Ich darf Sie deshalb bitten, Ihre Zustimmungserklärung bis spätestens ..... (Datum) abzugeben. Der Vollständigkeit halber weise ich darauf hin, dass mein Mandant nach Ablauf dieser Frist gehalten wäre, innerhalb weiterer drei Monate Zustimmungsklage beim AG Köln zu erheben. Ich gehe jedoch davon aus, dass dies nicht erforderlich sein wird.

Hochachtungsvoll

5.   Auskunftsverlangen bezüglich der Zahlung einer Fehlbelegungsabgabe nach Ende der Mietpreisbindung

Rechtsanwalt Dr. Recht   Justitiagasse 1   897
                                44141 Dortmund

Eheleute

Heinz und Anne Conductor

Habitatioweg 12

44339 Dortmund   Dortmund, den .....

Auskunft über die von Ihnen gezahlte Fehlbelegungsabgabe

Sehr geehrte Frau Conductor, sehr geehrter Herr Conductor,

hiermit zeige ich an, dass mich Ihr Vermieter, Herr E. Locator, Vermieterstr. 1 in 43288 Dortmund, mit der Wahrnehmung seiner Interessen beauftragt hat. Eine entsprechende Vollmacht ist in der Anlage beigefügt.

Sie haben von meinem Mandanten eine Wohnung angemietet, die der Sozialbindung unterliegt. Mit Wirkung ab dem ..... entfällt für diese Wohnung die Bindung an die Vorschriften des sozialen Wohnungsbaus. Mein Mandant ist dann berechtigt, die Miete nach den Vorschriften des Gesetzes zur Regelung der Miethöhe zu erhöhen.

Nach dem Ende der Preisbindung, also dem ..... entfällt auch die Verpflichtung, eine Fehlbelegungsabgabe bzw. Ausgleichszahlungen für die Wohnung an die Stadt zu zahlen. Nach den §§ 558 ff. BGB steht meinem Mandanten u.U. ein Anspruch auf eine Mieterhöhung zu, wenn sich hierdurch die Wohnkosten im Vergleich zu Ihren bisherigen Aufwendungen nicht ändern, d.h. wenn die Summe aus der von Ihnen bisher gezahlten Miete zzgl. der Fehlbelegungsabgabe nicht überschritten wird.

Da mein Mandant nicht weiß, ob und ggf. in welcher Höhe gegen Sie eine Fehlbelegungsabgabe festgesetzt ist, sind Sie gesetzlich verpflichtet, meinem Mandanten folgende Fragen zu beantworten:

1. Ich zahle für die Wohnung eine Fehlbelegungsabgabe

    ☐ ja   ☐ nein

2. Wenn ja: Die Fehlbelegungsabgabe beträgt zurzeit aufgrund des Bescheids der Stadt ... vom ... ... €. Der Bescheid ist rechtskräftig, d.h. es wurde kein Widerspruch/keine Klage eingereicht:

    ☐ ja   ☐ nein

    ....
    Ort/Datum   Unterschrift

Die Frage zur Rechtskraft müssen Sie nicht beantworten. Eine Antwort wäre aber in Ihrem Interesse, da ggf. dann auch die Miete nach Abschluss des Rechtsbehelfsverfahrens herabgesetzt werden könnte.

Zur Vereinfachung des Verfahrens schicke ich Ihnen dieses Schreiben zweifach. Sie können dann die Fragen direkt auf der Kopie beantworten und diese an mich zurücksenden.

Der Vollständigkeit halber weise ich darauf hin, dass Sie gesetzlich verpflichtet sind, die Fragen binnen eines Monats zu beantworten. Falsche Antworten können Sie schadensersatzpflichtig machen. Nach Fristablauf kann unser Mandant Sie auf Auskunft verklagen. Für Rückfragen stehe ich Ihnen zur Verfügung.

Mit freundlichen Grüßen

6.   Zurückweisung des Mieterhöhungsverlangens eines Vertreters

Heinz und Anne Conductor   Habitatioweg 12   898
                                  44339 Dortmund

Rechtsanwalt

Dr. Recht

Justitiagasse 1

44141 Dortmund   Dortmund, den .....

Ihr Mieterhöhungsverlangen für Herrn E. Conductor vom .....

Sehr geehrter Herr Dr. Recht,

Ihr o.g. Mieterhöhungsverlangen, das uns gestern erreichte, weisen wir hiermit ausdrücklich gemäß § 174 BGB zurück, da dem Schreiben eine Vollmacht nicht beigefügt war und wir auch nicht von Herrn Conductor über Ihre Vertretungsmacht diesbezüglich anderweitig informiert wurden.

Mit freundlichen Grüßen

7. Teilweise Zustimmung des Mieters zum Mieterhöhungsverlangen

899

Heinz und Anne Conductor   Habitatioweg 12
                                  44339 Dortmund

Herrn

E. Locator

Vermieterstr. 1

44388 Dortmund   Dortmund, den .....

Ihr Mieterhöhungsverlangen vom .....

Sehr geehrter Herr Locator,

auf Ihr o.g. Mieterhöhungsverlangen teilen wir Ihnen mit, dass wir diesem mit Wirkung ab ..... auf 603,50 € (= 7,10 €/m²) zustimmen, im Übrigen aber unsere Zustimmung – zumindest zurzeit noch – nicht erteilen können.

Hierzu veranlassen uns folgende Gründe:

Die von Ihnen vorgenommene Eingruppierung in den Mietspiegel kann von uns nicht nachvollzogen werden. Bei der Baualtersklasse erscheint uns die Eingruppierung in die „Altersklasse 1961 bis 1966 modernisiert" nicht gerechtfertigt zu sein. Das Gebäude stammt nach unseren Informationen aus den fünfziger Jahren. Auch eine Modernisierung im Sinne des Mietspiegels erscheint fraglich. Eine umfassende Modernisierung liegt nämlich nur dann vor, wenn nachträglich Bad, Heizung und z.B. neue Fenster, Türen oder Fußböden eingebaut werden, sodass die Wohnung heutigen Wohnansprüchen genügt. Bei den von Ihnen angesprochenen Umbauarbeiten wurden aber lediglich die vorhandenen Gegenstände durch neuere ersetzt, was letztendlich eine Instandsetzung und keine Modernisierung ist.

Den von Ihnen angeführten Lagevorteilen stehen auch erhebliche Nachteile gegenüber. Der Lärm der Straßenkreuzung ist weit überdurchschnittlich. Die Verkehrsanbindung an die U-Bahn ist schlecht und an den übrigen öffentlichen Personennahverkehr allenfalls durchschnittlich. Von einer aufgelockerten Bebauung kann in unmittelbarer Nachbarschaft nicht die Rede sein. Es handelt sich durchgehend um drei- bis viergeschossige Gebäude.

Unseres Erachtens ist deshalb von einer Mietspanne von 5,70 € bis 8,50 DM auszugehen. Der Mittelwert, von dem abzuweichen aufgrund der konkreten Umstände kein Anlass besteht, beläuft sich auf 7,10 €.

Sollten Sie die von Ihnen vorgenommene Eingruppierung weiter konkretisieren, was insbesondere die Baualtersklasse angeht, werden wir selbstverständlich unsere Entscheidung überdenken. Wenn Sie hierfür ein persönliches Gespräch erforderlich oder sinnvoll halten, sehen wir Ihren Terminvorschlägen entgegen.

Mit freundlichen Grüßen

8. Zurückweisung eines Mieterhöhungsverlangens durch den Mieter

Heinz und Anne Conductor   Habitatioweg 12   900

Herrn   44339 Dortmund

E. Locator

Vermieterstr. 1

44388 Dortmund   Dortmund, den .....

Ihr Mieterhöhungsverlangen vom .....

Sehr geehrter Herr Locator,

auf Ihr o.g. Mieterhöhungsverlangen teilen wir Ihnen mit, dass wir diesem – zumindest zurzeit noch – nicht zustimmen werden. Hierzu veranlassen uns folgende Gründe:

Die von Ihnen vorgenommene Eingruppierung in den Mietspiegel kann von uns nicht nachvollzogen werden. Hinsichtlich der Baualtersklasse erscheint uns die von Ihnen vorgenommene Eingruppierung in die Altersklasse „1961 bis 1966 modernisiert" nicht gerechtfertigt zu sein. Das Gebäude ist bereits in den 50er Jahren errichtet worden.

Den von Ihnen angeführten Lagevorteilen stehen auch erhebliche Nachteile gegenüber. Der Lärm der Straßenkreuzung ist weit überdurchschnittlich. Die Verkehrsanbindung an die U-Bahn ist schlecht und an den übrigen öffentlichen Personennahverkehr allenfalls durchschnittlich. Von einer aufgelockerten Bebauung kann in unmittelbarer Nachbarschaft auch nicht die Rede sein. Es handelt sich durchgehend um drei- bis viergeschossige Gebäude.

Unseres Erachtens ist deshalb von einer Mietspanne von 5,00 € bis 7,50 € auszugehen. Der Mittelwert, von dem abzuweichen aufgrund der konkreten Umstände kein Anlass besteht, beläuft sich auf 6,25 €. Dies entspricht ungefähr der heute von uns gezahlten Quadratmetermiete.

Sollten Sie uns gegenüber die von Ihnen vorgenommene Eingruppierung weiter konkretisieren, was insbesondere die Baualtersklasse angeht, werden wir selbstverständlich unsere Entscheidung noch einmal überdenken. Wenn Sie meinen, dass hierfür ein persönliches Gespräch erforderlich oder sinnvoll ist, sehen wir Ihren Terminvorschlägen insofern entgegen.

Mit freundlichen Grüßen

9.   Zustimmung zur Mieterhöhung und Ankündigung der Minderung

901

| Rechtsanwalt Dr. Recht | Justitiagasse 1 |
| | 44141 Dortmund |

Herrn

E. Locator

Vermieterstr. 1

43288 Dortmund   Dortmund, den .....

Ihr Mieterhöhungsverlangen vom .....

Sehr geehrter Herr Locator,

hiermit zeige ich an, dass mich Ihre Mieter, die Eheleute Heinz und Anne Conductor, Habitatioweg 12 in 44339 Dortmund, mit der Wahrnehmung ihrer Interessen beauftragt haben. Eine entsprechende Vollmacht ist in der Anlage beigefügt. Meine Mandanten haben mir Ihr Mieterhöhungsverlangen vom ..... vorgelegt.

Namens und in Vollmacht meiner Mandanten erkläre ich hiermit die Zustimmung zur Mieterhöhung. Meine Mandanten werden die Erhöhungsbeträge jedoch bis auf Weiteres nicht zahlen, wobei sie sich hilfsweise auch auf ihr Zurückbehaltungsrecht berufen. Denn im Objekt und der Wohnung sind folgende – behebbare – Mängel vorhanden:

... (es folgt eine Aufzählung der behebbaren Mängel)

Mit freundlichen Grüßen

10. Zustimmungsklage

An das Amtsgericht
Gerichtsstr. 22
44135 Dortmund

Dortmund, den .....

Klage

des Emil Locator, Vermieterstr. 1 in 44388 Dortmund

– Klägers –

Prozessbevollmächtigter: Rechtsanwalt Dr. Recht aus
                            44141 Dortmund

gegen

die Eheleute Heinz und Anne Conductor, Habitatioweg 12, 44339 Dortmund

– Beklagte –

wegen: Zustimmung zu einem Mieterhöhungsverlangen

Streitwert: 12 × 86,00 € = 1.032,00 €

Gerichtskostenvorschuss: 210,00 €

Namens und im Auftrag des Klägers erhebe ich Klage gegen die Beklagten mit folgendem Antrag:

Die Beklagten werden verurteilt, der Erhöhung der Nettomiete für die Wohnung Habitatioweg 12 in 44339 Dortmund 1. Etage links von bisher monatlich 535,00 € auf 621,00 € netto mit Wirkung ab 1. November 2007 zuzustimmen.

Ich beantrage ferner,

1. soweit das Gericht das Verfahren nach § 495a ZPO betreiben will, die Durchführung einer mündlichen Verhandlung;

2. soweit das Gericht ein schriftliches Vorverfahren anordnet und die Beklagten ihre Verteidigungsbereitschaft nicht rechtzeitig anzeigen oder den Klageanspruch anerkennen sollten, den Erlass eines Versäumnis- bzw. Anerkenntnisurteils.

Begründung:

Der Kläger ist Vermieter der von den Beklagten innegehaltenen 86 m² großen Wohnung.

Beweis: In der Anlage überreichte Kopie des Mietvertrages

Die Miete beträgt zurzeit 535,00 € (= 6,22 €/m²). Außerdem sind von den Beklagten noch Betriebskostenvorauszahlungen für folgende Nebenkosten zu zahlen: Heizung, Wasser, Entwässerung, Flurlicht und Haftpflichtversicherung

Beweis: a) wie oben

           b) Mieterhöhungsverlangen vom 13.04.2003 und Zustimmungserklärung der Beklagten vom 20.05.2003

Die Miete ist seit mehr als einem Jahr, nämlich seit der letzten Erhöhung im Jahre 2003 unverändert.

Mit Schreiben vom 20.08.2007, den Beklagten zugegangen am 24.08.2007, bat der Kläger die Beklagten um Zustimmung zu einer Mieterhöhung auf 621,00 € (= 7,22 €/m²).

Beweis: In der Anlage überreichte Kopie des Erhöhungsverlangens vom 20.08.2007

Der Kläger hat dieses Mieterhöhungsverlangen unter Bezugnahme auf den Mietspiegel für die Stadt Dortnund, Stand August 2006 begründet. Er hat die Wohnung dabei wie folgt eingruppiert:

Baualtersklasse: 1949 - 1960

modernisiert

Lageklasse: gute Wohnlage

Ausstattungsklasse: III

Demnach ist eine Miete von 5,30 € bis 8,30 € ortsüblich. Der Kläger verlangt eine Zustimmung zu einer Erhöhung auf 7,22 €. Diese Miete ist für die von den Beklagten angemietete Wohnung ortsüblich.

Beweis: a) Mietspiegel für Stadt xy als Beweismittel

           b) Sachverständigengutachten

Dabei sind folgende Gesichtspunkte maßgeblich:

1. Baualter:

Das Haus wurde 1950 erbaut. 1998 wurde eine umfassende Modernisierung durchgeführt. Dabei wurden folgende Arbeiten durchgeführt:

..... (genaue Angaben zur Modernisierung)

Beweis: a) Sachverständigengutachten

b) richterliche Inaugenscheinnahme

c) Zeugnis des .....

2. Ausstattungsklasse:

Es liegen folgende Ausstattungsmerkmale, die der Mietspiegel ausdrücklich aufführt, vor:

..... (genaue Angaben zur Ausstattung)

Beweis: a) Sachverständigengutachten

b) richterliche Inaugenscheinnahme

c) Zeugnis des .....

Ferner ist bei der Ausstattung noch zu berücksichtigen, dass die Wohnung

..... (weitere Ausstattungsmerkmale)

Beweis: a) Sachverständigengutachten

b) richterliche Inaugenscheinnahme

c) Zeugnis des .....

3. Lageklasse:

Die Wohnung liegt im 1. Obergeschoss. Sie ist nach Süden ausgerichtet.

Der Habitatioweg ist eine ruhige Stichstraße ohne Verkehrslärm. Die Bebauung ist teilweise aufgelockert. Neben einigen dreigeschossigen Häusern gibt es auch Reihenhäuser. Die nächste U-Bahn-Station ist nur wenige Gehminuten entfernt.

Folgende öffentliche Einrichtungen befinden sich in der Nähe

..... (nähere Ausführungen zu den Einrichtungen)

Die Einkaufsmöglichkeiten stellen sich für den täglichen Bedarf und für den übrigen Einkauf wie folgt dar:

Beweis für Lage: a) Sachverständigengutachten

                      b) richterliche Inaugenscheinnahme

                      c) Zeugnis der .....

Nach dem Mietspiegel ist deshalb eine Miete von 5,30 € bis 8,30 € ortsüblich. Der Vergleichsmiete war hier etwas über dem Mittelwert anzusiedeln. Dafür spricht die Lage, die schon fast eine Eingruppierung in eine sehr gute Wohnlage gerechtfertigt hätte. Ferner war zu berücksichtigen, dass es sich um eine Teilinklusivmiete handelt, sodass in der Miete noch Nebenkosten enthalten sind, die der Kläger nicht zusätzlich erhält. Es handelt sich dabei um folgende Kosten:

Grundsteuer	1.000,00 €
Feuerversicherung	1400,00 €
Straßenreinigung	600,00 €
Müllabfuhr	500,00 €
Summe:	3.500,00 €

$3.500,00 € : 500 \text{ qm} = 7,00 €/ m^2$

Betriebskostenanteil in der Miete:

7,00 €/m²: 12 Monate   0,58 €/ m²

Da die Beklagten innerhalb der Zustimmungsfrist weder ihre Zustimmung zur Mieterhöhung erklärt noch durch Zahlung des Verlangens anerkannt haben, war Klage geboten.

gez. Rechtsanwalt

11. Klageerwiderung des Prozessbevollmächtigten des Mieters

An das   903

Amtsgericht

Gerichtsstr. 22

44135 Dortmund   Dortmund, den .....

In Sachen

Locator ./. Conductor,

Az: 1 C 007/92

zeige ich an, dass ich die Beklagten vertrete.

Die Beklagten wollen sich gegen die Klage verteidigen.

Ich beantrage,
    Termin auch im Verfahren nach § 495a ZPO anzuberaumen.

In diesem Termin werde ich beantragen, die Klage abzuweisen.

Begründung:

Die Beklagten sind nicht verpflichtet, der vom Kläger begehrten Mieterhöhung zuzustimmen. Es liegen weder die formalen noch die materiellen Voraussetzungen für den geltend gemachten Anspruch vor.

1. Formale Voraussetzungen

Es liegt kein ordnungsgemäßes Mieterhöhungsverlangen vor.

Das Schreiben war nicht unterschrieben.

Beweis: In der Anlage überreichte Kopie des den Beklagten zugegangenen Mieterhöhungsverlangens. Das Original wird im Termin vorgelegt.

Das Schreiben lässt auch sonst nicht den Abschluss der Erklärung erkennen, weder ist ein Namenszeichen noch eine sonstige Angabe vorhanden.

Soweit sich unten auf dem Formular ein irgendwie geartetes Handzeichen befindet, ist dies nicht als Unterschrift im Sinne des Gesetzes zu verstehen, da keine einzelnen Buchstaben erkennbar sind.

Sollte dieses Handzeichen von dem im Briefkopf aufgeführten Sachbearbeiter stammen, so ist das Mieterhöhungsverlangen auch deshalb unwirksam, weil dieser weder vertretungsberechtigter Geschäftsführer der Hausverwaltungs-GmbH noch Prokurist ist. Zwar hat dem Schreiben eine Vollmacht des Klägers für die Hausverwaltungs-GmbH beigelegen, eine Untervollmacht für den Sachbearbeiter lag dem Schreiben aber nicht bei. Dies haben wir unverzüglich mit Schreiben vom 26.08.2007 gerügt und das Begehren zurückgewiesen.

Beweis: In der Anlage überreichte Kopie des Schreiben vom 26.08.2007

Soweit dann später einmal eine Vollmacht nachgeschickt wurde, ist dies unbeachtlich, da nach Zurückweisung das gesamte Mieterhöhungsverlangen als einseitiges Rechtsgeschäft wiederholt werden muss. Auch die Klageerhebung bedeutet keine wirksame Nachholung.

Das Schreiben ist auch deshalb unwirksam, weil der Kläger in ihm weitere Änderungen des Mietvertrages ankündigt und deshalb für uns der Eindruck entstand, dass zwischen den angekündigten weiteren Vertragsänderungen und unserer Zustimmung bzw. Nichterteilung der Zustimmung ein Zusammenhang besteht.

2. Materielle Voraussetzungen

Es wird bestritten, dass die vom Kläger begehrte Miete der ortsüblichen Vergleichsmiete für Dortmund entspricht. Die vom Kläger vorgenommene Einstufung in den Mietspiegel ist in folgenden Punkten nicht richtig:

Baualtersklasse:	nur 1949 - 1960
Lageklasse:	nur normale Wohnlage
Ausstattungsklasse:	III in Ordnung

Eine Modernisierung hat nicht stattgefunden. Es mag eine Instandsetzung gewesen sein, die der Kläger hat durchführen lassen. Die in der Klage angegebenen Arbeiten werden bestritten.

Die Angaben zur Wohnlage sind in folgenden Punkten falsch: ...

Beweis: a) richterliche Inaugenscheinnahme

b) Sachverständigengutachten

Ferner liegen aber noch folgende negative Lagemerkmale vor, die der Kläger nicht aufgeführt hat: .....

Beweis: a) richterliche Inaugenscheinnahme

b) Sachverständigengutachten

Für vergleichbare Wohnungen wird eine Miete gezahlt, die die von uns gezahlte Miete nicht übersteigt. Dies ergibt sich selbst nach der Eingruppierung des Klägers, die bestritten wird. Aus dem Mietspiegel ergibt sich, dass auch Wohnungen für 5,30 € in den letzten drei Jahren vermietet wurden. Da die Wohnung der Beklagten hier im unteren Drittel einzuordnen wäre, ist die Vergleichsmiete nicht höher, zumindest nur äußerst gering, was eine Mieterhöhung ebenfalls nicht rechtfertigen würde.

Soweit der Kläger Nebenkosten anspricht, werden diese zulässigerweise mit Nichtwissen bestritten.

Gez. Rechtsanwalt

12.   Zustimmungsklage Teilinklusivmiete (Kombination)

An das   904

Amtsgericht

.....

.... , den .....

Klage

des .....

– Klägers –

Prozessbevollmächtigter:

gegen

.....

– Beklagten –

wegen: Zustimmung zur Mieterhöhung

Streitwert: 528,96 € (44,08 € × 12)

Hiermit bestellen wir uns zu Prozessbevollmächtigten der Kläger, erheben Klage und bitten um Anordnung des schriftlichen Vorverfahrens.

Wir werden beantragen,

die Beklagte zu verurteilen, einer weiteren Erhöhung der von ihr für die Wohnung im 2. OG des Hauses G-str. 18, K zu zahlenden Teilinklusivmiete von (teilzugestimmten) 820,68 € um 44,08 € auf 864,76 € ab dem 01.02.2008 zuzustimmen.

Weiterhin werden folgende Verfahrensanträge gestellt:

Begründung:

1. Zwischen den Parteien besteht ein Mietvertrag über die im Klageantrag näher bezeichnete Wohnung.

Beweis im Bestreitensfalle: Vorlage des Mietvertrages vom 01.08.2003

2. Vereinbart ist eine Teilinklusivmiete. Diese beträgt seit dem 01.08.2003 683,90 €.

Mit Schreiben vom 29.11.2007 forderten die Kläger die Beklagte auf, einer Erhöhung der Teilinklusivmiete auf 864,76 € ab dem 01.02.2008 zuzustimmen.

Beweis: anliegende Kopie des Schreibens vom 29.11.2007 (Anlage K 1)

In dem Schreiben bezogen sich die Kläger auf das Gutachten des öffentlich bestellten und vereidigten Sachverständigen Sturm vom 25.11.2007.

Der Sachverständige geht u.a. von folgenden – unstreitigen – Merkmalen aus:

• Baujahr 1914

• teilweise Modernisierungen (z.B. hofseitiger Einbau von Isolierglasfenstern)

• Wohnfläche 162 m^2

• Gäste-WC

• relativ großer Balkon.

Der Sachverständige geht berechtigterweise von einer mittleren Wohnlage aus und hält aufgrund der zentrumsnahen und verkehrsgünstigen Lage einen leichten Zuschlag für gerechtfertigt. Außerdem bewertet er die überdurchschnittlich gute Beschaffenheit und Ausstattung der Wohnung und des Hauses mit einem höheren Spannenwert sowie die Isolierglasfenster hofseitig und straßenseitig mit einem Zuschlag von 0,20 €/m² sowie den Balkon mit einem Zuschlag von 0,10 €/m².

Im Ergebnis hält der Sachverständige eine Nettomiete von 5,20 €/m² bzw. (× 162 m²) 842,40 € für ortsüblich und angemessen.

Beweis: anliegende Kopie des Gutachtens Sturm vom 25.11.2007 (Anlage K 2)

Die vom Sachverständigen angenommenen Befundtatsachen sowie seine Wertungen, insbesondere der Lage und der einzelnen Zuschläge sind gerechtfertigt. Die von ihm angenommene Miete ist für die Wohnung der Beklagten ortsüblich und angemessen.

Beweis: Sachverständigengutachten

3. Die in der Miete im Jahr 2006 enthaltenen Betriebskosten lauten wie folgt:

Grundsteuer:	1.776,99 €
Müllabfuhr:	3.362,26 €
Straßenreinigung:	712,08 €
Versicherungen:	2.724,45 €
Hausmeister:	1.533,88 €
Summe:	**10.109,66 €**

Beweis: Vorlage der Abrechnungsbelege

Die Gesamtwohnfläche des Hauses beträgt 1.635,50 m². Der auf die Wohnung der Beklagten (162 m²) entfallende Anteil beträgt damit monatlich 82,42 € bzw. 0,51 €/m².

Dieser Anteil ist der vom Sachverständigen ausgewiesenen Nettomiete von 842,40 € noch hinzuzuaddieren, sodass sich eine ortsübliche Vergleichs-Teilinklusivmiete von 924,82 € ergibt.

385

Beweis: Sachverständigengutachten

4. Die Überschreitung der Kappungsgrenze rechtfertigt sich durch den Einbau von Isolierglasfenstern straßenwärts. Wie von den Klägern Anfang 2007 der Beklagten gegenüber angekündigt, wurden auf der Straßenseite der Wohnung die vorhandenen Einglasfenster gegen Isolierglasfenster ersetzt. Diese Arbeiten führen zu einer erheblichen und dauerhaften Einsparung von Heizenergie und verbessern den Schallschutz wesentlich. Die Arbeiten kosteten für die Wohnung der Beklagten 6.453,57 €. Zur Darlegung der Kosten verweisen wir, zur Vermeidung von Wiederholungen, auf die Seiten 3 und 4 (Ziff. 1 – 4) des Schreibens vom 29.11.2007 voll inhaltlich. Sollte das Gericht diese Inbezugnahme für untunlich halten, bitten wir um kurzen Hinweis. Wir würden dann die Berechnung nochmals wiederholen.

Für den Fall, dass die Gegenseite die Rechnungsbeträge bestreitet, bieten wir vorsorglich noch **Beweis** an durch:

Vorlage der Rechnungen des Fensterbauers F. vom 08.07.2007, 30.04.2007, der Belege Nr. 13 und 14 des Herrn F. vom 22.10.2007 sowie der Rechnung der Firma G. vom 01.05.2007.

Nach dem Voranschlag des Fensterbauers F. beläuft sich der durch den Austausch der Fenster ersparte - fällige - Instandsetzungsaufwand auf 1.644,88 €.

Beweis: anliegende Kopie des Beleges Nr. 14 vom 22.10.2007 (Anlage K 3)

Dieser Betrag sei durch Instandsetzungsarbeiten an den vorhandenen Einglasfenstern der Straßenseite, nämlich dem Nachstellen der Fensterflügel, dem Keulen des Flügels in der Küche, der Erneuerung des Kitts des Wohnzimmerfensters und des Außenanstrichs entstanden. Diese Arbeiten seien erforderlich, aber auch ausreichend gewesen, um die damals vorhandenen Mängel zu beseitigen.

Beweis: Zeugnis des Herrn F.

Unter Berücksichtigung des Instandsetzungsanteils entfallen auf die Wohnung der Beklagten Kosten von brutto 4.808,69 €. Damit sind monatlich

44,08 € umlegbar (11 %). Drittmittel haben die Kläger nicht in Anspruch genommen.

Um diesen Betrag kann die Kappungsgrenze, die bei 820,68 € endet (683,90 € + 20 %) überschritten werden.

Beweis: Sachverständigengutachten

5. Die Beklagte hat vorgerichtlich eine Teilzustimmung auf 820,68 € erklärt und weitere Zustimmungen abgelehnt. Klage ist daher geboten.

Ihr ist stattzugeben.

gez. Rechtsanwalt

13. Mieterhöhung gem. § 559b BGB nach Ende der Modernisierung

Rechtsanwalt Dr. Recht   Justitiagasse 1   905
                                44141 Dortmund

Eheleute

Heinz und Anne Conductor

Habitatioweg 12

44339 Dortmund   Dortmund, den ...

Mieterhöhung nach Modernisierung

Sehr geehrte Frau Conductor, sehr geehrter Herr Conductor,

hiermit zeige ich an, dass mich Ihr Vermieter, Herr E. Locator, Vermieterstr. 1 in 43288 Dortmund, mit der Wahrnehmung seiner Interessen beauftragt hat. Eine entsprechende Vollmacht ist in der Anlage beigefügt.

Die Ihnen mit Schreiben vom ..... angekündigten Modernisierungsarbeiten sind nunmehr beendet. In diesem Schreiben hatte mein Mandant Ihnen gegenüber bereits angekündigt, nach Durchführung der Modernisierung die Miete entsprechend zu erhöhen.

Die Kosten für die Modernisierungsmaßnahme berechnen sich wie folgt:

Einbau von Isolierfenstern

1. Kosten für die Fenster
   gem. Rechnung des Schreiners vom .... €

2. Maurerarbeiten für das Einputzen der Fens-
    ter gem. Rechnung der Fa. ..... vom .... €

Summe   ..... €

Da sich durch diese Arbeiten der Gebrauchswert der Mietsache nachhaltig
erhöht hat und eine Energieeinsparung eintreten wird, ist mein Mandant
berechtigt, gem. § 559 BGB eine Erhöhung der jährlichen Miete um 11 %
der für die Wohnung aufgewandten Kosten vorzunehmen.

Die Kosten sind demnach wie folgt aufzuteilen:

Die oben errechneten Gesamtkosten sind für den Einbau von insgesamt
zehn Fenstern angefallen. Die Fenster sind auch alle gleich groß. Mithin
ergeben sich Kosten für jedes Fenster in Höhe von ..... €. Davon 11 %
jährlich entsprechen ..... €, was einen Betrag von (1/12) ..... € im Monat
entspricht. Da in Ihrer Wohnung ..... Fenster neu eingebaut worden sind,
errechnet sich Ihre Mieterhöhung wie folgt:

..... € × ..... Fenster = ... € (Erhöhungsbetrag)

Ihre neue Miete ist deshalb wie folgt zu bestimmen:

Bisherige Monatsmiete   ..... €

zzgl. Erhöhungsbetrag   ..... €

Neue Monatsmiete   ..... €

Die erhöhte Miete wird ab ... fällig. Ich darf Sie bitten, Ihren Dauerauftrag
entsprechend anzupassen.

Die Rechnungen und Belege können nach telefonischer Terminabsprache
in meinen Kanzleiräumen eingesehen werden. Gegen Kostenerstattung
werde ich Ihnen auch Kopien hiervon zukommen lassen.

Für Rückfragen stehe ich Ihnen zur Verfügung.

Hochachtungsvoll

14. **Mieterhöhung gem. § 559b BGB nach Ende der Modernisierung unter Anrechnung von Fördermitteln**

Rechtsanwalt Dr. Recht   Justitiagasse 1   906
                          44141 Dortmund

Eheleute

Heinz und Anne Conductor

Habitatioweg 12

44339 Dortmund   Dortmund, den .....

Mieterhöhung nach Modernisierung

Sehr geehrte Frau Conductor, sehr geehrter Herr Conductor,

hiermit zeige ich an, dass mich Ihr Vermieter, Herr E. Locator, Vermieterstr. 1 in 43288 Dortmund mit der Wahrnehmung seiner Interessen beauftragt hat. Eine entsprechende Vollmacht ist in der Anlage beigefügt.

Die Ihnen mit Schreiben vom ..... angekündigten Modernisierungsarbeiten sind nunmehr beendet. Damals hatte mein Mandant Ihnen gegenüber bereits angekündigt, nach Durchführung der Modernisierung die Miete entsprechend zu erhöhen.

Die Kosten für die Modernisierungsmaßnahme berechnen sich wie folgt:

Einbau von Isolierfenstern und Wärmeschutzfassade

1. Kosten für die Fenster
    gemäß Rechnung des Schreiners vom .... €
2. Mauererarbeiten für das Einputzen der Fenster
    gemäß Rechnung der Fa. ..... vom .... €
3. Malerarbeiten (Beseitigung von Schäden in den Wohnungen
    und an der Außenfassade)
    gemäß Rechnung der Fa. ..... vom .... €
4. Fassadenarbeiten gem. Rechnung der Fa. ..... vom .....
                                              ..... €

Gesamtaufwand   ..... €

Da sich durch diese Arbeiten der Gebrauchswert der Mietsache nachhaltig erhöht hat und eine Energieeinsparung eintreten wird, ist mein Mandant berechtigt, gem. § 559 BGB eine Erhöhung des jährlichen Miete um 11 % der für die Wohnung aufgewandten Kosten vorzunehmen.

Für die Modernisierungsmaßnahme wurde ein zinsverbilligtes Darlehen der Landesentwicklungsgesellschaft in Anspruch genommen. Das Darlehen ist mit einem Betrag in Höhe von ..... valutiert. Es sind Zinsen in Höhe von ..... % hierfür zu zahlen. Da zum Zeitpunkt der Beendigung der Baumaßnahme für erstrangige Hypotheken ..... Zinsen zu zahlen sind, liegt eine Zinsverbilligung von ..... % vor. Bei dem in Anspruch genommenen Darlehensbetrag von ..... € entspricht dies einem jährlichen Zinsvorteil von ..... €. Dieser Betrag ist von dem Erhöhungsbetrag vorab in Abzug zu bringen.

Die Mieterhöhung berechnet sich demnach wie folgt:

a) berücksichtigungsfähiger Gesamtaufwand: ..... €

b) jährlicher Erhöhungsbetrag [11 % von a)] ..... €

c) abzüglich Zinsvorteil ..... €

d) Gesamterhöhungsbetrag ..... €

e) pro m² (d) / Gesamtwohnfläche ..... m² ..... €

f) Monatsbetrag pro m² [e)/12] ..... €

g) der auf Sie entfallende Anteil [f) × m² Ihrer Wohnung] ..... €

Ihre neue Miete ist deshalb wie folgt zu bestimmen:

Bisherige Jahresmiete ..... €

zzgl. Erhöhungsbetrag gem. g) ..... €

Neue Monatsmiete ..... €

Die erhöhte Miete wird ab ..... fällig. Ich darf Sie bitten, Ihren Dauerauftrag entsprechend anzupassen.

Die Rechnungen und Belege können nach telefonischer Terminabsprache in meinen Kanzleiräumen eingesehen werden. Gegen Kostenerstattung werde ich Ihnen auch Kopien hiervon zukommen lassen.

Für Rückfragen stehe ich Ihnen zur Verfügung.

Hochachtungsvoll

15. **Mieterhöhung gem. § 559b BGB nach Ende der Modernisierung unter Anrechnung von ersparten Instandsetzungsaufwendungen**

Rechtsanwalt Dr. Recht   Justitiagasse 1   907
                                44141 Dortmund

Eheleute

Heinz und Anne Conductor

Habitatioweg 12

44339 Dortmund   Dortmund, den .....

Mieterhöhung nach Modernisierung

Sehr geehrte Frau Conductor, sehr geehrter Herr Conductor,

hiermit zeige ich an, dass mich Ihr Vermieter, Herr E. Locator, Vermieterstr. 1 in 43288 Dortmund mit der Wahrnehmung seiner Interessen beauftragt hat. Eine entsprechende Vollmacht ist in der Anlage beigefügt.

Die Ihnen mit Schreiben vom ..... angekündigten Modernisierungsarbeiten sind nunmehr beendet. In diesem Schreiben hatte mein Mandant Ihnen gegenüber bereits angekündigt, nach Durchführung der Modernisierung die Miete entsprechend zu erhöhen.

Die Kosten für die Modernisierungsmaßnahme berechnen sich wie folgt:

Einbau von Isolierfenstern und Wärmeschutzfassade

1. Kosten für die Fenster
    gemäß Rechnung des Schreiners vom .... €
2. Mauererarbeiten für das Einputzen der Fenster
    gemäß Rechnung der Fa. ..... vom .... €
3. Malerarbeiten (Beseitigung von Schäden in den Wohnungen
    und an der Außenfassade)
    gemäß Rechnung der Fa. ..... vom .... €
4. Fassadenarbeiten gemäß Rechnung der Fa. ..... vom .... €

Summe   ..... €

Da sich durch diese Arbeiten der Gebrauchswert der Mietsache nachhaltig erhöht hat und eine Energieeinsparung eintreten wird, ist mein Mandant berechtigt, gemäß § 559 BGB eine Erhöhung der jährlichen Miete um 11 % der für die Wohnung aufgewandten Kosten vorzunehmen.

Von diesen Gesamtkosten sind die Kosten in Abzug zu bringen, die für die Instandhaltung der alten Fenster hätten aufgewandt werden müssen.

Zum Zeitpunkt der Durchführung der Modernisierungsmaßnahme war an den Fenstern der Außenanstrich zu erneuern und kleinere Schäden auszubessern. Gem. einem eingeholten Kostenvoranschlag des Malerbetriebes ..... wären hierfür Kosten in Höhe von ..... € angefallen. Diese sind von den insgesamt aufgewandten Kosten in Abzug zu bringen.

Die um diesen Betrag verminderten Gesamtkosten sind nach der Wohnfläche wie folgt zu verteilen:

a) berücksichtigungsfähiger Gesamtaufwand: ..... €

b) jährlicher Erhöhungsbetrag (11 % von a) ..... €

c) pro m^2 [b] / Gesamtwohnfläche ..... m^2] ..... €

d) Monatsbetrag pro m^2 c)/12 ..... €

e) der auf Sie entfallende Anteil [d] × m^2 Ihrer Wohnung] ..... €

Ihre neue Miete ist deshalb wie folgt zu bestimmen:

Bisherige Monatsmiete ..... €

zzgl. Erhöhungsbetrag gem. e) ..... €

Neue Monatsmiete ..... €

Die erhöhte Miete wird ab ..... fällig. Ich darf Sie bitten, Ihren Dauerauftrag entsprechend anzupassen.

Die Rechnungen und Belege können nach telefonischer Terminabsprache in meinen Kanzleiräumen eingesehen werden. Gegen Kostenerstattung werde ich Ihnen auch Kopien hiervon zukommen lassen.

Für Rückfragen stehe ich Ihnen zur Verfügung.

Mit freundlichen Grüßen

16. Mieterhöhungsverlangen: Kombination Modernisierungsmaßnahmen und ortsübliche Vergleichsmiete (ausführlich)

Rechtsanwalt Dr. Recht   Justitiagasse 1   908
                                44141 Dortmund

Frau

Sabine Schwarz

Finkenstr. 12

44339 Dortmund   Dortmund, den .....

Mieterhöhungsverlangen für die von Ihnen gemietete Wohnung

Sehr geehrte Frau Schwarz,

hiermit zeige ich an, dass mich Ihr Vermieter, Herr E. Locator, Vermieterstr. 1 in 43288 Dortmund mit der Wahrnehmung seiner Interessen beauftragt hat. Eine entsprechende Vollmacht ist in der Anlage beigefügt.

Die Modernisierungsmaßnahmen an den Häusern F.str. 4 – 48, sind
seit Längerem beendet. Ihr Vermieter ist deshalb berechtigt, nun gemäß
§ 559b BGB die Miete zu erhöhen. Denn die auf Ihre Wohnung anteilig
entfallenden Modernisierungskosten sind mit 11 % auf Ihre Jahresmiete
umlegbar. Diese Mieterhöhung machen wir mit diesem Schreiben geltend
(erläutert unter der nachfolgenden Ziff. I). Gleichzeitig und unabhängig
davon fordern wir Sie mit diesem Schreiben auf, einer Erhöhung der
jetzigen Miete auf die ortsübliche Vergleichsmiete zuzustimmen. Diese
Mieterhöhung wird unten unter Ziff. II erläutert.

I. Mieterhöhung nach Modernisierung

Nachfolgend stellen wir dar, welche Kosten für welche Maßnahmen entstanden sind. Beigefügt finden Sie eine Tabelle, auf der alle Rechnungen
über die Arbeiten mit Datum aufgezählt sind. Alle Rechnungen sind in der
entsprechenden Reihenfolge der Tabelle[1363] beigeheftet. Auf diese Unterlagen beziehen wir uns bei den nachfolgenden Ausführungen jeweils.

1363 Tabelle hier nicht wiedergegeben.

393

1. Dämmung des Daches

Die Dachflächen der Häuser F-Str. 4 – 48 wurden erstmalig wärmegedämmt. Dazu musste die komplette Dacheindeckung einschl. der Unterkonstruktionen, Dachrinnen, Fallrohre etc. entfernt werden. Anschließend wurden die Sparren aufgedoppelt, die Sparrenzwischenräume mit ca. 160 mm starker Isolierwolle ausgekleidet. Anschließend wurden eine Unterspannbahn und eine Dampfsperrfolie eingezogen und abschließend die Dachfläche, nach Aufbringen einer neuen Lattung und Konterlattung neu eingedeckt. Anschließend wurden Dachrinnen und Fallrohre wieder installiert. Diese Arbeiten führen zu einer erheblichen Einsparung von Heizenergie. Die Dämmung des Daches kommt, ebenso wie die Fassadendämmung dem gesamten Baukörper des Hauses und damit allen Wohnungen gleichermaßen zugute.

Für diese Arbeiten entstanden gem. der Rechnungen der Firma BS vom 15.02., 22.03. und 24.03.2006, der Firma V Bedachung vom 21.04.2006, der Firma E vom 30.06.2006 und der Firma L vom 15.12.2006 Kosten von insgesamt 51.862,51 €. Bitte beachten Sie dabei, dass die an sich entstandenen Kosten um 3.000,00 € höher lagen. Diese 3.000,00 € haben wir abgezogen. In der beiliegenden Aufstellung ist der Abzug bei der Rechnung der Firma BS vom 15.02.2006 berücksichtigt. Der Abzug hätte auch bei jeder anderen Rechnung erfolgen können. Wichtig ist dabei nur, dass der Abzug von 3.000,00 € alle Häuser F-Str. 4 – 48 gleichmäßig betraf und insofern auf die Gesamtfläche 2020 m^2 zu verteilen ist. Diese Kosten wären notwendig gewesen, um die vorhandenen Beschädigungen an den Dachziegeln und den Dachrinnen zu beseitigen. Denn insoweit waren einzelne Dachziegel defekt und an den Dachrinnen und Fallrohren zeigten sich teilweise offene Lötnähte.

Wie diese Kosten im Einzelnen auf Ihre Wohnung umzulegen sind, können Sie ebenfalls der beigefügten Tabelle entnehmen. Dort sind unter der Überschrift „Schlüssel" 4 verschiedene Zahlen genannt, die Folgendes bedeuten:

2020 = Gesamtfläche (in m^2) der Häuser F-Str. 4 – 48

505 = Fläche (in m^2) der einzelnen Häuserblöcke F-Str. 4 – 12, 16 – 24, 18 – 36 und 40 – 48

101 = Fläche (in m^2) eines einzelnen Hauses, hier also F-Str. 36

50,50 = Fläche (in m²) der Wohnungen

Die Rechnungen der BS vom 15.02.2006 (Entrümpeln der Dachgeschoss- und Kellerräume) und der Firma E vom 30.06.2006 (über die Lieferung der Dämmwolle) betreffen alle Häuser. Die übrigen Rechnungen nur jeweils den Häuserblock F-Str. 18 – 36. Die Rechnungen der Firma BS vom 22.03. und 24.03.2006 betreffen die Kosten für den Abbruch der vorhandenen Dacheindeckung einschl. der nicht mehr benötigten freistehenden Kamine sowie der kompletten Neueindeckung des Daches nach Einbringung der Dämmung einschl. des Aufmauerns des Kaminkopfes.

Die Rechnung der Firma V Bedachung vom 21.04.2006 betrifft die notwendigen Klempner- und Ausklinkungsarbeiten am Dach. Die beiden Rechnungen der Firma L vom 15.12.2006 verhalten sich über das Einbringen der Dämmung zwischen den Sparren. Die Rechnung der Firma E vom 30.06.2006 berücksichtigt insoweit das Dämm-Material.

Die Kosten werden, ausgehend von dem erläuterten Verteilungsschlüssel, nun mit 11 % auf Ihre Jahresmiete umgelegt; wird dieser Betrag durch 12 dividiert, ergibt sich der monatliche Erhöhungsbetrag.

Nach diesem Rechenschema ist auf der beigefügten Tabelle für jede einzelne Rechnung Ihre anteilige Mieterhöhung pro Jahr und pro Monat ausgewiesen.

Ein Beispiel:

Die Rechnung der Firma BS vom 22.03.2006 über 35.000,00 € ist auf den Häuserblock F-Str. 18 – 36 zu verteilen. Daraus ergibt sich die Formel Gesamtkosten × 11 %: Gesamtfläche × Wohnungsfläche = Mieterhöhung pro Jahr : 12 = Mieterhöhung pro Monat.
Bezogen auf die Rechnung:
35.000,00 € × 11 % = 3.850,00 € : 505 m²× 50,5 m² = 385,00 €/Jahr : 12 Monate = 32,08 € Mieterhöhung/Monat.

2. Fassadendämmung

Die Außenfassaden der Häuser F-Str. 4 – 48 wurden erstmalig wärmegedämmt. An der gesamten Fassadenfläche wurde ein Fassadendämmverbundsystem aus ca. 100 mm starken Dämmplatten angebracht. Dazu musste zunächst die alte Fassadenfläche gereinigt und abgekehrt werden.

Anschließend wurden die Fassadenflächen mit wasserverdünnbarem Tiefengrund eingelassen. Anschließend wurden die Fassadendämmplatten angebracht. Dabei handelt es sich um schwer entflammbare, formstabile Polystyrol-Hartschaumplatten, die auf der Fassadenfläche verklebt wurden. Die dadurch verlängerte Fassadentiefe erforderte es, neue Fensterbänke (aus Aluminium) anzubringen. Anschließend wurden die Fassadenflächen mit einem Strukturputz beschichtet und gestrichen. Auch bei diesen Arbeiten handelt es sich um eine Modernisierung. Zum einen wird durch die erstmalige Fassadendämmung in erheblichem Umfang Heizenergie eingespart. Zum anderen bleibt das Haus im Sommer durch die Dämmung kühler, was ebenfalls den Wohnwert deutlich erhöht.

Die geschilderten Arbeiten an der Fassade kosteten ausweislich der Rechnungen der Firma BS vom 02.05., 08.05. und 15.05.2006, der Firma Q Material vom 12.02.2007, der Firma D vom 25.02.2007 und der Firma L vom 03.03.2007 44.575,72 €. Die Rechnung der Firma Q betrifft das Material, also die Dämmstoffplatten, für alle Häuser F-Str. 4 – 48. Die übrigen Rechnungen beziehen sich wieder nur auf den Häuserblock F-Str. 18 – 36. Die Fassaden des Häuserblocks wiesen einige Risse auf. Diese Risse hätten beigespachtelt werden müssen, wenn die Wärmedämmung nicht angebracht worden wäre. Für diese Arbeiten haben wir pauschal 506,45 € abgezogen. In der Darstellung auf der Tabelle finden Sie diesen Abzug bei der Rechnung vom 15.05.2006. Der Abzug hätte auch bei jeder anderen Rechnung erfolgen können, die sich auf den Häuserblock F-Str. 18 – 36 bezieht.

Die anteilige Mieterhöhung für Ihre Wohnung entnehmen Sie bitte wieder der beigefügten Tabelle.

Dort findet sich auch eine Rechnung der Firma BS vom 24.03.2006 über 429,20 €. Diese Kosten sind entstanden, weil die von Ihnen angebrachte Terrassenüberdachung inkl. der Seitenteile demontiert werden musste; Sie hatten diese Überdachung trotz mehrfacher Aufforderung nicht selbst demontiert. Diese Kosten waren erforderlich, um die Wärmedämmung anzubringen und sind deshalb ebenfalls als Modernisierungsmaßnahme umlegbar. Die Umlage erfolgt in diesem Fall nur für Ihre Wohnung, wodurch sich ein monatlicher Erhöhungsbetrag von 3,93 € ergibt.

3. Gerüst

Die Arbeiten erforderten, dass die Gebäude komplett eingerüstet wurden. Außen am Gerüst wurden sog. Wetterschutznetze angebracht, um die neue Fassadendämmung bis zur endgültigen Fertigstellung vor Witterungseinflüssen zu schützen. Die Gestellung des Gerüstes für den Häuserblock 18 – 36 kostete gem. beigefügter Rechnung der Firma IG vom 06.03.2006 3.770,00 €, woraus sich für Sie ein monatlicher Erhöhungsbetrag von 3,46 € ergibt.

4. Hauseingangstüre

Die alten Hauseingangstüren waren ungedämmt und mit einglasigen Scheiben ausgestattet. Diese wurden ersetzt durch Türanlagen mit Isolierglas und weißem Kunststoffrahmen. Die neuen Türelemente verfügen über einen wesentlich besseren Wärmedurchgangskoeffizienten und tragen dadurch zur nachhaltigen Einsparung von Heizenergie bei. Die Dämmung der Eingangstüren war auch gerade im Hinblick auf die Wärmedämmarbeiten an der Fassade und dem Dach notwendig. Denn ansonsten hätten sich die Energieeinsparpotenziale nicht voll verwirklichen können, da ein wichtiges Bauteil noch ungedämmt geblieben wäre. Zusätzlich verfügen die neuen Türanlagen über einen deutlich besseren Schallschutz. Sie sind ausgestattet mit Sicherheitsschließzylindern. Jeder Mieter hat grundsätzlich zwei Schlüssel für diese Tür erhalten.

Die Arbeiten kosteten ausweislich der Rechnung der Firma Ma vom 03.03.2006 30.334,76 €. Diese Rechnung bezieht sich auf alle Häuser. Da jedes Haus eine Tür erhalten hat und insofern die Arbeiten für jedes Haus gleich waren, sind die Kosten auf die Gesamtfläche zu verteilen. Für Sie ergibt sich daraus ein monatlicher Erhöhungsbetrag von 6,95 €.

5. Heizungen

Die vorher mit Kohleöfen beheizten Häuser F-Str. 4 – 48 wurden mit neuen Gasheizungen ausgestattet. Dazu wurde für jeden Hauseingang, d.h. für je zwei Wohnungen, eine Gaszentralheizung installiert. Pro Hauseingang wurde im Keller ein Brennwertkessel an der Wand montiert. Von dort wurden die Gasleitungen nach oben in die Wohnungen und von dort zu den einzelnen neuen Heizkörpern geführt. Die Heizkörper, durchweg Profil-Flachheizkörper aus profiliertem Stahlblech, wurden unterhalb der

Fenster installiert. Die Wasserzu- und Abflussleitungen wurden jeweils im Fußbodeneck von der Stichleitung zu den einzelnen Räumen geführt und dann im Fußbodeneck durch Kunststoff-Fußbodenleisten abgedeckt. Im Dachgeschoss und im Keller wurden die warmwasserführenden Leitungen mit alukaschierter Glaswolle umlegt und isoliert. Die Heizung selbst verfügt über eine modulierende Kesselsteuerung, die zudem mittels eines Temperaturaußenfühlers witterungsgeführt ist. Die Heizkörper sind mit Thermostatventilen ausgestattet. Auch diese Arbeiten sind Modernisierungen, deren Kosten umgelegt werden können. Denn im Vergleich zu den ursprünglich vorhandenen Kohleöfen stellen sie eine wesentliche Steigerung des Wohnwertes und Komforts dar und führen außerdem aufgrund der modernen Brennwerttechnik zu einer deutlichen Einsparung von Heizenergie.

Diese Arbeiten sind Gegenstand der Rechnungen der Firmen GL vom 07.03.2006, BS vom 03.04.2006, Cfw vom 04.05.2006 und EG vom 12.10.2006.

Die Rechnung GL betrifft die Lieferung und Montage der Heizungsanlage für das Haus F-Str. 36 und ist deshalb auf die Fläche 101 m² zu verteilen.

Die Rechnung der BS vom 03.04.2006 weist die Anteile für die einzelnen dort genannten Wohnungen aus. Für Ihre Wohnung im Erdgeschoss sind es brutto 104,40 €.

Die Rechnung Cfw vom 04.05.2006 i.H.v. brutto insgesamt 2.267,95 € betrifft die Lieferung der Heizkostenverteiler (= brutto 1.803,95 €) und deren Endmontage (= brutto 464,00 €). Insoweit ist die Aufstellung auf der beigefügten Tabelle zu korrigieren:

Dort sind nur die Kosten der Heizkostenverteiler i.H.v. 1.803,95 € berücksichtigt, nicht jedoch die Kosten der Montage i.H.v. 464,00 €. Da die Arbeiten alle Häuser F-Str. 4 – 48 gleichmäßig betreffen (jede Wohnung hat die gleiche Anzahl von Heizkörpern) sind die 11 % von 464,00 € im Verhältnis 2020 m² zu 50,50 m² zu verteilen, was einen monatlichen Anteil von 1,28 € ergibt.

Die Rechnung der Firma EG vom 12.10.2006 über brutto 909,12 € betrifft den Anschluss der Gasthermen in den jeweiligen Heizzentralen im Keller der Häuser. Auch diese Arbeiten bezogen sich auf alle Häuser gleichmäßig, sodass auch hier eine Verteilung nach der Gesamtfläche erfolgt.

6. Klingelanlage

Alle Häuser erhielten eine neue Klingelanlage. Auch dies war eine Modernisierung im Vergleich zu den alten Klingelanlagen, die zudem (elektrotechnisch) nicht mehr dem Stand der Technik entsprachen. Zudem war die alte Klingelanlage schon deshalb nicht mehr verwendbar, weil sie wegen der Fassadendämmung entfernt werden musste und aufgrund der neuen Hauseingangstür eine neue Klingelanlage eingebaut und integriert werden musste. Die Arbeiten kosteten ausweislich der Rechnung der Firma EG vom 30.10.2006 für alle Häuser 2.947,27 €. Die Kosten sind auf die Gesamtfläche gleichmäßig zu verteilen, da sie für jedes Haus gleich anfielen. Es ergibt sich für Sie eine monatliche Mieterhöhung von 0,68 €.

7. Briefkasten-Anlage

Die alten auf Putz montierten kleinen Briefkästen mussten schon wegen der Fassadendämmung entfernt werden und konnten in dieser Form danach nicht mehr installiert werden. Sie wurden ersetzt durch neue, in die Fassade eingelassene Briefkästen, die größer sind und zudem wettergeschützt (die alten hatten insoweit nicht verschließbare Schlitze). Auch dabei handelt es sich um eine Modernisierung. Lieferung und Montage aller Briefkastenanlagen kostete ausweislich der Rechnung der Firma Ma vom 16.03.2006 4.524,00 € (bitte beachten Sie, dass in der Rechnung zunächst ein 10 %iger Sicherheitsabschlag berücksichtigt ist, der indes wieder zu addieren ist). Jedes Haus erhielt die gleiche Briefkastenanlage, sodass die Kosten auf die Gesamtfläche zu verteilen sind, was für Sie eine monatliche Mieterhöhung von 1,04 € ergibt.

8. Außenbeleuchtung

Die Häuser und Zuwege waren vor Durchführung der Arbeiten unbeleuchtet. Insgesamt wurden an den Häusern sechs Außenlampen inkl. Dämmerungsschaltern angebracht, die die Zuwege und Eingänge nun beleuchten. Diese Arbeiten kosteten (6 × brutto 135,00 €) 810,00 €. Wir verweisen auf die beiliegenden 6 Rechnungen der Firma HW vom 10.10. und 13.10.2006.

Die Arbeiten sind Modernisierungen. Denn sie verbessern die Belichtung und die Sicherheit. Die Arbeiten beziehen sich gleichmäßig auf alle Häuser und sind deshalb auf die Gesamtfläche umzulegen. Für Sie ergibt sich dabei ein Anteil von 0,19 € monatlich.

9. Müllboxen

Zur Aufnahme der Mülltonnen für alle Häuser wurden zwei Müllboxen (jeweils 4 × 5 m groß) errichtet. Ausweislich der Rechnung der Firma BS vom 03.04.2006 kosteten diese Arbeiten 9.446,31 €. Auch diese Arbeiten sind eine Modernisierung. Denn anders als bisher stehen die Mülltonnen nun nicht mehr an verschiedenen Stellen „wild" in der Landschaft, sondern gesammelt an einem Ort und zwar geordnet innerhalb einer räumlich abgeschlossenen Müllbox. Die Tonnen sind hier leichter und sicherer zu erreichen. Das Heraus- und Hereinstellen für die Müllabfuhr ist ebenfalls leichter, da nur eine Stelle betroffen ist. Deshalb ist auch die Reinigung einfacher. Die Kosten betreffen alle Häuser gleichmäßig und sind deshalb auf die Gesamtfläche zu verteilen. Für Sie ergibt sich dadurch ein monatlicher Modernisierungsanteil von 2,16 €.

Fördermittel i.S.v. § 559a BGB haben wir nicht in Anspruch genommen.

10. Summe Mieterhöhung

Wie die dargestellten Kosten auf Ihre Wohnung umzulegen sind, hatten wir oben auch unter Bezugnahme auf die beigefügte Tabelle erläutert. Die Summe der anteiligen Mieterhöhungsbeträge (Spalte „anteilig monatlich") ergibt einen Betrag von 128,11 €. Hinzu kommt der oben errechnete Betrag von 1,28 € für die anteilig umzulegenden Kosten der Montage der Heizkostenverteiler, sodass sich insgesamt für Sie eine monatliche Mieterhöhung von **129,39 €** ergibt.

Wir bitten Sie, diesen Erhöhungsbetrag erstmals ab März 2008, hilfsweise ab September 2008 zu zahlen.

II. Mieterhöhung zur ortsüblichen Vergleichsmiete

Unabhängig von der oben erläuterten Mieterhöhung wegen Modernisierungsarbeiten entspricht schon Ihre bisher gezahlte Miete nicht der ortsüblichen Vergleichsmiete vergleichbarer (unmodernisierter) Wohnungen.

Seit mehr als einem Jahr beträgt Ihre Grundmiete monatlich 147,13 € = 2,91 €/m². Dies entspricht nicht mehr der ortsüblichen Vergleichsmiete, die bei mindestens 247,45 € liegt. Zur Begründung beziehen wir uns auf den Mietspiegel für X von September 2006:

Das Haus F-Str. 36 wurde 1954 erbaut. Auszugehen ist von der Altersgruppe 1.

Die Wohnung ist 50,50 m² groß. Sie fällt damit gerade noch in die Größenklasse B. An sich wäre zur kleineren Größenklasse A zu interpolieren. Dies soll zu Ihren Gunsten unterbleiben. Denn die kleineren Wohnungen sind teurer.

Zu Ihren Gunsten soll ebenfalls von der Ausstattungsklasse 1, also Ausstattung ohne Heizung, ausgegangen werden.

Schließlich liegt das Objekt in mittlerer Wohnlage i.S.d. Mietspiegels. Aufgrund des Ihnen zur Verfügung stehenden ca. 100 m² großen Gartens würden sich Zuschläge rechtfertigen.

Die einschlägige Spanne des Mietspiegels weist Werte aus von 4,30 €/m² bis 5,50 €/m². Der Mittelwert liegt bei 4,90 €/m². Was einer Grundmiete von 247,45 € entspricht. Aufgrund der 20 %igen Kappungsgrenze kommt aber nur eine Erhöhung auf 176,56 € in Betracht (147,13 € + 20 %). Dies entspricht rechnerisch einer Miete von 3,50 €/m².

Wir fordern sie daher auf, einer Erhöhung Ihrer Grundmiete (von 147,13 €) auf 176,56 € ab dem 01.03.2008 zuzustimmen. Vorsorglich stellen wir klar, dass mit diesem Mieterhöhungsbegehren die Mietstruktur nicht geändert werden soll.

Sollten Sie Ihre Zustimmung nicht bis zum **28.02.2008** erklärt haben, werden wir Zustimmungsklage beim AG xy einreichen.

Mit freundlichen Grüßen

17. Mieterhöhungsschreiben für eine Mieterhöhung wegen gestiegener Betriebskosten gem. § 560 BGB

Rechtsanwalt Dr. Recht	Justitiagasse 1	909
	44141 Dortmund	

Eheleute

Heinz und Anne Conductor

Habitatioweg 12

44339 Dortmund   Dortmund, den .....

Mieterhöhung wegen gestiegener Betriebskosten

Sehr geehrte Frau Conductor, sehr geehrter Herr Conductor,

hiermit zeige ich an, dass mich Ihr Vermieter, Herr E. Locator, Vermieterstr. 1 in 44388 Dortmund, mit der Wahrnehmung seiner Interessen beauftragt hat. Eine entsprechende Vollmacht ist in der Anlage beigefügt.

Wie Sie sicher selbst der örtlichen Presse entnommen haben, sind die
Betriebskosten für die von Ihnen genutzte Wohnung in der letzten Zeit
erheblich angestiegen. Da in dem zwischen meinem Mandanten und
Ihnen bestehenden Mietvertrag die Umlage von kalten Betriebskosten
nicht ausdrücklich vereinbart wurde, sind die nachfolgend aufgeführten
Betriebskosten in der Miete enthalten. Nachfolgend gebe ich Ihnen eine
Aufstellung über die Entwicklung der Betriebskosten vom Zeitpunkt des
Abschlusses des Mietvertrages bis heute:

Betriebskostenart	jährliche Kosten zum Zeitpunkt des Miet- vertragsabschlusses	jährliche Kosten heute
Grundsteuer	..... €	..... €
Wasserversorgung	..... €	..... €
Entwässerung	..... €	..... €
Aufzugskosten	..... €	..... €
Straßenreinigung	..... €	..... €
Müllabfuhr	..... €	..... €
Hausreinigung	..... €	..... €
Gartenpflege	..... €	..... €
Beleuchtung	..... €	..... €
Schornsteinreinigung	..... €	..... €
Sach- u. Haftpflicht- versicherung	..... €	..... €
Hauswart	..... €	..... €
Antenne	..... €	..... €

Masch. Wascheinrich-
tung
..... € ..... €

SUMME: ..... € ..... €

Hieraus ersehen Sie, dass sich die Betriebskosten seit Abschluss des Mietvertrages jährlich um insgesamt ..... € erhöht haben. Diese Erhöhung beruht auf folgenden Gründen:

Grundsteuer:

Die Stadt ..... hat mit Gebührenbescheid vom ..... aufgrund einer neuen
Satzung die Grundsteuer auf ..... € für das Gebäude festgesetzt.

Haftpflichtversicherung:

Aufgrund des Versicherungsnachtrages vom ..... hat die X.-Versicherung
den Beitrag aufgrund einer allgemeinen Beitragsanpassung und aufgrund
der Erhöhung der Versicherungssteuer auf nunmehr ..... € festgesetzt.

Müllabfuhr:

Die Kosten für die Müllabfuhr sind durch Gebührenbescheid der Stadt
..... vom ..... auf nunmehr ..... € festgesetzt worden. Dabei wurden erhöhte
Kosten für ein Müllgefäß berücksichtigt, aber auf der anderen Seite auch
berücksichtigt, dass im laufenden Jahr ein Müllgefäß weniger vorhanden
ist, weil gelbe Tonnen aufgestellt wurden.

Die Mieterhöhung für Ihre Wohnung berechnet sich wie folgt:

Der jährliche Erhöhungsbetrag von ..... € ist auf insgesamt ..... m²-Wohn-
fläche im Haus umzulegen. Demnach entfallen auf jeden Quadratmeter
jährlich ..... € also monatlich ..... €. Ihre Wohnung ist ..... m² groß, sodass
sich der monatliche Erhöhungsbetrag auf ..... € beläuft. Ihre neue Miete
berechnet sich demnach wie folgt:

Alte Miete ..... €

Mieterhöhung gem. § 560 BGB ..... €

zzgl. Garagenmiete ..... €

Neuer Zahlbetrag ..... €

Die Mieterhöhung wird mit dem folgenden Kalendermonat wirksam. Ich
habe Sie deshalb namens und im Auftrag meines Mandanten freundlichst

aufzufordern, Ihren Dauerauftrag umgehend umzustellen und ggf. für den nächsten Monat eine Einmalzahlung zu leisten.

Die entsprechenden Belege können jederzeit nach telefonischer Terminvereinbarung eingesehen werden.

Der Vollständigkeit halber weise ich Sie noch darauf hin, dass nach den gesetzlichen Bestimmungen die Betriebskostenerhöhung wieder herabzusetzen ist, wenn sich die Betriebskosten verringern. Insofern werden wir unaufgefordert auf die Angelegenheit zurückkommen.

Hochachtungsvoll

18. Staffelmietvereinbarung

910

Die Nettomiete beträgt ab 01.12.2007 monatlich ..... €

Die Parteien sind sich darüber einig, dass sich dieser Betrag in Zukunft zu folgenden Zeitpunkten auf folgende Beträge erhöht

ab 01.12.2008	..... €	ab 01.12.2012	..... €
ab 01.12.2009	..... €	ab 01.12.2013	..... €
ab 01.12.2010	..... €	ab 01.12.2014	..... €
ab 01.12.2011	..... €	ab 01.12.2015	..... €

Bis zum 01.12.2015 sind Mieterhöhungen gemäß §§ 558 bis 559 BGB ausgeschlossen.

Das Mietverhältnis kann vom Mieter frühestens zum 01.12.2011 gekündigt werden.

911

Erläuterungen zur Staffelmietvereinbarung

Wenn die Staffelmietvereinbarung in der Wohnung des Mieters abgeschlossen wurde, ist grds. § 312 BGB (Haustürgeschäft) anwendbar (s. Rn. 94 ff.). Es sollte dann vorsorglich eine Belehrung über das Rücktrittsrecht entsprechend dem Formulierungsvorschlag in Rn. 912 erfolgen. Ergänzend wird auf die Ausführungen in Rn. 113 ff. verwiesen.

19. Mieterhöhungsvereinbarungen mit Belehrung nach §§ 312, 355 BGB[1364]

Mietabänderungsvereinbarung

912

zwischen

Emil Locator, Vermieterstr. 1 in 44388 Dortmund

- Vermieter -

und

den Eheleuten Heinz und Anne Conductor, Habitatioweg 12, 44339 Dortmund

- Mieter -

Die Parteien vereinbaren hinsichtlich des Mietvertrages vom ..... für die von den Mietern vom Vermieter im Hause Habitatioweg 12 in 44339 Dortmund angemietete Wohnung Folgendes:

Die Parteien sind sich darüber einig, dass die gemäß § 3 des Mietvertrages zu zahlende Miete ab 01.08.2008 675,00 € beträgt. Die übrigen Vereinbarungen des Mietvertrages bleiben davon unberührt, insbesondere werden neben dem Betrag von 675,00 € weiter die Nebenkostenvorauszahlungen für die im Mietvertrag aufgeführten Betriebskosten gezahlt.

Die Parteien sind sich darüber einig, dass diese Miete bis 30.06.2010 nicht angehoben werden wird, ausgenommen Mieterhöhungen wegen Modernisierung gemäß § 559 ff. BGB.

Die Vereinbarung wurde in der Wohnung der Mieter getroffen.

Dortmund den 01.06.2008

.....

Unterschrift Anne Conductor
(Mieterin)

.....

Unterschrift Heinz Conductor
(Mieter)

.....

Unterschrift Emil Locator (Vermieter)

1364 Vgl. hierzu auch oben Rn. 94 ff.

(Unterschrift aller Mieter und Vermieter)

Widerrufsbelehrung:

Die Mieter können ihre Vertragserklärung innerhalb von zwei Wochen ohne Angabe von Gründen in Textform (z. B. Brief, Fax, E-mail) widerrufen. Die Frist beginnt frühestens mit Erhalt dieser Belehrung. Zur Wahrung der Widerrufsfrist genügt die rechtzeitige Absendung des Widerrufs. Der Widerruf ist zu richten an:

Emil Locator, Vermieterstr. 1, 50789 Dortmund

Im Falle eines wirksamen Widerrufs sind die beiderseits empfangenen Leistungen zurückzugewähren

Dortmund, den 01.06.2008

....

Unterschrift Anne Conductor   Unterschrift Heinz Conductor
(Mieterin)   (Mieter)

(Unterschrift aller Mieter)

Teil 3: Materialien

A. Gesetze und Verordnungen

I. Synopse MHG/BGB 913

1. Synopse Altes Recht/Neues Recht

Altes Recht	Neues Recht
§ 535	§ 535 Abs. 1 Satz 1; Abs. 2
§ 536	§ 535 Abs. 1 Satz 2
§ 537	§ 536 Abs. 1, Abs. 2, Abs. 4
§ 538	§ 536a Abs. 1, Abs. 2 Nr. 1
§ 539	§ 536b
§ 540	§ 536d
§ 541	§ 536 Abs. 3
§ 541a	§ 554 Abs. 1
§ 541b	§ 554 Abs. 2 bis Abs. 5
§ 542	§ 543
§ 543	§ 543 Abs. 4
§ 544	§ 569 Abs. 1
§ 545	§ 536c
§ 546	§535 Abs. 1Satz 3
§ 547 Abs. 1 Abs. 2	 § 536a Abs. 2 § 539 Abs. 1
§ 547a Abs. 1 Abs. 2, Abs. 3	 § 539 Abs. 2 § 552
§ 548	§ 538
§ 549 Abs. 1, Abs. 3 Abs. 2	 § 540 § 553
§ 549a	§ 565
§ 550	§ 541

§ 550a	§ 555
§ 550b	§ 551
§ 551	§ 556b Abs. 1
§ 552	§ 537
§ 552a	§ 556b Abs. 2
§ 553	§ 543 Abs. 2 Nr. 2
§ 554 Abs. 1 Abs. 2	 § 543 Abs. 2 Nr. 3 § 569 Abs. 3
§ 554a	§§ 543 Abs. 1, 569 Abs. 2, Abs. 5
§ 554b	§ 569 Abs. 5
§ 555	entfallen
§ 556 Abs. 1, Abs. 3 Abs. 2	 § 546 §§ 570, 578
§ 556a Abs. 1, Abs. 4 Abs. 2, Abs. 3 Abs. 5, Abs. 6 Abs. 7 Abs. 8	 § 574 Abs. 1 bis Abs. 3 § 574a § 574b § 574 Abs. 4 § 549 Abs. 2
§ 556b	entfallen
§ 556c	§ 574c
§ 557 Abs. 1 Abs. 2 bis Abs. 4	 § 546a § 571
§ 557a	§ 547
§ 558	§ 548
§ 559	§ 562
§ 560	§ 562a
§ 561	§ 562b
§ 562	§ 562c
§ 563	§ 562d
§ 564	§ 542

§ 564a Abs. 1 Satz 1, Abs. 2 Abs. 1 Satz 2 Abs. 3	 § 568 § 573 Abs. 3 § 549 Abs. 2 Abs. 3
§ 564b Abs. 1, Abs. 2 Satz 1 Nr. 1 bis Nr. 3 Abs. 2 Nr. 4 Abs. 3 Abs. 5 Abs. 6 Abs. 7	 §§ 573 Abs. 1, 573b §§ 573 Abs. 2 § 573a § 573 Abs. 4 § 549 Abs. 2, Abs. 3 § 549 Abs. 2, Abs. 3
§ 564c	§ 575
§ 565 Abs. 1, Abs. 1a, Abs. 4 Abs. 2, Abs. 3 Abs. 5	 § 580a § 573c (Abs. 2 Satz 4 a.F. entfallen) § 573d
§ 565a	§ 572 Abs. 2
§ 565b	entfallen
§ 565c	§ 576
§ 565d	§ 576a
§ 565e	§ 576b
§ 566	§ 550
§ 567	§ 544
§ 568	§ 545
§ 569	§ 580
§ 569a Abs. 1 Satz 1 Abs. 1 Satz 2 Abs. 2 Satz 1, Satz 2 Abs. 2 Satz 3 Abs. 2 Satz 5 Abs. 3, Abs. 4 Abs. 5 Abs. 6 Abs. 7	 § 563 Abs. 1 § 563 Abs. 3 § 563 Abs. 2 § 563 Abs. 3 § 536b § 563b § 563 Abs. 4 § 564 § 563 Abs. 5
§ 569b	§ 563a
§ 570	entfallen

§ 570a	§ 572
§ 570b	§ 577
§ 571	§ 566
§ 572	§ 566a
§ 573	§ 566b
§ 574	§ 566c
§ 575	§ 566d
§ 576	§ 566e
§ 577	§ 567
§ 578	§ 567a
§ 579	§ 567b
§ 580	entfallen
§ 580a	§ 578a
§ 1 MHG Satz 1 Satz 2, Satz 3	 § 573 Abs. 1 Satz 2 § 557 Abs. 3
§ 2 MHG Abs. 1 Satz 1 Nr. 1 Abs. 1 Satz 1 Nr. 2 Abs. 1 Satz 1 Nr. 3 Abs. 1 Satz 2 Abs. 1a Abs. 2 Abs. 3 Abs. 4 Abs. 5 Abs. 6	 § 558 Abs. 1 § 558 Abs. 2 § 558 Abs. 3 § 558 Abs. 5 § 558 Abs. 4 § 558a § 558b Abs. 2, Abs. 3 § 558b Abs. 1 §§ 558c bis 558e § 558a Abs. 4 Satz 2
§ 3 MHG Abs. 1 Satz 1, Satz 2 Abs. 1 Satz 3 bis Satz 7 Abs. 3, Abs. 4	 § 559 § 559a § 559b

§ 4 MHG	
Abs. 1 Satz 1	§ 556 Abs. 2 Satz 2
Abs. 1 Satz 2	§556 Abs. 3
Abs. 2	§ 560 Abs. 1
Abs. 3	§ 560 Abs. 2
Abs. 4	§ 560 Abs. 3
Abs. 5	§ 556a Abs. 2
§ 5 MHG	entfallen
§ 6 MHG	§ 29a WobauG Saarland
§ 7 MHG	entfallen
§ 8 MHG	entfallen
§ 9 MHG	
Abs. 1	§ 561 Abs. 1
Abs. 2	§ 569 Abs. 3
§10 MHG	
Abs. 1	§§ 556 Abs. 4, 556a Abs. 3, 557 Abs. 4, 558 Abs. 6, 558a Abs. 5, 558b Abs. 4, 559 Abs. 3, 559a Abs. 5, 559b Abs. 3, 560 Abs. 6, 561 Abs. 2
Abs. 2	§ 557a
Abs. 3 Nr. 1	entfallen
Abs. 3 Nr. 2	§ 549 Abs. 2 Nr. 1
Abs. 3 Nr. 3	§ 549 Abs. 2 Nr. 2
Abs. 3 Nr. 4	§ 549 Abs. 3
§ 10a MHG	§ 557b
§§ 11 - 17 MHG	entfallen

2. Synopse Neues Recht/Altes Recht

914

Neues Recht	Altes Recht
§ 535	
Abs. 1 Satz 1, Abs. 2	§ 535
Abs. 1 Satz 2	§ 536
Abs. 1 Satz 3	§ 546

§ 536 Abs. 1, Abs. 2, Abs. 4 Abs. 3	 § 537 § 541
§ 536a Abs. 1, Abs. 2 Nr. 1 Abs. 2	 § 538 § 547 Abs. 1
§ 536b	§ 539
§ 536c	§ 545
§ 536d	§ 540
§ 537	§ 552
§ 538	§ 548
§ 539 Abs. 1 Abs. 2	 § 547 Abs. 2 § 547a Abs. 1
§ 540	§ 549 Abs. 1, Abs. 3
§ 541	§ 550
§ 542	§ 564
§ 543 Abs. 1 Abs. 2 Nr. 1 Abs. 2 Nr. 2 Abs. 2 Nr. 3 Abs. 3 Abs. 4	 § 554a § 542 Abs. 1 § 553 § 554 Abs. 1 § 542 Abs. 1, § 553 § 543 Satz 1, § 542 Abs. 3
§ 544	§ 567
§ 545	§ 568
§ 546	§ 556 Abs. 1, Abs. 3
§ 546a	§ 557 Abs. 1
§ 547	§ 557a
§ 548	§ 558
§ 549 Abs. 1 Abs. 2 Abs. 3	 neu § 556a Abs. 8; § 546a Abs. 3, § 564b Abs. 7, § 10 Abs. 3 MHG § 564b Abs. 7, § 10 Abs. 3 Nr. 4 MHG
§ 550	§ 566

§ 551	§ 550b
§ 552	§ 547a Abs. 2, Abs. 3
§ 553	§ 549 Abs. 2
§ 554 Abs. 1 Abs. 2 bis Abs. 5	 § 541a § 541b
§ 554a	neu
§ 555	§ 550a
§ 556 Abs. 1 Abs. 2 Satz 1 Abs. 2 Satz 2 Abs. 3 Satz 1 Abs. 3 Satz 2 bis Satz 6 Abs. 4	 neu neu § 4 Abs. 1 Satz 1 MHG § 4 Abs. 1 Satz 2 MHG neu § 10 Abs. 1 MHG
§ 556a Abs. 1 Abs. 2 Abs. 3	 neu § 4 Abs. 5 MHG, § 8 MHG § 10 Abs. 1 MHG
§ 556b Abs. 1 Abs. 2	 § 551 Abs. 1 § 552a
§ 557 Abs. 1 Abs. 2 Abs. 3 Abs. 4	 § 10 Abs. 1 MHG § 10 Abs. 2 Satz 1 MHG, § 10a Abs. 1 Satz 1 MHG § 1 Satz 2 und Satz 3 MHG § 10 Abs. 1 MHG
§ 557a Abs. 1 bis Abs. 3 Abs. 4	 § 10 Abs. 2 MHG neu
§ 557b Abs. 1, Abs. 2 Abs. 3 Abs. 4	 § 10a Abs. 1, Abs. 2 MHG § 8 MHG, § 10a Abs. 3 MHG neu

§ 558 Abs. 1 bis Abs. 3	§ 2 Abs. 1 Satz 1, Abs. 2 Nr. 3, Abs. 5 Satz 2 MHG
Abs. 4	§ 2 Abs. 1a MHG
Abs. 5	§ 2 Abs. 1 Satz 2 MHG
Abs. 6	§ 10 Abs. 1 MHG
§ 558a Abs. 1	§ 2 Abs. 2 MHG, § 8 MHG
Abs. 2	§ 2 Abs. 2 MHG
Abs. 3	neu
Abs. 4	§ 2 Abs. 2, Abs. 6 MHG
Abs. 5	§ 10 Abs. 1 MHG
§ 558b Abs. 1	§ 2 Abs. 4 MHG, § 8 MHG
Abs. 2, Abs. 3	§ 2 Abs. 3 MHG
Abs. 4	§ 10 Abs. 1 MHG
§ 558c Abs. 1, Abs. 2	§ 2 Abs. 2 MHG
Abs. 3 bis Abs. 5	§ 2 Abs. 5 MHG
§ 558d	neu
§ 558e	neu
§ 559 Abs. 1, Abs. 2	§ 3 Abs. 1 MHG
Abs. 3	§ 10 Abs. 1 MHG
§ 559a Abs. 1 bis Abs. 4	§ 3 Abs. 1 MHG
Abs. 5	§ 10 Abs. 1 MHG
§ 559b Abs. 1	§ 3 Abs. 3 MHG, § 8 MHG
Abs. 2	§ 3 Abs. 4 MHG
Abs. 3	§ 10 Abs. 1 MHG
§ 560 Abs. 1 bis Abs. 3	§ 4 MHG, § 8 MHG
Abs. 4	neu
Abs. 5	neu
Abs. 6	§ 10 Abs. 1 MHG

§ 561 Abs. 1 Abs. 2	 § 9 Abs. 1 MHG § 10 Abs. 1 MHG
§ 562	§ 559
§ 562a	§ 560
§ 562b	§ 561
§ 562c	§ 562
§ 562d	§ 563
§ 563 Abs. 1 Abs. 2, Abs. 3 Abs. 4 Abs. 5	 § 569a Abs. 1 § 569a Abs. 1, Abs. 2 § 569a Abs. 5 § 569a Abs. 7
§ 563a Abs. 1, Abs. 2 Abs. 3	 § 569b neu
§ 536b Abs. 1, Abs. 2 Abs. 3	 § 569a neu
§ 564 Satz 1 Satz 2	 § 569a Abs. 6 § 569 Abs. 1, § 569a Abs. 6
§ 565	§ 549a
§ 566	§ 571
§ 566a	§ 572
§ 566b	§ 573
§ 566c	§ 574
§ 566d	§ 575
§ 566e	§ 576
§ 567	§ 577
§ 567a	§ 578
§ 567b	§ 579
§ 568	§564a

§ 569 Abs. 1 Abs. 2 Abs. 3 Abs. 4 Abs. 5	§ 544 § 554a Satz 1 § 554 Abs. 2, § 9 MHG § 564a Abs. 1 § 543 Satz 2, § 554 Abs. 2 Nr. 3 § 554a Satz 2, § 554b, § 10 Abs. 1 MHG
§ 570	§ 556 Abs. 2
§ 571	§ 557 Abs. 2 bis Abs. 4
§ 572	§ 570a, § 556a Abs. 2, Abs. 3
§ 573 Abs. 1 Abs. 2 Abs. 3 Abs. 4	 § 564b Abs. 1, § 1 MHG § 564b Abs. 2 § 564b Abs. 3 § 564b Abs. 6
§ 573a Abs. 1 bis Abs. 3 Abs. 4	 § 564b Abs. 4 § 564b Abs. 6
§ 573b Abs. 1 bis Abs. 4 Abs. 5	 § 564b Abs. 2 § 564b Abs. 6
§ 573c Abs. 1, Abs. 2 Abs. 3 Abs. 4	 § 565 Abs. 2 § 565 Abs. 3 § 565 Abs. 2
§ 573d Abs. 1 Abs. 2 Abs. 3	 § 565 Abs. 5 § 565 Abs. 2, Abs. 3 § 564b Abs. 6, § 565 Abs. 2
§ 574 Abs. 1 Abs. 2, Abs. 3 Abs. 4	 § 566a Abs. 4, Abs. 5 § 556a Abs. 1 § 556a Abs. 7
§ 574a	§ 556a Abs. 2, Abs. 3, Abs. 7
§ 574b	§ 556a Abs. 5 bis Abs. 7
§ 574c	§ 556c Abs. 1, Abs. 2
§ 575	§ 564c

§ 575a	neu
§ 576	§ 565c
§ 576a	§ 565d
§ 576b	§ 565e
§ 577	§ 570b
§ 577a	§ 564b Abs.2, Abs. 6
§ 578	neu
§ 578a	§ 580a
§ 579	§ 551
§ 580	§ 569 Abs. 1
§ 580a	§ 565 Abs. 1, Abs. 1a, Abs. 4, Abs. 5

II. Gesetz zur weiteren Vereinfachung des Wirtschaftsstraf-rechts (Wirtschaftsstrafgesetz 1954) – Auszug

915

In der Fassung der Bekanntmachung vom 3. Juni 1975 (BGBl. I S. 1313) Zuletzt geändert durch Artikel 23 des Gesetzes vom 13. Dezember 2001 (BGBl. I S. 3574)

§ 5 WiStG   Mietpreisüberhöhung

(1) Ordnungswidrig handelt, wer vorsätzlich oder leichtfertig für die Vermietung von Räumen zum Wohnen oder damit verbundene Nebenleistungen unangemessen hohe Entgelte fordert, sich versprechen lässt oder annimmt.

(2) [1] Unangemessen hoch sind Entgelte, die infolge der Ausnutzung eines geringen Angebots an vergleichbaren Räumen die üblichen Entgelte um mehr als 20 vom Hundert übersteigen, die in der Gemeinde oder in vergleichbaren Gemeinden für die Vermietung von Räumen vergleichbarer Art, Größe, Ausstattung, Beschaffenheit und Lage oder damit verbundene Nebenleistungen in den letzten vier Jahren vereinbart oder, von Erhöhungen der Betriebskosten abgesehen, geändert worden sind. [2] Nicht unangemessen hoch sind Entgelte, die zur Deckung der laufenden Aufwendungen des Vermieters erforderlich sind, sofern sie unter Zugrundelegung der nach Satz 1 maßgeblichen Entgelte nicht in einem auffälligen Missverhältnis zu der Leistung des Vermieters stehen.

(3) Die Ordnungswidrigkeit kann mit einer Geldbuße bis zu fünfzigtausend Euro geahndet werden.

§ 8 WiStG   **Abführung des Mehrerlöses**

(1) [1] Hat der Täter durch eine Zuwiderhandlung im Sinne der §§ 1 bis 6 einen höheren als den zulässigen Preis erzielt, so ist anzuordnen, dass er den Unterschiedsbetrag zwischen dem zulässigen und dem erzielten Preis (Mehrerlös) an das Land abführt, soweit er ihn nicht auf Grund einer rechtlichen Verpflichtung zurückerstattet hat. [2] Die Abführung kann auch angeordnet werden, wenn eine rechtswidrige Tat nach den §§ 1 bis 6 vorliegt, der Täter jedoch nicht schuldhaft gehandelt hat oder die Tat aus anderen Gründen nicht geahndet werden kann.

(2) [1] Wäre die Abführung des Mehrerlöses eine unbillige Härte, so kann die Anordnung auf einen angemessenen Betrag beschränkt werden oder ganz unterbleiben. [2] Sie kann auch unterbleiben, wenn der Mehrerlös gering ist.

(3) [1] Die Höhe des Mehrerlöses kann geschätzt werden. [2] Der abzuführende Betrag ist zahlenmäßig zu bestimmen.

(4) [1] Die Abführung des Mehrerlöses tritt an die Stelle des Verfalls (§§ 73 bis 73e des Strafgesetzbuches, § 29a des Gesetzes über Ordnungswidrigkeiten). [2] Bei Zuwiderhandlungen im Sinne des § 1 gelten die Vorschriften des Strafgesetzbuches über die Verjährung des Verfalls entsprechend.

§ 9 WiStG   **Rückerstattung des Mehrerlöses**

(1) Statt der Abführung kann auf Antrag des Geschädigten die Rückerstattung des Mehrerlöses an ihn angeordnet werden, wenn sein Rückforderungsanspruch gegen den Täter begründet erscheint.

(2) Legt der Täter oder der Geschädigte, nachdem die Abführung des Mehrerlöses angeordnet ist, eine rechtskräftige Entscheidung vor, in welcher der Rückforderungsanspruch gegen den Täter festgestellt ist, so ordnet die Vollstreckungsbehörde an, dass die Anordnung der Abführung des Mehrerlöses insoweit nicht mehr vollstreckt oder der Geschädigte aus dem bereits abgeführten Mehrerlös befriedigt wird.

(3) Die Vorschriften der Strafprozessordnung über die Entschädigung des Verletzten (§§ 403 bis 406c) sind mit Ausnahme des § 405 Satz 1, § 406a Abs. 3 und § 406c Abs. 2 entsprechend anzuwenden.

§ 10 WiStG   **Selbstständige Abführung des Mehrerlöses**

(1) Kann ein Straf- oder Bußgeldverfahren nicht durchgeführt werden, so kann die Abführung oder Rückerstattung des Mehrerlöses selbstständig angeordnet werden, wenn im Übrigen die Voraussetzungen des § 8 oder § 9 vorliegen.

(2) Ist eine rechtswidrige Tat nach diesem Gesetz in einem Betrieb begangen worden, so kann die Abführung des Mehrerlöses gegen den Inhaber oder Leiter des Betriebes und, falls der Inhaber eine juristische Person oder eine Personengesellschaft des Handelsrechts ist, auch gegen diese selbstständig angeordnet werden, wenn ihnen der Mehrerlös zugeflossen ist.

§ 11 WiStG   Verfahren

(1) ¹Im Strafverfahren ist die Abführung des Mehrerlöses im Urteil auszusprechen. ²Für das selbstständige Verfahren gelten § 440 Abs. 1, 2 und § 441 Abs. 1 bis 3 der Strafprozessordnung entsprechend.

(2) ¹Im Bußgeldverfahren ist die Abführung des Mehrerlöses im Bußgeldbescheid auszusprechen. ²Im selbstständigen Verfahren steht der von der Verwaltungsbehörde zu erlassende Bescheid einem Bußgeldbescheid gleich.

III. Vorschriften über den Widerruf von Haustürgeschäften   916
und Fernabsatzverträgen aus dem BGB[1]

§ 13 BGB   Verbraucher[2]

Verbraucher ist jede natürliche Person, die ein Rechtsgeschäft zu einem Zwecke abschließt, der weder ihrer gewerblichen noch ihrer selbstständigen beruflichen Tätigkeit zugerechnet werden kann.

§ 14 BGB   Unternehmer[3]

(1) Unternehmer ist eine natürliche oder juristische Person oder eine rechtsfähige Personengesellschaft, die bei Abschluss eines Rechtsgeschäfts in Ausübung ihrer gewerblichen oder selbstständigen beruflichen Tätigkeit handelt.

(2) Eine rechtsfähige Personengesellschaft ist eine Personengesellschaft, die mit der Fähigkeit ausgestattet ist, Rechte zu erwerben und Verbindlichkeiten einzugehen.

---

1   In der Fassung der Bekanntmachung vom 2. Januar 2002 (BGBl. I S. 42, 2909, 2003 I S. 738) zuletzt geändert durch Artikel 1 des Gesetzes vom 21. Dezember 2007 (BGBl. I S. 3189)

2   Amtl. Anm.: Diese Vorschriften dienen der Umsetzung der eingangs zu den Nummern 3, 4, 6, 7, 9 und 11 genannten Richtlinien.

3   Amtl. Anm.: Diese Vorschriften dienen der Umsetzung der eingangs zu den Nummern 3, 4, 6, 7, 9 und 11 genannten Richtlinien.

§ 312 BGB   Widerrufsrecht bei Haustürgeschäften

(1) [1] Bei einem Vertrag zwischen einem Unternehmer und einem Verbraucher, der eine entgeltliche Leistung zum Gegenstand hat und zu dessen Abschluss der Verbraucher

1. durch mündliche Verhandlungen an seinem Arbeitsplatz oder im Bereich einer Privatwohnung,

2. anlässlich einer vom Unternehmer oder von einem Dritten zumindest auch im Interesse des Unternehmers durchgeführten Freizeitveranstaltung oder

3. im Anschluss an ein überraschendes Ansprechen in Verkehrsmitteln oder im Bereich öffentlich zugänglicher Verkehrsflächen

bestimmt worden ist (Haustürgeschäft), steht dem Verbraucher ein Widerrufsrecht gemäß § 355 zu. [2] Dem Verbraucher kann an Stelle des Widerrufsrechts ein Rückgaberecht nach § 356 eingeräumt werden, wenn zwischen dem Verbraucher und dem Unternehmer im Zusammenhang mit diesem oder einem späteren Geschäft auch eine ständige Verbindung aufrechterhalten werden soll.

(2) Die erforderliche Belehrung über das Widerrufs- oder Rückgaberecht muss auf die Rechtsfolgen des § 357 Abs. 1 und 3 hinweisen.

(3) Das Widerrufs- oder Rückgaberecht besteht unbeschadet anderer Vorschriften nicht bei Versicherungsverträgen oder wenn

1. im Falle von Absatz 1 Nr. 1 die mündlichen Verhandlungen, auf denen der Abschluss des Vertrags beruht, auf vorhergehende Bestellung des Verbrauchers geführt worden sind oder

2. die Leistung bei Abschluss der Verhandlungen sofort erbracht und bezahlt wird und das Entgelt 40 Euro nicht übersteigt oder

3. die Willenserklärung des Verbrauchers von einem Notar beurkundet worden ist.

§ 312a BGB   Verhältnis zu anderen Vorschriften

Steht dem Verbraucher zugleich nach Maßgabe anderer Vorschriften ein Widerrufs- oder Rückgaberecht nach § 355 oder § 356 dieses Gesetzes, nach § 126 des Investmentgesetzes zu, ist das Widerrufs- oder Rückgaberecht nach § 312 ausgeschlossen.

§ 312b BGB   Fernabsatzverträge

(1) [1] Fernabsatzverträge sind Verträge über die Lieferung von Waren oder über die Erbringung von Dienstleistungen, einschließlich Finanzdienstleistungen, die zwischen einem Unternehmer und einem Verbraucher unter ausschließlicher Verwendung von Fernkommunikationsmitteln abgeschlossen werden, es sei denn, dass der Ver-

tragsschluss nicht im Rahmen eines für den Fernabsatz organisierten Vertriebs- oder Dienstleistungssystems erfolgt. [2] Finanzdienstleistungen im Sinne des Satzes 1 sind Bankdienstleistungen sowie Dienstleistungen im Zusammenhang mit einer Kreditgewährung, Versicherung, Altersversorgung von Einzelpersonen, Geldanlage oder Zahlung.

(2) Fernkommunikationsmittel sind Kommunikationsmittel, die zur Anbahnung oder zum Abschluss eines Vertrags zwischen einem Verbraucher und einem Unternehmer ohne gleichzeitige körperliche Anwesenheit der Vertragsparteien eingesetzt werden können, insbesondere Briefe, Kataloge, Telefonanrufe, Telekopien, E-Mails sowie Rundfunk, Tele- und Mediendienste.

(3) Die Vorschriften über Fernabsatzverträge finden keine Anwendung auf Verträge

1. über Fernunterricht (§ 1 des Fernunterrichtsschutzgesetzes),

2. über die Teilzeitnutzung von Wohngebäuden (§ 481),

3. über Versicherungen sowie deren Vermittlung,

4. über die Veräußerung von Grundstücken und grundstücksgleichen Rechten, die Begründung, Veräußerung und Aufhebung von dinglichen Rechten an Grundstücken und grundstücksgleichen Rechten sowie über die Errichtung von Bauwerken,

5. über die Lieferung von Lebensmitteln, Getränken oder sonstigen Haushaltsgegenständen des täglichen Bedarfs, die am Wohnsitz, am Aufenthaltsort oder am Arbeitsplatz eines Verbrauchers von Unternehmern im Rahmen häufiger und regelmäßiger Fahrten geliefert werden,

6. über die Erbringung von Dienstleistungen in den Bereichen Unterbringung, Beförderung, Lieferung von Speisen und Getränken sowie Freizeitgestaltung, wenn sich der Unternehmer bei Vertragsschluss verpflichtet, die Dienstleistungen zu einem bestimmten Zeitpunkt oder innerhalb eines genau angegebenen Zeitraums zu erbringen,

7. die geschlossen werden

   a) unter Verwendung von Warenautomaten oder automatisierten Geschäftsräumen oder

   b) mit Betreibern von Telekommunikationsmitteln auf Grund der Benutzung von öffentlichen Fernsprechern, soweit sie deren Benutzung zum Gegenstand haben.

(4) [1] Bei Vertragsverhältnissen, die eine erstmalige Vereinbarung mit daran anschließenden aufeinander folgenden Vorgängen oder eine daran anschließende Reihe getrennter, in einem zeitlichen Zusammenhang stehender Vorgänge der gleichen Art umfassen, finden die Vorschriften über Fernabsatzverträge nur Anwendung auf die erste

Vereinbarung. [2] Wenn derartige Vorgänge ohne eine solche Vereinbarung aufeinander folgen, gelten die Vorschriften über Informationspflichten des Unternehmers nur für den ersten Vorgang. [3] Findet jedoch länger als ein Jahr kein Vorgang der gleichen Art mehr statt, so gilt der nächste Vorgang als der erste Vorgang einer neuen Reihe im Sinne von Satz 2.

(5) Weitergehende Vorschriften zum Schutz des Verbrauchers bleiben unberührt.

§ 312c BGB   Unterrichtung des Verbrauchers bei Fernabsatzverträgen

(1) [1] Der Unternehmer hat dem Verbraucher rechtzeitig vor Abgabe von dessen Vertragserklärung in einer dem eingesetzten Fernkommunikationsmittel entsprechenden Weise klar und verständlich und unter Angabe des geschäftlichen Zwecks die Informationen zur Verfügung zu stellen, für die dies in der Rechtsverordnung nach Artikel 240 des Einführungsgesetzes zum Bürgerlichen Gesetzbuche bestimmt ist. [2] Der Unternehmer hat bei von ihm veranlassten Telefongesprächen seine Identität und den geschäftlichen Zweck des Kontakts bereits zu Beginn eines jeden Gesprächs ausdrücklich offen zu legen.

(2) [1] Der Unternehmer hat dem Verbraucher ferner die Vertragsbestimmungen einschließlich der Allgemeinen Geschäftsbedingungen sowie die in der Rechtsverordnung nach Artikel 240 des Einführungsgesetzes zum Bürgerlichen Gesetzbuche bestimmten Informationen in dem dort bestimmten Umfang und der dort bestimmten Art und Weise in Textform mitzuteilen, und zwar

1. bei Finanzdienstleistungen rechtzeitig vor Abgabe von dessen Vertragserklärung oder, wenn auf Verlangen des Verbrauchers der Vertrag telefonisch oder unter Verwendung eines anderen Fernkommunikationsmittels geschlossen wird, das die Mitteilung in Textform vor Vertragsschluss nicht gestattet, unverzüglich nach Abschluss des Fernabsatzvertrags;

2. bei sonstigen Dienstleistungen und bei der Lieferung von Waren alsbald, spätestens bis zur vollständigen Erfüllung des Vertrags, bei Waren spätestens bis zur Lieferung an den Verbraucher.

[2] Eine Mitteilung nach Satz 1 Nr. 2 ist entbehrlich bei Dienstleistungen, die unmittelbar durch Einsatz von Fernkommunikationsmitteln erbracht werden, sofern diese Leistungen in einem Mal erfolgen und über den Betreiber der Fernkommunikationsmittel abgerechnet werden. [3] Der Verbraucher muss sich in diesem Falle aber über die Anschrift der Niederlassung des Unternehmers informieren können, bei der er Beanstandungen vorbringen kann.

(3) Bei Finanzdienstleistungen kann der Verbraucher während der Laufzeit des Vertrags jederzeit vom Unternehmer verlangen, dass ihm dieser die Vertragsbestimmun-

gen einschließlich der Allgemeinen Geschäftsbedingungen in einer Urkunde zur Verfügung stellt.

(4) Weitergehende Einschränkungen bei der Verwendung von Fernkommunikationsmitteln und weitergehende Informationspflichten auf Grund anderer Vorschriften bleiben unberührt.

§ 312d BGB Widerrufs- und Rückgaberecht bei Fernabsatzverträgen

(1) [1] Dem Verbraucher steht bei einem Fernabsatzvertrag ein Widerrufsrecht nach § 355 zu. [2] An Stelle des Widerrufsrechts kann dem Verbraucher bei Verträgen über die Lieferung von Waren ein Rückgaberecht nach § 356 eingeräumt werden.

(2) Die Widerrufsfrist beginnt abweichend von § 355 Abs. 2 Satz 1 nicht vor Erfüllung der Informationspflichten gemäß § 312c Abs. 2, bei der Lieferung von Waren nicht vor dem Tage ihres Eingangs beim Empfänger, bei der wiederkehrenden Lieferung gleichartiger Waren nicht vor dem Tage des Eingangs der ersten Teillieferung und bei Dienstleistungen nicht vor dem Tage des Vertragsschlusses.

(3) Das Widerrufsrecht erlischt bei Dienstleistung auch in folgenden Fällen:

1. bei einer Finanzdienstleistung, wenn der Vertrag von beiden Seiten auf ausdrücklichen Wunsch des Verbrauchers vollständig erfüllt ist, bevor der Verbraucher sein Widerrufsrecht ausgeübt hat,

2. bei einer sonstigen Dienstleistung, wenn der Unternehmer mit der Ausführung der Dienstleistung mit ausdrücklicher Zustimmung des Verbrauchers vor Ende der Widerrufsfrist begonnen hat oder der Verbraucher diese selbst veranlasst hat.

(4) Das Widerrufsrecht besteht, soweit nicht ein anderes bestimmt ist, nicht bei Fernabsatzverträgen

1. zur Lieferung von Waren, die nach Kundenspezifikation angefertigt werden oder eindeutig auf die persönlichen Bedürfnisse zugeschnitten sind oder die auf Grund ihrer Beschaffenheit nicht für eine Rücksendung geeignet sind oder schnell verderben können oder deren Verfalldatum überschritten würde,

2. zur Lieferung von Audio- oder Videoaufzeichnungen oder von Software, sofern die gelieferten Datenträger vom Verbraucher entsiegelt worden sind,

3. zur Lieferung von Zeitungen, Zeitschriften und Illustrierten,

4. zur Erbringung von Wett- und Lotterie-Dienstleistungen,

5. die in der Form von Versteigerungen (§ 156) geschlossen werden oder

6. die die Lieferung von Waren oder die Erbringung von Finanzdienstleistungen zum Gegenstand haben, deren Preis auf dem Finanzmarkt Schwankungen unterliegt, auf die der Unternehmer keinen Einfluss hat und die innerhalb der Widerrufsfrist

auftreten können, insbesondere Dienstleistungen im Zusammenhang mit Aktien, Anteilsscheinen, die von einer Kapitalanlagegesellschaft oder einer ausländischen Investmentgesellschaft ausgegeben werden, und anderen handelbaren Wertpapieren, Devisen, Derivaten oder Geldmarktinstrumenten.

(5) [1] Das Widerrufsrecht besteht ferner nicht bei Fernabsatzverträgen, bei denen dem Verbraucher bereits auf Grund der §§ 495, 499 bis 507 ein Widerrufs- oder Rückgaberecht nach § 355 oder § 356 zusteht. [2] Bei solchen Verträgen gilt Absatz 2 entsprechend.

(6) Bei Fernabsatzverträgen über Finanzdienstleistungen hat der Verbraucher abweichend von § 357 Abs. 1 Wertersatz für die erbrachte Dienstleistung nach den Vorschriften über den gesetzlichen Rücktritt nur zu leisten, wenn er vor Abgabe seiner Vertragserklärung auf diese Rechtsfolge hingewiesen worden ist und wenn er ausdrücklich zugestimmt hat, dass der Unternehmer vor Ende der Widerrufsfrist mit der Ausführung der Dienstleistung beginnt.

§ 355 BGB   Widerrufsrecht bei Verbraucherverträgen

(1) [1] Wird einem Verbraucher durch Gesetz ein Widerrufsrecht nach dieser Vorschrift eingeräumt, so ist er an seine auf den Abschluss des Vertrags gerichtete Willenserklärung nicht mehr gebunden, wenn er sie fristgerecht widerrufen hat. [2] Der Widerruf muss keine Begründung enthalten und ist in Textform oder durch Rücksendung der Sache innerhalb von zwei Wochen gegenüber dem Unternehmer zu erklären; zur Fristwahrung genügt die rechtzeitige Absendung.

(2) [1] Die Frist beginnt mit dem Zeitpunkt, zu dem dem Verbraucher eine deutlich gestaltete Belehrung über sein Widerrufsrecht, die ihm entsprechend den Erfordernissen des eingesetzten Kommunikationsmittels seine Rechte deutlich macht, in Textform mitgeteilt worden ist, die auch Namen und Anschrift desjenigen, gegenüber dem der Widerruf zu erklären ist, und einen Hinweis auf den Fristbeginn und die Regelung des Absatzes 1 Satz 2 enthält. [2] Wird die Belehrung nach Vertragsschluss mitgeteilt, beträgt die Frist abweichend von Absatz 1 Satz 2 einen Monat. [3] Ist der Vertrag schriftlich abzuschließen, so beginnt die Frist nicht zu laufen, bevor dem Verbraucher auch eine Vertragsurkunde, der schriftliche Antrag des Verbrauchers oder eine Abschrift der Vertragsurkunde oder des Antrags zur Verfügung gestellt werden. [4] Ist der Fristbeginn streitig, so trifft die Beweislast den Unternehmer.

(3) [1] Das Widerrufsrecht erlischt spätestens sechs Monate nach Vertragsschluss. [2] Bei der Lieferung von Waren beginnt die Frist nicht vor dem Tag ihres Eingangs beim Empfänger. [3] Abweichend von Satz 1 erlischt das Widerrufsrecht nicht, wenn der Verbraucher nicht ordnungsgemäß über sein Widerrufsrecht belehrt worden ist, bei Fernab-

satzverträgen über Finanzdienstleistungen ferner nicht, wenn der Unternehmer seine Mitteilungspflichten gemäß § 312c Abs. 2 Nr. 1 nicht ordnungsgemäß erfüllt hat.

§ 356 BGB   Rückgaberecht bei Verbraucherverträgen

(1) [1] Das Widerrufsrecht nach § 355 kann, soweit dies ausdrücklich durch Gesetz zugelassen ist, beim Vertragsschluss auf Grund eines Verkaufsprospekts im Vertrag durch ein uneingeschränktes Rückgaberecht ersetzt werden. [2] Voraussetzung ist, dass

1. im Verkaufsprospekt eine deutlich gestaltete Belehrung über das Rückgaberecht enthalten ist,

2. der Verbraucher den Verkaufsprospekt in Abwesenheit des Unternehmers eingehend zur Kenntnis nehmen konnte und

3. dem Verbraucher das Rückgaberecht in Textform eingeräumt wird.

(2) [1] Das Rückgaberecht kann innerhalb der Widerrufsfrist, die jedoch nicht vor Erhalt der Sache beginnt, und nur durch Rücksendung der Sache oder, wenn die Sache nicht als Paket versandt werden kann, durch Rücknahmeverlangen ausgeübt werden. [2] § 355 Abs. 1 Satz 2 findet entsprechende Anwendung.

§ 357 BGB   Rechtsfolgen des Widerrufs und der Rückgabe

(1) [1] Auf das Widerrufs- und das Rückgaberecht finden, soweit nicht ein anderes bestimmt ist, die Vorschriften über den gesetzlichen Rücktritt entsprechende Anwendung. [2] § 286 Abs. 3 gilt für die Verpflichtung zur Erstattung von Zahlungen nach dieser Vorschrift entsprechend; die dort bestimmte Frist beginnt mit der Widerrufs- oder Rückgabeerklärung des Verbrauchers. [3] Dabei beginnt die Frist im Hinblick auf eine Erstattungsverpflichtung des Verbrauchers mit Abgabe dieser Erklärung, im Hinblick auf eine Erstattungsverpflichtung des Unternehmers mit deren Zugang.

(2) [1] Der Verbraucher ist bei Ausübung des Widerrufsrechts zur Rücksendung verpflichtet, wenn die Sache durch Paket versandt werden kann. [2] Kosten und Gefahr der Rücksendung trägt bei Widerruf und Rückgabe der Unternehmer. [3] Wenn ein Widerrufsrecht nach § 312d Abs. 1 Satz 1 besteht, dürfen dem Verbraucher die regelmäßigen Kosten der Rücksendung vertraglich auferlegt werden, wenn der Preis der zurückzusendenden Sache einen Betrag von 40 Euro nicht übersteigt oder wenn bei einem höheren Preis der Sache der Verbraucher die Gegenleistung oder eine Teilzahlung zum Zeitpunkt des Widerrufs noch nicht erbracht hat, es sei denn, dass die gelieferte Ware nicht der bestellten entspricht.

(3) [1] Der Verbraucher hat abweichend von § 346 Abs. 2 Satz 1 Nr. 3 Wertersatz für eine durch die bestimmungsgemäße Ingebrauchnahme der Sache entstandene Verschlechterung zu leisten, wenn er spätestens bei Vertragsschluss in Textform auf diese

Rechtsfolge und eine Möglichkeit hingewiesen worden ist, sie zu vermeiden. [2] Dies gilt nicht, wenn die Verschlechterung ausschließlich auf die Prüfung der Sache zurückzuführen ist. [3] § 346 Abs. 3 Satz 1 Nr. 3 findet keine Anwendung, wenn der Verbraucher über sein Widerrufsrecht ordnungsgemäß belehrt worden ist oder hiervon anderweitig Kenntnis erlangt hat.

(4) Weitergehende Ansprüche bestehen nicht.

917   ## IV. Verordnung über die Aufstellung von Betriebskosten (Betriebskostenverordnung - BetrKV)

Vom 25. November 2003 (BGBl. I S. 2346, 2347)[4]

§ 1 BetrKV   Betriebskosten

(1) [1] Betriebskosten sind die Kosten, die dem Eigentümer oder Erbbauberechtigten durch das Eigentum oder Erbbaurecht am Grundstück oder durch den bestimmungsmäßigen Gebrauch des Gebäudes, der Nebengebäude, Anlagen, Einrichtungen und des Grundstücks laufend entstehen. [2] Sach- und Arbeitsleistungen des Eigentümers oder Erbbauberechtigten dürfen mit dem Betrag angesetzt werden, der für eine gleichwertige Leistung eines Dritten, insbesondere eines Unternehmers, angesetzt werden könnte; die Umsatzsteuer des Dritten darf nicht angesetzt werden.

(2) Zu den Betriebskosten gehören nicht:

1. die Kosten der zur Verwaltung des Gebäudes erforderlichen Arbeitskräfte und Einrichtungen, die Kosten der Aufsicht, der Wert der vom Vermieter persönlich geleisteten Verwaltungsarbeit, die Kosten für die gesetzlichen oder freiwilligen Prüfungen des Jahresabschlusses und die Kosten für die Geschäftsführung (Verwaltungskosten),

2. die Kosten, die während der Nutzungsdauer zur Erhaltung des bestimmungsmäßigen Gebrauchs aufgewendet werden müssen, um die durch Abnutzung, Alterung und Witterungseinwirkung entstehenden baulichen oder sonstigen Mängel ordnungsgemäß zu beseitigen (Instandhaltungs- und Instandsetzungskosten).

§ 2 BetrKV   Aufstellung der Betriebskosten

Betriebskosten im Sinne von § 1 sind:

---

4   Red. Anm.: Artikel 2 der Verordnung zur Berechnung der Wohnfläche, über die Aufstellung von Betriebskosten und zur Änderung anderer Verordnungen vom 25. November 2003 (BGBl. I S. 2346)

1. die laufenden öffentlichen Lasten des Grundstücks,
   hierzu gehört namentlich die Grundsteuer;

2. die Kosten der Wasserversorgung,
   hierzu gehören die Kosten des Wasserverbrauchs, die Grundgebühren, die Kosten der Anmietung oder anderer Arten der Gebrauchsüberlassung von Wasserzählern sowie die Kosten ihrer Verwendung einschließlich der Kosten der Eichung sowie der Kosten der Berechnung und Aufteilung, die Kosten der Wartung von Wassermengenreglern, die Kosten des Betriebs einer hauseigenen Wasserversorgungsanlage und einer Wasseraufbereitungsanlage einschließlich der Aufbereitungsstoffe;

3. die Kosten der Entwässerung,
   hierzu gehören die Gebühren für die Haus- und Grundstücksentwässerung, die Kosten des Betriebs einer entsprechenden nicht öffentlichen Anlage und die Kosten des Betriebs einer Entwässerungspumpe;

4. die Kosten

   a) des Betriebs der zentralen Heizungsanlage einschließlich der Abgasanlage,
      hierzu gehören die Kosten der verbrauchten Brennstoffe und ihrer Lieferung, die Kosten des Betriebsstroms, die Kosten der Bedienung, Überwachung und Pflege der Anlage, der regelmäßigen Prüfung ihrer Betriebsbereitschaft und Betriebssicherheit einschließlich der Einstellung durch eine Fachkraft, der Reinigung der Anlage und des Betriebsraums, die Kosten der Messungen nach dem Bundes-Immissionsschutzgesetz, die Kosten der Anmietung oder anderer Arten der Gebrauchsüberlassung einer Ausstattung zur Verbrauchserfassung sowie die Kosten der Verwendung einer Ausstattung zur Verbrauchserfassung einschließlich der Kosten der Eichung sowie der Kosten der Berechnung und Aufteilung
      oder

   b) des Betriebs der zentralen Brennstoffversorgungsanlage,
      hierzu gehören die Kosten der verbrauchten Brennstoffe und ihrer Lieferung, die Kosten des Betriebsstroms und die Kosten der Überwachung sowie die Kosten der Reinigung der Anlage und des Betriebsraums
      oder

   c) der eigenständig gewerblichen Lieferung von Wärme, auch aus Anlagen im Sinne des Buchstabens a,
      hierzu gehören das Entgelt für die Wärmelieferung und die Kosten des Betriebs der zugehörigen Hausanlagen entsprechend Buchstabe a
      oder

   d) der Reinigung und Wartung von Etagenheizungen und Gaseinzelfeuerstätten,
      hierzu gehören die Kosten der Beseitigung von Wasserablagerungen und Verbrennungsrückständen in der Anlage, die Kosten der regelmäßigen Prüfung der Betriebsbereitschaft und Betriebssicherheit und der damit zusammenhän-

genden Einstellung durch eine Fachkraft sowie die Kosten der Messungen nach dem Bundes-Immissionsschutzgesetz;

5. die Kosten

a) des Betriebs der zentralen Warmwasserversorgungsanlage,
   hierzu gehören die Kosten der Wasserversorgung entsprechend Nummer 2, soweit sie nicht dort bereits berücksichtigt sind, und die Kosten der Wassererwärmung entsprechend Nummer 4 Buchstabe a
   oder

b) der eigenständig gewerblichen Lieferung von Warmwasser, auch aus Anlagen im Sinne des Buchstabens a,
   hierzu gehören das Entgelt für die Lieferung des Warmwassers und die Kosten des Betriebs der zugehörigen Hausanlagen entsprechend Nummer 4 Buchstabe a
   oder

c) der Reinigung und Wartung von Warmwassergeräten,
   hierzu gehören die Kosten der Beseitigung von Wasserablagerungen und Verbrennungsrückständen im Innern der Geräte sowie die Kosten der regelmäßigen Prüfung der Betriebsbereitschaft und Betriebssicherheit und der damit zusammenhängenden Einstellung durch eine Fachkraft;

6. die Kosten verbundener Heizungs- und Warmwasserversorgungsanlagen

a) bei zentralen Heizungsanlagen entsprechend Nummer 4 Buchstabe a und entsprechend Nummer 2, soweit sie nicht dort bereits berücksichtigt sind,
   oder

b) bei der eigenständig gewerblichen Lieferung von Wärme entsprechend Nummer 4 Buchstabe c und entsprechend Nummer 2, soweit sie nicht dort bereits berücksichtigt sind,
   oder

c) bei verbundenen Etagenheizungen und Warmwasserversorgungsanlagen entsprechend Nummer 4 Buchstabe d und entsprechend Nummer 2, soweit sie nicht dort bereits berücksichtigt sind;

7. die Kosten des Betriebs des Personen- oder Lastenaufzugs,
   hierzu gehören die Kosten des Betriebsstroms, die Kosten der Beaufsichtigung, der Bedienung, Überwachung und Pflege der Anlage, der regelmäßigen Prüfung ihrer Betriebsbereitschaft und Betriebssicherheit einschließlich der Einstellung durch eine Fachkraft sowie die Kosten der Reinigung der Anlage;

8. die Kosten der Straßenreinigung und Müllbeseitigung,
   zu den Kosten der Straßenreinigung gehören die für die öffentliche Straßenreinigung zu entrichtenden Gebühren und die Kosten entsprechender nicht öffentlicher Maßnahmen; zu den Kosten der Müllbeseitigung gehören namentlich die für die

Müllabfuhr zu entrichtenden Gebühren, die Kosten entsprechender nicht öffentlicher Maßnahmen, die Kosten des Betriebs von Müllkompressoren, Müllschluckern, Müllabsauganlagen sowie des Betriebs von Müllmengenerfassungsanlagen einschließlich der Kosten der Berechnung und Aufteilung;

9. die Kosten der Gebäudereinigung und Ungezieferbekämpfung,

    zu den Kosten der Gebäudereinigung gehören die Kosten für die Säuberung der von den Bewohnern gemeinsam genutzten Gebäudeteile, wie Zugänge, Flure, Treppen, Keller, Bodenräume, Waschküchen, Fahrkorb des Aufzugs;

10. die Kosten der Gartenpflege,

    hierzu gehören die Kosten der Pflege gärtnerisch angelegter Flächen einschließlich der Erneuerung von Pflanzen und Gehölzen, der Pflege von Spielplätzen einschließlich der Erneuerung von Sand und der Pflege von Plätzen, Zugängen und Zufahrten, die dem nicht öffentlichen Verkehr dienen;

11. die Kosten der Beleuchtung,

    hierzu gehören die Kosten des Stroms für die Außenbeleuchtung und die Beleuchtung der von den Bewohnern gemeinsam genutzten Gebäudeteile, wie Zugänge, Flure, Treppen, Keller, Bodenräume, Waschküchen;

12. die Kosten der Schornsteinreinigung,

    hierzu gehören die Kehrgebühren nach der maßgebenden Gebührenordnung, soweit sie nicht bereits als Kosten nach Nummer 4 Buchstabe a berücksichtigt sind;

13. die Kosten der Sach- und Haftpflichtversicherung,

    hierzu gehören namentlich die Kosten der Versicherung des Gebäudes gegen Feuer-, Sturm-, Wasser- sowie sonstige Elementarschäden, der Glasversicherung, der Haftpflichtversicherung für das Gebäude, den Öltank und den Aufzug;

14. die Kosten für den Hauswart,

    hierzu gehören die Vergütung, die Sozialbeiträge und alle geldwerten Leistungen, die der Eigentümer oder Erbbauberechtigte dem Hauswart für seine Arbeit gewährt, soweit diese nicht die Instandhaltung, Instandsetzung, Erneuerung, Schönheitsreparaturen oder die Hausverwaltung betrifft; soweit Arbeiten vom Hauswart ausgeführt werden, dürfen Kosten für Arbeitsleistungen nach den Nummern 2 bis 10 und 16 nicht angesetzt werden;

15. die Kosten

    a) des Betriebs der Gemeinschafts-Antennenanlage,

        hierzu gehören die Kosten des Betriebsstroms und die Kosten der regelmäßigen Prüfung ihrer Betriebsbereitschaft einschließlich der Einstellung durch eine Fachkraft oder das Nutzungsentgelt für eine nicht zu dem Gebäude gehörende Antennenanlage sowie die Gebühren, die nach dem Urheberrechtsgesetz für die Kabelweitersendung entstehen,

        oder

b) des Betriebs der mit einem Breitbandkabelnetz verbundenen privaten Verteilanlage,
hierzu gehören die Kosten entsprechend Buchstabe a, ferner die laufenden monatlichen Grundgebühren für Breitbandkabelanschlüsse;

16. die Kosten des Betriebs der Einrichtungen für die Wäschepflege,
hierzu gehören die Kosten des Betriebsstroms, die Kosten der Überwachung, Pflege und Reinigung der Einrichtungen, der regelmäßigen Prüfung ihrer Betriebsbereitschaft und Betriebssicherheit sowie die Kosten der Wasserversorgung entsprechend Nummer 2, soweit sie nicht dort bereits berücksichtigt sind;

17. sonstige Betriebskosten,
hierzu gehören Betriebskosten im Sinne des § 1, die von den Nummern 1 bis 16
nicht erfasst sind.

918 **V. Verordnung über die verbrauchsabhängige Abrechnung
der Heiz- und Warmwasserkosten
(Verordnung über Heizkostenabrechnung - HeizkostenV)**

In der Fassung der Bekanntmachung vom 20. Januar 1989 (BGBl. I S. 115)[5]

§ 1 HeizkostenV   Anwendungsbereich

(1) Diese Verordnung gilt für die Verteilung der Kosten

1. des Betriebs zentraler Heizungsanlagen und zentraler Warmwasserversorgungsanlagen,

2. der eigenständig gewerblichen Lieferung von Wärme und Warmwasser, auch aus
Anlagen nach Nummer 1,
(Wärmelieferung, Warmwasserlieferung)

durch den Gebäudeeigentümer auf die Nutzer der mit Wärme oder Warmwasser versorgten Räume.

(2) Dem Gebäudeeigentümer stehen gleich

1. der zur Nutzungsüberlassung in eigenem Namen und für eigene Rechnung Berechtigte,

2. derjenige, dem der Betrieb von Anlagen im Sinne des § 1 Abs. 1 Nr. 1 in der Weise
übertragen worden ist, dass er dafür ein Entgelt vom Nutzer zu fordern berechtigt
ist,

---

5   Red. Anm.: Zur Gültigkeit in der ehemaligen DDR siehe Anlage I Kapitel V Sachgebiet D
Abschnitt III Nr. 10 des Einigungsvertrages i.V.m. Artikel 1 des Gesetzes v. 23.09.1990
(BGBl. 1990 II S. 885, 1007).

3. beim Wohnungseigentum die Gemeinschaft der Wohnungseigentümer im Verhältnis zum Wohnungseigentümer, bei Vermietung einer oder mehrerer Eigentumswohnungen der Wohnungseigentümer im Verhältnis zum Mieter.

(3) Diese Verordnung gilt auch für die Verteilung der Kosten der Wärmelieferung und Warmwasserlieferung auf die Nutzer der mit Wärme oder Warmwasser versorgten Räume, soweit der Lieferer unmittelbar mit den Nutzern abrechnet und dabei nicht den für den einzelnen Nutzer gemessenen Verbrauch, sondern die Anteile der Nutzer am Gesamtverbrauch zu Grunde legt; in diesen Fällen gelten die Rechte und Pflichten des Gebäudeeigentümers aus dieser Verordnung für den Lieferer.

(4) Diese Verordnung gilt auch für Mietverhältnisse über preisgebundenen Wohnraum, soweit für diesen nichts anderes bestimmt ist.

§ 2 HeizkostenV   Vorrang vor rechtsgeschäftlichen Bestimmungen

Außer bei Gebäuden mit nicht mehr als zwei Wohnungen, von denen eine der Vermieter selbst bewohnt, gehen die Vorschriften dieser Verordnung rechtsgeschäftlichen Bestimmungen vor.

§ 3 HeizkostenV   Anwendung auf das Wohnungseigentum

[1] Die Vorschriften dieser Verordnung sind auf Wohnungseigentum anzuwenden unabhängig davon, ob durch Vereinbarung oder Beschluss der Wohnungseigentümer abweichende Bestimmungen über die Verteilung der Kosten der Versorgung mit Wärme und Warmwasser getroffen worden sind. [2] Auf die Anbringung und Auswahl der Ausstattung nach den §§ 4 und 5 sowie auf die Verteilung der Kosten und die sonstigen Entscheidungen des Gebäudeeigentümers nach den §§ 6 bis 9b und 11 sind die Regelungen entsprechend anzuwenden, die für die Verwaltung des gemeinschaftlichen Eigentums im Wohnungseigentumsgesetz enthalten oder durch Vereinbarung der Wohnungseigentümer getroffen worden sind. [3] Die Kosten für die Anbringung der Ausstattung sind entsprechend den dort vorgesehenen Regelungen über die Tragung der Verwaltungskosten zu verteilen.

§ 4 HeizkostenV   Pflicht zur Verbrauchserfassung

(1) Der Gebäudeeigentümer hat den anteiligen Verbrauch der Nutzer an Wärme und Warmwasser zu erfassen.

(2) [1] Er hat dazu die Räume mit Ausstattungen zur Verbrauchserfassung zu versehen; die Nutzer haben dies zu dulden. [2] Will der Gebäudeeigentümer die Ausstattung zur Verbrauchserfassung mieten oder durch eine andere Art der Gebrauchsüberlassung

beschaffen, so hat er dies den Nutzern vorher unter Angabe der dadurch entstehenden Kosten mitzuteilen; die Maßnahme ist unzulässig, wenn die Mehrheit der Nutzer innerhalb eines Monats nach Zugang der Mitteilung widerspricht. [3] Die Wahl der Ausstattung bleibt im Rahmen des § 5 dem Gebäudeeigentümer überlassen.

(3) [1] Gemeinschaftlich genutzte Räume sind von der Pflicht zur Verbrauchserfassung ausgenommen. [2] Dies gilt nicht für Gemeinschaftsräume mit nutzungsbedingt hohem Wärme- oder Warmwasserverbrauch, wie Schwimmbäder oder Saunen.

(4) Der Nutzer ist berechtigt, vom Gebäudeeigentümer die Erfüllung dieser Verpflichtungen zu verlangen.

§ 5 HeizkostenV   **Ausstattung zur Verbrauchserfassung**

(1) [1] Zur Erfassung des anteiligen Wärmeverbrauchs sind Wärmezähler oder Heizkostenverteiler, zur Erfassung des anteiligen Warmwasserverbrauchs Warmwasserzähler oder andere geeignete Ausstattungen zu verwenden. [2] Soweit nicht eichrechtliche Bestimmungen zur Anwendung kommen, dürfen nur solche Ausstattungen zur Verbrauchserfassung verwendet werden, hinsichtlich derer sachverständige Stellen bestätigt haben, dass sie den anerkannten Regeln der Technik entsprechen oder dass ihre Eignung auf andere Weise nachgewiesen wurde. [3] Als sachverständige Stellen gelten nur solche Stellen, deren Eignung die nach Landesrecht zuständige Behörde im Benehmen mit der Physikalisch-Technischen Bundesanstalt bestätigt hat. [4] Die Ausstattungen müssen für das jeweilige Heizsystem geeignet sein und so angebracht werden, dass ihre technisch einwandfreie Funktion gewährleistet ist.

(2) [1] Wird der Verbrauch der von einer Anlage im Sinne des § 1 Abs. 1 versorgten Nutzer nicht mit gleichen Ausstattungen erfasst, so sind zunächst durch Vorerfassung vom Gesamtverbrauch die Anteile der Gruppen von Nutzern zu erfassen, deren Verbrauch mit gleichen Ausstattungen erfasst wird. [2] Der Gebäudeeigentümer kann auch bei unterschiedlichen Nutzungs- oder Gebäudearten oder aus anderen sachgerechten Gründen eine Vorerfassung nach Nutzergruppen durchführen.

§ 6 HeizkostenV   **Pflicht zur verbrauchsabhängigen Kostenverteilung**

(1) Der Gebäudeeigentümer hat die Kosten der Versorgung mit Wärme und Warmwasser auf der Grundlage der Verbrauchserfassung nach Maßgabe der §§ 7 bis 9 auf die einzelnen Nutzer zu verteilen.

(2) [1] In den Fällen des § 5 Abs. 2 sind die Kosten zunächst mindestens zu 50 vom Hundert nach dem Verhältnis der erfassten Anteile am Gesamtverbrauch auf die Nutzergruppen aufzuteilen. [2] Werden die Kosten nicht vollständig nach dem Verhältnis der erfassten Anteile am Gesamtverbrauch aufgeteilt, sind

1. die übrigen Kosten der Versorgung mit Wärme nach der Wohn- oder Nutzfläche oder nach dem umbauten Raum auf die einzelnen Nutzergruppen zu verteilen; es kann auch die Wohn- oder Nutzfläche oder der umbaute Raum der beheizten Räume zu Grunde gelegt werden,

2. die übrigen Kosten der Versorgung mit Warmwasser nach der Wohn- oder Nutzfläche auf die einzelnen Nutzergruppen zu verteilen.

[3] Die Kostenanteile der Nutzergruppen sind dann nach Absatz 1 auf die einzelnen Nutzer zu verteilen.

(3) [1] In den Fällen des § 4 Abs. 3 Satz 2 sind die Kosten nach dem Verhältnis der erfassten Anteile am Gesamtverbrauch auf die Gemeinschaftsräume und die übrigen Räume aufzuteilen. [2] Die Verteilung der auf die Gemeinschaftsräume entfallenden anteiligen Kosten richtet sich nach rechtsgeschäftlichen Bestimmungen.

(4) [1] Die Wahl der Abrechnungsmaßstäbe nach Absatz 2 sowie nach den §§ 7 bis 9 bleibt dem Gebäudeeigentümer überlassen. [2] Er kann diese einmalig für künftige Abrechnungszeiträume durch Erklärung gegenüber den Nutzern ändern

1. bis zum Ablauf von drei Abrechnungszeiträumen nach deren erstmaliger Bestimmung,

2. bei der Einführung einer Vorerfassung nach Nutzergruppen,

3. nach Durchführung von baulichen Maßnahmen, die nachhaltig Einsparungen von Heizenergie bewirken.

[3] Die Festlegung und die Änderung der Abrechnungsmaßstäbe sind nur mit Wirkung zum Beginn eines Abrechnungszeitraumes zulässig.

§ 7 HeizkostenV   Verteilung der Kosten der Versorgung mit Wärme

(1) [1] Von den Kosten des Betriebs der zentralen Heizungsanlage sind mindestens 50 vom Hundert, höchstens 70 vom Hundert nach dem erfassten Wärmeverbrauch der Nutzer zu verteilen. [2] Die übrigen Kosten sind nach der Wohn- oder Nutzfläche oder nach dem umbauten Raum zu verteilen; es kann auch die Wohn- oder Nutzfläche oder der umbaute Raum der beheizten Räume zu Grunde gelegt werden.

(2) Zu den Kosten des Betriebs der zentralen Heizungsanlage einschließlich der Abgasanlage gehören die Kosten der verbrauchten Brennstoffe und ihrer Lieferung, die Kosten des Betriebsstromes, die Kosten der Bedienung, Überwachung und Pflege der Anlage, der regelmäßigen Prüfung ihrer Betriebsbereitschaft und Betriebssicherheit einschließlich der Einstellung durch einen Fachmann, der Reinigung der Anlage und des Betriebsraumes, die Kosten der Messungen nach dem Bundes-Immissionsschutzgesetz, die Kosten der Anmietung oder anderer Arten der Gebrauchsüberlassung einer

Ausstattung zur Verbrauchserfassung sowie die Kosten der Verwendung einer Ausstattung zur Verbrauchserfassung einschließlich der Kosten der Berechnung und Aufteilung.

(3) Für die Verteilung der Kosten der Wärmelieferung gilt Absatz 1 entsprechend.

(4) Zu den Kosten der Wärmelieferung gehören das Entgelt für die Wärmelieferung und die Kosten des Betriebs der zugehörigen Hausanlagen entsprechend Absatz 2.

§ 8 HeizkostenV   **Verteilung der Kosten der Versorgung mit Warmwasser**

(1) Von den Kosten des Betriebs der zentralen Warmwasserversorgungsanlage sind mindestens 50 vom Hundert, höchstens 70 vom Hundert nach dem erfassten Warmwasserverbrauch, die übrigen Kosten nach der Wohn- oder Nutzfläche zu verteilen.

(2) [1] Zu den Kosten des Betriebs der zentralen Warmwasserversorgungsanlage gehören die Kosten der Wasserversorgung, soweit sie nicht gesondert abgerechnet werden, und die Kosten der Wassererwärmung entsprechend § 7 Abs. 2. [2] Zu den Kosten der Wasserversorgung gehören die Kosten des Wasserverbrauchs, die Grundgebühren und die Zählermiete, die Kosten der Verwendung von Zwischenzählern, die Kosten des Betriebs einer hauseigenen Wasserversorgungsanlage und einer Wasseraufbereitungsanlage einschließlich der Aufbereitungsstoffe.

(3) Für die Verteilung der Kosten der Warmwasserlieferung gilt Absatz 1 entsprechend.

(4) Zu den Kosten der Warmwasserlieferung gehören das Entgelt für die Lieferung des Warmwassers und die Kosten des Betriebs der zugehörigen Hausanlagen entsprechend § 7 Abs. 2.

§ 9 HeizkostenV   **Verteilung der Kosten der Versorgung mit Wärme und Warmwasser bei verbundenen Anlagen**

(1) [1] Ist die zentrale Anlage zur Versorgung mit Wärme mit der zentralen Warmwasserversorgungsanlage verbunden, so sind die einheitlich entstandenen Kosten des Betriebs aufzuteilen. [2] Die Anteile an den einheitlich entstandenen Kosten sind nach den Anteilen am Energieverbrauch (Brennstoff- oder Wärmeverbrauch) zu bestimmen. [3] Kosten, die nicht einheitlich entstanden sind, sind dem Anteil an den einheitlich entstandenen Kosten hinzuzurechnen. [4] Der Anteil der zentralen Anlage zur Versorgung mit Wärme ergibt sich aus dem gesamten Verbrauch nach Abzug des Verbrauchs der zentralen Warmwasserversorgungsanlage. [5] Der Anteil der zentralen Warmwasserversorgungsanlage am Brennstoffverbrauch ist nach Absatz 2, der Anteil am Wärmeverbrauch nach Absatz 3 zu ermitteln.

(2) [1] Der Brennstoffverbrauch der zentralen Warmwasserversorgungsanlage (B) ist in Litern, Kubikmetern oder Kilogramm nach der Formel

$$B = \frac{2,5 \cdot V \cdot (t_w - 10)}{H_u}$$

zu errechnen. [2] Dabei sind zu Grunde zu legen

1. das gemessene Volumen des verbrauchten Warmwassers (V) in Kubikmetern;

2. die gemessene oder geschätzte mittlere Temperatur des Warmwassers (t_w) in Grad Celsius;

3. der Heizwert des verbrauchten Brennstoffes (H_u) in Kilowattstunden (kWh) je Liter (l), Kubikmeter (m³) oder Kilogramm (kg). [2] Als H_u-Werte können verwendet werden für

Heizöl	10	kWh/l
Stadtgas	4,5	kWh/m³
Erdgas L	9	kWh/m³
Erdgas H	10,5	kWh/m³
Brechkoks	8	kWh/kg.

Enthalten die Abrechnungsunterlagen des Energieversorgungsunternehmens H_u-Werte, so sind diese zu verwenden.

[3] Der Brennstoffverbrauch der zentralen Warmwasserversorgungsanlage kann auch nach den anerkannten Regeln der Technik errechnet werden. [4] Kann das Volumen des verbrauchten Warmwassers nicht gemessen werden, ist als Brennstoffverbrauch der zentralen Warmwasserversorgungsanlage ein Anteil von 18 vom Hundert der insgesamt verbrauchten Brennstoffe zu Grunde zu legen.

(3) [1] Die auf die zentrale Warmwasserversorgungsanlage entfallende Wärmemenge (Q) ist mit einem Wärmezähler zu messen. [2] Sie kann auch in Kilowattstunden nach der Formel

$$Q = 2,0 \cdot V \cdot (t_w - 10)$$

errechnet werden. [3] Dabei sind zu Grunde zu legen

1. das gemessene Volumen des verbrauchten Warmwassers (V) in Kubikmetern;

2. die gemessene oder geschätzte mittlere Temperatur des Warmwassers (t_w) in Grad Celsius.

[4] Die auf die zentrale Warmwasserversorgungsanlage entfallende Wärmemenge kann auch nach den anerkannten Regeln der Technik errechnet werden. [5] Kann sie weder nach Satz 1 gemessen noch nach den Sätzen 2 bis 4 errechnet werden, ist dafür ein Anteil von 18 vom Hundert der insgesamt verbrauchten Wärmemenge zu Grunde zu legen.

(4) Der Anteil an den Kosten der Versorgung mit Wärme ist nach § 7 Abs. 1, der Anteil an den Kosten der Versorgung mit Warmwasser nach § 8 Abs. 1 zu verteilen, soweit diese Verordnung nichts anderes bestimmt oder zulässt.

§ 9a HeizkostenV   Kostenverteilung in Sonderfällen

(1) [1] Kann der anteilige Wärme- oder Warmwasserverbrauch von Nutzern für einen Abrechnungszeitraum wegen Geräteausfalls oder aus anderen zwingenden Gründen nicht ordnungsgemäß erfasst werden, ist er vom Gebäudeeigentümer auf der Grundlage des Verbrauchs der betroffenen Räume in vergleichbaren früheren Abrechnungszeiträumen oder des Verbrauchs vergleichbarer anderer Räume im jeweiligen Abrechnungszeitraum zu ermitteln. [2] Der so ermittelte anteilige Verbrauch ist bei der Kostenverteilung an Stelle des erfassten Verbrauchs zu Grunde zu legen.

(2) Überschreitet die von der Verbrauchsermittlung nach Absatz 1 betroffene Wohn- oder Nutzfläche oder der umbaute Raum 25 vom Hundert der für die Kostenverteilung maßgeblichen gesamten Wohn- oder Nutzfläche oder des maßgeblichen gesamten umbauten Raumes, sind die Kosten ausschließlich nach den nach § 7 Abs. 1 Satz 2 und § 8 Abs. 1 für die Verteilung der übrigen Kosten zu Grunde zu legenden Maßstäben zu verteilen.

§ 9b HeizkostenV   Kostenaufteilung bei Nutzerwechsel

(1) Bei Nutzerwechsel innerhalb eines Abrechnungszeitraumes hat der Gebäudeeigentümer eine Ablesung der Ausstattung zur Verbrauchserfassung der vom Wechsel betroffenen Räume (Zwischenablesung) vorzunehmen.

(2) Die nach dem erfassten Verbrauch zu verteilenden Kosten sind auf der Grundlage der Zwischenablesung, die übrigen Kosten des Wärmeverbrauchs auf der Grundlage der sich aus anerkannten Regeln der Technik ergebenden Gradtagszahlen oder zeitanteilig und die übrigen Kosten des Warmwasserverbrauchs zeitanteilig auf Vor- und Nachnutzer aufzuteilen.

(3) Ist eine Zwischenablesung nicht möglich oder lässt sie wegen des Zeitpunktes des Nutzerwechsels aus technischen Gründen keine hinreichend genaue Ermittlung der Verbrauchsanteile zu, sind die gesamten Kosten nach den nach Absatz 2 für die übrigen Kosten geltenden Maßstäben aufzuteilen.

(4) Von den Absätzen 1 bis 3 abweichende rechtsgeschäftliche Bestimmungen bleiben unberührt.

§ 10 HeizkostenV   Überschreitung der Höchstsätze

Rechtsgeschäftliche Bestimmungen, die höhere als die in § 7 Abs. 1 und § 8 Abs. 1 genannten Höchstsätze von 70 vom Hundert vorsehen, bleiben unberührt.

§ 11 HeizkostenV   Ausnahmen

(1) Soweit sich die §§ 3 bis 7 auf die Versorgung mit Wärme beziehen, sind sie nicht anzuwenden

1. auf Räume,

   a) bei denen das Anbringen der Ausstattung zur Verbrauchserfassung, die Erfassung des Wärmeverbrauchs oder die Verteilung der Kosten des Wärmeverbrauchs nicht oder nur mit unverhältnismäßig hohen Kosten möglich ist oder

   b) die vor dem 1. Juli 1981 bezugsfertig geworden sind und in denen der Nutzer den Wärmeverbrauch nicht beeinflussen kann;

2.

   a) auf Alters- und Pflegeheime, Studenten- und Lehrlingsheime,

   b) auf vergleichbare Gebäude oder Gebäudeteile, deren Nutzung Personengruppen vorbehalten ist, mit denen wegen ihrer besonderen persönlichen Verhältnisse regelmäßig keine üblichen Mietverträge abgeschlossen werden;

3. auf Räume in Gebäuden, die überwiegend versorgt werden

   a) mit Wärme aus Anlagen zur Rückgewinnung von Wärme oder aus Wärmepumpen- oder Solaranlagen oder

   b) mit Wärme aus Anlagen der Kraft-Wärme-Kopplung oder aus Anlagen zur Verwertung von Abwärme, sofern der Wärmeverbrauch des Gebäudes nicht erfasst wird,

   wenn die nach Landesrecht zuständige Stelle im Interesse der Energieeinsparung und der Nutzer eine Ausnahme zugelassen hat;

4. auf die Kosten des Betriebs der zugehörigen Hausanlagen, soweit diese Kosten in den Fällen des § 1 Abs. 3 nicht in den Kosten der Wärmelieferung enthalten sind, sondern vom Gebäudeeigentümer gesondert abgerechnet werden;

5. in sonstigen Einzelfällen, in denen die nach Landesrecht zuständige Stelle wegen besonderer Umstände von den Anforderungen dieser Verordnung befreit hat, um einen unangemessenen Aufwand oder sonstige unbillige Härten zu vermeiden.

(2) Soweit sich die §§ 3 bis 6 und § 8 auf die Versorgung mit Warmwasser beziehen, gilt Absatz 1 entsprechend.

§ 12 HeizkostenV   Kürzungsrecht, Übergangsregelung

(1) [1] Soweit die Kosten der Versorgung mit Wärme oder Warmwasser entgegen den Vorschriften dieser Verordnung nicht verbrauchsabhängig abgerechnet werden, hat der Nutzer das Recht, bei der nicht verbrauchsabhängigen Abrechnung der Kosten den auf ihn entfallenden Anteil um 15 vom Hundert zu kürzen. [2] Dies gilt nicht beim Wohnungseigentum im Verhältnis des einzelnen Wohnungseigentümers zur Gemeinschaft der Wohnungseigentümer; insoweit verbleibt es bei den allgemeinen Vorschriften.

(2) Die Anforderungen des § 5 Abs. 1 Satz 2 gelten als erfüllt

1. für die am 1. Januar 1987 für die Erfassung des anteiligen Warmwasserverbrauchs vorhandenen Warmwasserkostenverteiler und

2. für die am 1. Juli 1981 bereits vorhandenen sonstigen Ausstattungen zur Verbrauchserfassung.

(3) Bei preisgebundenen Wohnungen im Sinne der Neubaumietenverordnung 1970 gilt Absatz 2 mit der Maßgabe, dass an die Stelle des Datums „1. Juli 1981" das Datum „1. August 1984" tritt.

(4) § 1 Abs. 3, § 4 Abs. 3 Satz 2 und § 6 Abs. 3 gelten für Abrechnungszeiträume, die nach dem 30. September 1989 beginnen; rechtsgeschäftliche Bestimmungen über eine frühere Anwendung dieser Vorschriften bleiben unberührt.

(5) Wird in den Fällen des § 1 Abs. 3 der Wärmeverbrauch der einzelnen Nutzer am 30. September 1989 mit Einrichtungen zur Messung der Wassermenge ermittelt, gilt die Anforderung des § 5 Abs. 1 Satz 1 als erfüllt.

§ 13 HeizkostenV   Berlin-Klausel

(gegenstandslos)

§ 14 HeizkostenV

(In-Kraft-Treten)

VI. Verordnung zur Berechnung der Wohnfläche (Wohnflächenverordnung - WoFlV)

919

Vom 25. November 2003 (BGBl. I S. 2346)[6]

§ 1 WoFlV   **Anwendungsbereich, Berechnung der Wohnfläche**

(1) Wird nach dem Wohnraumförderungsgesetz die Wohnfläche berechnet, sind die Vorschriften dieser Verordnung anzuwenden.

(2) Zur Berechnung der Wohnfläche sind die nach § 2 zur Wohnfläche gehörenden Grundflächen nach § 3 zu ermitteln und nach § 4 auf die Wohnfläche anzurechnen.

§ 2 WoFlV   **Zur Wohnfläche gehörende Grundflächen**

(1) Die Wohnfläche einer Wohnung umfasst die Grundflächen der Räume, die ausschließlich zu dieser Wohnung gehören. Die Wohnfläche eines Wohnheims umfasst die Grundflächen der Räume, die zur alleinigen und gemeinschaftlichen Nutzung durch die Bewohner bestimmt sind.

(2) Zur Wohnfläche gehören auch die Grundflächen von

1. Wintergärten, Schwimmbädern und ähnlichen nach allen Seiten geschlossenen Räumen sowie

2. Balkonen, Loggien, Dachgärten und Terrassen,

wenn sie ausschließlich zu der Wohnung oder dem Wohnheim gehören.

(3) Zur Wohnfläche gehören nicht die Grundflächen folgender Räume:

1. Zubehörräume, insbesondere:

   a) Kellerräume,

   b) Abstellräume und Kellerersatzräume außerhalb der Wohnung,

   c) Waschküchen,

   d) Bodenräume,

   e) Trockenräume,

   f) Heizungsräume und

   g) Garagen,

---

6   Red. Anm.: Artikel 1 der Verordnung zur Berechnung der Wohnfläche, über die Aufstellung von Betriebskosten und zur Änderung anderer Verordnungen vom 25. November 2003 (BGBl. I S. 2346).

2. Räume, die nicht den an ihre Nutzung zu stellenden Anforderungen des Bauordnungsrechts der Länder genügen, sowie

3. Geschäftsräume.

§ 3 WoFlV   Ermittlung der Grundfläche

(1) Die Grundfläche ist nach den lichten Maßen zwischen den Bauteilen zu ermitteln; dabei ist von der Vorderkante der Bekleidung der Bauteile auszugehen. Bei fehlenden begrenzenden Bauteilen ist der bauliche Abschluss zu Grunde zu legen.

(2) Bei der Ermittlung der Grundfläche sind namentlich einzubeziehen die Grundflächen von

1. Tür- und Fensterbekleidungen sowie Tür- und Fensterumrahmungen,

2. Fuß-, Sockel- und Schrammleisten,

3. fest eingebauten Gegenständen, wie z.B. Öfen, Heiz- und Klimageräten, Herden, Bade- oder Duschwannen,

4. freiliegenden Installationen,

5. Einbaumöbeln und

6. nicht ortsgebundenen, versetzbaren Raumteilern.

(3) Bei der Ermittlung der Grundflächen bleiben außer Betracht die Grundflächen von

1. Schornsteinen, Vormauerungen, Bekleidungen, freistehenden Pfeilern und Säulen, wenn sie eine Höhe von mehr als 1,50 Meter aufweisen und ihre Grundfläche mehr als 0,1 Quadratmeter beträgt,

2. Treppen mit über drei Steigungen und deren Treppenabsätze,

3. Türnischen und

4. Fenster- und offenen Wandnischen, die nicht bis zum Fußboden herunterreichen oder bis zum Fußboden herunterreichen und 0,13 Meter oder weniger tief sind.

(4) Die Grundfläche ist durch Ausmessung im fertig gestellten Wohnraum oder auf Grund einer Bauzeichnung zu ermitteln. Wird die Grundfläche auf Grund einer Bauzeichnung ermittelt, muss diese

1. für ein Genehmigungs-, Anzeige-, Genehmigungsfreistellungs- oder ähnliches Verfahren nach dem Bauordnungsrecht der Länder gefertigt oder, wenn ein bauordnungsrechtliches Verfahren nicht erforderlich ist, für ein solches geeignet sein und

2. die Ermittlung der lichten Maße zwischen den Bauteilen im Sinne des Absatzes 1 ermöglichen.

Ist die Grundfläche nach einer Bauzeichnung ermittelt worden und ist abweichend von dieser Bauzeichnung gebaut worden, ist die Grundfläche durch Ausmessung im fertig gestellten Wohnraum oder auf Grund einer berichtigten Bauzeichnung neu zu ermitteln.

§ 4 WoFlV   Anrechnung der Grundflächen

Die Grundflächen

1. von Räumen und Raumteilen mit einer lichten Höhe von mindestens zwei Metern sind vollständig,

2. von Räumen und Raumteilen mit einer lichten Höhe von mindestens einem Meter und weniger als zwei Metern sind zur Hälfte,

3. von unbeheizbaren Wintergärten, Schwimmbädern und ähnlichen nach allen Seiten geschlossenen Räumen sind zur Hälfte,

4. von Balkonen, Loggien, Dachgärten und Terrassen sind in der Regel zu einem Viertel, höchstens jedoch zur Hälfte

anzurechnen.

§ 5 WoFlV   Überleitungsvorschrift

Ist die Wohnfläche bis zum 31. Dezember 2003 nach der Zweiten Berechnungsverordnung in der Fassung der Bekanntmachung vom 12. Oktober 1990 (BGBl. I S. 2178), zuletzt geändert durch Artikel 3 der Verordnung vom 25. November 2003 (BGBl. I S. 2346), in der jeweils geltenden Fassung berechnet worden, bleibt es bei dieser Berechnung. Soweit in den in Satz 1 genannten Fällen nach dem 31. Dezember 2003 bauliche Änderungen an dem Wohnraum vorgenommen werden, die eine Neuberechnung der Wohnfläche erforderlich machen, sind die Vorschriften dieser Verordnung anzuwenden.

VII. Verordnung über wohnungswirtschaftliche Berechnungen   920
(Zweite Berechnungsverordnung – II. BV) – Auszug

In der Fassung der Bekanntmachung vom 12. Oktober 1990 (BGBl. I S. 2178) Zuletzt geändert durch Artikel 78 Abs. 2 des Gesetzes vom 23. November 2007 (BGBl. I S. 2614)

§ 26 II. BV   Verwaltungskosten

(1) [1] Verwaltungskosten sind die Kosten der zur Verwaltung des Gebäudes oder der Wirtschaftseinheit erforderlichen Arbeitskräfte und Einrichtungen, die Kosten der

Aufsicht sowie der Wert der vom Vermieter persönlich geleisteten Verwaltungsarbeit. [2] Zu den Verwaltungskosten gehören auch die Kosten für die gesetzlichen oder freiwilligen Prüfungen des Jahresabschlusses und der Geschäftsführung.

(2) Die Verwaltungskosten dürfen höchstens mit 230 Euro jährlich je Wohnung, bei Eigenheimen, Kaufeigenheimen und Kleinsiedlungen je Wohngebäude angesetzt werden.

(3) Für Garagen oder ähnliche Einstellplätze dürfen Verwaltungskosten höchstens mit 30 Euro jährlich je Garagen- oder Einstellplatz angesetzt werden.

(4) [1] Die in den Absätzen 2 und 3 genannten Beträge verändern sich am 1. Januar 2005 und am 1. Januar eines jeden darauf folgenden dritten Jahres um den Prozentsatz, um den sich der vom Statistischen Bundesamt festgestellte Verbraucherpreisindex für Deutschland für den der Veränderung vorausgehenden Monat Oktober gegenüber dem Verbraucherpreisindex für Deutschland für den der letzten Veränderung vorausgehenden Monat Oktober erhöht oder verringert hat. [2] Für die Veränderung am 1. Januar 2005 ist die Erhöhung oder Verringerung des Verbraucherpreisindexes für Deutschland maßgeblich, die im Oktober 2004 gegenüber dem Oktober 2001 eingetreten ist.

§ 27 II. BV   Betriebskosten

(1) [1] Betriebskosten sind die Kosten, die dem Eigentümer (Erbbauberechtigten) durch das Eigentum am Grundstück (Erbbaurecht) oder durch den bestimmungsmäßigen Gebrauch des Gebäudes oder der Wirtschaftseinheit, der Nebengebäude, Anlagen, Einrichtungen und des Grundstücks laufend entstehen. [2] Der Ermittlung der Betriebskosten ist die Betriebskostenverordnung vom 25. November 2003 (BGBl. I S. 2346, 2347) zu Grunde zu legen.

(2) [1] Sach- und Arbeitsleistungen des Eigentümers (Erbbauberechtigten), durch die Betriebskosten erspart werden, dürfen mit dem Betrage angesetzt werden, der für eine gleichwertige Leistung eines Dritten, insbesondere eines Unternehmers, angesetzt werden könnte. [2] Die Umsatzsteuer des Dritten darf nicht angesetzt werden.

(3) Im öffentlich geförderten sozialen Wohnungsbau und im steuerbegünstigten oder freifinanzierten Wohnungsbau, der mit Wohnungsfürsorgemitteln gefördert worden ist, dürfen die Betriebskosten nicht in der Wirtschaftlichkeitsberechnung angesetzt werden.

(4) (weggefallen)

§ 28 II. BV Instandhaltungskosten

(1) [1] Instandhaltungskosten sind die Kosten, die während der Nutzungsdauer zur Erhaltung des bestimmungsmäßigen Gebrauchs aufgewendet werden müssen, um die durch Abnutzung, Alterung und Witterungseinwirkung entstehenden baulichen oder sonstigen Mängel ordnungsgemäß zu beseitigen. [2] Der Ansatz der Instandhaltungskosten dient auch zur Deckung der Kosten von Instandsetzungen, nicht jedoch der Kosten von Baumaßnahmen, soweit durch sie eine Modernisierung vorgenommen wird oder Wohnraum oder anderer auf die Dauer benutzbarer Raum neu geschaffen wird. [3] Der Ansatz dient nicht zur Deckung der Kosten einer Erneuerung von Anlagen und Einrichtungen, für die eine besondere Abschreibung nach § 25 Abs. 3 zulässig ist.

(2) Als Instandhaltungskosten dürfen je Quadratmeter Wohnfläche im Jahr angesetzt werden:

1. für Wohnungen, deren Bezugsfertigkeit am Ende des Kalenderjahres weniger als 22 Jahre zurückliegt, höchstens 7,10 Euro,

2. für Wohnungen, deren Bezugsfertigkeit am Ende des Kalenderjahres mindestens 22 Jahre zurückliegt, höchstens 9 Euro,

3. für Wohnungen, deren Bezugsfertigkeit am Ende des Kalenderjahres mindestens 32 Jahre zurückliegt, höchstens 11,50 Euro.

[4] Diese Sätze verringern sich bei eigenständig gewerblicher Leistung von Wärme im Sinne des § 1 Abs. 2 Nr. 2 der Verordnung über Heizkostenabrechnung in der Fassung der Bekanntmachung vom 20. Januar 1989 (BGBl. I S. 115) um 0,20 Euro. [5] Diese Sätze erhöhen sich für Wohnungen, für die ein maschinell betriebener Aufzug vorhanden ist, um 1 Euro.

(3) [1] Trägt der Mieter die Kosten für kleine Instandhaltungen in der Wohnung, so verringern sich die Sätze nach Absatz 2 um 1,05 Euro. [2] Die kleinen Instandhaltungen umfassen nur das Beheben kleiner Schäden an den Installationsgegenständen für Elektrizität, Wasser und Gas, den Heiz- und Kocheinrichtungen, den Fenster- und Türverschlüssen sowie den Verschlussvorrichtungen von Fensterläden.

(4) [1] Die Kosten der Schönheitsreparaturen in Wohnungen sind in den Sätzen nach Absatz 2 nicht enthalten. [2] Trägt der Vermieter die Kosten dieser Schönheitsreparaturen, so dürfen sie höchstens mit 8,50 Euro je Quadratmeter Wohnfläche im Jahr angesetzt werden. [3] Schönheitsreparaturen umfassen nur das Tapezieren, Anstreichen oder Kalken der Wände und Decken, das Streichen der Fußböden, Heizkörper einschließlich Heizrohre, der Innentüren sowie der Fenster und Außentüren von innen.

(5) Für Garagen oder ähnliche Einstellplätze dürfen als Instandhaltungskosten einschließlich Kosten für Schönheitsreparaturen höchstens 68 Euro jährlich je Garagen- oder Einstellplatz angesetzt werden.

(5a) Die in den Absätzen 2 bis 5 genannten Beträge verändern sich entsprechend § 26 Abs. 4.

(6) Für Kosten der Unterhaltung von Privatstraßen und Privatwegen, die dem öffentlichen Verkehr dienen, darf ein Erfahrungswert als Pauschbetrag neben den vorstehenden Sätzen angesetzt werden.

(7) Kosten eigener Instandhaltungswerkstätten sind mit den vorstehenden Sätzen abgegolten.

§ 29 II. BV   Mietausfallwagnis

[1] Mietausfallwagnis ist das Wagnis einer Ertragsminderung, die durch uneinbringliche Rückstände von Mieten, Pachten, Vergütungen und Zuschlägen oder durch Leerstehen von Raum, der zur Vermietung bestimmt ist, entsteht. [2] Es umfasst auch die uneinbringlichen Kosten einer Rechtsverfolgung auf Zahlung oder Räumung. [3] Das Mietausfallwagnis darf höchstens mit 2 vom Hundert der Erträge im Sinne des § 31 Abs. 1 Satz 1 angesetzt werden. [4] Soweit die Deckung von Ausfällen anders, namentlich durch einen Anspruch auf Erstattung gegenüber einem Dritten, gesichert ist, darf kein Mietausfallwagnis angesetzt werden.

§ 30 II. BV   Änderung der Bewirtschaftungskosten

(1) [1] Haben sich die Verwaltungskosten oder die Instandhaltungskosten geändert

1. im öffentlich geförderten sozialen Wohnungsbau nach der Bewilligung der öffentlichen Mittel gegenüber dem bei der Bewilligung auf Grund der Wirtschaftlichkeitsberechnung zu Grunde gelegten Betrag,

2. im steuerbegünstigten Wohnungsbau nach der Bezugsfertigkeit,

so sind in Wirtschaftlichkeitsberechnungen, die nach diesen Zeitpunkten aufgestellt werden, die geänderten Kosten anzusetzen. [2] Dies gilt bei einer Erhöhung dieser Kosten nur, wenn sie auf Umständen beruht, die der Bauherr nicht zu vertreten hat. [3] Die Verwaltungskosten dürfen bis zu der in § 26 zugelassenen Höhe, die Instandhaltungskosten bis zu der in § 28 zugelassenen Höhe ohne Nachweis einer Kostenerhöhung angesetzt werden, es sei denn, dass der Ansatz im Einzelfall unter Berücksichtigung der jeweiligen Verhältnisse nicht angemessen ist. [4] Eine Überschreitung der für die Verwaltungskosten und die Instandhaltungskosten zugelassenen Sätze ist nicht zulässig.

(2) Der Ansatz für die Abschreibung ist in Wirtschaftlichkeitsberechnungen, die nach den in Absatz 1 bezeichneten Zeitpunkten aufgestellt werden, zu ändern, wenn nach § 11 Abs. 1 bis 3 geänderte Gesamtkosten angesetzt werden; eine Änderung des für die Abschreibung angesetzten Vomhundertsatzes ist unzulässig.

(3) Der Ansatz für das Mietausfallwagnis ist in Wirtschaftlichkeitsberechnungen, die nach den in Absatz 1 bezeichneten Zeitpunkten aufgestellt werden, zu ändern, wenn sich die Jahresmiete ändert; eine Änderung des Vomhundertsatzes für das Mietausfallwagnis ist zulässig, wenn sich die Voraussetzungen für seine Bemessung nachhaltig geändert haben.

(4) [1] Werden nach § 11 Abs. 4 bis 6 die Kosten von baulichen Änderungen den Gesamtkosten hinzugerechnet, so dürfen die infolge der Änderungen entstehenden Bewirtschaftungskosten den anderen Bewirtschaftungskosten hinzugerechnet werden. [2] Für die entstehenden Abschreibungen und Instandhaltungskosten gelten die §§ 25 und 28 Abs. 2 bis 6 entsprechend.

§ 42 II. BV   Wohnfläche

[1] Ist die Wohnfläche bis zum 31. Dezember 2003 nach dieser Verordnung berechnet worden, bleibt es bei dieser Berechnung. [2] Soweit in den in Satz 1 genannten Fällen nach dem 31. Dezember 2003 bauliche Änderungen an dem Wohnraum vorgenommen werden, die eine Neuberechnung der Wohnfläche erforderlich machen, sind die Vorschriften der Wohnflächenverordnung vom 25. November 2003 (BGBl. I S. 2346) anzuwenden.

VIII. Verordnung über wohnungswirtschaftliche Berechnungen (Zweite Berechnungsverordnung – II. BV) a.F. – Auszug   921

In der Fassung der Bekanntmachung vom 12. Oktober 1990 (BGBl. I S. 2178) Zuletzt geändert durch Artikel 8 des Gesetzes vom 13. September 2001 (BGBl. I S. 2376)[7]

1.   Wohnfläche

§ 42 II. BV   Wohnfläche

(1) Die Wohnfläche einer Wohnung ist die Summe der anrechenbaren Grundflächen der Räume, die ausschließlich zu der Wohnung gehören.

(2) [1] Die Wohnfläche eines einzelnen Wohnraumes besteht aus dessen anrechenbarer Grundfläche; hinzuzurechnen ist die anrechenbare Grundfläche der Räume, die aus-

---

7   Red. Anm.: Zur Anwendung der Zweiten Berechnungsverordnung s. § 50 WoFG

schließlich zu diesem einzelnen Wohnraum gehören. [2] Die Wohnfläche eines untervermieteten Teils einer Wohnung ist entsprechend zu berechnen.

(3) Die Wohnfläche eines Wohnheimes ist die Summe der anrechenbaren Grundflächen der Räume, die zur alleinigen und gemeinschaftlichen Benutzung durch die Bewohner bestimmt sind.

(4) Zur Wohnfläche gehört nicht die Grundfläche von

1. Zubehörräumen; als solche kommen in Betracht: Keller, Waschküchen, Abstellräume außerhalb der Wohnung, Dachböden, Trockenräume, Schuppen (Holzlegen), Garagen und ähnliche Räume;

2. Wirtschaftsräumen; als solche kommen in Betracht: Futterküchen, Vorratsräume, Backstuben, Räucherkammern, Ställe, Scheunen, Abstellräume und ähnliche Räume;

3. Räumen, die den nach ihrer Nutzung zu stellenden Anforderungen des Bauordnungsrechtes nicht genügen;

4. Geschäftsräumen.

§ 43 II. BV   **Berechnung der Grundfläche**

(1) [1] Die Grundfläche eines Raumes ist nach Wahl des Bauherrn aus den Fertigmaßen oder den Rohbaumaßen zu ermitteln. [2] Die Wahl bleibt für alle späteren Berechnungen maßgebend.

(2) Fertigmaße sind die lichten Maße zwischen den Wänden ohne Berücksichtigung von Wandgliederungen, Wandbekleidungen, Scheuerleisten, Öfen, Heizkörpern, Herden und dergleichen.

(3) Werden die Rohbaumaße zugrunde gelegt, so sind die errechneten Grundflächen um 3 vom Hundert zu kürzen.

(4) Von den errechneten Grundflächen sind abzuziehen die Grundflächen von

1. Schornsteinen und anderen Mauervorlagen, freistehenden Pfeilern und Säulen, wenn sie in der ganzen Raumhöhe durchgehen und ihre Grundfläche mehr als 0,1 Quadratmeter beträgt,

2. Treppen mit über drei Steigungen und deren Treppenabsätze.

(5) [1] Zu den errechneten Grundflächen sind hinzuzurechnen die Grundflächen von

1. Fenster- und offenen Wandnischen, die bis zum Fußboden herunterreichen und mehr als 0,13 Meter tief sind,

2. Erkern und Wandschränken, die eine Grundfläche von mindestens 0,5 Quadratmeter haben,

3. Raumteilen unter Treppen, soweit die lichte Höhe mindestens 2 Meter ist.

[2] Nicht hinzuzurechnen sind die Grundflächen der Türnischen.

(6) [1] Wird die Grundfläche auf Grund der Bauzeichnung nach den Rohbaumaßen ermittelt, so bleibt die hiernach berechnete Wohnfläche maßgebend, außer wenn von der Bauzeichnung abweichend gebaut ist. [2] Ist von der Bauzeichnung abweichend gebaut worden, so ist die Grundfläche auf Grund der berichtigten Bauzeichnung zu ermitteln.

§ 44 II. BV   Anrechenbare Grundfläche

(1) Zur Ermittlung der Wohnfläche sind anzurechnen

1. voll

    die Grundflächen von Räumen und Raumteilen mit einer lichten Höhe von mindestens 2 Metern;

2. zur Hälfte

    die Grundflächen von Räumen und Raumteilen mit einer lichten Höhe von mindestens 1 Meter und weniger als 2 Metern und von Wintergärten, Schwimmbädern und ähnlichen, nach allen Seiten geschlossenen Räumen;

3. nicht

    die Grundflächen von Räumen oder Raumteilen mit einer lichten Höhe von weniger als 1 Meter.

(2) Gehören ausschließlich zu dem Wohnraum Balkone, Loggien, Dachgärten oder gedeckte Freisitze, so können deren Grundflächen zur Ermittlung der Wohnfläche bis zur Hälfte angerechnet werden.

(3) Zur Ermittlung der Wohnfläche können abgezogen werden

1. bei einem Wohngebäude mit einer Wohnung bis zu 10 vom Hundert der ermittelten Grundfläche der Wohnung,

2. bei einem Wohngebäude mit zwei nicht abgeschlossenen Wohnungen bis zu 10 vom Hundert der ermittelten Grundfläche beider Wohnungen,

3. bei einem Wohngebäude mit einer abgeschlossenen und einer nicht abgeschlossenen Wohnung bis zu 10 vom Hundert der ermittelten Grundfläche der nicht abgeschlossenen Wohnung.

(4) [1] Die Bestimmung über die Anrechnung oder den Abzug nach Absatz 2 oder 3 kann nur für das Gebäude oder die Wirtschaftseinheit einheitlich getroffen werden. [2] Die Bestimmung bleibt für alle späteren Berechnungen maßgebend.

2. Anlage 3 zu § 27 Abs. 1 II. BV

Aufstellung der Betriebskosten

Betriebskosten sind nachstehende Kosten, die dem Eigentümer (Erbbauberechtigten) durch das Eigentum (Erbbaurecht) am Grundstück oder durch den bestimmungsmäßigen Gebrauch des Gebäudes oder der Wirtschaftseinheit, der Nebengebäude, Anlagen, Einrichtungen und des Grundstücks laufend entstehen, es sei denn, daß sie üblicherweise vom Mieter außerhalb der Miete unmittelbar getragen werden:

1. **Die laufenden öffentlichen Lasten des Grundstücks**
   Hierzu gehört namentlich die Grundsteuer, jedoch nicht die Hypothekengewinnabgabe.

2. **Die Kosten der Wasserversorgung**
   Hierzu gehören die Kosten des Wasserverbrauchs, die Grundgebühren, die Kosten der Anmietung oder anderer Arten der Gebrauchsüberlassung von Wasserzählern sowie die Kosten ihrer Verwendung einschließlich der Kosten der Berechnung und Aufteilung, die Kosten der Wartung von Wassermengenreglern, die Kosten des Betriebs einer hauseigenen Wasserversorgungsanlage und einer Wasseraufbereitungsanlage einschließlich der Aufbereitungsstoffe.

3. **Die Kosten der Entwässerung**
   Hierzu gehören die Gebühren für die Haus- und Grundstücksentwässerung, die Kosten des Betriebs einer entsprechenden nicht öffentlichen Anlage und die Kosten des Betriebs einer Entwässerungspumpe.

4. **Die Kosten**
   a) des Betriebs der zentralen Heizungsanlage einschließlich der Abgasanlage; hierzu gehören die Kosten der verbrauchten Brennstoffe und ihrer Lieferung, die Kosten des Betriebsstroms, die Kosten der Bedienung, Überwachung und Pflege der Anlage, der regelmäßigen Prüfung ihrer Betriebsbereitschaft und Betriebssicherheit einschließlich der Einstellung durch einen Fachmann, der Reinigung der Anlage und des Betriebsraums, die Kosten der Messungen nach dem Bundes-Immissionsschutzgesetz, die Kosten der Anmietung oder anderer Arten der Gebrauchsüberlassung einer Ausstattung zur Verbrauchserfassung sowie die Kosten der Verwendung einer Ausstattung zur Verbrauchserfassung einschließlich der Kosten der Berechnung und Aufteilung;
   oder

b) des Betriebs der zentralen Brennstoffversorgungsanlage;
hierzu gehören die Kosten der verbrauchten Brennstoffe und ihrer Lieferung, die Kosten des Betriebsstroms und die Kosten der Überwachung sowie die Kosten der Reinigung der Anlage und des Betriebsraums;
oder

c) der eigenständig gewerblichen Lieferung von Wärme, auch aus Anlagen im Sinne des Buchstabens a;
hierzu gehören das Entgelt für die Wärmelieferung und die Kosten des Betriebs der zugehörigen Hausanlagen entsprechend Buchstabe a;
oder

d) der Reinigung und Wartung von Etagenheizungen;
hierzu gehören die Kosten der Beseitigung von Wasserablagerungen und Verbrennungsrückständen in der Anlage, die Kosten der regelmäßigen Prüfung der Betriebsbereitschaft und Betriebssicherheit und der damit zusammenhängenden Einstellung durch einen Fachmann sowie die Kosten der Messungen nach dem Bundes-Immissionsschutzgesetz.

5. **Die Kosten**

a) des Betriebs der zentralen Warmwasserversorgungsanlage;
hierzu gehören die Kosten der Wasserversorgung entsprechend Nummer 2, soweit sie nicht dort bereits berücksichtigt sind, und die Kosten der Wassererwärmung entsprechend Nummer 4 Buchstabe a;
oder

b) der eigenständig gewerblichen Lieferung von Warmwasser, auch aus Anlagen im Sinne des Buchstabens a;
hierzu gehören das Entgelt für die Lieferung des Warmwassers und die Kosten des Betriebs der zugehörigen Hausanlagen entsprechend Nummer 4 Buchstabe a;
oder

c) der Reinigung und Wartung von Warmwassergeräten;
hierzu gehören die Kosten der Beseitigung von Wasserablagerungen und Verbrennungsrückständen im Innern der Geräte sowie die Kosten der regelmäßigen Prüfung der Betriebsbereitschaft und Betriebssicherheit und der damit zusammenhängenden Einstellung durch einen Fachmann.

6. **Die Kosten verbundener Heizungs- und Warmwasserversorgungsanlagen**

a) bei zentralen Heizungsanlagen entsprechend Nummer 4 Buchstabe a und entsprechend Nummer 2, soweit sie nicht dort bereits berücksichtigt sind;
oder

b) bei der eigenständig gewerblichen Lieferung von Wärme entsprechend Nummer 4 Buchstabe c und entsprechend Nummer 2, soweit sie nicht dort bereits berücksichtigt sind;

oder

c) bei verbundenen Etagenheizungen und Warmwasserversorgungsanlagen entsprechend Nummer 4 Buchstabe d und entsprechend Nummer 2, soweit sie nicht dort bereits berücksichtigt sind.

7. **Die Kosten des Betriebs des maschinellen Personen- oder Lastenaufzuges**
Hierzu gehören die Kosten des Betriebsstroms, die Kosten der Beaufsichtigung, der Bedienung, Überwachung und Pflege der Anlage, der regelmäßigen Prüfung ihrer Betriebsbereitschaft und Betriebssicherheit einschließlich der Einstellung durch einen Fachmann sowie die Kosten der Reinigung der Anlage.

8. **Die Kosten der Straßenreinigung und Müllabfuhr**
Hierzu gehören die für die öffentliche Straßenreinigung und Müllabfuhr zu entrichtenden Gebühren oder die Kosten entsprechender nicht öffentlicher Maßnahmen.

9. **Die Kosten der Hausreinigung und Ungezieferbekämpfung**
Zu den Kosten der Hausreinigung gehören die Kosten für die Säuberung der von den Bewohnern gemeinsam benutzten Gebäudeteile, wie Zugänge, Flure, Treppen, Keller, Bodenräume, Waschküchen, Fahrkorb des Aufzuges.

10. **Die Kosten der Gartenpflege**
Hierzu gehören die Kosten der Pflege gärtnerisch angelegter Flächen einschließlich der Erneuerung von Pflanzen und Gehölzen, der Pflege von Spielplätzen einschließlich der Erneuerung von Sand und der Pflege von Plätzen, Zugängen und Zufahrten, die dem nicht öffentlichen Verkehr dienen.

11. **Die Kosten der Beleuchtung**
Hierzu gehören die Kosten des Stroms für die Außenbeleuchtung und die Beleuchtung der von den Bewohnern gemeinsam benutzten Gebäudeteile, wie Zugänge, Flure, Treppen, Keller, Bodenräume, Waschküchen.

12. **Die Kosten der Schornsteinreinigung**
Hierzu gehören die Kehrgebühren nach der maßgebenden Gebührenordnung, soweit sie nicht bereits als Kosten nach Nummer 4 Buchstabe a berücksichtigt sind.

13. **Die Kosten der Sach- und Haftpflichtversicherung**
Hierzu gehören namentlich die Kosten der Versicherung des Gebäudes gegen Feuer-, Sturm- und Wasserschäden, der Glasversicherung, der Haftpflichtversicherung für das Gebäude, den Öltank und den Aufzug.

14. **Die Kosten für den Hauswart**
Hierzu gehören die Vergütung, die Sozialbeiträge und alle geldwerten Leistungen, die der Eigentümer (Erbbauberechtigte) dem Hauswart für seine Arbeit gewährt, soweit diese nicht die Instandhaltung, Instandsetzung, Erneuerung, Schönheitsre-

paraturen oder die Hausverwaltung betrifft.

Soweit Arbeiten vom Hauswart ausgeführt werden, dürfen Kosten für Arbeitsleistungen nach den Nummern 2 bis 10 nicht angesetzt werden.

15. **Die Kosten**

a) des Betriebs der Gemeinschafts-Antennenanlage;

hierzu gehören die Kosten des Betriebsstroms und die Kosten der regelmäßigen Prüfung ihrer Betriebsbereitschaft einschließlich der Einstellung durch einen Fachmann oder das Nutzungsentgelt für eine nicht zur Wirtschaftseinheit gehörende Antennenanlage;

oder

b) des Betriebs der mit einem Breitbandkabelnetz verbundenen privaten Verteilanlage;

hierzu gehören die Kosten entsprechend Buchstabe a, ferner die laufenden monatlichen Grundgebühren für Breitbandanschlüsse.

16. **Die Kosten des Betriebs der maschinellen Wascheinrichtung**

Hierzu gehören die Kosten des Betriebsstroms, die Kosten der Überwachung, Pflege und Reinigung der maschinellen Einrichtung, der regelmäßigen Prüfung ihrer Betriebsbereitschaft und Betriebssicherheit sowie die Kosten der Wasserversorgung entsprechend Nummer 2, soweit sie nicht dort bereits berücksichtigt sind.

17. **Sonstige Betriebskosten**

Das sind die in den Nummern 1 bis 16 nicht genannten Betriebskosten, namentlich die Betriebskosten von Nebengebäuden, Anlagen und Einrichtungen.

B.　Hinweise

I.　Hinweise zur Erstellung von Mietspiegeln (2002)

Herausgegeben vom Bundesministerium für Verkehr-, Bau- und Wohnungswesen, 2002

Einleitung

922　Mietspiegel sind Übersichten über die üblichen Entgelte für Wohnraum in einer Gemeinde. Sie liefern nicht nur Informationen über gezahlte Mieten für einzelne Wohnungen, sondern bilden das örtliche Mietniveau auf einer breiten Informationsbasis ab. Mietspiegel stehen der Öffentlichkeit zur Verfügung und setzen daher Mieter und Vermieter in die Lage, sich auf einfache und übersichtliche Weise Kenntnis über die in Mieterhöhungsverfahren wichtigen Daten zu verschaffen. Sie schaffen Markttransparenz und leisten einen wichtigen Beitrag zur Vermeidung von Konflikten zwischen den Vertragspartnern.

Im Rahmen der zum 1. September 2001 in Kraft getretenen Mietrechtsreform wurde das bewährte Institut des Mietspiegels weiter ausgebaut und zusätzlich zum bisherigen einfachen Mietspiegel der sog. qualifizierte Mietspiegel geschaffen. Dieser muss bestimmte Anforderungen erfüllen, die gewährleisten sollen, dass er das Mietpreisniveau möglichst zutreffend wiedergibt. Sind diese Anforderungen erfüllt, ergeben sich daraus besondere Rechtsfolgen. Durch die Schaffung des qualifizierten Mietspiegels wollte der Gesetzgeber den einfachen Mietspiegel nicht abwerten, sondern den potenziellen Mietspiegelerstellern eine zusätzliche, hochwertige Alternative anbieten. Der einfache Mietspiegel soll nach dem Willen des Gesetzgebers weiterhin als kostengünstiges Instrument mit den bisherigen Regelungen erhalten bleiben.

Die vorliegende Broschüre gliedert sich in vier Teile. Im ersten Teil werden die Bedeutung von Mietspiegeln, die verschiedenen Arten von Mietspiegeln und das gesetzliche Mieterhöhungsverfahren nach §§ 558 ff. BGB dargestellt. Der zweite Teil befasst sich mit der eigentlichen Erstellung von Mietspiegeln. In seinem ersten Abschnitt wird auf alle wesentlichen Fragen der Mietspiegelerstellung eingegangen, die einfache und qualifizierte Mietspiegel gleichermaßen betreffen. Anschließend wird im zweiten Abschnitt dargestellt, was bei der Erstellung qualifizierter Mietspiegel zusätzlich zu beachten ist. Durch diesen Aufbau soll bewusst auch mit der vorliegenden Broschüre klargestellt werden, dass das Gesetz den einfachen Mietspiegel als vollwertigen Mietspiegel ansieht. Im dritten Teil werden die gesetzlichen Grundlagen und bisherigen Erfahrungen im Hinblick auf das neu eingeführte Instrument der Mietdatenbank erörtert. Der abschließende vierte Teil enthält als Anhang praktische Hinweise und Hilfestellungen sowie vertiefende Informationen zu einigen in der Broschüre angesprochenen Themen.

1. Teil: Bedeutung und Arten von Mietspiegeln

1. Welche Bedeutung hat ein Mietspiegel?

Ein Mietspiegel ist eine Übersicht über die ortsübliche Vergleichsmiete, die von der Gemeinde oder von Interessenvertretern der Vermieter und der Mieter gemeinsam erstellt oder anerkannt worden ist. Die ortsübliche Vergleichsmiete wird nach der gesetzlichen Definition aus den üblichen Entgelten gebildet, die in der Gemeinde oder einer vergleichbaren Gemeinde für Wohnraum vergleichbarer Art, Größe, Ausstattung, Beschaffenheit und Lage in den letzten vier Jahren vereinbart oder geändert worden sind. Mietspiegel schaffen damit Markttransparenz.

Das Hauptanwendungsfeld für Mietspiegel ist das gesetzliche Mieterhöhungsverfahren, mit dem der Vermieter die Zustimmung des Mieters zu einer Erhöhung der vereinbarten Miete bis zur ortsüblichen Vergleichsmiete verlangen kann (vgl. hierzu 1. Teil, Kapitel 3).

Mietspiegel können daneben auch beim Neuabschluss von Mietverträgen und bei einvernehmlichen, d.h. vertraglich vereinbarten Änderungen der Miethöhe Bedeutung als Orientierungshilfe haben. Selbstverständlich sind die Informationen aus Mietspiegeln hierbei nicht zwingend zu beachten, sondern können von den Parteien freiwillig als Entscheidungshilfe herangezogen werden.

Schließlich können Mietspiegel auch im Rahmen der Prüfung von Mietpreisüberhöhungen nach § 5 WiStG (Wirtschaftsstrafgesetz) und Mietwucher nach § 291 StGB (Strafgesetzbuch) sowie bei der Berechnung der Höhe der Fehlbelegungsabgabe Bedeutung haben.

2. Welche Arten von Mietspiegeln gibt es?

Das Gesetz unterscheidet seit der Mietrechtsreform einfache und qualifizierte Mietspiegel: Zunächst ist nach der gesetzlichen Definition jede Übersicht über die ortsübliche Vergleichsmiete, die von der Gemeinde oder von Interessenvertretern der Vermieter und der Mieter gemeinsam erstellt oder anerkannt worden ist, ein Mietspiegel. Das Gesetz knüpft besondere Rechtsfolgen an Mietspiegel, die bestimmte Anforderungen erfüllen. Diese Mietspiegel werden als qualifizierte Mietspiegel bezeichnet. Für Mietspiegel, die diese Anforderungen nicht erfüllen, hat sich der Begriff einfache Mietspiegel herausgebildet.

Ein qualifizierter Mietspiegel muss gemäß § 558d BGB folgende Anforderungen erfüllen:

• Er muss nach anerkannten wissenschaftlichen Grundsätzen erstellt sein und

• er muss von der Gemeinde oder von Interessenvertretern der Vermieter und Mieter anerkannt worden sein.

Außerdem muss ein qualifizierter Mietspiegel im Abstand von zwei Jahren an die Marktentwicklung angepasst und nach vier Jahren neu erstellt werden.

Die besonderen Rechtsfolgen, die das Gesetz an das Vorhandensein eines qualifizierten Mietspiegels knüpft, sind:

– Mitteilungsverpflichtung: Enthält ein qualifizierter Mietspiegel Angaben für eine bestimmte Wohnung, deren Miete der Vermieter im gesetzlichen Mieterhöhungsverfahren erhöhen will, so hat der Vermieter diese Angaben in seinem Mieterhöhungsverfahren auch dann mitzuteilen, wenn er die Mieterhöhung auf ein anderes Begründungsmittel stützt (§ 558a Abs. 3 BGB).

– Vermutungswirkung: Im gerichtlichen Verfahren wird widerlegbar vermutet, dass die im qualifizierten Mietspiegel bezeichneten Entgelte die ortsübliche Vergleichsmiete wiedergeben (§ 558d Abs. 3 BGB).

3. Welche Bedeutung haben Mietspiegel im Mieterhöhungsverfahren bis zur ortsüblichen Vergleichsmiete nach §§ 558 ff. BGB?

Mietverhältnisse sind meist auf längere Zeit angelegt. Zur Aufrechterhaltung der Wirtschaftlichkeit können innerhalb gewisser Zeitabschnitte Anpassungen der Miete erforderlich werden. Nach dem GrundSatz der Vertragsfreiheit können sich Vermieter und Mieter während des Mietverhältnisses jederzeit über eine Änderung der Miete einigen (§ 557 Abs. 1 BGB). Sie können aber auch bereits bei Abschluss des Vertrages Mieterhöhungen vereinbaren, und zwar als Staffelmiete (§ 557a BGB) oder als Indexmiete (§ 557b BGB).

Über die Möglichkeiten zur vertraglichen Mieterhöhung hinaus ermöglicht das Gesetz dem Vermieter die Durchführung von Mieterhöhungen bis zur ortsüblichen Vergleichsmiete. Dieses gesetzliche Mieterhöhungsverfahren wurde als Ausgleich zu dem Verbot für den Vermieter geschaffen, zum Zwecke einer Mieterhöhung ein Wohnraummietverhältnis zu kündigen. Die ortsübliche Vergleichsmiete ist keine punktgenaue Einzelmiete, sondern ein repräsentativer Querschnitt der üblichen Entgelte in der Gemeinde, also eine Spanne.

Zentrale Vorschrift des gesetzlichen Mieterhöhungsverfahrens ist § 558 Abs. 1 BGB. Danach kann der Vermieter vom Mieter die Zustimmung zu einer Erhöhung der Miete bis zur ortsüblichen Vergleichsmiete verlangen, wenn

• die vereinbarte Miete unter der ortsüblichen Vergleichsmiete liegt, und

- die bisherige Miete zu dem Zeitpunkt, zu dem die Erhöhung wirksam werden soll, – abgesehen von Erhöhungen aufgrund von Modernisierungen (§§ 559 ff. BGB) oder von Betriebskostenveränderungen (§ 560 BGB) – seit fünfzehn Monaten unverändert geblieben ist, und

- das Mieterhöhungsverlangen frühestens ein Jahr nach der letzten Mieterhöhung geltend gemacht wird, wobei Erhöhungen nach den §§ 559 und 560 BGB nicht berücksichtigt werden, und

- das jetzige Mieterhöhungsverlangen höchstens zu einer Mietsteigerung von 20 v.H. innerhalb der letzten drei Jahre führt (sog. Kappungsgrenze; § 558 Abs. 3 BGB).

Der Vermieter muss das Mieterhöhungsverlangen in Textform erklären und begründen. Hierzu kann er sich insbesondere stützen auf

- einen Mietspiegel, und zwar sowohl auf einen einfachen Mietspiegel als auch auf einen qualifizierten Mietspiegel,

- eine Auskunft aus einer Mietdatenbank,

- ein mit Gründen versehenes Gutachten eines öffentlich bestellten und vereidigten Sachverständigen oder

- entsprechende Entgelte für einzelne vergleichbare Wohnungen; hierbei genügt die Benennung von drei Vergleichswohnungen.

Hinsichtlich der einzelnen Begründungsmittel ergeben sich folgende Unterschiede:

1. Der Vorteil von Mietspiegeln liegt darin, dass sie das örtliche Mietniveau auf einer breiten Informationsbasis abbilden. Sie ermöglichen in der Regel eine einfache und preiswerte Ermittlung der ortsüblichen Vergleichsmiete für die jeweilige Wohnung. Mietspiegel sind zwar keine förmlichen Beweismittel nach den Vorschriften der Zivilprozessordnung (ZPO), sie werden in der Praxis von den Gerichten aber häufig zur Ermittlung der ortsüblichen Vergleichsmiete herangezogen. Liegt ein qualifizierter Mietspiegel vor, der Angaben zu vergleichbaren Wohnungen enthält, so sprechen für dessen Verwendung als Begründungsmittel auch die ohnehin bestehende Pflicht zur Angabe der Miethöhe und die gesetzliche Vermutungswirkung im Prozess.

2. Zur Mietdatenbank lassen sich Aussagen derzeit nur schwer treffen, da in Deutschland bislang lediglich in Hannover eine Mietdatenbank existiert (vgl. hierzu den Exkurs im 3. Teil). Ob die Gerichte Mietdatenbanken künftig zur Ermittlung der ortsüblichen Vergleichsmiete heranziehen werden, wird maßgeblich von ihrer Qualität abhängen.

3. Die Erstellung von Sachverständigengutachten verursacht in der Regel für den Vermieter die höchsten Kosten. Die zuverlässige Ermittlung der ortsüblichen Vergleichsmiete durch einen Sachverständigen setzt zudem voraus, dass diesem die Mieten vergleichbarer Wohnungen in hinreichend großer Zahl bekannt sind.

4. Die Benennung von drei Vergleichswohnungen ist für den Vermieter ein einfaches und preisgünstiges Begründungsmittel, wenn er über entsprechende Informationen verfügt. Allerdings ist die Datengrundlage bei drei Wohnungen sehr gering, sodass ein Mieter nicht überprüfen kann, ob sich die ortsübliche Vergleichsmiete tatsächlich auf dem Niveau der Vergleichswohnungen befindet, oder ob es sich bei den Wohnungen nur um „Ausreißer nach oben" handelt. Aus diesem Grund kann auch im Prozess die ortsübliche Vergleichsmiete nicht mit der Benennung von Vergleichswohnungen bewiesen werden.

Zusammenfassend lässt sich feststellen, dass Mietspiegel im gesetzlichen Mieterhöhungsverlangen an zwei Stellen eine Rolle spielen können: im Mieterhöhungsverlangen des Vermieters und im Prozess auf Zustimmung zu der verlangten Mieterhöhung. Man spricht insoweit von der **Begründungsfunktion** des Mietspiegels und von seiner **Beweisfunktion** im Prozess.

Die Anforderungen an die Qualität des Mietspiegels sind hierbei unterschiedlich. An die Qualität eines Mietspiegels als Begründungsmittel werden keine besonderen Anforderungen gestellt. Für die Verwendbarkeit eines Mietspiegels als Mittel zum Nachweis der ortsüblichen Vergleichsmiete im Prozess kommt es dagegen entscheidend auf dessen Qualität an.

Das Gericht kann und wird seiner Entscheidung die Werte eines Mietspiegels insbesondere dann zugrunde legen, wenn dieser die erforderlichen Formalien des Aufstellungsverfahrens erfüllt und das Gericht von der Richtigkeit der ausgewiesenen Werte überzeugt ist. Letzteres wird umso eher der Fall sein, je sorgfältiger der Mietspiegel erstellt wurde und je eher sich diese Erstellung nachvollziehen lässt. Hierbei kommt es beispielsweise darauf an, welche Daten der Mietspiegelerstellung zugrunde gelegt wurden, wie aktuell die Daten waren und wie sie ausgewertet wurden.

Wurde der Mietspiegel nach anerkannten wissenschaftlichen Grundsätzen erstellt (qualifizierter Mietspiegel), so gilt im Prozess kraft Gesetzes die – durch andere Beweismittel, insbesondere durch ein Sachverständigengutachten widerlegbare – Vermutung, dass die in ihm bezeichneten Entgelte die ortsübliche Vergleichsmiete wiedergeben.

2. Teil: Die Erstellung von Mietspiegeln

I. Was ist bei der Erstellung einfacher Mietspiegel und bei der Erstellung qualifizierter Mietspiegel gleichermaßen zu beachten?

1. Wer kann einen Mietspiegel erstellen?

Mietspiegel können von der Gemeinde oder von Interessenvertretern der Vermieter und Mieter gemeinsam erstellt werden. Es genügt hierbei, wenn ein Interessenverband den

Mietspiegel erstellt und der andere Interessenverband ihn anerkennt. Möglich ist auch, dass Dritte einen Mietspiegel erstellen und dieser von der Gemeinde oder von Interessenvertretern der Mieter und Vermieter anerkannt wird. Existieren in einer Gemeinde mehrere Mieter- oder Vermieterverbände, müssen nicht auf beiden Seiten sämtliche Verbände beteiligt werden.

In der Praxis wird der Mietspiegel häufig von der Gemeinde erstellt und die Interessenverbände werden über einen „Arbeitskreis Mietspiegel" an dem Erstellungsprozess beteiligt. Der Vorteil hieran ist, dass die Beteiligung der Interessenvertreter das Vertrauen in die ausgewiesenen Mieten erhöht. Obwohl die Anerkennung des Mietspiegels durch die beteiligten Interessenvertreter in diesem Fall nicht erforderlich wäre, ist sie in der Praxis üblich und sollte wegen der erhöhten Akzeptanz angestrebt werden. Den Interessenvertretern sollte möglichst bereits in der Anfangsphase Gelegenheit gegeben werden, an der Erstellung des Mietspiegels mitzuwirken.

Die Beteiligung weiterer Sachverständiger, die über Kenntnis des örtlichen Mietpreisgefüges verfügen, z.B. von Vertretern der unternehmerischen Wohnungswirtschaft, Maklerorganisationen und Mietrichtern, hat sich in der Praxis als hilfreich erwiesen. Da bei der Mietspiegelerstellung regelmäßig personenbezogene Daten verwendet werden, sollte der Landesdatenschutzbeauftragte bzw., sofern an der Mietspiegelerstellung keine öffentliche Stelle beteiligt ist, die örtlich zuständige Aufsichtsbehörde für den Datenschutz beteiligt werden (vgl. hierzu 2. Teil, Kapitel I.6.).

Wenn ein Mietspiegel für das Gebiet mehrerer Gemeinden erstellt werden soll, müssen alle betroffenen Gemeinden oder die Interessenverbände aus allen Gemeinden an der Mietspiegelerstellung beteiligt sein oder den Mietspiegel anerkennen.

2.   Welcher Wohnungsbestand ist bei der Erstellung zugrunde zu legen?

a) Welche räumlichen Anforderungen müssen die Wohnungen erfüllen?

Ein Mietspiegel kann für das Gebiet einer Gemeinde, für die Gebiete mehrerer Gemeinden oder für Teile von Gemeinden erstellt werden. Die Erstellung eines Mietspiegels für Teile von Gemeinden kann sinnvoll sein, wenn sehr ländlich oder gewerblich geprägte Teilorte zum Gemeindegebiet gehören, die bei der Mietspiegelerstellung nicht berücksichtigt werden sollen. Die Erstellung eines Mietspiegels für die Gebiete mehrerer Gemeinden ist sinnvoll, sofern die Wohnungsmarktverhältnisse hinsichtlich des Wohnungsangebotes und der Mietenstruktur miteinander vergleichbar sind oder wenn die Siedlungsgebiete eng miteinander verflochten sind. Bei der Erstellung eines Mietspiegels sollten grundsätzlich nur Wohnungen zugrunde gelegt werden, die sich in dem Gebiet befinden, für das der Mietspiegel erstellt wird.

Ein Mietspiegel kann auch außerhalb des Gebietes, für das er erstellt worden ist, Bedeutung für das gesetzliche Mieterhöhungsverfahren erlangen. Für die Begründung eines Mieterhöhungsverlangens ist dies ausdrücklich in § 558a Abs. 4 Satz 2 BGB geregelt.

b) Welche Wohnungen erfüllen das Erfordernis der Vereinbarung oder der Änderung der Miete in den letzten vier Jahren?

Bei der Ermittlung der ortsüblichen Vergleichsmiete dürfen nach § 558 Abs. 2 BGB nur diejenigen Wohnungen berücksichtigt werden, bei denen die Miete in den letzten vier Jahren neu vereinbart (**Neuvertragsmieten**) oder, von Veränderungen der Betriebskosten nach § 560 BGB abgesehen, geändert worden ist (**geänderte Bestandsmieten**).

Maßgeblich für die Erstellung des Mietspiegels sind die Mieten, die an einem konkreten, vom Mietspiegelersteller festgelegten Stichtag, dem Stichtag der Datenerhebung, bezahlt werden. Die Vierjahresfrist bezieht sich auf diesen Stichtag. Sollen sich die Angaben des Mietspiegels beispielsweise auf den 31. März 2003 beziehen, so sind diejenigen Wohnungen zu berücksichtigen, deren Miete in dem Zeitraum vom 1. April 1999 bis zum 31. März 2003 neu vereinbart oder geändert wurde.

Zu den Neuvertragsmieten zählen auch befristete Mietverhältnisse und neu abgeschlossene Staffel- oder Indexmietverträge.

Zu den geänderten Bestandsmieten zählen auch Mietverhältnisse, bei denen sich die Miete innerhalb der Vierjahresfrist aufgrund einer Staffel- oder Indexmietvereinbarung geändert hat.

Neben Neuvertragsmieten sind damit folgende geänderte Bestandsmieten zu berücksichtigen:

- Vertraglich vereinbarte Änderungen der Miete. Es kommt nicht auf den Zeitpunkt der Vereinbarung an, sondern darauf, ob sich die tatsächlich zu zahlende Miete innerhalb der letzten vier Jahre verändert hat.
- Mieterhöhungen im gesetzlichen Mieterhöhungsverfahren nach §§ 558 ff. BGB (bis 31.08.2001 § 2 MHG).
- Mieterhöhungen wegen Modernisierung, § 559 BGB (bis 31.08.2001 § 3 MHG).
- Änderungen der Miete aufgrund von Staffelmietvereinbarungen, § 557a BGB.
- Änderungen der Miete aufgrund von Indexmietvereinbarungen, § 557b BGB.
- Mieterhöhungen wegen Kapitalkostensteigerungen, § 5 MHG (bis 31.08.2001 möglich gewesen).

c) Wie sind (ehemals) geförderte Wohnungen zu berücksichtigen?

Bei der Erstellung eines Mietspiegels darf Wohnraum nicht berücksichtigt werden, bei dem die Miethöhe durch Gesetz oder im Zusammenhang mit einer Förderzusage festgelegt worden ist. Unter einer Festlegung in diesem Sinn sind nur Fälle zu verstehen, in denen die Miethöhe unmittelbar festgelegt wurde, nicht hingegen Fälle, in denen sich aus Regelungen zur Miete allenfalls mittelbare Auswirkungen auf die Höhe der Miete ergeben.

Folgende Wohnungen sind nicht zu berücksichtigen:

- Wohnungen des ersten, zweiten und dritten Förderwegs gemäß II. WoBauG (im dritten Förderweg nur, soweit Mietbegrenzungen festgelegt worden sind).

- Geförderte Wohnungen nach dem Wohnraumförderungsgesetz, bei denen durch Förderzusage eine Miete festgelegt worden ist.

- Wohnungen, bei denen sonstige Förderungen gewährt wurden und bei denen die anfängliche Miete, Erhöhungen oder Obergrenzen als fester Betrag oder durch ein vorgegebenes Berechnungsverfahren unmittelbar vorgegeben sind. Dabei ist nicht von Bedeutung, ob sich die Begrenzung, z.B. bei einer Mietobergrenze, angesichts der jeweiligen Marktverhältnisse tatsächlich auswirkt.

- Wohnungen in Sanierungsgebieten, für die auf der Grundlage der Sanierungssatzung Mietobergrenzen festgelegt wurden. Das gleiche gilt für Wohnungen in Milieuschutzgebieten.

Ist eine der beschriebenen Wohnungen vor dem Stichtag der Datenerhebung aus der Mietpreisbindung entfallen, so kommt es für die Berücksichtigung bei der Mietspiegelerstellung darauf an, ob nach **Fortfall der Preisbindung** ein neuer Mietvertrag geschlossen wurde oder zumindest eine Mietänderung stattgefunden hat. Wurde weder ein neuer Mietvertrag geschlossen noch die Miete innerhalb der Vierjahresfrist geändert, darf die Wohnung bei der Mietspiegelerstellung nicht berücksichtigt werden. Es reicht auch nicht aus, wenn die Möglichkeit, die Miete zu erhöhen, zwar bestanden hat, jedoch nicht genutzt worden ist.

Wohnungen, bei denen Förderungen ohne Mietbegrenzung gewährt wurden und die Auswirkungen auf die Miete allenfalls mittelbar sind, sind dagegen im Mietspiegel zu berücksichtigen. Dies ist der Fall, wenn aufgrund von Förderungen Kürzungsbeträge nach § 558 Abs. 5 oder § 559a BGB zu berücksichtigen sind. Hierzu zählen insbesondere Wohnungen, bei denen ausschließlich zinsverbilligte Darlehen im Rahmen von KfW-Förderprogrammen vergeben worden sind.

d) Welche Wohnungen dürfen oder sollen aus sonstigen Gründen nicht berücksichtigt werden?

Bei der Erstellung eines Mietspiegels sind solche Wohnungen nicht zu berücksichtigen, auf die das gesetzliche Mieterhöhungsverfahren bis zur ortsüblichen Vergleichsmiete nach §§ 558 ff. BGB, dem Hauptanwendungsfeld von Mietspiegeln, nicht anwendbar ist. Hierbei handelt es sich um

- Wohnungen, die nicht vermietet sind, z.b. vom Eigentümer selbst genutzte oder leerstehende Wohnungen.
- Wohnungen, die nicht als Wohnraum vermietet sind, z.b. gewerblich genutzte Wohnungen.
- Wohnraum, der zum vorübergehenden Gebrauch vermietet ist, § 549 Abs. 2 Nr. 1 BGB. Maßgeblich ist, ob ein allgemeiner Wohnbedarf von unbestimmter Dauer oder ein Sonderbedarf gedeckt werden soll. In der Regel wird vorübergehender Gebrauch ein Jahr nicht übersteigen.
- Wohnraum, der Teil der vom Vermieter selbst bewohnten Wohnung ist und den der Vermieter überwiegend mit Einrichtungsgegenständen auszustatten hat, sofern der Wohnraum dem Mieter nicht zum dauernden Gebrauch mit seiner Familie oder mit Personen überlassen ist, mit denen er einen auf Dauer angelegten gemeinsamen Haushalt führt, § 549 Abs. 2 Nr. 2 BGB.
- Wohnraum, den eine juristische Person des öffentlichen Rechts oder ein anerkannter Träger der Wohlfahrtspflege angemietet hat, um ihn Personen mit dringendem Wohnungsbedarf zu überlassen, wenn sie den Mieter bei Vertragsschluss auf die Zweckbestimmung des Wohnraums und die Ausnahme von bestimmten, in § 549 Abs. 2 genannten Vorschriften des BGB hingewiesen hat, § 549 Abs. 2 Nr. 3 BGB.
- Wohnraum in Studenten- oder Jugendwohnheimen, § 549 Abs. 3 BGB.

Wohnraum, der zwar nicht vom Anwendungsbereich des Mieterhöhungsverfahrens nach §§ 558 ff. BGB ausgenommen ist, bei dem die Vertragsgestaltung jedoch vom Üblichen abweicht und deshalb keinen geeigneten Vergleichsmaßstab für einen Mietspiegel darstellt, sollte für die Erstellung eines Mietspiegels nicht herangezogen werden. Hierbei handelt es sich insbesondere um

- möblierten oder teilmöblierten Wohnraum auch außerhalb der Vermieterwohnung. Hierunter fallen jedoch nicht Wohnungen, die – teilweise aufgrund landesgesetzlicher Regelungen – für den Wohnungsmarkt typische Möblierungen aufweisen, z.B. Einbauküchen. Diese sollen bei der Mietspiegelerstellung herangezogen werden.
- Untermietverhältnisse (ohne gewerbliche Zwischenvermietung im Sinne von § 565 BGB).
- Wohnraum in Heimen, Wohnheimen (soweit nicht bereits von § 549 Abs. 3 BGB erfasst), Internaten und Seminaren, soweit die Mietzahlung überwiegend Serviceleistungen abdeckt.
- Gefälligkeitsmietverhältnisse, z.B. Vereinbarung von besonders niedrigen Mieten zwischen Verwandten.

e) Bei welchen Wohnungen sollte über die Berücksichtigung nach den örtlichen Gegebenheiten entschieden werden?

Bei den mietspiegelrelevanten Wohnungen gibt es eine Reihe von Mietvertragsverhältnissen, die sich durch objektive wohnungs- oder vertragsbezogene Merkmale deutlich von der üblichen Wohnnutzung (hierunter sind Hauptmietverträge über Etagenwohnungen mit Küche, Bad und Toilette zu verstehen) unterscheiden oder selten auftreten. Solche Wohnungen können zwar grundsätzlich bei der Datenermittlung mit erhoben werden. Der Mietspiegelersteller sollte aber anhand der Bedeutung solcher Wohnungen für den örtlichen Wohnungsmarkt entscheiden, ob diese aufgenommen werden sollen.

Dies gilt für folgende Typen von Wohnungen und Mietverhältnissen:

- Besondere Wohnungstypen, wie z.B. Ein- und Zweifamilienhäuser, Penthouse-, Maisonettewohnungen und Apartments.

- Besondere Nutzungstypen, wie z.B. Wohnungen, deren Küche, Bad und/oder Toilette von mehreren Mietern, die jeweils einen eigenen Mietvertrag mit dem Wohnungseigentümer abgeschlossen haben, gemeinsam benutzt werden.

- Wohnraum, der teilweise untervermietet wird.

- Dienst- oder Werkwohnungen. Bei Dienst- und Werkwohnungen haben sich die Mieten häufig nicht frei am Wohnungsmarkt gebildet, sondern wurden aufgrund einer Koppelung von Dienst- und/oder Arbeitsvertrag mit einem Mietvertrag vereinbart. Damit kann die erforderliche Vergleichbarkeit der Wohnungen mit anderen Wohnungen des freien Wohnungsmarktes fehlen. Der Mietspiegelersteller muss vor dem Hintergrund der konkreten Vermietungspraxis in der Gemeinde entscheiden, ob und inwieweit dieses Wohnungsmarktsegment für den Mietspiegel berücksichtigt werden kann. Die Einbeziehung kommt z.B. in Betracht, wenn die Mieten für Dienst- und Werkwohnungen der ortsüblichen Vergleichsmiete entsprechen oder wenn die Preisbildung für Dienst- und Werkwohnungen nach einer bestimmten Systematik erfolgt, die im Mietspiegel durch ein System von Zu- und Abschlägen in nachvollziehbarer Weise berücksichtigt werden kann.

Aus Kostengründen kann es darüber hinaus sinnvoll sein, Wohnungsteilmärkte bei der Erstellung des Mietspiegels nicht zu berücksichtigen, die in der Gemeinde lediglich geringe Bedeutung haben.

3. Welcher Mietbegriff ist dem Mietspiegel zugrunde zu legen?

Der Begriff der Miete ist gesetzlich nicht festgelegt. Nach allgemeiner Auffassung setzt sich die Miete aus den Bestandteilen Grundmiete (Entgelt für die Gebrauchsgewährung) und den Betriebskosten nach § 556 BGB zusammen.

Heizkosten (Wärme und Warmwasser) / Umfang der in Miete enthalten kalten Betriebskosten	Heizkosten werden zusätzlich bezahlt	Heizkosten sind in der der Miete enthaltenen
Alle kalten Betriebskosten sind in der Miete enthalten	Bruttokaltmiete	Bruttowarmmiete oder (Voll-) Inklusivmiete
Einige, aber nicht alle kalten Betriebskosten sind in der Miete enthalten	Teilinklusivkaltmiete	Teilinklusivwarmmiete
Kalte Betriebskosten sind in der Miete nicht enthalten	Nettokaltmiete oder Grundmiete	Nettowarmmiete

Zur Vergleichbarkeit der Mieten ist es erforderlich, im Mietspiegel einen einheitlichen Mietbegriff zu verwenden. Da sich beim Abschluss von Mietverträgen in den letzten Jahren die Vereinbarung von Nettokaltmieten durchgesetzt hat, sollte im Mietspiegel generell die Nettokaltmiete (Grundmiete) ausgewiesen werden. Je nach Maßgabe der örtlichen Wohnungsmarktbedingungen können sich die an der Mietspiegelerstellung Beteiligten jedoch auch auf einen anderen der o.g. Mietbegriffe für den Mietspiegel verständigen. Alle Mieten, die bei der Erstellung berücksichtigt werden, sind dann ggf. auf dem dem Mietspiegel zugrunde liegenden Mietbegriff umzurechnen. Die Bereinigung ist unabhängig davon erforderlich, ob die Mietvertragsparteien die Umlage der Betriebskosten in Form einer Vorauszahlung, über die einmal jährlich abgerechnet wird, oder in Form einer Pauschale vereinbart haben.

Die Festlegung auf den Mietbegriff muss bereits im Vorfeld der Mietspiegelerstellung erfolgen, damit auch die zur Bereinigung erforderlichen Daten erfasst werden können. In Befragungen sind hierzu neben den Angaben zur Miethöhe auch Daten zu den in der Miete enthaltenen bzw. gesondert berechneten Betriebskostenarten kalte Betriebskosten und Heizkosten zu erheben.

Zur Bereinigung der Mieten können durchschnittliche Betriebskostensätze herangezogen werden, die sich z.B. aus der Erhebung ergeben oder die von den örtlichen Wohnungsunternehmen oder den Haus- und Grundeigentümervereinen zur Verfügung gestellt werden. Die durchschnittlichen Betriebskostensätze sollten auch in den Anwendungshinweisen zum Mietspiegel veröffentlicht werden. Dadurch können Mieter und Vermieter ihre Miete auf die im Mietspiegel ausgewiesene ortsübliche Miete umrechnen.

Hinsichtlich Schönheits- und Kleinreparaturen hat sich in der Praxis der Formularverträge die Abwälzung der Kosten auf den Mieter durchgesetzt. Der Mietspiegel sollte von diesem Regelfall ausgehen. Es sollte deshalb im Textteil des Mietspiegels angegeben werden, wie Mieten, die Kosten für Schönheits- und/oder Kleinreparaturen enthalten, zu bereinigen sind.

Darüber hinaus sollte bei der Ermittlung der Miete auch die Vermietung von Garagen bzw. Stellplätzen berücksichtigt werden. Für den Fall, dass für deren Vermietung keine gesonderten Kosten neben der Miete ausgewiesen sind, sollte auch dazu im Textteil des Mietspiegels angegeben werden, wie die Bereinigung zu erfolgen hat.

4.   Welche mietpreisbildenden Faktoren sind zu berücksichtigen?

Der Gesetzgeber hat in § 558 Abs. 2 BGB abschließend die Wohnwertmerkmale benannt, die zur Ermittlung der ortsüblichen Vergleichsmiete herangezogen werden dürfen. Dies sind Art, Größe, Ausstattung, Beschaffenheit und Lage einer Wohnung. Auf den Wohnungsmärkten haben neben diesen Wohnwertmerkmalen weitere, überwiegend subjektive Merkmale, wie z.B. die Wohndauer, Einfluss auf die Miethöhe. Bei der Ermittlung der ortsüblichen Mieten dürfen derartige Einflüsse nicht berücksichtigt werden.

Im Folgenden werden die Wohnwertmerkmale kurz vorgestellt, eine ausführliche Darstellung findet sich im 4. Teil, Anhang, Kapitel 2. und Kapitel 3.b.

Art: Unter dem Wohnwertmerkmal Art wird vor allem die Struktur des Hauses und der Wohnung verstanden. Unterscheidungsmerkmale sind u.a. abgeschlossene und nicht-abgeschlossene Wohnung, Altbau- oder Neubauwohnung, Ein-, Zwei- oder Mehrfamilienhaus, Apartment oder Mehrzimmerwohnung.

Größe: Über die Wohnungsgröße können unterschiedliche Wohnungsteilmärkte voneinander abgegrenzt werden. Die Wohnungsgröße hat erfahrungsgemäß einen hohen Anteil an der Erklärung der Mietpreisunterschiede. In der Regel sind die Quadratmetermieten kleinerer Wohnungen höher als diejenigen größerer Wohnungen.

Ausstattung: Unter dem Wohnwertmerkmal Ausstattung wird alles das verstanden, was der Vermieter dem Mieter zur ständigen Benutzung zur Verfügung gestellt hat und wofür der Mieter keine gesonderte Vergütung zahlt. Besonders mietpreisbildend sind dabei in der Wohnung eingebaute Ausstattungen wie z.B. Heizung, Badausstattung, Wandschränke und Bodenbeläge. Aber auch räumliche Ausstattungsmerkmale, wie z.B. Kellerräume, Speicherräume oder Waschküchen, haben Einfluss auf die Höhe der Miete.

Beschaffenheit: Das Wohnwertmerkmal Beschaffenheit bezieht sich auf die Bauweise, den Zuschnitt, den baulichen und den energetischen Zustand des Gebäudes bzw. der Wohnung. In der Praxis spielt dabei das Baualter als Indikator für die Bauweise und den Baustandard eine wesentliche Rolle. Die bisher übliche Unterteilung nach Baualtersklassen sollte aufgrund der sich am Ort wandelnden Gegebenheiten möglichst bei jedem Mietspiegel überprüft werden. Insbesondere die Einordnung modernisierter Altbauwohnungen in Baualtersklassen sollte in den Anwendungshinweisen zum Mietspiegel näher beschrieben werden.

Lage: Die Lage stellt ein komplexes und in seiner Wirkung durchaus umstrittenes Wohnwertmerkmal dar. Wohnlagen können individuell sehr unterschiedlich beurteilt werden. Für die Lagequalität sind in erster Linie die Verhältnisse des Wohngebietes, in dem die Wohnung liegt, von Bedeutung. Inwieweit die Lage Einfluss auf die Miethöhe hat, hängt sehr stark von den regionalen Besonderheiten ab. In der Praxis hat sich die Unterteilung in zwei oder drei Wohnlagen (z.B. einfach, mittel, gut) bewährt.

5.   Welche Daten werden bei der Erstellung benötigt?

Welche Daten bei der Erstellung eines Mietspiegels benötigt werden, hängt von der Art des zu erstellenden Mietspiegels, den örtlichen Gegebenheiten, den vorhandenen Datenquellen und der gewünschten Differenziertheit des Mietspiegels ab. Für einfache Mietspiegel enthält das Gesetz keine Vorgaben hinsichtlich der benötigten Daten.

Die Datenbeschaffung ist durch Erhebung neuer oder Nutzung vorhandener Daten möglich. Umfassende Daten lassen sich durch eine repräsentative Erhebung der mietspiegelrelevanten Mieten beschaffen. Alternativ dazu ist auch der Rückgriff auf vorhandene Datenbestände möglich, z.B. aus aktuellen Datensammlungen am Ort vertretener Wohnungsunternehmen. Dies bietet sich an, wenn am Ort wenige Wohnungsunternehmen Eigentümer großer Teile des Bestandes sind. Häufig werden solche Datenbestände aber auch verknüpft mit Erhebungen der Mieten in den übrigen, von kleineren Anbietern gehaltenen Beständen.

Der Rückgriff auf vorhandene Datenbestände findet vor allem Anwendung bei teilrepräsentativen und ausgehandelten Mietspiegeln.

Zu den besonderen Anforderungen bei qualifizierten Mietspiegeln vgl. 2. Teil, Kapitel II.2.

6.   Welche datenschutzrechtlichen Vorgaben sind zu beachten?

Bei der Erstellung und Fortschreibung eines Mietspiegels sind datenschutzrechtliche Aspekte zu berücksichtigen, wenn in Form von Vermieter- oder Mieterbefragungen oder bei Nutzung vorhandener Datenbestände personenbezogene Daten erhoben, verarbeitet oder genutzt werden. Dies ist regelmäßig der Fall, da unter personenbezogenen Daten Einzelangaben zu verstehen sind, die über die Verhältnisse einer natürlichen Person (des Betroffenen) Auskunft geben können. Angaben über Wohnungen sind bereits dann personenbezogene Daten, wenn aus ihnen Rückschlüsse auf die jeweiligen Wohnungsmieter gezogen werden können (z.B. bei Angabe der Wohnungsadresse).

Bei der Erhebung und möglicherweise auch bei der weiteren Verarbeitung und Nutzung von Daten wird aufgrund datenschutzrechtlicher Vorgaben vor allem zu beachten sein, dass die danach erforderlichen Einwilligungen der Betroffenen vorliegen. Dies gilt bei einer Direkterhebung durch Umfrage beim Betroffenen. Es kann aber auch gelten, wenn Dritte befragt werden oder ein Rückgriff auf vorhandene Datenbestände erfolgen soll, die personenbezogene Daten enthalten. Zur Anwendung können Regelungen des Bundesdatenschutzgesetzes und der Landesdatenschutzgesetze kommen. Das Bundesdatenschutzgesetz gilt bei der Erhebung, Verarbeitung und Nutzung von personenbezogenen Daten durch öffentliche Stellen des Bundes und durch nicht öffentliche Stellen, z.B. Forschungs- und Beratungsinstitute oder Wissenschaftler. Die Landesdatenschutzgesetze gelten für öffentliche Stellen der Länder, Gemeinden und Landkreise.

Zur Klärung der rechtlichen Situation, insbesondere in Fragen der praktischen Umsetzung der datenschutzrechtlichen Vorgaben, sollten deshalb frühzeitig der Landesdatenschutzbeauftragte bzw. die örtlich zuständige Aufsichtsbehörde für den Datenschutz beteiligt werden.

Darüber hinaus kommt die Anwendung von Landesstatistikgesetzen in Betracht, wenn eine kommunale Stelle eine Datenerhebung selbst durchführt oder veranlasst. Nach einigen Landesstatistikgesetzen dürfen Kommunalstatistiken nur aufgrund einer gesetzlichen Grundlage, in der Regel einer Satzung, erstellt werden.

7.   Wie aktuell müssen die dem Mietspiegel zugrunde gelegten Daten sein?

Mietspiegel können streng genommen die ortsübliche Vergleichsmiete nur für den Zeitpunkt der Datenerhebung richtig wiedergeben. Wohnungsmärkte und mit ihnen die Wohnungsmieten können sich aber durchaus dynamisch entwickeln. Damit ein Mietspiegel seine Befriedungsfunktion erfüllen kann, kommt der Aktualität der verwendeten Daten eine große Bedeutung zu. Dabei steht die Erstellung eines Mietspiegels im Spannungsfeld zwischen der Repräsentativität, die – je nach Größe der Gemeinde – eine zeitlich mehr oder weniger aufwendige Primärerhebung erfordert, und der

Aktualität der Daten. Beide Erfordernisse müssen gegeneinander abgewogen werden. Höchstmögliche Aktualität sollte ebenso wenig auf Kosten der Qualität der Daten gehen, wie andererseits aufwendige Erhebungs- und Auswertungsarbeiten auf Kosten der Aktualität gehen dürfen.

Bei der Zeitplanung ist daher unbedingt zu beachten, dass zwischen der Erhebung der Daten und der Veröffentlichung des Mietspiegels ein möglichst kurzer Zeitraum liegt. Ansonsten droht der Mietspiegel, insbesondere bei einem dynamischen Wohnungsmarkt, seine Aktualität zu schnell einzubüßen und noch vor der Anpassung seine Befriedungsfunktion zu verlieren.

Zur Sicherung der Aktualität sollen Mietspiegel zudem im Abstand von zwei Jahren der Marktentwicklung angepasst werden. Qualifizierte Mietspiegel müssen alle zwei Jahre der Marktentwicklung angepasst und nach vier Jahren neu erstellt werden (vgl. hierzu 2. Teil, Kapitel I.13. und II.7.).

8.   Wie sind die Daten auszuwerten?

Das Gesetz schreibt für den einfachen Mietspiegel keine bestimmte, insbesondere keine wissenschaftliche Auswertungsmethode vor. Gleichwohl sollten die Ersteller einfacher Mietspiegel darauf achten, dass der Mietspiegel ein möglichst genaues Bild der Realität wiedergibt. Daher ist es auch für die Ersteller einfacher Mietspiegel von Vorteil, wenn sie ihre Auswertung auf eine möglichst breite und aktuelle Datenbasis stützen können.

Sollen vorhandene Datenbestände ausgewertet werden, muss dies nicht mittels wissenschaftlicher Auswertungsmethoden erfolgen, sondern kann auch auf der Grundlage einvernehmlicher Bewertungen durch lokale Wohnungsmarktexperten geschehen. Es handelt sich bei diesem Verfahren nicht um ein willkürliches oder sachfremdes Aushandeln, sondern um eine in der Praxis bewährte Vorgehensweise. Vorteil solcher Mietspiegel ist es, dass auf einfachem Wege vorhandene Datensammlungen genutzt werden können. Derart erstellte Mietspiegel können den örtlichen Mietwohnungsmarkt für die Begründung von Mieterhöhungen ausreichend exakt abbilden. Ihre befriedende Wirkung hängt u.a. entscheidend vom Grad der Anerkennung ab, den sie in ihrer Gemeinde genießen. In diesem Sinn haben auch einvernehmlich aufgestellte Mietspiegel eine große Befriedungsfunktion im außergerichtlichen Bereich.

Bei qualifizierten Mietspiegeln sind anerkannte wissenschaftliche Auswertungsmethoden anzuwenden (vgl. hierzu 2. Teil, Kapitel II.3.).

9.   Welche Informationen sollte der Mietspiegel enthalten?

Ein Mietspiegel muss einen Zahlenteil mit der Darstellung von Mietwerten, aus dem sich die ortsübliche Vergleichsmiete ergibt, und einen erläuternden Textteil enthalten.

Im Zahlenteil muss der Mietspiegel das Mietniveau ausweisen. Die Darstellung der Mietwerte sollte nach bestimmten Kriterien, z.B. nach Lage, Baualter, Wohnfläche, geordnet werden.

Mietspiegel sollten die ortsübliche Vergleichsmiete als Spanne ausweisen. Werden zusätzlich Mittelwerte ausgewiesen, können sie z.B. als Median (Wert, der in der Mitte der nach der Höhe geordneten Mietwerte steht) oder als arithmetisches Mittel (Summe aller relevanten Mietwerte geteilt durch ihre Anzahl) dargestellt werden.

Im Textteil des Mietspiegels sollten Anwendungshinweise mit allen zum Verständnis des Mietspiegels erforderlichen Informationen enthalten sein. Hierzu zählen:

Informationen zum zeitlichen Geltungsbereich, insbesondere der vom Ersteller festgelegte Geltungsbeginn;

• Informationen zum räumlichen und sachlichen Anwendungsbereich;

• Hinweise zur Einordnung der Wohnungen in bestimmte Tabellenfelder;

• Erläuterungen zur Handhabung bestimmter Wohnwertmerkmale;

• Erläuterungen zur Berechnung etwaiger Zu- und Abschläge.

Selbstverständlich können im Textteil weitere Informationen enthalten sein, insbesondere können die Mietspiegelersteller und das Verfahren der Mietspiegelerstellung dargestellt sein. Da es sich hierbei häufig um umfangreiche Ausführungen handeln wird, ist die Darstellung in einer gesonderten Dokumentation in Betracht zu ziehen.

10.   Wie muss die Erstellung des Mietspiegels dokumentiert werden?

Beim einfachen Mietspiegel schreibt das Gesetz eine gesonderte Dokumentation der Mietspiegelerstellung nicht vor. Eine solche kann aber durchaus zu empfehlen sein, um die Erstellung des Mietspiegels nachvollziehbar zu machen und dadurch das Vertrauen in die ausgewiesenen Werte zu erhöhen. Soll ein Mietspiegel nicht nur als Begründungsmittel im gesetzlichen Mieterhöhungsverfahren verwendet werden, sondern auch zum Beweis der ortsüblichen Vergleichsmiete im Prozess herangezogen werden können, so ist es erforderlich, dass anhand der Dokumentation die einzelnen Schritte der Mietspiegelerstellung nachvollzogen werden können. Nur so kann das Gericht prüfen, ob die im Mietspiegel dargestellten Werte die tatsächliche ortsübliche Vergleichsmiete wiedergeben.

In der Dokumentation sollten die Datengrundlage, ggf. die Datenerhebung und das Verfahren der Datenauswertung dargestellt werden. Es können auch Angaben über den oder die Ersteller des Mietspiegels gemacht werden. Die Dokumentation ist von dem stets erforderlichen Textteil eines Mietspiegels zu unterscheiden, der die zur Anwendung des Mietspiegels erforderlichen Angaben enthält. Soll die Erstellung des Mietspiegels nur knapp dokumentiert werden, kann dies selbstverständlich auch im Textteil des Mietspiegels geschehen.

Zu den besonderen Anforderungen an die Dokumentation qualifizierter Mietspiegel vgl. 2. Teil, Kapitel II.5.

11. In welchen Fällen, durch wen und wie muss ein Mietspiegel anerkannt werden?

Bei einem einfachen Mietspiegel ist eine besondere Anerkennung nicht erforderlich, wenn der Mietspiegel von der Gemeinde oder von Interessenvertretern der Vermieter und Mieter gemeinsam erstellt worden ist.

Eine von nur einem Interessenverband erstellte Übersicht über die ortsübliche Vergleichsmiete wird jedoch erst dann zu einem Mietspiegel im Sinne des Gesetzes, wenn die Gemeinde oder der jeweils andere Verband sie anerkennt. Entsprechend ist dies bei einer von Dritten erstellten Übersicht der Fall, wenn die Gemeinde oder die Interessenvertreter von Vermietern und Mietern sie anerkennen.

Zur Rechtsnatur der Anerkennung und zu den besonderen Anforderungen bei qualifizierten Mietspiegeln vgl. 2. Teil, Kapitel II.6.

12. Muss der Mietspiegel veröffentlicht werden?

Nach § 558c Abs. 4 BGB sollen Mietspiegel und ihre Änderungen veröffentlicht werden. Mietspiegel können ihre Funktion nur erfüllen, wenn sie auch bekannt sind. Dies gilt auch für die Anpassung von Mietspiegeln.

Eine bestimmte Art der Veröffentlichung ist nicht vorgeschrieben, insbesondere ist ein rechtsförmliches Veröffentlichungsverfahren nicht erforderlich. Mögliche und sinnvolle Wege der Veröffentlichung sind die Bekanntmachung im Amtsblatt der Gemeinde, die Veröffentlichung in örtlichen Tageszeitungen, die Herausgabe einer Broschüre und das Einstellen des Mietspiegels in das Internet.

Die Veröffentlichung verlangt nicht zwingend, dass der Mietspiegel kostenlos verteilt oder als vollständiges Werk, d. h. Zahlen- und Textteil, im Amtsblatt oder einer Tageszeitung abgedruckt wird. Für den Fall, dass er als Broschüre über das Rathaus, die Geschäftsräume der Mieter- oder Vermieterverbände oder über den örtlichen Buchhandel entgeltlich vertrieben werden soll, empfiehlt sich jedoch dringend ein öffentlichkeits-wirksamer Hinweis hierauf.

Die Veröffentlichung der Dokumentation in Amtsblatt oder Tageszeitung ist hingegen nicht notwendig. Sie ist oft sehr umfangreich und zudem zum unmittelbaren Verständnis des Mietspiegels nicht erforderlich. Im Hinblick auf ihre Funktion, das Verfahren und die einzelnen Schritte der Mietspiegelerstellung nachvollziehbar zu machen, sollte sie den interessierten Kreisen auf Nachfrage (ggf. entgeltlich) zur Verfügung gestellt werden.

13. Wann und wie müssen Mietspiegel angepasst werden?

Eine Pflicht zur Anpassung einfacher Mietspiegel an die Marktentwicklung besteht nicht. Nach § 558c Abs. 3 BGB sollen sie jedoch im Abstand von zwei Jahren der Marktentwicklung angepasst werden.

Diejenigen, die einen Mietspiegel erstellen können, können ihn auch anpassen. Bei der Anpassung müssen stets datenschutzrechtliche Belange geprüft werden (vgl. 2. Teil, Kapitel I.6.). Die Anpassung muss nicht von dem ursprünglichen Ersteller des Miet-spiegels vorgenommen werden. In diesem Fall können Urheberrechte berührt sein.

Die Frage, wie einfache Mietspiegel anzupassen sind, ist gesetzlich nicht geregelt. Denkbar ist, analog den Vorschriften für den qualifizierten Mietspiegel, der Anpassung eine Stichprobe oder den vom Statistischen Bundesamt ermittelten Preisindex für die Lebenshaltung aller privaten Haushalte in Deutschland zugrunde zu legen.

Ein einfacher Mietspiegel, der nach Ablauf von zwei Jahren nicht an die Markt-entwicklung angepasst wird, kann im gesetzlichen Mieterhöhungsverfahren weiterhin als Begründungsmittel verwendet werden (§ 558a Abs. 4 BGB), ist jedoch im Ge-richtsverfahren nur noch eingeschränkt bzw. nicht mehr verwendbar.

Zu den besonderen Anforderungen an die Anpassung qualifizierter Mietspiegel vgl. 2. Teil, Kapitel II.7.

14. Welche Kosten entstehen bei der Mietspiegelerstellung?

Die Kosten, die bei der Erstellung eines Mietspiegels anfallen, variieren sehr stark und sind abhängig von der Art des Mietspiegels (einfacher oder qualifizierter Mietspiegel) und weiteren Einflussfaktoren, die mit dem Inhalt und dem Aufbau des Mietspiegels zusammenhängen. Es können folgende Kostenfaktoren benannt werden:

- Kosten für die Datenbeschaffung (ggf. einschließlich Lagedifferenzierung), insbe-sondere die einer tatsächlichen Erhebung der Daten im Rahmen einer Befragung.

Diese Kosten haben den größten Anteil an den Gesamterstellungskosten eines Mietspiegels.

- Kosten für die Bereinigung, Plausibilisierung und Auswertung der Daten sowie für die Erstellung der Mietspiegeltabelle bzw. der Regressionsfunktion(en) und der textlichen Erläuterungen.
- Kosten für die Veröffentlichung des Mietspiegels.

Bei einem einfachen Mietspiegel, bei dem auf eine vorhandene Datengrundlage der Verbände zurückgegriffen wird, entstehen die geringsten Kosten. Deutlich höhere Kosten entstehen, wenn teilrepräsentative oder andere Datengrundlagen herangezogen werden, die zunächst beschafft und ausgewertet werden müssen. Die höchsten Kosten entstehen bei der Erstellung qualifizierter Mietspiegel, da dafür eine repräsentative Primärdatenerhebung vorgenommen werden muss.

Die genauen Kosten lassen sich nur für den Einzelfall bestimmen. Dabei spielen auch Faktoren wie die Größe der Stichprobe, die Art der Veröffentlichung, die Erbringung von Teilleistungen durch die Kommunen oder Kooperationen mit ansässigen Universitäten eine Rolle.

Qualifizierte Mietspiegel werden in der Regel von Gemeinden erstellt. Dies muss aber nicht bedeuten, dass die Gemeinden auch die Kosten alleine tragen. In der Praxis haben sich eine ganze Reihe von Möglichkeiten herausgebildet, wie die Gemeinden ihren Eigenanteil an den Kosten reduzieren können. Hierzu zählen:

- Beteiligung der Wohnungsmarktakteure, z.B. Wohnungsunternehmen, bedeutende Einzeleigentümer in einer Gemeinde, Haus- und Grundbesitzerverein, Mieterverein;
- Sponsoring: Beteiligung weiterer Akteure, die nur mittelbar von dem Mietspiegel profitieren, z.B. Banken, Sparkassen, Versicherungen;
- Übernahme von Teilleistungen durch die Verwaltung, Gebühren aus dem Verkauf der Broschüre bzw. Nutzungsgebühren für Internetanwendungen;
- Werbeeinnahmen durch Werbeplätze in der Broschüre bzw. auf der Internetseite.

II.   Was ist bei der Erstellung von qualifizierten Mietspiegeln zusätzlich zu beachten?

1.   Was ist allgemein zu beachten?

Damit ein Mietspiegel die zusätzliche Qualifikation als qualifizierter Mietspiegel[2] erhält, muss er weitere Voraussetzungen erfüllen:

- Erstellung nach anerkannten wissenschaftlichen Grundsätzen **und**

- Anerkennung durch die Gemeinde oder durch Interessenvertreter der Vermieter und Mieter.

Außerdem muss ein qualifizierter Mietspiegel im Abstand von zwei Jahren an die Marktentwicklung angepasst und nach vier Jahren neu erstellt werden.

Aus dem Erfordernis der Erstellung nach anerkannten wissenschaftlichen Grundsätzen der Statistik können folgende Mindestvoraussetzungen abgeleitet werden:

- Der Mietspiegel muss auf repräsentativen Daten beruhen.
- Es muss eine wissenschaftlich anerkannte Auswertungsmethode nachvollziehbar eingesetzt worden sein.
- Die Anwendung anerkannter wissenschaftlicher Methoden muss dokumentiert und damit überprüfbar sein. Die Dokumentation muss öffentlich zugänglich sein.

Dieses Erfordernis schließt zudem das Aushandeln von Mietspiegelwerten für qualifizierte Mietspiegel aus. Die wissenschaftlich anerkannten Grundsätze stehen auch bei einer Beteiligung eines Arbeitskreises Mietspiegel nicht zur Disposition.

2. Was ist hinsichtlich der benötigten Daten zu beachten?

Die dem Mietspiegel zugrunde zu legenden Daten müssen repräsentativ sein, d.h. ein getreues Abbild des Wohnungsmarktes liefern, für den der Mietspiegel gelten soll.

Um die Repräsentativität der Daten zu gewährleisten, müssen in der Regel eigenständige Primärerhebungen auf der Basis von Zufallsstichproben durchgeführt werden (vgl. 2. Teil, Kapitel I.5. und 4. Teil, Anhang, Kapitel 4.b.). Bei einer Zufallsstichprobe hat jede Wohnung die gleiche Chance, in der Stichprobe vertreten zu sein.[3] Es muss zudem sichergestellt werden, dass alle Wohnungen mit ihren mietpreisbestimmenden Merkmalen in dieser Stichprobe annähernd im gleichen Verhältnis wie in der Grundgesamtheit enthalten sind. Das Verfahren der Datengewinnung muss nachvollziehbar sein.

Bei einer Primärdatenerhebung sind folgende Punkte zu beachten:

a) Wahl der Erhebungsmethode

Bei der Erhebungsmethode ist einerseits nach dem Adressaten der Erhebung – Mieter- oder Vermieterbefragung – und andererseits nach der Befragungsart – Telefoninterview, schriftliche oder persönliche Befragung – zu unterscheiden (Einzelheiten zu den Befragungsmöglichkeiten und -verfahren siehe 4. Teil, Anhang, Kapitel 4.a.).

Mieter- und Vermieterbefragung weisen spezifische Vor- und Nachteile auf, die vor dem Hintergrund der Struktur des örtlichen Wohnungsmarktes, der zur Verfügung stehenden Daten und des zur Verfügung stehenden Budgets abgewogen werden sollten.

Die bisherigen Erfahrungen zeigen, dass beide Verfahren im Wesentlichen zu gleichwertigen Ergebnissen führen. Vergleiche zwischen dem Antwortverhalten der Mieter und dem der Vermieter lassen jedenfalls keine systematischen, auf die unterschiedlichen Interessenlagen zurückzuführenden Abweichungen erkennen.

b) Befragungsbasis: Woraus und wie wird die Stichprobe gezogen?

Für die Ziehung der Stichprobe sollte die Datenquelle verwendet werden, die – auch unter Berücksichtigung der Anforderungen des Datenschutzes – sachgerecht und möglichst einfach zugänglich ist. Im Allgemeinen basieren Mietspiegelbefragungen auf einer Haushaltsdatei und/oder einer Gebäudedatei.

Bevor aus einer solchen Datei eine Zufallsstichprobe gezogen wird, sollte sie möglichst um alle Haushaltsadressen oder Wohnungen bereinigt werden, die nicht zur Ermittlung der ortsüblichen Vergleichsmiete herangezogen werden dürfen oder die nicht in den Mietspiegel aufgenommen werden sollen (welche Wohnungen dies sind, ist im 2. Teil, Kapitel I.2., beschrieben).

Diese Bereinigung sollte am besten mittels eines EDV-gestützten Abgleichs erfolgen. Beispielsweise können für Wohnungen, für die der Mietpreis im Zusammenhang mit einer Förderzusage festgelegt worden ist, die Haushaltsadressen mit den Adressen dieser Wohnungen abgeglichen und die betroffenen Adressen als ungültig markiert werden. Soweit kein automatischer Adressenabgleich möglich ist, sollte die Bereinigung der Adressdaten manuell erfolgen.

Am Ende der Bereinigung sollte eine Adressengrundlage mit einem möglichst hohen Anteil mietspiegelrelevanter Adressen stehen. Die aus diesen Adressen gezogene Zufallsstichprobe ist die sogenannte Bruttostichprobe.

c) Brutto- und Ergebnisstichprobe

Die Bruttostichprobe ist im weiteren Verlauf der Erhebung um Ausfälle, unplausible und unvollständige Fragebögen und um diejenigen nicht mietspiegelrelevanten Fälle zu bereinigen, die nicht schon im Vorfeld ausgesondert werden konnten. Hierdurch entsteht die Ergebnisstichprobe der mietspiegelrelevanten Fälle (vgl. Schaubild).

Um den Ansprüchen der Repräsentativität zu genügen, dürfen die Abweichungen zwischen Bruttostichprobe und Ergebnisstichprobe nicht zu groß sein. Der Grad der Abweichung wird besonders stark vom „Reinheitsgrad" der Stichprobe beeinflusst, d.h. je weniger Adressen mit fehlerhaften Angaben behaftet sind, desto größer ist der Anteil verwertbarer Interviews.

Je besser die Bereinigung gelingt, desto höher ist der Anteil der Ergebnisstichprobe an der Bruttostichprobe und desto geringer kann bei gleichem Ergebnis der Stichprobenumfang sein. Dies ist in wirtschaftlicher Hinsicht besonders wichtig, da der Umfang der Stichprobe den wichtigsten Kostenfaktor bei der Erstellung des Mietspiegels darstellt.

	Bruttostichprobe
abzüglich	stichprobenneutraler Ausfälle: z.b. Adresse nicht gefunden, Wohnung zzt. leer
	= bereinigte Bruttostichprobe
abzüglich	stichprobensystematischer Ausfälle: z.B. Teilnahmeverweigerung, nicht angetroffen, krank
	= Nettostichprobe und Ausschöpfungsquote (= Anteil Nettostichprobe an bereinigter Bruttostichprobe)
abzüglich	fehlerhafter und/oder unvollständiger Fragebögen/ Interviews
	= Ergebnisstichprobe der auswertbaren Fälle
abzüglich	nicht mietspiegelrelevanter Fälle: z.b. wegen Überschreitens der 4-Jahresregel, Mietpreisbindung etc.
	= Ergebnisstichprobe der mietspiegelrelevanten Fälle

Die Ausschöpfungsquote kann durch schriftliche oder persönliche Erinnerungsaktionen erhöht werden.

d) Stichprobengröße

Die Erhebung sollte eine ausreichende Anzahl von gültigen Interviews für die Auswertung liefern (Ergebnisstichprobe der mietspiegelrelevanten Fälle). Je weniger Mietwerte ausgewertet werden können, desto geringer ist die Wahrscheinlichkeit, dass die ermittelten Mieten das tatsächliche Mietniveau hinreichend genau abbilden.

Die Anforderungen an den Stichprobenumfang sind von Größe und Struktur des Wohnungsmarktes und von der Anzahl der Wohnwertmerkmale abhängig, die im Mietspiegel berücksichtigt werden sollen.

Auswirkungen auf den notwendigen Stichprobenumfang hat auch die Entscheidung, ob ein **Tabellen-** oder ein **Regressionsmietspiegel** erstellt werden soll (die Begriffe werden im 2. Teil, Kapitel II.3. ausführlich erläutert):

Bei Tabellenmietspiegeln ergibt sich der Umfang der Gesamtstichprobe aus folgenden Gesichtspunkten:

• Verteilung der Wohnungen in der Grundgesamtheit;

- Zahl der zu erwartenden Tabellenfelder;
- Mindestbesetzung von 30 Fällen bzw. Wohnungen je Mietspiegelfeld (dies gilt als Faustformel für den notwendigen Mindestumfang), vgl. hierzu auch 2. Teil, Kapitel II.3.b.;
- Sicherheitsreserven für fehlerhafte und unvollständige Fragebögen sowie für nicht mietspiegelrelevante Wohnungen;
- Höhe der zu erwartenden Ausschöpfungsquote.

Unterstellt man den Ausweis von 40 Tabellenfeldern und berücksichtigt eine minimale Feldbesetzung von 30 Wohnungen je Mietspiegelfeld (Ergebnisstichprobe der mietspiegelrelevanten Fälle), so ist eine Ergebnisstichprobe von mindestens 1.200 Wohnungen erforderlich. Unter Berücksichtigung der zu erwartenden Ausschöpfungsquote und von Sicherheitsreserven (siehe oben) wird die Bruttostichprobe um ein Mehrfaches höher sein und könnte bei ca. 3.000 bis 5.000 Wohnungen liegen.

Um die Bruttostichprobe möglichst klein zu halten, kann es daher sinnvoll sein, eine geschichtete Stichprobe zu ziehen. Bei der Bemessung der erforderlichen Bruttostichprobe ist nämlich zu berücksichtigen, dass die Wohnungen in der Grundgesamtheit nicht gleichmäßig verteilt sind (vgl. hierzu auch 4. Teil, Anhang, Kapitel 4.b.). Eine geschichtete Stichprobe wird nicht aus der Gesamtheit aller bereinigten Adressen gleichmäßig, sondern mit unterschiedlichen Anteilen der einzelnen Wohnungstypen gezogen. Beispiel: Wenn in einem bestimmten Stadtgebiet relativ homogene Bestände von Mehrgeschosswohnungen aus einer bestimmten Bauepoche dominieren, die etwa die gleiche Miethöhe haben, ist hierfür eine geringere Stichprobe erforderlich als für eher kleinteilige, heterogene Wohnungsbestände mit sehr stark streuenden Mieten. Voraussetzung für die Ziehung einer geschichteten Stichprobe ist, dass Informationen darüber vorliegen, mit welchem Anteil die zu berücksichtigenden Wohnungsmarktsegmente in der Grundgesamtheit vertreten sind.

Bei Regressionsmietspiegeln genügen im Vergleich zu Tabellenmietspiegeln kleinere Stichproben, weil dadurch, dass die Regressionsmethode die Informationen der gesamten Stichprobe ausnutzt, die Teilmengenbildung wie beim Tabellenmietspiegel entfällt. Für kleinere Kommunen mit homogenem Wohnungsbestand und entsprechend geringer Mietendifferenzierung empfiehlt sich eine Ergebnisstichprobe von mindestens 500 Wohnungen, bei größeren Kommunen von bis zu einem Prozent des relevanten Wohnungsbestandes.

3. Was ist bei der Datenauswertung zu beachten? – Tabellen- und Regressionsmietspiegel

Als Methoden zur Erstellung qualifizierter Mietspiegel sind in der Wissenschaft die Tabellen- und die Regressionsmethode anerkannt und werden in der Praxis angewandt.

Der Erstellungsprozess ist bei beiden Methoden ähnlich: Beide basieren auf einer repräsentativen empirischen Datenerhebung, und bei beiden wird der Einfluss einzelner Wohnwertmerkmale auf die Miethöhe mit gleichwertigen statistischen Verfahren untersucht.

Die beiden Auswertungsmethoden werden nachfolgend näher erläutert.

a) Regressionsmietspiegel

Der Regressionsmethode liegt die Überlegung zugrunde, dass sich die Miete einer Wohnung aus der Bewertung ihrer Wohnwertmerkmale durch die Marktpartner ergibt, und dass dieser Zusammenhang mit einer mathematischen Gleichung beschrieben werden kann. Jedes Merkmal (z.B. die Größe der Wohnung, das Baualter, die Ausstattungsqualität) leistet einen Beitrag zum Mietpreis der Wohnung. Das Zusammenwirken aller Merkmale ergibt die abzubildende Miete.

Die bisherigen Erfahrungen zeigen, dass es nicht „das" Verfahren zur Erstellung eines Regressionsmietspiegels gibt, sondern verschiedene Varianten der Methode zur Anwendung kommen können. Welche angemessen ist, muss für den jeweiligen Wohnungsmarkt entschieden werden. Dies liegt insbesondere daran, dass zwischen einzelnen Wohnungsmerkmalen enge Beziehungen (Interaktionen) bestehen können. So finden sich in guter Wohnlage auch häufig Wohnungen mit guter Ausstattung, was es erschwert, die (höhere) Miete dem einen oder anderen Merkmal isoliert zuzurechnen.

Das Ergebnis der Regressionsmethode kann in eine allgemein verständliche und nachvollziehbare Darstellung gebracht werden, z.B. in die Form von Tabellen. Dies zeigen verschiedene Beispiele aus Städten, in denen diese Methode zur Anwendung kommt.

b) Tabellenmietspiegel

Der Tabellenmethode liegt die Überlegung zugrunde, dass sich die Struktur des Wohnungsmarktes in typischen Kategorien von Wohnungen beschreiben lässt. Die Kategorien werden durch Kombinationen von Wohnwertmerkmalen (z.B. Altbau, mit Bad, Größe unter 40 qm, einfache Wohnlage) bestimmt und in einem Mietspiegelfeld abgebildet.

Die Strukturierung der Tabellen darf bei einem qualifizierten Tabellenmietspiegel nicht willkürlich erfolgen. Es müssen hierzu vielmehr mit geeigneten wissenschaftlichen Methoden diejenigen Wohnwertmerkmale identifiziert werden, die den statistisch bedeutsamsten Einfluss auf die Miethöhe haben. Außerdem muss gewährleistet sein, dass die Tabellenfelder in sich möglichst homogen und gegenüber anderen Feldern möglichst verschieden sind. Es sollte möglichst nicht vorkommen, dass Wohnungen verschiedener Tabellenfelder geringere Unterschiede aufweisen als Wohnungen innerhalb des gleichen Tabellenfeldes.

Es kann bei der Erstellung von Mietspiegeln vorkommen, dass die Besetzung einzelner Tabellenfelder nicht ausreicht, um bestimmte Teilmärkte repräsentativ abzubilden. Die ortsübliche Vergleichsmiete kann für solche Tabellenfelder selbstverständlich dennoch ausgewiesen werden. Allerdings ist durch eine deutlich sichtbare Kennzeichnung unter Angabe der Fallzahl darauf hinzuweisen, dass diese Tabellenfelder nicht die Anforderungen eines qualifizierten Mietspiegels erfüllen (vgl. hierzu auch 2. Teil, Kapitel II.5.). Die mit dem qualifizierten Mietspiegel verbundenen Rechtsfolgen treten für Wohnungen, die in diese Tabellenfelder einzuordnen sind, also nicht ein.

Ein Tabellenmietspiegel muss nicht auf wenige, die Miete stark beeinflussende Merkmale reduziert werden. Im Rahmen eines Systems von Zu- und Abschlägen oder eines Punktesystems können auch Merkmale mit geringerem Einfluss auf die Miethöhe statistisch ermittelt und angemessen berücksichtigt werden.

4. Wie werden bei qualifizierten Mietspiegeln Mietpreisspannen berechnet?

Die Praxis der Mietspiegelerstellung zeigt, dass durch die Mietspiegelwerte in der Regel nicht alle Mietunterschiede erklärt werden können. Dies ist darauf zurückzuführen, dass einerseits kaum jemals alle relevanten mitpreisbeeinflussenden Faktoren ermittelt werden können, und dass es sich andererseits bei Wohnungsmärkten um unvollkommene Märkte handelt, auf denen teilweise auch für identische Wohnungen unterschiedliche Mieten verlangt werden.

Daraus folgt, dass sowohl bei Tabellen- als auch bei Regressionsmietspiegeln Spannen ausgewiesen werden sollten. Diese Spannen müssen den jeweils niedrigsten und höchsten Wert eines Feldes so bestimmen, dass zwischen diesen Werten die „üblichen" Mietwerte liegen. Ziel sollte eine einvernehmliche Beurteilung der Beteiligten sein. In der Praxis wird bei Tabellenmietspiegeln häufig eine 2/3-Spanne als „üblich" angesehen, d.h. zwei Drittel aller beobachteten Werte liegen innerhalb der Spanne.

Die Spannenbildung wird anhand der nachfolgenden Grafik beispielhaft für einen Tabellenmietspiegel mit einer 2/3-Spanne veranschaulicht:

• Aussonderung von extremen „Ausreißermieten": Beim qualifizierten Mietspiegel ist auf eine statistisch fundierte Eliminierung von Ausreißern zu achten. Die Eliminierung darf nicht auf der Basis willkürlicher Festlegungen, z.B. durch den Arbeitskreis Mietspiegel, erfolgen.

• Bestimmung des unteren und oberen Wertes der Spanne durch Kappen von je 1/6 der Fälle am oberen und unteren Ende der Mietenskala.

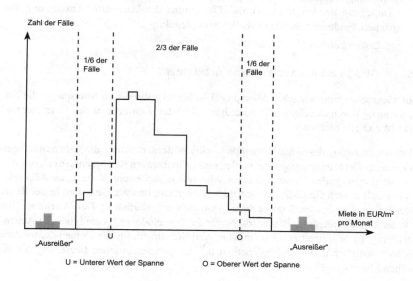

Erst nachdem die Ausreißermieten eliminiert sind, werden bei einer 2/3-Spanne jeweils ein Sechstel der Mieten am unteren und am oberen Ende der Verteilung ausgesondert. Die ortsübliche Vergleichsmiete wird dann durch die Spanne der verbleibenden Mietwerte gebildet.

5. Was ist bei der Dokumentation zusätzlich zu beachten?

Wegen des Erfordernisses der Anwendung anerkannter wissenschaftlicher Grundsätze ist die Erstellung des qualifizierten Mietspiegels zwingend zu dokumentieren, um die Ergebnisse nachvollziehen und überprüfen zu können.

Die Dokumentation des qualifizierten Mietspiegels muss neben den im 2. Teil, Kapitel I.10. genannten Informationen insbesondere die angewandten Methoden ausführlich und möglichst verständlich darstellen. Ein solcher Methodenbericht muss Angaben zu folgenden Punkten enthalten:

• Träger des Verfahrens und Verfahrensbeteiligte;

• Datengrundlage und Datenermittlung: Verfahren der Stichprobenziehung, Stichprobengröße, Befragungsart, Erhebungsinstrument (Fragebogen), Ausschöpfungsquote der Stichprobe, Verfahren der Plausibilisierung;

477

- Auswertung: Darstellung der Verfahren – Tabellen- oder Regressionsmietspiegel – Darlegung der Verfahrensschritte, Darstellung der Mietwerte, Ausweisung von Spannen, Feldbesetzung (bei Tabellenmietspiegeln);
- ggf. Dokumentation der Anpassung.

6.   Was ist bei der Anerkennung zu beachten?

Im GegenSatz zum einfachen Mietspiegel ist beim qualifizierten Mietspiegel die Anerkennung durch die Gemeinde oder durch die Interessenvertreter der Vermieter und der Mieter erforderlich.

Die Anerkennung durch die Gemeinde ist eine Willenserklärung, die vom zuständigen Organ der Gemeinde abgegeben werden muss. Ob dazu ein Ratsbeschluss erforderlich ist, ist eine Frage des Kommunalrechts. Abgrenzungskriterium dürfte regelmäßig sein, ob es sich um ein Geschäft der laufenden Verwaltung handelt. Dies wird in der Regel der Fall sein, sodass ein Ratsbeschluss dann nicht erforderlich ist. Der Mietspiegel hat weder eine unmittelbare Folgewirkung für die Gemeinde noch eine bindende Außenwirkung. Er begründet keine rechtlichen Verpflichtungen für die Gemeinde, sondern schafft lediglich mehr Rechtssicherheit bei den privatrechtlichen Beziehungen zwischen Mietern und Vermietern.

Die Anerkennung eines Mietspiegels durch Interessenvertreter der Vermieter und der Mieter erfordert eine darauf gerichtete Willenserklärung durch ein vertretungsberechtigtes Organ. Eine bestimmte Form ist dafür nicht vorgesehen. Daher ist es ausreichend, wenn die Interessenverbände, z.B. auf einer abschließenden Sitzung des Arbeitskreises Mietspiegel, die Anerkennung des Mietspiegels mündlich erklären. Existieren in einer Gemeinde mehrere Mieter- oder Vermieterverbände, genügt auf beiden Seiten die Anerkennung durch einen Verband.

7.   Was ist bei der zeitlichen Anpassung zu beachten?

Der qualifizierte Mietspiegel ist spätestens im Abstand von zwei Jahren der Marktentwicklung anzupassen und nach vier Jahren neu zu erstellen.

Die Fristen für die Anpassung bzw. Neuaufstellung eines Mietspiegels beginnen mit dem Geltungsbeginn des Mietspiegels. Der Geltungsbeginn sollte vom Mietspiegelersteller festgelegt werden und möglichst zeitnah an der Anerkennung liegen. Ist kein Geltungsbeginn festgelegt, so beginnen die Fristen mit dem Datum der Veröffentlichung des Mietspiegels.

Unterbleibt die rechtzeitige Anpassung, verliert der Mietspiegel seine Eigenschaft als qualifizierter Mietspiegel; er kann aber weiterhin als einfacher Mietspiegel zur Begründung eines Mieterhöhungsverlangens herangezogen werden.

Das Gesetz lässt zwei Arten der Anpassung zu: Die Anpassung mittels des vom Statistischen Bundesamt ermittelten Preisindexes für die Lebenshaltung aller privaten Haushalte in Deutschland sowie die Fortschreibung mittels einer Stichprobe. Welchem Verfahren der Vorzug zu geben ist, hängt von der jeweiligen Wohnungsmarktentwicklung ab und sollte vom Mietspiegelersteller bzw. dem Arbeitskreis Mietspiegel entschieden werden.

a) Anpassung mittels Index

Eine Indexfortschreibung bietet sich an, wenn davon ausgegangen werden kann, dass die Mieten aller Wohnungen in einer Gemeinde sich seit der Erstellung des letzten Mietspiegels im Wesentlichen gleichmäßig entwickelt haben, es also zu keinen größeren strukturellen Veränderungen gekommen ist. Die Anpassung erfolgt durch Multiplikation der Mieten mit dem Faktor, der sich aus der Veränderung des vom Statistischen Bundesamt ermittelten Preisindexes für die Lebenshaltung aller privaten Haushalte ergibt.

Die Indexfortschreibung ist ein einfach zu handhabendes und unaufwendiges Verfahren. Zwar kann die Mietenentwicklung mit diesem Verfahren nicht überall exakt erfasst werden. Jedoch werden sich die Abweichungen im Allgemeinen in solch geringen Größenordnungen bewegen, dass sie in Kauf genommen werden können, wenn man den hohen Aufwand bedenkt, der gegebenenfalls zur Erzielung höherer Genauigkeit erforderlich sein dürfte.

b) Anpassung mittels Stichprobe

Liegen Anhaltspunkte für stärkere Abweichungen der örtlichen Mietenentwicklung von der bundesweiten Preisentwicklung oder auch für größere strukturelle Veränderungen des örtlichen Wohnungsmarktes vor, sollte eher das Stichprobenverfahren gewählt werden.

Die Anpassung mittels einer Stichprobe kann mit relativ kleinem Stichprobenumfang durchgeführt werden, wobei es sich anbietet, die Stichprobe auf Grundlage der vorangegangenen Befragung zu ziehen. In diesem Fall sind besondere datenschutzrechtliche Anforderungen zu beachten.

3. Teil: Exkurs – Mietdatenbanken

Als zusätzliches Mittel für die Begründung eines Mieterhöhungsverlangens wurde durch die Mietrechtsreform die Mietdatenbank eingeführt. Gemäß § 558a Abs. 2 Nr. 2 BGB kann der Vermieter sein Mieterhöhungsverlangen auch durch Bezugnahme auf eine Auskunft aus einer Mietdatenbank begründen.

Was ist unter einer Mietdatenbank zu verstehen?

Eine Mietdatenbank ist eine fortlaufend geführte (EDV-gestützte) Sammlung von Mieten, die von der Gemeinde oder von Interessenvertretern der Mieter und Vermieter gemeinsam geführt oder anerkannt wird. Aus der Mietdatenbank können Auskünfte gegeben werden, die für einzelne Wohnungen einen Schluss auf die ortsübliche Vergleichsmiete zulassen.

Welche praktischen Erfahrungen mit Mietdatenbanken liegen vor?

Praktische Erfahrungen liegen bisher nur in Hannover vor, wo seit 1977 von einem dafür gegründeten Verein eine Mietdatenbank betrieben wird. In die dortige Datenbank werden die Mietangaben jedes Mieters oder Vermieters eingegeben, der eine Abfrage tätigt. Anfragenden Mietern bzw. Vermietern werden gegen entsprechendes Entgelt in der Regel die Adressen und Mietdaten von drei Vergleichswohnungen genannt. Zwei Wohnungen liegen dabei mit ihrer Miete dicht über dem für alle vergleichbaren Wohnungen ermittelten Mittelwert, eine weitere knapp darunter. Erfolgt aufgrund der Auskunft eine Mietänderung, so soll eine Rückmeldung erfolgen, welche in die Datei übernommen wird. Die Mietdatenbank Hannover wird somit aus den jeweiligen Anfragen von Mietern und Vermietern laufend aktualisiert.

Was ist beim Aufbau und Betrieb einer Mietdatenbank zu beachten?

Damit auf die ortsübliche Vergleichsmiete geschlossen werden kann, sind bei der Auswahl der Mietdaten zur Ermittlung der Vergleichsmiete für eine bestimmte Wohnung die gesetzlichen Vorgaben zur Ermittlung der ortsüblichen Vergleichsmiete einzuhalten. Hier ist analog zur Erstellung von Mietspiegeln vorzugehen (vgl. 2. Teil, Kapitel I.2.). Die Betreiber der Mietdatenbank müssen die Angaben der Vermieter und Mieter entsprechend überprüfen.

Auch beim Aufbau einer Mietdatenbank muss ein einheitlicher Mietbegriff zugrunde gelegt werden. Empfehlenswert ist der Aufbau einer Mietdatenbank auf der Basis von Nettomieten. Sind Betriebskosten in der Miete enthalten, müssen diese herausgerechnet werden (vgl. 2. Teil, Kapitel I.3.).

Um die Vergleichbarkeit der gesetzlich vorgegebenen Wohnwertmerkmale Art, Größe, Ausstattung, Beschaffenheit und Lage zu gewährleisten, sollten die gesammelten Mietdaten zudem möglichst differenziert erhoben werden.

Beim Aufbau und Betrieb einer Mietdatenbank sollten – unter Beachtung der datenschutzrechtlichen Vorgaben – die bei den am Ort ansässigen Interessenverbänden der Vermieter und Mieter vorhandenen Mietdaten möglichst umfassend genutzt werden. Sinnvoll ist es, wenn auch Wohnungsunternehmen und Hausverwaltungen den bei ihnen vorhandenen Datenbestand zur Verfügung stellen. Im laufenden Betrieb sollten

– wie in Hannover – die Mietangaben jedes Mieters oder Vermieters eingegeben werden, der eine Abfrage tätigt.

Zum Betreiben einer Mietdatenbank muss die dafür eingerichtete Stelle einen ständigen Geschäftsbetrieb aufrechterhalten. Sie muss erreichbar sein, neue Anfragen sichten und auswerten, die Datensammlung weiterführen und neu aufbereiten. Ein wirtschaftlicher Betrieb der Mietdatenbank ist gewährleistet, wenn die entstehenden Kosten über Auskunftsgebühren gedeckt werden.

Wie erfolgt die Auskunftserteilung?

Auf der Basis der Mietdatenbank sollen Auskünfte gegeben werden, die für einzelne Wohnungen einen Schluss auf die ortsübliche Vergleichsmiete zulassen. Dies ist auf verschiedene Arten (auch in Kombination) denkbar:

• Benennung von drei oder mehr Vergleichswohnungen;

• Angabe von Mittelwerten;

• Angabe von Spannen.

Unter Beachtung ausreichender Fallzahlen ist es auch denkbar, über Mietdatenbanken differenzierte Auskünfte zu bestimmten Wohnwertmerkmalen (z.B. Ausstattungs-, Beschaffenheitsmerkmale), z.B. mithilfe eines Systems von Zu- und Abschlägen, zu erhalten.

Welche datenschutzrechtlichen Vorgaben sind zu beachten?

Besteht die Auskunft aus der Benennung von Vergleichswohnungen mit Adresse, genauer Lage im Gebäude etc., müssen bei der Datenerfassung Angaben festgehalten werden, die die jeweilige Wohnung identifizieren. In diesem Fall werden personenbezogene Daten erhoben und zum Zweck der künftigen Übermittlung gespeichert. Sofern die Mietdatenbank von einer nicht öffentlichen Stelle betrieben wird, muss diese die Vorgaben des Bundesdatenschutzgesetzes beachten. Sollte die Mietdatenbank von einer öffentlichen Stelle betrieben werden, wären die Vorschriften des jeweiligen Landesdatenschutzgesetzes maßgeblich (vgl. 2. Teil, Kapitel I.6.). In den Fällen des Betreibens einer Mietdatenbank wird das Erheben, Speichern oder Verändern von Daten zum Zweck der Übermittlung personenbezogener Daten nur mit schriftlicher Einwilligung des Betroffenen zulässig sein. Für die Betreiber einer Mietdatenbank bedeutet dies in der Praxis, dass bei der Erhebung von Daten bereits auf dem Erfassungsbogen ein Hinweis darauf zu geben ist, dass die Angabe der Daten freiwillig erfolgt und einer schriftlichen Einwilligung bedarf. Zudem muss eine Aufklärung darüber stattfinden, dass die Wohnungsdaten in der Mietdatenbank gespeichert und an Dritte zum Zweck der Ermittlung von Vergleichsmieten weitergegeben werden sollen. Um eine datenschutzgerechte Ausgestaltung des Verfahrens zu gewährleisten, sollte vor Errichtung einer Mietdatenbank in jedem Fall der Landesbeauftragte für den Datenschutz bzw. die örtlich zuständige Aufsichtsbehörde für den Datenschutz beteiligt werden.

Wie kann eine hohe Akzeptanz erreicht werden?

Der wesentliche Unterschied der Mietdatenbank gegenüber einem Mietspiegel, der immer nur eine Momentaufnahme des Wohnungsmarktes darstellt, liegt in der fortlaufenden Erfassung von Daten. Damit ermöglicht eine Datenbank grundsätzlich eine hohe Aktualität, weist aber gegenüber einem qualifizierten Mietspiegel bisher eine geringere Repräsentativität auf.

Um eine hohe Akzeptanz bei allen Beteiligten zu erhalten und zu sichern, sollte darauf geachtet werden, dass Mietdaten nicht einseitig in die Datenbank einfließen. Dies erfordert eine möglichst breite Datenbasis unter Beteiligung aller wesentlichen Akteure des örtlichen Wohnungsmarktes. Nur wenn die Verbände der Mieter- und Vermieterseite mitwirken und ihre eigenen Datenbestände laufend zur Verfügung stellen, wird sich auch der Aufwand für den Betrieb der Datenbank in Grenzen halten und eine moderate Kalkulation der Auskunftsgebühren ermöglicht. Dies ist Voraussetzung für eine rege Inanspruchnahme der Datenbank, die wiederum eine hohe Aktualität der Daten begünstigt, da mit jeder Abfrage neue, aktuelle Mietangaben in die Datenbank einfließen.

Für Auskünfte aus einer Mietdatenbank gilt – anders als beim qualifizierten Mietspiegel – keine Vermutung für die Richtigkeit der Angaben. Wenn die Auskünfte aktuell und verlässlich sind, kann gleichwohl eine hohe Akzeptanz erreicht werden.

4. Teil: Anhang

1. Ablaufplanung der Mietspiegelerstellung

Im Folgenden ist exemplarisch die Ablaufplanung für die Erstellung eines Mietspiegels dargestellt. Die Erstellung eines Mietspiegels gliedert sich in drei Phasen:

- In der ersten Phase – der Vorbereitungsphase – werden die Rahmenbedingungen festgelegt, insbesondere wer bei der Erstellung mitwirkt und welche Art von Mietspiegel erstellt werden soll.

- In der zweiten Phase – der Erstellungsphase – werden die erforderlichen Daten beschafft und ausgewertet.

- In der letzten Phase – der Veröffentlichungsphase – wird der Mietspiegel der Öffentlichkeit zugänglich gemacht.

Der Zeitbedarf für die drei Phasen kann je nach Gemeinde und gewähltem Erstellungsverfahren sehr unterschiedlich sein.

Darüber hinaus sollte eine Dokumentation der für die Mietspiegelerstellung relevanten Aspekte erfolgen. Für den qualifizierten Mietspiegel ist eine Dokumentation vorgeschrieben (vgl. 2. Teil, Kapitel I.10. und II.5.).

Im Folgenden sind typischerweise anfallende Arbeitsschritte dargestellt. Ob alle Schritte erforderlich sind, hängt von der Art des Mietspiegels ab. Einzelne Arbeitsschritte können z.B.

- bei Mietspiegeln auf der Grundlage bereits vorhandener Daten teilweise entbehrlich sein (durch * gekennzeichnet) oder

- bei Mietspiegeln, die auf der Grundlage einvernehmlicher Bewertung durch lokale Wohnungsmarktexperten erstellt werden, zusätzlich hinzukommen (mit ** gekennzeichnet).

(1) Vorbereitungsphase:

- Entscheidung über die Einrichtung eines Arbeitskreises, ggf. Festlegung der Zuständigkeiten;

- Entscheidung über die Art des Mietspiegels;

- Entscheidung über die Finanzierung;

- Entscheidung darüber, ob der Mietspiegel selbst erstellt oder ob ein außenstehender Dritter beauftragt werden soll;

- Festlegung des Zeitplans;

- ggf. Festlegung des Stichtages für die Datenerhebung und Ausschreibung der Datenerhebung *;

- Klärung datenschutzrechtlicher Fragen.

(2) Erstellungsphase:

- Aufbereitung mietspiegelrelevanter Daten (Wohnungsbestand etc.);
- Beteiligung der Interessenvertreter usw. bei Zusammenstellung vorhandener Daten **;
- Festlegung des Fragebogeninhalts in Abstimmung mit den Beteiligten, insbesondere auch den Interessenvertretern;
- Stichprobenziehung *;
- Datenerhebung/Befragung *;
- Zusammenstellung der Daten;
- Plausibilitätsprüfung;
- Bereinigung der Stichprobe *;
- Auswertung der Daten;
- Abstimmung mit Interessenvertretern **;

- ggf. Beschluss eines Gemeindeorgans.

(3) Veröffentlichungsphase:

- Veröffentlichung (z.B. im Amtsblatt oder auf sonstige Weise);
- Dokumentation.

2. Wohnwertmerkmale

a) Art

- **Gebäudeart:** Bei diesem Merkmal sollte grundsätzlich zwischen Ein- und Zweifamilienhäusern und Mehrfamilienhäusern unterschieden werden. Insbesondere im
Segment der Einfamilienhäuser vollzieht sich die Mietpreisbildung oft nach Kriterien, die einer Normierung nur schwer zugänglich sind, wie der Größe und Ausrichtung des Gartens (Süd- oder Nordausrichtung) oder besonderen Ausstattungsmerk-
malen (z.B. Sauna, Kamin). Zudem variieren hier auch die Wohnungsgrößen sehr
stark, sodass der Ausweis einer ortsüblichen Vergleichsmiete in diesem Segment
nur bedingt möglich ist. Etwas anders verhält es sich bei den eher standardisierten
Reihen- und Doppelhaushälften. Eine Entscheidung über die Berücksichtigung im
Mietspiegel sollte von der Bedeutung dieses Segments für den Mietwohnungsmarkt
abhängig gemacht werden.
Die Gebäudeart ist aber auch innerhalb der Gruppe der Mehrfamilienhäuser von
Bedeutung. In Abhängigkeit von der Größe des Wohnungsmarktes werden oftmals
für Hochhäuser ab einer bestimmten Stockwerkszahl geringere Mieten verlangt als
z.B. für drei- bis fünfgeschossige Mehrfamilienhäuser.
- **Wohnungstyp:** Ein grundlegendes Unterscheidungsmerkmal für den Wohnungstyp
ist die Abgeschlossenheit einer Wohnung. Als abgeschlossen werden solche Wohnungen bezeichnet, die über einen eigenen Eingang verfügen und bei denen sämtliche Räume (z.B. Toilette, Küche, Bad) allein dieser Wohnung zuzurechnen sind
und nicht gemeinschaftlich genutzt werden.

Zu speziellen Wohnungstypen, die im Mietspiegel ein eigenes Wohnungsmarktsegment begründen können, zählen folgende Typen:

- Apartment (abgeschlossene Einzimmerwohnung mit Kochnische und separatem
Bad oder Dusche sowie WC);
- Maisonette-Wohnung (über zwei oder mehr Geschosse, die mit innenliegender
Treppe verbunden sind);
- Souterrain-Wohnung (teilweise unterhalb der Geländeoberfläche gelegen);
- Penthouse-Wohnung (eigenständige Wohneinheit auf einem höheren Gebäude mit
großzügiger Dachterrasse, meist zurückgesetzt vom Hausgrund).

Eine gesonderte Berücksichtigung dieser speziellen Wohnungstypen im Mietspiegel sollte von ihrer Bedeutung für den örtlichen Wohnungsmarkt abhängig gemacht werden.

b) Größe

Das Vergleichsmerkmal Größe hat erfahrungsgemäß einen großen Anteil an der Erklärung der Mietwertunterschiede zwischen Wohnungen. Im Allgemeinen können für kleinere Wohnungen höhere Quadratmetermieten als für größere Wohnungen vereinbart werden. Relativ geringe größenbezogene Preisdifferenzen ergeben sich für die Masse der Wohnungen mittlerer Größe, also z.B. für 2- bis 4-Zimmer-Wohnungen, je nach Wohnungsmarkt mit einer Größe zwischen ca. 50 qm und 90 qm. Größenangaben in Mietspiegeln sollten sich nur auf solche Wohnungen beziehen, die auf den einzelnen Wohnungsmärkten auch tatsächlich existieren und für die auch Beobachtungswerte vorliegen.

In der Praxis spielt die Ermittlung der Wohnungsgröße eine große Rolle. Zwingende gesetzliche Regelungen gibt es für den preisfreien Wohnungsbau nicht. Problematisch ist dabei vor allem immer wieder die Flächenberechnung von Balkonen, Freisitzen, Terrassen. Hier sollte im Fragebogen und dann im Mietspiegel zur späteren Streitvermeidung angegeben werden, wie diese Fläche aus Gründen der Vereinheitlichung angerechnet werden soll.

c) Ausstattung

Die klassische Untergliederung orientierte sich an folgenden Abgrenzungen:
• ohne Innen-WC, ohne Sammelheizung (SH), ohne Bad/Dusche;
• mit Innen-WC, ohne SH, ohne Bad/Dusche;
• mit Innen-WC, mit SH, ohne Bad/Dusche;
• mit Innen-WC, mit SH und Bad/Dusche.

Wohnungen der ersten Kategorie gehören auf fast allen Wohnungsmärkten mittlerweile zur Ausnahme, eingeschränkt gilt dies auch für die zweite Kategorie. Wegen ihrer geringen Anzahl ist ein differenzierter Ausweis dieser beiden Kategorien im Allgemeinen nicht mehr möglich. Die beiden anderen Kategorien beschreiben dagegen den Standard heutiger Wohnungsausstattungen und eignen sich aus diesem Grund nur bedingt zur Erklärung ausstattungsbedingter Mietpreisunterschiede.

Zusätzlich zu den Standardmerkmalen sollten daher weitere Ausstattungsmerkmale in den Mietspiegel einbezogen werden. Für alle Ausstattungsmerkmale gilt, dass sie nur dann zur Bestimmung der ortsüblichen Vergleichsmiete herangezogen werden dürfen, wenn sie vom Vermieter gestellt worden sind. Vom Mieter selbst geschaffene Ausstattungsmerkmale, deren Kosten nicht vom Vermieter erstattet werden, müssen bei der Mietspiegelerstellung unberücksichtigt bleiben. Zu geeigneten Kriterien hierfür vgl. 4. Teil, Anhang, Kapitel 3.b., Punkt „Angaben zur Ausstattung".

d) Beschaffenheit

Die bisher für die Bestimmung der Beschaffenheit häufig übliche Gruppierung des Wohnungsbestandes nach Baualtersklassen sollte bei jedem Mietspiegel überprüft werden. Eine Reihe von Untersuchungen hat gezeigt, dass der Einfluss des Baualters als mietpreisdifferenzierendes Merkmal zunehmend geringer wird, zumal ein immer größerer Teil des Altbaubestandes modernisiert wird. Dies führt dazu, dass immer mehr ältere Wohnungen nicht mehr mit der Beschaffenheit von Wohnungen derselben Baualtersklasse vergleichbar sind. Neben dem Baualter haben daher Umfang und Art von Modernisierungen bei älteren Gebäuden und Wohnungen einen wesentlichen Einfluss auf den Mietpreis, denn mit steigendem Alter wird der Zustand der Wohnungen und des Gebäudes immer wichtiger.

Die nachträgliche Veränderung der Beschaffenheitsmerkmale einer älteren Wohnung bzw. eines älteren Gebäudes durch Modernisierungsmaßnahmen, mittels derer eine Wohnung ganz oder in Teilen mit einer Neubauwohnung vergleichbar geworden ist, kann auf zwei Arten im Mietspiegel berücksichtigt werden. Zum einen durch eine Zuordnung der Wohnung in eine jüngere Baualtersklasse, zum anderen durch die Berücksichtigung einzelner, im Allgemeinen häufig durchgeführter Modernisierungsmaßnahmen, ähnlich wie beim Vergleichsmerkmal Ausstattung.

Für die Einordnung einer Wohnung in eine jüngere Baualtersklasse reichen einzelne Modernisierungsmaßnahmen im Allgemeinen nicht aus, die Wohnung muss vielmehr durch die Modernisierung weitgehend den baulichen Standard einer Neubauwohnung erhalten haben.

Empfehlenswert ist es, verschiedene Modernisierungen und das Jahr der jeweiligen Durchführung zu berücksichtigen, soweit dies mit der gewählten Erhebungsmethodik vereinbar ist. Geeignete Kriterien hierfür sind im 4. Teil, Anhang, Kapitel 3.b., Punkt „Angaben zur Beschaffenheit eines Gebäudes/einer Wohnung einschließlich Angaben zu Erneuerungen bzw. Modernisierungen", aufgelistet.

Falls in Mietspiegeln an der Einteilung nach Baualtersklassen festgehalten wird und einzelne Modernisierungsmaßnahmen nicht gesondert berücksichtigt werden, sollte erläutert werden, in welcher Weise die Einordnung modernisierter Wohnungen zu erfolgen hat.

Werden Baualtersklassen gewählt, dann sollte der Mietspiegelersteller sich bewusst sein, dass diese ein Indiz für unterschiedliche Beschaffenheit sein sollen. Willkürliche

Einstufungen oder starre 10-Jahresstaffeln sind daher zu vermeiden. Der Ersteller sollte vielmehr versuchen, unterschiedliche Beschaffenheiten, die auf systematischen Einflüssen – z.B. auf veränderten gesetzlichen Vorgaben oder technischen Entwicklungen – beruhen, für die Differenzierung zu nutzen.

Soweit der energetische Zustand eines Hauses künftig eine größere Bedeutung für die Miete bekommt, sollte auch eine diesbezügliche Differenzierung vorgenommen werden.

e) Lage

Schwierigkeiten bereitet es in der Praxis oftmals, den Einfluss des Wohnwertmerkmals Lage festzustellen. Dies kann entweder im Rahmen der Mietspiegelerhebung oder durch zusätzliche Erhebungen bzw. Auswertungen (z.B. der Bodenrichtwertkarte) geschehen.

Wesentliche Kriterien für unterschiedliche Wohnlagen können dem 4. Teil, Anhang, Kapitel 3.b., Punkt „Angaben zur Lage einer Wohnung im Gemeindegebiet", entnommen werden.

Die Differenzierung der Lage sollte in Abhängigkeit von der Größe und Verschiedenartigkeit des untersuchten Wohnungsmarktes vorgenommen werden. In der Praxis hat sich dabei die Einteilung in zwei oder drei Wohnlagen (z.B. einfach, mittel, gut) bewährt, die häufig in einer dem Mietspiegel beiliegenden Karte oder einem beigefügten Straßenkataster festgelegt sind.

3. Grundlagen der Befragung

Bei der Erstellung eines Fragebogens sollten folgende Anforderungen beachtet werden:

- Die Fragen müssen eindeutig sein.
- Die Fragen müssen möglichst einfach sein.
- Der Fragebogen muss logisch aufgebaut sein.

Der Fragebogen gliedert sich in zwei Teile:

- Im ersten Teil, dem Kontaktfragebogen, wird ermittelt, ob eine Wohnung mietspiegelrelevant ist.
- Im zweiten Teil, dem Hauptfragebogen, werden die für die Erhebung notwendigen Informationen über Mieten, Ausstattung der Wohnung etc. erhoben.

a) Kontaktfragebogen

Der Kontaktfragebogen enthält die Fragen, die zur Aussonderung der nicht mietspiegelrelevanten Wohnungen und Mietverträge (siehe 2. Teil, Kapitel I.2.) von der Befragung und der Erstellung des Mietspiegels notwendig sind.

Die textliche Gestaltung der Fragen sollte berücksichtigen, dass für den „Normalmieter und Interviewer" ungeläufige Sachverhalte verständlich erläutert werden, um eine inhaltlich korrekte Beantwortung zu gewährleisten.

Die Reihenfolge der Fragen sollte nach ihrem Schwierigkeitsgrad und der zu erwartenden Häufigkeit der Fälle, bei denen das Kriterium zutrifft und die Befragung abgebrochen wird, bestimmt werden. Beispielsweise könnte der Kontaktfragebogen folgende Filterreihe aufweisen:

- Eigentümer/Untermieter;
- mietfreier Wohnraum;
- Jugend- oder Studentenheime;
- sonstige Heime;
- Mischnutzung (Gewerbe/Wohnen);
- Wohnraum ist Teil der vom Eigentümer selbstgenutzten Wohnung;
- möblierter Wohnraum (sofern die Möblierung über landesgesetzliche Vorgaben hinausgeht);
- Mietverträge, die nicht innerhalb der letzten vier Jahre vor dem Erhebungsstichtag abgeschlossen wurden oder bei denen die letzte Mieterhöhung mehr als 4 Jahre vor dem Erhebungsstichtag stattgefunden hat;
- geförderter Wohnraum mit unmittelbarer Mietpreisbindung;
- städtische Unterkünfte (z.B. Obdachlosen-, Asylbewerberheime);
- Verwandtschaftsverhältnis zum Vermieter.

Bereits der Kontaktfragebogen sollte Hinweise auf die Freiwilligkeit der Teilnahme und die Beachtung datenschutzrechtlicher Anforderungen enthalten.

b) Hauptfragebogen

Die Struktur des Hauptfragebogens wird hauptsächlich durch die im Gesetz genannten Wohnwertmerkmale und durch Fragen zum Mietverhältnis, zum Mietvertrag sowie zur Mietzahlung bestimmt. Bei der folgenden Auflistung handelt es sich um einen Beispielkatalog.

Die konkrete Ausgestaltung des Hauptfragebogens ist in Abhängigkeit von den Strukturen des jeweiligen Wohnungsmarktes vorzunehmen.

Angaben zum Mietverhältnis, zum Mietvertrag und zur Mietzahlung

- Art des Mietvertrages (Netto-, Brutto- oder Teilinklusivmiete; Zeitmiete, Staffelmiete, Indexmiete);

- Betrag der gesamten monatlichen Mietzahlung, ggf. inkl. Nebenkosten, Zuschläge usw., am Stichtag der Datenerhebung;

- Betrag und Grund von Mietzuschlägen (z.B. Garage);

- Betrag und Grund von Mietermäßigungen (z.B. für Hausmeistertätigkeit);

- Betrag und Grund von Mietminderungen (z.B. Schimmel in der Wohnung);

- Zeitpunkt der letzten Mieterhöhung (ohne Nebenkosten);

- Dienst- oder Werkwohnungen (wenn nicht über Kontaktfrage gefiltert);

- Angaben zur Durchführung und Kostentragung von Schönheitsreparaturen;

- Angaben zur Nebenkostenabrechnung:

  - Nebenkostenvorauszahlung oder -pauschale;

  - Abrechnungszeitraum (z.B. jährlich, halbjährlich);

  - Betrag der Betriebskostennachzahlung oder -rückzahlung (konkreten Bezugszeitraum nennen!);

  - Angaben zu den umgelegten Nebenkosten (z.B. für öffentliche Lasten, Wasserversorgung, Entwässerung, Heizung, Warmwasser, Aufzug, Straßenreinigung, Müllabfuhr, Hausreinigung, Gartenpflege, Beleuchtung, Schornsteinreinigung, Versicherung, Hausmeister).

Angaben zur Art des Gebäudes/der Wohnung

- Anzahl der Geschosse;

- Gebäudemerkmale (z.B. Aufzug, freistehendes Gebäude, ein- oder zweiseitig angebaut, Hinterhaus, Rückgebäude, stufenfreier Zugang zur Wohnung, Etagen- oder Außenflure, Anzahl der Wohnungen auf einer Etage);

- Gebäudetyp (Ein-, Zwei-, Drei- oder Vier- und Mehrfamilienhaus, Doppelhaushälfte, Reihenhaus);

- Wohnungstyp (Apartment, Maisonette-Wohnung, Souterrain-Wohnung, Penthouse-Wohnung, Einliegerwohnung im Einfamilienhaus, komplettes Einfamilienhaus).

Angaben zur Größe der Wohnung

- Wohnfläche (Frage nach Balkon- oder Terrassenfläche);

- Anzahl der Wohnräume.

Angaben zur Ausstattung

- Beheizung:

- Unterscheidung nach Fernheizung, Blockheizung bzw. Blockheizkraftwerk, Zentralheizung, Etagenheizung, Nachtstromspeicherheizung, Einzelöfen (Gas, Kohle, Öl), teilweise Beheizung;

- Bestehen eines Wärmeliefervertrages mit einem gewerblichen Wärmelieferanten (Wärmecontracting).

- Bad, Toilette:

  - separates Badezimmer oder Badenische (Länge und Breite des Bades);

  - Gäste-WC;

  - Badewanne und (separate) Duschtasse (mit fester Duschabtrennung), Bidet;

  - fehlendes Waschbecken, zwei Waschbecken;

  - Verfliesung (z.B. deckenhoch);

  - Messeinrichtungen für die Wasserver- und -entsorgung, um den individuellen Verbrauch zu ermitteln.

- Küche:

  1. Kochnische, Koch- oder Wohnküche;

  2. Warmwasserversorgung, Versorgungs- und Entsorgungsanschlüsse;

  3. Fliesenspiegel;

  4. Küchengeräte (Elektro-, Gas-, Mikrowellenherd, Kühl-, Gefrierschrank, Dunstabzugshaube, Geschirrspülmaschine).

- Grundriss- und Zimmermerkmale:

  - Wohndiele, Speisekammer;

  - Größe des kleinsten und größten Wohnraumes;

  - Wohnraumhöhe;

  - gefangene Räume (Durchgangszimmer; Räume, die nur über einen anderen Raum zu erreichen sind).

- Balkon, Terrasse, Garten:

  - Balkon oder Loggia mit Größenangabe, evtl. mit Angaben zur Ausrichtung (Nord- oder Südbalkon) oder zur Nutzbarkeit;

  - Terrasse, Dachterrasse mit Größenangabe (evtl. mit Angaben zur Pflasterung).

- Alters- und behindertengerechte Ausstattung:

  - Altersgerechte Ausstattung;

  - Behindertengerechte Ausstattung;

  - Betreuungsvertrag (betreutes Wohnen), sowohl entgeltlich als auch unentgeltlich.

- Andere vom Vermieter fest installierte Einrichtungen in der Wohnung:

  - Besonders gestaltete Fenster (z.B. Rundbogen- oder Sprossenfenster);

- Verglasung der Fenster (unterschiedlicher Wärmedämmstandard – Zwei-Scheiben-Isolierverglasung bzw. Dämmverglasung oder höherwertige Wärmeschutzverglasung; Abfrage von k-Werten und speziellen Funktionen der Verglasung – Schallschutzverglasung, einbruchhemmende Verglasung – bei Vermieterbefragungen möglich);

- Rollläden an allen Fenstern;

- Anschluss an Satellitenanlage/Kabelanschluss in der Wohnung;

- Abstellkammer (begehbar, größer als 1 qm) in der Wohnung;

- Einbauschränke;

- Holztäfelung, Stuck;

- Gegensprechanlage;

- besondere Sicherheitsausstattung (z.B. Türspion, Sicherheitsschlösser ohne überstehenden Schließzylinder);

- Oberböden (ohne Bodenbelag vermietet, Teppichböden, Laminatböden, Holzdielen, Parkett-/Fliesenfußböden, Marmorfußboden oder gleichwertige Natursteine);

- offener Kamin, Kaminofen, Kachelofen;

- Elektro-/Gas-/Wasserinstallation über Putz verlegt.

• Vom Vermieter gestellte und außerhalb der Wohnung liegende Räume bzw. Einrichtungen:

- Aufzug, über den die Wohnung zu erreichen ist;

- Waschmaschine, Wäschetrockner, Trockenraum;

- Fahrradkeller, -abstellraum, Hobby-, Werkraum;

- Speicherraum (Dachboden);

- Kinderspielplatz, Grillplatz;

- Sauna, Schwimmbad;

- Garten zur alleinigen Nutzung oder zur Mitbenutzung;

- Einzel-, Doppelgarage, Stellplatz.

Angaben zur Beschaffenheit eines Gebäudes/einer Wohnung einschließlich Angaben zu Erneuerungen bzw. Modernisierungen

• Baualter des Gebäudes;

• Jahr der Fertigstellung der Wohnung;

• erstmaliger Einbau einer Heizung;

• nachträgliche Erneuerung der Heizung;

• erstmaliger Dusch- oder Badeinbau;

491

- Baderneuerung bzw. -modernisierung;
- Zwei-Scheiben-Isolierverglasung bzw. Dämmverglasung bei allen Fenstern und Außentüren (z.B. Wohnungstür, Türen zu Balkonen);
- Nachträglicher Einbau einer höherwertigen Verglasung, z.B. höherwertige Wärmeisolierung, Schallschutz, Einbruchschutz;
- Wärmedämmung (Dämmung der Außenwände, des Daches oder der Kellerdecke);
- Türenmodernisierung;
- Fußbodenerneuerung, d.h. eine über die reine Oberflächeninstandhaltung/-instandsetzung hinausgehende Verbesserung, z.B. Fliesen- oder Parkettverlegung;
- Leitungsmodernisierung (Elektroinstallationen einschließlich Verstärkung der Leistungsquerschnitte);
- Modernisierung der Wasserver- und -entsorgung, z.B. Verlegung neuer Anschlüsse für Waschmaschine, Wäschetrockner oder Spülmaschine innerhalb von Wohnungen;
- Verbesserung der Wohnverhältnisse durch Veränderung des Wohnungsgrundrisses.

Angaben zur Lage einer Wohnung im Gemeindegebiet

- Umgebende Nutzung (Wohnen, Gewerbe);
- Bebauung, baulicher Zustand des Wohnumfeldes;
- Straßenbild (gepflegt, ungepflegt);
- Bestand an Grün- und Freiflächen;
- Beeinträchtigung durch Lärm, Geruch;
- Verkehrsanbindung;
- Infrastrukturausstattung (Einkaufen, Schulen, Kindergärten, Freizeitwert).

Bei den Angaben zur Ausstattung ist zu beachten, dass nur vom Vermieter gestellte Ausstattung für die Mietspiegelbefragung relevant ist.

Wiederholungsbefragung

Ist eine Fortschreibung des Mietspiegels auf der Grundlage der durchgeführten Erhebung geplant, muss aus Gründen des Datenschutzes auch eine Frage zur Bereitschaft an der Teilnahme einer Wiederholungsbefragung in den Fragebogen aufgenommen werden.

4.　Methodik

a) Befragungsarten

Mieterbefragung

Mieterbefragungen sind die in der Praxis am häufigsten anzutreffende Befragungsform bei der Mietspiegelerstellung. Mit dieser Erhebungsform erhält man relativ einfach eine repräsentative Stichprobe auf der Basis einer Haushaltsdatei, sofern diese von der Gemeinde zur Verfügung gestellt wird. Die ausgewählten Mieter können im Rahmen von mündlichen, schriftlichen und eingeschränkt auch telefonischen Befragungen zu den Eigenschaften ihrer Wohnung befragt werden.

Der Nachteil von Mieterbefragungen ist, dass sie einerseits aufgrund der Komplexität und Differenziertheit des Fragenkatalogs sehr betreuungsintensiv sind, und dass den Mietern andererseits nicht immer alle wohnwertbestimmenden Merkmale ihrer Wohnung bekannt sind, insbesondere in Bezug auf die Merkmale Größe und Beschaffenheit. Aus methodischer Hinsicht sollten Mieterbefragungen daher immer in Form persönlicher Befragungen durchgeführt werden. Mithilfe geschulter Interviewer können einzelne Merkmale der Wohnung begutachtet und kann auch u. U. Einsicht in die Mietabrechnung genommen werden. Dieses Vorgehen verursacht jedoch einen hohen Bearbeitungs- und Kostenaufwand.

Vermieterbefragung

Die Erhebung der für die Mietspiegelerstellung notwendigen Daten kann auch im Rahmen einer Vermieterbefragung durchgeführt werden. Dieses Instrument wird in der Praxis relativ selten angewandt, weil persönliche und telefonische Befragungen im Allgemeinen nicht möglich sind. Viele Vermieter haben ihren Wohnsitz nicht in der Gemeinde, für die ein Mietspiegel erstellt werden soll.

Wird jedoch eine schriftliche Vermieterbefragung durchgeführt, bietet sie auch eine Reihe von Vorteilen. Vermieter haben in der Regel ausreichende Kenntnis über die Wohnwertmerkmale ihrer Wohnungen und können auch Angaben zum Zustand des Gebäudes machen. Insbesondere bei älteren Gebäuden lässt sich das Merkmal der Beschaffenheit nur dann zutreffend beschreiben, wenn Informationen über Art, Umfang und Datum von etwaigen Modernisierungen erfragt werden können. Darüber hinaus ist diese Befragungsvariante mit vergleichsweise geringen Kosten verbunden.

Voraussetzung für eine Befragung der Vermieter ist das Vorhandensein einer Gebäudedatei, die die Adressen der Vermieter enthält oder um diese ergänzt werden kann.

Telefonische Befragung

Erhebungen, die allein auf telefonischen Befragungen basieren, sind angesichts der komplexen Materie im Fall der Mietspiegelerstellung grundsätzlich nicht zu empfehlen. Sinnvoll können jedoch sog. Telefonscreenings sein. Bei diesen kann durch telefonische Befragungen beispielsweise die Bruttostichprobe (vgl. 2. Teil, Kapitel II.2.c) um diejenigen nicht mietspiegelrelevanten Wohnungen bereinigt werden, die nicht schon vor Ziehung der Stichprobe ausgesondert werden konnten. Dies senkt den Befragungsaufwand.

Schriftliche Befragung

Schriftliche Befragungen eignen sich insbesondere für Befragungen von Vermietern. Ihr Vorteil sind der vergleichsweise geringe Bearbeitungsaufwand und die relativ geringen Kosten. Ihr Nachteil ist die mangelnde direkte Kontrolle der Richtigkeit der Angaben, etwa wenn zur Beantwortung eine genaue Durchsicht einzelner Unterlagen erforderlich ist. Zur Qualitätssicherung der Angaben sind umfangreiche Plausibilitätsprüfungen notwendig. Ebenfalls problematisch ist der teilweise geringe Rücklauf. Um den Rücklauf zu erhöhen, sollte der Befragung in jedem Fall ein Begleitschreiben der Gemeinde und ggf. auch der Interessenverbände beigelegt werden, in dem auf die Bedeutung der Mietspiegelerhebung hingewiesen und an die Bereitschaft zur Mitarbeit appelliert wird. Zudem sollte eine schriftliche Befragung von einer intensiven Nachfassaktion begleitet werden, z.B. durch eine schriftliche oder telefonische Erinnerung oder die erneute Versendung von Fragebögen.

Persönliche Befragung

Persönliche Befragungen durch geschulte Interviewer eignen sich insbesondere für Befragungen der Mieter. Die Interviewer können den Mieterhaushalten auch komplexere Sachverhalte (z.B. die Erfassung umgelegter und nicht umgelegter Betriebskosten) erläutern und hierdurch im Allgemeinen eine hohe Datenqualität erzielen. Allerdings sind auch hier Plausibilitätskontrollen vorzusehen, da den Interviewern nicht immer Einsicht in die privaten Unterlagen gewährt wird. Aufgrund des großen personellen Aufwands ist die persönliche Befragung allerdings mit vergleichsweise hohen Kosten verbunden.

Bei der Auswahl der Interviewer sollte die Gemeinde ggf. prüfen, inwieweit zur Senkung des Aufwandes auf Mitarbeiter der öffentlichen Verwaltung zurückgegriffen werden kann. Vor Beginn der Befragung ist eine Schulung der Interviewer durchzuführen. Insbesondere beim EinSatz nicht professioneller Interviewer ist eine intensive Interviewerschulung von großer Bedeutung. In dieser Schulung sind das Vorgehen während der Befragung sowie die inhaltliche Bedeutung der einzelnen Fragen zu erörtern. Bewährt hat sich in diesem Zusammenhang die Zusammenstellung eines Interviewerhandbuches, in dem die einzelnen Fragen im Hinblick auf deren Bedeutung und mögliche Unklarheiten bei der Beantwortung dargestellt werden.

Wichtig ist auch die Sensibilisierung der Interviewer für Datenschutzaspekte.

Nutzung von Datenbanken

Datenbankgestützte Befragungen gewinnen zunehmend an Bedeutung. So kann in Gemeinden, in denen die Mietwohnungsbestände in der Hand weniger Wohnungsunternehmen liegen und diese über differenzierte Datenbanken verfügen, eine Struktur der Bestandsmieten erarbeitet werden, die einen großen Teil des örtlichen Mietwohnungsmarktes erfasst.

Der große Vorteil bei der Übernahme von Angaben aus Datenbanken ist die Zuverlässigkeit der ermittelten Daten sowie die kostengünstige Durchführung. Eine wichtige Voraussetzung bei diesem Verfahren ist allerdings, dass alle für die Erstellung des Mietspiegels relevanten Daten vorliegen. Problematisch an der Nutzung vorhandener Datenbanken ist jedoch, dass meist nur für ausgewählte Teilbestände der mietspiegelrelevanten Wohnungen Datenbanken vorliegen. Eine vollständige Erfassung des Wohnungsmarktes mithilfe vorhandener Datenbestände ist nur selten möglich. Wenn eine repräsentative Mietübersicht angestrebt wird, sollte daher die Nutzung vorhandener Datenbanken durch Datenerhebungen ergänzt werden.

Kontrollverfahren und Plausibilitätsprüfung

Entscheidend für die Zuverlässigkeit der im Mietspiegel ausgewiesenen Werte ist die Qualität der erhobenen Daten. Deshalb sind Kontrollen der Befragungsergebnisse unerlässlich. Bewährt hat sich ein stichprobenartiges Nachfragen auf telefonischem oder postalischem Wege bezüglich der Angaben des Befragten bzw. Interviewten.

Darüber hinaus muss im Anschluss an jede Befragung eine umfassende Plausibilitätsprüfung vorgenommen werden, denn unabhängig von der Wahl des Verfahrens ergeben sich eine Reihe potenzieller Fehlerquellen fehlerhafte Haushalts- oder Gebäudedatei, Fehler beim Ausfüllen des Fragebogens, fehlerhafte Intervievereinträge, Fehler bei der Eingabe der Daten.

Plausibilitätsprüfungen werden anhand der bei der Befragung ermittelten Angaben durchgeführt. Generell sollten alle Fragebögen bzw. Interviews einer Plausibilitätsprüfung unterzogen werden, um zum einen ein Maß für die Qualität der Erhebung zu erhalten und um zum anderen Interviews mit unplausiblen Angaben von der Auswertung ausschließen zu können. Die Plausibilitätsprüfung ist ein entscheidendes Instrument zur Erstellung zuverlässiger Mietspiegel.

- Vollständigkeitsprüfung: Damit wird das Vorhandensein aller zur Auswertung notwendigen Angaben überprüft.

- Konsistenzprüfungen: Sie umfassen u.a. die Prüfung der Konsistenz der Angaben eines Interviews. Mit ihrer Hilfe können unplausible Angaben zu Wohnungs- und Gebäudemerkmalen identifiziert werden. Schon bei der Erstellung des Fragenkataloges für die Befragung sollten durch die Einführung von Kontrollfragen möglichst gute Voraussetzungen für eine effektive Plausibilitätsprüfung geschaffen werden.

Im Rahmen der Dokumentation qualifizierter Mietspiegel müssen die verschiedenen Kontrollverfahren und Plausibilitätsprüfungen umfassend dokumentiert werden. Auch bei einfachen Mietspiegeln empfiehlt sich eine entsprechende Dokumentation.

b) Stichprobenarten

Ungeschichtete Zufallsstichproben

Die Ziehung ungeschichteter Zufallsstichproben gehört zum Standardrepertoire der die mietspiegelrelevanten Auswahlgrundlagen verwaltenden Institutionen. Dies gilt insbesondere bei einer Stichprobenziehung aus der Einwohnermeldedatei der Gemeinde. Empfehlenswert ist eine EDV-gestützte Ziehung, z.B. in Zusammenarbeit mit den Daten verwaltenden Rechenzentren.

Ein weiteres Verfahren zur zufälligen Ermittlung von Haushaltsadressen ist das sog. Random-Route-Verfahren, das besonders dann zum EinSatz kommen kann, wenn keine geeignete Auswahlgrundlage vorhanden ist und umfangreiche Vorbereinigungen der Stichprobe notwendig sind. In diesem Verfahren wird lediglich festgelegt, nach welchem System Wohnungen für die Erhebung von Daten zur Mietspiegelerstellung ausgesucht werden. Bei diesem Verfahren bekommt der Mitarbeiter, der die Adressen erhebt, z.B. folgende Anweisung: „Von der festgelegten Startadresse ausgehend soll jeder 10. Haushalt erhoben werden. Es werden die Hausnummern aufwärts und in den Häusern die Wohnungen vom unteren zum oberen Stockwerk gezählt."

Dieses Verfahren setzt geschulte Interviewer voraus und sollte nur dann angewendet werden, wenn keine Haushalts- oder Wohnungsadressen verfügbar sind. Darüber hinaus muss bei der Anwendung dieses Verfahrens besonders darauf geachtet werden, dass der relevante Mietwohnungsbestand innerhalb des Gemeindegebietes repräsentativ erfasst wird.

Disproportional geschichtete Zufallsstichproben

In diesem Verfahren wird nicht – wie bei der ungeschichteten Zufallsstichprobe – eine Stichprobe aus allen Haushaltsadressen gezogen, sondern die Stichprobe wird zunächst in verschiedene Teilstichproben, die Schichten, aufgeteilt. Eine Schichtungsanweisung kann beispielsweise sein, die Haushaltsadressen nach verschiedenen Baualtersgruppen zu gruppieren.

Durch diese Schichtung kann die Anzahl der pro Mietspiegelkategorie durchzuführenden Interviews optimiert werden. Dies wird dadurch erreicht, dass Wohnungstypen, die im gesamten mietspiegelrelevanten Bestand (der sog. Grundgesamtheit) häufiger auftreten, in der Stichprobe mit ebenso vielen Repräsentanten vertreten sind wie Wohnungstypen, die nur einen kleinen Teil der Grundgesamtheit ausmachen. Aus diesem Grund spricht man auch von einer disproportional geschichteten Stichprobe.

Um eine Schichtung der Stichprobe durchzuführen, muss die Datei mit den Haushaltsadressen, soweit möglich, noch um die Gebäude bzw. Wohnungsmerkmale ergänzt werden, die bei der Schichtung berücksichtigt werden sollen. Solche Merkmale können sein:

- Gebäudedaten;
- Wohnungsanzahl;
- Wohnlage;
- Baualter/Beschaffenheit;
- Wohnungsdaten;
- Wohnungsgröße;
- Ausstattung.

Diese Daten können aus folgenden Quellen ermittelt werden:

- **Wohnlagenkataster:** Wohnlagen werden in den meisten Mietspiegeln als Unterscheidungsmerkmal verwendet. Hierzu sollten Dateien über die Wohnlageneinordnung der jeweiligen Adressen vorliegen bzw. im Rahmen der Vorbereitung des Mietspiegels erhoben werden. Die Wohnlageninformation erlaubt die Schichtung der Stichprobe nach dem Merkmal „Wohnlage".

- **Baualter:** In manchen Gemeinden liegen Gebäudedateien vor, die das Baualter ausweisen. Wenn die Beschaffenheit über das Baualter erfasst wird, kann diese Information zur Schichtung der Stichprobe genutzt werden.

- **Wohnungsdaten:** Wohnungsdaten wie Wohnungsgröße und Ausstattung sind in den Gebäudedateien der Gemeinden meist nicht enthalten. Wohnungsdaten liegen jedoch dann vor, wenn auf eine bereits durchgeführte Befragung zurückgegriffen werden kann (sog. Fortschreibung).

5. Checkliste einfacher/qualifizierter Mietspiegel

	Einfacher Mietspiegel	**Qualifizierter Mietspiegel**
Wer kann einen Mietspiegel erstellen?	– Gemeinden; – Interessenvertreter der Vermieter und Mieter gemeinsam; – Dritte, wenn der Mietspiegel von der Gemeinde oder von Interessenvertretern der Vermieter und Mieter anerkannt wird.	
Welcher Wohnungsbestand ist bei der Erstellung zugrunde zu legen?	– Die Wohnungen sollten in dem Gebiet liegen, für das der Mietspiegel erstellt wird. – Die Miete muss in den letzten vier Jahren vor dem Stichtag der Datenerhebung neu vereinbart oder geändert worden sein. – Die Miethöhe darf nicht durch Gesetz oder im Zusammenhang mit einer Förderzusage festgelegt worden sein. – Es darf sich nicht um vom Eigentümer selbst genutzte, leerstehende, gewerblich genutzte oder zwischenvermietete Wohnungen oder um Wohnungen im Sinne von § 549 Abs. 2 BGB handeln. – Möblierter oder teilmöblierter Wohnraum, der nicht Teil der vom Vermieter bewohnten Wohnung ist, sowie Untermietverhältnisse und Wohnraum in Heimen sollte bei der Mietspiegelerstellung nicht herangezogen werden. Über die Einbeziehung von besonderen Wohnungstypen, besonderen Nutzungsarten, untervermietetem Wohnraum sowie Dienst- oder Werkwohnungen sollte im Einzelfall entschieden werden.	
Welcher Mietbegriff ist dem Mietspiegel zugrunde zu legen?	Dem Mietspiegel sollte die Nettokaltmiete als einheitlicher Mietbegriff zugrunde gelegt werden. Ggf. müssen bei der Erstellung und bei der Anwendung des Mietspiegels Bereinigungen erfolgen, z.B. hinsichtlich Betriebskosten oder Schönheitsreparaturen.	
Welche mietpreisbildenden Faktoren sind zu berücksichtigen?	– Art der Wohnung; – Größe der Wohnung; – Ausstattung der Wohnung; – Beschaffenheit der Wohnung; – Lage der Wohnung.	

Welche Daten werden bei der Erstellung des Mietspiegels benötigt?	Das Gesetz enthält hierzu keine Vorgaben. Der Rückgriff auf vorhandene Datenbestände ist möglich, ebenso die Erhebung von Mieten oder die Kombination beider Wege.	Die Daten müssen repräsentativ sein; der hierfür notwendige Stichprobenumfang ist sicherzustellen.
Welche datenschutzrechtlichen Vorgaben sind zu beachten?	– Bei der Erhebung, Verarbeitung oder Nutzung personenbezogener Daten ist die Einwilligung der Betroffenen erforderlich. – Zur Klärung der rechtlichen Situation sollte der Landesdatenschutzbeauftragte bzw. die örtlich zuständige Aufsichtsbehörde für den Datenschutz beteiligt werden. – Weitere Anforderungen können sich aus den Landesstatistikgesetzen ergeben.	Es sind die gleichen Vorgaben wie beim einfachen Mietspiegel zu beachten. Ob sich aus dem Erfordernis der Dokumentation der Mietspiegelerstellung weiter gehende Pflichten ergeben, ist mit dem Landesdatenschutzbeauftragten bzw. der örtlich zuständigen Aufsichtsbehörde für den Datenschutz zu klären.
Wie aktuell müssen die dem Mietspiegel zugrunde gelegten Daten sein?	Die Daten sollten so aktuell wie möglich sein. Zwischen der Erhebung der Daten und der Veröffentlichung des Mietspiegels sollte ein möglichst kurzer Zeitraum liegen.	
Wie sind die Daten auszuwerten?	Das Gesetz schreibt keine bestimmte Auswertungsmethode vor.	Die Daten müssen nach wissenschaftlich anerkannten Methoden ausgewertet werden. Als solche sind die Tabellen- und die Regressionsmethode anerkannt.
Welche Informationen muss der Mietspiegel enthalten?	– In einem Textteil müssen die zur Anwendung und zum Verständnis des Mietspiegels erforderlichen Informationen enthalten sein. – In einem Zahlenteil sollte das Mietniveau als Spanne ausgewiesen werden.	
Wie muss die Erstellung des Mietspiegels dokumentiert werden?	Die Dokumentation der Mietspiegelerstellung wird vom Gesetz nicht vorgeschrieben, ist aber dringend zu empfehlen.	Die Erstellung des Mietspiegels muss im Einzelnen dokumentiert werden; insbesondere müssen die angewandten Methoden ausführlich und verständlich dargestellt werden.

In welchen Fällen, durch wen und wie muss ein Mietspiegel anerkannt werden?	– Beim einfachen Mietspiegel ist grundsätzlich keine erforderlich. – Eine von nur einer Interessenvertreterseite erstellte Mietenübersicht wird erst dann zu einem Mietspiegel im Sinne des Gesetzes, wenn sie von der Gemeinde oder der anderen Interessenvertreterseite anerkannt wird. – Eine von Dritten erstellte Mietenübersicht wird erst dann zu einem Mietspiegel im Sinne des Gesetzes, wenn sie von der Gemeinde oder von den Interessenvertretern der Vermieter und Mieter anerkannt wird.	Die Anerkennung des Mietspiegels durch die Gemeinde oder durch Interessenvertreter der Vermieter und Mieter ist erforderlich.
Muss der Mietspiegel veröffentlicht werden?	– Mietspiegel und ihre Änderungen sollen veröffentlicht werden. – Eine bestimmte Art der Veröffentlichung ist nicht vorgeschrieben.	
Wann und wie müssen Mietspiegel angepasst werden?	– Im Abstand von zwei Jahren sollen einfache Mietspiegel an die Marktentwicklung angepasst werden. – Das Gesetz enthält keine Vorgabe dazu, wie die Anpassung zu erfolgen hat.	– Qualifizierte Mietspiegel müssen spätestens im Abstand von zwei Jahren der Marktentwicklung angepasst und nach vier Jahren neu erstellt werden. Maßgeblich ist der festgelegte Geltungsbeginn bzw. die Veröffentlichung des Mietspiegels. – Die Anpassung muss mittels einer Stichprobe oder mittels der Entwicklung des vom Statistischen Bundesamt ermittelten Preisindexes für die Lebenshaltung aller privaten Haushalte in Deutschland erfolgen.

6. Weiterführende Hinweise, Literaturquellen

Im Folgenden ist eine Auswahl von Literaturquellen aufgeführt, die weiterführende Hinweise zur Erstellung von Mietspiegeln enthalten.

a) Allgemeine Literatur

Blank, Hubert/Börstinghaus, Ulf: Miete – Kommentar zum BGB-Mietrecht und MHG, München, 2000.

Blank, Hubert/Börstinghaus, Ulf: Neues Mietrecht – Kommentar, Zusatzband zu Blank/Börstinghaus: Miete, München, 2001.

Börstinghaus, Ulf: 25 Jahre ortsübliche Vergleichsmiete – Ein ungeliebtes Kind wird erwachsen, in: Neue Juristische Wochenschrift (NJW) 1997, S. 977-980.

Börstinghaus, Ulf: Der qualifizierte Mietspiegel, in: Neue Zeitschrift für Miet- und Wohnungsrecht (NZM) 2000, S. 1087-1092.

Börstinghaus, Ulf: Mietspiegel und Beweislast, in: Neue Zeitschrift für Miet- und Wohnungsrecht (NZM) 2002, S. 273.

Börstinghaus, Ulf/Clar, Michael: Mietspiegel – Probleme der Erstellung und Anwendung von Mietspiegeln aus juristischer Sicht, München, 1997.

Clar, Michael: Mietspiegel in Deutschland 1995 – Eine aktuelle Übersicht zur Verbreitung von Mietspiegeln und ihrer Methodik, in: Wohnungswirtschaft und Mietrecht (WM) 1995, S. 252-255.

Grundmann, Birgit: Die Mietrechtsreform, in: Neue Juristische Wochenschrift (NJW) 2001, S. 2497-2505.

Haase, Karsten: Der Mietspiegel einer vergleichbaren Nachbargemeinde als Begründungsform eines Mieterhöhungsverlangens nach § 2 Abs. 2 Satz 2 MHG, in: Wohnungswirtschaft und Mietrecht (WM) 1993, S. 441-444.

Isenmann, Wolfgang: Baujahreseinteilung bei Mietspiegeln in den neuen Ländern, in: Deutsche Wohnungswirtschaft (DWW) 1993, S. 291-293.

Isenmann, Wolfgang: Die Mietfläche von Wohnräumen als Bestimmungsfaktor bei der Bestimmung der ortsüblichen Vergleichsmiete, in: Deutsche Wohnungswirtschaft (DWW) 1992, S. 235-238.

Knissel, Jens et.al.: Investitionsumlagen für Energieeinsparmaßnahmen, in: Bundesbaublatt 2002, S. 20-25.

Langenberg, Hans: Das neue Mietrecht, in: Wohnungswirtschaft und Mietrecht (WM) 2001, S. 523-532.

Leutner, Bernd: Unplausible Mietspiegel – falsche Methoden?, in: Der langfristige Kredit 1993, S. 621-624.

Leutner, Bernd: Wem nützen Mietspiegel?, in: Wohnungswirtschaft und Mietrecht (WM) 1992, S. 658-662.

Ronning, Gerd: Wie berechnet man die Durchschnittsmiete?, in: Jahrbücher für Nationalökonomie und Statistik 1998, S. 72-81.

Schlittgen, Rainer/Uhlig, Steffen: Repräsentativität von Mietspiegeln, in: Wohnungswirtschaft und Mietrecht (WM) 1997, S. 314-316.

Schmidt, Bernhard/Emmert, Thomas: Mietspiegel im Entwurf des Mietrechtsreformgesetzes – Neuerungen bei rechtlicher Stellung und räumlichem Anwendungsbereich; in: Wohnungswirtschaft und Mietrecht (WM) 2000, S.-285-291.

Voelskow, Rudi: Zum Mittelwert (Durchschnittswert) in Mietspiegeln, in: Deutsche Wohnungswirtschaft (DWW) 1996, S. 11.

Wullkopf, Uwe: Bedeutung des Mietspiegels, in: Wohnungswirtschaft und Mietrecht (WM) 1996, S. 455-458.

b) Regressionsmethode und Tabellenmethode

Aigner, Konrad/Oberhofer, Walter/Schmidt, Bernhard: Regressionsmethode versus Tabellenmethode bei der Erstellung von Mietspiegeln – Theoretische und empirische Ergebnisse, in: Wohnungswirtschaft und Mietrecht (WM) 1993, S. 10-16.

Aigner, Konrad/Oberhofer, Walter/Schmidt, Bernhard: Eine neue Methode zur Erstellung eines Mietspiegels am Beispiel der Stadt Regensburg, in: Wohnungswirtschaft und Mietrecht (WM) 1993, S. 16-21.

Alles, Roland: Die Ermittlung ortsüblicher Vergleichsmieten – Neue Ansätze und Methoden, in: Wohnungswirtschaft und Mietrecht (WM) 1988, S. 241.

Blinkert, Baldo/Höfflin, Peter: Die Qualität von Mietspiegeln als Modelle des Wohnungsmarktes – Tabelle oder Regression? Ein empirischer Beitrag zur Methodendebatte, in: Wohnungswirtschaft und Mietrecht (WM) 1994, S. 589-595.

Clar, Michael: Tabellen- versus Regressionsmethode bei der Mietspiegelerstellung – Andante?, in: Wohnungswirtschaft und Mietrecht (WM) 1992, S. 662-666.

Gaede, Karl-Walter/Kredler, Christian: Regression bei der Erstellung von Mietspiegeln, in: Wohnungswirtschaft und Mietrecht (WM) 1992, S. 577-582.

Klein, Thomas/Martin, Frank: Tabellenmethode versus Regressionsmethode bei der Erstellung von Mietspiegeln – Ein empirischer Vergleich, in: Wohnungswirtschaft und Mietrecht (WM) 1994, S. 513-518.

Krämer, Walter: Pro und Contra die Erstellung von Mietspiegeln mittels Regressionsanalyse, in: Wohnungswirtschaft und Mietrecht (WM) 1992, S. 172-175.

Oberhofer, Walter/Schmidt, Bernhard: Das Mietspiegelproblem – eine unendliche Geschichte, in: Wohnungswirtschaft und Mietrecht (WM) 1993, S. 585-588.

Oberhofer, Walter/Schmidt, Bernhard: Mietspiegel auf dem Prüfstand, in: Wohnungswirtschaft und Mietrecht (WM) 1995, S. 137-140.

Schießl, Richard: Mietspiegel auf dem Prüfstand – Ein Beitrag zur aktuellen Methodendiskussion, in: Wohnungswirtschaft und Mietrecht (WM) 1995, S. 18-21.

Voelskow, Rudi: Mietspiegel – Aktuelle Bemerkungen zur Aufstellung und zur Verwertung im Prozess, in: Zeitschrift für Miet- und Raumrecht (ZMR) 1992, S. 326-331.

Voelskow, Rudi: Zur Erstellung von Mietspiegeln, in: Wohnungswirtschaft und Mietrecht (WM) 1993, S. 21-23.

c) Mietdatenbanken

Stöver, Bernd: Mietdatenbanken nach neuem Recht, in: Wohnungswirtschaft und Mietrecht (WM) 2002, S. 65-70.

Szameitat, Renate: Sackgasse Mietdatenbank?, in: Wohnungswirtschaft und Mietrecht (WM) 2002, S. 63-65.

II. Hinweise zur Erstellung eines Sachverständigengutachtens

Anmerkung des Verfassers:
Die folgenden Hinweise zur Erstellung eines Sachverständigengutachtens wurden
noch unter Geltung der alten Rechtslage nach dem MHRG verfasst und bisher nicht an
die neuen Vorschriften angepasst. Sie sind aber weiterhin anwendbar. Daher sind auch
die in den Hinweisen aufgeführten Geldbeträge in DM ausgewiesen und können nur
als Richtwerte dienen.

923

**Hinweise zur Erstellung eines Sachverständigengutachtens zur Begründung
eines Mieterhöhungsverlangens gem. § 2 Abs. 2 MHG des BMJ**

Herausgegeben vom Bundesministerium für Justiz

I. Einleitung

Der Vermieter von Wohnraum hat seinen Anspruch gegen den Mieter auf Zustimmung
zu einer Mieterhöhung schriftlich zu begründen (§ 2 Abs. 2 Satz 1 des Gesetzes zur
Regelung der Miethöhe – MHRG –). Zur Rechtfertigung seines Verlangens kann er
unter anderem auf ein mit Gründen versehenes Gutachten eines öffentlich bestellten
oder vereidigten Sachverständigen Bezug nehmen (§ 2 Abs. 2 Satz 2 MHRG). Das
Gutachten hat das übliche Entgelt zu ermitteln, das in der Gemeinde oder in vergleichbaren Gemeinden für nicht preisgebundenen Wohnraum vergleichbarer Art, Größe,
Ausstattung, Beschaffenheit und Lage gezahlt wird. Stimmt der Mieter der begehrten
erhöhten Miete nicht zu, muss der Vermieter seinen Anspruch im Wege einer Klage
vor den ordentlichen Gerichten verfolgen. Im Rahmen dieses Rechtsstreites überprüft
das Gericht vorab, ob der Vermieter sein Mieterhöhungsverlangen ordnungsgemäß begründet hat, d.h. bei der Bezugnahme auf ein Sachverständigengutachten, ob dieses
ausreichend mit Gründen versehen ist. Entspricht das Gutachten dieser Anforderung
nicht, so weist das Gericht die Klage i.d.R. ohne Sachprüfung als unzulässig zurück.

Die anliegende Prüfliste mit Erläuterungen und Bewertungsbeispielen führt die Kriterien auf, die ein ausreichend begründetes Gutachten in der Regel enthalten sollte.
Sie ist als Orientierungshilfe für den Sachverständigen zu verstehen und hat keinen
bindenden Charakter. Sachliche Gesichtspunkte können davon abweichende Gliede-
rungen und Bewertungen rechtfertigen, ohne dass dadurch das Gutachten fehlerhaft
wird. Gutachten, die den Vorschlägen der Prüfliste entsprechend abgefasst werden,
genügen der derzeitigen Rechtsprechung der meisten Gerichte. Einige Gerichte stellen
jedoch weitere Anforderungen an Gutachten in diesem Bereich und verlangen vom
Sachverständigen die Angabe einzelner Vergleichsobjekte. Auch für diese Fälle bieten
Prüfliste, Erläuterungen und Bewertungsmuster Orientierungshilfen. Auf Feststellungen, die nach der Rechtsprechung des jeweils zuständigen Gerichts nicht erforderlich
sind, sollte der Gutachter verzichten, damit unnötige Kosten vermieden werden.

Grundlage der anliegenden Prüfliste mit Erläuterungen und Bewertungsbeispielen war ein Entwurf, den Herr Dr. Hans Langenberg, Richter am Amtsgericht[8] Hamburg, im Auftrag des Bundesministeriums der Justiz erarbeitet hat. Die endgültige Fassung beruht auf anschließenden Erörterungen mit den Landesjustizverwaltungen, mit Sachverständigen, Verbänden und Organisationen sowie dem Deutschen Industrie- und Handelstag und der Bundesarchitektenkammer.

II. Prüfliste

Gutachten über die ortsübliche Vergleichsmiete nach § 2 Abs. 2 MHRG für die Wohnung ...

1. Beteiligte, Auftrag, Unterlagen

1.1 Auftraggeber

1.2 Vermieter

1.3 Mieter

1.4 Zweck des Gutachtens:
Begründung eines Mieterhöhungsverlangens nach § 2 Abs. 2 MHRG

1.5 Ortsbesichtigung am: ...
Anwesend:

1.6 Unterlagen:
Mietvertrag vom ..., Nachträge und sonstige Vereinbarungen, gegebenenfalls Baubeschreibung, Wohnungsgrundriss

2. Lage des Grundstücks

2.1 Ortsteil, Verlauf der Straße, Entfernung zur Innenstadt, Art der umliegenden Bebauung (Bauperiode, Baudichte), Nutzung der benachbarten Grundstücke/des Straßenzugs, Baumbestand, Frei- und Grünflächen, Verkehrsverhältnisse (Anliegerstraße, Durchgangsstraße u.ä.), Parkplätze, Immissionen (Lärm, Geruch u.ä.)

2.2 Verkehrsverbindungen (Art des öffentlichen Beförderungsmittels, Verbindung zum Stadtzentrum oder Ortsteilzentrum bzw. zur nächsten Stadt)

2.3 Einkaufsmöglichkeiten

2.4 Schulen und andere öffentliche Einrichtungen

2.5 Spielmöglichkeiten für Kinder

2.6 Freizeit- und Erholungsmöglichkeiten

3. Gebäude

---

8   Inzwischen Vorsitzender Richter am LG.

3.1 Art und Lage des Hauses
Baujahr, Geschosszahl, Gestaltung der Straßenfront, Wohnungszahl/gewerbliche Mietparteien, Bauzustand, Wärme- und Schallschutz

3.2 Außenanlagen
Hofanlage, Gartenflächen, seitlicher und hinterer Abstand zur Nachbarbebauung, Ver- und Entsorgungsanschlüsse

3.3 Hauseingang und Treppenhaus

3.4 Ausstattung mit technischen Einrichtungen und Gemeinschaftsanlagen

3.5 Pkw-Einstellplätze

4. Wohnung

4.1 Lage der Wohnung im Haus

4.2 Wohnfläche und räumliche Aufteilung
Zimmerzahl, Küche/Kochnische, Bad mit WC/getrenntes WC, zweites WC, Balkon ö.ä., Kellerraum, Dachboden, Dachschrägen

4.3 Ausstattung
Fußboden, Türen, Fenster, Elektrische Anlage, Art der Beheizung und Warmwasserbereitung, Thermostate, Küche, Bad/WC

4.4 Änderungen/Verbesserungen durch den Mieter

4.5 Mängel
Behebbare Mängel/gravierende, kaum zu beseitigende Mängel mit Dauerbeeinträchtigung der Wohnung

5. Besondere Nutzungsrechte oder Zusatzverpflichtungen des Mieters

6. Bewertung

6.1 Bewertungsbasis (Darstellung der ortsüblichen Entgelte für vergleichbare Wohnungen)

6.1.1 Eigenes Vergleichsmaterial

6.1.2 Werte des Mietspiegels

6.2 Berechnung der Miete für die zu bewertende Wohnung durch Beurteilung ihrer einzelnen mietbildenden Faktoren

6.2.1 Lage des Grundstücks, Gebäude, Wohnung, besondere Nutzungsrechte oder Zusatzverpflichtungen des Mieters

6.2.2 Änderungen/Verbesserungen durch den Mieter

6.2.3 Mängel der Mietsache

6.3 Hilfsweise: Ergänzungen der Ausführungen zu 6.1 durch Bezeichnung von Vergleichsobjekten, wenn dies von der örtlichen Rechtsprechung gefordert wird

7. Abwägung der Faktoren und Ergebnis

III.   Erläuterungen

Zu 1.5

Der Sachverständige soll die zu bewertende Wohnung grundsätzlich besichtigen. Andernfalls kann der Mieter den Eindruck gewinnen, dass der Sachverständige die besonderen Eigenheiten der Wohnung nicht genügend berücksichtigt hat. Dies gilt insbesondere für Altbauwohnungen, deren Ausstattung auch im selben Haus erfahrungsgemäß sehr unterschiedlich sein kann. Bei der Bewertung von vergleichbaren Wohnungen einer Neubauanlage mit verschiedenen Wohnungstypen jeweils gleicher Ausstattung wird es allerdings genügen, wenn der Sachverständige einige Wohnungen jedes Wohnungstyps besichtigt und für jeden Typ ein generalisierendes Gutachten fertigt. Der Sachverständige sollte im Gutachten erwähnen, dass er sich von der Gleichartigkeit der Wohnungen eines bestimmten Typs z.B. anhand von Bauzeichnungen überzeugt hat; er sollte ferner die besichtigten Wohnungen, sofern deren Mieter damit einverstanden sind, genau bezeichnen, damit sich die Mieter anderer Wohnungen gegebenenfalls von der Übereinstimmung der besichtigten mit der von ihnen bewohnten Wohnung überzeugen können.

Zu 1.6

Der Sachverständige soll den Mietvertrag einsehen. Auf diese Weise erhält er schnell und zuverlässig einen Überblick darüber, ob Sonderleistungen durch den Mieter übernommen wurden, denen gegebenenfalls nach der Lage auf dem örtlichen Wohnungsmarkt Rechnung getragen werden kann, wenn sie nicht ortsüblich sind. Ebenso erhält er auf diese Weise verlässlich Kenntnis über etwaige Sonderrechte des Mieters.

Zu 2.

Es ist allgemeine Auffassung, dass der Sachverständige die Wohnung zumindest entsprechend den gesetzlich in § 2 MHRG vorgegebenen Bewertungskriterien zu beschreiben hat. Zur Lage zählt indes nicht nur die exakte Angabe der Belegenheit des Objekts, sondern es sind auch grobe Angaben zu den angeführten mietwertbildenden Faktoren erforderlich.

Zu 3.1 bis 4.3

Eine eingehendere Objektbeschreibung erscheint grundsätzlich nicht erforderlich. Eine Kurzbeschreibung anhand der hier vorgeschlagenen Prüfliste reicht aus. Wenn sich allerdings Besonderheiten herausstellen, sind diese im Einzelnen aufzuführen (z.B. reine Nord- bzw. Südlage; geringe Wandstärke oder Deckenstärken [Hellhörigkeit]; Lage sämtlicher Wohnräume zu einer Hauptverkehrsstraße o.ä. mehr.).

Zu 4.2

Der Sachverständige soll anführen, auf wessen Angaben die ausgewiesene Wohnfläche beruht, da die Wohnungsgröße nicht selten ein besonderer Streitpunkt zwischen den Parteien ist. Auch wenn die Wohnfläche zwischen den Mietvertragsparteien streitig ist, braucht der Sachverständige grundsätzlich die Wohnung nicht auszumessen, es sei denn, sein Auftraggeber erweitert den Auftrag um diese Aufgabe.

Zu 4.3

Der Sachverständige hat den Bestand im Zeitpunkt der Anmietung und etwaige spätere Veränderungen durch den Vermieter zu beschreiben. Sofern Streit zwischen den Parteien besteht, ob einzelne Einrichtungen vom Vermieter oder Mieter beschafft oder beseitigt worden sind, sollte sich der Sachverständige darauf beschränken, den Streitpunkt festzuhalten, ohne etwa den Streit entscheiden zu wollen. Im Hinblick auf die zunehmende Bedeutung der Heizkosten sollte der Sachverständige prüfen, ob Raumthermostate oder Thermostatventile an den Heizkörpern und sonstige energiesparende Ausstattungen vorhanden sind.

Zu 4.4

Der Sachverständige hat die Leistungen und Einbauten des Mieters in der Wohnung aufzuführen. Soweit dies nicht bereits in den beiden vorhergehenden Ziffern geschehen ist, sollte diese Aufzählung nunmehr erfolgen.

Streiten die Parteien darüber, ob es sich um eine bauseitig gestellte Einrichtung oder um eine Investition des Mieters handelt, so gilt das unter Ziffer 4.3 Gesagte. Zu der Notwendigkeit der Differenzierung zwischen dem vom Vermieter gestellten Objekt einerseits und den Änderungen/Verbesserungen des Mieters andererseits siehe unten Ziffer 6.2.2.

Zu 4.5

Wenn das zu bewertende Objekt Mängel aufweist, hat der Sachverständige diese anzuführen. Ob und wie der Sachverständige bei der Ermittlung der ortsüblichen Miete die festgestellten Mängel berücksichtigt, ist nicht im beschreibenden Teil des Gutachtens, sondern in dem zu bewertenden Teil zu entscheiden. Siehe dazu unten Ziffer 6.2.3.

Zu 5.

Aus den besonderen Vereinbarungen der Mietvertragsparteien kann sich z.B. ergeben, dass bestimmte Vor- oder Nachteile im Rahmen der Mietzinsgestaltung nicht heranzuziehen sind oder dass der Mieter geldwerte Zusatzverpflichtungen übernommen hat.

Derartige Besonderheiten sind in den beschreibenden Teil des Gutachtens aufzunehmen.

Zu 6.1.1

Der Sachverständige hat zunächst eine Ausgangsbasis zu bezeichnen, damit die spätere Bewertung des konkreten Objektes nachvollziehbar wird. Hier kann er auf Mietdaten zurückgreifen, welche er aus eigener Tätigkeit kennt, welche ihm z.b. Makler oder Hausverwalter aus ihren Wohnungsbeständen exakt nachgewiesen haben oder welche er bei einer seriösen Dateninformationszentrale abgerufen hat; diese Mietdaten müssen sich auf Objekte verschiedener Vermieter beziehen. Der Sachverständige hat allerdings immer darauf zu achten, dass eine möglichst weitgehende Vergleichbarkeit gem. den in § 2 MHRG vorgegebenen Bewertungsfaktoren vorhanden ist, und Abweichungen durch Zu- und Abschläge rechnerisch zu berücksichtigen. Den Verhältnissen auf dem örtlichen Wohnungsmarkt ist Rechnung zu tragen. Wesentlich ist ferner, dass das Datenmaterial nicht nur aus Neuvermietungen stammt; es ist vielmehr auf ein ausgewogenes Verhältnis von Mieten aus länger und kürzer bestehenden Mietverhältnissen zu achten.

Der Sachverständige soll genau angeben, welchen Mietbegriff er zugrunde legt, wobei in der Regel von einer Grundmiete ohne alle Betriebskosten ausgegangen wird. Es versteht sich, dass dieser Mietwert auf das zu bewertende Objekt und die Vergleichsobjekte gleichermaßen anzuwenden ist; wird z.B. von einer Grundmiete ohne alle Betriebskosten ausgegangen, so sind die Vergleichsmieten um etwa enthaltene Betriebskosten zu kürzen.

Zu 6.1.2

Soweit in der Gemeinde ein Mietspiegel vorhanden ist, sollte der Sachverständige auf die dort für die zu bewertende Wohnung ausgewiesenen Mieten eingehen und eine abweichende Feststellung eingehend begründen. Diese Forderung rechtfertigt sich daraus, dass einem Mietspiegel ein erhebliches Gewicht beikommt, welches der Sachverständige, dem oft nur weniger Material zur Verfügung steht, nicht ohne Weiteres und jedenfalls nicht ohne Begründung aufwiegen kann.

Zu 6.2.1

Bei der Ermittlung des Mietwertes für das untersuchte Objekt empfiehlt es sich, die Bewertungsfaktoren nochmals im Einzelnen zu behandeln, jetzt aber nicht mehr nur beschreibend, sondern bewertend: Dabei ist wiederum nicht nur kenntlich zu machen, welche Faktoren als günstig und welche als ungünstig angesehen werden, sondern es ist auch die Bedeutung der einzelnen Faktoren gegeneinander abzuwägen. Diese im eigentlichen Sinne wertende Tätigkeit darf nicht durch eine bloße Aufzählung der einzelnen Faktoren umgangen werden. Wesentlich ist dabei nicht, dass jeder Mieter von den Argumenten des Sachverständigen überzeugt wäre, sondern vielmehr, dass er aufgrund der vom Sachverständigen aufgezeigten Überlegungen in die Lage versetzt wird, die Gedankengänge und Schlussfolgerungen des Sachverständigen nachzuvollziehen, um einen eigenen Eindruck zu gewinnen.

Zu 6.2.2

Es entspricht fast allgemeiner Auffassung, dass Investitionen des Mieters zur Verbesserung der Wohnung nicht zugunsten des Vermieters bei der Mietwertermittlung anzusetzen sind. Es versteht sich, dass Einrichtungen des Mieters, welche der Vermieter, in der Regel gegen Wertersatz, vom Mieter übernommen hat und für deren Unterhaltung sowie gegebenenfalls Erneuerung er nun zuständig ist, der wirtschaftlichen Sphäre des Vermieters zuzurechnen sind. Sie können daher zu seinen Gunsten in AnSatz gebracht werden.

Besteht Streit zwischen den Parteien, ob es sich um eine vom Vermieter gestellte Einrichtung oder um eine Investition des Mieters handelt, so sollte der Sachverständige darlegen, ob der Streitpunkt sich überhaupt bei der Mietwertbildung auswirkt. Ist dies der Fall, so soll der Sachverständige, soweit irgend möglich, den Unterschied im Mietwert der Wohnung mit und ohne die streitige Einrichtung durch Angabe des Unterschiedsbetrages bezeichnen. Auf diese Weise erfüllt der Sachverständige seinen Auftrag, ohne in den Streit der Parteien einzugreifen.

Zu 6.2.3

Mängel behebbarer Art werden nach weit überwiegender Auffassung nicht negativ berücksichtigt. Eine Ausnahme wird nur dann angenommen, wenn faktisch eine Dauerbeeinträchtigung vorliegt, d.h. wenn die Mängelbeseitigung dem Vermieter technisch oder wirtschaftlich nicht zuzumuten ist. Hat der Sachverständige im beschreibenden Teil des Gutachtens unter Ziffer 4.5 Mängel aufgeführt, so sollte er nunmehr auch im wertenden Teil des Gutachtens darauf eingehen, ob und gegebenenfalls warum Mängel von ihm bei der Bewertung auf der Grundlage der vorstehenden Ausführungen berücksichtigt wurden oder nicht.

Zu 6.3

Einige Gerichte vertreten die Auffassung, der Sachverständige habe sein Gutachten nur dann nachprüfbar begründet, wenn er Vergleichsobjekte benannt oder sich z.B. mit Gründen auf den Mietenspiegel einer anderen Gemeinde bezogen hat. Zwar soll das Gutachten gemäß § 2 Abs. 2 MHRG eine alternative Möglichkeit zur Begründung des Mieterhöhungsverlangens bieten; wenn dem Sachverständigen jedoch aufgrund seiner Erfahrung bekannt ist, dass die Gerichte des zuständigen Gerichtsbezirks diese zusätzliche Forderung aufstellen, sollte er doch hilfsweise mindestens drei Vergleichsobjekte benennen. Dem Vermieter ist nicht mit einem Gutachten gedient, das vom zuständigen Gericht ohne weitere Prüfung seines materiellen Inhalts als nicht ausreichend begründet zurückgewiesen wird.

An die vom Sachverständigen heranzuziehenden Vergleichsobjekte können jedoch nicht die Anforderungen gestellt werden, wie sie erhoben werden, wenn ein Mieterhöhungsverlangen nur mit drei Vergleichsobjekten begründet wird; anderenfalls würde eine der gesetzlich zur Verfügung gestellten Begründungsmöglichkeiten faktisch eliminiert. Der Sachverständige ist daher frei in der Wahl der Vergleichsobjekte; die Eignung der herangezogenen Objekte zum Vergleich ist allerdings ebenso von ihm zu begründen, wie z.B. die Interpolation mit Werten aus einem Mietspiegel. Der Sachverständige kann daher auch Vergleichsobjekte heranziehen, bei denen sich nur ein Teil der gesetzlich vorgegebenen Bewertungsfaktoren deckt. Eine detaillierte Beschreibung der Vergleichswohnungen ist nicht erforderlich, sie braucht nicht ausführlicher zu sein als die Angaben, welche der Vermieter bei der Begründung durch die Benennung von drei Vergleichswohnungen üblicherweise erbringen sollte. Nur soweit sich die Vergleichsobjekte nach ihren gesetzlichen Bewertungsfaktoren von der zu beurteilenden Wohnung unterscheiden, hat der Sachverständige die Divergenzen durch Zu- und Abschläge, die der Höhe nach zu begründen sind, zur Geltung zu bringen.

Die Vergleichsobjekte sind vornehmlich aus derselben Gemeinde heranzuziehen. Erst wenn dies aus tatsächlichen Gründen nicht möglich ist, soll auf Objekte vergleichbarer Gemeinden zurückgegriffen werden. Die Gemeinden müssen dabei wohnungsmarktwirtschaftlich vergleichbar sein. Die Vergleichbarkeit des Wohnungsmarktes ist vom Sachverständigen darzulegen.

Soweit der Sachverständige Wohnungen anführt, die er aus eigener früherer Sachverständigentätigkeit kennt, darf er diese hinsichtlich ihrer Belegenheit nur so grob bezeichnen, dass zwar die Lage des Objektes noch nachvollziehbar ist, das konkrete Vergleichsobjekt aber nicht bekannt wird; auf diese Weise vermeidet er jeden Konflikt mit der nach § 203 Abs. 2 Nr. 5 des Strafgesetzbuches strafbewehrten Schweigepflicht und den Bestimmungen des Datenschutzgesetzes.

IV.   Muster einer Bewertung

Wohnung H-Stadt, Mozartgasse 5, Dachgeschoss rechts

6.1 Bewertung

6.1.1 Mir sind aus meiner beruflichen Tätigkeit … Wohnungen bekannt, die mit dem hier zu bewertenden Objekt verglichen werden können. Diese Wohnungen sind zwischen 60 und 90 m² groß und etwa gleich ausgestattet. Sie stammen ferner aus derselben Baualterskategorie 1949 – 1957, freifinanziert.

Für diese Wohnungen wird zurzeit im Allgemeinen zwischen 3,10 DM und 5,30 DM je m² und Monat gezahlt. Es handelt sich dabei um Grundmieten ohne alle Betriebskosten. Einige wenige Mieten, die erheblich aus der genannten Spanne herausfallen, berücksichtige ich nicht. Neuvermietungen erfolgen in der Regel um 4,50 DM und höher. Die ortsübliche Vergleichsmiete setze ich zunächst mit dem Mittelwert von rund 4,20 DM an.

6.1.2 Die Überprüfung der von mir ermittelten ortsüblichen Vergleichsmiete anhand der Daten eines Mietspiegels ist nicht möglich, da in H-Stadt bislang noch kein Mietspiegel erstellt wurde.

6.2

6.2.1 Der günstigen Verkehrslage und den gut erreichbaren Einkaufsmöglichkeiten steht der Nachteil des Verkehrslärms von der Luwigstraße, insbesondere während der Verkehrsspitzenzeiten, gegenüber. Da jedoch die Mozartgasse selbst nur relativ wenig Verkehr aufweist und sich die Störungen durch den Verkehrslärm von der Ludwigstraße im Wesentlichen nur während der Spitzenzeiten deutlich störend bemerkbar machen, gehe ich trotz dieses Nachteils von einem geringen Lagevorteil aus. Wohnen im städtischen Bereich wird – von wenigen ausgezeichneten Wohnlagen abgesehen – immer, zumal während der Spitzenzeiten, durch Verkehrsimmissionen beeinträchtigt, ohne dass sich daraus immer auch Lagevorteile wie bei dem hier zu bewertenden Objekt ergeben.

Gebäude und Grundstück halten sich im Bereich des Normalen, sodass insoweit weder Zu- noch Abschläge angezeigt sind.

Der Zuschnitt der Wohnung genügt auch noch heutigen Anforderungen; als nachteilig sehe ich allenfalls das kleine und nicht direkt belichtete Bad an. Die Wohnräume und auch die Küche haben jedoch eine ansprechende Größe, die Gesamtgröße entspricht häufigen Mieterwünschen für eine 3-Zimmer-Wohnung, sodass nach meiner Auffassung das innenliegende Bad nicht negativ zu veranschlagen ist.

Die Installation und die Ausstattung der Wohnräume entsprechen dem Wohnungsbau der Baualtersklasse. Es ist gleichwohl anzumerken, dass sie heutigen Anforderungen nur mit Einschränkungen genügen: Die Installationen reichen zwar aus, sind aber sehr einfach gehalten, insbesondere werden E-Boiler im Bad wegen ihrer langen Aufheizzeit von zahlreichen Mietern als ungünstig empfunden; die Fenster sind einfachster Ausführung, und alle Fußböden sind nur mit einfacher PVC-Ware versehen. Die Fensterrolläden sind hier nicht als Vorteil in AnSatz zu bringen, da sie in H-Stadt schon seit langem allgemein eingebaut sind.

6.2.2 Die vom Mieter vorgenommenen Verbesserungen werden bei der Ermittlung der ortsüblichen Vergleichsmiete nicht berücksichtigt; ich ziehe insoweit nur die Leistungen des Vermieters heran.

6.2.3 Die vom Mieter angeführten Mängel (schwergängige Fensterverschlüsse, Boiler mit unzureichender Leistung) sind ohne Weiteres behebbar; sie werden deshalb von mir bei der Ermittlung des für die Wohnung ortsüblichen Entgelts nicht berücksichtigt.

Hilfsweise:

6.3 Die Frage, ob in einem Gutachten der hier vorgelegten Art trotz der Begründung unter Ziffer 6.1 bis 6.2.3 noch einzelne Vergleichsobjekte anzugeben sind, wird vom zuständigen Amtsgericht anders beantwortet als vom zuständigen Landgericht. Vorsorglich ergänze ich daher meine Bewertung um die Angabe von Vergleichsobjekten. Unterschiede zu dem zu bewertenden Objekt habe ich durch Zu- bzw. Abschläge rechnerisch berücksichtigt. Die ersten beiden Vergleichsobjekte kenne ich aus früherer Sachverständigentätigkeit, das dritte Objekt wurde mir von einer Datenzentrale aufgegeben; ich habe das Haus von außen ebenso wie die Umgebung im Rahmen der Erstellung des vorliegenden Gutachtens besichtigt.

6.3.1 Wohnung im zweiten Obergeschoss, Haydnweg zwischen Händelweg und Rosenstraße, Mehrfamilienhaus, Baujahr 1950, Wohnfläche 62 m² mit Bad und Zentralheizung, Miete seit 1977 4,70 DM.

Das Objekt liegt ruhiger als die zu bewertende Wohnung. Durch ein in der Nähe liegendes Gewerbeareal tritt jedoch je nach Windrichtung bekanntermaßen gelegentlich eine Beeinträchtigung durch Gerüche ein. Die Wohnung wurde sieben Jahre früher bezugsfertig und ist etwas kleiner. Vorteilhaft ist die später eingebaute Sprechanlage. Bei Berücksichtigung des in H-Stadt üblichen Abschlages für Dachgeschosswohnungen von 10 % ergibt sich eine monatliche Miete von 4,23 DM.

6.3.2 Dachgeschosswohnung, hinteres Drittel der Straße Buchhügel, Mehrfamilienhaus, Baujahr 1954, Wohnfläche 65 m² mit Bad und Koks-Naragheizung, Miete 4,50 DM seit 1976.

Das Objekt liegt sehr viel ruhiger und innerhalb einer Grünfläche mit Blick auf einen Weiher schöner. Es liegt verkehrsmäßig ungünstiger – weiter Fußweg zum Bus – und auch weiter vom Ortskern. Nachteilig ist die vermieterseitig gestellte Koks-Naragheizung. Die schlechtere Verkehrsanbindung und die erheblich geringer zu bewertende Ausstattung gleichen die genannten Lagevorteile weitgehend aus, sodass für die Vergleichswohnung unter Berücksichtigung der notwendigen Zu- und Abschläge in jedem Fall mehr als 4,20 DM gezahlt werden.

6.3.3 Dachgeschosswohnung, Hauptstraße, Mehrfamilienhaus, Baujahr 1957, Wohnfläche 77 m², mit Bad und Zentralheizung, Miete 4,35 DM seit 1978.

Das Objekt liegt an einer durchgehend stark befahrenen Straße; insbesondere der Lkw-Durchgangsverkehr sowie die Linienbusse stören beträchtlich. Verkehrsmäßig sehr gut mit zahlreichen Einkaufsmöglichkeiten. Keine Vorgärten, nur vereinzelt Bäume. Erheblich bessere Ausstattung mit Sprechanlage, zentraler Warmwasserversorgung und Fahrstuhl bis zum dritten Obergeschoss. Nach meiner Auffassung vermag die bessere Ausstattung die hohen ständigen Immissionen des Straßenverkehrs (Lärm, Abgase, Staub) allerdings nicht aufzuwiegen, wenn auch die Immissionen als Preis für die guten Verkehrsverbindungen und Einkaufsmöglichkeiten anzusehen sind. Unter Berücksichtigung der erforderlichen Zu- und Abschläge kann auch dieses Objekt nach meiner Auffassung zum Vergleich herangezogen werden, die Miete liegt sogar geringfügig über der von mir für das zu bewertende Objekt ermittelten Miete.

7. Abwägung der Faktoren und Ergebnis

Zusammenfassend bin ich der Auffassung, dass der geringe Lagevorteil durch die etwas schlichte Ausstattung nivelliert wird. Ich gehe daher von einem Normalobjekt aus; die positiven und negativen Faktoren gleichen sich hier aus, günstige oder ungünstige Besonderheiten sind nicht feststellbar.

Unter Berücksichtigung dieser Umstände, meiner Fachkenntnis und Erfahrungen auf dem Gebiete des Mietpreiswesens sowie der daraus resultierenden Marktübersicht schätze ich die ortsübliche Miete auf 4,20 DM per m² und Monat zuzüglich der Betriebs- und Heizkosten.

Stichwortverzeichnis

Die Zahlen verweisen auf die Randnummern.

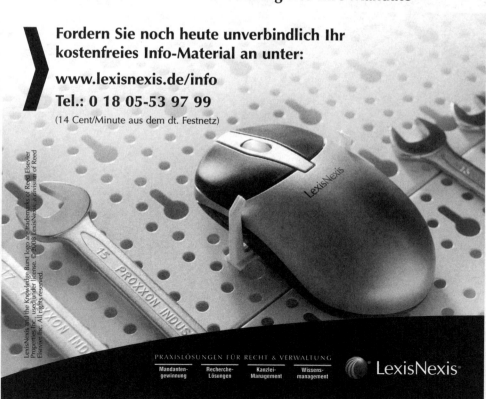

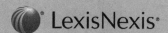

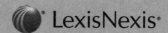